W0318394

Gourmelon/Hoffmann

Stellenbesetzungs- und Auswahlverfahren
treff- und rechtssicher gestalten

Stellenbesetzungs- und Auswahlverfahren treff- und rechtssicher gestalten

Rechtliche, psychologische und ökonomische Aspekte

von

Dr. Andreas Gourmelon
Professor an der Hochschule für Polizei und
öffentliche Verwaltung Nordrhein-Westfalen (HSPV NRW)
Abteilung Gelsenkirchen

und

Dr. Boris Hoffmann
Professor an der Hochschule für Polizei und
öffentliche Verwaltung Nordrhein-Westfalen (HSPV NRW)
Abteilung Köln

2. Auflage, 2021

rehm

Bibliografische Informationen Der Deutschen Nationalbibliothek

Die Deutsche Nationalbibliothek verzeichnet diese Publikation in der Deutschen Nationalbibliografie; detaillierte bibliografische Daten sind im Internet über http://dnb.d-nb.de abrufbar.

Bei der Herstellung des Werkes haben wir uns zukunftsbewusst für umweltverträgliche und wiederverwertbare Materialien entschieden. Der Inhalt ist auf elementar chlorfreiem Papier gedruckt.

ISBN: 978-3-8073-2786-0

E-Mail: kundenbetreuung@hjr-verlag.de

Telefon: +49 89/2183-7928
Telefax: +49 89/2183-7620

www.rehmnetz.de

Redaktion: Rita Cornmark
Satz: TypoScript GmbH, München
Druck: CPI Clausen & Bosse, Birkstr. 10, 25917 Leck

::rehm

Die Autoren

Prof. Dr. Andreas Gourmelon hat Psychologie (Diplom) an der Universität Erlangen-Nürnberg und Wirtschaftswissenschaften (Diplom) an der FernUniversität Hagen studiert. Die Berufskarriere begann als wissenschaftlicher Angestellter an der Universität Erlangen-Nürnberg, anschließend war er fünf Jahre lang Referent im Psychologischen Dienst der Bundesagentur für Arbeit. Prof. Gourmelon ist seit 1998 an der Hochschule für Polizei und öffentliche Verwaltung Nordrhein-Westfalen (HSPV NRW) für die Abteilung Gelsenkirchen tätig. Seine Lehr- und Forschungsschwerpunkte sind Personal- und Verwaltungsmanagement. In diesen Bereichen ist er auch seit vielen Jahren beratend für die Praxis engagiert. Prof. Gourmelon ist Autor und Herausgeber mehrerer Lehr- und Fachbücher sowie Mit-Herausgeber der Zeitschrift „Der Öffentliche Dienst". Er veröffentlicht regelmäßig in Fachzeitschriften. Viele seiner Veröffentlichungen befassen sich mit aktuellen Themen des Personalmanagements. Unter seiner wissenschaftlichen Leitung findet seit 2002 jährlich das „Symposium für Personalmanagement im öffentlichen Sektor" der HSPV NRW statt. Mehrere Jahre lang war er als Sprecher des Instituts für Personal und Management der HSPV NRW aktiv. Sein Interesse liegt darin, zu einer weiteren Optimierung und Professionalisierung des Personalmanagements im öffentlichen Sektor beizutragen.

Kontakt:
dr.andreas.gourmelon@googlemail.com

Prof. Dr. Boris Hoffmann hat Rechtswissenschaften studiert und in einem beamtenrechtlichen Thema promoviert. Als Jurist war er zehn Jahre bei der Stadt Köln im Personalamt beschäftigt, die letzten Jahre in leitender Stellung. Im Rahmen seiner Tätigkeit hat er sich mit allen arbeits- und beamtenrechtlichen Themen befasst. Seit Januar 2011 lehrt und forscht er an der Hochschule für Polizei und öffentliche Verwaltung Nordrhein-Westfalen (HSPV NRW) in den Themengebieten Arbeitsrecht im öffentlichen Dienst und Beamtenrecht. Prof. Hoffmann führt in diesem Zusammenhang bundesweit Fortbildungsveranstaltungen durch. Aufgrund seiner langjährigen beruflichen Erfahrung sind seine Tätigkeiten von einer großen Praxisnähe geprägt. Seine Veröffentlichungen befassen sich mit aktuellen und praxisrelevanten Themen des Personalrechts. Er ist Schriftleiter der Zeitschrift für Tarif-, Arbeits- und Sozialrecht des öffentlichen Dienstes und u. a. Autor bzw. Mitautor folgender im rehm-Verlag erschienener Werke: Schütz/Maiwald, Beamtenrecht des Bundes und der Länder; Lexikon Personalvertretungsrecht; Hoffmann, Arbeitsrecht im öffentlichen Dienst sowie Gunkel/Hoffmann, Beamtenrecht in NRW, Verlag Bernhardt-Witten.

Kontakt:
boris-hoffmann@gmx.de

Vorwort zur zweiten Auflage

Fünf Jahre sind nun vergangen, seit wir die erste Auflage des vorliegenden Werkes verfasst haben. In diesen Jahren hat sich sowohl die Rechtsprechung als auch die Personalpsychologie in starkem Maße weiterentwickelt, so dass nun eine aktualisierte und umfassend neu bearbeitete Auflage erforderlich wurde. Im Bereich der Eignungsdiagnostik werden in der zweiten Auflage zahlreiche, neu erschienene Testverfahren beschrieben. Des Weiteren wurde durch die Corona-Krise auch der Einsatz mediengestützter Auswahlinstrumente vordringlich. In diesem Zusammenhang ist auch auf die neue eignungsdiagnostische Norm DIN SPEC 91426 hinzuweisen, die im Dezember 2020 veröffentlicht wurde und in diesem Werk vorgestellt wird. Weiterhin wird auch auf die Thematik „Künstliche Intelligenz" und ihre Rolle in der Personalauswahl eingegangen. Wichtig erschien es auch, die Ergebnisse zahlreicher empirischer Studien in das Werk einzuarbeiten, damit der Weg für evidenzbasierte Stellenbesetzungs- und Auswahlverfahren geebnet wird.

In rechtlicher Hinsicht hat die Rechtsprechung die von ihr gesetzten Rahmenbedingungen eines rechtssicheren Auswahlverfahrens in vielerlei Hinsicht weiter geschärft und präzisiert. Zu denken ist hier etwa an die Stärkung der Regelbeurteilung in Beförderungsverfahren durch den 2. Senat des Bundesverwaltungsgerichts oder an die Vorgaben des 8. Senats des Bundesarbeitsgerichts zur Pflicht des Arbeitgebers zur Einladung schwerbehinderter Bewerber zu einem Vorstellungsgespräch.

Im Laufe der Jahre haben wir Autoren unsere Zusammenarbeit vertieft und dabei festgestellt, dass sich das gegenseitige Verständnis für die jeweilige fachliche Position vertieft hat. Der Graben zwischen der Rechtswissenschaft auf der einen und der Personalpsychologie auf der anderen Seite ist flacher geworden.

Unseren Sprachgebrauch haben wir in dem Sinne geschärft, dass wir die verschiedenen Geschlechter nun in unterscheidbarer, diskriminierungsfreier Weise bezeichnen. Dabei ist es nicht unsere Absicht, den Lesern´unseren politischen Standpunkt oder unsere Weltanschauung aufzudrängen oder die Verständlichkeit des Textes zu beeinträchtigen. Deshalb verwenden wir nicht die üblichen Genderzeichen wie „* ", „–", „:", „I". Mit dem Regelwerk „Geschlechtsbezeichnung mit dem Apostroph" (GebezA-V_1.4) wird eine Variante eingesetzt, die weltanschaulich neutral ist. Sie beeinflusst die Verständlichkeit des Textes nach unserer Auffassung nicht. Mit Leser' werden dabei Menschen jeglichen Geschlechts angesprochen, mit 'Leser sind Menschen diversen Geschlechts gemeint; weiterhin gibt es Leser (nur männlich) und Leserinnen (nur weiblich).

Bei der Erstellung des Werkes haben uns erneut Frau Rita Cornmark, Produktmanagerin beim HJR-Verlag, sowie Frau Dominique Bender-Jansen, freiberufliche Lektorin, sehr tatkräftig unterstützt – herzlichen Dank für Ihr Engagement, Ihre Geduld und Ihre Nachsicht für unsere Marotten.

Gelsenkirchen und Glessen im Sommer 2021

Prof. Dr. Andreas Gourmelon und Prof. Dr. Boris Hoffmann

Vorwort zur ersten Auflage

Den Leserinnen und Lesern sollen mit dem vorliegenden Werk alle erforderlichen Informationen gegeben werden, um Stellenbesetzungs- und Auswahlverfahren im öffentlichen Sektor sachgerecht und rechtssicher durchführen zu können. Um dies zu gewährleisten, müssen sowohl rechtliche als auch psychologische und betriebswirtschaftliche Sichtweisen auf Stellenbesetzungsverfahren berücksichtigt werden.

Die Darstellung der unterschiedlichen Aspekte in einem einheitlichen Werk stellte eine große Herausforderung dar. Unsere fachlichen Hintergründe und unsere Herangehensweise an die Thematik „Personalauswahl" sind unterschiedlich, in manchen Punkten vielleicht sogar gegensätzlich. Auf der einen Seite die juristische Perspektive und die Beachtung der einschlägigen Rechtsprechung der Arbeits- und Verwaltungsgerichte, bei der die Vermeidung von Verfahrensfehlern und deren Folgen im Vordergrund steht. Auf der anderen Seite die personalpsychologische und betriebswirtschaftliche Perspektive, bei der die Gestaltung von effizienten Auswahlprozessen vorrangig ist, mit denen die Eignung der Bewerberinnen und Bewerber bestmöglichst festgestellt werden kann.

Nach unserer Kenntnis gibt es kein Vorbild für ein Werk, in der beide Perspektiven gleichberechtigt und ausgewogen zu einem Gesamtbild verwoben werden. Insofern haben wir beim Verfassen des Werkes Neuland betreten. In vielen Gegenden des Neulands war für uns Autoren das Fortkommen bequem möglich, in anderen Gegenden blieben wir im Morast stecken und diskutierten intensiv, wie der Karren aus dem Dreck gezogen werden könnte. Am Ende sind wir uns aber sicher, dass wir den Lesern eine praktikable und rechtssichere Lösung präsentieren können.

Hierbei haben uns unsere langjährigen Erfahrungen mit Auswahlprozessen im öffentlichen Sektor geholfen. Erfahrungen haben wir erworben bei der Konzeption und Durchführung von Auswahlverfahren für Ministerien, Behörden und Ämter auf Bundes-, Landes- und kommunaler Ebene sowie bei der Bearbeitung von Rechtsfragen, wenn das Kind in den Brunnen gefallen ist. Mit den Problemen aus der Praxis werden wir bereits seit vielen Jahren regelmäßig in vielfältigen Fortbildungsveranstaltungen konfrontiert.

Das Verfassen des vorliegenden Werkes hat einige Zeit und Mühe in Anspruch genommen. Erste Planungen fanden im Frühsommer 2015 statt, geschrieben wurde das Werk schwerpunktmäßig im ersten Halbjahr 2016. Ohne die Unterstützung einer Reihe von Personen wäre die Erstellung des Werks in dieser Form jedoch nicht möglich gewesen. Besonders hervorzuheben sind:

- Frau Dominique Bender-Jansen, die bei der Erstellung des Manuskripts kompetent, rasch und ausdauernd zahlreiche Textteile zusammenführte, unsere Zitate und Quellen kontrollierte sowie Ausdrucksschwächen beseitigte und dabei nie die Übersicht verlor,
- Frau Rita Cornmark, die als Produktmanagerin des Verlags uns zu diesem Werk motivierte, immer wieder in diplomatischer Weise zur termingerechten Fertigstellung antrieb, sich geduldig immer wieder unseren Kummer anhörte, uns

hartnäckig von einer praxisgerechten Darstellung überzeugte und viele wertvolle fachliche und didaktische Hinweise zum Manuskript gab.

Seitens der Fachhochschule für öffentliche Verwaltung Nordrhein-Westfalen, Forschungszentrum Personal und Management in der öffentlichen Verwaltung, wurde die Erstellung des Werkes durch Deputatsermäßigungen und Sachmittel erleichtert.

Gelsenkirchen und Glessen im Herbst 2016

Prof. Dr. Andreas Gourmelon und Prof. Dr. Boris Hoffmann

Inhaltsverzeichnis

1 Alles für ein erfolgreiches Stellenbesetzungsverfahren

Die Auswahl des passenden Personals und die Besetzung einzelner Stellen sind für die Funktionsfähigkeit der Behörden und Verwaltungen des öffentlichen Sektors von wesentlicher Bedeutung. Nicht leistungsfähige oder -bereite Beschäftigte führen zu erheblichen Beeinträchtigungen in der Bewältigung der den Behörden übertragenen Aufgaben. Auch für die Bewerber' haben Auswahl- und Besetzungsentscheidungen große Auswirkungen auf die Karriere und – in nicht wenigen Fällen – auf die Berufs- und Lebenszufriedenheit. Nicht nur aus diesen Gründen sollten Stellenbesetzungs- und Auswahlverfahren mit großer Umsicht und unter Berücksichtigung rechtlicher Rahmenbedingungen und eignungsdiagnostischer Erkenntnisse geplant und durchgeführt werden.

Mit dem vorliegenden Werk sollen den Lesern' in systematischer Weise alle wesentlichen Informationen gegeben werden, die für die Gestaltung und Durchführung von treff- und rechtssicheren Stellenbesetzungs- und Auswahlverfahren erforderlich sind. Ziel von Stellenbesetzungs- und Auswahlverfahren ist es, dass dem Dienstherrn für dessen einzelne Aufgabenbereiche das jeweils bestgeeignete Personal zur Verfügung steht. Damit dieses Ziel dauerhaft erreicht werden kann, ist nicht nur die rechtskonforme Ausschreibung von Stellen, die fachgerechte Durchführung von Interviews oder die korrekte Interpretation von dienstlichen Beurteilungen wichtig. Daneben sind auch eine rechtzeitige Ermittlung des Personalbedarfs, ein wirksames Personalmarketing und eine systematische Personaleinführung erforderlich. Dementsprechend werden nachfolgend alle Schritte der Personalbeschaffung – von der Personalbedarfsplanung bis zur Personaleinführung – beschrieben und der Praxis Handlungsempfehlungen gegeben.

Gerade im Bereich des öffentlichen Dienstes spielen rechtliche Aspekte von Stellenbesetzungs- und Auswahlverfahren eine herausragende Rolle. Deswegen werden die rechtlichen Rahmenbedingungen aller Aspekte der Stellenbesetzungs- und Auswahlverfahren ausführlich erläutert. Dieses Buch gibt der Praxis Handlungshilfen an die Hand und zeigt Wege auf, um die rechtlichen Klippen erfolgreich zu umschiffen. Erstmalig werden hierbei in einem einheitlichen Werk die von der Rechtsprechung der Verwaltungs- und Arbeitsgerichte herausgearbeiteten rechtlichen Vorgaben für ein ordnungsgemäßes Auswahlverfahren dargestellt.

Die rechtlichen Ausführungen gelten sowohl für Bewerbungskonkurrenzen zwischen Beamten' als auch für Auswahlverfahren an denen Arbeitnehmer' beteiligt sind, da die Arbeitsgerichte die Rechtsprechung der Verwaltungsgerichte, die die Judikatur im Wesentlichen geprägt haben, in großen Teilen übernommen haben. Soweit im Einzelfall Unterschiede zwischen beiden Statusgruppen auftreten, werden diese deutlich gemacht. Selbiges gilt bei landesrechtlichen Vorschriften, soweit die Unterschiede für die Praxis von Bedeutung sind.

Besonders herausgearbeitet wurden verschiedene Konkurrenzsituationen zwischen verschiedenen Beschäftigungsgruppen, insbesondere zwischen Arbeitnehmern' und Beamten', soweit Auswahlverfahren für beide Beschäftigungsgruppen eröffnet sind.

Bereits seit über 40 Jahren setzen sich die Verwaltungsgerichte und mittlerweile auch verstärkt die Arbeitsgerichte mit Problemen des Stellenbesetzungsverfahrens im öffentlichen Dienst auseinander. Spätestens seit dem bahnbrechenden Urteil des Bundesverwaltungsgerichts vom 4.11.2010[1], mit dem das Gericht den Grundsatz der Ämterstabilität durchbrochen hat, indem es eine bereits vollzogene Beförderung aufgrund einer unsachgemäßen Auswahlentscheidung für rechtswidrig erklärt hat, ist der ordnungsgemäßen Durchführung eines Auswahlverfahrens besondere Aufmerksamkeit zu schenken.

Im Folgenden soll versucht werden, die Tücken eines Auswahlverfahrens aufzuzeigen und Tipps und Hinweise an die Hand zu geben, um diese zu erkennen und Fehler zu vermeiden.

Hierbei wird wie folgt vorgegangen:

- Die zu beachtenden Verfahrensschritte werden chronologisch unter besonderer Betrachtung der aktuellen Rechtsprechung der Verwaltungs- und Arbeitsgerichte im Detail beschrieben.
- Gleichzeitig werden die Gefahren und die Folgen von Verfahrensfehlern aufgezeigt.

Kernpunkt eines Auswahlverfahrens ist die Bestenauslese. Die Rechtmäßigkeit einer Auswahlentscheidung kann nur unter Beachtung des Leistungsgrundsatzes gewährleistet werden, der als einziger hergebrachter Grundsatz des Berufsbeamtentums im Grundgesetz in Art. 33 Abs. 2 GG ausdrücklich erwähnt ist. Dies macht seine herausragende Bedeutung für Beschäftigungsverhältnisse im öffentlichen Dienst besonders deutlich. Das Leistungsprinzip ist sowohl für das Beamten- als auch für das Arbeitsverhältnis im öffentlichen Sektor prägend. Es bestimmt nicht nur die Regeln für den Zugang zum öffentlichen Dienst, sondern auch für das spätere berufliche Fortkommen des einzelnen Beschäftigten'.

Soweit der Dienstherr das Auswahlverfahren nicht ordnungsgemäß durchgeführt hat, etwa weil er gegen das Prinzip der Bestenauslese verstoßen hat, verletzt er den aus Art. 33 Abs. 2 GG abgeleiteten Bewerbungsverfahrensanspruch der im Auswahlverfahren beteiligten Bewerber'. Diese können die Verletzung ihres Bewerbungsverfahrensanspruches gerichtlich geltend machen, wobei sich der Primärrechtsschutz auf das vorläufige Eilverfahren konzentriert. Dementsprechend ist die einschlägige Rechtsprechung im Wesentlichen durch erst- und vor allem durch zweitinstanzliche Entscheidungen der Gerichte geprägt. Allein für Vorgänge im Geschäftsbereich des Bundesnachrichtendienstes ist das Bundesverwaltungsgericht nach § 50 I Nr. 4 VwGO erstinstanzlich zulässig. Darüber hinaus sind, etwa bei einer zu Unrecht unterbliebenen Beförderung oder Höhergruppierung, auch Schadensersatzansprüche des unterlegenen Bewerbers' gegen den Dienstherrn im Rahmen des sog. Sekundärrechtsschutzes denkbar.

Um dem Leistungsgrundsatz zu genügen, fordert sowohl das Bundesverfassungsgericht als auch das Bundesverwaltungsgericht einen Leistungsvergleich anhand hinreichend aktueller dienstlicher Beurteilungen. Dies führt im Ergebnis dazu, dass weitere Instrumente der Eignungsdiagnostik im Rahmen der Bestenauslese zwischen Beamten' nur dann zulässig sind, wenn anhand der Auswertung der dienstli-

1) BVerwG 4.11.2010 – 2 C 16.09 –, RiA 2011, 21.

chen Beurteilung kein Leistungsvorsprung eines Bewerbers' feststellbar ist. Dies führt dazu, dass der Dienstherr zum Beispiel auf Interviews oder Assessment-Center im Falle einer Bewerbungskonkurrenz zwischen Beamten' bzw. zwischen Beamten' und Arbeitnehmern' grundsätzlich nicht zurückgreifen darf. Etwas anderes gilt im Falle einer reinen Bewerbungskonkurrenz zwischen Arbeitnehmern' oder bei Ersteinstellungen, soweit in diesen Fällen dienstliche Beurteilungen der Bewerber' nicht vorliegen. Konkurrieren dienstherrenfremde Beamte' und Arbeitnehmer' um die Vergabe eines Dienstpostens, ist der Dienstherr sogar verpflichtet, den Leistungsvergleich anhand der vorliegenden Arbeitszeugnisse und der entsprechenden dienstlichen Beurteilungen vorzunehmen. Dies setzt insgesamt einen einheitlichen am Statusamt orientierenden Bewertungsmaßstab voraus.

Trotz derzeit enger rechtlicher Vorgaben in Bezug auf die vorrangige Verwendung dienstlicher Beurteilungen bieten sich dem Dienstherrn bei einigen Stellenbesetzungs- und Auswahlverfahren Handlungsspielräume zur Verwendung weiterer eignungsdiagnostischer Instrumente an. Dabei sollte der Grundsatz gelten, anforderungsorientiert möglichst viele und vielfältige Informationen zu einem Bewerber' zu erheben, um zum bestmöglichen Eignungsurteil zu gelangen. In diesem Werk werden etablierte Instrumente wie z. B. Interviews, Leistungs- und Persönlichkeitstests, situative Verfahren, Arbeitsproben mit ihren Vor- und Nachteilen dargestellt. Unter Nutzung der Ergebnisse aktueller eignungsdiagnostischer Forschung wird die Qualität – insbesondere die Vorhersagegüte – dieser Instrumente erläutert. Die Funktionsweise diverser Instrumente wird erklärt; auch der Einsatz Künstlicher Intelligenz wird ausgeführt. Des Weiteren erhalten die Leser' Hinweise, wie die Ergebnisse verschiedener Instrumente in objektiver Weise zu einem Gesamturteil über die Eignung eines Bewerbers' zusammengefasst werden können. Ein Schwerpunkt der Darstellung liegt darauf, wie die Anforderungen eines Berufs, einer Laufbahn oder einer Stelle ermittelt werden können. Bei der Erläuterung von eignungsdiagnostischen Aspekten wurden die Regelungen der eignungsdiagnostischen Norm DIN 33430 beachtet.

Stellenbesetzungs- und Auswahlverfahren sind in der Regel mit einem nicht unbeträchtlichen Arbeitsaufwand verbunden. Insbesondere für Verfahren, bei denen verschiedene eignungsdiagnostische Instrumente zur Anwendung gelangen, werden Tipps und Hinweise für ein optimales Prozessmanagement gegeben – zusätzlich werden Möglichkeiten des IT-Einsatzes aufgezeigt.

Manche Bewerbungen erfordern vom Praktiker' besondere Aufmerksamkeit – hierzu zählen z. B. die Bewerbungen von Menschen mit einer Schwerbehinderung, von Menschen mit Migrationshintergrund oder von Menschen eines benachteiligten Geschlechts. Im Werk finden sich Hinweise, auf was die Praxis bei diesen Bewerbungen achten sollte.

Zuletzt sei noch ein Hinweis zu den beiden in diesem Werk verwandten Begrifflichkeiten Stellenbesetzungs- und Auswahlverfahren erlaubt: Im allgemeinen Sprachgebrauch hat sich der allgemeine Begriff des „Stellenbesetzungsverfahrens" etabliert. Im öffentlichen Dienst sind allerdings auch „Auswahlverfahren" unter Beachtung der Bestenauslese denkbar, ohne dass nach der Auswahlentscheidung auch tatsächlich eine freie Stelle bzw. ein freier Dienstposten zu besetzen ist, etwa im Falle der Dienstpostenbündelung.

2 Planung und Deckung des Personalbedarfs[2]

Grundlegend für alle Auswahlverfahren sind Überlegungen, wie viel und welches Personal zukünftig für die Erfüllung der behördlichen oder kommunalen Aufgaben benötigt wird. Zur Deckung des Personalbedarfs bieten sich unterschiedliche Maßnahmen an, die in die Maßnahmen der internen und externen Personalbeschaffung unterschieden werden können.

2.1 Planung des Personalbedarfs

Behörden und Verwaltungen benötigen genügend Personal, um die ihnen von der Legislative übertragenen Aufgaben erledigen zu können. Das zur Verfügung stehende Personal sollte sowohl in quantitativer als auch in qualitativer Hinsicht in der Lage sein, die aus den Aufgaben resultierende Arbeit bewältigen zu können. Ein erster wichtiger Schritt bei der Personalbeschaffung ist die Bestimmung bzw. Planung des Personalbedarfs.

Unter Personalbedarfsplanung wird dabei nach Nicolai „... die zukunftsgerichtete Bestimmung der personellen Kapazitäten“[3] verstanden, die zur Erfüllung der betrieblichen Aufgaben notwendig sind.

Mithilfe der Personalbedarfsplanung sollen vier Fragen beantwortet werden:[4]

- Wie viele Beschäftigte benötigt die Behörde oder Verwaltung zur Bewältigung ihrer Aufgaben? (quantitativer Aspekt)
- Welche Qualifikationen und Kompetenzen sind bei den Beschäftigten erforderlich? (qualitativer Aspekt)
- Wann und für welche Dauer werden die Personalressourcen benötigt?
- Wo – in welcher Organisationseinheit oder an welchem Ort – wird das Personal benötigt?

Die Personalbedarfsplanung leitet sich im öffentlichen Sektor regelmäßig aus den durch die Legislative festgelegten Aufgaben ab. Für die Personalbeschaffung sind die Ergebnisse der Personalbedarfsplanung grundlegend. Erst auf Grundlage der Ergebnisse der Personalbedarfsplanung können sinnvoll Festlegungen für das Vorgehen in der Personalbedarfsdeckung, der Personalanwerbung und -auswahl getroffen werden.

Eine rechtzeitige und gute Personalbedarfsplanung bietet der Behörde und dem Personal folgende Vorteile:[5]

- Personalengpässe und eine damit verbundene Überforderung der Mitarbeiter' können vermieden werden.

---

2) Dieses Kapitel gründet auf Gourmelon/Seidel/Treier, Personalmanagement, S. 39 ff.

3) Nicolai, Personalmanagement, S. 44.

4) Hentze, Personalwirtschaftslehre, S. 171 f., Holtbrügge, Personalmanagement, S. 100.

5) Wald, Personalmanagement für die kommunale Praxis, S. 63.

- Auf absehbare Personalüberhänge kann frühzeitig reagiert werden; damit ist die Organisation in der Lage, die psychosozialen Folgen eines evtl. Stellen- und Personalabbaus für die Beschäftigten zu minimieren.
- Berufliche Entwicklungsmöglichkeiten können den Beschäftigten frühzeitig aufgezeigt werden – hieraus kann eine höhere Motivation und eine engere Bindung der Beschäftigten an die Organisation folgen.
- Die Organisation optimiert ihr Image als fairer und attraktiver Arbeitgeber'.
- Die Behörde oder Kommunalverwaltung kann günstige Bedingungen am Arbeitsmarkt für die Anwerbung von Personal ausnutzen.

Bei der Personalbedarfsplanung sind mehrere Kriterien zu berücksichtigen,[6] die teilweise miteinander im Widerspruch stehen:

- Das Kriterium der Wirtschaftlichkeit: Die Aufgaben sollen mit einer möglichst geringen Anzahl von Mitarbeitern' durchgeführt werden.
- Das Kriterium der Leistungssicherung: Die Personalressourcen müssen in dem Ausmaß vorhanden sein, dass auch Bedarfsspitzen (z. B. im Winterdienst, mehrere gleichzeitige Einsätze der Feuerwehr im Stadtgebiet) bewältigt werden können.
- Das Kriterium der Anpassungsfähigkeit: Das Personal muss sich auf veränderte Bedingungen, wie z. B. neue Gesetze, E-Government, einstellen können.
- Das Kriterium einer „angemessenen und gleichmäßigen Arbeitsbelastung" des Personals: Die Beschäftigten sollen weder unter- noch überfordert sein.

Zu achten ist auf Beteiligungsrechte des Personalrats – so z. B. § 78 Abs. 3 BPersVG: „Vor der Weiterleitung von Personalanforderungen zum Haushaltsvoranschlag ist der Personalrat anzuhören".

Von verschiedenen Gegebenheiten wie Sachaufgabe, organisatorisch-technische Rahmenbedingungen, Arbeitsmarktsituation oder Beschäftigtengruppe ist es abhängig, wie der Planungszeitraum zu wählen ist. Bei Nachwuchskräften des gehobenen Dienstes oder vergleichbarer Laufbahnen ist beispielsweise ein Planungszeitraum von mindestens drei Jahren erforderlich, da schon die Ausbildung dieses Personals drei Jahre in Anspruch nimmt.

Grundsätzlich ist die Personalbedarfsplanung als rollierende Planung[7] durchzuführen, d. h., sie ist in regelmäßigen Abständen nach der erstmaligen Planung oder bei besonderen Ereignissen an die sich ggf. veränderten Umstände anzupassen.

Bei der quantitativen Personalbedarfsplanung soll die Anzahl des erforderlichen Personals, bei der qualitativen Planung sollen „... die künftig notwendigen und die aktuell vorhandenen Qualifikationen"[8] der Mitarbeiter' ermittelt werden. Nach Hentze sind die „... quantitative und qualitative Personalbedarfsermittlung ... in der Praxis nicht zu trennen und daher simultan durchzuführen".[9] Dies kann dadurch erfolgen, dass die Menge der benötigten Personalressourcen getrennt für

6) Holtbrügge, in: Verwaltung und Fortbildung 1995, 41 (42 f). Zitiert nach Holtbrügge, Personalmanagement, S. 100.

7) Gourmelon/Seidel/Treier, Personalmanagement, S. 41.

8) Kolb, Personalmanagement, S. 614.

9) Hentze, Personalwirtschaftslehre, S. 171.

unterschiedliche Personalcluster[10] ermittelt wird. Die qualitative Personalbedarfsplanung besteht dann in der Bildung der verschiedenen Personalcluster. Ein Personalcluster ist eine Gruppe von Beschäftigten, die ähnliche Qualifikationen und Kompetenzen aufweisen. Mitglieder unterschiedlicher Cluster können sich hinsichtlich der Arbeitsleistung nicht oder nur in unwirtschaftlicher Weise ersetzen.

Beispiele für Personalcluster sind:

- Berufsgruppen (z. B. Psychologen', Juristen', Erzieher'),
- Laufbahn- oder Entgeltgruppen (z. B. allgemeiner höherer Dienst).

Wurde der Planungszeitraum festgelegt und Personalcluster gebildet, kann zum Beispiel mittels der Nettopersonalbedarfsmethode[11] der zukünftige Personalbedarf bestimmt werden. Bei der Nettopersonalbedarfsmethode wird einerseits für den Planungszeitraum die Menge der zu bewältigenden Arbeit bestimmt. Einflussfaktoren sind hierbei z. B. die Zuweisung neuer Aufgaben oder der Entfall von Aufgaben, die Zu- oder Abnahme von Fallzahlen, die Entwicklung der mittleren Bearbeitungszeit pro Fall, der Einsatz neuer Technologien, Änderungen der Arbeitskapazität einer Normalarbeitskraft. Rechengröße ist hierbei die zur Aufgabenbewältigung erforderliche Stellenanzahl. Andererseits wird für den Planungszeitraum die Entwicklung des Personalbestands prognostiziert. Der Personalbestand ändert sich

- durch Abgänge, wie Pensionierung, Frühverrentung, Kündigungen, oder
- durch Zugänge, wie Rückkehr aus Beurlaubungen, Rückkehr aus längerfristigen Erkrankungen.

Erleichtert wird die Prognose des zukünftigen Personalbestands durch eine **Altersstrukturanalyse** (siehe Abbildung 2-1); dabei werden Altersgruppen festgelegt und ermittelt, wie groß die absolute oder relative Häufigkeit des Personals in den jeweiligen Altersgruppen ist. Durch Gegenüberstellung des zukünftigen Stellenbedarfs und des zukünftigen Personalbestands kann anschließend der Personalbedarf im Planungszeitraum bestimmt werden.

10) Gourmelon/Seidel/Treier, Personalmanagement, S. 41

11) Ausführlich mit Rechenbeispielen: Gourmelon/Seidel/Treier, Personalmanagement, S. 42 ff.

Abbildung 2-1: Altersstruktur der Beschäftigten im öffentlichen Sektor[12].

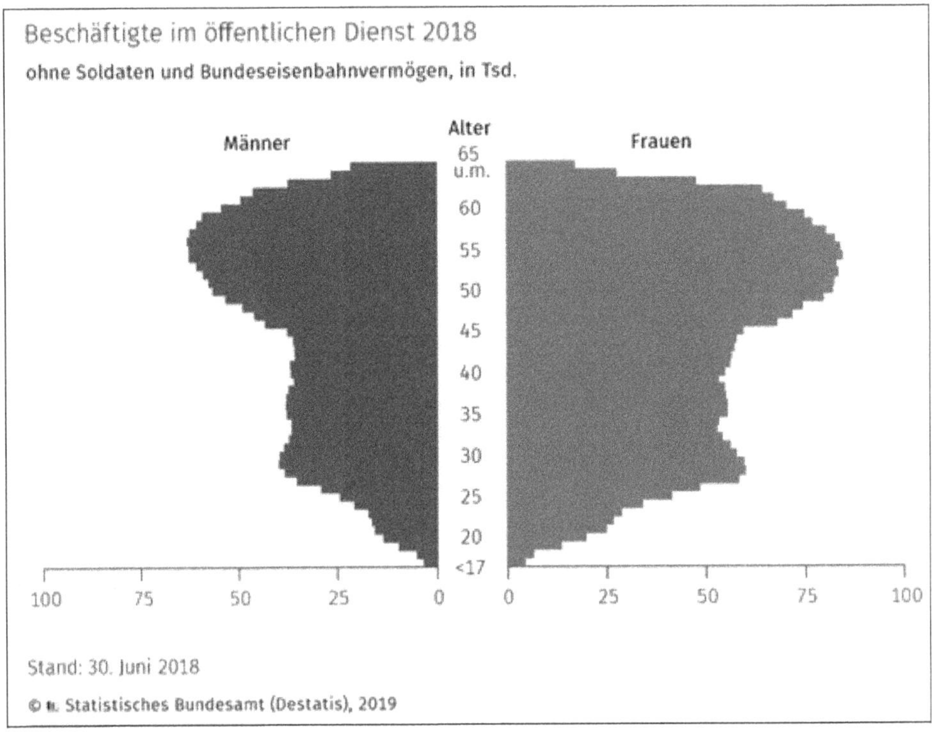

Gemäß einer Befragung von Personalverantwortlichen aus 573 Kommunen und Zweckverbänden setzte sich der Personalbedarf im Jahr 2017 zu 69 % aus Ersatzbedarf, zu 31 % aus Bedarf für Besetzungen neu geschaffener Stellen zusammen.[13] Wodurch wird der Ersatzbedarf verursacht? Von 100 Stelleninhabern, die aus dem aktiven Dienst bei ihrem Dienstherrn/Arbeitgeber' ausgeschieden sind, …

- … nahmen neun[14] Personen Familienzeit in Anspruch,
- … gingen 49 Personen in Rente oder wurden pensioniert,
- … wechselten zwei Personen *vorübergehend* zu einem anderen Dienstherrn/Arbeitgeber' des öffentlichen Dienstes,
- … wechselten 18 Personen *dauerhaft* zu einem anderen Dienstherrn/Arbeitgeber' des öffentlichen Dienstes,
- … wechselten sechs Personen zu einem Arbeitgeber' der Privatwirtschaft,
- … verließen neun Personen mit unbekanntem Ziel den bisherigen Dienstherrn/Arbeitgeber',
- … fallen vier Personen unter die Kategorie „Sonstige", zu drei Personen liegen keine Angaben vor.

12) Statistisches Bundesamt, https://www.destatis.de/DE/Themen/Staat/Oeffentlicher-Dienst/_inhalt.html#sprg229238, Abruf am 22.06.2021

13) Hermanowski, Die Öffentliche Verwaltung, S. 993.

14) Auf ganze Zahlen gerundete Werte.

Wichtig!

Gemäß § 165 Satz 1 Sozialgesetzbuch IX melden die Dienststellen der öffentlichen Arbeitgeber den Agenturen für Arbeit frühzeitig nach einer erfolglosen Prüfung zur internen Besetzung des Arbeitsplatzes frei werdende und neu zu besetzende sowie neue Arbeitsplätze.

Die Stellenvorbehaltsverordnung (§ 3 Abs. 1 Satz 1 StVorV) schreibt die Meldung vorbehaltener Stellen an die Vormerkstellen (Vormerkstelle des Bundes ist das Bundesverwaltungsamt) vor. Diese können mit ehemaligen Zeitsoldaten' der Bundeswehr besetzt werden.

2.2 Maßnahmen der Personalbedarfsdeckung

Zur Deckung eines Personalbedarfs bieten sich vielfältige Möglichkeiten an. Diese sollen im Folgenden mit ihren wesentlichen Vor- und Nachteilen kurz skizziert werden. Zu unterscheiden sind dabei Maßnahmen, die sich auf bereits vorhandenes Personal (interne Personalbeschaffung), und solche, die sich auf neu zu beschaffendes Personal beziehen (externe Personalbeschaffung). Ob sich eine Behörde für die interne oder externe Personalbeschaffung entscheidet, hängt von Faktoren wie beispielsweise Art des Personalbedarfs in quantitativer, qualitativer und zeitlicher Hinsicht, strategische Überlegungen, den Haushaltszwängen, Wirtschaftlichkeitserwägungen sowie den Gegebenheiten am Arbeitsmarkt ab.

2.2.1 Interne Personalbeschaffung

Die Anordnung von **Mehrarbeit** und **Überstunden** für das vorhandene Personal ist relativ einfach und kurzfristig zu realisieren, setzt jedoch dringende dienstliche Gründe voraus.[15] Dieser Maßnahme sind arbeitszeitrechtliche Grenzen gesetzt: So kann gemäß § 3 S. 2 Arbeitszeitgesetz die tägliche Arbeitszeit von Arbeitnehmern' auf maximal zehn Stunden verlängert werden. Eine nicht nur vorübergehende Erhöhung der Arbeitszeit kann bei den Mitarbeitern' zu gesundheitlichen[16] und psycho-sozialen Problemen führen. Für angeordnete Überstunden besteht oftmals ein Anspruch auf Freizeitausgleich oder Vergütung. **Urlaubssperren** sind ebenfalls relativ einfach zu realisieren, führen jedoch ebenso nur zu einer eher kurzfristigen zeitlichen Vorverlagerung von Personalressourcen. Urlaubssperren führen zu einer zeitlichen Verlagerung und nicht zu einer Vermehrung von Personalressourcen.

Für den Dienstherrn ist angesichts der niedrigen Kosten die **Erhöhung der Normalarbeitszeit** sehr verlockend. Grundlage für die Erhöhung der Normalarbeitszeit sind Aktivitäten des Gesetzgebers (für Beamte') oder Vereinbarungen der Tarifvertragsparteien (für Tarifbeschäftigte). Die Erhöhung der Normalarbeitszeit wird „... sich in der Regel sehr negativ auf die Motivationen der Beschäftigten auswirken".[17]

Angesichts des massiven Stellenabbaus im öffentlichen Sektor in den letzten Jahrzehnten ist eine weitere **Arbeitsverdichtung**, z. B. durch die Erhöhung der Arbeitsgeschwindigkeit, der Kürzung von Erholungspausen, wohl in den wenigsten Fällen ohne eine gesundheitliche Beeinträchtigung der Beschäftigten mehr möglich.

15) Lehmann-Horn, Arbeitszeit, S. 1192.

16) Wirtz/Nachreiner/Beermann/Brenscheidt/Siefer, Lange Arbeitszeiten und Gesundheit.

17) Hopp/Göbel, Management in der öffentlichen Verwaltung, S. 339 f.

Personalentwicklung dient u. a. der Steigerung der Kompetenzen der Beschäftigten. Damit kann ein **qualitativer Personalbedarf** gedeckt sowie die Motivation der Mitarbeiter' gesteigert werden. Personalentwicklung ist in der Regel mittel- bis langfristig wirksam und mit nicht unbeträchtlichen Kosten verbunden.

Bei der Besetzung von Stellen mit internen Bewerbern' werden Personalressourcen nicht unmittelbar vermehrt, sondern verlagert. In der Regel wird mit dieser Maßnahme zuerst ein qualitativer Personalbedarf gedeckt. Oftmals werden bei dieser Maßnahme niedriger bewertete Stellen mit geringeren Anforderungen frei, die relativ einfach mit externen Bewerbern' besetzt werden können. Auf diese Weise kann in einem zweiten Schritt häufig auch ein quantitativer Personalbedarf gedeckt werden.

Vorteile[18] der Besetzung von Vakanzen mit internen Bewerbern' sind:

- Die Motivation und die Bindung der Beschäftigten an die Behörde steigt, da sich den Mitarbeitern' Aufstiegs- und Karrieremöglichkeiten bieten.
- Das Risiko von Fehlbesetzungen reduziert sich. Dies ergibt sich daraus, dass bei internen Bewerbern' oftmals validere Informationen hinsichtlich der Eignung vorliegen als bei externen Bewerbern'.
- Der Stellenbesetzungsprozess bei internen Bewerbern' ist in der Regel schneller und kostengünstiger als bei externen Bewerbern'.

Nachteile[19] können sein:

- An den Stellenbesetzungsprozess werden seitens der internen Bewerber' hohe Anforderungen an die Fairness, Objektivität und Transparenz des Verfahrens gestellt.
- Es besteht die Gefahr, dass eine hohe Anzahl unterlegener interner Bewerber' enttäuscht und demotiviert wird.
- Durch ausgeprägtes Konkurrenzdenken kann es im Vorfeld von Stellenbesetzungsverfahren zu Beeinträchtigungen des Betriebsklimas kommen.
- Stellen werden mit Personen besetzt, die ggf. betriebsblind sind. Es fehlen neue Impulse durch Externe.

Interne Personalvermittlungen können die Besetzung von Stellen mit internen Bewerbern' unterstützen. Durch diese Organisationseinheiten innerhalb von Kommunal-, Landes- oder Bundesverwaltungen werden überwiegend Mitarbeiter' betreut, deren Stelle „... weggefallen ist oder wegzufallen droht, aber auch Gesundheitsgeminderte, BEM-Fälle, Wiedereinsteiger' (z. B. nach Beurlaubung), sowie ggf. auch Beschäftigte mit befristeten Arbeitsverhältnissen und Auszubildende, die eine Anschlussbeschäftigung suchen."[20]

2.2.2 Externe Personalbeschaffung

Bei der **Arbeitnehmerüberlassung** (synonym: Personal-Leasing, Zeitarbeit) geht eine Organisation einen Arbeitnehmerüberlassungsvertrag mit einem Zeitarbeitsunternehmen ein.[21] Dieses Zeitarbeitsunternehmen stellt der Organisation gewerbs-

---

18) Bröckermann, Personalwirtschaft, S. 51; Holtbrügge, Personalmanagement, S. 108; Wald, Personalmanagement für die kommunale Praxis, S. 74 f.

19) Bröckermann, Personalwirtschaft, S. 51. Holtbrügge, Personalmanagement, S. 108. Wald, Personalmanagement für die kommunale Praxis, S. 74 f.

20) Speier, Erfolgsfaktoren für die interne Personalvermittlung, S. 4. Vergleiche auch Niewerth/Mühge, Abteilungen zur internen Arbeitsvermittlung, S. 12.

21) Oechsler/Paul, Personal und Arbeit, S. 221 f.; Jung, Personalwirtschaft, S. 144 f.

mäßig Personal zur Verfügung und erhält im Gegenzug das vereinbarte Entgelt. Der überlassene Mitarbeiter' arbeitet während der vereinbarten Überlassungszeit für die Organisation, erhält seinen Lohn jedoch vom Zeitarbeitsunternehmen. Betriebe können ihren Personalbedarf mit der Maßnahme Arbeitnehmerüberlassung flexibel, kurzfristig und weitgehend risikolos decken. Insbesondere kann die Freisetzung von Personal kurzfristig erfolgen. Bei der wirtschaftlichen Bewertung der Arbeitnehmerüberlassung sind neben dem Entgelt an das Zeitarbeitsunternehmen auch ersparte Transaktionskosten (z. B. Kosten für Personalanwerbung und für Kündigungsverfahren) zu berücksichtigen. Nachteilig an dieser Maßnahme ist, dass sich viele Zeitarbeitnehmer' als „Mitarbeiter zweiter Klasse" fühlen und ihre Bindung an den Betrieb mäßig ausgeprägt ist.[22]

Hospitanten' oder **Praktikanten'** sind zumeist Studierende, die Erfahrungen in der Berufspraxis erwerben möchten. Sie stellen ihre Arbeitsleistung für einige Wochen oder Monate zur Verfügung. Da Hospitanten regelmäßig nicht über vertiefte Fachkompetenzen verfügen, können sie meist nur mit Hilfs- und Assistenztätigkeiten betraut werden. Hospitationen und Praktika können ein wichtiges Instrument der Personalanwerbung sein.

Zur Deckung von Personalbedarf bieten sich auch **Dienst- und Werkverträge** an. Grundlage für einen Werkvertrag sind die §§ 631 ff. BGB. Hiernach verpflichtet sich der Vertragspartner, ein bestimmtes Werk zu erbringen. Beispielsweise verpflichtet sich eine Werbeagentur, eine Informationsbroschüre zu gestalten. Die Organisation der für den wirtschaftlichen Erfolg notwendigen Handlungen obliegt – im Gegensatz zum Arbeitsvertrag – dem Werkvertragspartner, im Beispiel der Werbeagentur. Werkvertrag und Dienstvertrag unterscheiden sich darin, dass der Vertragspartner' beim Dienstvertrag nur zur Leistung, nicht zum Erfolg verpflichtet ist. Beispiel für eine Leistung, die durch Dienstvertrag geregelt werden kann, ist die Beratungsleistung eines Rechtsexperten'. Mittels Werk- und Dienstverträgen kann Personalbedarf in quantitativer und qualitativer Hinsicht sehr passgenau gedeckt werden. Die Kompetenzen eines Fachexperten' können damit auch nur stunden- oder tageweise genutzt werden. Nachteil von Dienst- und Werkverträgen ist, dass der Auftraggeber' gegenüber dem Auftragnehmer' nicht weisungsberechtigt im Sinne des § 106 Satz 1 GewO ist.

In letzter Zeit hat der Einsatz von **freiwillig Tätigen**[23] (bzw. ehrenamtlich Engagierten) für die Deckung von Personalbedarf an Bedeutung gewonnen. Besonders die Bewältigung des Zustroms von Geflüchteten in den Kommunen im Jahr 2015 wäre ohne den Einsatz von freiwillig Tätigen nicht möglich gewesen. Freiwillig Tätige sind solche Personen, die eine Arbeitsleistung erbringen, ohne eine Gegenleistung in Form einer marktadäquaten Entlohnung zu erhalten. Die Einsatzfelder von freiwillig Tätigen sind vielfältig und nahezu unbegrenzt; selbst im Bereich Innere Sicherheit werden ehrenamtliche Kräfte eingesetzt (z. B. bayerische Sicherheitswacht).[24] Freiwillig Tätige werden auch für anspruchsvolle Tätigkeiten eingesetzt. Problematisch sind die Stetigkeit des Einsatzes und die Führung sowie die Koordinierung des Einsatzes von freiwillig Tätigen.

22) Vgl. Holtbrügge, Personalmanagement, S. 42 ff.

23) Gourmelon, Der Bayerische Bürgermeister, S. 204 f.

24) Polizei Bayern, Sicherheitswacht, https://www.polizei.bayern.de/wir/sicherheitswacht/ (Abruf am 25.6.2021).

Bei der **befristeten Einstellung** von Personal erhält der Beschäftigte einen Arbeitsvertrag, der durch Zeitablauf oder nach Zweckerreichung endet (§ 15 Abs. 1 und 2 und § 21 TzBfG).[25] Der Arbeitgeber' kann mit der befristeten Einstellung einen kurz- oder mittelfristigen Personalbedarf decken. Der Erfolg des Einsatzes dieser Maßnahme ist abhängig von den Umständen am Arbeitsmarkt. Liegen günstige Bedingungen für die betroffenen Arbeitnehmer'gruppen vor, werden befristete Einstellungen kaum realisiert werden können. Vorteilhaft ist, dass die Freistellung des Personals am Ende der Befristung quasi automatisch erfolgt. Als Nachteil dieser Maßnahme ist aufzuführen, dass sich die befristet Beschäftigten nur in geringer Weise an die Behörde oder Verwaltung gebunden fühlen und eine hohe Bereitschaft zum Wechsel des Arbeitgebers' aufweisen. Befristete Arbeitsverhältnisse beeinträchtigen die persönliche Lebensplanung der Mitarbeiter'.

Die Existenz einer freien Planstelle, die letztlich durch die Haushaltsgesetzgeber eingerichtet wird, ist nach den haushaltsrechtlichen Bestimmungen des Bundes und der Länder regelmäßig Voraussetzung für die **unbefristete Einstellung** eines Mitarbeiters' bzw. für die Einstellung eines Beamten'. Der öffentliche Sektor zeichnet sich durch die Kontinuität der Beschäftigungs- und Dienstverhältnisse aus. So ist es eher die Ausnahme, dass Behörden oder Verwaltungen Mitarbeiter' freistellen. Ebenso ist die Fluktuationsrate bei unbefristet Beschäftigten im öffentlichen Sektor bislang niedrig. Oftmals verbleibt ein Mitarbeiter' für den Rest seines Berufslebens bei seinem Dienstherrn oder zumindest im öffentlichen Sektor. Die unbefristete Einstellung eines Beschäftigten kann dementsprechend aus betriebswirtschaftlicher Perspektive als Investitionsentscheidung mit einer erheblichen Investitionssumme angesehen werden. So ist nach Gourmelon und Oenning[26] die Einstellung eines 25-jährigen Akademikers', der vierzig Jahre berufstätig ist und anschließend 25 Jahre Pension erhält, mit Auszahlungen von rund 2,75 Millionen Euro (oder einem Ausgabebarwert von 1,4 Millionen Euro) verbunden. Angesichts dieser Investitionssumme (und selbstverständlich auch wegen der Verantwortung dem Bewerber' gegenüber) sollte die Anbahnung eines unbefristeten Beschäftigungsverhältnisses sorgsam durchgeführt werden. Vor allem ist auf eine sorgfältige eignungsdiagnostische Untersuchung der Bewerber' Wert zu legen. Wegen des mit der Einstellungsentscheidung verbundenen Risikos ist auch der Einsatz aufwendiger und kostenintensiver eignungsdiagnostischer Verfahren rechtfertigbar. Dem erheblichen Risiko steht allerdings „... die Chance gegenüber, dass sich die Tarifbeschäftigten und Beamten über Jahrzehnte mit großem Engagement und mit über die Zeit akkumulierten Kompetenzen ihren Aufgaben hingeben".[27]

25) Oechsler/Paul, Personal und Arbeit, S. 527.

26) Gourmelon/Oenning, in: Gourmelon/Kirbach/Etzel (Hrsg.), Personalauswahl, S. 320.

27) Gourmelon/Seidel/Treier, Personalmanagement, S. 53.

3 Personalmarketing

Zunehmend erkennen Behörden und Kommunalverwaltungen, dass sie sich in einem Wettstreit um Personal befinden. Aus der Praxis wird berichtet, dass die Anzahl der Bewerbungen sinkt und die Qualität der Bewerbungen nachlässt. Deshalb wird versucht, potenzielle Bewerber' durch Maßnahmen des Personalmarketings auf Vakanzen aufmerksam zu machen und die eigene Organisation als attraktiven Arbeitgeber' am Arbeitsmarkt zu platzieren.

3.1 Personalmarketing und dessen Auswirkungen auf den Erfolg der Personalauswahl

Bei der externen Personalbeschaffung, insbesondere bei der befristeten und unbefristeten Einstellung von Beschäftigten, müssen die Behörden ihren Personalbedarf am Arbeitsmarkt decken. Wenn die Arbeitsmarktlage für die Beschäftigten positiv ist, erkennen einstellende Behörden rasch die Notwendigkeit, dass sie für ihre Vakanzen werben müssen. Derzeit herrscht in einigen Teilbereichen des Arbeitsmarktes (Regionen wie z. B. Oberbayern, Berufsgruppen wie z. B. Fachärzte', Informatiker', Erzieher') quasi Vollbeschäftigung und dies hat zur Folge, dass sich die Erwerbspersonen nicht mehr um Jobs, sondern umgekehrt sich die Arbeitgeber' um hinreichend qualifizierte Beschäftigte bemühen müssen. Prognosen gehen davon aus, dass der Ersatzbedarf im öffentlichen Sektor angesichts der altersbedingten Personalabgänge weiterhin hoch bleibt. Diese Nachfrage trifft auf einen Arbeitsmarkt, der durch ein schrumpfendes Erwerbspersonenpotenzial sowie durch eine rückläufige Anzahl von Schulabsolventen' gekennzeichnet ist.[28] „Sofern – und das ist in der derzeitigen Corona-Krise nicht absehbar – auch in der Privatwirtschaft die Nachfrage nach Arbeitskräften zumindest stabil bleibt, wird sich der Wettstreit um Personal weiter verschärfen".[29] Personalengpässe werden sich durchweg bei allen Fachkräften im öffentlichen Sektor ergeben. Für den öffentlichen Sektor ist der Wettstreit mit anderen Arbeitgebern' um Personal („war for personnel") insofern schwierig zu bestehen, als er mit vielen Unternehmen der Privatwirtschaft hinsichtlich der Entlohnungsbedingungen nicht erfolgreich konkurrieren kann. Besonders hochqualifizierte und berufserfahrene Fach- und Führungskräfte erzielen in vielen Privatunternehmen deutlich höhere Gehälter. Angesichts dieser Situation haben Behörden und Kommunalverwaltungen Maßnahmen ergriffen, für ihre freien Stellen zu werben.

Personalmarketing und -werbung sind jedoch nicht nur in Zeiten eines – aus Sicht der Arbeitgeber' – schwierigen Arbeitsmarktes erforderlich. Unter allen Arbeitsmarktbedingungen ist Personalmarketing ein Faktor, der wesentlichen Einfluss auf den Erfolg der Personalauswahl hat. Bevor im Abschnitt 3.2 darlegt wird, wie Personalmarketing wirksam betrieben werden kann, soll diese Aussage begründet werden.

28) Institut für Arbeitsmarkt- und Berufsforschung, IAB Kurzbericht 6/2017, S. 3, Kultusministerkonferenz, Vorausberechnung der Schüler- und Absolventenzahlen 2016 bis 2030.

29) Gourmelon, Innovative Personalwerbung tut not, S. 4.

Als Erfolg der Personalauswahl wird hierbei vereinfachend das Verhältnis der Anzahl eingestellter geeigneter Bewerber' zur Anzahl eingestellter ungeeigneter Bewerber' aufgefasst:

$$\text{Erfolg der Personalauswahl} = \frac{\text{Anzahl eingestellter geeigneter Bewerber'}}{\text{Anzahl eingestellter ungeeigneter Bewerber'}}$$

Mittels Abbildung 3-1 wird nun der Zusammenhang zwischen den Ergebnissen eines Auswahlverfahrens und der Eignung von Bewerbern' dargestellt. Es wird davon ausgegangen, dass bei dem Auswahlverfahren ein Auswahltest durchgeführt wird und mehrere Vakanzen zu besetzen sind. Die Auswahlentscheidung sei ausschließlich vom Testergebnis abhängig, es werden die Bewerber' mit den besten Testergebnissen eingestellt. Das Testergebnis des Bewerbers', der gerade noch eingestellt wurde, wird als Cut-off-Wert bezeichnet. Alle Bewerber', die im Auswahltest ein Ergebnis über oder gleich dem Cut-off-Wert erzielt haben, werden eingestellt.

Abbildung 3-1: Zusammenhang zwischen Testergebnis und Eignung. Erläuterungen im Text.

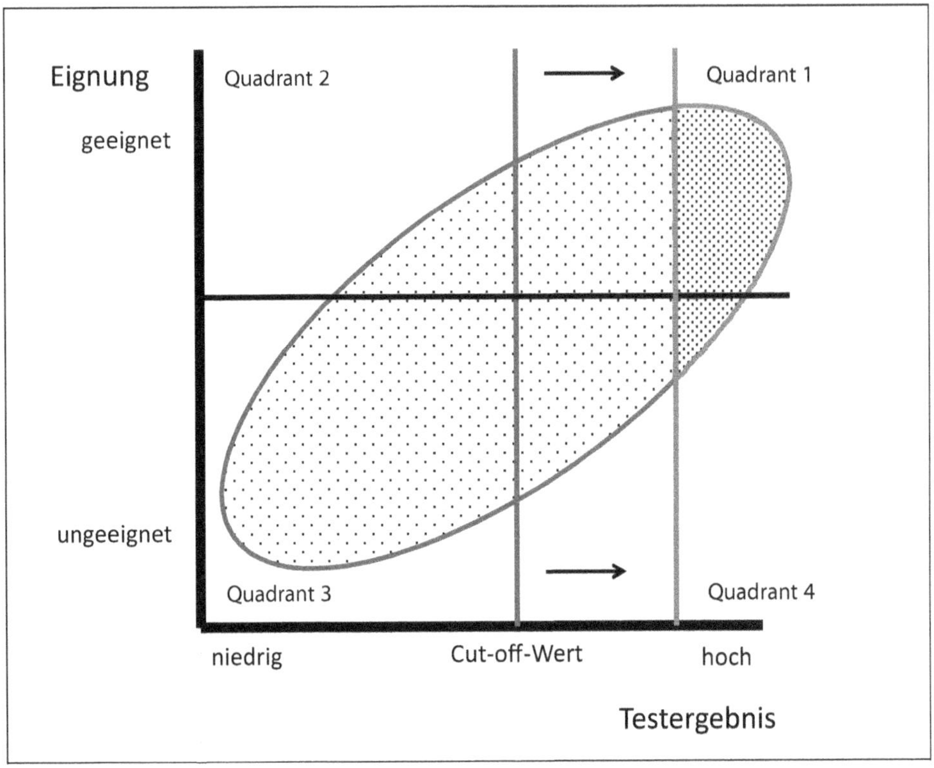

Die Bewerber' unterscheiden sich darin, ob bei ihnen Eignung für eine spezielle Tätigkeit (z. B. Polizeivollzugsdienst, Kommunalbeamter im gehobenen Dienst) vorliegt oder nicht. Ob Eignung vorliegt oder nicht, ist zum Zeitpunkt des Auswahlverfahrens den Personalauswählenden nicht bekannt; sie erweist sich in der Regel nach einiger Zeit im Arbeitsalltag. Mit dem Test soll die Eignung vorhergesagt werden. Für jeden Bewerber' liegen zwei Informationen vor: das Testergebnis sowie die Eignung (geeignet oder nicht geeignet). Diese beiden Informationen aller Bewerber' werden in der Abbildung als einzelne Punkte dargestellt, die sich in Form einer Ellipse anordnen. Je besser mit dem Test die Eignung vorhergesagt werden kann, desto schmaler würde die Ellipse werden. Würde der Test die Eignung perfekt feststellen, würden sich die Punkte der Bewerber' in Form einer Geraden anordnen. Könnte mit dem Test die Eignung nicht vorhergesagt werden, ordneten sich die Punkte in Form einer Wolke/eines Kreises an. Mathematisch-statistisch kann die Güte der Feststellung bzw. Vorhersage (oder im Fachterminus die prognostische Validität) des Tests mit der Kennzahl Korrelation r ausgedrückt werden. Bei einer perfekten Vorhersage der Eignung betrüge $r = 1$, bei einer Vorhersage, die sich nicht von einer Zufallsauswahl unterscheiden würde, nähme die Korrelation den Wert $r = 0$ an. Mit der Vorhersagegüte des Auswahlverfahrens wird ein wichtiges Qualitätskriterium der Leistung der Personalauswählenden angesprochen.

Die Ellipse in Abbildung 3-1 wird von einer senkrechten und einer waagrechten Geraden durchschnitten. Die waagrechte Gerade unterteilt die Gruppe der Bewerber' in geeignete und ungeeignete, die senkrechte Gerade unterteilt die Gruppe der Bewerber' in die eingestellten und die nicht eingestellten. Insgesamt können vier Teilgruppen unterschieden werden:

- Quadrant 1: Hier finden sich die Bewerber', die im Test ein hohes Ergebnis erzielten, eingestellt wurden und tatsächlich auch geeignet sind.
- Quadrant 2: Diese Bewerber' haben im Test ein niedriges Ergebnis erzielt, sind nicht eingestellt worden, wären aber tatsächlich geeignet gewesen (was sie z. B. bei einem anderen Dienstherrn unter Beweis gestellt haben).
- Quadrant 3: Im Test erzielten diese Bewerber' ein niedriges Ergebnis, sie wurden folglich nicht eingestellt. Und tatsächlich sind sie für die Tätigkeit ungeeignet (worunter z. B. ein anderer Dienstherr jetzt leidet).
- Quadrant 4: In diesem Quadranten finden sich diejenigen Bewerber', die im Test zwar gut abgeschnitten haben und eingestellt wurden, tatsächlich aber nicht geeignet sind.

Der Erfolg der Personalauswahl kann wie folgt visualisiert werden: Die Anzahl der eingestellten geeigneten Bewerber' entspricht der Fläche der Ellipse im Quadrant 1, die Anzahl der eingestellten ungeeigneten Bewerber' entspricht der Fläche der Ellipse im Quadrant 4. Der Leser' setze die Größe dieser beiden Flächen zueinander ins Verhältnis (eine Berechnung des Verhältnisses ermöglichen die Taylor-Russel-Tafeln[30]).

Nun zum Einfluss des Personalmarketings: Steigt durch wirksame Maßnahmen die Anzahl der Bewerber' an, so erhöht sich sowohl die Anzahl der Punkte innerhalb der Ellipse als auch – bei einer gleichbleibenden Anzahl von Einstellungen/Vakanzen – der Cut-off-Wert. Letzteres ist der Fall, weil die besten Bewerber' ausgewählt werden sollen und bei einer größeren Anzahl von Bewerbern' auch mehr Bewerber' höhere Testergebnisse erzielen. Folglich verschiebt sich die senkrechte Gerade in der Abbildung 3-1 nach rechts. Dies bewirkt eine Veränderung des Verhältnisses

30) Görlich/Schuler, Personalentscheidungen, S. 1152 ff. (1137).

der Ellipsenfläche im Quadrant 1 zur Ellipsenfläche im Quadrant 4, und zwar in der Art, dass nun verhältnismäßig mehr geeignete Bewerber' eingestellt wurden als ungeeignete. Nach Durchführung wirksamer Personalmarketing-Maßnahmen ist also der Erfolg der Personalauswahl trotz unveränderten Personalauswahlverfahrens größer. Dieser Effekt tritt unabhängig von der Lage des ursprünglichen Cut-off-Wertes ein.

Neben der Optimierung von Personalauswahlprozessen ist folglich auch die Optimierung des Personalmarketings wesentlich für den Erfolg der Personalauswahl. Ein aufwendig gestaltetes und kostenintensives Auswahlverfahren wäre weitgehend wertlos, falls sich z. B. durch mangelnde Bekanntheit der Behörde am Arbeitsmarkt oder ein schlechtes Arbeitgeber'-Image zu wenig Interessenten' bewerben würden.

Positive Effekte auf den Erfolg der Personalauswahl haben z. B. auch:

- eine Verminderung der Anzahl von zu besetzenden Stellen bei ansonsten gleichen Bedingungen (z. B. Anzahl Bewerber', Qualität des Auswahlverfahrens); hier verschöbe sich die senkrechte Gerade in Abbildung 3-1 ebenfalls nach rechts;
- eine Erhöhung der Eignungsrate bei den Bewerbern' (z. B. durch bessere Schul- und Hochschulausbildung, passgenaue Anwerbung von Bewerbern'); dabei verschöbe sich die waagrechte Gerade nach unten.

Bei einer Optimierung der Personalauswahl würde in Abbildung 3-1 die Ellipse schmaler werden.

3.2 Gestaltung des Personalmarketings[31]

Personalmarketing kann als eine Vorgehensweise aufgefasst werden, mit der langfristig-systematisch und auf einer zutreffenden Informationslage gründend neue Beschäftigte gewonnen und an die Organisation gebunden werden sollen.[32] Ein Bestandteil des Personalmarketings ist die Personalwerbung, also die aufmerksamkeitserregende, emotionsinduzierende und aktivierende Kommunikation und Präsentation von freien Stellen. Weiterhin besteht Personalmarketing auch darin, die angebotenen „Jobs" so zu gestalten (z. B. hinsichtlich Arbeitszeitregelungen, Fortbildungs- und Karrieremöglichkeiten, aber auch Arbeitsinhalten), dass sie im Einklang mit den Bedürfnissen der gewünschten Bewerber' stehen und somit für diese attraktiv sind.

Ein Personalmarketing-Konzept, welches auf alle Behörden und Verwaltungen übertragbar wäre, kann es nicht geben, da die Situation der Behörden und Verwaltungen sehr unterschiedlich ist. So wird beispielsweise der Bundesnachrichtendienst eine andere Vorgehensweise bei der Anwerbung von IT-Spezialisten' wählen müssen als eine kleine Kommune bei der Anwerbung eines Mitarbeiters' für das Grünflächenamt. Jede Behörde und Verwaltung muss ihr individuelles Personalmarketing-Konzept planen und durchführen. Behrens und Zempel[33] beschreiben vier Schritte zur Entwicklung eines wirksamen Personalmarketing-Konzepts, die nachfolgend erläutert werden.

31) Dieser Abschnitt gründet auf Gourmelon/Seidel/Treier, Personalmanagement, Kapitel 3.3.

32) Kolb, Personalmanagement, S. 84; Hopp/Göbel, Management in der öffentlichen Verwaltung, S. 336.

33) Behrens/Zempel, Personalmarketing, S. 30 ff.

3.2.1 Analyse der inneren und äußeren Faktoren

Zuerst müssen nach Behrens und Zempel entscheidungsrelevante Informationen erhoben werden. Die Informationen können dabei danach unterschieden werden, ob ihr Ursprung in der jeweiligen Behörde oder Verwaltung (innere Faktoren) oder in deren Umwelt (äußere Faktoren) liegt. Mit Abbildung 3-2 sind einige Beispiele für entscheidungsrelevante Informationen aufgelistet.

Abbildung 3-2: Beispiele für entscheidungsrelevante Informationen im Personalmarketing.[34]

innere Faktoren	äußere Faktoren
• quantitativer und qualitativer Personalbedarf • Werte und Leitbild der Organisation (z. B. Orientierung am Gemeinwohl oder Gewinnorientierung) • aktuelle und zukünftige Personalpolitik (z. B. Vereinbarkeit von Familie und Beruf), Eckpunkte des Personalmanagements (z. B. Karrierepfade) • aktuelle und zukünftige Arbeitsinhalte und -bedingungen • Arbeitszufriedenheit und Fluktuationsverhalten des Personals • ...	• Arbeitsmarktlage insgesamt, Entwicklung des Erwerbspersonenpotenzials • Lage auf Teilarbeitsmärkten, z. B. bezogen auf Berufe oder Regionen • Image von Berufen • Bekanntheitsgrad der Organisation am Arbeitsmarkt • Arbeitgeber-Image • Bedürfnisse und Wünsche von Bewerbern an den zukünftigen Beruf/Job • ...

Eine datengestützte Vorgehensweise bedeutet, sich bei der Gestaltung von Marketing- und Werbekonzepten nicht nur auf das eigene (Vor-)Urteil über die Zielgruppe zu stützen, sondern auch die Erkenntnisse empirischer Studien zu berücksichtigen – hierzu nachfolgend Beispiele.

Bei einer repräsentativen Befragung von 1.017 Schülern' des Kreises Recklinghausen, die die Hochschulreife anstrebten, ergaben sich deutliche Unterschiede im Bekanntheitsgrad ausgewählter Arbeitgeber' (siehe Abbildung 3-3).

Abbildung 3-3: Bekanntheitsgrad ausgewählter Arbeitgeber' bei Schülerinnen und Schülern des Kreises Recklinghausen.[35]

Rang	Über diesen Arbeitgeber fühle ich mich sehr gut oder gut informiert ...	Prozentsatz der befragten Schüler/innen
1	Polizei	37,6 %
2	Deutsche Bank	26,0 %
3	Thyssen Krupp	24,3 %
4	Deutsche Bahn	22,0 %
5	Bundesagentur für Arbeit	20,1 %
6	Aldi	20,0 %
7	McDonalds	18,1 %

34) Nach Gourmelon/Seidel/Treier, Personalmanagement, S. 60.

35) Gourmelon, Personalmarketing.

Rang	Über diesen Arbeitgeber fühle ich mich sehr gut oder gut informiert ...	Prozentsatz der befragten Schüler/innen
8	Evonik	17,9 %
9	Dt. Telekom	15,3 %
10	Siemens	13,6 %
11	Stadtverwaltung Recklinghausen	13,6 %
12	Prosper Hospital	12,2 %
13	Kreisverwaltung Recklinghausen	10,8 %
14	Allianz	10,3 %

Aus diesen Daten lässt sich beispielsweise folgern, dass die Kreisverwaltung Recklinghausen bei der Personalwerbung Maßnahmen ergreifen muss, um ihren Bekanntheitsgrad bei Schülern' zu steigern. Nach den Ergebnissen dieser Befragung sollten Kommunalverwaltungen sich auch um die Optimierung ihres Arbeitgeber'-Images kümmern. Junge Menschen haben nämlich von Kommunalverwaltungen folgende Eindrücke: langweilig, eintönig, träge, bürgernah, schlecht zahlend, familienfreundlich.

Für die Gestaltung konkreter Marketing-Maßnahmen ist weiterhin bedeutsam, welche Informationsquellen die jeweilige Zielgruppe verwendet. Bak, Brendel, Möllers, Schliedz und Watzlawek führten im Jahr 2018 eine für das Land Nordrhein-Westfalen repräsentative Befragung von 957 Schülerinnen und Schülern durch, die für das Jahr 2019 die Fachhochschul- oder Hochschulreife anstrebten.[36] In Abbildung 3-4 sind die Ergebnisse zu den Informationsquellen diese Zielgruppe dargestellt.

Abbildung 3-4: Informationsquellen von Schülerinnen und Schülern für die Studien- und Berufswahl (n = 957, Mehrfachnennungen möglich).[37]

Rang	Informationsquelle	genutzt von ... % der befragten Schüler/innen
1	Freunde / Bekannte	62,7 %
2	Eltern	51,0 %
3	Informationstage an Schulen	48,1 %
4	Berufsinformationszentrum	40,1 %
5	Homepage der Arbeitgeber	39,3 %
6	Internetforen	39,2 %
7	Praktika	38,9 %
8	Flyer / Broschüren	38,8 %
9	Homepage der Hochschulen	34,0 %
10	andere Verwandte	30,9 %
11	Jobmessen	30,7 %
12	Lehrerinnen und Lehrer	27,2 %

36) Gourmelon, Aktuelle Daten zum Berufswahlverhalten zukünftiger Abiturienten. Ähnliche Ergebnisse auch in Bethke/Gourmelon, Der Öffentliche Dienst, S. 49 ff.

37) Aus Gourmelon, Aktuelle Daten zum Berufswahlverhalten zukünftiger Abiturienten.

Rang	Informationsquelle	genutzt von ... % der befragten Schüler/innen
13	YouTube	23,2 %
14	Berufseignungstests	20,8 %
15	Online-Jobbörsen	14,2 %
16	Zeitungen und Zeitschriften	10,4 %
17	Girls'Day / Boys'Day	9,5 %
18	Radio / Fernsehen	7,0 %
19	Instagram	6,5 %
20	Facebook	3,3 %

Angesichts der Befragungsergebnisse wird deutlich, dass sich Arbeitgeber'/ Dienstherren bei ihren Werbemaßnahmen nicht allein auf soziale Medien wie Instagram oder Facebook verlassen sollten. Traditionelle Informationskanäle wie Informationstage an Schulen, Flyer/Broschüren oder Jobmessen dürfen nicht vernachlässigt werden.

In der selben Studie wurden auch Daten zu den Berufswahlkriterien von Abiturienten' erhoben (siehe Abbildung 3-5).

Abbildung 3-5: Berufswahlkriterien von Abiturientinnen und Abiturienten und deren Bedeutung (Skala: 1 = „sehr wichtig" bis 4 = „wenig wichtig", n = 947).[38]

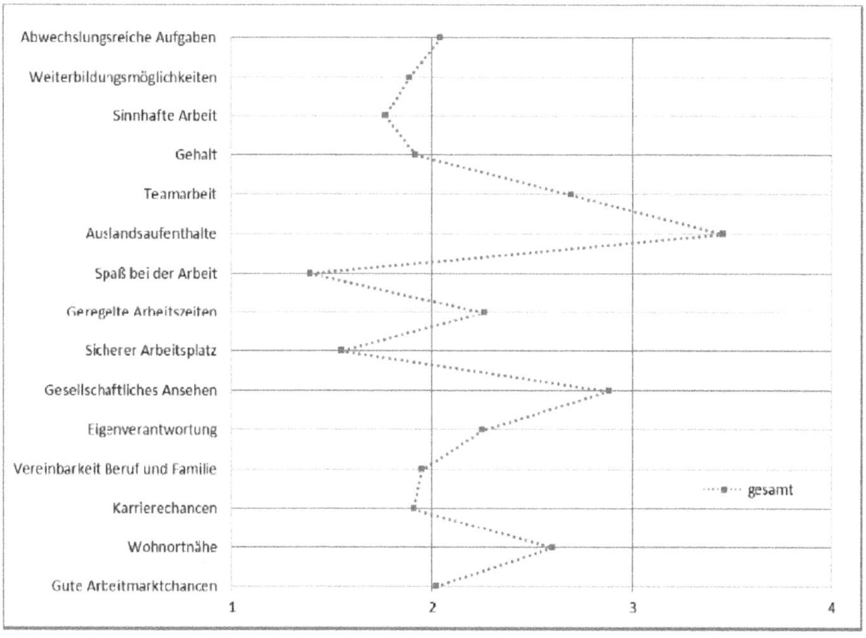

38) Aus Gourmelon, Aktuelle Daten zum Berufswahlverhalten zukünftiger Abiturienten.

Die statistische Analyse der erhobenen Daten ergab, dass Abiturienten im Durchschnitt mehr Wert auf die Kriterien „Gehalt" und „Karrierechancen" legen als die Abiturientinnen. Letztere legen im Durchschnitt mehr Wert auf das Kriterium „Vereinbarkeit von Familie und Beruf". High Potentials (Abiturienten' mit einem Notendurchschnitt < 2,0) weisen den Kriterien sinnhafte „Arbeit" und „Auslandsaufenthalte" höhere Wichtigkeit zu, Schülerinnen und Schüler mit einem nicht so gutem Notendurchschnitt ist das Kriterium „Wohnortnähe" wichtiger. Für Abiturienten' mit Migrationshintergrund sind die Kriterien „Gehalt", „Karrierechancen", „gesellschaftliches Ansehen", „sicherer Arbeitsplatz" wichtiger als für diejenigen ohne Migrationshintergrund. Aus diesen Analyseergebnissen kann erschlossen werden, welche Werbebotschaften gewählt werden sollten, um eine bestimmte Zielgruppe anzusprechen.

Im Rahmen einer weiteren empirischen Studie wurden 80 Studentinnen und Studenten befragt, die Informatik oder einen Studiengang mit Schwerpunkt Informatik studieren.[39] Die Befragung erfolgte an Universitäten und Hochschulen in München, Nürnberg und Erlangen. Die Auswertung der Befragung ergab, dass für die Wahl des zukünftigen Arbeitsgebers' für die Befragten die folgenden Kriterien bedeutsam sind (aufgelistet nach abnehmender Bedeutsamkeit):

1. eine passende Aufgabe
2. Gehalt
3. Arbeitsklima
4. Work-Life-Balance
5. Entwicklungsmöglichkeiten

Berufliche Aufgaben sollten aus Sicht der Informatik-Studenten und -Studentinnen abwechslungsreich, herausfordernd und spannend sein. Während ein Teil des Nachwuchses noch keine Vorstellungen von den Arbeitsaufgaben in der öffentlichen Verwaltung hatten, schätzte ein anderer Teil die Tätigkeiten als sehr bürokratisch, stupide und wenig herausfordernd ein. Über das Gehalt und weitere materielle Anreize im öffentlichen Sektor scheinen die Studentinnen und Studenten nur wenig informiert zu sein. Sie wünschen sich vom zukünftigen Arbeitgeber' Bonusleistungen, Urlaubsgeld, ein 13. Gehalt und eine gute Altersvorsorge. Nach Ansicht der Studienautoren' „... sollte die öffentliche Verwaltung nicht das Ziel haben, mit den Spitzengehältern der privaten Wirtschaft mitzuhalten, sondern vielmehr dafür sorgen, dass Mitarbeiter und Nachwuchskräfte nicht das Gefühl haben, unterbezahlt zu werden" (Thiersch et al., 2019, S. 35).[40] Beim Arbeitsklima ist den Befragten ein guter Umgang der Kollegen' untereinander wichtig. Auch die Unternehmenskultur ist bedeutsam: gefragt sind flache Hierarchien sowie die Offenheit des Arbeitgebers'; vermutet wird in der öffentlichen Verwaltung eine hierarchische, monotone und altmodische Kultur. Elemente zur Verwirklichung einer Work-Life-Balance und von Familienfreundlichkeit sind aus Sicht der Befragten vor allem die Möglichkeit, ein Home-Office sowie flexible Arbeitszeiten nutzen zu können. Inakzeptabel sind Überstunden, lange Arbeitszeiten, ständige Erreichbarkeit, Wochenend- und Schichtarbeit. Der Informationsstand der Befragten zu den Maßnahmen von Behörden in den Bereichen Work-Life-Balance und Familienfreundlichkeit ist uneinheitlich. Die Studentinnen und Studenten der Informatik wünschen sich Weiterbildungsmaßnahmen, Entwicklungs-

39) Thiersch/Blank/Zepic/Krcmar, Verwaltung & Management, S. 28 ff.

40) Thiersch/Blank/Zepic/Krcmar, Verwaltung & Management, S. 35.

pfade sowie beruflichen Aufstieg. Über die Hälfte der Befragten schätzen die Karrieremöglichkeiten in der öffentlichen Verwaltung als zu gering oder schlecht ein. Die Jobs in der öffentlichen Verwaltung werden weit überwiegend als sicher eingestuft. Allerdings ist nur für eine Minderheit des IT-Nachwuchses Arbeitsplatzsicherheit ein bedeutsames Kriterium. Zur Verbeamtung gibt es bei den Befragten unterschiedliche Meinungen. Das Image der öffentlichen Verwaltung bei den Befragten ist erwartungsgemäß für Marketing-Zwecke nicht förderlich. Überraschend ist, dass die Befragten die Vorstellung haben, Behörden seien hinsichtlich der Technik schlecht ausgestattet. Die Mehrheit des befragten IT-Nachwuchses kann sich nicht vorstellen, im Öffentlichen Dienst zu arbeiten; für 44 % wäre dies aber grundsätzlich möglich. Attraktivitätssteigernd ist nach Ansicht mancher Befragten, dass der Öffentliche Dienst u.a. nicht gewinnorientiert ist, gesellschaftsorientierte Tätigkeiten anbietet und die Lebensqualität sichert. Nach Ansicht der Befragten würde die öffentliche Verwaltung durch folgende Maßnahmen ihre Attraktivität steigern (Auswahl): höhere und leistungsbezogene Gehälter, mehr Innovationen, Technologietrends verfolgen, mehr Forschung und Entwicklung, Kooperationen mit Universitäten, interessante Aufträge nicht extern vergeben, abwechslungsreiche Projekte und Aufgaben, eigenverantwortliche Tätigkeiten. Aus den vorgenannten Studienergebnissen können Schlussfolgerungen für das Personalmarketing gezogen werden; beispielsweise sind Interessenten' aus dem Bereich Informatik besser über die Aufgaben, die Arbeits- und Karrieresituation im Öffentlichen Dienst sowie die Entlohnung (incl. Altersversorgung) zu informieren.

3.2.2 Strategische Planung

Gemäß dem Modell von Behrens und Zempel sind nach der Erhebung von entscheidungsrelevanten Informationen die Grundzüge der zukünftigen Personalpolitik und der Außendarstellung am Arbeitsmarkt festzulegen. Dabei geht es um die Bestimmung eines „roten Fadens", nicht um die konkrete Ausgestaltung einzelner Werbemedien. Mit diesen Grundzügen werden die Fragen beantwortet, weshalb sich ein Bewerber' für die Behörde oder Verwaltung interessieren und weshalb ein Mitarbeiter' in der eigenen Organisation verbleiben sollte. Es handelt sich bei dieser Festlegung (und der späteren Umsetzung) um die Positionierung der eigenen Arbeitgebermarke auf dem Arbeitsmarkt („employer branding"), durchaus in Abgrenzung zu den Marken/Employer Brands anderer Arbeitgeber'. Eine gute Marke zeichnet sich dabei durch Klarheit der Botschaft, Unverwechselbarkeit, Stetigkeit und Verlässlichkeit aus. Im Rahmen der strategischen Planung sollten auch Kennzahlen festgelegt werden, mit deren Hilfe die Wirksamkeit der Maßnahmen ermittelt werden kann.

Beispiel: Kernaussagen zur Arbeitgebermarke der Landeshauptstadt München aus dem Jahr 2018

„Sinnhaftigkeit – Flexibilität – Verlässlichkeit – Gemeinschaft – Vielfalt: Diese fünf Begriffe spiegeln am besten unsere Ansprüche nach außen wie nach innen wider. Sie sind die Pfeiler unserer Arbeitgebermarke, die zeigt, wie wir uns als Unternehmen verstehen. Werte wie ein verlässliches Miteinander, Einsatzbereitschaft und eine auf Offenheit und gegenseitigem Verständnis aufbauende Unternehmenskultur sind uns genauso wichtig wie Ihre Bedürfnisse nach Arbeitsplatzsicherheit, Weiterbildung, Vereinbarkeit von Beruf und Familie sowie möglichst gesundheitsfördernden Arbeitsbedingungen". [41]

41) Landeshauptstadt München, Arbeitgebermarke.

Bei der Festlegung der Arbeitgebermarke sollte einerseits auf die Wirkung in Bezug auf die Zielgruppen geachtet werden, andererseits darauf, dass die Inhalte der Arbeitgebermarke im Einklang mit der Wirklichkeit in der Organisation stehen. Den Behörden und Verwaltungen ist nicht damit geholfen, wenn bei Interessenten' und Bewerbern' falsche Erwartungen erzeugt werden. Werden diese Erwartungen enttäuscht, ist damit zu rechnen, dass sich die neuen Beschäftigten bemühen, den Arbeitgeber' zu wechseln.

3.2.3 Umsetzung

Als Nächstes ist der im zweiten Schritt entworfene strategische Plan zu realisieren. Dabei stehen Werbemaßnahmen im Vordergrund. Mit Werbemaßnahmen können Interessenten' auf Vakanzen aufmerksam gemacht, der Bekanntheitsgrad der Behörde als Arbeitgeber' erhöht oder das Image der Behörde im Sinne der eigenen Markenbotschaft beeinflusst werden. Durch Werbemaßnahmen soll erreicht werden, dass sich die Anzahl der Bewerbungen erhöht und dass sich durch die Anregung von Selbstselektionsprozessen ungeeignete Personen möglichst nicht bewerben.

Für die Verbreitung von Werbebotschaften stehen vielfältige Kommunikationskanäle zur Verfügung; sie können in drei Gruppen unterteilt werden: persönliche Kommunikation, durch Medien vermittelte Kommunikation, Kommunikation über dritte Personen (siehe Abbildung 3-6).

Abbildung 3-6: Beispiele für Kommunikationskanäle im Personalmarketing.[42]

Persönliche Kommunikation	• Ausbildungsmessen • College Recruiting, wie z. B. Bereitstellen von Praktikumsstellen, Stipendien, Unterstützung von Thesis-Arbeiten • Tag der offenen Tür, Werksbesichtigungen • Job Speed Dating • Schulbesuche • telefonische Hotlines zu Einstellungsberatern' • Direktansprache, Active Sourcing offline
Durch Medien vermittelte Kommunikation	• Nutzung von Stellenportalen im Internet, z. B. www.bund.de, www.stepstone.de/jobs, • Webauftritt der Organisation, z. B. www.bundeswehr-karriere.de, www.berlin-braucht-dich.de • Online-Tests in Verbindung mit Berufsinformationen, z. B. www.cyou-startlearning.hamburg.de, Unternehmenssimulationsspiele • Blogs/Chats • Podcasts und Videos mit Stellenbeschreibungen, z. B. unter Nutzung von youtube • TV- und Radiospots • Plakate, Broschüren • Give-aways wie z. B. Kugelschreiber, Schreibblöcke, USB-Sticks • Nutzung sozialer Netzwerke und Medien, z. B. Facebook, Xing, Twitter, Active Sourcing online • Stellenanzeigen / Stellenausschreibungen in der Tages- oder Fachpresse

42) Nach Gourmelon/Seidel/Treier, Personalmanagement, S. 68.

Kommunikation über Dritte	• Anwerbung durch Organisationsangehörige • Headhunter, Personalberater, Executive Search • Arbeitsvermittler, Berufsberater • Lehrer, Eltern

Zur Auswahl einzelner Kommunikationskanäle für eine spezielle Werbekampagne können folgende Kriterien herangezogen werden:

- Ausgaben pro kontaktiertem Bewerber': Diese sind z. B. bei Online-Tests oder bei Stellenanzeigen in der Tagespresse relativ hoch.
- Mit dem Kommunikationskanal verbundener Personalaufwand: Dieser ist z. B. bei der Nutzung sozialer Medien wie Facebook relativ hoch.
- Anzahl der erreichten Interessenten': Bei mediengestützten Kanälen wird dies in der Regel eine höhere Anzahl sein als bei der Kommunikation über Dritte.
- Kontakt von aktiv oder passiv suchenden Interessenten': Mit Internet-Stellenportalen werden aktiv suchende Interessenten' angesprochen. Bei Stellenanzeigen in der Tageszeitung/der Fachpresse oder bei der Nutzung von Personalberatern' werden auch solche Personen erreicht, die nicht auf der Suche nach einem neuen Job sind.
- Möglichkeit zur authentischen Vermittlung der Markenbotschaft, Intensität der Kommunikation mit den Interessenten'.
- Kompatibilität der Kommunikationskanäle untereinander.

Nachfolgend Hinweise zu ausgewählten Kommunikationskanälen und Recruitinginstrumenten.

Aus Sicht des Personalmarketings sind mit **Stellenausschreibungen** verschiedene Ziele verbunden: So sollen potenzielle Bewerber' auf eine Vakanz aufmerksam gemacht werden. Durch Stellenausschreibungen sind zudem potenzielle Bewerber' dazu anzuregen, sich weitere Informationen zur freien Stelle einzuholen. Weiterhin sind geeignete Interessenten' davon zu überzeugen, sich auf die Vakanz zu bewerben, ungeeignete Interessenten' sollen von einer Bewerbung abgehalten werden.

Für die Veröffentlichung von Stellenanzeigen kommen verschiedene Möglichkeiten in Betracht, wie z. B.:

- Website oder Facebook-Auftritt der eigenen Behörde oder Kommunalverwaltung
- Aushang im Dienstgebäude u. Ä.
- Abdruck in der Hauszeitschrift oder dem eigenen Newsletter
- Beilage in Mitarbeiter'anschreiben, wie z. B. Bezügeabrechnungen
- Abdruck in regionalen oder überregionalen Tageszeitungen
- Abdruck in Fachzeitschriften oder Zeitschriften von Berufsverbänden
- Nutzung von kommerziellen oder nicht kommerziellen Stellenbörsen im Internet, wie z. B. monster.de, stepstone.de, interamt.de, verwaltungsjobs.de, stelleninserate.de, stellenmarkt.nrw.de, jobboerse.de

Welche Möglichkeiten gewählt werden, hängt u. a. von den Antworten auf folgende Fragen ab:

- Handelt es sich um eine externe oder interne Stellenausschreibung?
- Wie hoch sind die Kosten?
- Wie viele potenzielle Bewerber' werden jeweils angesprochen?
- Werden die richtigen Personen erreicht?
- Passt die Art der Veröffentlichung zur Arbeitgebermarke bzw. Employer Brand der Behörde oder der Kommunalverwaltung?

Inhalte einer Stellenausschreibung sollten sein:

- Angaben zur ausschreibenden Organisation, z. B. Aufgaben, Standort, Größe
- Angaben zur Vakanz, z. B. Aufgaben- und Tätigkeitsbeschreibung, Arbeitsort und -zeit, Einbindung in Hierarchie, Verantwortungsumfang, ggf. Befristung und Befristungsgrund, Art des Beschäftigungsverhältnisses
- Angaben zu den Anforderungen, z. B. erforderliche Qualifikationen, fachliche, methodische und soziale Kompetenzen
- Angaben zu den materiellen und immateriellen Anreizen, z. B. Vergütungshöhe, Fortbildungsmöglichkeiten
- Angaben zu den vom Bewerber' zu übermittelnden Daten, z. B. Lebenslauf, Abschlusszeugnisse
- Angaben zur Erreichbarkeit des Arbeitgebers', z. B. Telefonnummer
- Angaben für besondere Personengruppen, z. B. für Menschen mit Behinderungen, Menschen mit Migrationshintergrund

Videos sind aktuell ein beliebtes Werbemedium, gerade jüngere Zielgruppen nutzen Videos gerne. Die Spannweite der technischen und inhaltlichen Qualität der Videos ist derzeit groß. Mit Hilfe von Werbevideos lassen sich Informationen an die Interessenten' übermitteln. Zudem lässt sich mit diesem Mittel das Image eines Arbeitgebers' wirksam beeinflussen. Zur Gestaltung von Werbevideos gibt es inzwischen vielfältige Hinweise.[43]

Neben Videokanälen wie z. B. Youtube können weitere **soziale Medien** für Werbezwecke verwendet werden. Es bieten sich soziale Netzwerke wie z. B. Facebook, Business-Netzwerke, wie z. B. XING oder Linkedin, Weblogs oder Microblogs, wie z. B. Twitter, an. Einen ausführlichen Erfahrungsbericht zur Nutzung von sozialen Medien durch eine Kommunalverwaltung geben z. B. Uhr und Grimm.[44]

Ausbildungs- und Berufsmessen sind traditionelle Kommunikationskanäle. Nach Tschauder bieten diese Kommunikationskanäle u. a. folgende Vorteile:[45]

- Es wird die richtige Zielgruppe zur richtigen Zeit angesprochen, da sich die Besucher' i. d. R. in der Berufsorientierungs- oder in der Bewerbungsphase befinden,
- zudem werden ebenfalls zukünftige potentielle Bewerber' angesprochen, die sich erst in den nächsten Jahren in der Berufsorientierungs- oder in der Bewerbungsphase befinden, z.B. jüngere Geschwister, Freunde,
- durch die Ansprache der Eltern, die oftmals ihre Kinder begleiten, kann gleichzeitig eine indirekte Beeinflussung der Interessenten' vorgenommen werden,
- durch die persönliche Ansprache der potentiellen Bewerber' ist z. B. eine unmittelbare Klärung und Beratung bezüglich der Zugangsvoraussetzungen, des Ausbildungsablaufes, der Ausbildungsinhalte usw. möglich. Zudem können Bedürfnisse und Zweifel der potentiellen Bewerber' individuell besprochen werden. Hierdurch können Zweifel abgebaut und das Interesse an einer Bewerbung verstärkt werden,
- Besucher' können über die Vielfältigkeit des eigenen Ausbildungsangebots sowie über die Möglichkeit verschiedener Praktika informiert werden,
- durch eine moderne Präsentation kann das negative Image des öffentlichen Dienstes beeinflusst werden.

Bei der Gestaltung von Personalwerbemaßnahmen und der Nutzung von Kommunikationskanälen ist grundsätzlich die **Kooperation mit anderen Behörden und Verwaltungen** zu empfehlen, um Kosten zu senken und die Wirksamkeit von Maßnahmen zu steigern.

---

43) Neubach, Der Einsatz von Videos im Azubi-Recruiting, S. 124 ff.; Gourmelon, Werbevideos: Für Nachwuchskräfte mit Migrationshintergrund zu wenig attraktiv; Gourmelon, Was ist bei der Produktion von Werbevideos zu beachten?

44) Uhr/Grimm, Erfolgreich mit Facebook, Instagram, XING & Co werben, S. 45 ff.

45) Gourmelon, Ausbildungs- und Berufsmessen.

Beispiel

Die Initiative www.berufe-sh.de ist ein herausragendes Beispiel für eine gelungene Zusammenarbeit von kommunalen Arbeitgebern' in Schleswig-Holstein. Interessenten' erhalten über diese Website Informationen zu über 100 Berufen, zu freien Stellen und zu verschiedenen Arbeitgebern'.[46] Weitere Beispiele, die die Vorzüge einer Zusammenarbeit dokumentieren, finden sich unter www.berufe-nrw.de, www.wir-machens-oeffentlich.de

3.2.4 Kontrolle der Maßnahmen

Die Wirkung von Maßnahmen des Personalmarketings ist nicht selbstverständlich und muss regelmäßig überprüft werden. Damit sollen unnötige Ausgaben vermieden werden. Bereits bei der Planung der Maßnahmen sollten die zu erreichenden Ziele mit Kennzahlen unterlegt werden. Bei der Kontrolle der Maßnahmen sind dann diese Kennzahlen zu verwenden und die Zielerreichung zu prüfen. Falls Ziele nicht erreicht wurden, können Maßnahmen eingestellt, verändert oder durch neuartige Maßnahmen ersetzt werden. Dass die Kontrolle von Personalwerbung möglich ist, zeigen die Beispiele der Stadtverwaltung Dortmund und der Bayerischen Polizei. Bei der Stadtverwaltung Dortmund wurden im Zeitraum 2003 bis 2009 die Werbemaßnahmen unter anderem mit der Kennzahl „Anzahl der Bewerber/innen" überprüft.[47] Die Werbemaßnahmen führten zu einer Steigerung der Anzahl der Bewerberinnen und Bewerber um 84 Prozent. Kasecker und Sandner berichten über die Evaluation einer Werbekampagne der Bayerischen Polizei um IT-Fachkräfte im Jahr 2018; hierbei konnte eine Verbesserung des Images der Bayerischen Polizei als IT-Arbeitgeberin festgestellt werden.[48]

46) Behrens/Zempel, berufe-sh, berufe-nrw, S. 113 ff.

47) Kassebaum/Windorf, Marketing der Stadtverwaltung Dortmund, S. 308 f. (291).

48) Kasecker/Sandner, Das Projekt „Werbeoffensive IuK", S. 89.

4 Rechtliche Rahmenbedingungen für Stellenbesetzungs- und Auswahlverfahren

Jedes Stellenbesetzungs- bzw. Auswahlverfahren im öffentlichen Dienst unterliegt einer Vielzahl von rechtlichen Vorschriften, entsprechenden Grundbegrifflichkeiten und eignungsdiagnostischen Normen, die an dieser Stelle zur besseren Übersichtlichkeit dargestellt werden.[49]

4.1 Grundgesetz

4.1.1 Leistungsprinzip und Bestenauslese

Art. 33 Abs. 2 GG beinhaltet mit dem **Leistungsprinzip** den einzigen namentlich genannten hergebrachten Grundsatz des Berufsbeamtentums. Hiermit kommt seine besondere Bedeutung zum Ausdruck. Das Leistungsprinzip ist grundsätzlich schrankenlos gewährleistet. Aufgrund seines Verfassungsranges kommt daher eine Einschränkung nur durch Vorschriften oder Regelungen in Betracht, die ebenfalls vom Grundgesetz gedeckt sind. Die Vorschrift stellt ein grundrechtsgleiches Recht dar[50] und garantiert den gleichen Zugang zum öffentlichen Dienst, indem sie eine Positivliste von Eignungsmerkmalen enthält, die Maßstab für den Anspruch auf gleichen Zugang zu einem öffentlichen Amt sind.[51] Damit wird nicht nur das Leistungsprinzip bzw. die Bestenauslese[52], sondern auch das Prinzip der Chancengleichheit festgeschrieben.

Gemäß Art. 33 Abs. 2 GG hat jeder Deutsche nach seiner Eignung, Befähigung und fachlichen Leistung gleichen Zugang zu jedem öffentlichen Amt. (Zum Leistungsvergleich anhand dienstlicher Beurteilungen vgl. Kapitel 10.9.) Jede Bewerbung muss nach diesen Kriterien beurteilt werden.[53] Dies gilt auch bei der Vergabe von sog. Beförderungsdienstposten, die dem ausgewählten Bewerber bei erfolgreicher Erprobung die Chance auf eine Beförderung eröffnen.[54] Der Leistungsgrundsatz gebietet, dass der Dienstherr bei seiner Auswahlentscheidung keinen Bewerber' übergehen darf, der im Vergleich mit anderen Bewerbern' die Kriterien der **Bestenauslese** am besten erfüllt.[55] Die Geltung des Grundsatzes der Bestenauslese wird durch Art. 33 Abs. 2 GG unbeschränkt und vorbehaltlos gewährleistet. Das dient zum einen dem öffentlichen Interesse an der bestmöglichen Besetzung der Stellen des öffentlichen Dienstes. Zum anderen trägt Art. 33 Abs. 2 GG dem berechtigten Interesse der Bediensteten an einem angemessenen beruflichen Fortkommen dadurch Rechnung,

---

49) Zu Gerechtigkeitsaspekten in der Personalauswahl vgl. Kanne, DÖD 2016, 241.

50) BVerfG 20.3.2007 – 2 BvR 2470/06 –, ZTR 2007, 585; BVerwG 26.2.2021 – 1 WB 17/20 –, juris; zu einer Bewerbung um eine Universitätsprofessur BVerwG 10.12.2020 – 2 C 12/20 –, NVwZ 2021, 638.

51) BVerwG 24.11.1988 – 2 C 10/86 –, E 81, 24 = DÖD 1989, 196.

52) Vgl. hierzu BVerfG 4.2.1981 – 2 BvR 570/76 u. a. –, E 56, 146.

53) BAG 12.10.2010 – 9 AZR 518/09 –, E 136, 36.

54) BVerwG 30.1.2014 – 1 WB 1/13 –, Buchholz 449.2 § 6 SLV 2002 Nr. 6; OVG NRW 6.4.2016 – 6 B 221/16 –, juris Rn. 5.

55) BVerfG 20.9.2007 – 2 BvR 1972/07 –, ZBR 2008, 167.

dass er grundrechtsgleiche Rechte auf ermessens- und beurteilungsfehlerfreie Einbeziehung in die Bewerberauswahl begründet.[56] Öffentliche Ämter i. S. d. Art. 33 Abs. 2 GG sind nicht nur Beamtenstellen, sondern auch solche Stellen, die von Arbeitnehmern besetzt werden können.[57] Verfassungsrechtlich ist zudem der Zugang zu Beförderungsämtern bzw. zu höherwertigen Stellen geschützt. Beamten' und Arbeitnehmern' im öffentlichen Dienst steht nach Art. 33 Abs. 2 GG bei der Besetzung von Ämtern des öffentlichen Dienstes ein **Bewerbungsverfahrensanspruch** zu.[58] Daraus folgt angesichts der Kriterien Eignung, Befähigung und fachliche Leistung in Art. 33 Abs. 2 GG ein subjektives Recht, d. h. ein Anspruch jedes Bewerbers' auf chancengleiche Teilnahme am Bewerbungsverfahren.[59]

Das Leistungsprinzip vermittelt dem Bewerber' ein Recht auf Bewerbung und auf Einbeziehung in das jeweilige Bewerbungsverfahren. Darüber hinaus enthält Art. 33 Abs. 2 GG ein Abwehrrecht des Bewerbers gegenüber sachwidrig unter Missachtung der Bestenauslese ausgewählten Konkurrenten. Wird das insoweit durch Art. 33 Abs. 2 GG vermittelte (grundrechtsgleiche) subjektive Recht, der sog. Bewerbungsverfahrensanspruch, durch eine **fehlerhafte bzw. rechtswidrige Auswahlentscheidung** des Dienstherrn verletzt, so folgt daraus regelmäßig kein Anspruch auf Einstellung oder auf Vollziehung einer anderen Personalmaßnahme (z. B. Beförderung, Höhergruppierung); der unterlegene Bewerber' kann aber eine erneute Entscheidung über seine Bewerbung beanspruchen (i. d. R. im Rahmen des einstweiligen Rechtsschutzes[60]), wenn seine Auswahl möglich erscheint.[61]

Da der bloße Wechsel auf einen anderen gleichwertigen Dienstposten (sog. gleichwertiger Wechsel unter Beibehaltung der Besoldungs- oder Entgeltgruppe) keine Übertragung eines anderen öffentlichen Amtes i. S. d. Art. 33 Abs. 2 GG ist, bedarf es vorab keiner Bestenauslese. Vielmehr entscheidet der Dienstherr über die Umsetzung oder Versetzung des Betroffenen unter Beachtung der dienstlichen Belange im Rahmen des ihm eingeräumten Ermessens.[62] Allerdings kann der Dienstherr sich in diesen Fällen auch auf ein an den Maßstäben des Art. 33 Abs. 2 GG ausgerichtetes Auswahlverfahren festlegen. Das Prinzip der Bestenauslese ist hingegen zwingend zu beachten, wenn sich der Dienstherr für ein Auswahlverfahren entscheidet, an dem Beförderungs-/Höhergruppierungs- und Um-/Versetzungsbewerber unterschiedslos teilnehmen. Aufgrund der Organisationsfreiheit obliegt es dem Dienstherrn, zwischen Umsetzung, Versetzung und Beförderung bzw. Höhergruppierung zu wählen. Die Ausübung dieses Rechts steht im pflichtgemäßen Ermessen des Dienstherrn.[63]

---

56) BVerfG 25.11.2011 – 2 BvR 2305/11 –, juris Rn. 12.

57) BAG 1.12.2020 – 9 AZR 192/20 –, ZTR 2021, 289; BAG 19.2.2008 – 9 AZR 70/07 –, E 126, 26; BAG 18.9.2007 – 9 AZR 672/06 –, E 124, 80; Maunz/Dürig, Kommentar zum Grundgesetz, Art. 33 Rn. 22.

58) Vgl. insoweit etwa zum Rechtsweg BVerwG 17.3.2021 – 2 B 3/21 –, juris.

59) BVerwG 11.7.2019 – 1 WDS-VR 4/19 –, juris; BAG 7.9.2004 – 9 AZR 537/03 –, E 112, 13.

60) Siehe zur Konkurrentenklage Kapitel 15.

61) BVerfG 26.11.2010 – 2 BvR 2435/10 –, NVwZ 2011, 746; siehe zur Möglichkeit der Aufhebung der Ernennung eines Mitbewerbers' BVerwG 4.11.2010 – 2 C 16/09 –, ZTR 2011, 256.

62) BVerfG 28.2.2007 – 2 BvR 2494/06 –, ZBR 2008, 94; BVerwG 26.2.2020 – 1 WB 70/19 –, juris, wonach ein Beamter' keinen Anspruch gegen seinen Dienstherrn auf Einbeziehung in ein Auswahlverfahren als Beförderungsbewerber hat, wenn dieser sich im Rahmen einer Organisationsentscheidung dazu entschlossen hat, ausschließlich Versetzungsbewerber in die Auswahl für einen bestimmten Dienstposten einzubeziehen.

63) Vgl. BVerwG 25.11.2004 – 2 C 17/03 –, E 122, 237.

4.1.2 Das Leistungsprinzip als Anspruchsgrundlage

Das Leistungsprinzip verschafft dem einzelnen Bewerber' **keinen persönlichen Anspruch** auf Verleihung eines öffentlichen Amtes, Ernennung, Höhergruppierung oder Einstellung. Dementsprechend räumt die Vorschrift dem Einzelnen' keinen subjektiven Anspruch auf Wiederbesetzung einer freien Stelle oder sogar auf Schaffung eines entsprechenden Amtes bzw. einer entsprechenden Stelle ein, da der Anwendungsbereich des Art. 33 Abs. 2 GG erst auf der Grundlage einer im Rahmen der Haushalts- und Organisationsgewalt zur Verfügung gestellten und für die Wahrnehmung bestimmter öffentlicher Aufgaben gewidmeten Stelle eröffnet ist. Für einen Anspruch des Beamten' auf fehlerfreie Ausübung des Organisationsermessens fehlt die dafür erforderliche Rechtsgrundlage, da die Schaffung und Bewirtschaftung von Planstellen allein dem öffentlichen Interesse an der bestmöglichen Erfüllung der öffentlichen Aufgaben dienen. Sie erfolgen nicht in Wahrnehmung der Fürsorgepflicht des Dienstherrn gegenüber Bewerbern'.[64]

4.1.3 Anspruch auf Ernennung, Einstellung und Höhergruppierung

Ein Anspruch auf Ernennung, Einstellung oder Höhergruppierung kann nur in Ausnahmefällen in Betracht kommen, etwa in folgenden Fallkonstellationen:

Abbildung 4-1: Anspruch auf Ernennung.

Sachverhalt	Voraussetzung/Beispiel
Erforderlichkeit eines Vorbereitungsdienstes für die Ausübung eines Berufes außerhalb des öffentlichen Dienstes	Die Zulassung als Rechtsanwalt' setzt nach § 4 Satz 1 BRAO den erfolgreichen Abschluss eines Studiums der Rechtswissenschaften und den Erwerb der Befähigung zum Richteramt und damit das Ableisten eines Vorbereitungsdienstes (Rechtsreferendariats) voraus.
Rechtsgültige Wahl eines Wahlbeamten	Bürgermeister', Landrat', Beigeordneter'
Bevorzugung von Soldaten oder entlassenen Soldaten	§ 11 a ArbPlSchG gewährt Wehrpflichtigen gegenüber anderen nicht einstellungsbevorrechtigten Bewerbern' nach Ableistung des Grundwehrdienstes einen Anspruch auf vorrangige Einstellung in den öffentlichen Dienst bei gleicher Eignung.
Bewährung innerhalb der laufbahnrechtlichen Probezeit	Zum Teil ist ein entsprechender Anspruch auf Umwandlung des Beamtenverhältnisses in den Beamtengesetzen des Bundes und der Länder ausdrücklich vorgesehen (z. B. § 11 Abs. 2 BBG, § 15 LBG NRW). Im Übrigen leitet sich dieser unmittelbar aus dem in Art. 33 Abs. 2 GG normierten Leistungsprinzip ab.
Erfolgreiche Bewährung in einer leitenden Funktion auf Probe oder Zeit	Soweit dies die jeweiligen Beamtengesetze ausdrücklich vorsehen (§ 22 Abs. 5 Satz 1 LBG NRW, Art. 45 Abs. 1 Satz 6, 46 Abs. 3 Satz 1 BayBG, § 5 Abs. 6 Satz 1 NBG).

Zudem kann bei **langjähriger Übertragung eines höherwertigen Dienstpostens** ausnahmsweise als Inhalt der Fürsorgepflicht gegenüber dem Beamten' auch eine Verpflichtung des Dienstherrn in Betracht kommen, auf eine Beförderungsmöglichkeit durch Bereitstellung einer höher bewerteten Planstelle hinzuwirken. Diese

64) OVG NRW 20.11.2015 – 1 B 933/15 –, juris Rn. 14.

Ausnahme setzt zweierlei voraus: Der Exekutive muss – erstens – im konkreten Fall nur noch die Verwirklichung des bereits anderweitig geäußerten Willens des Gesetzgebers obliegen, und es muss – zweitens – allein die Beförderung dieses Beamten' in Betracht kommen. Daraus folgt, dass dem Grundsatz der Bestenauslese auch bei langjähriger Übertragung eines höherwertigen Amtes stets der Vorrang gebührt. Ein Ausnahmefall kann deshalb nur dann in Betracht kommen, wenn es um die **Beförderung eines einzigen Beförderungsbewerbers'** geht.[65]

4.1.4 Eignung, Befähigung und fachliche Leistung

Die Begriffe **Eignung, Befähigung und fachliche Leistung** des Art. 33 Abs. 2 GG bilden den Maßstab des Eignungsbegriffs im weiteren Sinne und sind daher Grundlage der durch das Leistungsprinzip gewährleisteten Bestenauslese. (Zur Beurteilung der persönlichen Befähigung durch eignungsdiagnostische Verfahren siehe Kapitel 11. Zum Leistungsvergleich anhand dienstlicher Beurteilungen siehe Kapitel 10.) Diese Aufzählung von Eigenschaften, die vom Bewerber' gefordert werden dürfen, ist abschließend und bindend und damit weder erweiter- noch einschränkbar.[66] Allerdings hält die Verfassung keine eigenständigen Begriffsdefinitionen vor.

Während die fachliche Leistung nach der einschlägigen Rechtsprechung insbesondere nach den Arbeitsergebnissen, der praktischen Arbeitsweise und dem Arbeitsverhalten zu beurteilen ist, umfasst die Befähigung die Fähigkeiten, Kenntnisse, Fertigkeiten und sonstigen Eigenschaften, die allgemein – nicht für ein bestimmtes Amt/einen bestimmten Dienstposten (dann Eignung) – für die dienstliche Verwendung wesentlich sind.[67]

Die Eignung im engeren Sinne umfasst **charakterliche, psychische und physische Eigenschaften**. Es handelt sich hierbei um einen unbestimmten Rechtsbegriff, der der weiteren Konkretisierung bedarf.

In der Regel umfasst die Eignung

- die gesundheitliche,
- charakterliche und
- geistige Eignung

des Bewerbers'. (Zum Fragerecht des Dienstherrn/Arbeitgebers im Rahmen der Einstellung vgl. Abschnitt 11.8.5.)

Die Beurteilung der Eignung setzt eine **Prognoseentscheidung** des Dienstherrn voraus, ob der Bewerber' zukünftig den Anforderungen an die zu besetzende Stelle gerecht wird.

4.1.4.1 Gesundheitliche Eignung

Bei der von Art. 33 Abs. 2 GG geforderten Eignungsbeurteilung hat der Dienstherr immer auch eine Entscheidung darüber zu treffen, ob der Bewerber' den Anforderungen des jeweiligen Amtes in gesundheitlicher Hinsicht entspricht.[68] Ist nach der

65) BVerwG 23.10.2008 – 2 B 114/07 –, juris Rn. 11.

66) Vgl. BVerwG 26.9.2012 – 2 C 74/10 –, ZTR 2013, 112; BVerwG 28.10.2004 – 2 C 23/03 –, Schütz BeamtR ES/A II 1.4 Nr. 122 = ZTR 2005, 335.

67) BVerwG, 19.3.2015 – 2 C 12.14 –, juris mwN.

68) BVerfG 10.12.2008 – 2 BvR 2571/07 –, BVerfGK 14, 492.

körperlichen oder psychischen Konstitution eines Bewerbers die gesundheitliche Eignung nicht gegeben, kann er unabhängig von seiner fachlichen Eignung nicht verbeamtet werden.[69] Der Behörde steht bei der Bewertung der gesundheitlichen Eignung **kein Beurteilungsspielraum** zu. Einem Beamten' fehlt die gesundheitliche Eignung, wenn tatsächliche Anhaltspunkte die Annahme rechtfertigen, dieser werde mit überwiegender Wahrscheinlichkeit vor Erreichen der gesetzlichen Altersgrenze wegen dauernder Dienstunfähigkeit vorzeitig in den Ruhestand versetzt. Die gesundheitliche Eignung fehlt auch, wenn der Bewerber mit überwiegender Wahrscheinlichkeit bis zum Erreichen der gesetzlichen Altersgrenze über Jahre hinweg regelmäßig krankheitsbedingt ausfallen und deshalb eine erheblich geringere Lebensdienstzeit aufweisen wird.[70]

Die Beurteilung der Eignung eines Beamten' für das von ihm angestrebte öffentliche Amt bezieht sich damit nicht nur auf den gegenwärtigen Stand, sondern auch auf die künftige Tätigkeit, und enthält eine **Prognose**, die eine konkrete und einzelfallbezogene Würdigung der gesamten Persönlichkeit des Beamten' verlangt. Allerdings trägt der Einstellungsbewerber' die materielle Beweislast für die erforderliche Eignung. Er' ist damit – anders als im Falle der Feststellung einer Dienstunfähigkeit von bereits ernannten Beamten[71] oder der hierauf Bezug nehmenden Entlassung eines Beamten auf Probe nach § 34 Abs. 1 Satz 1 Nr. 3 BBG[72] – mit dem Risiko der Nichterweislichkeit seiner gesundheitlichen Eignung belastet.[73]

Für die vom Gericht in vollem Umfang zu überprüfende Prognose über die voraussichtliche Entwicklung des Gesundheitszustandes eines Bewerbers' muss in aller Regel ein **Mediziner'**[74] bzw. ein Amtsarzt eine fundierte medizinische Tatsachenbasis auf der Grundlage allgemeiner medizinischer Erkenntnisse und seiner Verfassung erstellen, wobei der Dienstherr auch eigene Beurteilungen erstellen kann.[75] Der Arzt' muss das Ausmaß der Einschränkungen feststellen und deren voraussichtliche Bedeutung für die Leistungsfähigkeit sowie für die Erfüllung der dienstlichen Anforderungen medizinisch fundiert einschätzen. Er' muss in seiner Stellungnahme Anknüpfungs- und Befundtatsachen darstellen, seine Untersuchungsmethoden erläutern und seine Hypothesen sowie deren Grundlage offenlegen. Auf dieser Grundlage hat er' unter Ausschöpfung der vorhandenen Erkenntnisse zum Gesundheitszustand des Bewerbers' eine Aussage über die voraussichtliche Entwicklung des Leistungsvermögens zu treffen, die den **Dienstherrn** in die Lage versetzt, die Rechtsfrage der gesundheitlichen Eignung **eigenverantwortlich zu beantworten**.[76]

69) BVerwG 25.7.2013 – 2 C 12.11 –, E 147, 244.

70) BVerwG 12.7.2018 2 B 17/18 –, Buchholz 310 § 133 (nF) VwGO Nr. 118; BVerwG 30.10.2013 – 2 C 16.12 –, Schütz/Maiwald ES/A II 5.1 Nr. 105; im Anschluss an BVerwG 25.7.2013 – 2 C 12.11 –, ZTR 2014, 116.

71) Vgl. BVerwG 5.6.2014 – 2 C 22.13 –, E 150, 1.

72) Vgl. BVerwG 30.10.2013 – 2 C 16.12 – E 148, 204.

73) BVerwG 11.4.2017 – 2 VR 2/17 –, IÖD 2017, 122.

74) Ziffer 2.1.2 der Verwaltungsvorschriften zur Ausführung des BeamtStG und des LBG NRW vom 10.11.2009 sehen vor, dass die gesundheitliche Eignung durch ein amtliches Gutachten der unteren Gesundheitsbehörde nachzuweisen ist, soweit der Vorbereitungsdienst ausschließlich Voraussetzung für die Ausübung des Berufes im öffentlichen Dienst ist.

75) BVerwG 16.10.1997 – 2 C 7/97 –, E 105, 267 = Schütz BeamtR ES/A II 5.5 Nr. 24.

76) BVerwG 19.3.2015 – 2 C 12.14 –, E 151, 333.

Als Grundlage für die vom Dienstherrn oder vom Gericht zu treffende Entscheidung über die gesundheitliche Eignung eines Bewerbers' ist die fundierte Einschätzung eines Mediziners' über den voraussichtlichen Verlauf der bei einem Bewerber' bestehenden Erkrankung erforderlich. Sofern statistische Erkenntnisse über die gewöhnlich zu erwartende Entwicklung einer Erkrankung herangezogen werden sollen, sind diese nur verwertbar, wenn sie auf einer belastbaren Basis beruhen. Dafür muss über einen längeren Zeitraum hinweg eine signifikante Anzahl von Personen beobachtet worden sein. Zudem ist es bei der medizinischen Bewertung zu berücksichtigen, wenn der individuelle Krankheitsverlauf der Betroffenen Besonderheiten gegenüber den statistischen Erkenntnissen aufweist.[77]

Der **Dienstherr** ist für die gesundheitliche Nichteignung eines Bewerbers' **beweispflichtig**. Lassen sich weder eine vorzeitige dauerhafte Dienstunfähigkeit noch erhebliche krankheitsbedingte Ausfallzeiten feststellen oder ausschließen (non liquet), so geht dies zu Lasten des Dienstherrn.[78]

Dementsprechend rechtfertigt allein das Vorliegen einer **Adipositas Grad I** (BMI 30 bis 34,9 kg/m/>2;) nicht die Prognose mangelnder gesundheitlicher Eignung.[79]

Bei **Arbeitnehmern'** gilt eine abgewandelte Prognose, da der dem Arbeitsverhältnis zugrunde liegende Arbeitsvertrag und damit die vom Arbeitnehmer' künftig geschuldete Arbeitsleistung Maßstab für die Feststellung der gesundheitlichen Eignung ist (vgl. § 3 Abs. 4 TVöD/§ 3 Abs. 5 TV-L). Die Prognose umfasst damit die Frage, ob es überwiegend wahrscheinlich ist, dass der Arbeitnehmer' vor Erreichen der Altersgrenze bzw. im Falle eines befristeten Arbeitsvertrages vor Erreichen des Befristungsendes (dauerhaft) aufgrund einer Erkrankung seine auszuübende Tätigkeit nicht mehr oder nur unter der Gefahr der Verschlimmerung der Erkrankung ausführen kann. Im Hinblick auf zukünftig zu erwartende häufige krankheitsbedingte Ausfallzeiten gibt es bezüglich der zu erstellenden Prognose gegenüber einem Bewerber' für eine „Beamtenstelle" keine weiteren Besonderheiten.

Während bei der Einstellung von **Beamten'** grundsätzlich die körperliche Eignung für die gesamte Laufbahn mit allen zu ihr gehörenden Ämtern und den diesen zugeordneten Dienstposten zu verlangen ist (bei der Einstellung von Arbeitnehmern' ist die arbeitsvertraglich geschuldete Leistung maßgebend), gilt dies bei **schwerbehinderten Menschen** nicht. Hier wird nur das Mindestmaß körperlicher Eignung vorausgesetzt, sodass der schwerbehinderte Bewerber' nicht für alle Dienstposten geeignet sein muss. Zu prüfen ist vielmehr, ob die körperliche Eignung ausreicht, um dem Bewerber' irgendeine amtsangemessene Beschäftigung zuweisen zu können, die mit den dienstlichen Bedürfnissen in Einklang steht.[80] Dieser abgeschwächte Prognosemaßstab ist § 128 SGB IX geschuldet. Abs. 1 ist als Forderung anzusehen, die Anforderungen an eine Beschäftigung in einem Beamtenverhältnis so zu gestalten, dass die Verpflichtung des Schwerbehindertenrechts zur Beschäftigung schwerbehinderter Menschen auch in einem Beamtenverhältnis erfüllt werden kann. Für den Bereich des Bundes ist dem beispielsweise in der Bundeslaufbahnverordnung (BLV) Rechnung getragen. Nach § 5 Abs. 1 BLV darf von

77) BVerwG 19.3.2015 – 2 C 12.14 –, aaO.

78) BVerwG 30.10.2013 – 2 C 16.12 –, NVwZ 2014, 372.

79) BayVGH 13.4.2012 – 3 BV 08.405 –, juris Rn. 31 ff.

80) BVerfG 10.12.2008 – 2 BvR 2571/07 –, BVerfGK 14, 492; BVerwG 21.6.2007 – 2 A 6.06 –, Buchholz 11 Art. 33 Abs. 2 GG Nr. 35 Rn. 28.

schwerbehinderten Menschen bei der Einstellung, Anstellung und Beförderung nur das Mindestmaß an körperlicher Eignung verlangt werden. Ähnliche Regelungen enthalten die Laufbahnverordnungen der Länder bzw. die entsprechenden Landesbeamtengesetze (vgl. Art. 21 Abs. 1 Satz 1 Bay LlbG, § 13 Abs. 1 LVO NRW).

4.1.4.2 Charakterliche Eignung

Der Bewerber' muss gewährleisten, dass er für eine Tätigkeit im öffentlichen Dienst charakterlich geeignet ist[81] (siehe hierzu auch Abschnitt 7.8.4 „Integrität" und Abschnitt 11.5 „Persönlichkeits- und Interessentests"). Teil der charakterlichen Eignung ist die **sog. Verfassungstreue**.

Der Bewerber' muss die **Gewähr bieten**, jederzeit für die freiheitlich demokratische Grundordnung i. S. d Grundgesetzes[82] einzutreten (vgl. § 7 Abs. 1 Nr. 2 BBG, § 7 Abs. 1 Nr. 2 BeamtStG).[83] Nach der höchstrichterlichen Rechtsprechung des BVerfG und des BVerwG bietet ein Beamter' nur dann die Gewähr der Verfassungstreue, wenn keine konkreten Umstände vorliegen, die nach der Überzeugung der Einstellungsbehörde die künftige Erfüllung der politischen Treuepflicht durch den Beamten' als zweifelhaft erscheinen lassen.[84] Maßgebend ist damit, ob der für die Einstellung des Beamtenbewerbers' Verantwortliche' zum Zeitpunkt seiner Entscheidung nach den ihm zur Verfügung stehenden Erkenntnismitteln nicht davon überzeugt ist, dass der Bewerber' nach der Begründung des Beamtenverhältnisses entsprechend seiner Persönlichkeit die Gewähr bietet, jederzeit für die freiheitliche demokratische Grundordnung einzutreten.[85] Es bedarf somit einer hinreichenden **Prognoseentscheidung**. Gegenstand der Prognose ist die Entscheidung, ob der Bewerber' nach seiner Persönlichkeit und seinem Erscheinungsbild zukünftig die Gewähr der Verfassungstreue bieten wird. Dem Dienstherrn kommt hierbei ein von den Gerichten nur beschränkt überprüfbarer Beurteilungsspielraum zu.[86] Soweit das Gericht die Richtigkeit des der Prognoseentscheidung zugrunde liegenden Sachverhaltes überprüfen will, ist der Dienstherr verpflichtet, die einzelnen Beurteilungselemente, auf die dieser seine Zweifel an der Verfassungstreue des Bewerbers stützt, darzulegen.[87] Zulässig ist es, in Vorstellungsgesprächen Fragen nach einer Mitgliedschaft in einer Partei, die verfassungsfeindliche Ziele verfolgt, zu stellen. Weigert sich der Bewerber', entsprechende Fragen sachdienlich zu beantworten, darf der Dienstherr ohne weitere Aufklärung des Sachverhaltes davon ausgehen, die erforderliche Grundlage für eine Überzeugung von der künftigen Verfassungstreue des Bewerbers habe nicht gewonnen werden können.[88]

---

81) Dies gilt sowohl für Arbeitnehmer im öffentlichen Dienst als auch für Beamte, da Art. 33 Abs. 2 GG auf beide Beschäftigungsgruppen anwendbar ist.

82) Das BVerfG hat den Begriff der freiheitlichen demokratischen Grundordnung abschließend und verbindlich definiert; vgl. BVerfG 23.10.1952 – 1 BvR 1/51 –, E 2, 1.

83) Vgl. hierzu ausführlich Hoffmann in Schütz/Maiwald, BeamtR, Teil B Rn. 86 ff. zu § 7.

84) BVerfG 22.5.1975 – 2 BvL 13/73 –, E 39, 334; BVerwG 27.11.1980 – 2 C 38.79 –, Buchholz 237.1 Art. 9 BayBG Nr. 2.

85) BVerfG 22.5.1975 – 2 BvL 13/73 –, E 39, 334; BVerwG 06.02.1975 – II C 68.73 –, E 47, 330.

86) BVerwG 20.7.2016 – 2 B 17/16 –, ZBR 2017, 38; BVerwG 28.10.2004 – 2 C 23.03 –, Schütz ES/A II 1.4 Nr. 122.

87) Zängl in Fürst GKÖD BBG, Teil L Rn. 93 zu § 7.

88) BVerwG 17.2.1982 – 2 B 183.81 –, juris Rn. 8.

Allein aus der **Mitgliedschaft in einer Partei bzw. in einer Organisation, die eine verfassungsfeindliche Zielsetzung verfolgt**, kann nicht zwingend auf die mangelnde Verfassungstreue des Bewerbers' geschlossen werden.[89] Allerdings ist der Bewerber' verpflichtet, ausreichend darzulegen, dass er sich trotz seiner Mitgliedschaft in einer verfassungsfeindlichen Organisation zur freiheitlichen demokratischen Grundordnung bekennt. Kann er diesen Nachweis nicht führen, ist ihm seine Verfassungstreue abzusprechen. Die Mitgliedschaft in einer Organisation mit verfassungsfeindlicher Gesinnung kann unter Berücksichtigung der Umstände des Einzelfalles entgegen der Einlassung des Bewerbers' einen Rückschluss auf die fehlende Verfassungstreue des Bewerbers' rechtfertigen. Dies gilt dann, wenn der Bewerber' sich zu den mit der freiheitlichen demokratischen Grundordnung nicht zu vereinbarenden Zielen einer extremistischen Partei bekennt, sein Parteibeitritt aufgrund freier Willensentschließung erfolgt ist und zu politischen Aktivitäten für die Ziele der Partei verpflichtet. Nicht entscheidend ist hierbei die bereits erfolgte Feststellung der Verfassungswidrigkeit der Partei durch ein Urteil des Bundesverfassungsgerichts.[90]

Unter anderem die Mitgliedschaft in folgenden Organisationen, Verbänden bzw. Parteien können Zweifel an der Verfassungstreue des Bewerbers' begründen:

- Pro NRW[91],
- NPD[92],
- DKP[93],
- Reichsbürgerbewegung[94],
- Republikaner,
- Spartakusbund und
- Kommunistischer Hochschulverband.

Zweifel an der Verfassungstreue bestehen auch bei der Zugehörigkeit des Bewerbers' zu einer Sekte, soweit deren Zielsetzungen mit den Prinzipien der freiheitlichen demokratischen Grundordnung nicht im Einklang stehen. Entsprechendes gilt etwa für die Scientology-Organisation.[95] Zweifel an der Verfassungstreue des Bewerbers' bestehen zudem, wenn dieser als gefestigter Salafist einzuordnen ist.[96]

Besonderheiten gelten bei der **Begründung eines Arbeitsverhältnisses im öffentlichen Dienst**. Liegen hinreichende Anhaltspunkte vor, die Zweifel an der Verfassungstreue des Bewerbers' begründen, kann eine Anfrage an die Verfassungs-

89) BVerfG 22.5.1975 – 2 BvL 13/73 –, E 39, 334; BVerwG 22.04.1977 – VII C 17.74 –, E 52, 313; vgl. auch BVerwG 17.11.2017 – 2 C 25/17 –, Schütz BeamtR ES/B I 1.4 Nr. 33 = ZTR 2018, 225, wonach ein Beamter', der sich mit einer Auffassung, die der Werteordnung des Grundgesetzes widerspricht, derart identifiziert, dass er sie sich in die Haut eintätowieren lässt, im öffentlichen Dienst nicht tragbar ist; Zängl in Fürst GKÖD BBG, Teil L Rn. 16 f zu § 7; Woydera in ders./Summer/Zängl BeamtStG, Rn. 93 zu § 7.

90) BVerwG 6.2.1975 – II C 68.73 –, E 47, 330; BVerwG 22.04.1977 – VII C 17.74 –, E 52, 313; BVerwG 31.1.1980 – 2 C 5.78 –, Buchholz 232 § 90 BBG Nr. 23.

91) OVG NRW 7.4.2014 3 d B 1094/13.o –, juris Rn. 33.

92) Vgl. OVG NRW 13.9.2012 – 6 B 878/12 –, juris Rn. 9.

93) BVerwG 1.2.1989 – 1 D 2.86 –, E 86, 99.

94) OVG NRW 21.4.2021 – 3d A 1595/20.BDG –, juris.

95) Vgl. BayVGH 9.4.2003 – 24 B 01.646 –, juris Rn. 46 f.

96) OVG NRW 13.5.2015 – 1 A 807/15 –, juris Rn. 14.

schutzbehörde gestellt werden. Nach der Rechtsprechung des Bundesarbeitsgerichts lässt sich die das Beamtenverhältnis prägende gesteigerte politische Treuepflicht nicht schematisch auf Beschäftigte übertragen, die in einem privatrechtlichen Dienstverhältnis zum öffentlichen Arbeitgeber' stehen und denen in der Regel keine hoheitlichen Befugnisse übertragen sind. Das Maß der einem Arbeitnehmer' des öffentlichen Dienstes obliegenden Treuepflicht ergibt sich aus seiner Stellung und dem Aufgabenkreis, der ihm laut Arbeitsvertrag übertragen ist. Er schuldet (nur) diejenige politische Loyalität, die für die funktionsgerechte Amtsausübung unverzichtbar ist. Je nach Stellung und Aufgabenkreis kann er die Verfassung schon dadurch „wahren", dass er die freiheitliche demokratische Grundordnung nicht aktiv bekämpft. Das Maß der politischen Treuepflicht hat zugleich Einfluss auf das Fragerecht des Arbeitgebers' bei der Einstellung. Eine ordnungsgemäße Befragung zwecks Feststellung der Verfassungstreue setzt voraus, dass der Bewerber' nach konkreten Umständen befragt wird, die gemäß den Anforderungen der ins Auge gefassten Tätigkeit einstellungsrelevant sind. Die allgemeine Frage, ob der Bewerber' einer verfassungsfeindlichen Organisation angehört, ist unzulässig. Mit ihr würde vom Bewerber eine Wertung verlangt, die Sache der einstellenden Behörde ist.[97] Zulässig dürfte allerdings sein, die Frage auf bestimmte (verfassungsfeindliche) Organisationen zu konkretisieren.

Charakterlich ungeeignet für eine Tätigkeit im öffentlichen Dienst kann ein Bewerber' auch dann sein, wenn er **vorbestraft** ist.

Der Bewerber' ist daher verpflichtet, dem Dienstherrn vor der Einstellung ein **Führungszeugnis** vorzulegen. Dieses wird nach § 30 Abs. 5 Satz 1 BZRG unmittelbar an den Dienstherrn übersandt. Die Behörde kann nach § 31 Abs. 2 BZRG nur zum Zweck des Schutzes Minderjähriger ein erweitertes Führungszeugnis fordern.

Das Führungszeugnis beinhaltet nach § 4 BZRG die rechtskräftigen Entscheidungen, durch die ein deutsches Gericht im Geltungsbereich dieses Gesetzes wegen einer rechtswidrigen Tat

- auf Strafe erkannt (Nr. 1),
- eine Maßregel der Besserung und Sicherung angeordnet (Nr. 2),
- jemanden nach § 59 des Strafgesetzbuchs mit Strafvorbehalt verwarnt (Nr. 3),
- nach § 27 des Jugendgerichtsgesetzes die Schuld eines Jugendlichen oder Heranwachsenden festgestellt (Nr. 4)

hat.[98]

Bei der Bewertung der charakterlichen Eignung eines vorbestraften Bewerbers' ist zu beachten, dass nicht jede Vorstrafe den Bewerber' ungeeignet erscheinen lässt. Vielmehr obliegt es dem Dienstherrn im Rahmen des ihm zustehenden **Beurteilungsspielraums** den jeweiligen Einzelfall zu bewerten und eine entsprechende Prognose über die Persönlichkeit des Bewerbers' zu erstellen.[99] Die Ablehnung der charakterlichen Eignung kommt bereits dann in Betracht, wenn berechtigte Zweifel

97) BAG 12.5.2011 – 2 AZR 479/09 –, ZTR 2011, 739; LAG Köln 23.7.2020 – 8 Sa 57/20 –, juris.

98) Wird der Vorbereitungsdienst in einem öffentlich-rechtlichen Ausbildungsverhältnis und damit nicht in einem Beamtenverhältnis auf Widerruf abgeleistet, gelten bei der Frage der charakterlichen Eignung des Bewerbers Besonderheiten; vgl. OVG NRW 12.8.2015 – 6 B 733/15 –, DÖD 2015, 294.

99) OVG NRW 10.1.2012 – 6 A 141/11 –, juris Rn. 7.

bestehen, ob der Bewerber' die erforderliche charakterliche Eignung aufweist.[100] Im Rahmen seines Beurteilungsspielraumes hat der Dienstherr u. a. folgende Gesichtspunkte zu berücksichtigen:

- Anzahl der Vorstrafen,
- Zeitpunkt der letzten Vorstrafe und
- Art der Vorstrafe.

Beispiele

Straftatbestände, die Zweifel an der charakterlichen Eignung des Bewerbers begründen:

- Vermögensdelikte (§§ 242 ff. StGB) – wie Diebstahl, Unterschlagung, Betrug, Untreue usw.
- Sittlichkeitsdelikte (§§ 174 ff. StGB) – wie sexueller Missbrauch von Schutzbefohlenen oder Kindern, sexuelle Nötigung oder Vergewaltigung usw.,
- Friedensverrat u. Ä. (§§ 80 ff. StGB) – wie Fortführung einer für verfassungswidrig erklärten Partei, Verwendung von Kennzeichen verfassungswidriger Organisationen, Verunglimpfung des Staates und seiner Symbole usw.,
- Straftaten im Amt (§§ 331 ff. StGB) – wie Vorteilsnahme, Bestechlichkeit, Rechtsbeugung usw.,
- Verbrechen (§ 12 Abs. 1 StGB) im Allgemeinen, wie Raub (§ 249 StGB), Brandstiftung (§ 306 StGB), Totschlag (§ 212 StGB), Mord (§ 211 StGB) usw.

Besonderheiten sind bei der **Anbahnung eines Arbeitsverhältnisses** zu beachten. Der Arbeitgeber' darf beim Arbeitnehmer' Informationen zu Vorstrafen einholen, wenn und soweit die Art des zu besetzenden Arbeitsplatzes dies „erfordert", d. h., bei objektiver Betrachtung berechtigt erscheinen lässt. Auch die Frage nach noch laufenden Straf- oder Ermittlungsverfahren kann – je nach den Umständen des Einzelfalles – zulässig sein. Bei der Frage, ob ein vorbestrafter Arbeitnehmer' charakterlich geeignet ist, ist zusätzlich darauf abzustellen, ob die von ihm verübte Straftat ihn für die vorgesehene Arbeitsleistung als ungeeignet erscheinen lässt. Entsprechendes gilt, soweit dem Arbeitnehmer' bei der Einstellung vom künftigen Arbeitgeber' vorformulierte Erklärungen abverlangt werden, die sich auf Vorstrafen und/ oder staatsanwaltschaftliche Ermittlungsverfahren beziehen. Es bedarf grundsätzlich eines Bezuges der Straftat zur Arbeitsleistung.[101]

Der Arbeitnehmer' muss die Frage nach Vorstrafen nicht so verstehen, dass er Auskunft auch über tilgungsreife oder getilgte Vorstrafen geben sollte. Denn an der Offenbarung entsprechender Verurteilungen hat der Arbeitgeber' kein berechtigtes Interesse.[102]

Der öffentliche Arbeitgeber' ist im Falle einer Einstellung in bestimmten Tätigkeitsbereichen im Einzelfall befugt, Bewerber' ohne gegenständliche Einschränkung nach Vorstrafen zu fragen. Dies gilt etwa für den Justizvollzugsdienst.[102]

Beispiele

Einschlägige Vorstrafen

Vorstrafen wegen Vermögensdelikten (z. B. Diebstahl, Unterschlagung, Betrug) können dazu führen, dass einem Bewerber' die persönliche Eignung zum Kassierer fehlt.

100) OVG NRW 10.1.2012 – 6 A 141/11 –, juris Rn. 6.

101) BAG 20.3.2014 – 2 AZR 1071/12 –, ZTR 2014, 664.

102) BAG 20.3.2014 – 2 AZR 1071/12 –, aaO.

Vorstrafen, die in Zusammenhang mit dem Führen eines KFZs oder eines anderen Verkehrsmittels stehen (z. B. unerlaubtes Entfernen vom Unfallort), sind von Bedeutung, wenn die Einstellung als Kraftfahrer' erfolgen soll.

Vorstrafen wegen Sittlichkeitsdelikten (z. B. Missbrauch von Schutzbefohlenen) führt zur Ungeeignetheit eines Bewerbers' für eine Erzieherstelle. So dürfen nach § 72a Abs. 1 SGB VIII die Träger der öffentlichen Jugendhilfe für die Wahrnehmung der Aufgaben in der Kinder- und Jugendhilfe keine Person beschäftigen oder vermitteln, die rechtskräftig wegen einer Straftat nach den §§ 171, 174 bis 174c, 176 bis 180a, 181a, 182 bis 184g, 184i, 184k, 201a Absatz 3, den §§ 225, 232 bis 233a, 234, 235 oder 236 des Strafgesetzbuchs verurteilt worden ist. Zu diesem Zweck sollen sie sich bei der Einstellung oder Vermittlung und in regelmäßigen Abständen von den betroffenen Personen ein Führungszeugnis nach § 30 Abs. 5 und § 30a Abs. 1 BZRG vorlegen lassen.

Zweifel an der charakterlichen Eignung eines Bewerbers' für eine „Beamtenstelle" können sich im Hinblick auf die vom Beamten' zu gewährleistende Unabhängigkeit und Unbestechlichkeit auch daraus ergeben, dass der Bewerber' **nicht in geordneten wirtschaftlichen Verhältnissen lebt**. Der Bewerber' lebt nicht in geordneten wirtschaftlichen Verhältnissen, wenn er zukünftig die bestehenden Schulden voraussichtlich nicht durch Eigenkapital und durch die zu erwartende Besoldung begleichen kann. Der Bewerber' ist im Einstellungsverfahren zur Abgabe einer Erklärung verpflichtet, ob er sich in geordneten wirtschaftlichen Verhältnissen befindet.

4.1.5 Befähigung

Das Merkmal der Befähigung besteht aus zwei Merkmalen. Zum einen aus der Laufbahnbefähigung und zum anderen aus der individuellen Befähigung des Bewerbers'.

Beispiele

Fähigkeiten, Fertigkeiten, Kenntnisse, fachrelevantes Allgemeinwissen, persönliche Merkmale.

Bei den dem „Befähigungsprofil" zuzuordnenden Merkmalen, wie etwa Auffassungsgabe, Entscheidungs- und Durchsetzungsvermögen, Ideenreichtum, Leistungsbereitschaft oder Lernfähigkeit und -bereitschaft, handelt es sich um allgemein für die dienstliche Verwendung bedeutsame Eigenschaften eines Bewerbers', die zur Befähigung im Sinne von Art. 33 Abs. 2 GG zu zählen sind.[103]

Bei **Arbeitnehmern'** ist zu beachten, dass allein aus der angestrebten Eingruppierung nicht der Schluss gezogen werden kann, dass die zu besetzende Stelle tatsächlich die in der Ausschreibung genannten formalen Qualifikationsmerkmale erfordert.[104]

4.1.6 Fachliche Leistung

Der Begriff der fachlichen Leistung im Sinne von Art. 33 Abs. 2 GG zielt auf die Arbeitsergebnisse des Beamten' bei Wahrnehmung seiner dienstlichen Aufgaben, auf Fachwissen und Fachkönnen ab.[105] Im Rahmen der fachlichen Leistung ist die bisher erbrachte praktische Leistung des Bewerbers' unter Berücksichtigung der

103) BVerfG 20.4.2004 – 1 BvR 838/01 u. a. –, E 110, 304; BVerwG 26.9.2012 – 2 C 74.10 –, E 144, 186.

104) BAG 10.2.2015 – 9 AZR 554/13 –, ZTR 2015, 448.

105) BVerwG 28.10.2004 – 2 C 23/03 –, E 122, 147.

Anforderungen des ausgeübten Amtes bzw. der übertragenen Tätigkeiten vom Dienstherrn zu beurteilen. Deshalb kann bei einer erstmaligen Einstellung diese nur dann berücksichtigt werden, wenn der Bewerber' bereits praktische Tätigkeiten im öffentlichen Dienst vorweisen kann, etwa weil er einen Dienstherrnwechsel anstrebt.

Entscheidendes Merkmal der Auswahlentscheidung ist die individuelle fachliche Leistung der Bewerber' bei Beförderungsentscheidungen. Art, Umfang und Qualität der bisherigen Tätigkeit lässt sich insbesondere aus Dienstzeugnissen und entsprechenden dienstlichen Beurteilungen ersehen.

4.1.7 Funktionsvorbehalt des Art. 33 Abs. 4 GG

Nach Art. 33 Abs. 4 GG ist die Ausübung hoheitsrechtlicher Befugnisse als ständige Aufgabe in der Regel Angehörigen des öffentlichen Dienstes zu übertragen, die in einem öffentlich-rechtlichen Dienst- und Treueverhältnis stehen. Der Funktionsvorbehalt bezieht sich nicht nur auf alle Leitungsfunktionen oder auf solche Positionen, die unmittelbar nach außen wirken, sondern erfasst ebenso alle anderen Aufgaben.

Der Begriff der hoheitsrechtlichen Befugnisse umfasst nach allgemeiner Auffassung den klassischen Bereich der Eingriffsverwaltung.[106] Darüber hinaus schließt der Funktionsvorbehalt diejenigen Aufgaben ein, für deren Erfüllung die Besonderheiten des Beamtenverhältnisses von größerer Bedeutung sind. Dem Berufsbeamtentum sind damit diejenigen staatlichen Aufgaben vorbehalten, die einer Erledigung nach Maßgabe des beamtenrechtlichen Dienst- und Treueverhältnisses bedürfen. Dies sind alle Aufgaben, bei deren Erfüllung es zu Eingriffen in grundrechtlich geschützte Freiheitsrechte der Bürger kommen kann.[107] Damit unterfällt zumindest in Teilen auch die Leistungsverwaltung dem Begriff der hoheitsrechtlichen Befugnisse.

Hoheitsrechtliche Befugnisse sind **in der Regel** Beamten' zu übertragen. Damit können diese Aufgaben in begründeten Ausnahmefällen auch von Beschäftigten in einem privatrechtlichen Arbeitsverhältnis wahrgenommen werden.[108]

Der **Beamtenbegriff** im staatsrechtlichen Sinne wird im Wesentlichen durch folgende Inhalte gekennzeichnet:

- Öffentlich-rechtliches Dienst- und Treueverhältnis (§ 3 Abs. 1 BeamtStG, § 4 BBG),
- Dienstherrenfähigkeit (§ 2 BeamtStG/BBG) und
- Aushändigung einer formgerechten Ernennungsurkunde (§ 8 Abs. 2 Satz 2 BeamtStG, § 10 Abs. 2 Satz 2 BBG).

Arbeitnehmer' ist, wer aufgrund eines privatrechtlichen Vertrags im Dienste eines anderen zur Leistung weisungsgebundener, fremdbestimmter Arbeit in persönlicher Abhängigkeit verpflichtet ist (vgl. § 611a BGB).[109]

---

106) Zur Frage, ob der zuzulassende Bewerberkreis auf Beamte oder Arbeitnehmer begrenzt werden darf, siehe Kapitel 7.2.

107) Werres in Schütz/Maiwald, BeamtR, Teil B, Rn. 54 ff. zu § 3 BeamtStG.

108) BVerfG 2.3.1993 – 1 BvR 1213/85 –, BVerfGE 88, 103; BVerwG 10.12.2020 – 2 A 2/20 –, ZBR 2021. 202.

109) BAG 3.11.2020 – 9 AZB 47/20 –, NZA 2020, 1729; BAG 13.3.2013 – 7 ABR 69/11 –, NZA 2013, 789; vgl. ausführlich Hoffmann, Arbeitsrecht im öffentlichen Dienst, S. 8 ff.

4.2 Bundesbeamtengesetz und Beamtenstatusgesetz

4.2.1 Ernennung und Leistungsprinzip

Das in Art. 33 Abs. 2 GG enthaltene **Leistungsprinzip** wurde in § 9 BeamtStG für Beamte' der Länder, Gemeinden und Gemeindeverbände sowie der sonstigen der Aufsicht eines Landes unterstehenden Körperschaften, Anstalten und Stiftungen des öffentlichen Rechts und in § 9 BBG für die Bundesbeamten' einfachgesetzlich normiert, ohne dass hierdurch der Verfassungsstatus des Leistungsprinzips berührt wird. Die bundesgesetzlichen Vorschriften haben damit keinen eigenständigen Regelungsgehalt.[110] In § 22 Abs. 1 Satz 1 BBG wird nochmals für Beförderungen ausdrücklich Bezug auf den in § 9 BBG enthaltenen Leistungsgrundsatz genommen.[111]

Ernennungen unterfallen damit dem Leistungsprinzip. Eine **Ernennung** ist ein rechtsgestaltender, bedingungsfeindlicher Verwaltungsakt, welcher den ausgewählten Bewerber begünstigt, den unterlegenen Bewerber jedoch in rechtlich beachtlicher Weise benachteiligt.[112] Die Ernennung entfaltet damit „Doppelwirkung".

Aus der Ernennungszuständigkeit lässt sich zugleich die **Zuständigkeit** für die vorweggenommene Auswahlentscheidung ableiten, da es sich insoweit um eine einheitliche Sachentscheidung handelt.[113] Die Beamtengesetze des Bundes und der Länder enthalten entsprechende Regelungen betreffend der Zuständigkeit.[114]

Werden die Zuständigkeitsregelungen bei Auswahlentscheidungen missachtet, führt dies zu einem Verfahrensfehler des gesamten Auswahlverfahrens. Ein derartiger **Verfahrensmangel** ist im Verwaltungsstreitverfahren nicht mehr behebbar. Eine nachträgliche Heilung von Verfahrensfehlern ist nur für die in § 45 Abs. 1 Nr. 1 bis 5 VwVfG genannten Verfahrens- und Formfehler vorgesehen, zu denen Verstöße gegen die Zuständigkeit nicht zählen. Angesichts des Ausnahmecharakters der Regelung handelt es sich insoweit um eine abschließende Aufzählung, die andere Verfahrensfehler von der Nachholung mit Heilungswirkung regelmäßig ausschließt. Der Zuständigkeitsverstoß ist zudem nicht im Rahmen des § 46 VwVfG unbeachtlich, da hiernach nur Verletzungen der örtlichen Zuständigkeit unbeachtlich sind und auch nur dann, wenn offensichtlich ist, dass die Verletzung der Zuständigkeit die Entscheidung in der Sache nicht beeinflusst hat. Im Umkehrschluss werden andere Zuständigkeitsverstöße nicht erfasst. Hiervon ausgehend sind Verstöße gegen die Zuständigkeit bei nicht gebundenen Entscheidungen stets beachtlich und einer nachträglichen Heilung regelmäßig nicht zugänglich.[115]

---

110) Plog/Wiedow/Lemhöfer, BBG, § 9 Rn. 6.

111) Ähnliche Regelungen sind auch in den entsprechenden Landesgesetzen enthalten, z. B. § 19 Abs. 6 Satz 1 LBG NRW.

112) BVerwG 4.11.2010 – 2 C 16.09 –, ZTR 2011, 256.

113) HessVGH 28.3.2006 – 1 UE 981/05 –, Schütz/Maiwald ES/A II 1.4 Nr. 139.

114) Vgl. § 12 Abs. 1 BBG, §§ 4 Abs. 1, 9 Abs. 1 BW LBG, Art. 18 Abs. 1 und 2 BayBG, § 12 Abs. 1 und 2 BlnLBG, § 4 Abs. 1 und 2 BbgLBG, § 9 Abs. 1 und 2 BremBG, Art. 45 LV Hmb und § 9 Abs. 1 und 2 HmbBG, § 9 Abs. 2 und 3 HBG, § 8 Abs. 1 und 2 LBG M-V, § 8 Abs. 1 und 2 NBG, § 16 Abs. 1 und 2 LBG NRW, §§ 10 Abs. 1, 125 Abs. 1 und 3 RP LBG, § 6 Abs. 1 und 2 SBG, § 10 Abs. 2 und 3 SächsBG, § 8 Abs. 1 und 4 LBG LSA, § 9 Abs. 1 und 2 SH LBG, § 5 Abs. 1, 3 und 4 ThürBG.

115) HessVGH 28.3.2006 – 1 UE 981/05 –, aaO.

4.2.2 Pflicht zur Stellenausschreibung

Das BBG enthält in § 8 Abs. 1 Satz 1 im Gegensatz zum BeamtStG eine allgemeine **Verpflichtung**, zu besetzende **Stellen auszuschreiben**. Verschiedene Landesgesetze enthalten ähnliche oder einschränkende Regelungen.[116] Zudem verpflichten die Gleichstellungsgesetze des Bundes und der Länder den Dienstherrn, freie zu besetzende Stellen auszuschreiben, etwa soweit Frauen in Bereichen der Behörde unterrepräsentiert sind.[117]

Aus Art. 33 Abs. 2 GG lässt sich selbst keine allgemeine Pflicht des Dienstherrn ableiten, Stellen/Dienstposten vor deren Besetzung auszuschreiben. Allerdings bedarf es einer angemessenen Gestaltung des Auswahlverfahrens, um die Rechte der Bewerber' zu sichern. Hierzu kann es erforderlich sein, den Willen, eine Stelle zu besetzen, zumindest kundzutun.[118] Soweit der Dienstherr von einer Ausschreibung eines Beförderungsdienstpostens absieht, ist er verpflichtet, alle in Betracht kommenden Beamten', die über eine entsprechende Beförderungsreife verfügen, im Rahmen seiner Auswahlentscheidung zu berücksichtigen.

4.2.3 Beförderung

Folgt einer Auswahlentscheidung eine Beförderung des ausgewählten Bewerbers', muss dieser die erforderliche Beförderungsreife aufweisen, d. h., es dürfen der Beförderung keine Beförderungsverbote entgegenstehen.

4.2.3.1 Anspruch auf Beförderung

Ein Beamter' hat grundsätzlich **keinen Anspruch auf eine Beförderung**, und zwar auch dann nicht, wenn er sämtliche Voraussetzungen hierfür erfüllt. Aus Art. 33 Abs. 2 und 5 GG ergibt sich insoweit lediglich ein Anspruch des Beamten' auf eine willkürfreie Entscheidung des Dienstherrn über seine Bewerbung. Danach folgt auch aus der Wahrnehmung der Obliegenheiten eines höherwertigen Dienstpostens regelmäßig kein Anspruch des Beamten' auf Verleihung eines entsprechenden Statusamtes. Vielmehr kann der Dienstherr einen Beamten' für gewisse, auch längere Zeit in einer höherbewerteten Funktion beschäftigen, ohne dass sich für ihn daraus eine Verpflichtung zur Beförderung ergibt.[119] Ausnahmsweise kann bei langjähriger Übertragung eines höherwertigen Dienstpostens als Inhalt der Fürsorgepflicht gegenüber dem Beamten' auch eine Verpflichtung des Dienstherrn in Betracht kommen, auf eine Beförderungsmöglichkeit durch Bereitstellung einer höher bewerteten Planstelle hinzuwirken. Diese Ausnahme setzt jedoch voraus, dass der Exekutive im konkreten Fall nur noch die Verwirklichung des bereits anderweitig geäußerten Willens des Gesetzgebers obliegt und allein die Beförderung des betroffenen Beamten' in Betracht kommt.[120]

Zudem kann ein Anspruch des Beamten' auf Beförderung nur in dem eng begrenzten Ausnahmefall bestehen, dass eine freie und besetzbare Beförderungsstelle vorhanden ist, die der Dienstherr im Zeitpunkt der Entscheidung über den Beförde-

116) Nach Art. 20 Abs. 1 Satz 1 BayBG bedarf es einer Stellenausschreibung, wenn es im besonderen dienstlichen Interesse liegt.

117) Siehe hierzu exemplarisch § 6 Abs. 2 BGleiG § 8 Abs. 1 LGG NRW.

118) Kenntner, ZBR 2016, 181 mwN.

119) BVerwG 15.7.1994 – 2 B 134/93 –, juris Rn. 17.

120) BayVGH 29.4.2015 – 3 ZB 12.1801 –, juris Rn. 7.

rungsantrag tatsächlich besetzen will und bei der er seine Beurteilungsermächtigung sowie sein Ermessen dahin ausgeübt hat, dass er jenen Beamten' für den am besten Geeigneten hält.[121]

Ein Anspruch auf Beförderung ergibt sich für einen unterlegenen Bewerber' auch nicht aus einer Zusage des Dienstherrn, für diesen eine Planstelle freizuhalten, da die Besetzung einer Planstelle ein vorheriges Auswahlverfahren mit einer abschließenden Bestenauslese voraussetzt.[122]

Selbst aus der Auswahl eines Bewerbers' im Rahmen der Bestenauslese folgt kein Anspruch auf Beförderung, da der Dienstherr auch nach Abschluss des Auswahlverfahrens nicht daran gehindert ist, von einer geplanten und beabsichtigten Ämtervergabe abzusehen.[123]

4.2.3.2 Begriff der Beförderung

In § 8 Abs. 1 BeamtStG und § 10 Abs. 1 BBG sind die Ernennungsfälle **abschließend** aufgezählt.

§ 2 Abs. 8 Satz 1 BLV enthält für das Bundesrecht eine Legaldefinition der Beförderung. Danach ist eine Beförderung die Verleihung eines anderen Amtes mit höherem Endgrundgehalt. Nach Satz 2 bedarf es einer Ernennung, wenn gleichzeitig die Amtsbezeichnung wechselt.[124]

§ 10 Abs. 1 BBG sieht damit einhergehend vor, dass es einer Ernennung bedarf zur Verleihung eines anderen Amtes mit anderem Endgrundgehalt und anderer Amtsbezeichnung (Nr. 3) oder zur Verleihung eines anderen Amtes mit anderer Amtsbezeichnung beim Wechsel der Laufbahngruppe (Nr. 4).

Ähnliche Regelungen enthält das BeamtStG. Nach § 8 Abs. 1 BeamtStG bedarf es zur Verleihung eines anderen Amtes mit anderem Grundgehalt (Nr. 3) oder zur Verleihung eines anderen Amtes mit anderer Amtsbezeichnung, soweit das Landesrecht dies bestimmt (Nr. 4), einer Ernennung.

Nach Art. 74 Abs. 1 Nr. 27 GG obliegt es den Ländern, das Laufbahnrecht als eigene Angelegenheit näher auszugestalten. Die Länder haben hiervon in unterschiedlicher Weise Gebrauch gemacht. Das Laufbahnrecht der norddeutschen Küstenländer sieht, wie auch das nordrhein-westfälische Laufbahnrecht, nur noch zwei Laufbahngruppen vor. Bayern hat sich vom Laufbahngruppenprinzip völlig verabschiedet und eine einheitliche Leistungslaufbahn eingeführt (vgl. § 5 Abs. 1 LlBG). Dieses Prinzip hat der Bund nicht übernommen, da er am viergliedrigen Laufbahngruppensystem festgehalten hat. Demnach setzt § 10 Abs. 1 Nr. 4 BBG ausdrücklich einen Wechsel der Laufbahngruppe voraus.

4.2.3.3 Beförderungsverbote

Eine Beförderung ist nicht zulässig, soweit ihr ein Beförderungsverbot entgegensteht. Die Länder sind befugt, eigenständige und vom Bund abweichende Regelungen zu schaffen, die sich allerdings im Kern überwiegend gleichen.

121) BayVGH 25.11.2015 – 3 ZB 15.77 –, juris Rn. 5.

122) VG Göttingen 9.3.2016 – 1 A 246/15 –, juris Rn. 26.

123) Kenntner ZBR 2016, 181 unter Bezugnahme auf BVerwG 3.12.2014 – 2 A 3.13 –, E 151, 14.

124) Auch die Landesgesetze enthalten entsprechende eigenständige Regelungen, vgl. Art. 2 Abs. 2 BayBG, § 19 Abs. 1 LBG NRW.

Zu unterscheiden ist zwischen beamtenrechtlichen und laufbahnrechtlichen Beförderungsverboten. Beamtenrechtliche Beförderungsverbote zeichnen sich dadurch aus, dass sie in den jeweiligen (Landes-)Beamtengesetzen normiert sind. Entsprechende laufbahnrechtliche Beförderungsverbote sind hingegen ausschließlich den jeweils einschlägigen Laufbahnverordnungen von Bund und Ländern vorbehalten. Den Laufbahnverordnungsgebern steht es offen, neben den laufbahnrechtlichen zusätzlich rein deklaratorisch auch die beamtenrechtlichen Beförderungsverbote in die Laufbahnverordnung mit aufzunehmen. Dies bietet dem Rechtsanwender den Vorteil der Übersichtlichkeit.

Folgende **Beförderungsverbote** sind regelmäßig zu beachten:

- Ämter, die regelmäßig zu durchlaufen sind (dies gilt insbesondere für die A-Besoldung), dürfen nicht übersprungen werden (sog. Verbot der Sprungbeförderung),
- während der gesamten Probezeit bzw. bis zu einem Jahr nach der Einstellung in das Beamtenverhältnis auf Probe,
- vor Ablauf eines Jahres nach der letzten Beförderung und
- vor Ablauf einer Erprobungszeit.

Die **Erprobung** setzt keine zweckbestimmte oder förmliche Übertragung des Dienstpostens voraus. Vielmehr ist es ausreichend, wenn der Beamte' mit Wissen und Wollen des Dienstherrn einen Dienstposten innehat, der nach seiner Zuordnung zu einem Amt im statusrechtlichen Sinne höher bewertet ist als das Statusamt, das dem Beamten' übertragen ist. Hat der Beamte' die Aufgaben des Dienstpostens zumindest zufriedenstellend erfüllt und sich damit „bewährt", hat er den Nachweis der Eignung für einen höher bewerteten Dienstposten erbracht.[125] Die Bewährung kann regelmäßig sowohl ausdrücklich als auch konkludent durch den Dienstherrn festgestellt werden, da die beamten- und laufbahnrechtlichen Regelungen eine gesonderte eigenständige Bewährungsfeststellung regelmäßig nicht vorschreiben.

Die einzelnen landes- und bundesrechtlichen Regelungen können darüber hinaus weitere Beförderungsverbote festlegen. Besonders zu berücksichtigen sind hierbei etwa vorgeschriebene **Mindestdienstzeiten**.

Beispiel

Nach Art. 18 Abs. 1 Bay LlBG darf ein Amt der Besoldungsgruppe A 13 bei einem Einstieg in der dritten Qualifikationsebene mit Eingangsamt der Besoldungsgruppe A 9 frühestens nach einer Dienstzeit (Art. 15 Bay LlBG) von acht Jahren übertragen werden.

Gemäß § 28 Abs. 1 LVO NRW darf ein Amt der Besoldungsgruppe A 15 Beamten' erst nach einer Dienstzeit von vier Jahren oder drei Jahre nach Verleihung eines Amtes der Besoldungsgruppe A 14 verliehen werden. Ein Amt der Besoldungsgruppe A 16 oder ein Amt mit höherem Endgrundgehalt darf Beamtinnen oder Beamten erst nach einer Dienstzeit von sechs Jahren oder drei Jahre nach Verleihung eines Amtes der darunterliegenden Besoldungsgruppe verliehen werden (§ 28 Abs. 2 LVO NRW).

Eine Beförderung ist unzulässig, wenn feststeht, dass der Beamte' das neue Statusamt nicht für eine angemessene Dauer ausüben wird, da die Beförderung nicht vorrangig erfolgt, um einen Beamten' für in der Vergangenheit erbrachte Leistungen zu belohnen, sondern im Hinblick auf die von ihm im neuen Amt künftig wahrzunehmenden Aufgaben.

125) BVerwG 7.8.2001 – 2 VR 1.01 –, juris.

Beispiel

An der Eignung für ein Beförderungsamt fehlt es, wenn der Beamte‘ sich im Rahmen einer Altersteilzeit bereits in der Freistellungsphase befindet, an der sich der Eintritt in den Ruhestand unmittelbar anschließt.[126] Selbiges gilt, wenn die Freistellungsphase kurz bevorsteht[127] oder der Beamte‘ bereits drei Wochen nach der Auswahlentscheidung wegen Dienstunfähigkeit in den Ruhestand versetzt wird.[128]

4.3 Versetzung und Umsetzung

Eine **Versetzung**[129] eines Beamten‘ setzt die auf Dauer angelegte Übertragung eines anderen Amtes im konkret-funktionellen Sinne bei einer anderen Behörde[130]/ Dienststelle desselben Dienstherrn oder bei einem anderen Dienstherrn[131] voraus.[132]

Das BVerwG hat den **Begriff der Dienststelle** definiert als tatsächlich organisatorisch verselbstständigte Verwaltungseinheit, der ein örtlich und sachlich bestimmtes Aufgabengebiet zur Wahrnehmung zugewiesen ist, wobei eine wenn auch nur geringfügige, organisatorische Abgrenzbarkeit genügt, und die ihren inneren Betriebsablauf **eigenverantwortlich** bestimmt.[133] Das BAG hat den Begriff der Dienststelle ähnlich charakterisiert als die den Dienstposten des Arbeitnehmers‘ einschließende regelmäßig eingerichtete, kleinste organisatorisch abgrenzbare Verwaltungseinheit, der ein örtlich und sachlich bestimmtes Aufgabengebiet zugewiesen ist, wobei eine, wenn auch nur geringfügige, organisatorische Abgrenzbarkeit genügt.[134]

Das Beamtenstatusgesetz regelt in § 15 BeamtStG lediglich die landesübergreifende Versetzung sowie die Versetzung aus einem Land in die Bundesverwaltung. Die Voraussetzungen einer landes- oder bundesinternen Versetzung enthalten die entsprechenden landes-[135] und bundesrechtlichen[136] Vorschriften.

Zu unterscheiden ist jeweils zwischen einer Versetzung mit und ohne Zustimmung des Beamten‘. Im Rahmen eines Stellenbesetzungsverfahrens erfolgt die Versetzung regelmäßig im Wege der Interessenbekundung auf Antrag des Beamten‘ und daher mit seiner Zustimmung. Zu berücksichtigen ist hierbei, dass die Entscheidung des Dienstherrn über eine Versetzung eine Ermessensentscheidung ist. Der Dienstherr hat sich im Rahmen seiner Ermessensentscheidung am Gesetzeszweck auszurichten und die rechtlichen Grenzen einzuhalten, die für die Ausübung seines Ermessens gelten (siehe § 40 VwVfG).

126) NdsOVG 29.9.2005 – 5 ME 203/05 –, RiA 2006, 492.

127) BayVGH 13.12.2013 – 3 ZB 09.3245 –, juris Rn. 9.

128) BVerwG 29.8.1996 – 2 C 23.95 –, Schütz/Maiwald ES/B III 8 Nr. 14.

129) Zum Begriff der Versetzung vgl. Kathke in Schütz/Maiwald, Teil B, Rn. 6 f zu § 15 BeamtStG.

130) Gemeint ist hier nicht der Behördenbegriff des § 1 Abs. 4 VwVfG, da es nicht maßgebend ist, ob eine öffentlich-rechtliche Verwaltungstätigkeit wahrgenommen wird.

131) Eine arbeitgeberübergreifende Versetzung zu einem anderen Arbeitgeber ist im Hinblick auf die grundgesetzlich geschützte Vertragsfreiheit in den tarifrechtlichen Regelungen der §§ 4 TVöD/TV-L nicht vorgesehen. Vielmehr bedarf es des Abschlusses eines neuen Arbeitsvertrages.

132) Beamten‘ können nach § 29 BBG und § 20 BeamtStG dienstliche Aufgaben auch im Rahmen der Zuweisung bei einem „Dritten“ übertragen werden.

133) BVerwG 6.4.1984 – 6 P 39.83 –, Buchholz 238.36 § 78 BPersVG Nr. 4.

134) BAG 21.6.1990 – 6 AZR 342/88 –, ZTR 1990, 526.

135) Vgl. Art. 48 BayBG.

136) Vgl. § 28 BBG.

Selbiges gilt auch für die **Umsetzung**, deren Voraussetzungen nicht einzelgesetzlich geregelt sind (die Umsetzung beruht auf der Organisationsgewalt des Dienstherrn, also für die Übertragung eines anderen Amtes im konkret-funktionellen Sinne, ohne dass das Amt im statusrechtlichen und im abstrakt-funktionellen Sinne berührt oder die Beschäftigungsbehörde sich ändern würde.[137] Umsetzungen beziehen sich immer auf die Übertragung anderweitiger Tätigkeiten innerhalb einer Dienststelle im Sinne der Personalvertretungsgesetze. Die Umsetzung unterscheidet sich in diesem Punkt von der Versetzung, da diese den Wechsel der Dienststelle voraussetzt.[138]

Beispiele

- Im Personalamt einer kreisangehörigen Stadt ist eine freie Stelle zu besetzen. Auf eine erfolgte Ausschreibung bewirbt sich ein Mitarbeiter' des Bauamtes. Da eine Kommune grundsätzlich als einheitliche Dienststelle anzusehen ist, ist in diesem Fall ausschließlich eine Umsetzung des Mitarbeiters' und keine Versetzung möglich.
- Ein Beamter' der Stadt A bewirbt sich auf eine Stellenanzeige der Stadt B. Soweit dieser das Auswahlverfahren als Leistungsbester beenden sollte, könnte er im Einvernehmen von der Stadt A zur Stadt B versetzt werden. Eine Umsetzung käme hier nicht in Betracht, da ein Wechsel des Dienstherrn mit einem Wechsel der Dienststelle einhergeht.

Ob im Einzelfall eine Maßnahme sich als Versetzung oder Umsetzung darstellt, hängt demnach von der Personalorganisation des jeweiligen Dienstherrn ab.

Hat der Dienstherr sich entschieden, im Auswahlverfahren (auch) Umsetzungs- bzw. Versetzungsbewerber zuzulassen, muss der Dienstherr den Bewerber auf die zu besetzende Stelle um- oder versetzen, soweit dieser im Rahmen einer Bestenauslese als leistungsstärkster Bewerber ausgewählt worden ist. Dem Dienstherrn steht somit bei der Personalmaßnahme kein weiterer Ermessensspielraum zu. Der Dienstherr kann damit weder die Umsetzung noch die Versetzung mit dem Hinweis verweigern, der Beschäftigte' müsse aus dienstlichen Gründen auf der aktuellen Stelle verbleiben. Vielmehr ist in diesen Fällen das Ermessen der Behörde auf Null reduziert.

4.4 Beamtenrechtlicher Amtsbegriff

Durch eine Beförderung wird dem Beamten' ein neues statusrechtliches Amt[139] übertragen. Umsetzungen und Versetzungen berühren das Amt im funktionellen Sinne. Die Versetzung ändert zudem das Amt im abstrakt-funktionellen Sinne.

Das **Amt im statusrechtlichen Sinne** ist durch drei Merkmale gekennzeichnet:

1. Zugehörigkeit zu einer Laufbahn und einer Laufbahngruppe o. Ä.,
2. bestimmtes Endgrundgehalt und der damit einhergehenden Besoldungsgruppe,
3. eine konkrete Amtsbezeichnung.

137) Die arbeitsrechtliche Umsetzung ist Ausfluss des in § 106 Satz 1 GewO normierten Direktionsrechtes des Arbeitgebers'. Werden einem Arbeitnehmer' höherwertige Aufgaben auf Dauer übertragen, folgt der Umsetzung gleichzeitig aufgrund des Grundsatzes der Tarifautomatik (§ 12 TVöD/TV-L) eine entsprechende Höhergruppierung.

138) Zum Begriff der Umsetzung siehe Kathke in Schütz/Maiwald, Teil B, Rn. 36 ff. zu Vorbemerkungen §§ 13 ff. BeamtStG.

139) Zum Begriff des Amtes im statusrechtlichen Sinne siehe Gunkel/Hoffmann, Beamtenrecht in NRW, S. 54.

Das **Amt im funktionellen Sinne**[140] knüpft hingegen an den dem Beamten übertragenen Aufgabenkreis an. In diesem Zusammenhang kann zwischen dem funktionellen Amt im abstrakten Sinne und dem entsprechenden Amt im konkreten Sinne unterschieden werden.

Mit dem **funktionellen Amt im abstrakten Sinne** ist ein der Rechtsstellung des Beamten entsprechender Aufgabenkreis bei einer bestimmten Behörde gemeint.

Beispiel

Der Aufgabenkreis eines Sachbearbeiters bei einer Kommune.

Veränderungen des abstrakt-funktionellen Amtes erfolgen in der Regel durch Versetzung.

Das **funktionelle Amt im konkreten Sinne** ist der dem Beamten übertragene Aufgabenkreis auf dem von ihm besetzten Dienstposten.

Beispiel

Der Aufgabenkreis eines Sachbearbeiters im Personalamt einer Kommune, Abteilung Familienkasse.

Das konkret-funktionelle Amt wird durch Abordnung, Versetzung oder Umsetzung verändert.

Zur nochmaligen Veranschaulichung des Amtsbegriffs dient die nachfolgende Grafik.

Abbildung 4-2: Amtsbegriff.

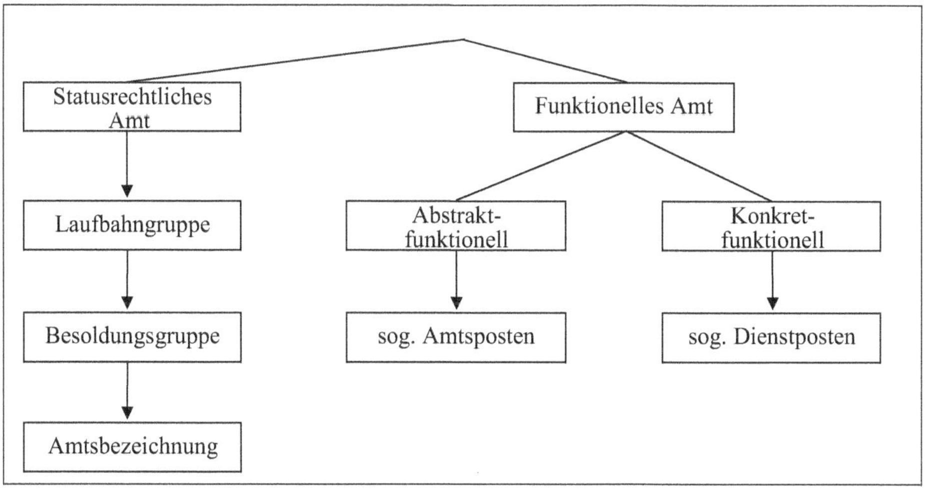

4.5 Personalvertretungsorgane

Im Rahmen eines Auswahlverfahrens sind die Vorschriften der Personalvertretungsgesetze und der Gleichstellungsgesetze des Bundes und der Länder sowie das SGB IX bezüglich der Beteiligung der Schwerbehindertenvertretung zu beachten. Dies gilt für die Frage der Beteiligung der Personalvertretungsorgane bei Stellenausschreibungen und bei Auswahlgesprächen. Darüber hinaus sind die Personal-

140) Siehe hierzu Gunkel/Hoffmann, Beamtenrecht in NRW, S. 56.

vertretungsorgane vor der Umsetzung der beabsichtigten Personalmaßnahme zu beteiligen. Es bedarf einer sorgfältigen Prüfung, welche Rechte dem jeweiligen Personalvertretungsorgan im Einzelfall zustehen.[141] Soweit etwa die Stellenausschreibung als solche beteiligungspflichtig ist, so etwa nach § 73 Nr. 2 LPVG NRW, erstreckt sich die **Mitwirkung** des Personalrats vornehmlich auf die **inhaltliche Gestaltung** der Ausschreibung, insbesondere der Festlegung der sachlichen Bewerbungsbedingungen, der Meldefrist usw., sowie auf den **Umfang der Bekanntmachung**, d. h. in welchen Publikationsorganen – Tageszeitungen, Amtsblätter, Fachzeitschriften – die Ausschreibung zu veröffentlichen ist. Der **Mitwirkung** des Personalrats entzogen **ist** hingegen die **Festlegung des Anforderungsprofils** . Gleiches gilt für die Festlegung des Bewerberkreises.[142]

4.6 Allgemeines Gleichbehandlungsgesetz

Auswahlverfahren sind nach § 2 Abs. 1 Nr. 1 AGG benachteiligungsfrei durchzuführen. Dienstposten dürfen nach § 11 AGG nicht unter Verstoß gegen das in § 7 AGG normierte Benachteiligungsverbot ausgeschrieben werden. Verstößt der Dienstherr gegen das Benachteiligungsverbot kann er sich nach § 15 Abs. 1 AGG schadensersatzpflichtig bzw. nach § 15 Abs. 2 AGG entschädigungspflichtig machen.[143] In diesem Zusammenhang ist insbesondere die Verpflichtung des Dienstherrn zu beachten, schwerbehinderte Bewerber zu einem Vorstellungsgespräch einzuladen (vgl. § 165 S. 3 und 4 SGB IX iVm § 22 AGG).

4.7 Teilzeit- und Befristungsgesetz

Das Beamtenverhältnis auf Lebenszeit ist der Regelfall (vgl. § 4 Abs. 1 Satz 2 BeamtStG, § 6 Abs. 1 Satz 2 BBG). Dies gilt nach der gesetzlichen Wertung auch für das unbefristete Arbeitsverhältnis. In bestimmten Bereichen werden Arbeitsverträge gleichwohl häufig bzw. regelmäßig zeitlich befristet. Dies gilt selbst für Bereiche, die nach Art. 33 Abs. 4 GG regelmäßig Beamten' vorbehalten sind.

Arbeitsverhältnisse können nach § 14 Abs. 1 TzBfG mit Sachgrund und nach § 14 Abs. 2 TzBfG sachgrundlos für maximal zwei Jahre befristet werden. Eine besondere Form der sachgrundlosen Befristung enthält zudem § 14 Abs. 3 TzBfG für Beschäftigte, die bereits das 52. Lebensjahr vollendet haben. Sonderregelungen für befristete Arbeitsverträge finden sich zudem in den Tarifverträgen (vgl. § 30 TVöD/TV-L) sowie im WissZG.[144]

4.8 Datenschutzrecht und Beteiligungsrechte

Nach der Rechtsprechung des Bundesverwaltungsgerichts sind den Personalvertretungsorganen sämtliche Informationen zu übermitteln, die im Hinblick auf die Aufgaben und Befugnisse der anzuhörenden Stelle **innerhalb ihres Zuständigkeitsbereichs** für eine sachgerechte Beurteilung der beteiligungspflichtigen Maßnahme

141) Vgl. hierzu Kapitel 5.1.

142) OVG NRW 18.10.00 – 1 A 5334/98.PVL –, Schütz/Maiwald ES/D IV 1 Nr. 123.

143) Vgl. wegen der Einzelheiten siehe Kapitel 16.

144) Vgl. hierzu Hoffmann, Arbeitsrecht im öffentlichen Dienst, S. 49 ff.

und des dieser zugrunde liegenden Sachverhalts von Bedeutung sind. Der genaue Gegenstand und Umfang der mitzuteilenden Informationen richtet sich nach den Umständen des Einzelfalles. Maßgeblich sind neben den Aufgaben und Befugnissen der anzuhörenden Stelle die rechtlichen Voraussetzungen sowie diejenigen Kriterien der beteiligungspflichtigen Maßnahme, die voraussichtlich für die spätere Entscheidung maßgeblich sind.

Nicht von der Pflicht zur rechtzeitigen und umfassenden Information erfasst sind damit Umstände, die sich nicht auf die konkret zu treffende Maßnahme beziehen, dafür ohne jede Relevanz sind oder lediglich die (vorbereitende) interne Entscheidungsfindung auf Seiten des Dienstherrn betreffen. Maßgebend ist dabei ein objektiver Maßstab. Außerdem stehen den Personalvertretungsorganen keine Informationsrechte über personenbezogene Daten zu, die datenschutzrechtlich für Dritte geschützt sind.[145]

4.9 Tarifrechtliche Vorschriften

Die Möglichkeit der Versetzung, Abordnung und Zuweisung sind in § 4 TVöD/TV-L ausdrücklich normiert. Das Recht zur Umsetzung eines Mitarbeiters ergibt sich unmittelbar aus dem Direktionsrecht des Arbeitgebers (§ 106 Satz 1 GewO).

Der Arbeitgeber' ist berechtigt, dem Arbeitnehmer' – etwa zur Erprobung – nach § 14 Abs. 1 TVöD/TV-L vorübergehend höherwertige Tätigkeiten zu übertragen. Führungsfunktionen können zudem nach § 31 Abs. 3 TVöD/TV-L für die Dauer von bis zu zwei Jahren vorübergehend übertragen werden. Erfolgt die Übertragung der höherwertigen Tätigkeiten dauerhaft, folgt hieraus tarifautomatisch die entsprechende Eingruppierung des Arbeitnehmers' (vgl. §§ 12 TVöD/TV-L).

4.10 Eignungsdiagnostische Normen

4.10.1 DIN 33430[146]

Im Jahr 2002 wurde die Norm DIN 33430 veröffentlicht, mit der erstmalig ein fachlicher (Minimal-)Standard für eignungsdiagnostische Prozesse und Verfahren gesetzt wurde. Mit der Überarbeitung, die 2016 abgeschlossen wurde, erhielt die DIN 33430 den neuen Titel „Anforderungen an berufsbezogene Eignungsdiagnostik".[147]

An der Entwicklung der Norm waren Organisationen aus dem öffentlichen Sektor (z. B. Bundeswehr, Bundesagentur für Arbeit) sowie Privatunternehmen beteiligt. Das Deutsche Institut für Normung koordinierte den Normenerstellungsprozess und veröffentlicht die Norm.

In der Norm werden Qualitätskriterien und -standards für berufsbezogene Eignungsdiagnostik beschrieben. Eignungsdiagnostik mündet oftmals in Eignungsbeurteilungen ein, die z. B. im Rahmen der Personalauswahl, der Führungskräfteentwicklung oder in der Studien- und Berufswahlberatung stattfinden. Eignungsbeurteilungen sind im Sinne der Norm nicht mit Personalentscheidungen gleichzusetzen.

145) Vgl. BVerwG 19.6.2014 – 1 WB 29.13 –, Buchholz 449.7 § 20 SBG Nr. 5.

146) Dieser Abschnitt gründet auf: Gourmelon, Innovative Verwaltung, S. 28 ff.; Gourmelon, Die eignungsdiagnostische Norm DIN 33430, S. 73 ff., Gourmelon, DIN 33430: Fachlicher Standard für die Personalauswahl.

147) Deutsches Institut für Normung, Anforderungen an berufsbezogene Eignungsdiagnostik.

Anwendungsbereiche[148] der Prozessnorm sind:

- Planung von berufsbezogenen Eignungsbeurteilungen,
- Auswahl, Zusammenstellung, Durchführung und Auswertung von eignungsdiagnostischen Verfahren (wie z. B. Tests),
- Interpretation der Verfahrensergebnisse und die Urteilsbildung,
- Anforderungen an die Qualifikation der an der Eignungsbeurteilung beteiligten Personen (z. B. Mitglieder von Auswahlkommissionen).

Bei der Planung von berufsbezogenen Eignungsbeurteilungen wird mit der Norm beispielsweise die herausragende Bedeutung der **Anforderungsanalyse** betont: „Die Eignungsbeurteilung setzt eine Anforderungsanalyse und deren Ergebnisse voraus. Dementsprechend müssen die Anforderungen und Motivations-/Demotivationspotenziale der beruflichen Tätigkeit erfasst werden. Ziel ist die Festlegung der Eignungsmerkmale samt der erforderlichen Ausprägungsgrade".[149]

Die Auswahl und Zusammenstellung von eignungsdiagnostischen Verfahren bezieht sich auf die Frage, mit welchen Verfahren welche Personenmerkmale untersucht werden sollten. Mit der DIN 33430 werden keine konkreten Vorgaben gemacht (etwa: rhetorische Fertigkeiten sind mit Präsentationen zu prüfen), sondern es werden Kriterien für die Verfahrensauswahl vorgegeben. So sollen z. B. die für die Eignungsbeurteilung verwendeten Verfahren einen eindeutigen Bezug zu den beruflichen Anforderungen aufweisen oder es sollen in einem Auswahlverfahren verschiedene Verfahrensklassen kombiniert werden (Multimethodalität). Weiterhin sollen eignungsdiagnostische Verfahren evidenzbasiert ausgewählt und zusammengestellt werden – beispielsweise unter Berücksichtigung von empirischen Erkenntnissen, die mit Metaanalysen gewonnen wurden.

Zu einzelnen Verfahrensklassen erfolgen Vorgaben, z. B.:

- Es ist dafür Sorge zu tragen, dass Interviews strukturiert und/oder (teil-)standardisiert vorgenommen werden,
- Interviews sind von Personen durchzuführen, die nachweislich hierfür qualifiziert wurden,
- Übungen in Assessment-Center-Verfahren müssen vorab erprobt werden,
- zu Tests und Fragebögen müssen ausführliche Informationen zur Qualität vorliegen,
- bei computerbasierten und internetgestützten Verfahren ist vorab die Systemstabilität zu prüfen und die Einhaltung der rechtlichen Bestimmungen zum Datenschutz und zur Datensicherheit zu gewährleisten.

Hinsichtlich der **Durchführung** der Eignungsdiagnostik ist gemäß der DIN 33430 u. a. zu beachten, dass die Kandidaten' über Ziele, Ablauf und Dauer der Eignungsuntersuchung vorab zu informieren sind. Für Menschen mit Behinderungen sind geeignete Vorkehrungen zu treffen. Die **Auswertung** aller Verfahren – auch von Interviews oder ACs – hat nach den vorab festgelegten Regeln zu erfolgen. Ergebnisinterpretationen müssen sich an den Maßstäben Objektivität, Unparteilichkeit und Unabhängigkeit in Bezug auf die Kandidaten' ausrichten. Eignungsbeurteilungsprozesse sind in vielfältigen Aspekten sorgfältig zu dokumentieren.

148) Deutsches Institut für Normung, Anforderungen an berufsbezogene Eignungsdiagnostik, S. 6.

149) ebd., S. 10 ff.

Kein fachgemäßes Vorgehen in der Eignungsdiagnostik sind Entscheidungen nach dem Bauchgefühl. Während der Planung sind Regeln zur Durchführung und Auswertung von Verfahren sowie zur Integration der Ergebnisse der verschiedenen Verfahren zu einem abschließenden Eignungsurteil festzulegen.[150]

Mit der Norm wird auch die Evaluation der Eignungsbeurteilungsprozesse gefordert: „Auftraggeber und Dienstleister müssen gemeinsam zu geeigneten Zeitpunkten eine kritische Würdigung des Vorgehens und der Verfahren vornehmen".[151]

Ein weiteres bedeutsames Element der DIN 33430 ist, dass Anforderungen an die Qualifikation der an der Eignungsbeurteilung beteiligten Personen aufgestellt werden. Hierbei werden – im Hinblick auf ihre Funktion im Eignungsbeurteilungsprozess – unterschiedliche Personengruppen gebildet. Für diese wurden Kompetenzkataloge aufgestellt. Personalmanager' im öffentlichen Sektor werden über die entsprechenden Kompetenzen regelmäßig nur dann verfügen, sofern sie mehrtägige Fortbildungsseminare im Bereich Eignungsdiagnostik absolviert haben. Durch eine gebührenpflichtige Prüfung kann über die Deutsche Psychologen Akademie eine **Personenlizenz** zum Nachweis eignungsdiagnostischer Kompetenzen erlangt werden.

Die Anhänge der Norm enthalten unter anderem Hinweise für die Ausschreibung eignungsdiagnostischer Leistungen; diese sind dann interessant, wenn z. B. externe Berater' mit der Durchführung von Auswahlverfahren betraut oder Instrumente wie Testverfahren oder Assessment-Center vom Anbieter eingekauft werden sollen.

Die DIN 33430 dient

a) „Anbietern von Dienstleistungen (organisationsinterne und -externe Auftragnehmer im Sinne dieser Norm) als Leitfaden für die Planung und Durchführung von Eignungsbeurteilungsprozessen;
b) Auftraggebern in Organisationen als Maßstab zur Ausschreibung von Dienstleistungen sowie der Bewertung externer Angebote im Rahmen berufsbezogener Eignungsbeurteilungsprozessen;
c) Personalverantwortlichen bei der Qualitätssicherung und -optimierung von Personalentscheidungen;
d) dem Schutz der Kandidaten vor unsachgemäßer oder missbräuchlicher Anwendung von Verfahren zu Eignungsbeurteilungen".[152]

Insgesamt soll die Norm dazu beitragen, „... die Qualität von Eignungsbeurteilungen bei der Berufswahl sowie bei der internen und externen Personalauswahl zu steigern".[153]

Die DIN 33430 hatte im Jahr 2002 einen holprigen Start. Die Bundesvereinigung der Arbeitgeberverbände[154] und der Deutsche Städtetag[155] äußerten sich kritisch zur Norm. Von den Praktikern' in den Behörden wurde die schwer verständliche Fachsprache bemängelt (mit der Überarbeitung wurde dieser Mangel weitgehend beho-

150) ebd., S. 11.

151) ebd., S. 21.

152) ebd., S. 5.

153) Kersting, DGP-Informationen, S. 2.

154) Schmidt-Rudloff, Der Arbeitgeber, S. 2.

155) Deutscher Städtetag, Informationsbrief Nr. 8/2002.

ben). Ergebnisse systematischer Befragungen[156] zeigten allerdings, dass die Praxis inhaltlich mit der Norm zufrieden war und mehr als 78 Prozent der informierten Praktiker' durch die DIN 33430 Vorteile für ihre Tätigkeit in der Personalauswahl erkannten. Die Kommunale Gemeinschaftsstelle für Verwaltungsmanagement (KGSt)[157] empfahl im Jahr 2003 den Kommunen, die wesentlichen Inhalte der Norm zu beachten. Rund 76 Prozent der befragten Praktiker' erwarteten damals Änderungen der Praxis der Personalauswahl im öffentlichen Sektor. Der Bekanntheitsgrad der DIN 33430 liegt gemäß den Ergebnissen einer repräsentativen Befragung[158] in deutschen Kommunalverwaltungen bei knapp 30 Prozent; rund ein Viertel der Kommunalverwaltungen, denen die DIN 33430 bekannt ist, wendet diese auch an. Inzwischen hat auch die Politik die Bedeutung der eignungsdiagnostischen Norm erkannt. Von der CDU-Fraktion im Landtag Nordrhein-Westfalen wurde im Jahr 2014 gefordert,[159] dass bei Eignungsbeurteilungen in der Landesverwaltung NRW die DIN-Norm 33430 anzuwenden ist und diejenigen, die eignungsdiagnostische Entscheidungen treffen, für diese Tätigkeit nach den Richtlinien der DIN 33430 zu qualifizieren sind. Der Antrag wurde von der damaligen rot-grünen Mehrheit im Landtag abgelehnt. Die DIN 33430 war Grundlage für die Entwicklung der im Jahr 2011 veröffentlichten internationalen Norm ISO 10667.

4.10.2 ISO 10667

Die Internationale Organisation für Normung (ISO)[160] hat im Jahr 2011 die Normen ISO 10667-1 und 10667-2 „Assessment service delivery – Procedures and methods to assess people in work an organizational settings" veröffentlicht. Überarbeitete Versionen wurden im November 2020 der Öffentlichkeit zugänglich gemacht (ISO 10667-1:2020). Unter dem Begriff „Assessment" werden Methoden und Vorgehensweisen (auch unter Einsatz Künstlicher Intelligenz) gefasst, mit denen arbeitsbezogenes Wissen, Fertigkeiten, Fähigkeiten, Leistungen oder andere Charakteristika von Individuen, Gruppen, Organisationseinheiten oder ganzen Organisationen erfasst werden können. „Assessment" umfasst nicht nur Beurteilungsmethoden und –prozesse in der Personalauswahl, sondern während der gesamten Berufskarriere von zu Beurteilenden – z. B. im Rahmen der Personalentwicklung, der Nachfolgeplanung oder des Outplacements. Den Kern der Norm bilden Regelungen zur Zusammenarbeit zwischen Anbietern' von (Assessment-)Dienstleistungen und den Empfängern' von Dienstleistungen; ISO 10667-1 beinhaltet die Regelungen für die Empfänger' der Dienstleistungen, ISO 10667-2 die Regelungen für die Anbieter' von Dienstleistungen. Hervorstechend sind in beiden Teilen der Norm Regelungen zu den Inhalten der Vereinbarungen zwischen Dienstleistern' und Empfängern'. Es sollen Bedarfe, Rahmenbedingungen und Verhaltenserwartungen für das Assessment geklärt werden. Für konkrete eignungsdiagnostische Inhalte wird auf nationale oder fachspezifische Regelungen verwiesen – wie z. B. die DIN 33430.[161]

156) Gourmelon, Verwaltungsrundschau, S. 292.

157) Kommunale Gemeinschaftsstelle für Verwaltungsmanagement, KGSt-Bericht Nr. 10 aus 2003.

158) Görtler/Gourmelon, Verwaltung & Management, S. 80.

159) Antrag „Personalgewinnung des Landes Nordrhein-Westfalen muss der gesellschaftlichen Vielfalt gerecht werden" (Drucksache 16/6855 vom 23.9.14).

160) Internationale Organisation für Normung, Assessment service delivery.

161) Ackerschott, Assessment: ISO 10667.

4.10.3 DIN SPEC 91426[162]

Durch die Corona-Krise hat die Thematik video-gestützter Methoden der Personalauswahl (VMP) auch im öffentlichen Sektor erheblich an Bedeutung gewonnen. Viele Behörden und Kommunalverwaltungen versuchen, Auswahlverfahren unter Nutzung von Systemen wie z. B. Skype, Zoom oder speziellen Videoplattformen durchzuführen. Einzelne Verwaltungen haben auch schon zeitversetzte Videointerviews eingesetzt[163] oder überlegen, Videobewerbungen im Rahmen der Vorauswahl zu nutzen. Mit der DIN SPEC 91426 (veröffentlicht im Dezember 2020)[164] werden praxisbezogene und personaldiagnostische Anforderungen für VMP festgelegt, mit denen Fehler bei der Entwicklung und dem Einsatz von VMP vermieden werden können.

Unter VMP werden gemäß der DIN SPEC 91426[165] drei Methoden der Personalauswahl gefasst:

- Echtzeit-Videointerview – hier werden Kandidaten′ von Auswählenden via Skype, Zoom u. Ä. m. in Echtzeit interviewt. Echtzeit-Videointerviews können im Auswahlverfahren Präsenz- oder Telefoninterviews ergänzen oder ersetzen und Bestandteil eines Präsenz- oder Fern-Assessment-Centers sein,
- Zeitversetztes Videointerview – dabei erhalten die Kandidaten′ von den Auswählenden Interviewfragen oder Aufgaben und nehmen sich selbst bei der mündlichen Beantwortung der Fragen auf. Eine Videodatei mit den Antworten wird an die Auswählenden gesandt, die die Antworten zu einem späteren Zeitpunkt auswerten. Zeitversetzte Videointerviews können die Analyse von Bewerbungsunterlagen ergänzen, Teil eines Präsenz- oder Fern-Assessment-Centers sein oder Telefoninterviews ersetzen,
- Videobewerbung – hier analysieren Auswählende Videoaufzeichnungen, die die Kandidaten′ über sich selbst gefertigt haben. Die Videoaufzeichnungen können eigeninitiativ oder auf Aufforderung der Auswählenden angefertigt worden sein. Die Auswählenden werten die Videobewerbungen anschließend für Zwecke der Personalauswahl aus. Videobewerbungen können z. B. als Ersatz oder Ergänzung für das Motivationsschreiben dienen.

Unter dem Begriff VMP werden auch solche der oben beschriebenen Methoden gefasst, bei denen zur Eignungsbeurteilung der Kandidaten′ Künstliche Intelligenz zum Einsatz kommt.

Die DIN SPEC 91426 wurde durch ein Konsortium erarbeitet, deren Mitglieder Expertinnen und Experten in den Bereichen Eignungsdiagnostik und Künstliche Intelligenz sind. Vertreten waren Wissenschaft und Praxis, der private und der öffentliche Sektor sowie Anwender′ und Anbieter′ von VMP. Die DIN SPEC 91426 richtet sich an alle Organisationen des privaten und öffentlichen Sektors, die VMP anwenden oder entwickeln und vertreiben wollen. Sie bezieht sich sowohl auf externe als auch auf interne Stellenbesetzungsverfahren.

---

162) Dieser Abschnitt gründet auf: Gourmelon, Standards für Videointerviews veröffentlicht.

163) Teubert, Videointerviews zwischen Employer Branding und Digitalisierung.

164) Deutsches Institut für Normung, Qualitätsanforderungen für video-gestützte Methoden der Personalauswahl.

165) ebd., S. 7.

Die DIN SPEC 91426 nimmt Bezug zur eignungsdiagnostischen Norm DIN 33430:2016-07.[166] Dies bedeutet, dass der Einsatz von VMP neben den Standards der DIN SPEC 91426 auch die Qualitätskriterien der DIN 33430:2016-07 erfüllen muss. Beispielsweise ist auch beim Einsatz von VMP die Durchführung einer Anforderungsanalyse zwingend erforderlich. Weiterhin sind somit auch die Anforderungen an die Qualifikation der am Auswahlprozess beteiligten Personen zu beachten. Die DIN SPEC 91426 verweist zudem auf die internationalen Normen ISO 10667-1 und ISO 10667-2.

Durchgehend ist in dem Konsortialstandard die Absicht zu erkennen, Auswahlprozesse unter Nutzung von VMP so zu gestalten, dass Diskriminierungen von Kandidaten' unterbleiben. Diese sollen die Nutzung ihrer Daten kontrollieren können. Personalauswählende profitieren von der DIN SPEC 91426, weil sie wertvolle Hinweise liefert, wie VMP zweckmäßig in der Praxis eingesetzt werden können. Sie können zukünftig aus der DIN SPEC Kriterien ableiten, mit denen bei angebotenen Software-Tools / VMP die Spreu vom Weizen getrennt werden kann. Die DIN SPEC steckt den Rahmen für die Entwicklung qualitativ hochwertiger VMP ab, sie erhöht den Innovationsdruck zugunsten ethisch akzeptabler VMP. Anbieter', die bei der Entwicklung ihrer Produkte die DIN SPEC 91426 beachten, werden einen Wettbewerbsvorteil erringen.

Nachfolgend einige ausgewählte Regelungsinhalte der DIN SPEC 91426:

Bereits vor dem Einsatz von VMP müssen die technischen Voraussetzungen bei den Kandidaten' getestet werden, damit die Durchführung einer VMP einzelnen Kandidaten' nicht erschwert wird. Die Prüfung muss ohne besonderen Anstoß automatisch vor der Datenerhebung und -verarbeitung erfolgen.[167] Zu denken ist hierbei z. B. an die Qualität der Internet-Verbindung oder des verwendeten Endgeräts.

Kandidaten' sollen zudem mit unterschiedlichen Endgeräten an der VMP teilnehmen können (Endgeräte-Neutralität) – dies bedeutet in der Praxis, dass beispielsweise wirtschaftlich schwache Kandidaten' mit qualitativ niedrigwertigen Endgeräten nicht vom Auswahlprozess ausgeschlossen werden. Sowohl für die Auswählenden als auch für die Kandidaten' ist die Benutzerfreundlichkeit der VMP vor der Markteinführung empirisch zu überprüfen und nach der Markteinführung „... laufend anhand von Nutzerdaten ..." [167] zu bewerten und ggf. zu verbessern. An jeder Stelle der Bedienoberfläche soll eine Hilfe-Funktion zur Verfügung stehen, Fehler bei der Bedienung der Software müssen einfach behoben werden können. Die beiden letzten Regelungen könnten insbesondere ältere oder in der Bedienung von Informations- und Kommunikationstechnik eher unerfahrene Kandidaten' vor Benachteiligungen schützen.

Allen Bewerbern' sind Hinweise zur optimalen Verwendung der VMP zu geben, beispielsweise zur Beleuchtung des Raumes oder Gesichts oder zur Optimierung der Aufnahmelautstärke.[168] Bewerber' müssen vor dem „Ernstfall" der Datenaufzeichnung die Gelegenheit haben, die Nutzung der VMP auszuprobieren; zudem muss den Bewerbern' während der üblichen Geschäftszeiten ein technischer Support zur Verfügung stehen. Auch bei diesen Regelungen war der Gedanke maßgebend, unerfahrene Kandidaten' zu schützen.

166) ebd., S. 6.

167) ebd., S. 11.

168) ebd., S. 12.

Vor Beginn der Datenerhebung ist die datenschutzrechtlich gültige Einwilligung der Kandidaten' zur Datenerhebung und –verarbeitung einzuholen. Die Datenaufzeichnung muss seitens der Kandidaten' jederzeit unterbrochen werden, aufgezeichnete Daten müssen jederzeit gelöscht werden können.[169] Dabei sind Bewerber' in verständlicher Weise auf die Folgen der Löschung aufmerksam zu machen.

Auf die eindeutige und verständliche Formulierung von Interviewfragen wird hingewiesen.[170] Die Zeit zur Vorbereitung von Antworten und die Antwortzeit selbst ist an die Bedingungen der VMP anzupassen.[171] Bei Echtzeit-Interviews hat die Befragung in strukturierter oder teilstrukturierter Form im Sinne der DIN 33430 zu erfolgen. Werden die Fragen im zeitversetzten Interview als aufgezeichnete Videos dargeboten, „... müssen die Videofragen mehrfach abspielbar sein".[172]

Generell gilt, dass an alle Kandidaten' dieselben Anforderungen zu stellen sind.[170] Die Auswertung von erhobenen Daten hat regelbasiert zu erfolgen, „... wobei die Regeln vor der Datenerhebung formuliert werden müssen".[170] Bei Befolgung dieser Standards können Beurteilungsfehler, die z. B. auf Stereotypen oder Sympathieeffekte gründen, gemindert werden.

Die Sammlung von Informationen durch die Auswählenden, deren Beurteilung im Hinblick auf die einzelnen Eignungsmerkmale sowie die Bildung eines Gesamturteils müssen zeitlich getrennt voneinander erfolgen.[172] Beispielsweise wäre es gemäß der DIN SPEC 91426 unzulässig, falls Auswählende während sie sich noch ein Video eines Kandidaten' ansehen bereits eine Bewertung abgeben. Im Regelfall muss die Beurteilung eines Eignungsmerkmals eines Kandidaten' zumindest durch zwei Personen unabhängig voneinander erfolgen; in begründeten Ausnahmefällen kann auf das Urteil eines zweiten Auswählenden verzichtet werden, sofern das Eignungsmerkmal der Kandidaten' zusätzlich zum VMP auch mit einem messtheoretisch fundierten Fragebogen oder Test erfasst wird.[172] Das Beurteilungsergebnis eines Auswählenden darf solange für die anderen Auswählenden nicht offenbar werden, bis auch diese ihr Urteil abgegeben haben.[172]

4.10.4 Regelungen der DIN SPEC 91426 zum Einsatz Künstlicher Intelligenz[173]

Im Zuge der Digitalisierung gewinnen nicht nur VMP in der Personalauswahl an Bedeutung – auch der Einsatz Künstlicher Intelligenz (KI) wird beliebter. Künstliche Intelligenz ist eine Softwaretechnologie, die auch bei Klassifizierungsproblemen (z. B.: Ist auf dem Foto Hautkrebs zu erkennen? Ist die Bewerberin geeignet?) Unterstützung bietet. Klassifizierungsprobleme werden dabei mit Ansätzen der klassischen Statistik oder mittels der Methode der neuronalen Netze gelöst. Im Gegensatz zur traditionellen Softwaretechnik, bei der die Software-Entwickler' genau vorgeben, wie ein Daten-Input zu einem Daten-Output verarbeitet wird, entwickelt die KI die Verknüpfung von Input zum Output teilweise selbst. Die Software-Entwickler' geben im Wesentlichen die Rahmenbedingungen (z. B. Input-Daten, Klassi-

169) ebd., S. 12.

170) ebd., S. 8.

171) ebd., S. 8f.

172) ebd., S. 9.

173) Dieser Abschnitt gründet auf: Gourmelon, Standards für Videointerviews veröffentlicht.

fikationskategorien) und die Erfolgsparameter von Klassifizierungen vor. Durch diese Vorgehensweise kann von Software-Entwicklern' die Logik oder der Sinn der von der KI verwendeten Verknüpfung nicht immer nachvollzogen werden; er kann nicht mehr genau „erklären", wie die KI zu einem Klassifikationsergebnis kommt. Künstliche Intelligenz lässt sich nun auch in VMP anwenden. So kann z. B. die Mimik, Gestik, Stimmlage, das Verhalten im Internet, das Aussehen von Kandidaten' mittels KI analysiert werden, um damit zu Eignungsurteilen zu gelangen.

Zum Schutz der Kandidaten', zur Gewährleistung einer hohen Qualität der Auswahlergebnisse sowie als Anreiz für die Entwicklung hochwertiger, ethisch vertretbarer KI-Systeme werden in der DIN SPEC 91426 hohe Hürden bei der Anwendung von Künstlicher Intelligenz in VMP aufgestellt. So müssen z. B. den Auswählenden bedeutsame Informationen, wie die KI entwickelt worden ist, zur Verfügung gestellt werden. Hierzu zählen z. B. Informationen zu den Daten, mit denen die KI trainiert und validiert wurde. Auch die Funktionsweise der KI muss benannt werden. Die Anbieter' von VMP, die KI-Elemente beinhalten, haben zu beschreiben, inwieweit die Input- und Output-Daten vorurteils- und stereotypfrei ausgewählt wurden.[174] „Zudem ist zu zeigen, dass der angewendete Algorithmus nachweislich nicht aufgrund von durch die Gesetzgebung oder die Rechtsprechung in besonderer Weise geschützte Merkmale (z. B. ethnische Herkunft, Geschlecht, Gewerkschaftszugehörigkeit, Schwangerschaft) benachteiligt. Dies muss in Testläufen, wie auch im laufenden Betrieb empirisch nachgewiesen werden".[175]

Durch diese Regelungen kann z. B. folgendes Problem vermieden werden: Bislang gibt es nach Kenntnis der Verfasser in Deutschland keine Behördenleiter' mit dunkler Hautfarbe. Eine KI, die bei der Identifizierung erfolgreicher Behördenleitungen auch die Hautfarbe berücksichtigte, würde zum (Fehl-)Schluss kommen „alle erfolgreichen Behördenleitungen haben helle Hautfarbe". Bewirbt sich nun eine dunkelhäutige Person um eine Behördenleitung, würde die Person aufgrund ihrer Hautfarbe fälschlicherweise als ungeeignet beurteilt werden.

Auch die Kandidaten' sind zu informieren: So ist diesen anzugeben, welche Daten konkret erhoben und welche Schlussfolgerungen und Konsequenzen sich daraus ergeben.

174) Deutsches Institut für Normung, Qualitätsanforderungen für video-gestützte Methoden der Personalauswahl., S. 10.

175) ebd., S. 10.

5 Zuständigkeiten und Beteiligungen im Rahmen des Auswahlverfahrens

Der Dienstherr muss durch Organisationsentscheidung die Zuständigkeiten auf seiner Seite festlegen. Hierbei empfiehlt es sich, das Personalauswahlverfahren zu zentralisieren, um eine möglichst einheitliche Verfahrenspraxis zu gewährleisten und somit Verstöße gegen den Gleichbehandlungsgrundsatz zu vermeiden. Darüber hinaus bedarf es grundsätzlich einer Abstimmung mit der Kämmerei, um die Finanzierbarkeit der Stellen(nach)besetzung zu prüfen.

Des Weiteren muss der Dienstherr prüfen, ob er bereits vor der Einleitung bzw. während eines Auswahlverfahrens Beteiligungsrechte zu beachten hat. Möglich ist im Einzelfall eine Beteiligung der Personalvertretung, der Gleichstellungsbeauftragten und/oder der Schwerbehindertenvertretung.

5.1 Beteiligung des Personalrates

Im Verlauf eines Auswahlverfahrens stellt sich die grundsätzliche Frage, an welcher Stelle der Dienstherr den Personalrat zu beteiligen bzw. umfassend über den Verlauf des Verfahrens informieren muss.

5.1.1 Beteiligung bei der Stellenausschreibung

Unter Stellenausschreibungen sind alle Mitteilungen des Dienstherrn über eine zu besetzende Stelle in der Dienststelle zu verstehen, die eine allgemeine Aufforderung enthalten, sich hierauf bewerben zu können.

Die Ausschreibung einer freien Stelle kann

- auf freiwilliger Basis beruhen,
- in Rechts- (z. B. §8 Abs. 1 BBG, §6 Abs. 2 Satz 1 BGleiG) oder Verwaltungsvorschriften (z. B. Nr. 3 Abs. 1 des Handbuchs des Dienstrechts, Teil A (HDA) Abschnitt A120 betreffend Stellenausschreibung und Bewerbermanagement in der Bundesagentur für Arbeit) verpflichtend vorgegeben oder
- auf eine ständige sich wiederholende Verwaltungspraxis zurückzuführen sein.[176]

Die Vorschriften der Personalvertretungsgesetze des Bundes und der Länder begründen keine allgemeine Pflicht zur (dienststelleninternen) Stellenausschreibung.[177]

Ein generelles Beteiligungsrecht des Personalrates vor **Stellenausschreibungen** besteht nicht. Es kann auch nicht aus **§75 Abs. 3 Nr. 14 BPersVG** abgeleitet werden. Danach hat der Personalrat, soweit eine gesetzliche oder tarifliche Regelung nicht besteht, ggf. durch Abschluss von Dienstvereinbarungen nur mitzubestimmen über das Absehen von der Ausschreibung von Dienstposten, die besetzt werden sollen.

176) BVerwG 4.5.2012 – 6 PB 1.12 –, ZTR 2012, 412.

177) Vgl. BVerwG 9.1.2007 – 6 P 6.06 –, Schütz/Maiwald ES/D IV 1 Nr. 173 zum Landespersonalvertretungsgesetz NRW; BVerwG 14.1.2010 – 6 P 10.09 –, E 136, 29, wonach eine grundsätzliche Verpflichtung zur Ausschreibung von Dienstposten nicht bereits aus §75 Abs. 3 Nr. 14 BPersVG folgt.

Demnach besteht ein Mitbestimmungsrecht des Personalrates bei der Stellenausschreibung nur dann, wenn der Dienstherr die Stelle nicht ausschreiben möchte. Allerdings setzt die Mitbestimmung beim Absehen von der Ausschreibung von Dienstposten voraus, dass zu besetzende Stellen üblicherweise ausgeschrieben werden.[178] Für den Bereich der Bundesbeamten' müssen gemäß §8 Abs. 1 Satz 1 BBG zu besetzende Stellen ausgeschrieben werden. Bei der Einstellung von Bewerbern' muss die Ausschreibung öffentlich sein (§8 Abs. 1 Satz 2 BBG). Daraus ergibt sich eine grundsätzliche Verpflichtung zur Ausschreibung von Beamtenstellen. Die Mitbestimmung greift unabhängig davon ein, ob die Nichtvornahme der Ausschreibung nach dem zugrunde zu legenden speziellen Regelwerk auf einer zwingenden Ausnahme beruht oder in das Ermessen des Dienstherrn gestellt ist (vgl. §8 Abs. 1 Satz 3 BBG i. V. m. §4 Abs. 2 und 3 BLV).

Die in den einzelnen Personalvertretungsgesetzen vorgesehene Beteiligungspflicht des Personalrats betrifft sowohl die dienststelleninterne als auch die dienststellenexterne Stellenausschreibung.[179]

In einigen Landespersonalvertretungsgesetzen finden sich vom Bundesrecht abweichende Regelungen. Nach **§73 Satz 1 Nr. 2 LPVG NRW** wirkt etwa der Personalrat mit bei Stellenausschreibungen, soweit die beabsichtigte Personalmaßnahme der Mitbestimmung i. S. d. §72 Abs. 1 LPVG unterliegt. Entschließt sich der Dienstherr, eine Stelle auszuschreiben, erstreckt sich die Mitwirkung des Personalrats vornehmlich auf die inhaltliche Gestaltung der Ausschreibung. Hiervon umfasst ist insbesondere die Festlegung der **sachlichen Bewerbungsbedingungen**, der Meldefrist sowie der Umfang der Bekanntmachung, d. h., in welchen Publikationsorganen (Tageszeitungen, Amtsblätter, Fachzeitschriften, online etwa im Rahmen von Stellenbörsen, Intranet) die Ausschreibung zu veröffentlichen ist. Auch die Entscheidung des Dienstherrn, von einer Ausschreibung abzusehen, unterfällt der Mitwirkung des Personalrats.[180] Hat der Dienstherr sich entschlossen, eine Stelle auszuschreiben, so ist ein Ausschreibungszeitraum von zwei Wochen angemessen.[181] Der Mitwirkung des Personalrats entzogen und damit auch als Gegenstand eines beachtlichen Zustimmungsverweigerungsgrundes im Rahmen des §69 Abs. 2 Satz 2 LPVG NRW ausgeschlossen ist

- die Vorentscheidung des Dienstherrn über eine beabsichtigte Stellenbesetzung,
- die Festlegung des Anforderungsprofils,[182]
- die Einflussnahme auf den Kreis der in Betracht kommenden Bewerber',[183]
- die in der Stellenausschreibung wiedergegebene Bewertung der zu besetzenden Stelle.[184]

---

178) BVerwG 14.1.2010 – 6 P 10.09 –, E 136, 29.

179) BVerwG 9.1.2007 – 6 P 6.06 –, ZTR 2007, 341.

180) BVerwG 9.1.2007 – 6 P 6.06 –, aaO.; **aA** OVG NRW 13.7.2006 – 1 A 1193/05.PVL –, n. v.

181) Vgl. BAG 6.10.2010 – 7 ABR 18/09 –, NZA 2011, 404 zur Mindestdauer einer innerbetrieblichen Stellenausschreibung.

182) OVG NRW 18.10.2000 – 1 A 5334/98.PVL –, Schütz/Maiwald ES/D IV 1 Nr. 123.

183) Nach der Entscheidung des OVG NRW vom 18.10.2000 – 1 A 5334/98.PVL –, aaO. gilt dies jedenfalls für den Fall, dass der Personalrat als Zielgruppe der Ausschreibung ein gegenüber der beabsichtigten Maßnahme erheblich engeres Bewerberfeld erreichen will.

184) OVG NRW 20.11.1995 – 1 A 4692/94.PVL –, juris Rn. 9.

In einigen Landespersonalvertretungsgesetzen der Länder finden sich keine Regelungen zur Beteiligungspflicht des Personalrates bei Stellenausschreibungen (z. B. in Bayern). In anderen Bundesländern ergibt sich die Beteiligungspflichtigkeit aus einer Allzuständigkeit des Personalrats (vgl. etwa § 52 Abs. 1 Satz 1 PersVG Brem).[185]

Soweit die Personalvertretungsgesetze einen Beteiligungstatbestand vor der Stellenausschreibung vorsehen, hat der Dienstherr dem Personalrat einen Entwurf der Stellenausschreibung und, soweit erforderlich, auch das zugrunde liegende Stellenprofil vorzulegen. Das Beifügen des Stellenprofils ist erforderlich, wenn die vorliegende Stellenausschreibung wesentliche Kriterien des Stellenprofils nicht benennt.

Auch die **erneute (zweite) Ausschreibung** einer Stelle, die bereits unter ordnungsgemäßer Beteiligung des Personalrats ausgeschrieben war, unterliegt als neue Maßnahme der erneuten Beteiligung des Personalrats.[186] Dies gilt selbst dann, wenn die Stellenausschreibung inhaltlich unverändert erfolgt.

Ist die Stellenausschreibung beteiligungspflichtig, ist zwischen Anhörungs-, Mitwirkungs- und Mitbestimmungsverfahren zu differenzieren.

- Kommt dem Personalrat ein **Anhörungsrecht** zu, kann der Dienstherr die beabsichtigte Maßnahme umsetzen, wenn der Personalrat dieser zugestimmt oder seine Bedenken mitgeteilt hat.
- Im Rahmen eines **Mitwirkungsverfahrens** ist der Personalrat umfassender zu beteiligen. Insbesondere muss die mitwirkungspflichtige Maßnahme mit diesem erörtert werden. Die abschließende Entscheidungshoheit verbleibt allerdings beim Dienstherrn (vgl. zum Verfahren exemplarisch § 69 LPVG NRW).
- Kernstück des **Mitbestimmungsverfahrens** ist, dass die beabsichtigte Maßnahme erst nach der erfolgten Zustimmung des Personalrats umgesetzt werden kann. Diese kann u. U. durch einen Spruch der Einigungsstelle ersetzt werden.

Es obliegt den Ländern, den Umfang bzw. die Art der Mitbestimmung und das jeweils zu beachtende Verfahren gesetzlich festzulegen (vgl. etwa Art. 70 ff. BayPVG, §§ 66 ff. LPVG NRW).

5.1.2 Beteiligung bei Vorstellungsgesprächen

Ein generelles **Recht** des Personalrats, **an Vorstellungsgesprächen teilzunehmen**, besteht nicht.[187] Etwas anderes gilt nur dann, soweit ein Teilnahmerecht des Personalrats ausdrücklich in den Personalvertretungsgesetzen festgeschrieben ist (z. B. § 65 Abs. 2 Satz 2 LPVG NRW). Das Teilnahmerecht erschöpft sich darin, dass dem betreffenden Personalratsmitglied, welches durch Beschluss des Personalrats zur Teilnahme verpflichtet ist, die Anwesenheit gestattet wird, um sich informieren zu können. Ein Beratungsrecht steht dem teilnehmenden Personalratsmitglied jedoch nicht zu.[188] Dementsprechend ist es dem Personalrat untersagt, die Auswahlentscheidung des Dienstherrn aktiv zu beeinflussen, da diese alleine dem Dienstherrn zusteht. Dem Personalrat ist es damit weder gestattet, inhaltliche Fragen an den Bewerber' zu richten, noch sich unmittelbar an der abschließenden Auswahlentscheidung zu beteiligen.

185) Siehe bzgl. einer Gesamtübersicht aller einschlägigen landesrechtlichen Regelungen Lorenzen u. a., BPersVG, § 75 Rn. 227.

186) OVG NRW 18.9.1995 – 1 A 1471/92.PVL –, PersR 1996, 363.

187) BVerwG 2.6.1993 – 6 P 23.91 –, DÖD 1994, 28.

188) Cecior/Vallendar/Lechtermann/Klein, LPVG NRW, § 65 Rn. 159.

Wichtig!

Soweit ein Teilnahmerecht an Vorstellungsgesprächen gesetzlich vorgesehen ist, hat der Personalrat keinen Anspruch darauf, im Rahmen eines Auswahl-Assessment-Center-Verfahrens auch an dem sogenannten Bewertungsverfahren als bloßer Beobachter mit einem Mitglied teilzunehmen, da ein Teilnahmerecht nur bei mit dienststelleninternen oder dienststellenexternen Bewerbern geführten Gesprächen besteht.[189]

5.1.3 Vorlage von Bewerbungsunterlagen

Der Dienstherr ist bei **Einstellungen** verpflichtet, dem Personalrat die **Bewerbungsunterlagen aller Bewerber'**, d. h. auch derjenigen, die nicht für die Einstellung vorgesehen sind, **vorzulegen**.[190] Der Personalrat bedarf dieser Unterlagen zu der im Rahmen der Beteiligung vorzunehmenden Prüfung, ob die Dienststelle bei der Ausübung des ihr zustehenden Auswahlermessens die ihr durch Art. 33 Abs. 2 GG gezogenen Grenzen eingehalten hat.[191] Die Unterlagen sind dem Personalrat allerdings erst dann vorzulegen, wenn die Dienststelle ihre Auswahlentscheidung bereits getroffen hat, da erst dann feststeht, welche Person sie einzustellen beabsichtigt.[192] Dementsprechend ist der Dienstherr auch nach einer Auswahlentscheidung im Vorfeld einer Beförderung oder Höhergruppierung verpflichtet, dem Personalrat die Bewerbungsunterlagen vorzulegen, da der Personalrat zu prüfen hat, ob der Leistungsgrundsatz im Rahmen der Auswahlentscheidung sowie die für eine Beförderung maßgebenden beamten- und laufbahnrechtlichen Vorschriften (z. B. zu beachtende Beförderungsverbote) beachtet worden ist.[193]

Dagegen erweisen sich **Verweigerungsgründe** – sowohl im Hinblick auf eine Einstellungs- aber auch bezüglich einer Beförderungs- und Höhergruppierungsentscheidung des Dienstherrn – als **unbeachtlich, die sich gegen die Richtigkeit der Eignungsbeurteilung des ausgewählten Bewerbers richten**.[194] Demnach ist eine Zustimmungsverweigerung des Personalrats unbeachtlich, wenn er einwendet, ein anderer Bewerber' sei besser geeignet oder ein alleiniger Bewerber weise keine Geeignetheit auf.[195] Denn nach ständiger Rechtsprechung des Bundesverwaltungsgerichts obliegt die Beurteilung der Beschäftigten nach Eignung, Befähigung und fachlicher Leistung bei personellen Maßnahmen, die auf dem Prinzip der Bestenauslese aufbauen, allein dem Dienststellenleiter.[196] In diesen Fällen ist den Behörden von Verfassungs wegen (Art. 33 Abs. 2 GG) ein weiter Ermessens- und Beurteilungsspielraum eingeräumt, der gerichtlich nur beschränkt nachprüfbar ist und in

---

189) OVG NRW 22.3.2000 – 1 A 4382/98.PVL –, Schütz/Maiwald ES/D IV 1 Nr. 119.

190) Bereits BVerwG 11.2.1981 – 6 P 44.79 –, BVerwGE 61, 325 = ZBR 1981, 381; OVG NRW 21.12.1978 – CL 22/78 –, PersV 1980, 288; BAG 6.4.1973 – 1 ABR 13/72 –, AP Nr. 1 zu § 99 BetrVG 1972.

191) BVerwG 11.2.1981 – 6 P 44.79 –, E 61, 325; vgl. etwa auch § 65 Abs. 2 Satz 1 LPVG NRW, wonach die Bewerbungsunterlagen nur auf Verlangen des Personalrats vorzulegen sind, was für die Praxis insbesondere bei größeren Bewerberzahlen eine erhebliche Erleichterung darstellt.

192) Cecior/Vallandar/Lechtermann/Klein, Personalvertretungsrecht in NRW, § 65 Rn. 141.

193) Vgl. BVerwG 28.8.2008 – ZTR 2008, 692; Bülow, LPVG NRW, § 72 Rn. 85.

194) So etwa OVG NRW 26.2.1996 – 1 A 4265/92.PVL –, Schütz/Maiwald ES/D IV 1 Nr. 84 – zum Hinweis des Personalrats auf die fehlende Teilnahme des Bewerbers an einem Rotationsprinzip.

195) OVG NRW 22.3.2000 – 1 A 956/98.PVL –, juris,

196) Vgl. bereits BVerwG 20.6.86 – 6 P 4.83 –, BVerwGE 74, 273 und dann BVerwG 27.3.90 – 6 P 34.87 –, PersV 1990, 439; BVerwG 23.9.92 – 6 P 24.91 –, Buchholz 250 § 77 BPersVG Nr. 12; BVerwG 2.11.94 – 6 P 28.92 –, Buchholz 250 § 69 BPersVG Nr. 27 = ZBR 1996, 21.

den die Personalvertretung mit ihren Einwendungen nicht eindringen kann. Der Personalrat kann deswegen insoweit die Zustimmung nur dann verweigern, wenn die Dienststelle den anzuwendenden Begriff oder den gesetzlichen Rahmen, in dem sie sich frei bewegen kann, verkannt hat, von einem unrichtigen Sachverhalt ausgegangen ist, allgemeingültige Maßstäbe nicht beachtet oder sachfremde Erwägungen angestellt hat. Begründet er hingegen seine Ablehnung nur damit, dass er sein eigenes Werturteil über Eignung, Befähigung und fachliche Leistung des Bewerbers' an die Stelle der Beurteilung durch den Dienststellenleiter' setzt, ist dieser nicht zur Einleitung des Stufenverfahrens verpflichtet. Ebenso unbeachtlich sind Einwände, die der Personalrat gegen die Bewertung des Dienstpostens erhebt, den der Bewerber nach seiner Beförderung einnehmen soll.[197] Der Personalrat kann auch nicht unter Berufung auf sein Mitbestimmungsrecht bei der Beförderung verlangen, bereits bei einem sog. Stellenwertverlagerungsverfahren beteiligt zu werden.[198]

Wichtig!

Setzt der Dienstherr die Personalmaßnahme der Einstellung eines Beamten um, führt die fehlende Zustimmung des Personalrates nicht zur Unwirksam-, sondern lediglich zur Anfechtbarkeit des Verwaltungsaktes der Ernennung, wobei hierbei alleine dem Beamten' selbst eine Anfechtungsbefugnis zusteht.[199]

Zu den Bewerbungsunterlagen zählen u. a.:

- Bewerbung, d. h. Bewerbungsanschreiben, Lebenslauf, Zeugnisse, Nachweisunterlagen,[200]
- Zusammenstellungen von Bewerberdaten und Aufzeichnungen zu den Vorstellungsgesprächen,[201]
- Eignungsgutachten,[202]
- gewonnene Erkenntnisse aus der Personalakte, die bei der Bewerberauswahl berücksichtigt werden,[203]
- amtsärztliche Gesundheitszeugnisse,
- Ausschreibung der Beförderungsstelle,
- dienstliche Beurteilungen der Bewerber',
- Bewerberverzeichnis,
- Personalfragebogen,
- Bewerbungslisten.

197) OVG NRW 26.2.1996 – 1 A 4265/92.PVL –, juris.
198) OVG NRW 5.2.1997 – 1 A 3104/93.PVL –, juris.
199) Bülow, LPVG NRW, § 72 Rn. 21.
200) OVG NRW 16.11.1978 – CL 10/78 –, PersV 1980, 280.
201) OVG Nds. 19.7.1989 – 18 L 20/87 –, PersR 1990, 264.
202) OVG NRW 8.11.1988 – CL 43/86 –, ZBR 1989, 286.
203) BVerwG 26.11.1994 – 6 P 21.92 –, Schütz/Maiwald ES/D IV 1 Nr. 64.

Nicht zu den Bewerbungsunterlagen gehören insbesondere:

- Herausgabe des Computerprogramms und der Programmierungsanweisung bei computergesteuerten Einstellungsverfahren,[204]
- Arbeitsvertrag.[205]

Die **Aufarbeitung der Unterlagen** hat so zu erfolgen, dass der Personalrat nachvollziehen kann, ob die geltenden Vorschriften und dabei vor allem die im öffentlichen Dienst geltenden Grundsätze nach Art. 33 Abs. 2 GG eingehalten worden sind.[206] Der Dienstherr muss dem Personalrat die Bewerbungsunterlagen für eine angemessene Zeit zur Bearbeitung überlassen. Hierbei hat er zu beachten, dass die Bewerbungsunterlagen dem Personalrat bei seiner Beratung und Beschlussfassung über die vorgesehene Personalmaßnahme zugänglich sind.

Die Pflicht zur Vorlage der Bewerbungsunterlagen besteht erst zu dem **Zeitpunkt**, in dem der Dienstherr eine Auswahlentscheidung getroffen hat und eine Mitteilung gegenüber dem Personalrat erfolgt, welche Person von der Personalmaßnahme betroffen ist.[207]

Teilweise enthalten die Personalvertretungsgesetze eigenständige Regelungen zur Vorlagepflicht bestimmter Bewerbungsunterlagen. Im Anwendungsbereich des **bayerischen Personalvertretungsgesetzes** kann etwa der Personalrat bei einer Einstellung, Beförderung und Übertragung der Dienstaufgaben eines anderen Amtes mit höherem Endgrundgehalt oder höherer Amtszulage für eine Dauer von mehr als sechs Monaten die zur Erfüllung seiner Aufgaben erforderliche Vorlage von Bewerbungsunterlagen verlangen. Von dienstlichen Beurteilungen ist jedoch nur die abschließende Bewertung bekannt zu geben. Sofern für eine Auswahlentscheidung eine Binnendifferenzierung nach Art. 16 Abs. 2, Art. 17 Abs. 7 Bay LlbG vorzunehmen ist, sind auch die Bewertungen der wesentlichen Beurteilungskriterien mitzuteilen. Personalakten dürfen nur mit schriftlicher Zustimmung des Beschäftigten und nur von einem von ihm bestimmten Mitglied des Personalrats eingesehen werden (vgl. Art. 69 Abs. 2 Satz 3 bis 6 BayPVG).

5.1.4 Fehler bei der Beteiligung des Personalrates

Wird der Personalrat nicht ordnungsgemäß im Rahmen des Auswahlverfahrens beteiligt, bedarf es einer weiteren Prüfung, welche Auswirkungen ein solcher Verfahrensfehler auf die Auswahlentscheidung des Dienstherrn tatsächlich hat.

Die Beteiligungsrechte der Personalvertretung sind in den einschlägigen Personalvertretungsgesetzen **abschließend** geregelt und damit keiner erweiterten Auslegung zugänglich.[208] Wird damit der Personalrat ohne Bestehen einer ausdrücklichen rechtlichen Grundlage im Stellenbesetzungsverfahren beteiligt, kann dieser Verfahrensfehler von einem unterlegenen Bewerber im Rahmen eines Konkurrentenstreitverfahrens gerügt werden. Dies gilt zumindest dann, wenn sich die unzulässige Beteiligung des Personalrates auf die Auswahlentscheidung des Dienstherrn tatsächlich ausgewirkt hat.

204) OVG NRW 31.5.1988 – CL 20/86 –, PersV 1990, 35.

205) BAG 18.10.1988 – 1 ABR 33/87 –, ZTR 1989, 201.

206) OVG NRW 8.11.1988 – CL 43/86 –, ZBR 1989, 286.

207) Cecior/Vallendar/Lechtermann/Klein, Das Personalvertretungsrecht in NRW, § 65 Rn. 141.

208) Vgl. Cecior/Vallendar/Lechtermann/Klein, Das Personalvertretungsrecht in NRW, § 72 Rn. 9 mwN.

Beispiel

Der Personalrat nimmt Einfluss auf die tatsächliche Auswahlentscheidung, indem er als Mitglied der Auswahlkommission die Leistung des Bewerbers eigenständig bewertet. Die Auswahlentscheidung ist damit rechtswidrig, da dem Personalrat ein entsprechendes Beteiligungsrecht nicht zusteht.

Wird der Personalrat im Rahmen eines ihm zustehenden Beteiligungsrechts **nicht ordnungsgemäß beteiligt**, führt dies regelmäßig zur Rechtswidrigkeit der daraufhin vollzogenen Personalmaßnahme. Allerdings ist es möglich, diesen Mangel im personalvertretungsrechtlichen Verfahren zu **heilen**. Regelmäßig treffen die Personalvertretungsgesetze keine eigenständigen Aussagen, bis zu welchem Verfahrensstand das Beteiligungsverfahren nachgeholt werden kann. In diesem Fall bestehen keine Bedenken, die Heilung von Verfahrensfehlern im Beteiligungsverfahren nach dem allgemeinen Rechtsgedanken des § 45 Abs. 1 VwVfG des Bundes und der Länder zu berücksichtigen.[209] Zudem ist die Aufhebung einer dienstlichen Maßnahme, die wegen eines Fehlers des personalvertretungsrechtlichen Beteiligungsverfahrens rechtswidrig ist, nach dem Rechtsgedanken des § 46 VwVfG des Bundes und der Länder ausgeschlossen, wenn der Fehler im Beteiligungsverfahren offensichtlich keinen Einfluss auf die Entscheidung in der Sache hat.[210] Eine Heilung eines Beteiligungsfehlers ist allerdings ausgeschlossen, soweit die nachgeholte (ordnungsgemäße) Beteiligung ihre Funktion für den Entscheidungsprozess der Behörde nicht mehr uneingeschränkt erreichen kann. Damit kommt eine Heilung des Verfahrensfehlers einer unterbliebenen Beteiligung des Personalrats bis zum Abschluss des Verwaltungsverfahrens nicht in Betracht, wenn der Sinn und Zweck der Beteiligung nur dadurch erfüllt werden kann, soweit sie vorher erfolgt.[211] Dies gilt nicht für die Beteiligung des Personalrats vor der Umsetzung einer durch eine Auswahlentscheidung vorgegebene personelle Maßnahme.

Beispiel

Wird der Personalrat unzutreffend über die Gesamtnote einer dienstlichen Beurteilung unterrichtet, führt dies zur Rechtswidrigkeit einer anschließend vollzogenen Beförderung. Dieser Verfahrensfehler kann jedoch durch eine nachträgliche ordnungsgemäße Beteiligung des Personalrats geheilt werden.[212]

5.2 Beteiligung der Gleichstellungsbeauftragten

Nach § 25 Abs. 2 Nr. 2 BGleiG[213] **wirkt** die Gleichstellungsbeauftragte bei **allen personellen, organisatorischen und sozialen Maßnahmen** ihrer Dienststelle mit, die die Gleichstellung von Frauen und Männern, die Vereinbarkeit von Familie und Erwerbstätigkeit sowie den Schutz vor sexueller Belästigung am Arbeitsplatz betreffen. Darüber hinaus ist sie zur Durchführung ihrer Aufgaben unverzüglich und umfassend zu unterrichten.

209) Vgl. BVerwG 20.12.2013 – 2 B 44.12 –, juris Rn. 27.

210) Vgl. BVerwG 9.12.1999 – 2 C 4.99 –, ZTR 2000, 186.

211) BVerwG 1.12.1982 – 2 C 59.81 –, E 66, 291.

212) OVG Bremen 14.10.2015 – 2 B 158/15 –, juris Rn. 17 ff.

213) Entsprechende oder ähnliche Regelungen sehen auch verschiedene Landesgleichstellungsgesetze vor. Vgl. exemplarisch § 17 Abs. 1 LGG NRW. Siehe aber auch Art. 18 Abs. 3 Satz 2 BayGlG, wonach eine Beteiligung der Gleichstellungsbeauftragten in Personalangelegenheiten nur auf Antrag des Betroffenen stattfindet.

Nach § 27 Abs. 1 Nr. 1 BGleiG ist die Gleichstellungsbeauftragte im Gegensatz zum Personalrat, der, soweit eine entsprechende gesetzliche Regelung besteht, grundsätzlich erst vor der eigentlichen Stellenausschreibung beteiligt wird, bereits in die Vorbereitung von Personalmaßnahmen frühzeitig einzubeziehen. Dies gilt nach Buchst. a sowohl für die Vergabe von Ausbildungsplätzen als auch nach Buchst. b für die Einstellung sowie die Abordnung, Versetzung und Umsetzung von Beschäftigten für jeweils mehr als drei Monate. Eine **frühzeitige Beteiligung** liegt vor, wenn die Gleichstellungsbeauftragte mit Beginn des Entscheidungsprozesses auf Seiten der Dienststelle beteiligt wird und die jeweilige Entscheidung oder Maßnahme noch gestaltungsfähig ist (§ 27 Abs. 2 BGleiG).

Die Beteiligung der Gleichstellungsbeauftragten geht grundsätzlich einem Beteiligungsverfahren nach dem Bundespersonalvertretungsgesetz und dem Neunten Buch des Sozialgesetzbuches voraus (§ 27 Abs. 3 Satz 1 BGleiG).

Der Gleichstellungsbeauftragten sind die hierfür **erforderlichen Unterlagen**, insbesondere die umfassenden Bewerbungsunterlagen, vergleichenden Übersichten und soweit vorhanden, die zu vergleichenden dienstlichen Beurteilungen sowie Auswahlvermerke, alsbald vorzulegen und die erbetenen Auskünfte zu erteilen (§ 30 Abs. 2 Satz 2 BGleiG). Ihr **soll** zudem Gelegenheit zur **aktiven Teilnahme an allen Entscheidungsprozessen** zu personellen, organisatorischen und sozialen Angelegenheiten gegeben werden (§ 30 Abs. 2 Satz 3 BGleiG). V. Roetteken folgert aus der gesetzlichen Festschreibung einer aktiven Teilnahme der Gleichstellungsbeauftragten, dass diese nicht auf eine passive Zuhörerrolle beschränkt werden dürfe. Es müsse ihr vielmehr die Möglichkeit gegeben werden, in anschließenden Beratungen nach Vorstellungsgesprächen einen eigenen Standpunkt vorzutragen und einen Entscheidungsvorschlag zu unterbreiten.[214] Da die Auswahlentscheidung grundsätzlich dem Dienstherrn obliegt, kann ein derartig weites Beteiligungsrecht der Gleichstellungsbeauftragten – entgegen der vorgenannten Ansicht – nur dann in Betracht kommen, soweit die gesetzliche Regelung ausdrücklich eine „aktive" Teilnahme der Gleichstellungsbeauftragten vorsieht. Im Übrigen ist es dem Dienstherrn allerdings möglich, der Gleichstellungsbeauftragten ausdrücklich ein Stimmrecht in einem Auswahlgespräch einzuräumen bzw. sie zum stimmberechtigten Mitglied einer Auswahlkommission zu bestellen.[215] Zu beachten ist hierbei, dass die Beteiligung der Gleichstellungsbeauftragten an Vorstellungsgesprächen teilweise nur auf Antrag des Betroffenen' stattfindet (vgl. etwa Art. 18 Abs. 3 Satz 3 BayGlG).

Aus den weitreichenden gesetzlich vorgeschriebenen Beteiligungsrechten der Gleichstellungsbeauftragten folgt, dass diese in den Meinungsfindungsprozess, ob eine Stelle ausgeschrieben werden soll, zu integrieren und bei der Entwicklung des entsprechenden Anforderungsprofils, wie auch an Vorstellungsgesprächen oder sonstigen Verfahrensschritten im Auswahlverfahren, etwa bei einer leistungsorientierten Vorauswahl der Bewerber', zu beteiligen ist.[216] Dies gilt selbst dann, wenn sich keine Frauen im Bewerber'kreis befinden.[217]

214) v. Roetteken, BGleiG, § 20 Rn. 38.

215) OVG NRW 9.1.2013 – 6 B 1125/12 –, RiA 2013, 186.

216) v. Roetteken, BGleiG, § 19 Rn. 59.

217) v. Roetteken, BGleiG, § 19 Rn. 50, 53 mwN.

Bewerben sich ausschließlich Frauen oder verengt sich das Bewerber'feld im Laufe des Besetzungsverfahrens ausschließlich auf Bewerberinnen, so ist die Gleichstellungsbeauftragte gleichwohl (weiter) zu beteiligen, sofern sich eine Einschränkung nicht ausdrücklich aus dem Gleichstellungsrecht ergibt.[218]

Das Teilnahmerecht der Gleichstellungsbeauftragten an Vorstellungsgesprächen bezieht sich nicht auch auf ihr zugeordnete Mitarbeiter', da sich die Aufgabe der Mitarbeiter' auf die Unterstützung der Gleichstellungsbeauftragten beschränkt (vgl. § 29 Abs. 2 und 3 Satz 1 BGleiG).[219]

5.3 Beteiligung der Schwerbehindertenvertretung

Der Dienstherr muss nach § 164 Abs. 1 Satz 4 SGB IX die Schwerbehindertenvertretung über das Vorliegen von Bewerbungen schwerbehinderter Menschen unterrichten. Dies gilt sowohl für Bewerbungen interner Bewerber' als auch für Bewerbungen externer Bewerber'.

Verstößt der Dienstherr gegen seine Beteiligungspflicht, so ist die nachfolgende Auswahlentscheidung formell rechtswidrig, es sei denn, der Verfahrensfehler wurde nach § 178 Abs. 2 Satz 2 SGB IX nachträglich geheilt.[220]

Die Schwerbehindertenvertretung hat darüber hinaus bei Bewerbungen schwerbehinderter Menschen nach § 178 Abs. 2 Satz 4 SGB IX das **Recht auf Einsicht** in die **entscheidungsrelevanten Teile der Bewerbungsunterlagen** (z. B. Schul- und Prüfungszeugnisse, Fortbildungszertifikate, dienstliche Beurteilungen) und auf **Teilnahme an allen Vorstellungsgesprächen**, soweit ein schwerbehinderter Bewerber' im weiteren Auswahlverfahren zu berücksichtigen ist. Als entscheidungsrelevant anzusehen sind diejenigen Teile der Bewerbung, die Rückschlüsse auf das Leistungsniveau des Bewerbers' zulassen.

Um die Bewerbung des schwerbehinderten Bewerbers' mit denen nichtschwerbehinderter Bewerber' unter Berücksichtigung des Leistungsgrundsatzes und des Benachteiligungsverbotes (schwer)behinderter Menschen vergleichen zu können, hat die Schwerbehindertenvertretung auch das Recht, die Bewerbungsunterlagen der nichtschwerbehinderten Mitbewerber' einzusehen.[221]

Wird eine Stelle mit Personalführungsfunktion besetzt, **muss** die Schwerbehindertenvertretung beteiligt werden, wenn

- sich entweder ein schwerbehinderter Mensch um die Stelle bewirbt oder
- die Aufgabe besondere schwerbehinderungsspezifische Führungsanforderungen stellt.

Der Schwerbehindertenvertretung stehen allerdings **keine** Beteiligungsrechte zu, wenn die Angelegenheit die Belange schwerbehinderter oder ihnen gleichgestellter Menschen in keiner anderen Weise berührt als nicht schwerbehinderte Beschäftigte.

---

218) OVG NRW v. 13.6.2007 – 6 A 5030/04, RiA 2008, 35, 36.

219) OVG NRW 19.12.2012 – 1 A 2835 –, BGleiG E.II.2.2 BGleiG § 20 Nr. 12.

220) VGH Baden-Württemberg 10.9.2013 – 4 S 547/12 –, NZA-RR 2014, 159.

221) Cramer/Fuchs, SGB IX, § 95 Rn. 14.

Beispiel

Allein ein mit der Stellenbesetzung einhergehender Wechsel des Vorgesetzten' begründet keine Beteiligungspflicht der Schwerbehindertenvertretung, da sowohl schwerbehinderte oder ihnen gleichgestellte Menschen als auch nichtschwerbehinderte Beschäftigte sich auf wechselnde Führungskräfte einstellen müssen.[222]

Die über den Termin eines Vorstellungsgesprächs rechtzeitig in Kenntnis gesetzte Schwerbehindertenvertretung entscheidet autonom, ob und auf welche Art und Weise sie sich in das Bewerbungsverfahren einschaltet. Der Dienstherr hat im Rahmen des § 178 Abs. 2 Satz 4 SGB IX nicht eine Teilnahme der Schwerbehindertenvertretung an Vorstellungsgesprächen zu erwirken.[223]

Die **dienstliche Beurteilung** eines Beamten' ist nach der Rechtsprechung des Bundesverwaltungsgerichts mangels einer Regelung mit bestimmten unmittelbaren Rechtswirkungen kein Verwaltungsakt.[224] Daher beinhaltet eine dienstliche Beurteilung auch keine Entscheidung im Sinn des § 178 Abs. 2 Satz 1 SGB IX.[225] Bei der Beurteilung des Beamten' trifft die Dienstbehörde nicht eine „Regelung" mit bestimmten unmittelbaren Rechtswirkungen; vielmehr steht rechtlich die Zweckbestimmung als Auswahlkriterium für spätere Personalentscheidungen im Vordergrund. Dieselben Grundsätze gelten auch für § 178 Abs. 2 Satz 1, 2 SGB IX, weil diese Bestimmung ebenfalls auf das Merkmal der Entscheidung abstellt. Der Dienstherr ist damit **nicht verpflichtet**, der Schwerbehindertenvertretung das **Ergebnis einer dienstlichen Beurteilung** eines schwerbehinderten Menschen mitzuteilen.

Besonderheiten ergeben sich bei der Frage der Beteiligungspflichtigkeit der Schwerbehindertenvertretung, die bei dem Träger einer gemeinsamen Einrichtung i. S. v. § 44b SGB II besteht. Diese hat ein Unterrichtungs- und Anhörungsrecht nach § 178 Abs. 2 Satz 1 SGB IX bei der Begründung eines Arbeitsverhältnisses mit einem Arbeitnehmer', der nach der Begründung des Arbeitsverhältnisses der gemeinsamen Einrichtung (Jobcenter) zugewiesen werden soll, wenn sich unter den Bewerbern' mindestens ein schwerbehinderter Mensch befindet. Das Beteiligungsrecht erstreckt sich sodann auch auf die Teilnahme an dem für die Begründung des Arbeitsverhältnisses maßgeblichen Auswahlverfahren einschließlich dazu geführter Vorstellungsgespräche (§ 178 Abs. 2 Satz 4 SGB IX).[226]

222) BAG 17.8.2010 – 9 ABR 83/09 –, juris Rn. 13 ff.

223) LAG Hamm 26.11.2015 – 15 Sa 803/15 –, juris Rn. 49.

224) Std. Rspr. vgl. etwa BVerwG. 4.6.2014 –, 2 B 108.13 –, juris Rn. 11.

225) Vgl. bereits BVerwG 14.12.1990 – 2 B 106.90 –, juris Rn. 8 zu § 25 Abs. 2 SchwbG.

226) BAG 15.10.2014 – 7 ABR 71/12 –, ZTR 2015, 164.

6 Dienstposten- und Stellenbewertung

Die Begriffe **Dienstpostenbeschreibung und Stellenbeschreibung** haben denselben Bedeutungsumfang. Der Begriff der Stellenbeschreibung ist das arbeitsrechtliche Gegenstück zum Begriff der Dienstpostenbeschreibung.[227] Aus der Dienstpostenbeschreibung und der dieser zugrundeliegenden Stellen- bzw. Aufgabenbeschreibung wird das für das weitere Auswahlverfahren bindende Anforderungsprofil entwickelt.[228] Die Bewertung des Dienstpostens baut auf der Dienstpostenbeschreibung auf. Gegenstand der Dienstpostenbewertung ist die Festlegung, welches statusrechtliche Amt dem konkreten Dienstposten bzw. welche Entgeltgruppe der konkreten Stelle zugeordnet ist (vgl. etwa § 18 BBesG, § 19 LBesG NRW und § 12 TVöD/TV-L).

Der Dienstherr sollte durch regelmäßige Befragung der Stelleninhaber gewährleisten, dass die Stellenbeschreibungen durchgehend einen aktuellen Stand aufweisen. Ausreichend dürfte hierbei ein zwei- bis dreijähriger Rhythmus sein. Die Befragung sollte zentral von derjenigen Stelle, die durch Organisationsentscheidung des Dienstherrn für die eigentliche Stellenbewertung, etwa das Personal- oder Organisationsamt zuständig ist, durchgeführt werden. Denkbar ist hierbei, dass die eigentliche Nachfrage vor Ort durch den tatsächlichen Vorgesetzten durchgeführt wird, der das Ergebnis der Befragung an die zuständige Stelle weiterleitet. Eine Überarbeitung der Dienstpostenbewertung kommt insbesondere in Betracht, wenn sich der Personalbestand in der Dienststelle ändert oder Aufgaben entfallen oder hinzukommen.

Die Stellenbeschreibung sollte folgende wesentliche Punkte beinhalten:

Abbildung 6-1: Inhalt einer Stellenbeschreibung.

Inhalt der Stellenbeschreibung	Einzelheiten	Vorhanden ja/nein
Allgemeine Informationen	Amt Abteilung Sachgebiet Stellennummer Stellenwert Funktionsbezeichnung Vorgesetzte Stelle	
Vertreten von		
Wird vertreten von		
Beschreibung der Tätigkeit	Zugeordnete Produkte, Beschreibung der wesentlichen Tätigkeit mit prozentualer Angabe	
Dienstliche Beziehungen		

227) Zur Vereinfachung der Darstellung werden einheitlich die Begriffe Dienstpostenbeschreibung und Dienstpostenbewertung verwandt.

228) Siehe hierzu die Ausführungen in Kapitel 7.

Inhalt der Stellenbeschreibung	Einzelheiten	Vorhanden ja/nein
Umfang des eigenen Handlungsspielraums		
Ausführungsverantwortung	Auf welche Personen und Aufgabenbereiche wirkt sich die Tätigkeit aus?	
Leistungsverantwortung	Anzahl der unterstellten Mitarbeiter Wie groß ist der Aufwand für Personalführung, Organisationsgestaltung und Budgetverantwortung?	

6.1 Pflicht zur Dienstposten- und Stellenbewertung

Nach §18 Satz 1 BBesG[229] **ist eine Dienstpostenbewertung zwingend** („die Funktionen sind zu bewerten").[230] §18 Satz 2 BBesG legt als Kriterium für diese Bewertung die „Wertigkeit" der Ämter (Funktionen) fest. Es ist das (typische) Aufgabenprofil der **Ämter im konkret-funktionellen Sinn (Dienstposten)** zu ermitteln. Weiterhin ist erforderlich, dass die Funktionen nach ihrer Wertigkeit Ämtern, d. h. **Ämtern im statusrechtlichen Sinne** (Satz 1) und damit Besoldungsgruppen (Satz 2), **zugeordnet werden**. Dies bedeutet, dass die Anforderungen, die sich aus dem Aufgabenprofil einer Funktion ergeben, mit den Anforderungen anderer Funktionen zu vergleichen sind. Je höher die Anforderungen gewichtet werden, desto höher die Besoldungsgruppe, der die Funktion zuzuordnen ist.[231] Bei der Zuordnung von Dienstposten zu statusrechtlichen Ämtern einer konkreten Besoldungsgruppe steht dem Dienstherrn eine gerichtlich nur eingeschränkt überprüfbare organisatorische Gestaltungsfreiheit zu.[232]

Damit trägt die Ämterbewertung nach §18 BBesG den **hergebrachten Grundsätzen** des Berufsbeamtentums, namentlich dem Leistungsprinzip, dem Alimentationsprinzip und dem hergebrachten Grundsatz der amtsangemessenen Beschäftigung Rechnung. Ein Beamter' hat einen in Art. 33 Abs. 5 GG verankerten Anspruch darauf, dass ihm ein Aufgabenbereich übertragen wird, dessen Wertigkeit seinem Amt im statusrechtlichen Sinn entspricht.[233] Ob dieser Anspruch erfüllt ist, kann ohne Dienstpostenbewertung nicht beurteilt werden.[234]

Aus dem Grundsatz der funktionsgerechten Besoldung ergibt sich, dass sich in den statusrechtlichen Ämtern Abstufungen der ihnen zugeordneten Funktionen und Anforderungen widerspiegeln. Allerdings ist der Dienstherr nicht verpflichtet, die bei ihm vorhandenen Dienstposten einer jeden Besoldungsgruppe zuzuordnen.[235]

229) In den Landesbesoldungsgesetzen sind zum Teil wortidentische Formulierungen bzw. inhaltlich gleichlautende Regelungen enthalten; vgl. Art. 19 Abs. 1 BayBesG, §19 Abs. 1 LBesG NRW.

230) BVerwG 30.6.2011 – 2 C 19/10 –, E 140, 83 = Schütz/Maiwald BeamtR ES/A II 1.4 Nr. 206 = ZTR 2011, 636; OVG LSA 14.1.2021 – 1 M 136/20 –, ZBR 2021, 210.

231) BVerwG 30.6.2011 – 2 C 19.10 –, ZTR 2011, 636.

232) BVerwG 7.5.2020 – 2 B 35/19 –, Buchholz 240 §46 BBesG Nr. 17.

233) BVerwG 18.9.2008 – 2 C 8.07 –, E 132, 31.

234) Vgl. BVerwG 25.10.2007 – 2 C 30.07 –, Buchholz 11 Art. 33 Abs. 5 GG Nr. 91.

235) NdsOVG 3.6.2010 – 5 LA 82/09 –, RiA 2010, 272.

Ein Beamter' hat weder unter Berücksichtigung der Fürsorgepflicht des Dienstherrn noch unter Beachtung des Gleichheitssatzes einen individualrechtlichen Anspruch auf eine bestimmte Bewertung seines Dienstpostens. Etwas anderes gilt nur dann, wenn die Bewertung des Dienstpostens durch den Dienstherrn sich als Missbrauch der organisatorischen Gestaltungsfreiheit des Dienstherrn und damit als Manipulation zum Nachteil des betroffenen Beamten' darstellt. Die gerichtliche Kontrolle beschränkt sich damit auf eine Missbrauchskontrolle.[236]

Beispiel

Unzulässige Bewertung

Unzulässig ist es, einen Dienstposten bewusst niedriger zu bewerten, um dem Dienstposteninhaber' hierdurch einen Bewerbungsvorsprung für den Fall zu verschaffen, dass derselbe Dienstposten zu einem späteren Zeitpunkt ohne Änderung der Inhalte den tatsächlichen Gegebenheiten wieder angepasst und höher bewertet wird.

Wichtig!

Für den Bereich der **Tarifbeschäftigten** ist eine Stellenbewertung unumgänglich, da diese nach § 15 Abs. 1 TVöD/TV-L aufgrund der bestehenden Tarifautomatik kraft ihrer dauerhaft ausgeübten Tätigkeit in eine Entgeltgruppe eingruppiert sind.[237]

6.2 Gerichtliche Überprüfung der Dienstpostenbewertung

Soweit zum Gegenstand einer Konkurrentenklage eine Beförderungsstelle oder eine dienstliche Beurteilung gemacht worden ist, überprüft das Gericht die Rechtmäßigkeit der dienstlichen Beurteilung. Maßstab einer dienstlichen Beurteilung ist grundsätzlich eine entsprechende Dienstpostenbewertung. Fehlt eine allgemeine Dienstpostenbewertung oder ist diese rechtswidrig, muss in der Beurteilung selbst eine Darstellung der Wertigkeit der Aufgabengebiete erfolgen, also eine Dienstpostenbewertung vorgenommen werden. Der Beurteiler' ist dann selbst verpflichtet, sich einen eigenen Eindruck von dem Schwierigkeitsgrad der mit dem Dienstposten verbundenen Aufgaben zu verschaffen. Dieser Maßstab ist sodann der dienstlichen Beurteilung zugrunde zu legen.[238] Eine derartige Bewertung ist insbesondere dann zwingend, wenn eine Dienstpostenbündelung wegen der wechselnden Schwierigkeit der Aufgaben vorgenommen wird.[239] **Fehlt** es an einer aussagekräftigen **Dienstpostenbewertung, leidet** die **dienstliche Beurteilung an einem gerichtlich feststellbaren Mangel**. Der Beamte' hat damit einen Anspruch auf Neubeurteilung.

Liegt einer Auswahlentscheidung unter **Arbeitnehmern** oder zwischen Arbeitnehmern und Beamten eine dienstliche (Regel-)Beurteilung zugrunde, gelten für ein arbeitsgerichtliches Verfahren die von den Verwaltungsgerichten herausgearbeiteten Maßstäbe, da Maßstab der dienstlichen Beurteilung die Wertigkeit des Aufgabengebiets und die damit einhergehende Eingruppierung des Arbeitnehmers ist.

236) OVG NRW 22.10.2014 – 6 A 359/14 –, juris Rn. 3.

237) BAG 10.12.2014 – 4 AZR 261/13 –, ZTR 2015, 443.

238) ThürOVG 19.5.2015 – 2 EO 313/13 –, juris Rn. 19.

239) BVerfG 16.12.2015 – 2 BvR 1958/13 –, ZTR 2016, 170.

Im Übrigen gelten nach der Rechtsprechung des Bundesverwaltungsgerichtes[240] folgende Grundsätze im Falle der gerichtlichen Kontrolle einer Dienstpostenbewertung:

Die rechtliche Bewertung von Dienstposten, d. h. ihre Zuordnung zu statusrechtlichen Ämtern einer bestimmten Besoldungsgruppe, erfolgt im Rahmen der gesetzlichen Vorgaben des Besoldungs- und des Haushaltsrechts durch den Dienstherrn gemäß dessen organisatorischer Gestaltungsfreiheit.[241] Konkrete Vorgaben können sich aus spezialgesetzlichen, besoldungs- und laufbahnrechtlichen Regelungen ergeben.[242] Fehlt es – wie hier – an solchen konkreten Bestimmungen, ist der allgemeine Grundsatz der sachgerechten Bewertung gemäß § 18 Satz 1 BBesG zu beachten.[243] Nach § 18 Satz 1 BBesG sind die Funktionen der Beamten' und Soldaten', d. h. von Ämtern im konkret-funktionellen Sinn (Dienstposten), nach den mit ihnen verbundenen Anforderungen sachgerecht zu bewerten und Ämtern, d. h. Ämtern im statusrechtlichen Sinne und damit Besoldungsgruppen, zuzuordnen.[244] § 18 Satz 1 BBesG statuiert damit das allgemeine Prinzip, dass sich in den statusrechtlichen Ämtern Abstufungen der ihnen zugeordneten Funktionen und Anforderungen widerspiegeln.[242] Dies bedeutet, dass die Anforderungen, die sich aus dem zu ermittelnden (typischen) Aufgabenprofil einer Funktion ergeben, mit den Anforderungen anderer Funktionen zu vergleichen sind. Je höher die Anforderungen gewichtet werden, desto höher die Besoldungsgruppe, der die Funktion zuzuordnen ist.[242] Die nach dieser Maßgabe erforderliche Konkretisierung der Bewertung von Dienstposten bleibt dem Haushaltsrecht und in dessen Rahmen dem Organisationsermessen des Dienstherrn überlassen.[245] Der Dienstherr entscheidet aufgrund der ihm zukommenden Organisationsgewalt mit den organisatorischen Maßnahmen der Dienstpostenbewertung und der Zuordnung zu Statusämtern bestimmter Besoldungsgruppen über die qualitativen Anforderungen an die Erfüllung der auf dem Dienstposten wahrzunehmenden Aufgaben.[246] Dabei bestimmt er, wie er seine Dienstposten zuschneidet, welche Zuständigkeiten den Dienstposten im Einzelnen zugewiesen werden, welche Aufgaben daraus resultierend zu erfüllen sind, wie die Prioritäten im Verhältnis zu anderen Aufgaben und im zugewiesenen Aufgabenbereich selbst zu gewichten sind, welche Anforderungen an den Inhaber des Dienstpostens zur Erfüllung der Aufgaben zu stellen sind und welchen statusrechtlichen Ämtern einer bestimmten Besoldungsgruppe er sie dementsprechend zuordnet.[247] Nach der ständigen Rechtsprechung des 2. Senats des Bundesverwaltungsgerichts

240) Siehe hierzu etwa BVerwG 1.8.2019 – 2 A 3/18 –, ZTR 2020, 120.

241) Vgl. etwa BVerwG 31.5.1990 – 2 C 16.89 –, Buchholz 237.6 § 14 NdsLBG Nr. 1 S. 2; BVerwG 28.11.1991 – 2 C 7.89 –, Buchholz 237.7 § 28 NWLBG Nr. 9 S. 11; BVerwG 22.7.1999 – 2 C 14.98 – Buchholz 237.2 § 12 BlnLBG Nr. 3; BVerwG 16.10.2008 – 2 A 9.07 –, E 132, 110; BVerwG 30.6.2011 – 2 C 19.10 –, E 140, 83; BVerwG 20.10.2016 – 2 A 2.14 –, E 156, 193; OVG NRW 27.2.2020 – 6 B 22/20 –, juris.

242) BVerwG 23.5.2002 – 2 A 5.01 –, Buchholz 240 § 18 BBesG Nr. 27.

243) BVerwG 28.11.1991 – 2 C 7.89 –, Buchholz 237.7 § 28 NWLBG Nr. 9; BVerwG 23.5.2002 – 2 A 5.01 –, Buchholz 240 § 18 BBesG Nr. 27.

244) Vgl. BVerwG 30.6.2011 – 2 C 19.10 –, E 140, 83; BVerwG 20.10.2016 – 2 A 2.14 –, E 156, 193.

245) BVerwG 28.11.1991 – 2 C 7.89 –, Buchholz 237.7 § 28 NWLBG Nr. 9; BVerwG 23.5.2002 – 2 A 5.01 –, Buchholz 240 § 18 BBesG Nr. 27; BVerwG 20.10.2016 – 2 A 2.14 –, E 156, 193.

246) BVerwG 22.7.1999 – 2 C 14.98 –, Buchholz 237.2 § 12 BlnLBG Nr. 3.

247) BVerfG 28.9.2007 – 2 BvR 1121/06 u. a. –, BVerfGK 12, 244; BVerfG 25.11.2011 – 2 BvR 2305/11 –, NVwZ 2012, 368; BVerwG 28.11.1991 – 2 C 7.89 –, Buchholz 237.7 § 28 NWLBG Nr. 9; BVerwG 20.6.2013 – 2 VR 1.13 –, E 147, 20 Rn. 25.

ist die "Richtigkeit" des Zuschnitts und der Bewertung der Dienstposten durch den Dienstherrn wegen des ihm zustehenden Gestaltungsspielraums der verwaltungsgerichtlichen Nachprüfung grundsätzlich entzogen. Die gerichtliche Überprüfung der Ermessenserwägungen des Dienstherrn ist darauf beschränkt, ob sie durch Ermessensmissbrauch geprägt sind.[248] Sie können nur daraufhin überprüft werden, ob die Gründe des Dienstherrn seiner tatsächlichen Einschätzung entsprochen haben und nicht nur vorgeschoben sind, um eine in Wahrheit allein oder maßgebend mit auf anderen Beweggründen beruhende Entscheidung zu rechtfertigen.[249] Ein solcher Missbrauch der Gestaltungsfreiheit des Dienstherrn liegt etwa vor, wenn der Dienstherr selbst die Zuordnung eines Dienstpostens zu einer höheren Besoldungsgruppe für sachlich – und haushaltsrechtlich zulässig – angebracht erachtet, sie im Falle anderer betroffener Beamter' auch vornimmt oder feststellbar vorgenommen hätte und nur zum Nachteil eines bestimmten Beamten' hiervon absieht, um diesem aus unsachlichen Gründen, solange er die Stelle innehat, die Vorteile der an sich gewollten Dienstpostenbewertung vorzuenthalten.[250] In den aufgezeigten Grenzen schließt die Organisationskompetenz des Dienstherrn das Recht ein, die Bewertung eines Dienstpostens zu ändern.[251] Sein Organisationsermessen ist dabei nicht durch subjektive Rechte der Beamten' eingeschränkt. Es besteht kein subjektives Recht des Beamten auf Beibehaltung oder Höherstufung der Wertigkeit des von ihm innegehabten Dienstpostens.[252]

6.3 Methoden der Dienstpostenbewertung

Das Gesetz enthält keine Vorgaben, wie das **Amt im konkret-funktionellen Sinne (= Dienstposten)** zu bewerten ist. Nach der verwaltungsgerichtlichen Rechtsprechung ist maßgebend der **Schwerpunkt der** auf dem Dienstposten zu erbringenden **Tätigkeiten**. Dies gilt auch dann, wenn gewisse Tätigkeiten erheblich unterwertig sind oder Tätigkeiten mit einem unterschiedlichen Schwierigkeitsgrad anfallen.[253]

Beispiel

Soweit der Schwerpunkt der Tätigkeit eine Bewertung des Dienstpostens nach BGr. B 3 rechtfertigt, bleibt es bei dieser Einschätzung auch dann, wenn der Dienstposteninhaber teilweise Sekretariatsarbeiten zu erledigen hat, obwohl diese Tätigkeiten einem Amt des höheren Dienstes nicht zuzuordnen sind.

Nach **§12 Abs. 1 Satz 1 TVöD/TV-L** ist der Beschäftigte in der Entgeltgruppe eingruppiert, deren Tätigkeitsmerkmale der gesamten von ihm nicht nur vorübergehend auszuübenden Tätigkeit entsprechen. Nach Satz 2 entspricht die gesamte auszuübende Tätigkeit den Tätigkeitsmerkmalen einer Entgeltgruppe, wenn **zeitlich mindestens zur Hälfte Arbeitsvorgänge** anfallen, die für sich genommen die

248) BVerwG 21.9.2005 – 2 A 5.04 –, juris; BVerwG 16.10.2008 – 2 A 9.07 – E 132, 110; BVerwG 20.6.2013 – 2 VR 1.13 –, E 147, 20.

249) BVerwG 28.11.1991 – 2 C 7.89 –, Buchholz 237.7 §28 NWLBG Nr. 9.

250) BVerwG 31.5.1990 – 2 C 16.89 –, Buchholz 237.6 §14 NdsLBG Nr. 1; BVerwG 28.11.1991 – 2 C 7.89 –, Buchholz 237.7 §28 NWLBG Nr. 9.

251) BVerwG 25.9.2014 – 2 C 16.13 –, E 150, 216; BVerwG 22.7.1999 – 2 C 14.98 –, Buchholz 237.2 §12 BlnLBG Nr. 3 zur unterwertigen Verwendung von Planstellen.

252) BVerwG 25.9.2014 – 2 C 16.13 –, E 150, 216.

253) BVerwG 23.5.2002 – 2 A 5.01 –, Schütz/Maiwald ES/A II 1.1 Nr. 11.

Anforderungen eines Tätigkeitsmerkmals oder mehrerer Tätigkeitsmerkmale dieser Entgeltgruppe erfüllen. Maßgebend für die Eingruppierung und damit auch für die Stellenbewertung ist damit auch nach den tarifrechtlichen Regelungen der Schwerpunkt der Tätigkeit.

6.3.1 Normative Dienstpostenbewertung

Eine normative Dienstpostenbewertung, also eine Bewertung des Dienstpostens kraft Gesetzes ist der Ausnahmefall. Vorgesehen ist diese in der Justizverwaltung im Rahmen der R-Besoldung. Im Übrigen werden im Einzelfall besonders herausragende Funktionen konkreten Amtsbezeichnungen zugewiesen, indem die Besoldungsordnungen Ämter im funktionellen Sinn bzw. Funktionszusätze ausdrücklich benennen.

Beispiele

Staatssekretär, Direktor der Zentralstelle für Forstverwaltung.

6.3.2 Nichtnormative Dienstpostenbewertung

Da die normative Dienstpostenbewertung in der Verwaltungspraxis den Ausnahmefall bildet, bedarf es regelmäßig einer verwaltungsinternen Dienstpostenbewertung. Die Methoden einer entsprechenden Bewertung sind weder durch Gesetz noch durch die Rechtsprechung vorgegeben. Der organisatorische Gestaltungsspielraum des Dienstherrn ist allerdings durch besoldungs- und haushaltsrechtliche Vorgaben begrenzt. Der Dienstherr muss bei der von ihm vorgenommenen Dienstpostenbewertung insbesondere den Grundsatz der funktionsgerechten Besoldung beachten.

6.3.2.1 Summarische Dienstpostenbewertung

Die summarische Dienstpostenbewertung zeichnet sich durch eine **Gesamteinschätzung** aus. Hierbei werden Ausbildungen und Fähigkeiten in den Vordergrund gerückt. Zudem sind der Grad der selbstständigen Aufgabenerfüllung, die Schwierigkeit der Aufgaben sowie die Verantwortung und die Entscheidungsbefugnis im Verhältnis zu den anderen Tätigkeiten maßgebend.

Die **Tarifverträge des öffentlichen Dienstes** (TVöD Bund und Kommunen, TV-L) enthalten in ihren Anlagen den Entgeltgruppen zugeordnete Tätigkeitsmerkmale nach den Kriterien Kenntnisse/Ausbildung, Fähigkeiten und Verantwortung. Es fehlen hingegen stellenbezogene Einzelmerkmale. Die Tarifverträge des öffentlichen Dienstes fordern damit eine summarische Dienstpostenbewertung.

6.3.2.2 Analytische Dienstpostenbewertung

Anders als im Anwendungsbereich der Tarifverträge des öffentlichen Dienstes erfolgt die Bewertung des Dienstpostens in der **beamtenrechtlichen Praxis** regelmäßig im Wege der analytischen Dienstpostenbewertung. Im Rahmen der analytischen Dienstpostenbewertung tritt an die Stelle der Gesamteinschätzung die analytische Bewertung und Gewichtung der qualitativen Arbeitsanforderungen durch mehrere Einzelmerkmale.

Beispiele

Einzelmerkmale
- Fachliches Können,
- Belastung,
- Verantwortung,
- Arbeitsbedingungen,
- Schwierigkeitsgrad.

6.3.2.3 Vergleich beider Verfahren

Die Rechtsprechung sieht **beide Verfahrensarten**, also die summarische und die analytische Dienstpostenbewertung, als **gleichwertig** an. Problematisch ist allerdings, dass eine Dienstpostenbewertung auf der Grundlage einer summarischen Vorgehensweise mit einer entsprechenden Dienstpostenbewertung unter Beachtung eines analytischen Ansatzes nicht miteinander vergleichbar ist.[254] Soweit in einem Stellenbesetzungsverfahren ein Vergleich zwischen beiden Statusgruppen (Arbeitnehmer' und Beamte') vorzunehmen ist und hierbei dienstliche Beurteilungen als Maßstab der Leistungsbewertung in den Blick zu nehmen sind, stellt sich das von der Rechtsprechung noch nicht in den Vordergrund gestellte Problem der Vergleichbarkeit der dienstlichen Beurteilungen. Immerhin ist es denkbar, dass unter Beachtung einer summarischen Dienstpostenbewertung der Dienstposten im Ergebnis anders bewertet wird als bei Beachtung der Grundsätze einer analytischen Dienstpostenbewertung. In der Praxis nicht selten ist etwa das Phänomen, dass ein Dienstposten eine niedrigere Entgeltgruppe als das entsprechende statusrechtliche Amt ausweist.

6.3.2.4 Vorgehensweise in der Praxis

Zunächst bedarf es ungeachtet der Wahl des Verfahrens einer aussagekräftigen Dienstpostenbeschreibung. Auf dieser Grundlage ist eine Gewichtung der in der Dienstpostenbeschreibung näher bezeichneten Funktionen und Aufgaben vorzunehmen. Der **Verwaltungsgerichtshof Hessen**[255] hat hierfür folgenden Fragenkatalog entwickelt:

- Welche Bedeutung kommt den Aufgaben und Funktionen auf dem Dienstposten zu?
- Wie ist die jeweilige Einheit in personeller Hinsicht ausgestattet?
- Bei Leitungsfunktionen: Wie groß und/oder wichtig ist die zu leitende Einheit?

Um den vorstehenden Fragenkatalog angemessen beantworten zu können, bedarf es eines Vergleichsmaßstabes, um die Aufgaben, Funktionen und die Personalverantwortung ins Verhältnis zu setzen, da mit der Dienstpostenbewertung abstrakt Inhalt, Bedeutung, Umfang und Verantwortung und damit die Wertigkeit eines Amtes im Vergleich zu anderen Ämtern zum Ausdruck gebracht werden. Soweit der Dienstposten sowohl mit einem Beamten' als auch mit einem Arbeitnehmer' besetzt werden kann, sollten sich die gewählten Formulierungen an den tariflichen Eingruppierungsmerkmalen orientieren, um eine größtmögliche Vergleichbarkeit zu gewährleisten.

---

254) Rittig DÖV 2016, 253.

255) HessVGH 25.2.1997 – 1 TG 4061/96 –, Schütz/Maiwald ES/A II 1.1 Nr. 8.

Das **Bundesministerium des Innern** berücksichtigt bei der Dienstpostenbewertung insbesondere folgende Kriterien:[256]

- wahrzunehmende Aufgaben,
- Befugnisse (Entscheidungskompetenzen), Verantwortung,
- Handlungs-, Beurteilungs- und Ermessensspielraum,
- Leitungs- und Aufsichtsbereich (z. B. Stellung in der Hierarchie, Anzahl unmittelbar unterstellter Mitarbeiter) sowie
- prägende dienstliche Beziehungen.

In der Praxis wird zur Dienstpostenbewertung u. a. das **von der KGSt entwickelte Gutachten „Stellenplan – Stellenbewertung"** herangezogen. Grundlage der Dienstpostenbewertung ist ein Wertzahlverfahren. Das Bewertungsmodell enthält sieben unterschiedliche Anforderungen; für jede dieser Anforderungen besteht eine Stufenskala, die den Grad der Anforderungen jeweils auf – vier bis zehn Stufen differenziert. Jede dieser Stufen führt zu einer festgelegten Punktzahl. Das größte Gewicht hat das Merkmal „Grad der Verantwortung" mit maximal 250 Punkten, das geringste Gewicht „Grad der Erfahrung" mit maximal 80 Punkten. Die körperlichen Anforderungen wurden seit dem Jahr 2009 nicht mehr berücksichtigt, da sie nicht charakteristisch für Verwaltungstätigkeiten sind. Jedes Anforderungsmerkmal wird unterteilt in unterschiedliche Bewertungsstufen.

Beispiel

Für das Merkmal „Grad der Selbstständigkeit" sind sechs Bewertungsstufen vorgesehen.

Die Zuordnung zu den einzelnen Bewertungszahlen erfolgt **beispielsweise** wie folgt:

„Anhand der Stellenbeschreibung sind die den Arbeitsinhalt prägenden Tätigkeiten den Bewertungsstufen jedes Bewertungsmerkmals zuzuordnen. Bei dem Merkmal 'Schwierigkeitsgrad der Informationsverarbeitung' sind dies die Tätigkeiten, die zusammen **mehr als 50 % der Arbeitszeit** erfordern. Bei den übrigen Merkmalen sind die Tätigkeiten mit den jeweils **höchsten Anforderungen** maßgeblich, sofern sie für die Stelle **typisch** sind, also nicht nur selten vorkommen. Eine analytische Betrachtung einzelner Tätigkeiten ist demnach vorgesehen; die Einstufung richtet sich aber jeweils nach der Tätigkeit mit den höchsten Anforderungen."

Nach der Rechtsprechung des Bundesverwaltungsgerichts[257] ist auch das Bewertungsverfahren nach dem sogenannten Genfer Schema zulässig. Es handelt sich hierbei um eine allgemein anerkannte analytische Bewertungsmethode, bei der die qualitativen Arbeitsanforderungen durch mehrere Anforderungsarten (in der Regel Fachkönnen, Belastung, Verantwortung, Arbeitsbedingungen) mit Einzelmerkmalen und unterschiedlichen Schwierigkeitsgraden allgemein beschrieben werden, anhand derer der konkrete Arbeitsplatz analysiert und nach dem sog. Rangreihenverfahren oder – wie vorliegend – dem sog. Stufenwertzahlverfahren bewertet wird. Im Stufenwertzahlverfahren werden für die einzelnen Bewertungsmerkmale Stufen vorgegeben, denen jeweils nach Gewichtung Punktwerte zugeordnet sind. Die Summe der ermittelten Stufenwertzahlen ergibt die für die Wertigkeit des Dienstpostens maßgebliche Gesamtwertzahl.[258]

256) Vgl. Verfügung des Bundespolizeipräsidiums vom 4.5.2015 „Organisations- und Dienstpostenplan der Bundespolizei" unter Bezugnahme des Erlasses des Bundesministeriums des Innern vom 20.11.2013.

257) BVerwG 1.8.2019 – 2 A 3/18 –, ZTR 2020, 120.

258) Vgl. Richter/Gamisch, Dienstpostenbeschreibung für Beamtinnen/Beamte, S. 45 ff.; Möller, in: Schwegmann/Summer, Besoldungsrecht des Bundes und der Länder, § 18 BBesG Rn. 44 ff.).

7 Anforderungsprofile

7.1 Anforderungsprofil – rechtliche Rahmenbedingungen

Mit zunehmender Intensität werden im Rahmen von Auswahlverfahren Anforderungsprofile festgelegt, die der Vereinfachung der Bewerberauswahl dienen sollen. Eine **Verpflichtung des Dienstherrn**, entsprechende Profile vor der Auswahlentscheidung zu erstellen, **besteht** allerdings **nicht**, da die Auswahlentscheidung im Falle einer Konkurrenzsituation zwischen Beamten' grundsätzlich anhand dienstlicher Beurteilungen vorzunehmen ist.[259]

Der **Arbeitgeber' des öffentlichen Dienstes ist** allerdings im Hinblick auf Art. 33 Abs. 2 GG grundsätzlich vor der Auswahlentscheidung **verpflichtet**, für zu besetzende Stellen ein Anforderungsprofil aufzustellen.[260] Hierbei steht es dem Arbeitgeber' im Rahmen seiner Organisationsgewalt frei, für zu besetzende Stellen ein Anforderungsprofil aufzustellen, dessen Erfüllung Voraussetzung für die Teilnahme am Bewerbungsverfahren ist.[261]

Die (verpflichtende) Möglichkeit, Anforderungsprofile in das Auswahlverfahren einzubringen, ergibt sich aus der Organisationshoheit des Dienstherrn und dem hieraus erwachsenen Organisationsermessen. Dementsprechend ist es nicht Sache einzelner Bewerber', unter eigener Gewichtung der in Betracht kommenden Ermessensgesichtspunkte die konkrete Gestalt eines Anforderungsprofils selbst zu bestimmen.[262]

Der Personalauswahl vorgelagert ist die grundsätzliche Entscheidung des Dienstherrn, welcher Personenkreis für die Stellenbesetzung überhaupt angesprochen werden soll. Auch diese Entscheidung darf den Maßstäben des Art. 33 Abs. 2 GG nicht zuwiderlaufen, wird – wie das Oberverwaltungsgericht NRW[263] rechtsfehlerfrei festgestellt hat – notwendigerweise aber auch von organisatorischen, personalwirtschaftlichen und personalpolitischen Erwägungen des Dienstherrn wesentlich mit beeinflusst. Ebenso wie er frei entscheiden können muss, ob er eine Stelle überhaupt besetzt, muss ihm ein weitgefasster Spielraum zugebilligt werden, welchen **Personenkreis** er für die Stellenbesetzung in Betracht zieht. Es muss dem freien, gerichtlich nur sehr eingeschränkt überprüfbaren organisatorischen Ermessen des Dienstherrn überlassen bleiben, ob er eine freie Stelle im Wege der Versetzung, der Umsetzung, der Beförderung oder auf sonstige Weise besetzen will. Das muss erst recht gelten, wenn und soweit es darum geht, ein Beförderungsamt mit einem geeigneten Beamten' oder einem außerhalb des öffentlichen Dienstes stehenden Bewerber' zu besetzen. Fällt die Entscheidung im erstgenannten Sinne, so muss die damit einhergehende Beschränkung des Bewerberkreises allerdings wegen des Anspruchs auf gleichen Zugang zu jedem öffentlichen Amt willkürfrei sein, d. h. auf einem sachlichen vertretbaren Grund beruhen. Hierbei ist allerdings zu berücksichtigen, dass es grund-

259) BVerwG 19.12.2014 – 2 VR 1/14 –, Buchholz 11 Art. 33 Abs. 2 GG Nr. 65.

260) BAG 21.1.2003 – 9 AZR 72/02 –, ZTR 2003, 463; BAG 7.9.2004 – 9 AZR 537/03 –, ZTR 2005, 205; BAG 13.10.2011 – 8 AZR 608/10 –, EzA § 15 AGG Nr. 16.

261) BAG 15.3.2005 – 9 AZR 142/04 –, E 114, 80; BAG 10.2.2015 – 9 AZR 554/13 –, ZTR 2015, 448.

262) OVG NRW 25.2.2016 – 1 B 1068/15 –, juris Rn. 21.

263) OVG NRW 11.7.2006 – 6 B 1184/06 –, Schütz BeamtR ES/A II 1.4 Nr. 140.

sätzlich der Entscheidung des Dienstherrn obliegen muss, ob er zusätzliches Personal einstellen oder aber auf bereits vorhandenes Personal zurückgreifen will.

Aus Gründen der Rechtssicherheit sollte das Anforderungsprofil spätestens zum Zeitpunkt der Stellenausschreibung festgelegt werden.[264] Es muss **schriftlich dokumentiert** werden, damit die Gründe für diese Entscheidung transparent sind und die Entscheidung nach den Kriterien des Art. 33 Abs. 2 GG überprüft werden kann.[265]

Der Dienstherr hat bei der Festlegung der Anforderungs- bzw. Auswahlkriterien zu beachten, dass diese dem im Art. 33 Abs. 2 GG statuierten Leistungsgrundsatz entsprechen und in einem engen inhaltlichen und sachlichen Zusammenhang mit den Anforderungen der zu besetzenden Stelle stehen.[266]

Wichtig!

Prägender Grundsatz des Auswahlverfahrens ist der Leistungsgrundsatz und damit das Prinzip der Bestenauslese (Art. 33 Abs. 2 GG). Verstöße gegen die Bestenauslese führen zwangsläufig zum Verfahrensmangel, sodass eine Stellenbesetzung zunächst nicht möglich ist. Das Auswahlverfahren muss vielmehr abgebrochen werden. Anschließend kann es erneut durchgeführt werden.

7.2 Begriff und Bedeutung des Anforderungsprofils

Das Anforderungsprofil dient als Mittel der Personalauswahl, den leistungsstärksten Bewerber' für die zu besetzende Stelle zu finden und auszuwählen.[267] Mit der Festlegung des Anforderungsprofils tritt der Dienstherr nicht in die eigentliche Auswahlentscheidung ein. Vielmehr legt er hiermit den **Maßstab** zugrunde, mit dem er einen geeigneten Bewerber' im Rahmen des Auswahlverfahrens ausfindig machen möchte.[268] In einem Anforderungsprofil werden diejenigen Personenmerkmale aufgelistet, die ein Bewerber' im Hinblick auf die zu besetzende Stelle aufweisen sollte.

Beispiele für entsprechende **Personenmerkmale** sind u. a.:[269]

- Qualifikationen (z. B. Abitur, Führerschein, Berufsabschlüsse),
- Kenntnisse und Fertigkeiten (z. B. Excel-Kenntnisse, vertiefte Kenntnisse im Sozialrecht, Fertigkeiten bei der Bedienung und Wartung von Mähmaschinen, deeskalierender Umgang mit aufgebrachten Bürgern'),
- Körperliche Fähigkeiten (z. B. Sehvermögen, Schwindelfreiheit, Muskelkraft),
- Geistige Fähigkeiten (z. B. Intelligenz, Daueraufmerksamkeit),
- Persönlichkeitsmerkmale (z. B. emotionale Stabilität, Einfühlungsvermögen, Gewissenhaftigkeit, Verträglichkeit),
- Werthaltungen, Interessen, Einstellungen, Motive (z. B. Bereitschaft zur Schichtarbeit, Bekenntnis zur freiheitlich demokratischen Grundordnung, Loyalität zum Dienstherrn, Integrität, Interesse an der Arbeit mit geistig behinderten Menschen).

264) So HessVGH 19.9.2000 – 1 TG 2902/00 –, juris Rn. 4; **a. A.** BAG 21.1.2003 – 9 AZR 72/02 –, juris Rn. 37, wonach es ausreichend ist, dass das Anforderungsprofil zum Zeitpunkt der Auswahlentscheidung vorliegt.

265) OVG LSA 16.6.2014 –, 1 M 51/14 –, juris Rn 14 mwN.

266) BVerwG 26.1.2012 – 2 A 7.09 –, juris Rn. 19.

267) OVG Rheinland-Pfalz 15.10.2002 – 10 B 11229/02 –, juris Rn. 9.

268) OVG Rheinland-Pfalz aaO.

269) Nach Gourmelon/Kirbach/Etzel, S. 124.

Unter Kenntnissen und Fertigkeiten werden dabei Merkmale gefasst, die veränderlich und somit trainierbar sind. Als Fähigkeiten werden Personenmerkmale verstanden, die eher wenig veränderlich und somit Maßnahmen der Personalentwicklung kaum zugänglich sind. Qualifikationen sind formale Nachweise, dass der Inhaber der Qualifikation etwas gelernt hat. Persönlichkeitsmerkmale sind individuelle, wenig veränderliche Tendenzen, wie die Umwelt erlebt und wie in ihr gehandelt wird.

Die Verwendung von Anforderungsprofilen, die auf Anforderungs- und Arbeitsanalysen gründen, ist nach Auffassung der Fachwelt die notwendige Voraussetzung für eine erfolgreiche und faire Personalauswahl. Dementsprechend enthält die eignungsdiagnostische Norm DIN 33430 (siehe hierzu Kapitel 4.10) die Empfehlung, Anforderungsanalysen durchzuführen; Schuler[270] stellt fest, dass Anforderungsanalysen als „Maßnahme der Qualitätssicherung" angesehen werden können. Mit vorab aufgestellten Anforderungsprofilen kann der Einfluss von subjektiven Faktoren wie Sympathie, Antipathie, Vorurteilen und Stereotypen auf das Eignungsurteil vermieden werden.[271] Sorgsam erstellte Anforderungsprofile informieren in Auswahlkommissionen tätige Personen über Stellenanforderungen und tragen so – durch Aufhebung von Klischees über Stellen- und Berufsanforderungen – zu einer höheren Qualität der Auswahlentscheidungen bei. In empirischen Studien[272] wurde die Wirkung von Anforderungsanalysen und Anforderungsprofilen geprüft: Danach wurden in Personalauswahlprozessen, in denen Anforderungsprofile verwendet wurden, bessere Ergebnisse hinsichtlich der Eignungsbeurteilung erzielt. Eignungsbeurteilungen lassen „... sich [jedoch, Anm. d. Verf.] nur mit einer exakten Analyse der konkreten Anforderungen sinnvoll gestalten."[273]

Soweit der Dienstherr dem Auswahlverfahren ein Anforderungsprofil zugrunde gelegt hat, entfaltet dieses für die Festlegung und Gewichtung der Leistungsmerkmale bei der Bewerberauswahl **Bindungswirkung**. Allerdings hängen Art und Ausmaß der Bindungswirkung von dem **durch Auslegung** zu ermittelnden Inhalt des Anforderungsprofils ab.[274] Maßstab der Auslegung ist entsprechend § 133 BGB der objektive Empfängerhorizont eines potenziellen Bewerbers.[275] Die Vorgaben eines Anforderungsprofils sind einer ausdehnenden Auslegung nicht zugänglich, weil sich sonst der zulässige Bewerberkreis erweitern könnte, ohne dass mögliche Interessenten hiervon Kenntnis erhielten.[276] Der Bewerber' muss daher erkennen können, welche Anforderungen von allen Bewerbern zwingend erwartet werden, und welche Kriterien zwar nicht notwendig für eine Einbeziehung in das Auswahlverfahren sind, bei gleicher Eignung der Bewerber aber maßgeblich berücksichtigt werden.[277]

---

270) Schuler, Psychologische Personalauswahl, S. 78.

271) Weuster, Personalauswahl 1, S. 37.

272) McDaniel/Whetzel/Schmidt/Maurer, Journal of Applied Psychology, S. 606 ff.

273) Arbeitskreis Assessment Center, Standards der Assessement Center-Technik 2004, http://www.arbeitskreis-ac.de/index.php/akac-standard-von-2004 (Abruf am 12.1.2016).

274) BVerwG 25.10.11 – 2 VR 4/11 –, NVwZ-RR 2012, 241, 243.

275) BVerwG 19.11.2015 2 A 6/13 –, E 153, 246 = Schütz/Maiwald BeamtR ES/A II 1.4 Nr. 236.

276) BVerfG 28.2.2007 – 2 BvR 2494/06 –, ZTR 2007, 586.

277) Vgl. BVerwG 20.6.2013 – 2 VR 1.13 –, E 147, 20 = Schütz BeamtR ES/A II 1.4 Nr. 223 = ZTR 2013, 587; BVerwG 19.12.2014 – 2 VR 1.14 –, IÖD 2015, 38; vgl. zum Ganzen auch: OVG NRW 7.6.2018 – 1 B 1381/17 –, Schütz/Maiwald BeamtR ES/A II 1.4 Nr. 249 mwN.

Hierbei ist zu beachten, dass vor dem Hintergrund des Laufbahnprinzips nicht die Ausweitung, sondern die Verengung des Bewerberfeldes mittels eines Anforderungsprofils rechtfertigungsbedürftig ist.[278]

Beispiel

In einer Stellenausschreibung wird zwingend ein wissenschaftlicher Hochschulabschluss aus der Fächergruppe der Ingenieurwissenschaften bzw. Naturwissenschaften/Mathematik gefordert. Nach der Auffassung des Bundesverwaltungsgerichts unterfällt diesem Anforderungsprofil auch das Studium der Informatik. Dies ergebe sich aus dem allgemeinen Sprachgebrauch und der Einordnung der Informatik in den Bereich von Mathematik und Ingenieurwissenschaft, da sich die Informatik aus der Mathematik entwickelt und wegen ihrer Anwendungsorientierung starke Bezüge zu den Ingenieurwissenschaften habe.[279]

Eine erste Orientierung bietet damit die vom Statistischen Bundesamt zur Verfügung gestellte **Fächersystematik**[280], um festzustellen, ob Studienabschlüsse dem vom Dienstherrn festgelegten Anforderungsprofil entsprechen. Die Fächersystematik weist einzelne Studienfächer einem Studienbereich und einer Fächergruppe zu. Diese ist allerdings rechtlich nicht verbindlich, sodass weiterhin eine Einzelfallprüfung unentbehrlich bleibt. Hierbei müssen die Curricula der jeweiligen Studienfächer einem inhaltlichen Vergleich unterzogen werden. Es sind alle Bewerber' für das weitere Auswahlverfahren zuzulassen, die inhaltlich vergleichbare Studienabschlüsse aufweisen. Lediglich Bewerber', deren Studienfach inhaltlich gegenüber dem geforderten Anforderungen als „aliud" zu qualifizieren ist, sind vom weiteren Auswahlverfahren auszuschließen.

Als **konstitutiv** können nur solche Merkmale bewertet werden, die zum einen **zwingend vorgegeben** sind **und** zum anderen **anhand objektiv überprüfbarer Kriterien als tatsächlich gegeben festzustellen sind.**[281] Es sind solche Merkmale, deren Vorhandensein ohne eine allein dem Dienstherrn obliegende, im verwaltungsgerichtlichen Verfahren nicht überprüfbare Bewertung im gerichtlichen Verfahren entweder bejahend oder verneinend festgestellt werden kann. Persönlichkeitsbedingte Merkmale, die voraussetzen, dass der Dienstherr ein diesbezügliches Werturteil trifft, können danach nicht als konstitutive Merkmale eines Anforderungsprofils behandelt werden.[282]

Beispiel

Das Anforderungsmerkmal der **„ausgeprägten Fachkompetenz"** kann nicht als konstitutives Merkmal festgelegt werden, da das Vorhandensein einer bestimmten Fachkompetenz nicht ohne eine Bewertung der diesbezüglichen fachlichen Leistungen des Bewerbers' festgestellt werden kann.[283]

278) BVerwG 20.6.2013 – 2 VR 1.13 –, E 147, 20.

279) BVerwG 19.12.2014 – 2 VR 1.14 –, Buchholz 11 Art. 33 Abs. 2 GG Nr. 65.

280) Abrufbar unter www.destatis.de/DE/Methoden/Klassifikationen/BildungKultur/Studenten-Pruefungsstatistik.

281) OVG NRW 7.8.2020 – OVG 4 S 17/20 –, juris; HessVGH 16.4.2020 – 1 B 2734/18 –, juris.

282) Bay VGH 11.8.2020 – 3 CE 10.1370 –, juris zum Begriff der „mitzubringenden Erfahrung"; OVG NRW 8.10.2010 – 1 B 930/10 –, juris Rn. 26.

283) HessVGH 10.6.2015 – 1 B 24/15 –, juris Rn. 27.

Ein Anforderungsprofil kann konstitutive (begründende) oder deklaratorische (beschreibende) Wirkung entfalten. Zulässig ist es auch, beschreibende Merkmale in sog. Soll- und Kann-Kriterien zu unterteilen. Um Streit über die Bindungswirkung eines Anforderungsprofils zu vermeiden, sind die entsprechenden Inhalte präzise zu formulieren. Anforderungskriterien, die nicht zwingend zu erfüllen sind, sollen in der Regel nach dem Willen des Dienstherrn bei gleicher Eignung der Bewerber' besonders berücksichtigt werden, etwa dann, wenn diese ausdrücklich erwünscht sind.[284] In Betracht kommt dies etwa bei der sogenannten Binnendifferenzierung bzw. Ausschärfung dienstlicher Beurteilungen anhand der Einzelmerkmale der Beurteilung, soweit die Endnote der Bewerber zumindest im Wesentlichen gleich ist.

Anhand konstitutiver Kriterien des Anforderungsprofils kann der Dienstherr eine Vorauswahl treffen und das Bewerberfeld eingrenzen. Bewerber', die die allgemeinen Ernennungsbedingungen oder die laufbahnrechtlichen Voraussetzungen nicht erfüllen oder die aus sonstigen Eignungsgründen für die Ämtervergabe von vornherein nicht in Betracht kommen, können auf dieser Stufe ausgeschlossen werden und müssen nicht mehr in den Leistungsvergleich einbezogen werden.[285]

7.2.1 Deklaratorisches Anforderungsprofil

Das rein deklaratorische Anforderungsprofil beschreibt die zu besetzende Stelle mit seinen Inhalten und Aufgaben. Das Anforderungsprofil bzw. die Stellenausschreibung, welche aus dem Anforderungsprofil erstellt worden ist, dient dem Bewerber' als **Informationsquelle** über die auf ihn zukommenden Aufgaben. Darüber hinaus wird den Bewerbern' die Erwartungshaltung des Dienstherrn bzgl. der erforderlichen Anforderungen deutlich. Soweit der Bewerber' lediglich ein oder mehrere Soll- oder Kann-Kriterien nicht erfüllt, kann dies im Auswahlverfahren im Rahmen eines vorzunehmenden Rankings berücksichtigt werden, soweit der Leistungsvergleich nicht allein anhand dienstlicher Beurteilungen vorgenommen werden kann bzw. soll. Dies ist insbesondere der Fall, soweit am Auswahlverfahren keine (aktiven) Beamten beteiligt sind. Ist der Leistungsbeste' anhand der dienstlichen Beurteilungen zu ermitteln, kann das Anforderungsprofil der zu besetzenden Stelle im Rahmen der Ausschärfung der dienstlichen Beurteilungen seine Berücksichtigung finden.[286]

7.2.2 Konstitutives Anforderungsprofil

Das konstitutive Anforderungsprofil eröffnet dem Dienstherrn einen eigenen Gestaltungsspielraum, da dieses einen ganz neuen, von der dienstlichen Beurteilung abgekoppelten Maßstab enthält, der objektiv nachprüfbar ist. Erfüllt ein Bewerber' ein Merkmal des konstitutiven Anforderungsprofils nicht, so führt dies allein bereits **im Vorfeld der eigentlichen Auswahlerwägungen** zu seinem Ausschluss aus dem weiteren Auswahlverfahren.[287] Dies gilt selbst dann, wenn der Bewerber' unter alleiniger Betrachtung der vorliegenden dienstlichen Beurteilungen oder anderer leistungsdiagnostischer Verfahren als leistungsstärkster Bewerber' zu qualifizieren gewesen wäre.

284) BayVGH 4.2.2015 – 6 CE 14.2477 –, RiA 2015, 122.

285) OVG Berlin-Brandenburg 23.10.2015 – OVG 7 S 34.15 –, juris Rn. 9.

286) Siehe hierzu Kapitel 9.9.3.

287) BVerwG 19.12.2014 – 2 VR 1/14 –, Buchholz 11 Art. 33 Abs. 2 GG Nr. 65; OVG S-H 9.2.2021 – 2 MB 22/20 –, juris; OVG NRW 1.3.2016 – 6 B 57/16 –, juris Rn. 5.

Bei der Festlegung konstitutiver Anforderungsmerkmale ist der Leistungsgrundsatz nach Art. 33 Abs. 2 GG zu berücksichtigen. Danach dürfen öffentliche Ämter nur nach Kriterien vergeben werden, die unmittelbar Eignung, Befähigung und fachliche Leistung betreffen. Hierbei handelt es sich um Gesichtspunkte, die darüber Aufschluss geben, in welchem Maße der Bewerber' den Anforderungen seines Amtes/seiner Funktion genügt. Höherwertige Ämter dürfen nur demjenigen verliehen werden, der aufgrund eines den Vorgaben des Art. 33 Abs. 2 GG entsprechenden Leistungsvergleichs als der am besten geeignetste ist. Jeder Bewerber' um ein Amt hat einen Anspruch darauf, dass der Dienstherr seine Bewerbung nur aus Gründen zurückweist, die durch Art. 33 Abs. 2 GG gedeckt sind (sog. **Bewerbungsverfahrensanspruch**). Über die Eignung des Bewerberfeldes kann der Dienstherr auch in einem **gestuften Auswahlverfahren** befinden. Bewerber', die die allgemeinen Ernennungsbedingungen oder die laufbahnrechtlichen Voraussetzungen nicht erfüllen oder die aus sonstigen Eignungsgründen für die Ämtervergabe von vornherein nicht in Betracht kommen, können in einer ersten Auswahl ausgeschlossen werden und müssen nicht mehr in den Leistungsvergleich einbezogen werden.[288] Dies gilt grundsätzlich auch für Bewerber', die zwingende Vorgaben eines rechtmäßigen Anforderungsprofils nicht erfüllen.[289]

Bei der Bestimmung des Anforderungsprofils ist der Dienstherr an die gesetzlichen Vorgaben gebunden und damit, soweit eine an Art. 33 Abs. 2 GG zu messende Dienstpostenvergabe in Rede steht[290], auch zur Einhaltung des Grundsatzes der Bestenauswahl verpflichtet.[291] Hiermit ist eine **Einengung des Bewerberfeldes** aufgrund der besonderen Anforderungen eines bestimmten Dienstpostens **grundsätzlich nicht vereinbar**.[292]

Der Dienstherr entscheidet über die Einrichtung und nähere Ausgestaltung von Dienstposten innerhalb des von Verfassung und Parlament vorgegebenen Rahmens aufgrund der ihm zukommenden Organisationsgewalt nach seinen Bedürfnissen.[293] Wie er seine Stellen zuschneidet, welche Zuständigkeiten er ihnen im Einzelnen zuweist und welche Fachkenntnisse er zur Erfüllung der daraus im Einzelnen resultierenden Aufgaben für erforderlich ansieht, fällt in sein Organisationsermessen, das gerichtlich nur auf sachfremde Erwägungen überprüfbar ist.[294] Setzt ein Dienstposten nach seiner Funktionsbeschreibung spezifische Anforderungen voraus, die der Inhaber' zur ordnungsgemäßen Wahrnehmung der Dienstaufgaben erfüllen muss, können diese Kriterien im Rahmen der Stellenausschreibung verlangt werden.

Sind mit der Dienstpostenzuweisung **Vorwirkungen** auf die spätere Vergabe des statusrechtlichen Amtes verbunden, ist die Organisationsgewalt des Dienstherrn beschränkt und an die Auswahlgrundsätze des Art. 33 Abs. 2 GG gebunden. Die Bindung der Auswahlentscheidung für die Dienstpostenvergabe an die Grundsätze der Bestenauslese kann der Dienstherr nur vermeiden, wenn er die Dienstposten-

288) BVerwG 6.4.2006 – 2 VR 2.05 –, Buchholz 11 Art. 33 Abs. 2 GG Nr. 33.

289) BVerwG 25.10.2011 – 2 VR 4.11 –, Buchholz 11 Art. 33 Abs. 2 GG Nr. 50.

290) Vgl. BVerwG 25.11.2004 – 2 C 17.03 –, E 122, 237.

291) BVerwG 28.10.2004 – 2 C 23.03 –, E 122, 147.

292) BVerwG 20.6.2013 – 2 VR 1.13 –, Schütz/Maiwald ES/A II 1.4 Nr. 223.

293) BVerfG 25.11.2011 – 2 BvR 2305/11 –, NVwZ 2012, 368.

294) BVerwG 16.10.2008 – 2 A 9.07 –, E 132, 110.

vergabe ausdrücklich von der Auswahlentscheidung für die Vergabe des Statusamtes entkoppelt.

In diesen **Vorwirkungsfällen** sind damit auch die Vorgaben des Anforderungsprofils den Maßstäben aus Art. 33 Abs. 2 GG unterworfen. Mit dem Anforderungsprofil wird die Zusammensetzung des Bewerberfeldes gesteuert und eingeengt. Durch die Bestimmung des Anforderungsprofils legt der Dienstherr die Kriterien für die Auswahl der Bewerber′ fest, an ihnen werden die Eigenschaften und Fähigkeiten der Bewerber um den Dienstposten gemessen. Fehler im Anforderungsprofil führen daher grundsätzlich auch zur Fehlerhaftigkeit des Auswahlverfahrens, weil die Auswahlerwägungen dann auf sachfremden, nicht am Grundsatz der Bestenauswahl orientierten Gesichtspunkten beruhen.[295]

Bezugspunkt der Auswahlentscheidung nach Art. 33 Abs. 2 GG ist nicht die Funktionsbeschreibung des konkreten Dienstpostens, sondern das **angestrebte Statusamt**.[296] Dementsprechend bedarf es auch eines einheitlichen am jeweiligen Statusamt orientierten Beurteilungsmaßstabs. Denn nur dann können dienstliche Beurteilungen von Beschäftigten aus unterschiedlichen Fachbereichen miteinander verglichen werden. Hiermit ist es nicht vereinbar, einen Bewerber′ vom Auswahlverfahren auszuschließen, nur weil er den besonderen Anforderungen des aktuell zu besetzenden Dienstpostens nicht entspricht. Dies steht mit dem Laufbahnprinzip nicht in Einklang. Danach wird ein Beamter′ aufgrund seiner Befähigung für eine bestimmte Laufbahn regelmäßig als geeignet angesehen, diejenigen Dienstposten auszufüllen, die seinem Statusamt entsprechen oder dem nächsthöheren Statusamt zugeordnet sind. Es kann grundsätzlich erwartet werden, dass der Beamte′ imstande ist, sich innerhalb einer angemessenen Zeit in die Aufgaben dieser Dienstposten einzuarbeiten. Dementsprechend ist es in der Regel unzulässig, vom Bewerber′ zwingend im Rahmen des Anforderungsprofils unter Beachtung der Anforderungen des konkreten Dienstpostens besondere Fachkenntnisse zu fordern, da ein Laufbahnbewerber regelmäßig in der Lage ist, sich diese Fähigkeiten in einer angemessenen Zeit anzueignen.[297] Gleichwohl kann der Dienstherr den Kreis der Bewerber′ im Rahmen der ihm zustehenden Personal- und Organisationshoheit aufgrund sachlicher Erwägungen einschränken und über die Eignung des Bewerberfeldes in einem **gestuften Auswahlverfahren** befinden. Bewerber′, die die allgemeinen Ernennungsbedingungen oder die laufbahnrechtlichen Voraussetzungen nicht erfüllen oder die aus sonstigen Eignungsgründen für die Ämtervergabe von vornherein nicht in Betracht kommen, werden in einem ersten Schritt ausgeschlossen. Dies gilt grundsätzlich auch für Bewerber′, die zwingende Vorgaben eines **rechtmäßigen** Anforderungsprofils nicht erfüllen.[298]

Diese Rechtsprechung ist nicht auf die Besetzung höherwertiger Dienstposten nach Maßgabe des **Soldatenrechts** übertragbar, da dieses den für das Dienstrecht der Beamten′ zentrale Begriff des statusrechtlichen Amtes nicht kennt. Aufgrund der nur losen und damit nicht konstitutiven Verbindung von Dienstgrad und Laufbahn kann

295) BVerfG 2.10.2007 – 2 BvR 2457/04 –, BVerfGK 12, 265.

296) BVerwG 20.6.2013 – 2 VR 1.13 –, ZTR 2013, 587 und BVerwG 19.12.2014 – 2 VR 1.14 –, Buchholz 11 Art. 33 Abs. 2 GG Nr. 65 jeweils unter Bezugnahme auf BVerfG 7.3.2013 – 2 BvR 2582/12 –, IÖD 2013, 98; **a. A.** wohl Sächs. OVG 21.1.2016 – 2 B 327/15 –, juris Rn. 11 ff.

297) Siehe BayVGH 4.2.2015 – 6 CE 14.2477 –, RiA 2015, 122.

298) BVerwG 20.6.2013 – 2 VR 1.13 –, E 147, 20 = ZTR 2013, 587 = Schütz/Maiwald BeamtR ES/A II 1.4 Nr. 223.

der Dienstgrad keinen geeigneten Bezugspunkt und Maßstab für eine Auswahlentscheidung zur Besetzung eines Dienstpostens darstellen. Maßstab für eine Auswahlentscheidung ist damit das Anforderungsprofil des konkreten Dienstpostens.[299]

Eine Ausrichtung an den Anforderungen des konkreten Dienstpostens lässt überdies außer Acht, dass die Betrauung des Beamten mit einem bestimmten Dienstposten nicht von Dauer sein muss. Der Dienstherr kann den Aufgabenbereich des Beamten nach seinen organisatorischen Vorstellungen und Bedürfnissen jederzeit ändern, sofern ein sachlicher Grund hierfür vorliegt, ohne eine weitere Auswahlentscheidung anhand der Grundsätze des Art. 33 Abs. 2 GG treffen zu müssen.[300] Der ausgewählte Bewerber soll daher der **am besten geeignete für jeden Dienstposten** sein, der für einen Inhaber des höheren Statusamts amtsangemessen ist. Schließlich ermöglicht die an den Anforderungen eines Dienstpostens orientierte Auswahlentscheidung eine vom Gesamturteil der dienstlichen Beurteilung unabhängige Ämtervergabe.[301]

Die an Art. 33 Abs. 2 GG zu messende Auswahlentscheidung darf daher **grundsätzlich nicht anhand der Anforderungen eines konkreten Dienstpostens** erfolgen.[302] Ausnahmen hiervon sind nur zulässig, wenn die Wahrnehmung der Aufgaben eines Dienstpostens zwingend besondere Kenntnisse oder Fähigkeiten voraussetzt, die ein Laufbahnbewerber' regelmäßig nicht mitbringt und sich in angemessener Zeit und ohne unzumutbare Beeinträchtigung der Aufgabenwahrnehmung auch nicht verschaffen kann bzw. ohne deren Vorhandensein die zugeordnete Funktion schlechterdings nicht wahrgenommen werden kann.[303] Diese Voraussetzungen hat der Dienstherr darzulegen, sie unterliegen voller gerichtlicher Kontrolle.[304]

Etwas anderes ergibt sich auch nicht aus der Rechtsprechung des Bundesverfassungsgerichts. Das Gericht hat in seinem Beschluss vom 16.12.2015[305] zur Frage der Zulässigkeit der „Topfwirtschaft" festgehalten, dass die Beurteilung der Eignung des Bewerbers' für das von ihm angestrebte öffentliche Amt durch den Dienstherrn sich auf die zukünftige Amtstätigkeit des Betroffenen' beziehe, wobei der Vergleich der Bewerber' im Rahmen einer Auswahlentscheidung vor allem anhand dienstlicher Beurteilungen zu erfolgen habe. Diese Aussage des Bundesverfassungsgerichts steht nicht in Widerspruch zur zuvor zitierten Rechtsprechung des Bundesverwaltungsgerichtes. Auch das Bundesverwaltungsgericht nimmt den zukünftigen Dienstposten in Blick, indem das Gericht es für zulässig erachtet, Anforderungsprofile zu erstellen. Hierzu ist der Dienstherr jedoch nicht verpflichtet. Grundsätzlich ausgeschlossen ist lediglich, eine Vorwegnahme der Auswahlentscheidung durch das Festlegen eines konstitutiven Anforderungsprofils. Damit lässt sich auch die Rechtsprechung des Bundesverfassungsgerichts in Einklang bringen, da das

299) BVerwG 27.10.2015 – 1 WDS-VR 7.15 –, juris Rn. 44.

300) BVerwG 28.11.1991 – 2 C 41.89 –, Buchholz 232 § 26 BBG Nr. 34.

301) Vgl. zur Missbrauchsgefahr derartiger Auswahlentscheidungen BVerwG 26.1.2012 – 2 A 7.09 –, E 141, 361.

302) BVerwG 19.12.2014 – 2 VR 1/14 –, IÖD 2015, 38; BVerwG 20.6.2013 – 2 VR 1/13 –, E 147, 20 = ZTR 2013, 587 = Schütz/Maiwald BeamtR ES/A II 1.4 Nr. 223; OVG NRW 28.9.2020 – 6 B 965/20 –, juris.

303) BVerwG 12.12.2017 – 2 VR 2/16 –, E 161, 59; BVerwG 19.12.2014 – 2 VR 1.14 –, Buchholz 11 Art. 33 Abs. 2 GG Nr. 65 ; BVerwG 20.6.2013 – 2 VR 1/13 –, E 147, 20; OVG NRW 10.10.2014 – 6 B 1012/14 –, DÖD 2016, 233.

304) BVerwG 20.6.2013 – 2 VR 1.13 –, E 147, 20.

305) BVerfG 16.12.2015 – 2 BvR 1958/13 –, ZTR 2016, 170.

Gericht ausdrücklich festhält, dass Auswahlentscheidungen grundsätzlich anhand dienstlicher Beurteilungen vorzunehmen sind, wobei insoweit das jeweilige Statusamt den Maßstab für die Bewertung der individuellen Leistung des Beamten' vorgibt, und eben nicht anhand vorweg festgelegter Anforderungsprofile. Die Auffassung von v. Roetteken, die Rechtsprechung des Bundesverfassungsgerichts widerspreche der Rechtsauffassung des Bundesverwaltungsgerichts, kann damit nicht gefolgt werden.[306] Dies gilt auch für seinen Hinweis, die verfassungsgerichtliche Rechtsprechung nähere sich bezüglich der Vorgaben an eine rechtmäßige Auswahlentscheidung im öffentlichen Dienst der Rechtsprechung des Bundesarbeitsgerichts an. V. Roetteken verkennt hierbei, dass der Status eines Arbeitnehmers' nicht mit dem Status eines Beamten' zu vergleichen ist. Zudem fordert das Bundesarbeitsgericht im Gegensatz zu den Verwaltungsgerichten, dass der Auswahlentscheidung ein Anforderungsprofil zwingend zugrunde liegen muss. Soweit das Bundesverfassungsgericht die Rechtsauffassung des Bundesverwaltungsgerichts nicht teilen würde, wäre es zudem konsequent gewesen, wenn das Gericht die höchstrichterliche verwaltungsgerichtliche Rechtsprechung in seiner Entscheidung eindeutig verworfen hätte.

Beispiele

Dienstpostenbezogene Merkmale

1. Dienstpostenbezogene Ausnahmeanforderungen können sich insbesondere aus dem **Erfordernis bestimmter Fachausbildungen** ergeben.[307] Je stärker die fachliche Ausdifferenzierung der Organisationseinheiten ist und je höher die Anforderungen an die Spezialisierung der dort eingesetzten Beamten' sind, desto eher kann es erforderlich werden, im Interesse der Funktionsfähigkeit der öffentlichen Verwaltung besondere Qualifikationsanforderungen an die künftigen Stelleninhaber' zu stellen. Bei technisch ausgerichteten Behörden ist es denkbar, dass die Aufgabenwahrnehmung bestimmter Dienstposten spezielle fachspezifische Vorkenntnisse erfordern.[308]

2. Aus den besonderen Aufgaben eines Dienstpostens können sich über die Festlegung der Fachrichtung hinaus Anforderungen ergeben, ohne deren Vorhandensein die zugeordneten Funktionen schlechterdings nicht wahrgenommen werden können. Obliegt einem Dienstposteninhaber' etwa das Aushandeln und Abschließen von Verträgen mit ausländischen Partnern', sind die hierfür erforderlichen **Sprachkenntnisse** objektiv unabdingbar. Ein Bewerber', der für das Statusamt grundsätzlich hervorragend geeignet ist, die notwendigen Sprachkenntnisse aber nicht aufweist, ist zur ordnungsgemäßen Aufgabenerfüllung auf diesem Dienstposten nicht in der Lage. Die Vorgabe spezifischer Eignungsanforderungen kann hier im Interesse der Funktionsfähigkeit der öffentlichen Verwaltung erforderlich werden. Andernfalls wäre der Dienstherr gezwungen, diese Dienstposten mit hierfür nicht geeigneten Bewerbern' zu besetzen.

3. Die **Befähigung zum Richteramt** gemäß § 5 DRiG entspricht den Anforderungen eines konstitutiven Anforderungsmerkmals, wenn der Dienstposteninhaber' im Kern mit gesetzlich vorgesehen juristischen Kontrollfunktionen und anderen Rechtsangelegenheiten betraut ist.[309]

4. Geforderte **Qualifikation eines wissenschaftlichen Hochschulabschlusses** aus der Fächergruppe der Ingenieurwissenschaften bzw. Naturwissenschaft/Mathematik für die Leitung eines auf Technik bezogenen Sachgebiets, da Beamte' des nichttechnischen Verwaltungsdienstes für die ordnungsgemäße Aufgabenerfüllung nicht in vergleichbarer Weise geeignet sind, wie Ingenieure', Mathematiker' und Naturwissenschaftler'.[310]

306) Vgl. v. Roetteken ZBR 2016, 151.

307) Vgl. zur Fächerkombination bei Lehrern BVerwG 25.11.2010 – 2 C 22.09 –, E 136, 140.

308) Vgl. etwa OVG Rheinland-Pfalz, 6.2.2012 – 10 B 11334/11 –, DÖD 2012, 133 für einen Fachmann auf dem Gebiet Informationstechnik und Elektronik.

309) BVerwG 20.6.2013 – 2 VR 1.13 –, E 147, 20.

310) BVerwG 19.12.2014 – 2 VR 1.14 –, Buchholz 11 Art. 33 Abs. 2 GG Nr. 65.

5. Der Dienstherr kann vom Bewerber' fordern, dass dieser die **erste und zweite juristische Staatsprüfung mit mindestens befriedigendem Ergebnis** absolviert hat, wenn gemäß der Stellenausschreibung zu den Schwerpunkten der Tätigkeit die Gestaltung der Bundes- und Europaangelegenheiten und die Entwicklung strategischer Konzepte zu landespolitischen und Grundsatzangelegenheiten, jeweils unter Berücksichtigung der politischen und juristischen Rahmenbedingungen, das Haushalts- und Förderungsrecht, die Vertretung in allen arbeits- und beamtenrechtlichen Angelegenheiten, Verwaltungsmodernisierung und zentrale Rechtsangelegenheiten sowie die Wahrnehmung der Fach- und Rechtsaufsicht gehört.[311] Dies gilt auch dann, wenn der Dienstherr bisher einen entsprechenden Abschluss von den Bewerbern' nicht gefordert hat. Die Entscheidung, bestimmte Anforderungen von den Bewerbern' einzufordern, überschreitet nicht die Grenzen des dem Dienstherrn zustehenden organisatorischen Ermessens, soweit diese sich am Prinzip der Bestenauslese orientiert und sachlich begründet ist.[312]

6. Es besteht die Möglichkeit, **Leitungs- bzw. Führungserfahrung** zur Voraussetzung für eine Dienststellenbesetzung zu machen, da ein Laufbahnbewerber' im Rahmen des Vorbereitungsdienstes regelmäßig keine Führungserfahrung sammelt. Allerdings muss der Dienstherr dann darlegen, dass die Wahrnehmung des streitigen Dienstpostens zwingend eine besondere Leitungs- bzw. Führungsfähigkeit voraussetzt, die ein Bewerber', der bislang keine Führungsaufgaben wahrgenommen hat, sich nicht in angemessener Zeit und ohne unzumutbare Beeinträchtigung der Aufgabenwahrnehmung auf dem Dienstposten selbst noch verschaffen kann.[313]

Beispiel einer unzureichenden Begründung für ein konstitutives Merkmal nach einer Entscheidung des Oberverwaltungsgerichts Nordrhein-Westfalen vom 30.11.2015[314]:

„Dem Stelleninhaber kommen Führungs-, Leitungs- und Koordinierungsaufgaben zu. Er übernimmt die Ergebnisverantwortung für die von ihm zu führende Ermittlungsgruppe. Er hat die Einsatzbereitschaft und Einsatzfähigkeit der von ihm zu leitenden Ermittlungsgruppe sicherzustellen und zu gewährleisten, dass die Ermittlungsmaßnahmen und Ermittlungsergebnisse so dokumentiert werden, dass diese gerichtsverwertbar sind. Gelingt ihm dies nicht, so kann dies gravierende Auswirkungen auf den weiteren Verlauf des Strafverfahrens haben. Die Korrektur von Fehlentscheidungen bei der Stellenbesetzung ist in aller Regel sehr aufwendig ... Es mag zutreffend sein, dass die für die Ausübung einer Führungsfunktion erforderlichen Kenntnisse und Fähigkeiten angeeignet werden können. Die Führungs-, Leitungs- und Koordinierungsaufgaben müssen aber unmittelbar mit Zuweisung einer Ermittlungsgruppe wahrgenommen werden. Anders als bei der Aneignung noch nicht vorhandenen Fachwissens ist hier eine Unterstützung beim Erwerb durch die unterstellten Kolleginnen und Kollegen nicht möglich."

7. Für das Amt einer **Gleichstellungsbeauftragten** sind keine besonderen Kenntnisse und Fähigkeiten erforderlich, die einem Laufbahnbewerber' regelmäßig fehlen. Etwas anderes ergibt sich auch nicht aus einer möglichen „Stabstellenfunktion" einer Gleichstellungsbeauftragten.[315]

8. Grundsätzlich zulässig ist es, in einem Stellenprofil eine bestimmte **Mindestnote** zu fordern.[316]

311) Vgl. zur Ersteinstellung von Berufsanfängern in den höheren Justizdienst: BVerwG 3.3.2011 – 5 C 16.10 –, E 139, 135 = Schütz/Maiwald BeamtR ES/A II 1.4 Nr. 202; zur Einstellung in den richterlichen und staatsanwaltschaftlichen Probedienst: OVG NRW 16.7.2020 – 1 A 438/18 –, juris; OVG NRW 12.11.2019 – 1 A 1112/17 –, NWVBl. 2020, 116; sowie VG Arnsberg 15.3.2017 – 2 K 1896/15 –, n. v.; BayVGH 7.5.2019 – 3 ZB 17.557 –, juris; VG Ansbach 17.1.2017 – AN 1 K 16.01045 –, juris; ferner: BAG 12.9.2006 – 9 AZR 807/05 –, E 119, 262; LAG Berlin-Brandenburg 21.2.2020 – 12 Sa 1671/19 –, juris.

312) Sächs. OVG 21.1.2016 – 2 B 327/15 –, juris Rn. 16.

313) OVG NRW 28.9.2020 – 6 B 965/20 –, juris zum Merkmal der mindestens zweijährigen Leitstellenerfahrung; OVG NRW 15.6.2016 – 6 B 253/16 –, juris Rn. 19 ff.; BayVGH 6.6.2016 – 3 CE 16.264 –, juris Rn. 64; VG Köln 17.11.2015 – 19 L 2151/15 –, IÖD 2016, 17.

314) OVG NRW 30.11.2015 – 6 B 1080/15 –, juris Rn. 10 ff.

315) OVG NRW 17.12.2014 – 6 B 1138/14 –, RiA 2015, 74.

316) BAG 24.1.2013 – 8 AZR 429/11 –, juris Rn. 36.

Ein konstitutives Eignungsmerkmal kann ausnahmsweise geboten sein, wenn die auf dem Dienstposten zu bewältigenden Aufgaben derart sind, dass sie keinerlei Einarbeitungszeit zulassen, sondern der Stelleninhaber sofort vollständig einsatzfähig sein muss. Eine solche Fallgestaltung liegt jedoch nur dann vor, wenn der Einsatzbereich an die Arbeit besondere Anforderungen stellt, deren sachgerechte und erfolgreiche Bewältigung angesichts der mit ihr verbundenen **erheblichen Gefahren für Leib und Leben** von überragender Bedeutung ist. Ausreichend ist nicht, dass es sich um besonders anspruchsvolle Aufgaben handelt.[317]

Beispiel

Da es sich bei der Bereitschaftspolizei um eine spezielle Organisationseinheit handelt, können einschlägige Vorerfahrungen eines Zugführers für eine sachgerechte Aufgabenwahrnehmung zwingend erforderlich sein.[318]

Im Rahmen der Bekämpfung der Corona-Pandemie dürfte es u. U. zulässig gewesen sein, konstitutive Anforderungskriterien im Auswahlverfahren festzulegen, da etwa die Leitung eines Testzentrums eine längere Einarbeitungszeit des Beschäftigten verbietet.

Hat der **Gesetzgeber** selbst ein Anforderungsprofil determiniert, ist der Dienstherr daran gebunden. Der der einstellenden Behörde grundsätzlich bei der Festlegung eines eigenen Anforderungsprofils in einer Stellenausschreibung im Rahmen ihrer Organisationsgewalt zustehende Ermessensspielraum ist dann insoweit nicht eröffnet.

Beispiel

Die Voraussetzungen für die Zulassung zur Laufbahn im mittleren Dienst im Bund sind hinsichtlich der Bildungsvoraussetzungen in § 17 Abs. 3 Nr. 1 BBG festgelegt. Danach sind für die Zulassung zu den Laufbahnen des mittleren Dienstes als Bildungsvoraussetzung **„mindestens zu fordern"** der Abschluss einer Realschule oder der erfolgreiche Besuch einer Hauptschule und eine abgeschlossene Berufsausbildung oder der erfolgreiche Besuch einer Hauptschule und eine Ausbildung in einem öffentlich-rechtlichen Ausbildungsverhältnis oder ein als gleichwertig anerkannter Bildungsstand. Damit kann der Dienstherr seine Stellenausschreibung für den mittleren Dienst nicht auf Bewerber' mit Realschulabschluss oder mit Hauptschulabschluss und einer förderliche Berufsausbildung beschränken und Bewerber' mit einem höheren Schulabschluss von vornherein vom Auswahlverfahren ausschließen.[319]

Bewerber', die ein höheres Qualifikationsniveau vorweisen als es im Anforderungsprofil von den Bewerbern' gefordert ist, können nicht von vornherein vom Auswahlverfahren ausgeschlossen werden, da eine **„Überqualifizierung"** des Bewerbers' nicht als Malus zu seinen Lasten im Verfahren berücksichtigt werden darf. Dies gebietet bereits Art. 33 Abs. 2 GG, wonach jeder Deutsche nach seiner Eignung, Befähigung und fachlichen Leistung gleichen Zugang zu jedem öffentlichen Amt hat und solche Ämter nach Maßgabe des Grundsatzes der Bestenauslese zu besetzen sind.[320]

Beispiel

Wird ein Dienstposten im gehobenen nichttechnischen Dienst zur Besetzung ausgeschrieben, können Bewerber', die die laufbahnrechtliche Befähigung für den höheren nichttechnischen Dienst bereits erworben haben, vom weiteren Besetzungsverfahren nicht ausgeschlossen werden.

317) OVG NRW 26.3.2015 – 6 B 168/15 –, juris Rn. 13 ff.

318) OVG NRW 10.10.2014 – 6 B 1012/14 –, juris Rn. 9.

319) VG Düsseldorf 2.4.2014 – 10 K 3549/13 –, juris Rn. 38.

320) VG Kassel 21.5.2012 – 1 L 88/12.KS –, juris Rn. 27.

Etwas anderes gilt nur dann, wenn die Aus- bzw. Vorbildung des Bewerbers' den Anforderungen (inhaltlich) nicht genügt und damit als „aliud" gegenüber den zwingend geforderten Anforderungen zu qualifizieren ist.

Beispiel

Im Anforderungsprofil für die Besetzung eines Dienstpostens im Grünflächenbereich wird zwingend eine Berufsausbildung als Gärtner gefordert. Ein Bewerber' mit einem abgeschlossenen Studium der Agrarwissenschaften kann aus dem weiteren Auswahlverfahren ausgeschlossen werden, da die Studieninhalte mit den Ausbildungsinhalten nicht vergleichbar sind.

7.2.3 Besonderheiten bei Arbeitnehmern

Es steht dem Arbeitgeber' im öffentlichen Dienst im Rahmen seiner Organisationsgewalt frei, für zu besetzende Stellen ein Anforderungsprofil aufzustellen, dessen Erfüllung Voraussetzung für die Teilnahme am Bewerbungsverfahren ist (sog. konstitutives Anforderungsprofil).[321]

Die Grenzen der Gestaltungsfreiheit des Arbeitgebers' bei der Festlegung des Anforderungsprofils und der Eignungsmerkmale ergeben sich daraus, dass das Prinzip der „Bestenauslese" bei der Stellenbesetzung gewährleistet werden muss. Die Festlegung des Anforderungsprofils muss deshalb im Hinblick auf die Anforderungen der zu besetzenden Stelle sachlich nachvollziehbar sein, d. h. es dürfen keine sachfremden Erwägungen zugrunde liegen. Insoweit unterliegt das Anforderungsprofil auch trotz eines dem Arbeitgeber' des öffentlichen Dienstes von Verfassungs wegen gewährten Beurteilungsspielraums einer gerichtlichen Kontrolle.[322]

Maßstab für das Festlegen eines Anforderungsprofils sind damit die **Anforderungen der konkret zu besetzenden Stelle** und nicht wie nach der Rechtsprechung des Bundesverwaltungsgerichts bei Beamten' das statusrechtliche Amt.[323] Das Anforderungsprofil wird damit durch die arbeitsplatzbezogenen notwendigen Fähigkeiten und Kenntnisse unmittelbar bestimmt.[324]

Allein aus der **angestrebten Eingruppierung** kann nicht der Schluss gezogen werden, dass die zu besetzende Stelle tatsächlich entsprechende Vorbildungsvoraussetzungen fordert. Dementsprechend ist der Rückschluss unzulässig, die Ausschreibung einer Stelle mit einer Vergütung nach der Entgeltgruppe 13 TVöD/TV-L fordere von jedem Bewerber' zwingend den Abschluss eines wissenschaftlichen Hochschulstudiums. Vielmehr ist darzulegen, dass die zu besetzende Stelle inhaltlich wissenschaftliche Bezüge bzw. einen akademischen Zuschnitt aufweist. Allein die beabsichtigte Eingruppierung des neuen Stelleninhabers' kann damit ein Anforderungsprofil nicht rechtfertigen, da die ordnungsgemäße Eingruppierung den zu verrichtenden Tätigkeiten im Wege der Tarifautomatik folgt.[325]

321) BAG 15.3.2005 – 9 AZR 142/04 –, E 114, 80; das LAG Rheinland-Pfalz 20.8.2015 – 2 SaGa 5/15 –, juris Rn. 49 spricht sogar von einer Verpflichtung des Arbeitgebers.

322) BAG 12.9.2006 – 9 AZR 807/05 –, E 119, 262.

323) Vgl. BVerwG 19.12.2014 – 2 VR 1.14 –, Buchholz 11 Art. 33 Abs. 2 GG Nr. 65.

324) BAG 12.9.2006 – 9 AZR 807/05 –, E 119, 262.

325) BAG 6.5.2014 – 9 AZR 724/12 –, ZTR 2014, 610.

Art. 33 Abs. 2 GG gewährt dem öffentlichen Arbeitgeber' nicht das Recht, ohne nachvollziehbare Gründe, Stellen ausschließlich mit überqualifizierten Bewerbern' zu besetzen. Vielmehr bedarf es im Einzelfall eines konkreten Bezugs zu den tatsächlichen Anforderungen der zu besetzenden Stelle.[326]

Da der Maßstab des Anforderungsprofils nach der beamtenrechtlichen Rechtsprechung das statusrechtliche Amt bzw. nach der arbeitsrechtlichen Rechtsprechung die Anforderungen der zu besetzenden Stelle ist, ist es im Hinblick auf einen einheitlichen Leistungsvergleich durchweg problematisch, eine Stelle/einen Dienstposten gleichzeitig für Arbeitnehmer' und Beamte' auszuschreiben. Soweit der Bewerberkreis weder auf die Personengruppe der Arbeitnehmer' noch auf die Gruppe der Beamten' ausdrücklich beschränkt worden ist, sodass das Auswahlverfahren für alle Beschäftigungsgruppen zugänglich ist, bedarf es eines einheitlichen Anforderungsprofils. In diesem Fall sind die Vorgaben der Verwaltungsgerichte zu berücksichtigen. Auf konstitutive Anforderungsprofile kann dann nur in Ausnahmefällen zurückgegriffen werden.

7.2.4 Laufbahnwechsel

Bei einem Wechsel in eine andere Laufbahn ist die für die Bestenauslese erforderliche Eignungsprognose grundsätzlich nicht nur auf die zu besetzende Stelle, sondern im Hinblick auf den Grundsatz vielseitiger Einsetzbarkeit der Beamten' auf die gesamte Laufbahn zu beziehen, das heißt grundsätzlich auf die Gesamtheit der dieser zugeordneten Ämter. Dies gilt sowohl für einen horizontalen als auch für einen vertikalen Laufbahnwechsel. Bei der Durchführung des Auswahlverfahrens darf der Dienstherr den Kreis potenzieller Bewerber' gleichwohl durch die Aufstellung eines Anforderungsprofils für die ausgeschriebene Stelle zusätzlich zu den durch die Laufbahnvorschriften allgemein aufgestellten Voraussetzungen einengen, soweit diese sachlich angemessen ist.[327]

Beispiel

Bei einer Stelle für den höheren Dienst kann aus sachlichen Gründen auch der Abschluss eines Universitätsstudiums verlangt werden.[328]

7.3 Verbindlichkeit des Anforderungsprofils

Der Dienstherr ist an einem von ihm entwickelten Anforderungsprofil für die **gesamte Dauer des Auswahlverfahrens gebunden**, da er ansonsten sein mit der Erstellung des Profils verfolgten Zweck, der bestmöglichen Besetzung des Dienstpostens, selbst konterkarieren würde.[329]

Es ist dem Dienstherrn damit insbesondere **untersagt**,

- im Rahmen des Auswahlverfahrens einen Bewerber' auszuwählen, der die im Anforderungsprofil ausdrücklich geforderten Voraussetzungen nicht erfüllt oder
- das Anforderungsprofil im laufenden Auswahlverfahren zu verändern, indem er das Anforderungsprofil durch die Aufnahme weiterer Kriterien anreichert oder verengt.

326) BAG 10.2.2015 – 9 AZR 554/13 –, ZTR 2015, 448.

327) OVG NRW 24.3.2016 – 1 B 176/16 –, juris Rn. 18 ff.

328) OVG NRW 24.3.2016 – 1 B 176/16 –, aaO.

329) BayVGH 13.6.2007 – 3 CE 07.807 –, RiA 2008, 36, 38.

Entscheidet der Dienstherr, das einmal erstellte Anforderungsprofil nach Beginn des Auswahlverfahrens zu ändern, so steht ihm nur der Weg des Abbruchs des Auswahlverfahrens offen. Insoweit ist allerdings ein sachlicher Grund notwendig, der die Abbruchentscheidung rechtfertigt.

7.4 Grenzen des Organisationsermessens des Dienstherrn

Das Organisationsermessen findet seine Grenzen insbesondere im Hinblick auf das Verbot des unsachlichen Ausschlusses von Bewerbern'. Abzugrenzen von diesem Verbot ist die – der nahezu uneingeschränkt bestehenden Dispositionsbefugnis des Dienstherrn entspringenden – Möglichkeit, den Bewerberkreis durch die Vornahme einer funktionsspezifischen Differenzierung sachbezogen abzugrenzen bzw. einzuengen.[330] Ob der Dienstherr die Grenzen des ihm zustehenden Organisationsermessens überschreitet, ist von den Gerichten nur eingeschränkt nachprüfbar.

Soweit der Dienstherr **teilzeitbeschäftigte** Mitarbeiter' von einem Auswahlverfahren ausschließen bzw. lediglich Mitarbeiter' mit einem Mindeststundenumfang zulassen möchte, so verstößt dieses Vorgehen auch unter dem Gesichtspunkt der Geschlechterdiskriminierung weder gegen das Benachteiligungsverbot des Art. 3 Abs. 3 GG bzw. der §§ 1, 3 Abs. 1 und 2 AGG noch gegen den Grundsatz der Bestenauslese des Art. 33 Abs. 2 GG. Aus den Gleichstellungsgesetzen des Bundes und der Länder können sich allerdings einschränkende Regelungen ergeben. Insbesondere sehen die gesetzliche Regelungen vor, dass Arbeitsplätze einschließlich der Funktionen mit Vorgesetzten und Leistungsaufgaben zur Besetzung auch in Teilzeit auszuschreiben sind, soweit zwingende dienstliche Gründe nicht entgegenstehen (vgl. § 6 Abs. 1 Satz 3 BGleiG, § 8 Abs. 6 LGG NRW).

Wichtig!

Der Dienstherr ist gehalten, die Notwendigkeit der sachbezogenen Einengung des Anforderungsprofils im gerichtlichen Verfahren näher darzulegen. Hierbei hat er aufzuzeigen, ob eine Reduzierung der Arbeitszeit die ordnungsgemäße Ausübung der mit der Stelle verbundenen Aufgaben in Frage stellt.[331]

7.5 Folgen unzulässiger Anforderungsprofile

Fehler im Anforderungsprofil führen grundsätzlich zur Fehlerhaftigkeit des Auswahlverfahrens' weil die Auswahlerwägungen dann auf sachfremden, nicht am Grundsatz der Bestenauslese orientierten Gesichtspunkten beruhen.[332] Allerdings kann dieser Verfahrensfehler nur dann im Rahmen eines Konkurrentenstreitverfahrens gerügt werden, wenn sich dieser Rechtsfehler auch tatsächlich zu Ungunsten des Bewerbers' ausgewirkt hat.[333]

Beispiel

Der Dienstherr legt unter Missachtung der einschlägigen Rechtsprechung und damit rechtswidrig ein konstitutives Anforderungsmerkmal fest. Gleichzeitig attestiert er auch dem im wei-

330) VG Augsburg 27.3.2012 – Au 2 E 12.307 –, juris Rn. 22, mwN.; Schnellenbach, Beamtenrecht in der Praxis, § 3 Rn. 62.

331) NdsOVG 11.3.2008 – 5 ME 346/07 –, RiA 2008, 236, 237.

332) BVerfG 8.10.2007 – 2 BvR 1846/07 u. a. –, NVwZ 2008, 628; BVerwG 20.6.2013 –, 2 VR 1.13 –, E 147, 20.

333) BayVGH 24.2.2016 – 6 ZB 15.2581 –, juris Rn. 6 f.

teren Auswahlverfahren abschließend unterlegenen Bewerber', dass dieser das konstitutive Merkmal erfüllt.[334]

> **Wichtig!**
>
> Mängel, die zu einer Fehlerhaftigkeit des Anforderungsprofils führen, können nachträglich nicht geheilt werden. Das Auswahlverfahren muss abgebrochen und die Stellenvergabe mit einer zulässigen Ausschreibung neu in Gang gesetzt werden.[335]

7.6 Gestaltung des Anforderungsprofils[336]

7.6.1 Grundsätzliches

Im Anforderungsprofil sind aus eignungsdiagnostischer Sicht jene Personenmerkmale aufzulisten, die angesichts der Ergebnisse einer Anforderungsanalyse dazu führen, dass der spätere Stelleninhaber' die Tätigkeiten, die mit der Stelle oder dem Beruf verbunden sind, erfolgreich ausübt und dabei zufrieden ist. Bei der Erstellung des Anforderungsprofils sind die rechtlichen Rahmenbedingungen – wie in den vorgehenden Kapiteln beschrieben – zu beachten.

Insbesondere bei Personenmerkmalen, die sich auf soziale oder Managementkompetenzen beziehen, wie z. B. Durchsetzungsfähigkeit, Verhandlungsgeschick, Teamfähigkeit, ist es zur Erzielung eines einheitlichen Verständnisses der Merkmale sinnvoll, die verwendeten Begrifflichkeiten zu definieren und/oder mit Beispielen konkreter Verhaltensweisen zu veranschaulichen.

7.6.2 Notwendige, förderliche und ausschließende Personenmerkmale

Die Personenmerkmale sind danach zu klassifizieren, ob ihr Vorhandensein notwendig[337], förderlich[338] oder hinderlich/ausschließend für die Arbeit des Stelleninhabers' ist. Beispielsweise ist es für einen Berufskraftfahrer' notwendig, einen gültigen Führerschein zu besitzen. Fremdsprachenkenntnisse können für Beschäftigte eines Bürgerbüros förderlich sein. Ein ausschließendes[339] Personenmerkmal ist bei Arzthelfern' beispielsweise Ekel vor Blut, bei Bewerbern' um Stellen im öffentlichen Dienst beispielsweise die Ablehnung der freiheitlich-demokratischen Grundordnung.

> **Wichtig!**
>
> Zu beachten ist: Je mehr Personenmerkmale als notwendig klassifiziert werden, desto geringer wird anschließend die Anzahl der Bewerber' sein, die für eine Stelle geeignet sind.

334) OVG Berlin-Brandenburg. 23.10.2015 – OVG 7 S 34.15 –, juris Rn. 10.

335) BayVGH 4.2.2015 – 6 CE 14.2477 –, RiA 2015, 122.

336) Siehe auch Gourmelon, Anforderungsprofile, S. 123 ff. (123).

337) Siehe zum sog. konstitutiven Anforderungsprofil Kapitel 7.2.2.

338) Siehe zum sog. deklaratorischen Anforderungsprofil Kapitel 7.2.1.

339) Regelmäßig kann ein ausschließendes Merkmal in ein notwendiges Merkmal umformuliert werden. Zum Beispiel ist das ausschließende Merkmal „kein Ekel vor Blut" gleichbedeutend mit dem notwendigen Merkmal „kann mit Blut umgehen, ohne sich zu ekeln". Die Verwendung der Kategorie „ausschließendes Merkmal" hat sich allerdings in der Praxis als sinnvolle Denkhilfe erwiesen.

Nur solche Merkmale sollten als notwendig bestimmt werden, die sich nicht durch andere Merkmale kompensieren lassen. Falls beispielsweise für eine Stelle in einer Kämmerei die Qualifikation „Studium der Betriebswirtschaftslehre" durch umfangreiche Fortbildungen im Bereich „Neues Kommunales Finanzmanagement" kompensiert werden könnte, sollte das Qualifikationsmerkmal „Studium der Betriebswirtschaftslehre" nicht als notwendig klassifiziert werden (siehe auch Kapitel 7.1.3 zur Frage der verbindlichen Festlegung von Anforderungsprofilen).

Die Klassifizierung von kurzfristig erlernbaren Kenntnissen und Fertigkeiten als notwendig oder förderlich sollte auch von den **Bedingungen** abhängig gemacht werden, unter denen eine Stellenbesetzung erfolgt.

Beispiel

Ist eine Auszubildendenstelle mit der Möglichkeit der anschließenden Übernahme in ein Dauerarbeitsverhältnis zu besetzen, erscheint es wenig sinnvoll, spezielle Software-Kenntnisse als notwendig zu erachten, insbesondere dann nicht, wenn der Erwerb dieser Kenntnisse Bestandteil der Ausbildung ist.

Wird jedoch für eine zeitlich befristete Projektstelle ein Bewerber' gesucht, der seine IT-Kenntnisse sofort in die Projektbearbeitung einbringen soll, ist die Klassifizierung von speziellen Software-Kenntnissen als notwendig sinnvoll.

7.6.3 Ausmaß der Personenmerkmale

Weiterhin ist bei vielen Personenmerkmalen zu bestimmen, in welchem Ausmaß sie beim idealen Bewerber' vorliegen sollten.

Beispiel

So werden bei Führungsstellen im höheren Dienst deutlich höhere Anforderungen an die Rhetorik-Fertigkeiten gestellt als bei einer Ausbildungsstelle im gewerblichen Bereich.

Das erforderliche Ausmaß eines Personenmerkmals sollte aus praktischen Erwägungen heraus in Bezug zu einer Referenzgruppe formuliert werden, z. B. „durchschnittliche Rechenfertigkeiten im Vergleich zu Realschulabsolventen'" oder anhand konkreter Verhaltensbeispiele beschrieben werden.

Überhaupt ist der Zusammenhang zwischen Ausprägung des Personenmerkmals und der beruflichen Eignung zu klären.

Beispiel

Bei Führungsstellen im höheren Dienst wird wohl ein Mehr an Rhetorik-Fertigkeiten stets bis zu einem gewissen Grad auch ein Mehr an beruflicher Eignung bedeuten. Dieser bis zu einem Plateau linear-monotone Zusammenhang gilt aber sicher nicht zwischen dem Merkmal „Einfühlungsvermögen" und „Eignung für die Sachbearbeitung im Sozialamt". Hier wird eher ein mittleres Maß an Einfühlungsvermögen ideal sein. Bei einem zu niedrigen Einfühlungsvermögen wird ein Sachbearbeiter' ggf. die Probleme der von ihr zu beratenden Bürger' überhaupt nicht wahrnehmen, bei zu hohem Einfühlungsvermögen wird sie sich evtl. zu lange mit dem Einzelfall beschäftigen und sich unter Umständen auch selbst damit belasten.

Denkbar ist auch, dass bei einem Personenmerkmal bestimmte Schwellenwerte erreicht werden müssen, damit sich das Personenmerkmal positiv auf die Eignung auswirken kann, eine höhere Ausprägung des Merkmals aber keinen weiteren Vorteil mehr erbringt.

Beispiel

In einer kommunalen Auskunftsstelle für Touristen' sollte ein Mitarbeiter' flüssig englisch sprechen; die Kompetenz, verhandlungssicher englisch zu sprechen oder gar simultan dolmetschen zu können, brächte wohl keinen weiteren Vorteil für die Bewältigung der Stellenanforderungen.

Ein weiteres Beispiel wäre das Ausmaß von Deutschkenntnissen bei Reinigungskräften: Hier reicht es wohl aus, einfache Anweisungen des Vorgesetzten' und Hinweise auf Reinigungsmitteln zu verstehen; die Fähigkeit zur Wiedergabe von Schillers „Glocke" erbrächte im Hinblick auf Reinigungsleistungen keinen Vorteil.

Würde im letzten Beispiel vom gemeinhin angenommenen Zusammenhang – je ausgeprägter das Merkmal, desto höher die Eignung – ausgegangen werden, bestünde die Gefahr, Bewerber' mit Migrationshintergrund bzw. einem anderen ethnischen Hintergrund unzulässigerweise zu benachteiligen. Denn dann würden überwiegend Bewerber' ohne Migrationshintergrund ausgewählt werden.

Oftmals ist aus praktischen Erwägungen heraus die Festlegung von Mindest- und ggf. Maximalgrenzen für das Ausmaß der Personenmerkmale sinnvoll.

7.6.4 Bedeutsamkeit der Personenmerkmale

In jeder Tätigkeit wird es Personenmerkmale geben, die wichtiger sind als andere.

Beispiel

Ein Sachbearbeiter' im Ordnungsamt wird über rhetorische Fertigkeiten verfügen müssen. Noch wichtiger ist jedoch, dass er maßgebliche gesetzliche Bestimmungen kennt und rechtssicher anwenden kann.

Bei einem Mitarbeiter', der Sachmittel beschaffen soll, sind Kenntnisse des Haushaltsrechts erforderlich. Noch bedeutsamer ist indes, dass keine Neigung zur Korruption vorliegt.

Die Bedeutung einzelner Merkmale kann sich z. B. aus der Häufigkeit von Tätigkeiten oder den Folgen fehlerhafter Handlungen ergeben. Im Anforderungsprofil kann die Bedeutsamkeit von Merkmalen durch Gewichtungen ausgedrückt werden.

7.6.5 Keine Verwechslung von Personenmerkmal und dem Erhebungsverfahren

Des Weiteren ist darauf zu achten, dass ein Personenmerkmal und nicht das zur Messung oder Erhebung dieses Merkmals verwendete Verfahren aufgelistet wird.

Beispiel

In einem Anforderungsprofil für einen Kraftfahrer' ist es beispielsweise ratsam, nicht *„keine Punkte im Flensburger Verkehrszentralregister"*, sondern das Merkmal *„regelkonforme Fahrweise/Verkehrsregeln werden eingehalten"* aufzulisten. Zwar sind „Flensburger Punkte" regelmäßig ein deutlicher Hinweis auf eine nicht regelkonforme Fahrweise, das Fehlen von „Flensburger Punkten" ist jedoch keine Gewähr für eine regelkonforme Fahrweise. Dies wird dann nachvollziehbar, wenn sich ein Verkehrsrowdy österreichischer Staatsangehörigkeit und mit Wohnsitz in Österreich auf eine Kraftfahrer'-Stelle in Deutschland bewirbt. Dieser wird wohl keine Punkte in Flensburg haben.

7.6.6 Durch das AGG geschützte Personenmerkmale

Kritisch ist stets zu hinterfragen, ob durch das AGG geschützte Personenmerkmale – Geschlecht, Alter, Religion oder Weltanschauung, Rasse/ethnische Herkunft,

Behinderung, sexuelle Identität – in Anforderungsprofilen gelistet sein sollten. Zu Fragen der Benachteiligung im Auswahlverfahren siehe Kapitel 17.

§ 8 AGG ermöglicht zwar eine unterschiedliche Behandlung der entsprechenden Gruppen, aber nur sofern dies angesichts der beruflichen Anforderungen erforderlich ist (Beispiel: Es wird ein männliches Foto-Model für die Präsentation von Unterwäsche gesucht, die für Herren bestimmt ist.).

7.6.7 Äußere Form des Anforderungsprofils

Hinsichtlich der formalen Gestaltung des Anforderungsprofils gibt es für den Dienstherrn keine rechtlichen Vorgaben. Abbildung 7-1 enthält ein Beispiel, wie ein Anforderungsprofil grafisch gestaltet werden kann. Die Personenmerkmale sind aufgelistet, die Bedeutsamkeit der einzelnen Merkmale wird durch Gewichtungen ausgedrückt (Zahlenwerte in Klammern hinter dem Merkmal). Die grau hinterlegten Skalenbereiche kennzeichnen die Merkmalsausprägungen zwischen dem Minimal- und dem Maximalwert. Bei allen sechs Merkmalen handelt es sich um notwendige, nicht förderliche Merkmale – dies ist daraus ersichtlich, dass die Minimalausprägung jeweils mindestens „2" beträgt. Die durchgezogene schwarze Linie symbolisiert die Ausprägungen der Personenmerkmale eines idealen Bewerbers. Des Weiteren sind die Personenmerkmale kurz definiert.

Abbildung 7-1: Beispiel für die grafische Darstellung eines Anforderungsprofils. [340]

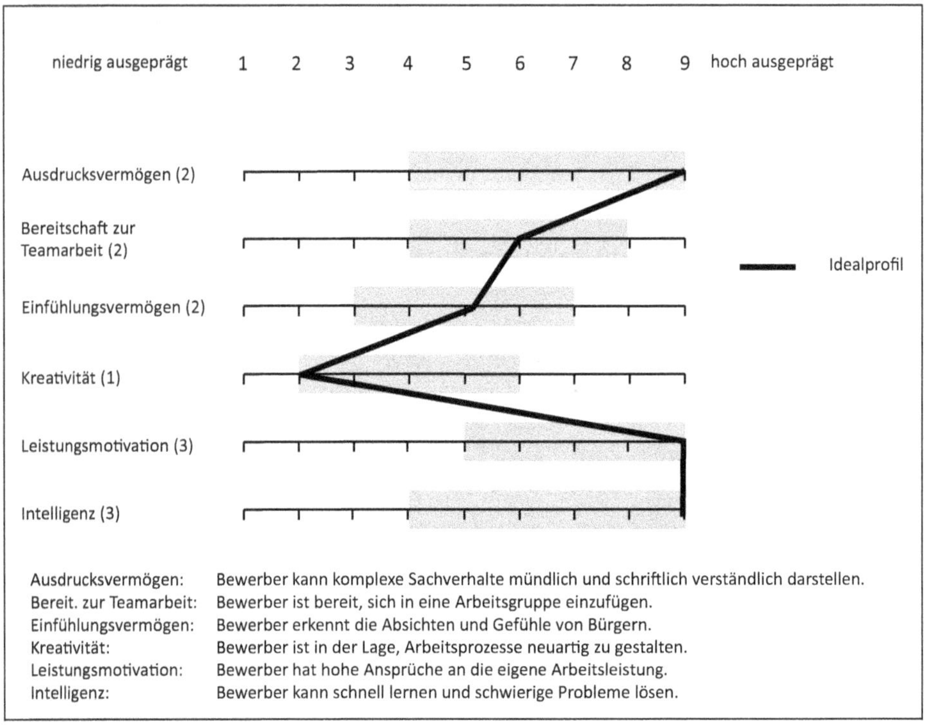

340) Nach Gourmelon/Seidel/Treier, Personalmanagement, S. 85.

7.7 Ermittlung der erforderlichen Personenmerkmale – Anforderungsanalyse

7.7.1 Anforderungsquellen

Alle Personenmerkmale, die im Anforderungsprofil aufgelistet werden, müssen sich aus den aktuellen oder zukünftigen Anforderungen an den Stelleninhaber' ableiten lassen. Je nach Art der Stellenbesetzung sind Anforderungen aus verschiedenen Anforderungsquellen zu berücksichtigen:

- Anforderungen aus Gesetzen und Verordnungen: Beispielsweise aus den Landesbeamtengesetzen können sich Anforderungen an die Schulbildung der Bewerber' ergeben.
- Anforderungen des Berufes – ist die Stellenbesetzung zugleich mit einer Berufswahl der Bewerber' verbunden (z. B. Bewerbung einer Schülerin auf eine Ausbildungsstelle), sind nicht nur die Anforderungen der Stelle, sondern auch die Anforderungen des Berufes insgesamt zu berücksichtigen. Straßenbauer' müssen beispielsweise bei Arbeiten auf der Autobahn zur eigenen und der Sicherheit der Kollegen' ständig äußerst umsichtig und aufmerksam agieren. Soll eine Ausbildungsstelle in einer Kommune besetzt werden (in der Arbeitssituationen auf Autobahnen i. d. R. nicht vorkommen), ist trotzdem – hier aus Fürsorgegesichtspunkten – auf diese Anforderung zu achten, da ja die ausgebildete Fachkraft von der Kommune zu einer für Autobahnen zuständigen Bundesbetrieb wechseln könnte.
- Anforderungen der Laufbahn: Bei Bewerbungen um eine Einstellung in das Beamtenverhältnis sind neben den Anforderungen des Einstiegsamts auch die Anforderungen der Ämter der jeweiligen Laufbahn zu berücksichtigen. So sind beispielsweise die für Einstiegsämter des höheren Dienstes vorgesehenen Stellen oftmals nicht mit Führungsaufgaben (z. B. Referenten'stellen) verbunden – es ist jedoch die Eignung für die gesamte Laufbahn festzustellen, da die in der Laufbahn des höheren Dienstes höher bewerteten Ämter regelmäßig mit Führungsaufgaben verbunden sind.
- Anforderungen der Organisation – bei externen Bewerbern' können Merkmale der Organisation – wie z. B. die Organisationskultur – bedeutsame Anforderungen darstellen. Beispielsweise wird bei einer bislang freiberuflichen Journalistin, die sich auf eine Stelle für Öffentlichkeitsarbeit eines Ministeriums bewirbt, zu prüfen sein, ob sie gewillt und in der Lage ist, sich in eine streng hierarchische und bürokratische Organisation einzufügen, deren Kultur sich durch Formalismus und Konservatismus auszeichnet.
- Anforderungen der Stelle – zu prüfen sind hier Anforderungen aus den Bereichen
  - Ziele, Aufgaben und Tätigkeiten: Welche Anforderungen ergeben sich zum Beispiel aus einer Buchführungstätigkeit an das Konzentrationsvermögen und die Arbeitssorgfalt eines Stelleninhabers'? Über welche Kenntnisse und Fertigkeiten muss ein Buchhalter' verfügen?
  - Kollegen': Mit welchen Kollegen' arbeitet der spätere Stelleninhaber' zusammen? Mit welchen Eigenheiten muss der Bewerber' ggf. zurechtkommen? Welche gruppendynamischen Besonderheiten zeichnen den Kollegen'kreis aus? Welche Personenmerkmale sollten die Bewerber' aufweisen, um sich gut in den Kollegen'kreis integrieren zu können?

- Kunden'kreis: Mit welchen Kunden' oder Bürgern' hat es der Stelleninhaber' später zu tun? Welche Anforderungen ergeben sich daraus z. B. an das Einfühlungsvermögen oder die interkulturelle Kompetenz?
- Vorgesetzte: Welchen Führungsstil praktiziert der Vorgesetzte? Welche Erwartungen hat er zum Beispiel in Bezug auf Loyalität und Kritikfähigkeit der Bewerber'?
- Arbeitsmittel: Mit welchen Arbeitsmitteln (z. B. Software, Werkzeuge, Fahrzeuge) muss der spätere Stelleninhaber' arbeiten? Welche Qualifikationen, Kenntnisse und Fertigkeiten braucht er hierzu?
- Arbeitsplatzbedingungen: Welchen Umwelteinflüssen – z. B. Lärm, Hitze, Staub – ist der Stelleninhaber' ausgesetzt? Welche physischen und psychischen Merkmale sollten die Bewerber' aufweisen, um mit diesen Umwelteinflüssen zurechtzukommen?

Wichtig!

Bei der Anforderungsanalyse ist zu beachten, wie die Anforderungen aktuell sind und wie sie zukünftig sein werden. Der erforderliche Prognosezeitraum für den Wandel von Anforderungen hängt von der Dauer des Beschäftigungsverhältnisses ab.

7.7.2 Zugänge zu den Anforderungen – Methoden der Anforderungsanalyse

Anforderungen an den Stelleninhaber' ergeben sich aus verschiedenen, in Kapitel 7.7.1 erläuterten Anforderungsquellen. In diesem Kapitel wird beschrieben, wie in der Praxis die Anforderungen ermittelt werden können, und zwar diejenigen aus den Anforderungsquellen „Beruf", „Organisation", „Stelle". Die Anforderungen können mit unterschiedlichen Methoden der Anforderungsanalyse ermittelt werden.

Gemäß der DIN 33430 wird dabei unter **Anforderungsanalyse** die „…Ermittlung von personenrelevanten psychischen und psychophysischen Voraussetzungen für den zu besetzenden Arbeitsplatz, das Aufgabenfeld, die Ausbildung bzw. das Studium oder den Beruf, für das/den die Eignung eines Kandidaten festgestellt werden soll – einschließlich der Merkmale, die für die berufliche Zufriedenheit bedeutsam sind"[341] verstanden.

Flankiert wird die Anforderungsanalyse von der **Arbeitsanalyse**, die eine „Methode der Identifizierung der an einem Arbeits-/Ausbildungsplatz oder in einem Beruf auszuführenden Aufgaben oder der auszuübenden Tätigkeiten, ihrer Ausführungsbedingungen sowie ihrer psychischen, physischen und sozialen Umfeldbedingungen und Organisationsmerkmale" darstellt.[341]

Nach Eckardt und Schuler[342] können drei Zugänge bei der Anforderungsanalyse unterschieden werden (siehe Abbildung 7-2):

- die erfahrungsgeleitet-intuitive Methode,
- die arbeitsplatzanalytisch-empirische Methode,
- und die personbezogen-empirische Methode.

341) Deutsches Institut für Normung, DIN 33430, S. 18.

342) Eckardt/Schuler, Berufseignungsdiagnostik, S. 534. Siehe auch Schuler, S. 2014, S. 63 ff.

Abbildung 7-2: Zugänge zu den Anforderungen einer Stelle und Beispiele für Methoden.

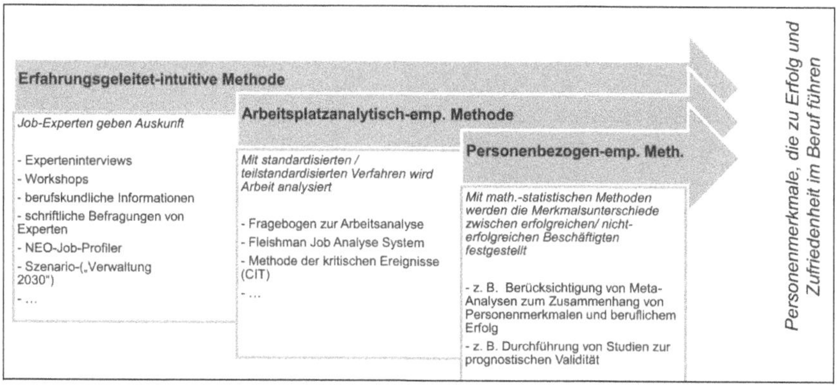

Bei der ***erfahrungsgeleitet-intuitiven Methode*** kommen kompetente Personen oder Experten' zu einer Einschätzung der Anforderungen und Befriedungsangebote eines Berufes oder einer Stelle, indem sie sich mit den Eigentümlichkeiten des Berufes/oder der Stelle auseinandersetzen. Für die Praxis bedeutet dies, dass sich die Personalauswählenden über die zu besetzende Stelle sorgsam informieren. Hierfür stehen üblicherweise folgende Informationsquellen mit ihren jeweiligen Besonderheiten zur Verfügung:

- **Stellenbeschreibungen** – hieraus sind Angaben zur Eingliederung der Stelle in der Aufbauorganisation, zu den Zielen und Aufgaben der Stelle, zu den Beziehungen der Stelle zu anderen Organisationseinheiten, zu Vertretungsregelungen, zu für den Aufgabenvollzug erforderlichen Ressourcen, zu beim Aufgabenvollzug zu beachtende Regelungen und Normen u. Ä. m. ersichtlich. Teilweise werden auch Anforderungen an den Stelleninhaber' aufgelistet. Zu beachten ist, dass Stellenbeschreibungen oftmals auch eine Grundlage für Stellenbewertungen darstellen und es deswegen zu einer verzerrten (meist überhöhten) Darstellung der Aufgaben und Anforderungen kommen kann.
- Ehemalige und derzeitige **Stelleninhaber'** können – soweit sie für Gespräche aufgeschlossen sind – wertvolle Informationen liefern, insbesondere zu Anforderungen in Bezug auf die Beziehungsgestaltung mit Vorgesetzten', Mitarbeitern', Kollegen'. Niemand kennt die Eigenarten eines Vorgesetzten' besser als ein Mitarbeiter', allerdings ist bei der Beschreibung der Eigenarten des Vorgesetzten' durch den Mitarbeiter' zu berücksichtigen, dass diese Beschreibung nicht objektiver Natur, sondern subjektiv gefärbt ist. So wird beispielsweise ein freiheitsliebender Mitarbeiter' den Führungsstil eines Vorgesetzten' als sehr autoritär bewerten, während ein eher Halt suchender Mitarbeiter' denselben Chef' als wenig autoritär bezeichnen würde.
- Der **Vorgesetzte'** sollte genaue Angaben über Tätigkeiten und Befugnisse machen können. Er kann wohl auch am ehesten die zukünftige Entwicklung der Anforderungen – bedingt z. B. durch neue Gesetze, neue Aufbau- und Ablauforganisation – beschreiben. Wichtig ist zudem, dass der Vorgesetzte' klare Erwartungen an das berufliche Handeln des zukünftigen Mitarbeiters' haben kann (z. B. in Dienstbesprechungen kurz fassen, den Vorgesetzten stets über Vorgänge informieren).

- Gespräche mit Stelleninhabern' oder Personalauswählenden aus anderen Behörden oder Kommunen können bedeutsame Hinweise auf fachliche Anforderungen erbringen. Zu berücksichtigen ist jedoch, dass sich die Organisationskultur und die mit der Stelle verbundenen Ziele deutlich voneinander unterscheiden können.
- Zukünftige Kollegen' des späteren Stelleninhabers' können zum einen ergänzende Informationen über Aufgaben und Tätigkeiten liefern, zum anderen stellen sie auch selbst eine Anforderungsquelle dar – und zwar im Hinblick auf soziale Kompetenzen des Stelleninhabers'; beispielsweise könnte in einer Arbeitsgruppe die Gruppendynamik derart sein, dass der spätere Stelleninhaber' ausgleichend wirken sollte.

Die Gespräche mit ehemaligen oder derzeitigen Stelleninhabern', Stelleninhabern' aus anderen Behörden, dem Vorgesetzten' und den Kollegen' sollten auf einem sehr konkreten Niveau gehalten werden; beispielsweise lässt sich der Personalauswählende' die Tätigkeiten/Aufgaben exakt beschreiben.

Abstrakt gehaltene Bemerkungen auf der Ebene von psychischen Persönlichkeitsmerkmalen (z. B. „Der Bewerber' muss in besonderem Maße teamfähig sein.") sind vom Personalauswählenden zu hinterfragen („Bei welchen Gelegenheiten muss denn der Stelleninhaber wie teamfähig sein?"). Des Weiteren ist es empfehlenswert, stets Einzelgespräche zu führen, damit auch weniger wortgewandte oder in Gruppensituationen zurückhaltende Gesprächspartner' ihre Meinung einbringen können.[343]

Weitere Informationsquellen bei der erfahrungsgeleiteten-intuitiven Methode sind:

- Hospitationen des Personalauswählenden' – dieser Weg ist zwar aufwendig (wobei in vielen Fällen schon nach wenigen Stunden wertvolle Einblicke hinsichtlich der Stellenanforderungen gewonnen werden können), aber hinsichtlich der Erkenntnistiefe und -authentizität durch nichts zu ersetzen. Hospitationen sind vor allem dann erwägenswert, wenn die für die Stelle typischen Tätigkeiten dem Personalauswählenden' völlig fremd oder vermutlich mit besonderen Anforderungen an die sozialen/emotionalen Fähigkeiten verbunden sind (z. B. Überwachung des ruhenden Verkehrs, Abschiebung von Asylbewerbern', Durchführung von Kontrollbesuchen bei Sozialleistungsempfängern').
- Berufskundliche Informationen zu über 3.000 Berufen bietet die Bundesagentur für Arbeit mit ihrem Service „berufenet" an (www.berufenet.arbeitsagentur.de). Hier können sich Personalauswählende teilweise sehr detailliert über Anforderungen des Berufs informieren – beispielsweise wird beim Beruf „Tierpfleger (Zoo)" als Tätigkeit aufgeführt: „Auch mit Leiden, Tod oder Tötung von kranken Tieren müssen Tierpfleger/innen zurechtkommen. Futtertiere wie Mäuse, Ratten oder Hühner müssen vor der Verfütterung getötet werden".[344] Hieraus lässt sich ableiten, dass Bewerbende für diesen Beruf über ein gewisses Ausmaß an emotionaler Stabilität verfügen sollten.

Selbstverständlich besteht auch die Möglichkeit, eine größere Anzahl von Experten' zu befragen. Beispielsweise nahmen 181 Ausbildungsleiter' aus Kommunen in Nordrhein-Westfalen und 42 Lehrende einer Hochschule für den öffentlichen Dienst an einer schriftlichen, anonymen Befragung hinsichtlich der vom Inspektoren'-Nach-

343) Siehe auch Kanning, Standards der Personaldiagnostik, S. 230.

344) Bundesagentur für Arbeit, Tierpfleger/in – Zoo.

wuchs zu fordernden Persönlichkeitsmerkmale (mit Bezug zu Management- und Sozialkompetenzen) teil.[345] Die Befragten gaben an, welche Persönlichkeitsmerkmale sie für die erfolgreiche Bewältigung der Studien- und Berufsanforderungen als notwendig erachten und wie die jeweiligen Persönlichkeitsmerkmale ausgeprägt sein sollten. Mit Abbildung 7-3 wird ein Teil der Befragungsergebnisse wiedergegeben.

Abbildung 7-3: ***Auflistung derjenigen Persönlichkeitsmerkmale, welche am stärksten ausgeprägt sein sollten, um Anforderungen im Beruf des Kommunalbeamten' (gehobener Dienst) erfolgreich bewältigen zu können. M ist die Abkürzung für das arithmetische Mittel (bzw. Mittelwert) der Merkmalsausprägungen (Skala: 1 = sehr schwach ausgeprägt bis 9 = sehr stark ausgeprägt).***[346]

Die „Top 5" für Kommunalbeamte					
Ausbildungsleiter' und Lehrende		nur Ausbildungsleiter'		nur Lehrende	
Merkmal	*M*	*Merkmal*	*M*	*Merkmal*	*M*
1. überlegtes Handeln	8,12	1. überlegtes Handeln	8,14	1. überlegtes Handeln	8,03
2. Problemlösungsfähigkeit	7,94	2. Problemlösungsfähigkeit	7,93	1. Sprachgefühl	8,03
3. Sprachgefühl	7,88	3. Leistungsmotiv	7,90	3. Problemlösungsfähigkeit	8,00
4. Leistungsmotiv	7,87	4. Sprachgefühl	7,84	4. Dienstleistungsbereitschaft	7,85
5. Dienstleistungsbereitschaft	7,79	5. Dienstleistungsbereitschaft	7,78	5. Leistungsmotiv	7,76

In den Abbildungen 7-4 und 7-5 sind die Ergebnisse einer repräsentativen Befragung von Kommunalverwaltungen wiedergegeben. Diese wurden befragt, welche Persönlichkeitseigenschaften und Werthaltungen sie von Führungsnachwuchskräften erwarten.

Abbildung 7-4: ***Anforderungen an die Persönlichkeitseigenschaften von Führungsnachwuchskräften in Kommunalverwaltungen. M = Mittelwert, SD = Standardabweichung.***[347]

Dimension	**Ausprägung**							
	1 sehr	2 ziemlich	3 eher	4 eher	5 ziemlich	6 sehr	***M***	***SD***
Extraversion	schweigsam		vs.		gesprächig		4,39	0,69
	zurückhaltend		vs.		kontaktfreudig		4,95	0,75
	einzelgängerisch		vs.		anschlussbedürftig		3,91	0,71
	zurückgezogen		vs.		gesellig		4,14	0,43

345) Gourmelon, Verwaltungsrundschau, S. 293 ff. (292).

346) Aus Gourmelon, Verwaltungsrundschau, S. 294 f. (292).

347) Aus Görtler/Gourmelon, Verwaltung & Management, S. 74 f.

Dimension	Ausprägung 1 sehr	2 ziemlich	3 eher	4 eher	5 ziemlich	6 sehr	M	SD
Verträglichkeit		reizbar	vs.		gutmütig		4,05	0,54
		barsch	vs.		nachsichtig		4,10	0,60
		selbstsüchtig	vs.		selbstlos		4,07	0,67
		streitsüchtig	vs.		friedfertig		4,15	0,77
Gewissen-haftigkeit		unsorgfältig	vs.		gründlich		5,15	0,82
		ungeordnet	vs.		geordnet		5,21	0,71
		ungenau	vs.		übergenau		4,02	0,52
		nachlässig	vs.		gewissenhaft		5,15	0,70
Emotionale Stabilität		verletzlich	vs.		robust		4,86	0,70
		selbstmitleidig	vs.		selbstzufrieden		4,33	0,53
		überempfindlich	vs.		entspannt		4,53	0,66
		labil	vs.		gefühlstabil		5,24	0,82
Offenheit für (neue) Erfahrungen		unkünstlerisch	vs.		künstlerisch		3,33	0,86
		unkreativ	vs.		kreativ		4,73	0,82
		konventionell	vs.		originell		3,84	0,84
		phantasielos	vs.		phantasievoll		4,62	0,68

Abbildung 7-5: Anforderungen an die Werthaltungen von Führungsnachwuchskräften in Kommunalverwaltungen. Ausprägung: 1 = vollkommen unwichtig, 2 = eher unwichtig, 3 = teilweise wichtig, 4 = wichtig, 5 = sehr wichtig; M = Mittelwert, SD = Standardabweichung.[348]

Alle Größenklassen (n = 194)	Ausprägung 1	2	3	4	5	M	SD
Materiell-prestige-führungsorientierte Werthaltungen	4,2%	19,3%	38,9%	30,4%	7,2%	3,17	0,96
Intellektuell-kreativ-autonomieorientierte Werthaltungen	0,4%	1,3%	13,7%	56,2%	28,4%	4,11	0,71
Kontakt- und arbeitsumweltorientierte Werthaltungen	2,2%	12,0%	30,4%	40,7%	14,7%	3,54	0,96
Altruistische Werthaltungen	0,0%	2,8%	24,7%	53,9%	18,6%	3,88	0,73

Bei der ***arbeitsplatzanalytisch-empirischen Methode*** werden standardisierte Verfahren zur Analyse der Anforderungen einer Stelle verwendet. Dabei können voll- und teilstandardisierte Verfahren unterschieden werden.[349] Vollstandardisierte Ver-

348) Aus Görtler/Gourmelon, Verwaltung & Management, S. 75.

349) Reimann, Arbeits- und Anforderungsanalyse, S. 105 (105).

fahren liegen üblicherweise in Form von Fragebogen oder Checklisten vor, mit deren Hilfe der Personalauswählende' systematisch alle Aspekte eines Arbeitsplatzes oder einer Arbeitstätigkeit analysiert.

Bekannte Beispiele solcher Verfahren sind:

- der Fragebogen zur Arbeitsanalyse:[350] mittels 221 Fragen werden folgende Aspekte der Stelle untersucht: Arbeitsausführung, arbeitsrelevante Beziehungen, Informationsaufnahme und -verarbeitung, Umgebungseinflüsse,
- das Tätigkeitsbewertungssystem,[351] das neben Vorgaben zur Analyse und Bewertung von Arbeitstätigkeiten auf Grundlage der Handlungsregulationstheorie auch Empfehlungen zur Gestaltung von Arbeitsplätzen gibt.

Eine Auflistung und Beschreibung weiterer **vollstandardisierter Verfahren** der Anforderungs- und Arbeitsanalyse bietet die Bundesanstalt für Arbeitsschutz und Arbeitsmedizin an (www.baua.de). Einerseits bieten die vollstandardisierten Verfahren durch die systematische, kriteriengeleitete Vorgehensweise die Gewähr dafür, bedeutsame Aspekte von Arbeitsplätzen oder Arbeitstätigkeiten nicht zu übersehen. Andererseits setzt ihre Anwendung eine vertiefte Einarbeitung voraus. Zudem ist der Anwendungsbereich der Verfahren überwiegend auf ausführende Tätigkeiten beschränkt.[352]

Zu den **teilstandardisierten Verfahren** zählt die Methode der kritischen Ereignisse (critical incident technique).[353] Mit dieser Methode wird versucht, Umstände und Verhaltensweisen zu ermitteln, die bei einer Arbeitstätigkeit zu besonders positiven oder negativen Ergebnissen führt.

Beispiel

Üblicherweise werden in Interviews oder Workshops, die auf der Methode der kritischen Ereignisse gründen, folgende Fragen an Experten' aus dem Arbeitsfeld gestellt:[354]

Denken Sie an ein Beispiel für das Arbeitsverhalten eines Mitarbeiters, das besonders effektive oder ineffektive Arbeitsweisen veranschaulicht. Beschreiben Sie die Situation und das Verhalten möglichst konkret. Stellen Sie sich dazu die folgenden Fragen:

1. Was waren die Umstände oder Hintergrundbedingungen, die zu diesem Verhalten geführt haben?
2. Beschreiben Sie das konkrete Verhalten des Mitarbeiters. Was war besonders effektiv oder ineffektiv an diesem Verhalten?
3. Was waren die Konsequenzen dieses Verhaltens?

Für den Personalauswählenden', der die Interviews führt oder den Workshop moderiert, gilt es, möglichst viele kritische Ereignisse zu sammeln und anschließend zu kategorisieren. Der schwierigste Punkt ist dann erfahrungsgemäß, zwischen den Experten' Einigkeit herbeizuführen, wie in einer kritischen Situation vom Stelleninhaber' idealerweise reagiert werden sollte.

Beispiel

Während eines Workshops könnten sich in einem ersten Schritt folgende Ereignisse/Situationen als kritisch bei der Arbeit in einem Bürgerbüro herauskristallisieren: aufbrausend-unbe-

350) Frieling/Hoyos, Fragebogen zur Arbeitsanalyse.

351) Hacker/Fritsche/Iwanowa/Richter, Tätigkeitsbewertungssystem.

352) Kanning, Standards der Personaldiagnostik, S. 231.

353) Flanagan, Psychological Bulletin, S. 327 ff. (327). Siehe auch Kanning, Formalisierte Verfahren, S. 178 f. (177).

354) Zitiert aus Schuler, Psychologische Personalauswahl, S. 69.

herrschte Kunden'; Kunden', die wenig oder kein Deutsch verstehen; großer Kundenandrang; Kunden', die während des Beratungsgesprächs anfangen zu weinen und zu wehklagen; Computerausfall.

In einem zweiten Schritt ist dann festzustellen, welche Verhaltensweisen sich bei einem aufbrausend-unbeherrschten Kunden' als erfolgreich (z. B. ruhig und sachlich bleiben) und welche sich als nicht erfolgreich (z. B. auffällig langsam arbeiten) erwiesen haben. Die mittels der Methode der kritischen Ereignisse erlangten Ergebnisse können nicht nur Eingang in das Anforderungsprofil finden, sondern auch als Ausgangspunkt für die Gestaltung von situativen Verfahren (siehe Kapitel 10.7) und situativen Fragen (siehe Kapitel 10.8.2) dienen.

Bei der ***personbezogen-empirischen Methode*** wird die Ausprägung von Personenmerkmalen aktueller Stelleninhaber' sowie deren Berufsleistung und evtl. -zufriedenheit erhoben. Anschließend werden mit statistisch-mathematischen Verfahren die bedeutsamen Anforderungen der Stellen oder des Berufes ermittelt.

Das grundsätzliche Vorgehen soll an einem hypothetischen Beispiel erläutert werden: In einer Großstadt wurden im Jahr 2020 100 Inspektor-Anwärter' ausgewählt. Anschließend haben die Inspektor-Anwärter' alle das gleiche Studium absolviert und ihren Berufsweg im Jobcenter fortgesetzt. Aus dem Auswahlverfahren liegen im Jahr 2030 noch folgende Daten eines jeden Inspektor-Anwärters' vor:

- Ergebnis im Intelligenztest,
- Abitur-Note,
- Ergebnis im Rechtschreibtest,
- Einschätzung der Leistungsmotivation durch die Auswahlkommission.

Im Jahr 2030 erfolgt eine Einschätzung der beruflichen Leistung der ehemaligen Inspektor-Anwärter'. Hierzu werden verschiedene Indikatoren, wie z. B. Besoldungsgruppe, Ergebnis dienstlicher Beurteilungen, herangezogen und zu einem Summenmaß verdichtet. Die Gruppe der Beamten' wird dann in eine Teilgruppe „hoch erfolgreiche Kommunalbeamte'" und eine Teilgruppe „wenig erfolgreiche Kommunalbeamte'" aufgeteilt. Anschließend werden die Ausprägungen der Personen-Merkmale der beiden Teilgruppen verglichen (siehe Abbildung 7-6).

Abbildung 7-6: Hypothetisches Beispiel für Unterschiede in der Ausprägung von Personenmerkmalen zweier Teilgruppen von Kommunalbeamten.

Personenmerkmal (Ausprägung im Jahr 2020)	Teilgruppe „hoch erfolgreiche Kommunalbeamte'"	Teilgruppe „wenig erfolgreiche Kommunalbeamte'"
Intelligenz	115	100
Abitur-Note	2,4	2,4
Rechtschreibkenntnisse	90 %	92 %
Leistungsmotivation	80 %	60 %

Es wird deutlich, dass die Gruppe der hoch erfolgreichen Kommunalbeamten' im Jahr 2020 einen deutlich höheren Intelligenz-Quotienten und eine höhere Leistungsmotivation aufwiesen. Im Bereich der Rechtschreibkenntnisse zeigt sich zwar ein kleiner Unterschied, dieser ist aber wohl – und das könnte mit einem statistischen Verfahren geprüft werden – nur zufällig bedingt. Beide Gruppen haben im Schnitt dieselbe Abitur-Note. Welche Folgerungen für die Formulierung des Anforderungsprofils könnten nun aus diesen hypothetischen Daten gezogen werden?

- Die Intelligenz stellt eine bedeutsame Anforderung für den Beruf des Kommunalbeamten' dar. Je höher die Intelligenz ausgeprägt ist, desto erfolgreicher wird der Stelleninhaber' sein.
- Entsprechendes gilt auch für die Leistungsmotivation.
- Die Höhe der Abitur-Note spielt für den Berufserfolg der Kommunalbeamten' keine Rolle.
- Das Ausmaß der Rechtschreibkenntnisse ist für den Berufserfolg nicht bedeutsam – allerdings trifft diese Aussage nur für ein relativ hohes Niveau der Rechtschreibkenntnisse zu; es ist eine Mindestschwelle für Rechtschreibkenntnisse zu vermuten (hier müsste eine genauere statistische Datenanalyse ansetzen).

Vorteil der personbezogen-empirischen Methode ist, dass deren Ergebnisse nicht auf (subjektiven) Einschätzungen von Experten', sondern auf Fakten beruhen. Allerdings ist diese Methode mit einigen Schwierigkeiten in der Durchführung verbunden:

- So ist die Bestimmung des beruflichen Erfolges im öffentlichen Sektor unzuverlässig. Beispielsweise kann die Besoldungsgruppe eines Stelleninhabers' auch deswegen niedrig sein, weil eine Beförderungssperre ausgesprochen wurde. Bekanntermaßen sind die Ergebnisse dienstlicher Beurteilungen nicht nur von der Leistung des Beurteilten', sondern z. B. auch von mikropolitischen Erwägungen des Beurteilers' abhängig.
- Idealerweise sollten Daten zu Personenmerkmalen der Stelleninhaber' zum Zeitpunkt der Einstellung vorliegen. Später erhobene Daten können durch Merkmale der ausgeführten Tätigkeiten beeinflusst sein. Beispielsweise könnte sich eine jahrelange Tätigkeit in einer Führungsstelle positiver auf die Ausprägung der Leistungsmotivation auswirken als eine ausführende Tätigkeit.
- Es ist zu klären, wie mit den Daten ausgeschiedener Mitarbeiter' umgegangen wird. Einerseits kann das Verlassen einer Organisation als Indiz für Erfolg angesehen werden: z. B. wenn der ehemalige Mitarbeiter' eine anspruchsvollere Stelle in einer anderen Kommune einnimmt. Andererseits kann das Verlassen aber auch als Indiz für Misserfolg interpretiert werden – z. B. wenn ein Inspektor-Anwärter' das Studium nicht besteht.
- Hinterfragt werden muss, ob bei der Erhebung von Personenmerkmalen der Stelleninhaber' stets alle bedeutsamen Merkmale erfasst werden. Im obigen Beispiel wäre es möglich, dass auch das Merkmal „Durchsetzungsvermögen" für den beruflichen Erfolg bedeutsam ist. Dieses wurde jedoch im Auswahlverfahren nicht erhoben.
- Die Methode kann nur zu aussagekräftigen Ergebnissen führen, sofern Daten einer genügend großen Anzahl von Stelleninhabern' vorliegen.
- Die Methode führt prinzipiell zu einer Unterschätzung der Bedeutsamkeit von Merkmalen, da stets nur die Daten einer ausgelesenen Bewerber'stichprobe verwendet werden können. Im obigen Beispiel wird es wohl keinen Inspektor-Anwärter' mit extrem niedrigen Rechtschreibkenntnissen geben – dieser wäre gar nicht erst eingestellt worden. Wenn solche Bewerbende trotzdem eingestellt worden wären, hätten sich auch statistisch bedeutsame Unterschiede in der Ausprägung der Rechtschreibkenntnisse beider Teilgruppen zeigen können.

- In die statistische Erhebung und Auswertung sind keine Merkmale einzubeziehen, die durch das AGG geschützt sind. Es ist beispielsweise vorstellbar, dass die Geschlechter einen unterschiedlichen beruflichen Erfolg aufweisen. Dieser Unterschied im beruflichen Erfolg kann jedoch durch die Benachteiligung eines Geschlechts bedingt sein.
- Zudem müssen die Stellen hinsichtlich der Aufgaben relativ gleichartig sein. Ansonsten ist es möglich, dass der berufliche Erfolg durch die Unterschiedlichkeit der zu bewältigenden Aufgaben und den unterschiedlichen Ausführungsbedingungen maßgeblich bestimmt wird.
- Der Personalauswählende' muss über gute Statistik-Kenntnisse verfügen oder Externe mit der Durchführung dieser Methode beauftragen.

Im Rahmen der personbezogenen-empirischen Methode sind für die Praxis Erkenntnisse personalpsychologischer Studien zum Zusammenhang von Personenmerkmalen und beruflichem Erfolg und Zufriedenheit bedeutsam. Derartige Studien liegen für eine Vielzahl von Personenmerkmalen vor (siehe hierzu auch Kapitel 7.8). Eine hohe Aussagekraft und Nützlichkeit haben insbesondere Erkenntnisse aus **Meta-Analysen**. Mit diesen Analysen werden die Erkenntnisse aus einer Vielzahl einzelner empirischer Studien auf mathematisch-statistischem Weg zusammengefasst.

Grundsätzlich bleibt bei der personbezogen-empirischen Methode ungelöst, dass mit ihr keine Aussagen über zukünftige Anforderungen getroffen werden können. Damit bleibt ihr Anwendungsbereich auf Berufe oder Stellen beschränkt, bei denen eine hohe Stabilität der Aufgaben und der Aufgabendurchführungsbedingungen vermutet werden kann.

7.7.3 Dokumentation der Anforderungsanalyse

Die Anforderungsanalyse sollte dokumentiert werden. Inhalte der Dokumentation sind sinnvollerweise:[355]

- Ergebnisse der Anforderungsanalyse,
- bei der Anforderungsanalyse berücksichtigte Anforderungsquellen,
- angewandte Methoden der Anforderungsanalyse,
- Durchführende der Anforderungsanalyse, Qualifikationen dieser Personen.

Die Dokumentation der Anforderungsanalyse kann beispielsweise für Dienstherrn hilfreich sein, um im Streitfall nachzuweisen, dass im Auswahlverfahren kein Verstoß gegen die Bestimmungen zum Schutz vor Benachteiligungen vorgelegen hat (siehe § 22 AGG).

7.7.4 Kompetenzmodelle[356]

In den letzten Jahren wurde im Personalmanagement vermehrt das Konzept „Kompetenzmodell" diskutiert und verwendet. Was verbirgt sich dahinter und in welchem Zusammenhang stehen Kompetenzmodelle und Anforderungsprofile?

Der Begriff „Kompetenz" wird sowohl in der Wissenschaft als auch in der Praxis unterschiedlich verwendet. In der Wissenschaft verwenden zumindest die Diszipli-

355) Siehe z. B. Kersting, DIN-Screen, S. 212 (148); Reimann, Moderne Eignungsbeurteilung, Anhang B, S. 9.

356) Nach Gourmelon, Kompetenzmodell oder Anforderungsprofil?

nen Psychologie, Pädagogik und Organisationslehre diesen Begriff. In der Organisationslehre werden Kompetenzen als die auf einen Stelleninhaber' übertragenen formalen Befugnisse und Berechtigungen aufgefasst, also als Merkmale einer Stelle.[357] Angemessene Kompetenzen sind Voraussetzung dafür, dass Stelleninhaber' ihre Aufgaben ordnungsgemäß erledigen können. Beispiele für organisatorische Kompetenzen sind: Ausführungskompetenz, Entscheidungskompetenz, Weisungs- und Kontrollkompetenz.

In der Personalpsychologie und im Personalmanagement werden Kompetenzen als Merkmale einer Person aufgefasst. Kanning z. B. versteht unter Kompetenzen „... Wissen, Fähigkeiten und Fertigkeiten eines Menschen", die eine „ ... zentrale Basis des beruflichen Verhaltens sowie der daraus resultierenden Leistung" bilden.[358] Krumm und Mertin verstehen „... Kompetenzen als ein Set von Fähigkeiten, Fertigkeiten und anderen Merkmalen, das ursächlich dazu beiträgt, dass eine Person in der Lage ist, komplexe Situationen (im Beruf) effektiv zu bewältigen".[359] Eine Kompetenz setzt sich nach einer Arbeitsgruppe des Arbeitskreises Assessment Center e. V. aus den Personenmerkmalen kognitive Fähigkeiten, Persönlichkeitseigenschaften, Wissen, Fertigkeiten, Erfahrungen, Motivation und Einstellungen zusammen.[360] Kompetenzen ermöglichen es, Problemstellungen in „... unterschiedlichen Situationen erfolgreich zu bewältigen".[361] Kompetenzen seien nicht direkt beobachtbar und manifestierten sich im Verhalten. Teilweise seien Kompetenzen trainierbar.

Unter Berücksichtigung dieser Auffassungen wird der Begriff **„Kompetenz"** für den Bereich Personalmanagement wie folgt definiert:

Eine Kompetenz ist ein Bündel von Personenmerkmalen, die es einer Person ermöglichen, berufliche Aufgaben erfolgreich zu erledigen.

Einzelne Personenmerkmale können hierbei sein: Qualifikationen, Kenntnisse und Fertigkeiten, körperliche Fähigkeiten, geistige Fähigkeiten, Persönlichkeitsmerkmale, Werthaltungen, Interessen, Einstellungen (siehe hierzu Kapitel 7.2).

Beispiel

Von einer Amtsleitung wird „Präsentationskompetenz" gefordert, damit sie Konzepte, Planungen, Berichte ihrer Organisationseinheit in Ratsausschüssen überzeugend darlegen kann. Die Präsentationskompetenz setzt sich aus den Personenmerkmalen „Powerpoint-Kenntnisse", „rhetorische Fertigkeiten", Mindestmaß an „emotionaler Stabilität" und „Extraversion", „Intelligenz" zusammen.

Ein Kompetenzmodell beinhaltet nun mehrere Kompetenzen, die als wichtig erachtet werden, um in allen Bereichen einer Organisation oder einer Organisationseinheit erfolgreich handeln zu können.[362] Die im Kompetenzmodell enthaltenen Kompetenzen werden aus der Strategie der Organisation abgeleitet, sie beziehen sich zumeist auf zukünftige Anforderungen.[363] Kompetenzmodelle ermöglichen die

357) Gourmelon/Seidel/Mroß, Management im öffentlichen Sektor, 4. Aufl., S. 129.

358) Kanning, Standards der Personaldiagnostik, 2. Aufl., S. 48.

359) Krumm/Mertin, Kompetenzmodelle, S. 491.

360) Zitiert nach Höft/Goerke, Wirtschaftspsychologie, S. 8 ff.

361) Zitiert nach Höft/Goerke, Wirtschaftspsychologie, S. 9

362) Krumm/Mertin, Kompetenzmodelle, S. 492

363) Krumm/Mertin, Kompetenzmodelle, S. 492; Sonntag, Anforderungsanalyse und Kompetenzmodellierung, S. 299; Höft/Goerke, Wirtschaftspsychologie, S. 9.

Ausrichtung der Instrumente des Personalmanagements auf die Organisationsziele;[364] zudem können die Handlungsfelder des Personalmanagements, wie z. B. Personalmarketing, -auswahl, -entwicklung und -beurteilung miteinander verzahnt werden. Oftmals werden Kompetenzmodelle im Rahmen von Workshops mit der Top-Managementebene erarbeitet.

Was sind die Unterschiede und Gemeinsamkeiten von Anforderungsprofilen und Kompetenzmodellen? Kompetenzmodelle zeichnen sich durch ihre Strategiefundierung, die starke Berücksichtigung zukünftiger Anforderungen und den Bezug auf alle Beschäftigten, Anforderungsprofile hingegen durch ihre Fundierung auf etablierten Methoden, die vorrangige Berücksichtigung aktueller Anforderungen sowie den Bezug auf einzelne Stellen/Gruppen gleichartiger Stellen aus. Kompetenzmodelle sollen der Ausgangspunkt für verschiedene Instrumente des Personalmanagements sein, Anforderungsprofile werden vor allem für Auswahlverfahren erstellt. Kompetenzprofile beziehen sich auf alle Beschäftigten einer Organisation, Anforderungsprofile auf einzelne Stellen. Überschneidungen der Konzepte ergeben sich dort, wo z. B. in einem Auswahlverfahren stellenübergreifende Anforderungen für die Personalauswahl ermittelt werden sollen (z. B. Werthaltungen bei Polizeibeamten' aller Laufbahnen). Dieses allgemeine Anforderungsprofil (Abbildung 7-7) kann sich aus den aktuellen Gegebenheiten aber auch aus den zukünftigen Zielen/der Strategie ergeben und das besondere Anforderungsprofil einzelner Stellen ergänzen.

Abbildung 7-7: Überschneidungen von Kompetenzmodell und Anforderungsprofil (allg. AP: allgemeines Anforderungsprofil, bes. AP: besonderes Anforderungsprofil).

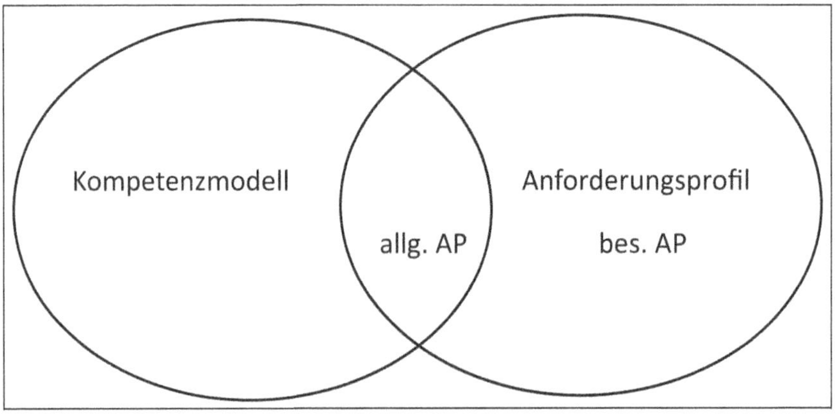

Beide Konzepte können sich ergänzen: Aus dem Kompetenzprofil können einerseits für das Anforderungsprofil Anforderungen abgeleitet werden, die zukünftig an Bedeutung gewinnen und schon jetzt in der Personalauswahl zu berücksichtigen sind. Die Reflexion von bereits in der Organisation vorhandenen Anforderungsprofilen hilft, bei der Entwicklung eines Kompetenzprofils die aktuelle Realität der Arbeitswirklichkeit nicht zu vernachlässigen.

364) Busch/Jacob, Wissensmanagement, S. 46.

7.8 Personenmerkmale mit herausragender Bedeutung für den öffentlichen Sektor

Die Anforderungen des öffentlichen Dienstes ermöglichen es, eine Reihe von Personenmerkmalen abzuleiten, die für eine Vielzahl von Tätigkeiten bedeutsam sind und deshalb häufig in Stellenbesetzungsverfahren zu berücksichtigen sind. Im Folgenden sollen diese Personenmerkmale erläutert werden. Selbstverständlich werden diese Personenmerkmale nur einen Teil der Merkmale in einem Anforderungsprofil darstellen; sie sind durch weitere – sich aus der Anforderungsanalyse ergebende – Merkmale zu ergänzen.

7.8.1 Intelligenz

Nahezu alle Tätigkeiten in der öffentlichen Verwaltung erfordern von den Stelleninhabern' die Aufnahme, Verarbeitung und Darstellung von Informationen.[365] Dabei müssen häufig abstrakte Regeln (z. B. Gesetze, Verordnungen) auf konkrete Einzelfälle angewandt und rational nachvollziehbare Entscheidungen getroffen werden. So muss ein Mitarbeiter' bei der Überwachung des ruhenden Verkehrs entscheiden, ob ein Kraftfahrzeug unzulässig parkt oder nicht. Weiterhin muss er sich überlegen, welche Maßnahmen erforderlich und angemessen sind („Knöllchen", Veranlassung des Abschleppens des Fahrzeugs, ...), der Sachverhalt ist zu dokumentieren und die Maßnahmen sind zu kommunizieren. Beschäftigte der öffentlichen Verwaltung müssen bei ihren Entscheidungen und Handlungen mehrere – sich nicht selten einander widersprechende – Ziele verwirklichen. Im Einzelfall sind dazu aufwendige Abwägungsprozesse erforderlich: So erwartet z. B. ein Arbeitgeber' von einem Arbeitsvermittler', dass er ihm gut qualifizierte und motivierte Bewerber' vermittelt. Zugleich soll sich der Arbeitsvermittler' aber auch um schwierige Fälle, z. B. schlecht qualifizierte Personen, besonders kümmern und auch diese vermitteln. Weiterhin erwartet der Dienstherr von seinen Beschäftigten ein hohes Maß an beruflicher Flexibilität: heute Sachbearbeiterin in der Kämmerei, morgen Teamleiterin im Einwohnermeldeamt und demnächst Amtsleiterin des Ausländeramtes. Im Gegensatz zur Privatwirtschaft, in der Fachkarrieren (z. B. im Controlling, im Marketing, im Personalmanagement) häufig zu beobachten sind, ist im öffentlichen Sektor ein beruflicher Aufstieg ohne Wechsel des Aufgabengebietes kaum möglich. Mit jedem Karriereschritt haben sich Bedienstete regelmäßig neues Fachwissen schnell anzueignen.

Des Weiteren ändern sich im öffentlichen Dienst die Aufgaben und Ausführungsbedingungen in immer schnellerer Folge. Die Ursachen für die zunehmende Dynamik der organisatorischen Umwelt des öffentlichen Sektors sind vielfältig:

- intensive Aktivitäten der Legislative (z. B. im Bereich der Sozialgesetzgebung, im Asylrecht), Gesetzgebung der Europäischen Union,
- Aufkommen und Anwendung neuer Technologien (z. B. Digitalisierung),
- krisenhafte Entwicklungen, wie z. B. Finanzkrise, Migrationskrise, Covid-Pandemie, Klimawandel,
- Finanz- und Personalnöte des öffentlichen Sektors.

365) Siehe Gourmelon, Verwaltung & Management, S. 328 f.

Die sich schnell ändernden Aufgaben und Ausführungsbedingungen erfordern von den Mitarbeitern' in hohem Maß, bewusst neue Forderungen wahrzunehmen und sich darauf einzustellen sowie über eine ausgeprägte **Flexibilität** bzw. Anpassungsfähigkeit an neue Aufgaben und Bedingungen des Berufslebens zu verfügen, zudem ist eine ausgeprägte **Lernfähigkeit** vonnöten.

Übersetzt man diese aus den oben beschriebenen Tätigkeiten und Anforderungen resultierenden Personenmerkmale in die Fachsprache der Psychologie, wird deutlich, dass bei vielen Bediensteten ein nicht unbeträchtliches Ausmaß an Intelligenz (bzw. **kognitive Leistungsfähigkeit**) eine notwendige Voraussetzung zur erfolgreichen Aufgabenbewältigung ist.

Den Grundstein für eine moderne Auffassung der Intelligenz legte Spearman[366] im Jahre 1904. Er beobachtete, dass Versuchspersonen, die in einem Test zur Überprüfung mentaler Fähigkeiten gut abschnitten, in der Regel auch in vielen anderen Tests erfolgreich waren und umgekehrt. Hieraus folgerte Spearman, dass es so etwas wie eine allgemeine Intelligenz gebe, die für alle geistigen Leistungen bedeutsam sei und das intellektuelle Niveau bestimme. Diese allgemeine Intelligenz ist nicht mit dem im Laufe des Lebens gelernten Wissen gleichzusetzen, vielmehr wird Intelligenz als Voraussetzung für die Aneignung von Wissen angesehen. Besonders bedeutsam ist die allgemeine Intelligenz für jene geistigen Tätigkeiten, die uns üblicherweise anstrengen und uns dabei „Kopfschmerzen" bereiten, wie z. B. logisches Denken, Problemlösen und schnelles Lernen.[367] Die Auffassung einer allgemeinen Intelligenz fortführend definierte der deutsche Psychologe Stern bereits im Jahr 1912 Intelligenz als „… allgemeine Fähigkeit eines Individuums, sein Denken bewusst auf neue Forderungen einzustellen; sie ist allgemeine Anpassungsfähigkeit an neue Aufgaben und Bedingungen des Lebens". [368] In einer neueren Definition wird Intelligenz als die Qualität und Geschwindigkeit der Lösung neuartiger, nicht routinebestimmter Aufgaben aufgefasst.[369]

Im weiteren Verlauf der Forschung[370] nach 1904 konnten spezielle Komponenten und Faktoren der Intelligenz entdeckt werden, wie z. B. das räumliche Vorstellungsvermögen, sprachliche Fähigkeiten, mathematisch-rechnerisches Schlussfolgern, logisches Denken. Die Intelligenz erweist sich im Laufe des Lebens als sehr stabiles Persönlichkeitsmerkmal. Ein Jugendlicher', der innerhalb einer Vergleichsgruppe bezüglich der Intelligenz eine Spitzenposition einnimmt, wird mit großer Wahrscheinlichkeit auch Jahrzehnte später diese Spitzenposition einnehmen.[371] Während früher angenommen wurde, dass das absolute Intelligenz-Niveau bis etwa zum 25. Lebensjahr ansteigen und danach langsam abnehmen würde, zeichnen neuere Studien ein differenziertes Bild.[372] So gibt es Intelligenz-Komponenten, wie z. B. das schlussfolgernde Denken, das räumliche Vorstellungsvermögen, sprachliche Fähigkeiten, die sich bis in das sechste Lebensjahrzehnt hinein verbessern können. Andere Fähigkeiten, wie z. B. die Wahrnehmungsgeschwindigkeit, lassen tatsäch-

366) Spearman, American Journal of Psychology, 201 ff.

367) Gottfredson, Spektrum der Wissenschaft, S. 25 f.

368) Stern, Die psychologischen Methoden zur Intelligenzprüfung, S. 3.

369) Schuler/Höft/Hell, Eigenschaftsorientierte Verfahren der Personalauswahl, S. 156.

370) Rost, Intelligenz, S. 30 ff.

371) Rost, Intelligenz, S. 265.

372) Schaie, American Psychologist, S. 304 ff.

lich ab dem 25. Lebensjahr nach. Beachtet werden muss jedoch, dass diese Entwicklung die statistisch durchschnittliche Entwicklung darstellt. Bei einzelnen Individuen kann es zu großen Abweichungen von dieser durchschnittlichen Entwicklung kommen, je nachdem wie ihre Intelligenz gefordert und gefördert wird.

Menschen unterscheiden sich hinsichtlich der Intelligenz in starkem Maße voneinander. Positive Effekte auf die Intelligenz haben ein langjähriger und anspruchsvoller Schulunterricht, eine kulturell vielfältige und stimulierende Umwelt und berufliche Tätigkeiten, die ständig hohe Anforderungen an das Denkvermögen stellen.[373] Umwelteinflüsse finden beispielsweise während der Entwicklung des Embryos oder des Fötus im Mutterleib (z. B. fetales Alkoholsyndrom – u. a. Beeinträchtigungen der Intelligenz durch Alkoholkonsum der Mutter während der Schwangerschaft), während der frühkindlichen Entwicklung (beispielsweise hat das Stillen des Säuglings einen positiven Einfluss auf die Intelligenz[374]) oder während der Schulzeit (ein Jahr zusätzlicher Schulbildung erhöht die Intelligenz um durchschnittlich ein bis fünf IQ-Punkte[375]) statt. Neben der Umwelt wird die Intelligenz auch durch das Erbgut der jeweiligen Person beeinflusst. Dies konnte durch sog. Zwillingsstudien überprüft werden, bei denen die Übereinstimmung der Intelligenz von getrennt aufgewachsenen, eineiigen Zwillingen (deren Erbgut ist identisch) geprüft wurde.[376] „Sitz" der Intelligenz scheinen frontale und parietale Hirnregionen zu sein.[377]

Der wesentliche Grund für die Berücksichtigung der Intelligenz im Rahmen der Eignungsdiagnostik und der Verwendung von Intelligenztests in Auswahlverfahren ist die Erkenntnis, dass die Intelligenz in einem nicht unbeträchtlichen Ausmaß die Arbeitsleistungen und den Berufserfolg determiniert, insbesondere bei geistig anspruchsvollen Tätigkeiten. Für Deutschland kann von einer prognostischen Validität der Intelligenztests in Höhe von $r = 0{,}5$ bis zu $r = 0{,}62$ für Arbeitsleistungen ausgegangen werden.[378] Dieser Zusammenhang zwischen Intelligenz und beruflicher Leistung zeigt sich in vergleichbarer Höhe sowohl in den USA und in den EU-Staaten als auch in Deutschland.[379] Je komplexer die berufliche Tätigkeit ist, desto höher ist dieser Zusammenhang. In akademischen Berufen und Führungspositionen können bis zu 40 Prozent der Leistungsunterschiede durch die unterschiedliche Ausprägung der Intelligenz der Beschäftigten erklärt werden.

Die Intelligenz wirkt sich dabei nur in geringem Maße direkt auf die berufliche Leistung aus. Vielmehr bewirkt eine hohe Intelligenz, dass sich ein intelligenter Beschäftigter' – ceteris paribus – die zur Aufgabenerledigung erforderlichen Kenntnisse und Fertigkeiten schneller und gründlicher aneignen kann als ein weniger intelligenter. Erst die tätigkeitsbezogenen Kenntnisse haben dann einen großen Einfluss auf die beruflichen Leistungen (Abbildung 7-8).[380]

373) Neisser, American Psychologist, 77–101.

374) Horta/Loret de Mola/Victora, Acta Paediatrica, S. 14.

375) Ritchie/Tucker-Drob, Psychological Science, S. 1358.

376) Rost, Intelligenz, S. 230 ff.; Savage/Jansen/et al., Nature Genetics, S. 912.

377) Basten/Hilger/Fiebach, Intelligence, S. 10.

378) Kramer, Psychologische Rundschau, S. 90; Schuler, Psychologische Personalauswahl, S. 341 f.

379) Hülsheger/Maier/Stumpp, International Journal of Selection and Assessment, S. 10.; Salgado/Anderson/Moscoso/Bertua/De Fruyt/Rolland, Journal of Applied Psychology, S. 1068 ff.

380) Schmidt, American Psychologist, S. 1179.

Abbildung 7-8: Direkter (schwacher) und indirekter (starker) Einfluss der Intelligenz auf die berufliche Leistung.

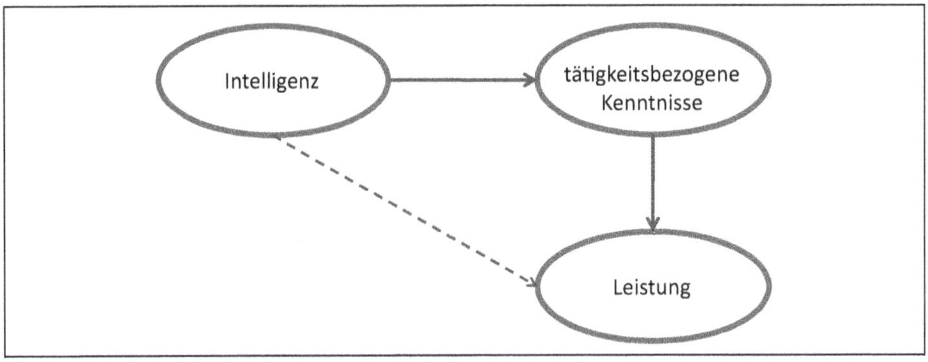

Angesichts des nachgewiesenen Leistungseinflusses der kognitiven Leistungsfähigkeit und der in der Regel hohen kognitiven Anforderungen bei allen qualifizierten Tätigkeiten im öffentlichen Dienst ist das Personenmerkmal Intelligenz im Rahmen der externen und internen Personalauswahl zu prüfen. Ausnahmen erscheinen nur zulässig, sofern

- die Beschäftigung im öffentlichen Dienst zeitlich befristet erfolgen soll und die Bewerber' bereits über die erforderlichen tätigkeitsbezogenen Kenntnisse verfügen,
- die zu besetzende Stellen für die Bewerber' nicht mit neuen Tätigkeiten oder Aufgaben verbunden sind.

Die Intelligenz von Bewerbern' kann in der Regel nur mit einem **Intelligenztest** zuverlässig bestimmt werden.

7.8.2 Big-Five-Persönlichkeitsmerkmale

Mit dem Big-Five-Modell werden fünf grundlegende, psychologische Persönlichkeitsmerkmale beschrieben:

- Neurotizismus,
- Extraversion,
- Offenheit für neue Erfahrungen,
- Verträglichkeit,
- Gewissenhaftigkeit.

Personen mit einer hohen Ausprägung in **Neurotizismus** erleben schnell und häufig negative Gefühlszustände, sie sind oftmals erschüttert, betroffen, nervös, ängstlich. Sie sind weniger in der Lage, ihre Bedürfnisse zu kontrollieren. Emotional stabile Personen (niedrige Ausprägung bei Neurotizismus) bezeichnen sich als ruhig, ausgeglichen und sorgenfrei. Sie geraten auch in Stresssituationen nicht schnell aus der Fassung.

Extravertierte Menschen bezeichnen sich als gesellig, selbstsicher, aktiv, gesprächig, energisch, heiter und optimistisch. Sie fühlen sich in Gesellschaft anderer Menschen schnell wohl und lieben Aufregungen. Introvertierte beschreiben sich als eher zurückhaltend, still, sie sind lieber alleine.

Der Faktor **Offenheit für neue Erfahrungen** umschreibt Personen, die vielfältig interessiert und wissbegierig sind, bestehende Normen kritisch hinterfragen und eher bereit sind, sich auf neuartige Wertvorstellungen einzulassen. Sie erproben neue Handlungsweisen und bevorzugen Abwechslung. Personen mit geringer Offenheit für neue Erfahrungen ziehen das Bewährte dem Neuen vor und neigen zu konventionellem Verhalten und konservativen Einstellungen.

Hoch **verträgliche Menschen** kennzeichnet ihr Altruismus, ihr Verständnis, Wohlwollen und Mitgefühl gegenüber den Mitmenschen, sie neigen zur Nachgiebigkeit und haben ein starkes Harmoniebedürfnis. Niedrig verträgliche Personen beschreiben sich als egozentrisch und misstrauisch gegenüber den Absichten anderer Menschen.

Gewissenhaftigkeit äußert sich im beruflichen Kontext in einem zielstrebigen, ehrgeizigen, fleißigen, systematischen, zuverlässigen, pünktlichen und ordentlichen Arbeitsverhalten.[381]

Diese Persönlichkeitsmerkmale zeichnen sich dadurch aus, dass sie über die Lebenszeit hinweg weitgehend stabil, unabhängig voneinander und auch in verschiedenen Kulturen feststellbar sind. Es gibt eine Reihe von Studien, die sich mit dem Zusammenhang dieser Persönlichkeitsmerkmale auf die berufliche Leistung befasst haben.[382] Gewissenhaftigkeit ist in allen Berufen und Tätigkeiten von Bedeutung, etwa sechs bis zehn Prozent der Leistungsunterschiede können mit diesem Persönlichkeitsmerkmal erklärt werden. Eine niedrige Ausprägung von Neurotizismus, also eine gewisse emotionale Stabilität, ist bei Berufen und Tätigkeiten erforderlich, die konfliktbehaftete Kontakte mit Bürgern' oder Kunden' beinhalten, z. B. bei der Polizei, im Jobcenter oder im Ausländeramt. Extravertierte Menschen erbringen tendenziell bessere Leistungen bei anleitenden, koordinierenden, beratenden oder Lehrtätigkeiten, introvertierte Mitarbeiter' sind eher in der Lage, in Einzelarbeit Pläne zu erarbeiten, Berichte zu verfassen oder Bescheide zu erstellen. Eine hohe Offenheit für neue Erfahrungen ist in vielen Bereichen des öffentlichen Sektors, in denen Regelkonformität ein wesentliches Merkmal ist, eher kontraproduktiv. Das Persönlichkeitsmerkmal Verträglichkeit ist vor allem in Bezug auf die Passung von Einzelpersonen in Arbeitsgruppen bzw. Teams von Bedeutung. Grundsätzlich werden Bewerber' mit extremen Ausprägungen in diesen fünf Persönlichkeitsmerkmalen eine geringe Eignung für Tätigkeiten im öffentlichen Dienst haben. Beispielsweise wird sich ein Mehr an Gewissenhaftigkeit über weite Bereiche der Gewissenhaftigkeitsskala positiv auf die Arbeitsleistung auswirken, da die betreffenden Personen sorgfältiger, planvoller und ausdauernder arbeiten. Ab einem gewissen Punkt auf der Gewissenhaftigkeitsskala wird sich jedoch die dann sehr hohe Gewissenhaftigkeit im Arbeitskontext in rigidem und perfektionistischem Handeln manifestieren, die die Arbeitsleistung und damit die Eignung beeinträchtigt.

Zur Erfassung der Big-Five-Persönlichkeitsmerkmale sind spezielle psychologische Fragebogen zu empfehlen.

7.8.3 Leistungsmotivation

Fließbandarbeiter' unterliegen in ihrer Tätigkeit einem hohen Handlungszwang. Jeweils nach wenigen Sekunden ist ein neues Werkstück zu bearbeiten; wann was

381) Borkenau/Ostendorf, NEO-Fünf-Faktoren-Inventar, S. 27 f.

382) Barrick/Mount/Judge, International Journal of Selection and Assessment, S. 9 ff.

wie schnell zu verrichten ist, obliegt nicht der Entscheidung der Fließbandarbeiter'. Der Arbeitstakt und Kontrollen durch Vorgesetzte bestimmen das Leistungsverhalten in höchstem Maße. Viele qualifizierte Tätigkeiten im öffentlichen Dienst zeichnen sich im Gegensatz dazu dadurch aus, dass diese nur mit einem geringen äußeren Handlungszwang verbunden sind. Falls ein Sachbearbeiter sich entschließt, erst mal aus dem Fenster zu schauen und einen Bauantrag eine Viertelstunde später zu bearbeiten, oder eine Lehrerin den Nachmittag mit der Lektüre einer Zeitschrift verbringt, statt am Schreibtisch neue Unterrichtsmaterialien zu erstellen, wird dies vermutlich – im Gegensatz zum Fließbandarbeiter – von niemanden bemerkt und hat keine unmittelbaren Folgen für den Beschäftigten. Das Leistungsverhalten wird bei vielen Tätigkeiten im öffentlichen Sektor kaum durch äußere Zwänge, sondern im Wesentlichen durch die Motivation der Beschäftigten bestimmt. Aus dieser Anforderung lässt sich ableiten, dass Beschäftigte fleißig, tüchtig, strebsam sein sollten. Es soll den Mitarbeitern' darum gehen, Herausforderungen um ihrer selbst willen zu suchen und sich auch dann für die Ziele des Dienstherrn einzusetzen, wenn es keine direkte Anerkennung dafür gibt. Sie sollten hohe Güte- und Leistungsmaßstäbe haben und über einen hohen inneren Antrieb verfügen, eigeninitiativ sein.

Diese Merkmale lassen sich mit dem Begriff Leistungsmotivation zusammenfassen. Nach Schmalt offenbart sich dieses Persönlichkeitsmerkmal, „... in dem Bestreben, die eigene Tüchtigkeit zu steigern oder möglichst hoch zu halten".[383] Schuler und Prochaska fassen Leistungsmotivation als globale Verhaltensorientierung auf, an der vielfältige Aspekte der Persönlichkeit beteiligt sind. In ihrem Zwiebelmodell der Leistungsmotivation werden eine Reihe von Persönlichkeitsmerkmalen aufgelistet, die in unterschiedlicher Weise – als Hintergrundmerkmale, als Rand- oder Kernfacetten – zu einer Ausrichtung der Gesamtperson auf die Leistungsthematik beitragen (siehe Abbildung 7-9).

Abbildung 7-9: Zwiebelmodell der Leistungsmotivation.[384]

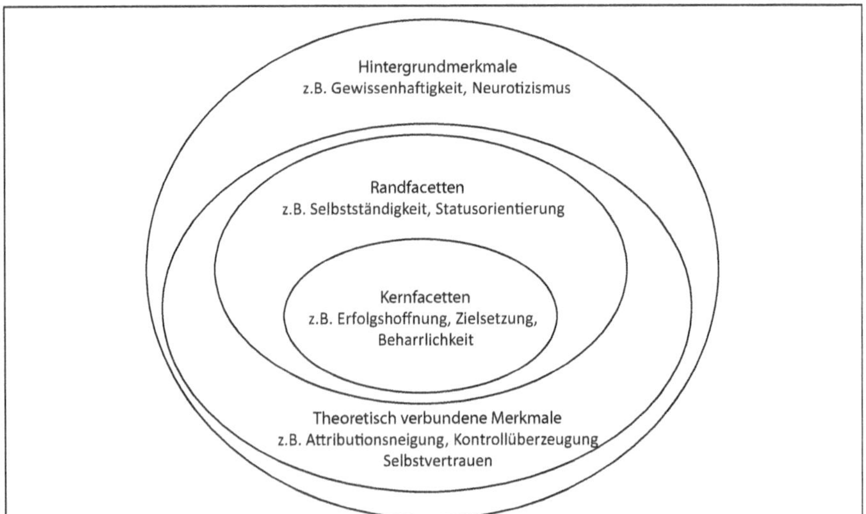

383) Schmalt, Leistungsmotivation, S. 267.

384) Nach Schuler/Prochaska, Leistungsmotivationsinventar, S. 10

Zu den Kernfacetten der Leistungsmotivation zählen:

- hohes Anspruchsniveau an die eigene Leistung (Zielsetzung),
- Beharrlichkeit bei der Überwindung von Widerständen,
- Hoffnung auf Erfolg im Gegensatz zu Befürchtung von Misserfolg,
- Antriebsstärke.

Bei Stellenbesetzungsverfahren sollte auf die Erfassung des Personenmerkmals Leistungsmotivation nicht verzichtet werden; dies kann mit der Analyse von biografischen Daten (Lebenslauf, Arbeitszeugnis), Interviews oder Fragebogen erfolgen.

7.8.4 Integrität

Die Beschäftigten von Behörden und Kommunen sind seitens der Bevölkerung sehr **hohen Erwartungen** an die Rechtschaffenheit, Redlichkeit, Rechtstreue, Neutralität, an das Pflichtbewusstsein, kurz an die Integrität, ausgesetzt.[385] Der Aspekt der Integrität ist in Art. 33 Abs. 2 GG (siehe Kapitel 4.1.4.2) angelegt. Würden Staatsdiener' diesen Erwartungen nicht gerecht, beschädigte dies das Vertrauen in und die Akzeptanz von staatlichen und kommunalen Institutionen in erheblichem Maße. Daneben ist bei geringer Integrität von Beschäftigten auch mit vermehrten innerbehördlichen Streitigkeiten, Beeinträchtigungen des Betriebsklimas, hohem Aufwand und Kosten für das Personalmanagement (z. B. durch Aufdeckung und Ahndung von kontraproduktiven Handlungen) zu rechnen.[386]

Deshalb ist bei der Besetzung von öffentlichen Ämtern auf die Integrität von Bewerbern' zu achten. Anzeichen mangelnder Integrität sind **kontraproduktive** bzw. **organisationsschädliche Handlungen**. Wesentlich für kontraproduktive Handlungen ist es, dass diese vorsätzlich durchgeführt werden; beispielsweise liegt keine kontraproduktive Handlung vor, falls der Fahrer einen Dienstwagen beschädigt, weil er beim Einparken zu wenig achtsam war. Kontraproduktive bzw. organisationsschädliche Handlungen schließen eine Vielfalt von die Organisation mittel- oder unmittelbar schädigenden Handlungsweisen ein.

Hierunter fallen Straftaten wie zum Beispiel Diebstahl oder Bestechlichkeit, Vorteilsnahme, aber auch Handlungen wie Mobbing, sexuelle Belästigung, Leistungsverweigerung, Absentismus, Diskriminierung, Fehlinformierung, Vernachlässigung von Dienstpflichten.

Die Integrität eines Bewerbers' kann mithilfe von Führungszeugnissen, Selbstauskünften des Bewerbers, Interviews oder Integritätstests erhoben werden.

7.8.5 Sprachliche und kommunikative Kompetenzen

Bei nahezu allen Tätigkeiten im öffentlichen Dienst spielen sprachliche und kommunikative Kompetenzen eine besondere Rolle. So müssen Gesetze und schriftliche Anordnungen gelesen, mündliche Anweisungen verstanden, Bescheide und Stellungnahmen verfasst, Pläne präsentiert oder Bürgern' Auskünfte gegeben werden. Insbesondere bei der mündlichen oder fernmündlichen Kommunikation haben die Beschäftigten das sprachliche Niveau ihrer jeweiligen Gesprächspartner' (z. B. Rats-

385) Michaelis, Der Öffentliche Dienst, S. 228.

386) Gourmelon, Der Öffentliche Dienst, S. 29.

mitglieder', Bürger' mit Migrationshintergrund, Mitarbeiter' im gewerblichen Bereich) zu berücksichtigen. Bei dieser Art der Kommunikation kommt es auf die verbale und non-verbale Kommunikation an. Gelegentlich sind Fremdsprachenkenntnisse notwendig oder förderlich. Sorgfältig sind das Ausmaß und die Bedeutung des Personenmerkmals „sprachliche und kommunikative Kompetenzen" zu bestimmen, damit Bewerber' nicht aufgrund z. B. ihrer ethnischen Herkunft unzulässigerweise benachteiligt werden. Beispielsweise ist bei einer Referatsleitung in einem Ministerium ein sehr hohes Kompetenzniveau in Bezug auf schriftsprachliche Fähigkeiten zu fordern, bei einer Reinigungskraft nicht. Zur Beurteilung des Personenmerkmals „sprachliche und kommunikative Kompetenzen" stehen eine Vielzahl von Erkenntnisquellen zur Verfügung, wie z. B.

- schriftliche Arbeitsproben,
- Rechtschreibtests,
- Schulnoten,
- Präsentationen,
- Gesprächssimulationen,
- Interviews.

7.8.6 Dunkle Triade

Unter den Begriff „Dunkle Triade" werden die drei Persönlichkeitsmerkmale Narzissmus, Machiavellismus und subklinische Psychopathie gefasst. Diese drei Persönlichkeitsmerkmale werden genauso wie die Big-Five-Persönlichkeitsmerkmale als Dimensionen, nicht als Kategorien, verstanden. Das heißt, dass jede Person dieses Persönlichkeitsmerkmal in mehr oder weniger hohem Ausmaß aufweist.

Hoher **Narzissmus** zeichnet sich durch eine sehr hohe Selbsteinschätzung und -bewunderung, ein überzogenes Anspruchsdenken und arrogantes Verhalten aus. Personen mit einer hohen Ausprägung in Narzissmus fühlen sich anderen überlegen, sie sind überzeugt, andere führen und dominieren zu können[387] und ausnützen zu dürfen, sie empfinden sich als grandios und versuchen, ihr sehr positives Selbstbild zu erhalten. Zudem sind sie in starkem Maß empfänglich für Anerkennung und Bewunderung.[388]

Personen mit einer hohen Ausprägung in **Machiavellismus** neigen zur Anwendung gewiefter, jedoch allgemein gering akzeptierter Taktiken zur Durchsetzung eigener Interessen. Zudem weisen sie eine von Zynismus und Misstrauen geprägte Haltung zu ihren Mitmenschen sowie ein realistisches Selbstbild auf. Sie glauben, dass Härte und Stärke für die Durchsetzung eigener Interessen notwendig sei.[389] Ihre Empathie ist begrenzt, ihr Handeln ist von Überlegung, Vorsicht, Bedächtigkeit, Berechnung gekennzeichnet, mit strategischem Geschick wird der eigene Nutzen gesteigert.[390]

Subklinische Psychopathie ist als hoch ausgeprägtes Persönlichkeitsmerkmal gekennzeichnet durch selbstsüchtiges, rücksichtsloses Ausnutzen anderer, Gewis-

387) Schwarzinger, Narzissmus, Machiavellismus, Psychopathie, S. 52
388) Dowgwillo/Dawood/Pincus, The dark side of narcissm, S. 26
389) Schwarzinger/Schuler, TOP – Dark triad of personality at work, S. 19 f.
390) Jones, The nature of machiavellianism, S. 88 ff.

senlosigkeit, Lügen, fehlendem Einfühlungsvermögen, Furchtlosigkeit sowie impulsivem, sprunghaftem, riskantem Handeln und antisozialem Lebensstil.[391]

Wahrscheinlich mag niemand mit Kollegen' oder gar Vorgesetzten' zu tun haben, die eine hohe Ausprägung in der Dunklen Triade aufweisen. Und tatsächlich zeigt die empirische Forschung, dass derartige Beschäftigte – insbesondere solche mit einer hohen Ausprägung in subklinischer Psychopathie – vermehrt kontraproduktiv, also auch schädigend für die Organisation und die Kollegen', handeln.[392] Auch scheint die Arbeitszufriedenheit dieser Personen tendenziell niedriger zu sein. Im allgemeinen wird die berufliche Leistung durch die Dunkle Triade wohl wenig beeinflusst, allerdings beurteilen Vorgesetzte Beschäftigte mit einer sehr hohen Ausprägung in Narzissmus und Machiavellismus deutlich schlechter.[393] Führungskräfte mit einer hohen Ausprägung in Machiavellismus bewirken eine Arbeitsatmosphäre, die unethische Geschäftspraktiken toleriert.[394] Angesichts der wissenschaftlichen Erkenntnisse ist es gerechtfertigt, Personen mit einer sehr hohen Ausprägung in der Dunklen Triade die Eignung für Stellen im öffentlichen Sektor abzuerkennen. Ein mittleres Ausmaß von Narzissmus oder Machiavellismus kann bei manchen Aufgaben förderlich sein.

Die Dunkle Triade kann mit speziellen Persönlichkeitstests (siehe Kapitel 11.5) oder im Rahmen von Interviews mit hohen explorativen Anteilen erfasst werden.

Bei der Durchführung von Auswahlverfahren für Führungspositionen ist zu beachten, dass Kandidaten' mit einer hohen Ausprägung in Narzissmus oftmals besser bewertet werden als Kandidaten' mit einer niedrigen Ausprägung in dieser Dimension.[395] Das selbstsichere Verhalten und der Führungsanspruch dieser Kandidaten' scheint schwach ausgeprägte Kompetenzen wirkungsvoll zu überdecken.

7.8.7 Führungsmotivation

Unter Führungsmotivation wird gemeinhin das Bestreben verstanden, in der Rolle einer Führungskraft Beschäftigte anzuleiten und im Sinne der Organisationsziele zu beeinflussen; eine Führungskraft erledigt oder bewältigt dabei eine Aufgabe der Behörde oder Kommunalverwaltung unter Nutzung der Leistungsbeiträge von Beschäftigten, denen gegenüber sie weisungsberechtigt ist. Führungskräfte weisen zwar höhere Werte in der Führungsmotivation auf als Sachbearbeiter' und Fachkräfte; zudem zeigen sich bedeutsame statistische Zusammenhänge mit der Entgelthöhe und der hierarchischen Position[396] – es ist aber nicht ausreichend geklärt, inwieweit dieses Personenmerkmal über die Zeit und über die Situationen hinweg stabil ist. So ist es denkbar, dass eine junge Mutter oder ein junger Vater angesichts der familiären Verpflichtungen kein Interesse daran hat, aktuell eine Führungsposition in einer Organisation zu übernehmen, in der ein aufgabenorientierter Füh-

391) Schwarzinger, Narzissmus, Machiavellismus, Psychopathie, S. 53; Lilienfeld/Smith/Watts. 2016, Fearless dominance and its implications for psychopathy, S. 66 ff.

392) Schwarzinger/Schuler, TOP – Dark triad of personality at work, S. 69

393) Schwarzinger/Schuler, TOP – Dark triad of personality at work, S. 76 f.

394) Vladu, Annales Universitatis Apulensis Series Oeconomica, zitiert nach Jones, The nature of machiavellianism, S. 95

395) Dowgwillo/Dawood/Pincus, The dark side of narcissm, S. 29 f.

396) Hossiep/Paschen, Das Bochumer Inventar zur berufsbezogenen Persönlichkeitsbeschreibung, S. 76 ff., S. 124 f.

rungsstil erwartet wird. Wenige Jahre später jedoch könnten die familiären Belastungen deutlich abgenommen und sich die Führungskultur in Richtung „Mitarbeiterorientierung" gewandelt haben. Unter diesen Umständen könnte dann der Beschäftigte' eine deutlich höhere Führungsmotivation aufweisen. Angesichts dieser wohl ungesicherten Stabilität des Merkmals erscheint es sinnvoller, Führungsmotivation als eine Bereitschaft zur Übernahme von Führungstätigkeiten unter den aktuellen organisatorischen und persönlichen Bedingungen anzusehen.[397] Auch Felfe und Gatzka verstehen Führungsmotivation als „...die individuelle Präferenz für die Übernahme von Führungsverantwortung bzw. das Anstreben entsprechender Positionen".[398] Die Führungsmotivation wird durch eine Reihe von Faktoren beeinflusst, die im **„Haus der Führungsmotivation"** (Abbildung 7-10) aufgelistet werden.

Abbildung 7-10: Das Haus der Führungsmotivation.[399]

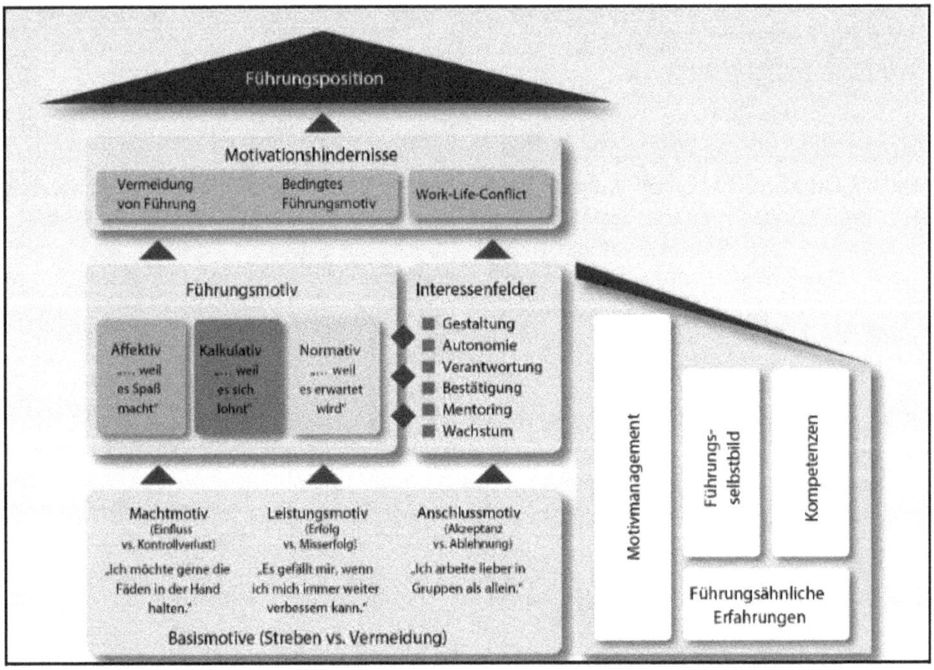

Grundlegend im „Haus der Führungsmotivation" sind das Leistungs-, Anschluss- und Machtmotiv. Mit dem Leistungsmotiv wird das Streben nach Erfolg im Wettstreit mit anderen und die Vermeidung von Misserfolg umschrieben; das Anschlussmotiv umfasst das Streben nach Anerkennung bzw. die Vermeidung von Ablehnung, es stellt das Bedürfnis dar, Bindungen, Vertrautheit, Nähe zu anderen herzustellen; mit Machtmotiv wird das Verlangen bezeichnet, auf Menschen und Situationen Einfluss auszuüben, Kontrolle zu erlangen bzw. Kontrollverlust zu ver-

397) Gourmelon, Identifizierung von Führungspotenzial, S. 31.

398) Felfe/Gatzka, Führungsmotivation, S. 308.

399) Aus Felfe/Elprana/Gatzka/Stiehl, FÜMO – Hamburger Führungsmotivationsinventar, S. 22. Abdruck mit freundlicher Genehmigung des Hogrefe-Verlags.

meiden. Das Führungsmotiv wird im Haus der Führungsmotivation in eine affektive, kalkulatorische und normative Facette aufgeteilt. Bei der affektiven Facette geht es um die emotionale Bewertung von Führungstätigkeiten, die kalkulatorische Facette betont, dass sich Kandidaten' auch überlegen, ob sich eine Führungstätigkeit auch für sie persönlich in materieller Hinsicht auszahlt, die normative Facette stellt heraus, dass Führungstätigkeiten auch wegen eines Pflichtempfindens oder eines Verantwortungsbewusstseins übernommen werden. Spezielle Interessen und deren Möglichkeit zur Verwirklichung in der Führungstätigkeit können Einfluss auf die Führungsmotivation haben. So steht der Bereich „Mentoring" für das Interesse, Kollegen' uneigennützig in deren Weiterentwicklung zu unterstützen. Die Umstände, ob sich ein Kandidat' selbst als Führungskraft vorstellen kann (Führungsselbstbild), über welche Kompetenzen er oder sie verfügt und ob bereits führungsähnliche Erfahrungen (z. B. im Verein, in einer Partei) erworben wurden, können die Führungsmotivation beeinflussen. Weiterhin sind Motivationshindernisse bedeutsam: Beispielsweise können aktuell zeitintensive Pflegetätigkeiten vorherrschend sein (Work-Life-Conflict) oder die mit einer Führungstätigkeit verbundene Verantwortung wird als zu hoch empfunden (Vermeidung von Führung).[400]

Aus der Praxis sind vermehrt Stimmen zu vernehmen, die auf eine nachlassende Führungsmotivation bei Beschäftigten des öffentlichen Sektors hinweisen. Damit Führungsstellen nicht vakant bleiben (z. B. im Schulbereich), sollten schon im Vorfeld von Stellenbesetzungsverfahren bzw. in der Phase der Selbstselektion (siehe Kapitel 9.2) Interessenten' Möglichkeiten geboten werden, sich mit den Anforderungen und Befriedigungsangeboten von Führungstätigkeiten systematisch auseinanderzusetzen. Dies kann beispielsweise mit Potenzialanalysen erfolgen.

Führungsmotivation kann mittels Interviews und (Persönlichkeits-)Fragebogen erfasst werden (siehe Kapitel 11.5). Im Vordergrund der diagnostischen Bemühungen sollte stehen, dass sich der Kandidat' mit den Anforderungen der Führungstätigkeit auseinandersetzt und mit dieser Reflexion zu einem eigenen, fundierten Urteil kommt, ob er tatsächlich eine Führungstätigkeit anstrebt.

7.8.8 Interkulturelle Kompetenz

Die Auffassungen darüber, was unter „interkultureller Kompetenz" zu verstehen ist, sind vielfältig. Eine Ursache hierfür ist, dass der Begriff in unterschiedlichen Anwendungsbereichen verwendet wird.[401] Zum einen wird der Begriff „interkulturelle Kompetenz" auf Interaktionen von Inländern' im Ausland ausgerichtet (z. B. Entsendung von Botschaftsangehörigen', Auslandseinsätze der Bundeswehr, Abordnung von Beschäftigen zu internationalen Organisationen). Dann wird die Begriffsauffassung vor allem durch die Aspekte „kulturelle Kenntnisse" sowie „Fremdsprachenkenntnisse" geprägt. Zum anderen bezieht sich der Begriff auf den binnengesellschaftlichen Umgang mit Interkulturalität (z. B. Kontakte von Polizisten' oder Beschäftigten im Jobcenter mit Menschen anderer nationaler Herkunft oder Religion).[402] In diesem Anwendungsbereich stehen dann im Begriffsverständnis z. B. Aspekte wie „Offenheit", „Selbstreflexivität" oder „emotionale Stabilität"

400) Felfe/Elprana/Gatzka/Stiehl, FÜMO – Hamburger Führungsmotivationsinventar, S. 15 ff.

401) Franzke/Shvaikovska, Interkulturelles Training, S. 15.

402) Otten/Scheitza/Cnyrim, Die Navigation im interkulturellen Feld, S. 20 f; auch: Franzke/Shvaikovska, Interkulturelles Training, S. 15.

im Vordergrund. Die beiden letztgenannten Anwendungsbereiche beziehen sich auf den direkten Kontakt mit Menschen, die eine andere Kultur aufweisen. Ein weiterer Anwendungsbereich des Begriffs ist die Erfassung von Auswirkungen von politischen Maßnahmen und Verwaltungshandeln auf eine Gesellschaft, die durch Einwanderung und Menschen unterschiedlicher ethnischer Herkunft geprägt ist (z. B. Beschäftigte in Bundes- oder Landesministerien, die Gesetzentwürfe verfassen). Möltgen und Otten verstehen unter „interkultureller Kompetenz" in diesem Anwendungsbereich „...die Kompetenz, Situationen in der Einwanderungsgesellschaft einschätzen und die Folgen des Verwaltungshandelns auf unterschiedliche Bevölkerungsgruppen angemessen berücksichtigen zu können".[403] Schließlich lässt sich der Anwendungsbereich „Verwaltung als Gestalterin eines von Vielfalt geprägten Gemeinwesens"[404] erkennen. Hier stehen Aspekte wie „Stressresistenz" oder „Ambiguitätstoleranz" im Vordergrund. Interkulturelle Kompetenz wird hier nicht mehr auf den Kontakt mit Menschen anderer Kultur bezogen, sondern zu einer „globalen Basisorientierung" ausgeweitet.[404]

§4 Abs.3 des Partizipations- und Integrationsgesetzes Berlin vom 15. Dezember 2010 definiert: „Interkulturelle Kompetenz" ist eine auf Kenntnissen über kulturell geprägte Regeln, Normen, Wertehaltungen und Symbole beruhende Form der fachlichen und sozialen Kompetenz". Das Land Berlin setzt also fest, dass diese Kompetenz auf kulturellen Kenntnissen beruht. Dieser Aspekt ist dann sinnvoll, wenn z. B. ein internationaler Konzern einen 'Manager zu Vertriebsverhandlungen ins Ausland entsendet. In einer solchen Situation sollte der 'Manager sicherlich wissen, welche Besonderheiten es im Umgang z. B. mit chinesischen Managern' gibt. Und es ist sinnvoll, wenn er sich diese kulturellen Kenntnisse im Vorfeld der Verhandlungen aneignet. Ist diese Situation aber mit der Situation beispielsweise im Jobcenter oder im Ausländeramt vergleichbar? Hier werden Beschäftigte im Laufe der Zeit womöglich mit Personen von Hunderten von Kulturen konfrontiert. Kann man sich aktuelle Kenntnisse über Hunderte von Kulturen aneignen? Höchstwahrscheinlich nicht: Sobald man meint, die vielen Kulturen zu kennen, haben diese sich in der Zwischenzeit vermutlich geändert und die Kenntnisse sind nicht mehr „up to date".

§4 des „Gesetzes zur Förderung der gesellschaftlichen Teilhabe und Integration in Nordrhein-Westfalen" vom 24. Februar 2012 lautet wie folgt:

„Interkulturelle Kompetenz" im Sinne dieses Gesetzes umfasst 1. die Fähigkeit, insbesondere in beruflichen Situationen mit Menschen mit und ohne Migrationshintergrund erfolgreich und zur gegenseitigen Zufriedenheit agieren zu können, 2. die Fähigkeit bei Vorhaben, Maßnahmen, Programmen etc. die verschiedenen Auswirkungen auf Menschen mit und ohne Migrationshintergrund beurteilen und entsprechend handeln zu können sowie 3. die Fähigkeit, die durch Diskriminierung und Ausgrenzung entstehenden integrationshemmenden Auswirkungen zu erkennen und zu überwinden."

Problematisch am ersten Teil der Definition ist, dass mit Menschen *mit* und *ohne* Migrationshintergrund erfolgreich und zur gegenseitigen Zufriedenheit agiert werden kann – diese Definition zielt auf eine allgemeine soziale Kompetenz ab und ist damit für Zwecke der Personalauswahl nicht konkret genug.

403) Möltgen/Otten, Förderung interkultureller Kompetenzen, S. 15.

404) Eckert, Innovative Verwaltung, S. 24.

Die Verwirrung, was unter „interkultureller Kompetenz" zu verstehen ist, spiegelt sich übrigens auch in den Ergebnissen einer Befragung[405] der Verwaltungen von 32 deutschen Großstädten wider. Eine Erkenntnis der Befragung ist, dass es keine einheitliche Auffassung davon gibt, was unter „interkultureller Kompetenz" überhaupt zu verstehen ist. Es gibt eine Fülle unterschiedlicher Auffassungen über interkulturelle Kompetenz, wie die vielfältigen Antworten auf diese Frage belegen. Eine Hälfte der befragten Kommunalverwaltungen gab an, interkulturelle Kompetenz in der Personalauswahl zu erfassen. Eine hohe Bedeutung kommt der interkulturellen Kompetenz bei Stellenbesetzungsverfahren für bürgernahe Dienste zu. Die andere Hälfte der Befragten gab an, keine Messung von interkultureller Kompetenz in der Personalauswahl durchzuführen. Als zentrales Problem gaben diese befragten Großstädte an, nicht zu wissen, wie interkulturelle Kompetenz überhaupt gemessen werden kann.

Leenen, Scheitza und Stumpf[406] bieten ein Begriffsverständnis von interkultureller Kompetenz, welches sich auf den direkten Kontakt mit Menschen anderer Kulturen bezieht und durch den Bezug auf etablierte und messbare Personenmerkmale für Zwecke der Personalauswahl nutzbar ist. Nach diesen Autoren' setzt sich interkulturelle Kompetenz aus folgenden Merkmalen zusammen:

- Offenheit, in dem Sinne, dass neue Informationen unbefangen und mit wenig Widerstand aufgenommen werden (siehe auch Big-Five-Persönlichkeitsmerkmale im Kapitel 7.8.4),
- Ambiguitätstoleranz, als die Fähigkeit, Widersprüche und Mehrdeutigkeiten in sozialen Situationen zu ertragen, ohne sich unwohl zu fühlen,
- emotionale Stabilität (siehe auch Big-Five-Persönlichkeitsmerkmale im Kapitel 7.8.4) und Stressresistenz,
- Fähigkeit zur differenzierten Selbstwahrnehmung und realistischen Selbsteinschätzung,
- Bewusstsein der Kulturabhängigkeit des eigenen Denkens und Handelns.

Diese von Leenen et al. genannten Elemente interkultureller Kompetenz sind in beruflichen Situationen bedeutsam, in denen es um den Umgang mit Menschen aus anderen Kulturen geht. Offenheit, Ambiguitätstoleranz, emotionale Stabilität, realistische Selbsteinschätzung und ein Bewusstsein der Kulturabhängigkeit des eigenen Denkens und Handelns sind gute Voraussetzungen dafür, mit Bürgern', Kunden', Kollegen', Mitarbeitern' und anderen Gesprächspartnern' nicht vorurteilsbehaftet oder stereotyp (also auf Basis von wenigen Informationen über das Äußere, die Herkunft oder die Gruppenzugehörigkeit) umzugehen, **sondern diese in ihrer Individualität wahrzunehmen und auf Grundlage dieser wahrgenommenen Individualität mit ihnen zu kommunizieren.** Diese genannten Elemente sind nicht nur eine gute Voraussetzung für einen gelingenden Umgang mit Menschen anderer Kulturen, sondern für den Umgang mit Menschen generell.

Des Weiteren werden von Leenen et al. auch kulturelle Kenntnisse und Fremdsprachenkenntnisse als Elemente interkultureller Kompetenz angesehen. Diese Elemente sind dann für die Personalauswahl bedeutsam, wenn Beschäftigte vor allem mit Angehörigen einer kulturellen Gruppe in Kontakt stehen – beispielsweise wenn

405) Kramer, Interkulturelle Kompetenz in der Personalauswahl des öffentlichen Dienstes, S. 38 ff.
406) Leenen/Scheitza/Stumpf, Interkulturelle Kompetenz als Anforderungsmerkmal, S. 93.

Beschäftige des Bundesamtes für Migration und Flüchtlinge die Asylanträge nordafrikanischer Antragsteller' prüfen sollen. Hier könnte geprüft werden, ob Kandidaten' arabisch oder französisch sprechen oder Besonderheiten der arabischen Kultur kennen.

Wie kann interkulturelle Kompetenz im Sinne von Leenen et al. eignungsdiagnostisch erfasst werden? Zum einen können Merkmale im Rahmen von Interviews erfragt, teilweise auch in Gesprächssimulationen beobachtet werden.[407] Zum anderen gibt es mit dem **Inventar sozialer Kompetenzen**[408] zumindest einen wissenschaftlich fundierten Fragebogen, mit dem Personenmerkmale erfasst werden, die mit denen von Leenen et al. übereinstimmen oder zumindest sehr ähnlich sind.

Mit diesem Inventar wird u. a. erfasst:

- emotionale Stabilität,
- Perspektivenübernahme, als Fähigkeit, sich in die Person eines anderen Menschen hineinzudenken und aus der Perspektive dieses Menschen die Umwelt zu betrachten,
- Wertepluralismus, als Ausmaß, in welchem eine Person Toleranz und Offenheit gegenüber den Einstellungen und Meinungen anderer Menschen zeigt,
- Selbstkontrolle, als Fähigkeit eines Menschen, sein eigenes Verhalten auch in belastenden Situationen rational steuern zu können.

Der Einsatz des Inventars ist zum Beispiel in der Weise möglich, dass Kandidaten' in diesem Inventar Mindestwerte erzielen müssen, damit ihnen die Eignung für eine Vakanz zugesprochen werden kann. Damit wäre z. B. gesetzlichen Forderungen Genüge getan, bei der Beurteilung der Eignung, Befähigung und fachlichen Leistung im Rahmen von Einstellungen und Aufstiegen der Beschäftigten das Merkmal interkulturelle Kompetenz zu berücksichtigen (vgl. § 4 Abs. 3 Satz 3 des Partizipations- und Integrationsgesetzes Berlin vom 15. Dezember 2010).

7.8.9 Arbeitsmotive

Mit dem Begriff Arbeitsmotiv wird in der Psychologie umschrieben, was einer Person im Arbeitsleben wichtig ist bzw. was eine Person im Arbeitsleben erreichen möchte.[409] Menschen unterscheiden sich darin, welche Arbeitsmotive bei ihnen vorherrschend sind. Angenommen wird, dass einige Arbeitsmotive im Laufe des Arbeitslebens in ihrer Ausprägung konstant bleiben, andere an Bedeutung zu- oder abnehmen.[410] Im Arbeitsleben können sich nun Gelegenheiten bieten, Arbeitsmotive zu befriedigen. Dies setzt in der Regel Handlungen der Person voraus. Werden mit diesen Handlungen behördliche Aufgaben erledigt, stellen diese Handlungen aus Sicht der Organisation oder Behörde erwünschtes Leistungsverhalten dar. Organisationen oder deren Führungskräfte motivieren Beschäftigte, indem sie ihnen Gelegenheiten schaffen, ihre Arbeitsmotive zu befriedigen. Unter Motivation wird das Ausmaß des inneren Handlungsdrucks oder der Bereitschaft verstanden, mit der eine Person in einer konkreten Situation versucht, ein Motiv zu befriedigen.

407) Siehe hierzu z. B. die Anregungen in Eckert/Winschuh, Interkulturelle Kompetenz, S. 21 ff.

408) Kanning, Inventar sozialer Kompetenzen.

409) Kanning, Inventar zur Erfassung von Arbeitsmotiven, S. 10.

410) Grube/Hertel, Wirtschaftspsychologie, S. 21.

Beispiel

Einer Mitarbeiterin ist es sehr wichtig, Anerkennung und Lob durch Mitmenschen zu erfahren. Ihre Chefin bietet ihr eine Gelegenheit, dieses Motiv zu befriedigen, indem sie der Mitarbeiterin die Aufgabe überträgt, einem Ratsausschuss die Ergebnisse eines erfolgreich abgeschlossenen Projekts zu präsentieren. Mittels dieser Motivierung durch die Chefin entsteht in der Mitarbeiterin eine hohe Motivation; sie fertigt nämlich eine aufwendig gestaltete PowerPoint-Präsentation an und übt den Ablauf der Präsentation mehrmals.

Arbeitsmotive stellen einen wichtigen Bestimmungsgrund für das Leistungsverhalten dar.[411] Deshalb sollten Führungskräfte die Motive der Beschäftigten kennen, aber auch wissen, welche Motive durch die von ihnen zu vergebende Arbeit befriedigt oder nicht befriedigt werden können. Kenntnis der Motive von Beschäftigten und der Befriedigungsangebote der Arbeit ist Voraussetzung für eine angemessene Motivierung von Beschäftigten. Weiterhin ist die Kenntnis von Motiven und Befriedigungsangeboten bei der Personalauswahl bedeutsam. Es sollten nur solche Kandidaten' ausgewählt werden, deren Arbeitsmotive durch die mit der Stelle verbundenen Aufgaben sowie die Aufgabendurchführungsbedingungen befriedigt werden können.

Kanning[412] unterscheidet 16 Arbeitsmotive:

- Selbstbezug – für Personen, mit einer hohen Ausprägung dieses Motivs, ist der Beruf oder die Aufgabe kein „Job", den man beliebig wechseln kann. Sie wollen sich mit ihrer Person, ihren Werten, ihren Erfahrungen, ihrem Können in die Aufgabenerledigung einbringen,
- Autonomie – bei einer hohen Ausprägung wollen die Beschäftigen möglichst selbständig handeln und nicht fremdgesteuert sein,
- Entwicklung – umfasst den Wunsch, sich in der Arbeit weiterentwickeln zu können, z. B. im Hinblick auf Kompetenzentwicklung aber auch Karriere,
- Abwechslung – Menschen mit einer hohen Ausprägung ist es wichtig, in der Arbeit Abwechslung zu haben, Neues zu lernen. Menschen mit einer niedrigen Ausprägung bevorzugen Routineaufgaben,
- Selbstwert – hier geht es darum, stolz auf seine Arbeit und seinen Arbeitgeber sein zu können, etwas Sinnvolles zu tun,
- Führung – für Beschäftigte mit einer hohen Ausprägung in diesem Motiv sind Führungskräfte mit einem stark mitarbeiterorientieren Führungsstil bedeutsam,
- Materielles – wichtig ist es hier, mit der Arbeit viel Geld verdienen zu können,
- Macht – Menschen mit einem hohen Machtmotiv möchten Führungskraft werden, andere anleiten und kontrollieren,
- Ansehen – hier geht es darum, über die berufliche Tätigkeit Ansehen und von Mitmenschen dadurch Anerkennung zu erlangen,
- Leistung – wichtig ist Personen mit einer hohen Ausprägung dieses Motivs eine Stelle innezuhaben, in der Leistung zählt und in der Leistung – und nicht z. B. Netzwerke, Quoten, Parteibücher – die Karriere determiniert,
- Komfort – bei einer hohen Ausprägung dieses Motivs ist die Gestaltung des Arbeitsplatzes, der Arbeitswerkzeuge und der Arbeitsumgebung bedeutsam,

411) Ein weiterer Bestimmungsgrund ist das Leistungsvermögen.

412) Kanning, Inventar zur Erfassung von Arbeitsmotiven, S. 23 ff.

- Prosozialität – Beschäftigte mit einer hohen Ausprägung wollen anderen helfen, dem Gemeinwohl dienen,
- Anschluss – wichtig ist Menschen, die viel Wert auf dieses Motiv legen, dass sie im Team mit Kollegen' arbeiten, mit denen sie sich auch privat austauschen und Freundschaften aufbauen können,
- Aktivität – Menschen mit einer hohen Ausprägung wollen sich in der Arbeit körperlich bewegen,
- Sicherheit – bei diesem Motiv geht es darum, einen sicheren Arbeitsplatz zu haben. Dies bezieht sich zum einen auf die Beschäftigungssicherheit, aber auch auf den Schutz vor gesundheitlichen Risiken,
- Work-Life-Balance – für Beschäftigte mit einer hohen Ausprägung ist eine Tätigkeit wichtig, bei der sie genügend Zeit für Familie, private Interessen und Freizeit haben.

Arbeitsmotive können im Interview erfragt oder mit Hilfe von Fragebogen (siehe Kapitel 11.5) erhoben werden.

7.8.10 Berufliche Interessen

Insbesondere bei Bewerbern' um Ausbildungsplätze ist es bedeutsam, dass die spätere Tätigkeit im öffentlichen Sektor auch den beruflichen Interessen der Bewerbenden entspricht. Ein bekanntes und praktisch bedeutsames Interessenmodell (RIASEC) stammt von Holland. Gemäß Holland können mit dem RIASEC-Modell sechs grundlegende berufliche Interessenorientierungen unterschieden werden:[413]

- Realistic (R) – Personen dieser Interessenorientierung bevorzugen Tätigkeiten, die Kraft, Koordination und Handgeschicklichkeit erfordern und zu konkreten, sichtbaren Ergebnissen führen,
- Investigative (I) – hier werden Aktivitäten bevorzugt, bei denen die Auseinandersetzung mit physischen, biologischen oder kulturellen Phänomenen mithilfe systematischer Beobachtung und Forschung im Mittelpunkt steht,
- Artistic (A) – bei dieser Interessenorientierung bevorzugen die Personen offene, unstrukturierte Aktivitäten, die eine künstlerische Selbstdarstellung oder die Schaffung kreativer Produkte ermöglichen,
- Social (S) – Personen dieser Orientierung bevorzugen Tätigkeiten, bei denen sie sich mit anderen in Form von Unterrichten, Lehren, Ausbilden, Versorgen oder Pflegen befassen können,
- Enterprising (E) – hier werden Tätigkeiten oder Situationen bevorzugt, bei denen die Personen andere mithilfe der Sprache oder anderer Mittel beeinflussen, zu etwas bringen, führen, auch manipulieren können,
- Conventional (C) – es werden Tätigkeiten bevorzugt, bei denen der strukturierte und regelhafte Umgang mit Daten im Vordergrund steht, z. B. Aufzeichnungen führen, Daten speichern, Dokumentationen führen u. Ä. m. (ordnend-verwaltend).

Die Interessenausprägung einer einzelnen Person kann aufgrund ihrer Nähe zu einer dieser Grundorientierungen zugeordnet werden. Auch Berufe und Tätigkeiten (die berufliche Umwelt) lassen sich mit diesen Interessentypen klassifizieren.

---

413) Bergmann/Eder, AIST-R Allgemeiner Interessen-Struktur-Test, S. 16, siehe auch Rübner/Höft, Berufswahl als mehrdimensionaler Prozess, S. 43 ff.

Mit dem hexagonalen Modell (Abbildung 7-11) kann die Ähnlichkeit der einzelnen Interessenorientierungen zueinander bestimmt werden. Je geringer die räumliche Distanz, desto größer die Ähnlichkeit.

Abbildung 7-11: Hexagonales Modell zur Bestimmung der Ähnlichkeit von Interessensorientierungen und beruflichen Umwelten[414]

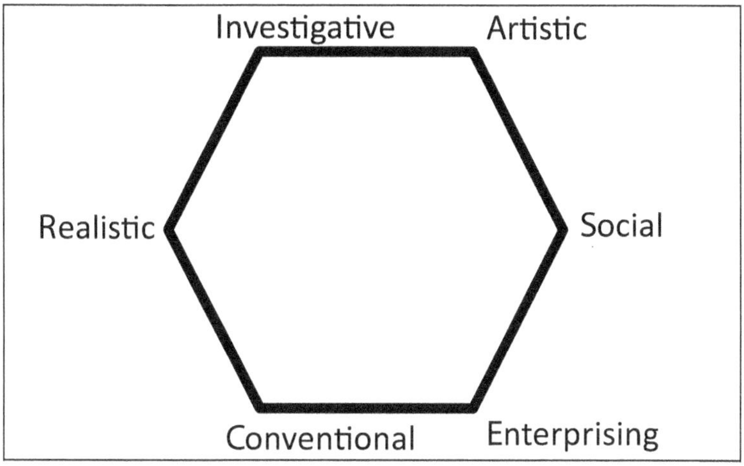

Beispiel

„Conventional" und „Artistic" weisen eine geringe Ähnlichkeit auf, da ihre räumliche Distanz im hexagonalen Modell maximal ist.

Personen suchen gemäß den Vorstellungen von Holland nach beruflichen Umwelten, die sich in höchstmöglicher Übereinstimmung/Ähnlichkeit mit der eigenen Interessenorientierung befinden. Eine hohe Übereinstimmung läge z. B. vor, wenn ein junger Mensch mit einer „R"-Interessenorientierung sich für einen der Berufe Zahntechniker', Elektroingenieur', Bauingenieur', Kfz-Mechatroniker' entscheiden würde, die sich durch Anforderungen im „R"-Bereich auszeichnen. Metaanalytisch konnte belegt werden, dass berufliche Leistungen umso höher sind, je höher das Ausmaß der Übereinstimmung ist (r = 0,32).[415] Ähnliches ist auch für die Bindung bzw. das Commitment an den Arbeitgeber zu erwarten.

Interessen von Bewerbern' können mit Hilfe von Interviews oder Interessentests erhoben werden (siehe Abschnitt 11.5).

414) Abbildung nach Bergmann/Eder, AIST-R Allgemeiner Interessen-Struktur-Test, S. 16.

415) Nye/Su/Rounds/Drasgow, F. (2017). Journal of Vocational Behavior, S. 138.

8 Bewerber'kreis und Auswahlverfahren

Dem Dienstherrn obliegt es, im Rahmen des ihm zustehenden Organisationsermessens, den zum weiteren Auswahlverfahren zuzulassenden Personenkreis näher zu bestimmen.[416] Auf diese Weise werden nicht die nach dem Grundsatz der Bestenauslese anzulegenden Maßstäbe des Leistungsprinzips beschränkt, sondern konkretisiert und zugleich modifiziert; eingeengt wird nur der diesen Maßstäben unterfallende Bewerber'kreis.[417]

Die Zahl der im öffentlichen Dienst besetzbaren Stellen wird allein von der Organisationsgewalt der öffentlich-rechtlichen Körperschaften bestimmt. Das hat zur Folge, dass Art. 33 Abs. 2 GG keinen unbedingten Anspruch auf Übernahme in den öffentlichen Dienst gewährt. Die organisations- und haushaltsrechtlichen Vorentscheidungen, die zur Existenz eines verfügbaren öffentlich-rechtlichen Amtes führen, sind demnach nicht Gegenstand, sondern Voraussetzung für die Gewährleistungen des Art. 33 Abs. 2 GG. Dies bedeutet, dass der Schutzbereich der Norm erst auf der Grundlage einer im Rahmen der Organisationsgewalt zur Verfügung gestellten und für die Wahrnehmung bestimmter Aufgaben gewidmeten Stelle eröffnet ist. Dabei finden die Entscheidungen der Träger der staatlichen Organisationsgewalt ihre leitenden Orientierungsdaten einerseits in den legitimen Verwaltungsaufgaben und andererseits in den verfügbaren Finanzmitteln. Dem entspricht, dass der öffentliche Arbeitgeber' aufgrund seiner Organisationsfreiheit nicht verpflichtet ist, offene Stellen ausschließlich aufgrund von Ausschreibungen und Auswahlverfahren zu besetzen.[418]

8.1 Umsetzungs-, Versetzungs-, Einstellungs- und Beförderungsbewerber

Der Dienstherr entscheidet zunächst, ob er eine frei gewordene Stelle nach der zu treffenden Auswahlentscheidung im Wege einer

- Umsetzung,
- Versetzung,
- Beförderung/Höhergruppierung,
- Einstellung oder
- in sonstiger Weise

besetzt.

Aus der **Organisationsfreiheit des Dienstherrn** folgt sein Recht, zwischen Umsetzung, Versetzung und Beförderung zu wählen. Die Möglichkeit der Ausübung dieses Rechts liegt in der personalpolitischen Gestaltungsfreiheit des Dienstherrn begründet.[419] Ebenso kann der Dienstherr im Rahmen seiner Organisationsgewalt

416) Letztendlich wird durch die Einschränkung des Bewerberkreises ein zwingendes Anforderungsprofil festgelegt.

417) VG Würzburg 17.10.2014 – W 1 E 14.707 –, juris Rn. 32.

418) BAG 23.1.2007 – 9 AZR 492/06 –, E 121, 67 mwN; LAG Bremen 18.7.2013 – 3 Sa 175/12 –, juris Rn. 72.

419) BVerwG 27.3.2010 – 1 WB 37.09 –, Schütz/Maiwald ES/A II 1.4 Nr. 192; BayVGH 29.9.2015 – 3 CE 15.1604 –, juris Rn. 22.

entscheiden, frei gewordene Dienstposten ausschließlich aus dem vorhandenen Mitarbeiterstamm' zu besetzen. Hierbei steht ihm ein weitgefasster Entscheidungsspielraum zu.[420] Ansprüche auf Schaffung von Beförderungsdienstposten oder Beförderungsgelegenheiten vermittelt Art. 33 Abs. 2 GG nicht.[421]

Der Ausschluss eines Beamten' vom Auswahlverfahren um Beförderungsplanstellen im Hinblick auf die Wertigkeit seiner Tätigkeit ist allerdings rechtswidrig, wenn (auch) die ausgewählten Beamten' keine „Beförderungsdienstposten" innehaben, sondern auf gebündelten Dienstposten beschäftigt sind.[422] Ist nach dem Inhalt der Stellenausschreibung nicht nur der Dienstposten, sondern das Beförderungsamt selbst Gegenstand der Ausschreibung, ist der Bewerber'kreis auf Personen beschränkt, die die Voraussetzungen für die entsprechende Beförderung – gegebenenfalls nach einer Erprobungszeit – erfüllen und damit zumindest anschließend beförderungsreif sind.[423]

Können sich ausweislich der Stellenausschreibung Personen bewerben, die ohne Statusänderung umgesetzt oder versetzt werden sollen (sog. **gleichwertiger Wechsel**), haben diese Bewerber grundsätzlich keinen Anspruch auf eine Auswahl nach Eignung, Befähigung und fachlicher Leistung i. S. d. Art. 33 Abs. 2 GG. Mit dem Hinweis in einer Ausschreibung, dass Um-/Versetzungen vorrangig durchgeführt werden können, kann der Dienstherr damit etwa festlegen, dass Beamte', die bereits einen Dienstposten innehaben, der dem Wert des ausgeschriebenen Dienstpostens gleichwertig ist, nicht am Auswahlverfahren teilnehmen.[424]

Wichtig!

Ein Beamter' kann bei einer Auswahl unter Bewerbern' um einen im Wege der ämtergleichen Umsetzung zu besetzenden Dienstposten regelmäßig keine Verletzung subjektiver Rechte geltend machen. Für eine auf erneute Entscheidung über die Übertragung des Dienstpostens gerichtete Klage im Rahmen einer "Umsetzungskonkurrenz" besteht daher in der Regel keine Klagebefugnis. Ein Ausnahmefall liegt vor, wenn die Dienstpostenbesetzung eine Beförderung vorwegnimmt oder vorbestimmt bzw. die Wahrnehmung mit ihr verbundener Funktionen im Rahmen späterer Beförderungsentscheidungen besonders berücksichtigt oder vorausgesetzt werden.[425]

Entscheidet sich der Dienstherr, neben Umsetzungs- und/oder Versetzungsbewerbern auch Beförderungsbewerber in das Auswahlverfahren mit einzubeziehen, so beschränkt er hiermit seine Organisationsfreiheit dahin gehend, dass er verpflichtet ist, die **Auswahlentscheidung** ausschließlich **nach Leistungsgesichtspunkten** vorzunehmen.

Entscheidet sich der Dienstherr für ein Auswahlverfahren, an dem Beförderungs- und Um-/Versetzungsbewerber unterschiedslos teilnehmen können, legt er sich auf ein an den Maßstäben des Art. 33 Abs. 2 GG ausgerichtetes Auswahlverfahren nach dem Prinzip der Bestenauslese fest. Schreibt der Dienstherr eine Stelle in dieser

420) Vgl. LAG Berlin-Brandenburg 16.1.2013 – 15 SaGa 1738/12 –, ZTR 2013, 210.

421) OVG NRW 15.06.2020 – 6 B 453/20 –, juris.

422) HmbOVG 8.5.2015 – 5 Bs 227/14 –, ZBR 2015, 389.

423) OVG 19.8.2020 – 6 B 943/20 –, juris.

424) BayVGH 19.1.2018 – 3 ZB 17.442 –, juris.

425) Vgl. hierzu BVerwG 19.11.2015 – 2 A 6/13 –, E 153, 246 = Schütz/Maiwald ES/A II 1.4 Nr. 236; BVerwG 3.12.2014 – 2 A 3/13 –, E 151, 14 = Schütz/Maiwald BeamtR ES/A II 1.4 Nr. 231; OVG NRW 30.11.2017 – 6 A 2314/15 –, juris.

Weise aus, hat er seine Organisationsfreiheit durch Wahl und Ausgestaltung des Besetzungsverfahrens beschränkt mit der Folge, dass auch Um-/Versetzungsbewerber am Leistungsgrundsatz zu messen sind. Nur in diesem Fall muss sich der Dienstherr an dem von ihm gewählten Modell der **Bestenauslese** auch bezüglich der **Um-/Versetzungsbewerber'** festhalten lassen.[426]

Schreibt der Dienstherr eine Stelle frei aus, ohne dass sich aus dem Anzeigentext selbst eine Beschränkung auf Umsetzungs- oder Versetzungsbewerber ergibt, so können sich auf die Ausschreibung mangels einer ausdrücklichen Beschränkung des Bewerber'kreises sowohl Beförderungs- als auch Umsetzungs- und Versetzungsbewerber bewerben. Der Dienstherr ist in diesem Fall im Rahmen des Auswahlverfahrens verpflichtet, unter allen Bewerbern' eine Bestenauslese nach Leistungsgesichtspunkten durchzuführen.

Der Dienstherr ist auch dann verpflichtet, eine Bewerber'auswahl nach den Maßstäben des Art. 33 Abs. 2 GG vorzunehmen, wenn die zu besetzende Stelle auf eine spätere, höher dotierte Stelle vorbereiten soll, da die Stellenvergabe dann dem beruflichen Aufstieg des Bewerbers' dient und damit zumindest als beförderungsähnlich einzustufen ist.[427]

Beispiel

Vergabe einer Traineestelle, um später eine Stelle mit Leitungsfunktionen übertragen zu können.

8.2 Arbeitnehmer' und Beamte

Gemäß Art. 33 Abs. 2 GG hat jeder Deutsche nach seiner Eignung, Befähigung und fachlichen Leistung gleichen Zugang zu jedem öffentlichen Amt. Jede Bewerbung muss nach diesen Kriterien beurteilt werden. Dies gilt nicht nur für Einstellungen, sondern auch für den beruflichen Aufstieg innerhalb des öffentlichen Dienstes. Öffentliche Ämter im Sinn des Art. 33 Abs. 2 GG sind **sowohl Beamtenstellen als auch solche Stellen, die von Arbeitnehmern besetzt werden können.**[428]

Gleichwohl besteht nach der Rechtsprechung des Bundesverfassungsgerichts **keine grundsätzliche Rechtspflicht**, Stellen gleichzeitig für Arbeitnehmer' und Beamte' auszuschreiben.[429] Dies gilt erst recht für Stellen, die dem Funktionsvorbehalt des Art. 33 Abs. 4 GG unterfallen. Hiernach ist die Ausübung hoheitsrechtlicher Befugnisse als ständige Aufgabe in der Regel Angehörigen des öffentlichen Dienstes zu übertragen, die in einem öffentlich-rechtlichen Dienst- und Treueverhältnis stehen. Mit den so umschriebenen Angehörigen des öffentlichen Dienstes sind nur Beamte' im Sinne eines nach den Vorgaben des Art. 33 Abs. 5 GG auszugestaltenden Beam-

426) BVerwG 25.11.2004 – 2 C 17.03 –, E 122, 237.

427) Hess. LAG 8.4.2011 – 3 SaGA 343/11 –, juris Rn. 87.

428) BAG 10.2.2015 – 9 AZR 554/13 –, ZTR 2015, 448; LAG Rheinland-Pfalz 15.12.2015 – 7 Sa 134/15 –, juris Rn. 100.

429) BVerfG 25.11.2011 – 2 BvR 2305/11 –, NVwZ 2012, 368; **a. A.** BAG 5.11.2002 – 9 AZR 451/01 –, ZTR 2003, 349 und LAG Hamm 18.5.2001 – 5 Sa 1942/00 –, NZA-RR 2002, 107, wonach Stellen, die dem Funktionsvorbehalt des Art. 33 Abs. 4 GG nicht unterfallen, nicht ausschließlich für beamtete Bewerber' ausgeschrieben werden dürfen. Damit wird das nach Art. 33 Abs. 2 GG gewährleistete Zugangsrecht zu jedem öffentlichen Amt durch den zugunsten von Beamten' in Art. 33 Abs. 4 GG bestimmten Funktionsvorbehalt beschränkt. Bewerbungen um Stellen, die dem Funktionsvorbehalt unterfallen, sind damit auch nach der arbeitsrechtlichen Rechtsprechung ausschließlich Beamten' möglich.

tenrechts gemeint, nicht jedoch Arbeitnehmer' des öffentlichen Dienstes.[430] Diese Regelung soll Gewähr dafür bieten, dass die hoheitsrechtlichen Aufgaben jederzeit, vor allem auch in Krisenzeiten, loyal, zuverlässig und qualifiziert erledigt werden. Dementsprechend ist es unbedenklich, entsprechende Stellen ausschließlich mit Beamten' zu besetzen. Was im Einzelnen unter dem Begriff der Ausübung „hoheitsrechtlicher Befugnisse" zu verstehen ist, ist umstritten. Die Beurteilung einer Aufgabe als hoheitlich im Sinne von Art. 33 Absatz 4 GG bestimmt sich nach der Rechtsprechung des Bundesarbeitsgerichts nach ihrem Inhalt und dem Umfang des zur Verfügung stehenden ordnungsbehördlichen Instrumentariums.[431] Nach allgemeiner Ansicht erfasst der Funktionsvorbehalt jedenfalls die klassische Eingriffsverwaltung, also den Bereich, in dem der Staat seinen Bürgern' in grundrechtsrelevanter Weise mit Befehl und Zwang, Geboten und Verboten gegenübertritt.

Beispiele

Ordnungsbehörden, Polizeivollzugsdienst, feuerwehrtechnischer Dienst.

Beschäftigte' üben hoheitsrechtliche Aufgaben auch dann aus, wenn sie als Sachbearbeiter an der abschließenden Maßnahme ausschließlich **vorbereitend** mitwirken.[432]

Da Art. 33 Abs. 4 GG (nur) gebietet, hoheitliche Aufgaben **„in der Regel"** Beamten' zu übertragen, können ausnahmsweise auch Nichtbeamte' mit der Wahrnehmung solcher Aufgaben betraut werden. Dies setzt allerdings voraus, dass das Regel-Ausnahmeverhältnis zugunsten der Beamten' gewahrt bleibt und ein sachlicher Grund für die Ausnahme bzw. eine Rechtfertigung im Sinne des Verhältnismäßigkeitsgrundsatzes gegeben ist.[433] Ob ein sachlicher Grund vorliegen kann, der eine Ausnahme rechtfertigt, dürfte bereits dann fraglich sein, wenn (auch) ein geeigneter beamteter Bewerber' zur Verfügung steht.[434]

Beinhaltet der Dienstposten die ständige Ausübung hoheitlicher Befugnisse und ist zudem keine Ausnahme vom Regelvorbehalt des Art. 33 Abs. 4 GG gegeben, kann der zu besetzende Dienstposten gleichwohl offen, d. h. für Arbeitnehmer' und Beamte' ausgeschrieben werden, soweit es dem Dienstherrn möglich ist, eine Verbeamtung des ausgewählten Bewerbers vorzunehmen.[435]

Soweit der Dienstposten **keine hoheitlichen Befugnisse** beinhaltet, steht es dem Dienstherrn gleichwohl frei, den Bewerberkreis auf Beamte' oder Arbeitnehmer' zu beschränken, da zum öffentlichen Amt i. S. d. Art. 33 Abs. 2 GG auch die maßgebliche Rechtsstellung zu rechnen ist, in der die öffentlichen Aufgaben wahrgenommen werden sollen. Nach der Rechtsprechung des Bundesverfassungsgerichts obliegt es allein dem Dienstherrn im Rahmen der ihm zustehenden Personal- und Organisationshoheit, die Anzahl zur Verfügung stehender Arbeitsplätze bzw. den Kreis der nach Eignung und Befähigung und fachlicher Leistung zu vergleichenden Bewer-

430) BAG 11.8.1998 – 9 AZR 451/01 –, E 103, 212; OVG NRW 6.5.2008 – 1 B 1786/07 –, juris Rn. 59.

431) BAG 5.11.2002 – 9 AZR 451/01 –, E 103, 212.

432) BAG 11.8.1998 – 9 AZR 155/97 –, ZTR 1999, 225.

433) OVG NRW 28.4.2004 – 1 A 1721/01 –, Schütz/Maiwald ES/A II 1.4 Nr. 112.

434) OVG NRW 6.5.2008 – 1 B 1786/07 –, juris Rn. 63.

435) BVerfG 25.11.2011 – 2 BvR 2305/11 –, NVwZ 2012, 368.

ber' festzulegen.[436] Dementsprechend steht weder einem Arbeitnehmer' noch einem Beamten' ein Anspruch auf Einbeziehung in das Bewerber'feld zu, soweit der Dienstherr von seiner Gestaltungsfreiheit rechtsfehlerfrei Gebrauch gemacht hat.[437]

8.3 Bleibeverpflichtung

Bleibeverpflichtungen, die der Dienstherr einseitig gegenüber dem **Beamten'** anordnet, haben Verwaltungsaktqualität i. S. d. § 35 VwVfG.[438] Sie sollen bewirken, dass der Beamte sich zeitweise nicht auf höherwertige Ämter bewerben kann. Entsprechende **Bleibeverpflichtungen sind rechtswidrig**, da für den Bewerbungsausschluss kein Grund streitet, der vor Art. 33 Abs. 2 GG Bestand hat. Bewerbungen dürfen nur aus Gründen zurückgewiesen werden, die durch den Leistungsgrundsatz des Art. 33 Abs. 2 GG gedeckt sind.[439]

Art. 33 Abs. 2 GG enthält keine Einschränkungen, die den Geltungsbereich des Bestenausleseprinzips relativieren. Belange, die nicht im Leistungsgrundsatz verankert sind, können deshalb – als immanente Grundrechtsschranke – bei der Besetzung öffentlicher Ämter nur dann Berücksichtigung finden, wenn ihnen ebenfalls Verfassungsrang eingeräumt ist. Soweit es nicht um die Abwendung einer unmittelbar drohenden Beeinträchtigung der Funktionsfähigkeit der Verwaltung geht, also nur um den optimierenden Ausgleich mit anderen verfassungsgeschützten Interessen, bedarf es zudem einer gesetzlichen Grundlage. Diese muss ihrerseits dem Zweck des Art. 33 Abs. 2 GG Rechnung tragen, das heißt ernsthaften Gefährdungen der Leistungsfähigkeit des öffentlichen Dienstes vorbeugen.[440] Eine entsprechende Regelung durch ein Parlamentsgesetz oder eine Rechtsverordnung ist aber dann nicht notwendig, soweit ein in Art. 33 Abs. 2 GG enthaltenes Merkmal des Leistungsprinzips nicht eingeschränkt, sondern lediglich konkretisiert wird.[441]

Eine „Bleibeverpflichtung" dient nicht der Verwirklichung des Grundsatzes der Bestenauslese, sondern widerspricht ihm. Sie erleichtert dem Dienstherrn seinen Personaleinsatz, indem etwa Nachwuchs- und Aufstiegskräfte verpflichtet werden, mehrere Jahre zunächst auf bestimmten Dienstposten Dienst zu verrichten.[442]

Da sich auch **Arbeitnehmer'** auf Art. 33 Abs. 2 GG und damit auf den Leistungsgrundsatz berufen können[443], bedarf es einer immanenten Grundrechtsschranke mit Verfassungsrang, um die Rechtmäßigkeit einer Bleibeverpflichtung zu rechtfertigen. Aus der durch Art. 12 GG geschützten Organisationsfreiheit des Dienstherrn folgt das in seinem freien, allein personalwirtschaftlich bestimmten Ermessen stehende

---

436) Vgl. BVerfG 11.11.1999 – 2 BvR 1992/99 –, ZBR 2000, 377; **aA** wohl BAG 11.8.1998 – 9 AZR 155/97 –, ZTR 1999, 225.

437) Lemhöfer RiA 2004, 1.

438) OVG NRW 22.11.2012 – 6 B 1030/12 –, NVwZ-RR 2013, 423; Kämmerling RiA 2013, 49.

439) BVerwG 26.1.2012 – 2 A 7.09 –, IÖD 2012, 158.

440) BVerfG 21.4.2015 – 2 BvR 1322/12 –, E 139, 19 = ZTR 2015, 412 = Schütz/Maiwald BeamtR ES/A II 1.5 Nr. 47 für die Einstellungshöchstaltersgrenze; BVerwG 25.11.2004 – 2 C 17.03 –, E 122, 237.

441) Vgl. OVG NRW 28.6.2018 – 6 A 2016/17 –, Schütz/Maiwald BeamtR ES/A II 1.5 Nr. 76 zur Festlegung einer Mindestgröße für Polizeivollzugsbeamte' im Erlasswege.

442) OVG NRW 22.11.2012 – 6 B 1030/12 –, juris Rn. 40.

443) BAG 28.1.2020 – 9 AZR 91/19 –, ZTR 2020, 360 im Zusammenhang mit einem Anspruch auf Schadensersatz wegen Verletzung des Bewerbungsverfahrensanspruches; BAG 10.2.2015 – 9 AZR 554/13 –, ZTR 2015, 448.

Wahlrecht, ob er eine freie Stelle im Wege der Einstellung, Anstellung, Beförderung, Versetzung, Abordnung oder Umsetzung besetzen will. Das schließt das Recht ein, ein Auswahlverfahren um eine freie Stelle auf den entsprechenden Bewerber'kreis zu beschränken.[444] Allerdings bedarf es regelmäßig eines sachlichen Grundes, der für eine Beschränkung des Bewerber'kreises streitet. In diesem Zusammenhang hat das Oberverwaltungsgericht NRW entschieden, dass der Ausschluss von Bewerbern', für die die Übertragung des Dienstpostens mit einem Laufbahnwechsel einhergehen würde, nicht ohne Weiteres zulässig ist.[445] Ein Ausschluss eines Arbeitnehmers' aus dem in Betracht kommenden Bewerberkreis unter Hinweis auf eine bestehende vertragliche Bleibeverpflichtung kommt damit nur dann in Betracht, wenn der Dienstherr das ihm zustehende Organisationsermessen willkürfrei ausgeübt hat.[446]

8.4 Ausschluss von befristet beschäftigten Arbeitnehmern

Die Anzahl der besetzbaren Stellen/Dienstposten wird allein von der Organisationsgewalt der jeweils zuständigen öffentlichen rechtlichen Körperschaft bestimmt. Diese besitzt einen politischen Gestaltungsspielraum bei der Bestimmung von Art, Umfang und Wahrnehmungsintensität der Staatsaufgaben und damit hinsichtlich der Personalkapazität. Art. 33 Abs. 2 GG entfaltet seine Gewährleistung damit erst auf der Grundlage der im Rahmen der Organisationsgewalt zur Verfügung gestellten und für die Wahrnehmung bestimmter Aufgaben gewidmeten Stellen.[447]

Zulässig ist es, den in Betracht kommenden Bewerberkreis durch die Bewerbungsanforderung der Erfüllung der laufbahnrechtlichen Voraussetzungen auf Bewerber' zu beschränken, die als Beamte' auf Lebenszeit oder als unbefristet angestellte Arbeitnehmer' auf der Grundlage eines unbefristeten Rechtsverhältnisses beim Dienstherrn tätig sind.[448] Der Dienstherr muss im Rahmen der ihm zustehenden Organisationsfreiheit grundsätzlich darüber entscheiden können, mit welchem Personal er Daueraufgaben kontinuierlich erledigen möchte. Dementsprechend ist die Entscheidung des Dienstherrn, den Dienstposten ohne Aufstockung des Personalbestands zu realisieren, mit Art. 33 Abs. 2 GG vereinbar, sodass ein Verstoß gegen § 4 Abs. 2 Satz 1 TzBfG nicht zu attestieren ist.[449]

Öffnet der Dienstherr das Stellenbesetzungsverfahren auch für externe Bewerber', können sich Arbeitnehmer', die beim Dienstherrn bereits im Rahmen eines befristeten Arbeitsverhältnisses beschäftigt sind, auf zeitlich unbefristet zu vergebende Stellen bewerben. In diesem Fall muss der Dienstherr die tarifrechtlichen Vorgaben des § 30 Abs. 2 Satz 2 TVöD/TV-L beachten, soweit die Regelungen des Tarifgebiets West anzuwenden sind. Eine Bevorzugung kommt allerdings nur in Betracht, wenn die Bewerber' gleich geeignet sind.

444) OVG NRW 3.7.2001 – 1 B 670/01 –, DÖD 2002, 260; LAG Hamm 18.5.2001 – 5 Sa 1942/00 –, NZA-RR 2002, 107.

445) OVG NRW 18.7.2007 – 6 B 557/07 –, juris Rn. 11 ff.

446) LAG Hamm 8.5.2013 – 5 Sa 985/12 –, juris Rn. 46.

447) HmbOVG 29.12.2005 – 1 Bs 260/05 –, ZBR 2006, 256.

448) LAG Hamm 3.5.2007 – 11 Sa 2/07 –, juris Rn. 43.

449) Anders allerdings BAG 1.12.2020 – 9 AZR 192/20 –, ZTR 2021, 289, wonach ein Arbeitgeber', der an Art. 33 Abs. 2 GG gebunden ist, durch § 4 Abs. 2 Satz 1 TzBfG daran gehindert sei, befristet beschäftigte Arbeitnehmer' aus dem Bewerberkreis auszuschließen.

8.5 Stichtag – wann Qualifikationen vorliegen müssen

Der Dienstherr kann für bestimmte Qualifikationsanforderungen einen Stichtag festlegen. Bewerber', die zum Zeitpunkt des Stichtages die entsprechenden Voraussetzungen noch nicht aufweisen, können damit vom weiteren Stellenbesetzungsverfahren ausgeschlossen bzw. auf ein späteres Verfahren verwiesen werden.

Die festgelegten Anforderungen müssen aber dem Leistungsprinzip und damit dem Grundsatz der Bestenauslese i. S. d. Art. 33 Abs. 2 GG entsprechen. Es muss sich damit um zwingende Einstellungsvoraussetzungen handeln.

Beispiel

- Das Bestehen der Laufbahnprüfung,
- das Vorhandensein von Vorbildungsvoraussetzungen oder
- Mindestaltersanforderungen.

8.6 Auswahlkriterien Voll- und Teilzeit

Das Auswahlkriterium „Vollzeit" oder „Teilzeit" ist kein leistungsbezogenes Merkmal und wird damit von Art. 33 Abs. 2 GG grundsätzlich nicht geschützt.

Der Dienstherr wird sich nur dann auf das **Merkmal „Vollzeit"** stützen können, wenn es aus dienstlichen Gründen zwingend geboten ist, die Tätigkeiten aus organisatorischen Gründen in Vollzeit auszuüben.[450] Hierzu muss der Dienstherr ein organisatorisches Konzept darlegen. Das Konzept muss von plausiblen wirtschaftlichen oder unternehmenspolitischen Gründen getragen sein.[451] Eine Ausschreibung eines Dienstpostens ausschließlich in „Vollzeit" wird allerdings nur in ganz wenigen Ausnahmefällen in Betracht kommen.[452]

Es ist unzulässig, teilzeitbeschäftigte Bewerber', die ihre **Arbeitszeit aufstocken wollen**, bzw. vollzeitbeschäftigte Bewerber aus einem Stellenbesetzungsverfahren auszuschließen. Zwar wird die unternehmerische Entscheidung zur Reduzierung von Personalkosten grundsätzlich durch Art. 12 GG und damit durch eine Vorschrift mit Verfassungsrang geschützt. Allerdings schützt Art. 33 Abs. 2 GG nicht die Entscheidung des Dienstherrn, sich für den „günstigsten" Bewerber' zu entscheiden. Andernfalls würde das Leistungsprinzip vollends abgeschafft.

Wichtig!

Ein Auswahlverfahren entspricht dann nicht mehr dem Grundsatz der Bestenauslese, wenn die angewendeten Auswahlgrundsätze dazu führen, dass ein nicht leistungsbezogenes Hilfskriterium zum entscheidenden Auswahlmaßstab wird.[453]

Nach § 9 TzBfG hat der Arbeitgeber' einen **teilzeitbeschäftigten Arbeitnehmer'**, der ihm den Wunsch nach einer Verlängerung seiner Arbeitszeit angezeigt hat, bei der Besetzung einer entsprechenden Stelle bei gleicher Eignung bevorzugt zu

450) Zur Frage, ob ein Dienstposten auch als Teilzeitstelle auszuschreiben ist vgl. Kapitel 6.3.2.2.

451) Etwas anderes ergibt sich auch nicht aus § 7 Abs. 1 TzBfG, wonach die unternehmerische Entscheidung, von einer Ausschreibung in Teilzeit abzusehen, lediglich darauf hin überprüft werden darf, ob sie offenbar unsachlich, unvernünftig oder willkürlich ist.

452) LAG Hessen 8.4.2011 – 3 SaGa 343/11 –, juris Rn. 97.

453) HessVGH 19.4.1995 – 1 TG 2801/94 –, RiA 1996, 145.

berücksichtigen. Dementsprechend darf bei gleicher Eignung auf das Kriterium „Wunsch einer Arbeitszeiterhöhung" bei der Bewerberauswahl zurückgegriffen werden. Zu beachten ist hierbei, dass ein Rückgriff auf leistungsferne Kriterien erst in Betracht zu ziehen ist, wenn eine Auswahl zwischen den Bewerbern' nach Ausschöpfung **aller** leistungsbezogenen Kriterien nicht gelungen ist.[454]

Ein Ausschluss von **teilzeitbeschäftigten Arbeitnehmern'** aus einem Stellenbesetzungsverfahren verstößt gegen das in § 4 Abs. 1 TzBfG enthaltende Diskriminierungsverbot. Eine unterschiedliche Behandlung von Teilzeitbeschäftigten kann nur gerechtfertigt sein, wenn sich der Grund aus dem Verhältnis von Leistungszweck und Umfang der Teilzeitarbeit herleiten lässt. Eine sparsame Personalbewirtschaftung allein vermag grundsätzlich keinen Rechtfertigungsgrund abzugeben.[455]

Wichtig!

Schreibt der Dienstherr einen Dienstposten in nicht zulässiger Weise ausschließlich in „Vollzeit" oder „Teilzeit" aus, ist die darauf folgende Auswahlentscheidung fehlerhaft und verletzt damit die Bewerbungsverfahrensansprüche der unterlegenen Bewerber.[456]

Die Gleichstellungsgesetze des Bundes und der Länder sehen vor, dass in einer Ausschreibung der Hinweis auf eine mögliche Teilzeitbeschäftigung enthalten sein muss, es sei denn, zwingende dienstliche Belange stehen dem entgegen. Dies gilt auch für alle sog. Führungsstellen und damit für alle Hierarchieebenen.[457] In diesem Zusammenhang ist es noch nicht höchstrichterlich entschieden, ob der Dienstherr verlangen kann, dass zum Zeitpunkt der Auswahlentscheidung eine volle Besetzung des Arbeitsplatzes durch mehrere Beschäftigte gewährleistet sein muss (so aber Lemhöfer in Plog/Wiedow § 8 BBG 2009 Rn. 20; ders. in Lemhöfer/Leppek § 4 BLV 2009 Rn. 28; für die Zulässigkeit einer derartigen Anforderung auch Zängl in Fürst GKÖD § 8 BBG 2009 Rn. 26; a. A. mit Hinweis auf das Leistungsprinzip v. Roetteken, BGleiG, § 6 Rn. 104 und 105, der von einer Teilbarkeit eines Arbeitsplatzes zudem immer dann ausgeht, wenn die Hälfte der regelmäßigen Arbeitszeit ausreicht, um einen entsprechend in seinen Aufgaben angepassten Arbeitsplatz sachgerecht auszufüllen).

8.7 Bewerbungsfrist

Das Verstreichen einer Bewerbungsfrist führt nicht zwingend dazu, dass die entsprechende Bewerbung unberücksichtigt bleiben muss, da die **Bewerbungsfrist** grundsätzlich keine materiell-rechtliche Ausschlussfrist, sondern lediglich eine **Ordnungsfrist** ist, da sich nicht ausschließen lässt, dass leistungsstarke Bewerber' sich erst nach Fristablauf melden.[458] Etwas anderes gilt nur dann, wenn der Dienstherr in der Stellenbeschreibung ausdrücklich darauf hinweist, dass verspätete Bewerbungen im weiteren Verfahren nicht mehr berücksichtigt werden können. Geht eine Bewerbung außerhalb der Bewerbungsfrist ein – für eine innerbetriebliche Stellenausschreibung ist ein Ausschreibungszeitraum von zwei Wochen hinrei-

454) BVerwG 17.8.2005 – 2 C 37.04 –, E 124, 99.

455) EuGH 22.4.2010 – C-486/08 –, ZTR 2010, 374.

456) LAG Hessen 8.4.2011 – 3 SaGa 343/11 –, juris Rn. 98.

457) Vgl. § 6 Abs. 1 Satz 4 BGleiG, § 8 Abs. 6 LGG NRW.

458) BayVGH 17.12.2009 – 3 CE 09.2494 –, juris; OVG Saarland 2.9.2005 – 5 P 2/04 –, PersR 2006, 392.

chend lang[459], so rechtfertigt dies im Rahmen einer pflichtgemäßen Ermessensausübung nur dann eine Ablehnung des Bewerbers', wenn das Auswahlverfahren bereits weit fortgeschritten bzw. die Auswahlentscheidung der Dienststelle bereits getroffen worden ist oder die Auswahlentscheidung anderenfalls unangemessen verzögert würde.[460] Da es sich nicht ausschließen lässt, dass Bewerbungen nach Ablauf der Bewerbungsfrist eingehen, ist es dem Dienstherrn grundsätzlich unbenommen, auch nach Ablauf der Bewerbungsfrist eingehende Bewerbungen in seine Auswahlentscheidung miteinzubeziehen. Insbesondere verletzt die Berücksichtigung einer nicht fristgerecht eingegangenen Bewerbung nicht den Bewerbungsverfahrensanspruch anderer Bewerber'.[461]

Zur Vermeidung eines Verfahrensfehlers sollten verspätete Bewerbungen grundsätzlich im weiteren Bewerbungsverfahren berücksichtigt werden. Frühester Zeitpunkt für einen Ausschluss einer verspäteten Bewerbung dürfte häufig das Beenden der Vorstellungsgespräche sein. Soweit der verspätete Bewerber' allerdings ohne größeren organisatorischen Aufwand noch zu einem Vorstellungsgespräch geladen werden kann, sollte dieser im weiteren Auswahlverfahren zur Vermeidung eines Verfahrensfehlers berücksichtigt werden.

8.8 Straf-, Disziplinar- und arbeitsrechtliche Verfahren

Wurde gegen einen Bediensteten' ein staatsanwaltschaftliches Ermittlungsverfahren, ein Strafverfahren oder gegen einen Beamten' ein Disziplinarverfahren zwar eingeleitet, aber noch nicht beendet, so kann der Dienstherr diesen vom weiteren Beförderungsverfahren wegen hinreichender Zweifel an der Befähigung und insbesondere an der persönlichen Eignung regelmäßig **ausschließen**.[462]

Soweit der Dienstherr im Vorfeld bereits ein **Disziplinarverfahren** gegen den Beamten' **eingeleitet** hat, würde er sich anderenfalls in Widerspruch zu seinem eigenen Verhalten setzen, wenn er einen solchen Beamten' vor der abschließenden Klärung des disziplinarrechtlichen Vorwurfs im Rahmen der Bestenauslese als Leistungsstärksten auswählen würde, obwohl er mit der Einleitung disziplinarrechtlicher Ermittlungen zu erkennen gegeben hat, dass Anlass besteht, die Amtsführung oder das persönliche Verhalten des Betreffenden in seinem bisherigen Status zu beanstanden. Der Beamte' kann sich in diesem Zusammenhang nicht auf die Verletzung des Beschleunigungsgebotes (vgl. etwa § 4 BDG) berufen, da die aus den disziplinarrechtlichen Vorwürfen resultierenden Zweifel an der Eignung des Bewerbers' allein deshalb nicht entfallen würden.[463] Nur in bestimmten Fallgruppen rechtfertigt ein laufendes Disziplinarverfahren den Ausschluss aus dem Bewerberkreis grundsätzlich nicht. Der Dienstherr muss indes auch außerhalb dieser Fallgruppen nicht zwingend von der ihm für den Regelfall eröffneten Möglichkeit Gebrauch machen, einen mit einem laufenden Disziplinarverfahren belasteten Beamten' von einem Beförderungsauswahlverfahren auszunehmen. Es steht vielmehr in seinem Ermessen, ob er sich unter Berücksichtigung der konkreten Umstände des jeweili-

---

459) BAG 6.10.2010 – 7 ABR 18/09 –, NZA 2011, 360.

460) OVG NRW 5.4.2002 – 1 B 1133/01 –, juris Rn. 13 ff.

461) BayVGH 28.4.2016 – 3 CE 16.583 –, juris Rn. 21.

462) OVG NRW 13.8.2020 – 6 B 904/20 –, juris; Schnellenbach/Bodanovic, Beamtenrecht, § 3 Rn. 68.

463) OVG NRW v. 19.9.2011 – 6 B 975/11 –, juris Rn. 4 f.

gen Einzelfalls für oder gegen einen Ausschluss entscheidet. Dabei steht ihm ein weiter Spielraum zu, welches Gewicht er den jeweiligen Umständen beimisst. Vor diesem Hintergrund hat allein er– und nicht das Gericht – in einem ersten Schritt darüber zu entscheiden, ob der betreffende Bewerber' (weiter) in das Auswahlverfahren einbezogen wird.[464]

Soweit ein Disziplinarverfahren mittels **sog. beschwerender Einstellungsverfügung**, d. h., der Dienstherr attestiert das Vorliegen eines Dienstvergehens und stellt gleichzeitig eine hypothetische Disziplinarmaßnahme fest, beendet wird (vgl. etwa § 32 Abs. 1 Nr. 3 i. V. m. §§ 14, 15 BDG oder die entsprechenden Landesvorschriften), hat der Dienstherr zu prüfen, ob der Beamte' mangels Ablauf einer angemessenen Bewährungszeit vom weiteren Auswahlverfahren auszuschließen ist. Ein Ausschluss ist etwa möglich, wenn Bewährungszeiten durch einen internen Erlass festgelegt worden sind.[465]

§ 14 BDG und die entsprechenden Disziplinargesetze der Länder sehen besondere Voraussetzungen für die Zulässigkeit von Disziplinarmaßnahmen nach Straf- oder Bußgeldverfahren vor.

Soweit gegen einen Beamten' im Straf- oder Bußgeldverfahren unanfechtbar eine Strafe, Geldbuße oder Ordnungsmaßnahme verhängt worden ist oder kann eine Tat nach § 153a Abs. 1 Satz 5 oder Abs. 2 Satz 2 StPO nach der Erfüllung von Auflagen und Weisungen nicht mehr als Vergehen verfolgt werden, darf wegen desselben Sachverhalts nach Abs. 1

- ein Verweis, eine Geldbuße oder eine Kürzung des Ruhegehalts nicht ausgesprochen werden,
- eine Kürzung der Dienstbezüge nur ausgesprochen werden, wenn dies zusätzlich erforderlich ist, um den Beamten' zur Pflichterfüllung anzuhalten.

Ist ein Straf- oder Bußgeldverfahren nicht nur eingestellt, sondern ist der Beamte' tatsächlich **rechtskräftig freigesprochen** worden, darf nach Abs. 2 wegen des Sachverhalts, der Gegenstand der gerichtlichen Entscheidung gewesen ist, eine Disziplinarmaßnahme nur ausgesprochen werden, wenn dieser Sachverhalt ein Dienstvergehen darstellt, ohne den Tatbestand einer Straf- oder Bußgeldvorschrift zu erfüllen.

Beispiel

S, Beamter der Bundesverwaltung, war verdächtig, Dateien, mit kinderpornographischem Inhalts, auf seinem Dienst-PC abgespeichert zu haben. Demnach bestand der hinreichende Verdacht, dass sich S nach § 184b StGB strafbar gemacht hat. Im Rahmen der Hauptverhandlung stellte sich allerdings heraus, dass nicht S, sondern A, der S bewusst schädigen wollte, die Dateien auf seinem PC abgespeichert hat. Dies war A möglich, weil S sein Zugangskennwort zum PC auf seinem Schreibtisch liegen gelassen hatte, obwohl die gültige Dienstvereinbarung, die S auch bekannt war, ausdrücklich vorsah, dass das Kennwort für Dritte unzugänglich aufzubewahren ist. Das Strafverfahren wurde eingestellt und S rechtskräftig freigesprochen.

Zwar hat sich S nicht nach § 184b StGB strafbar gemacht, gleichwohl hat er sich pflichtwidrig verhalten, da er gegen die Dienstanweisung verstoßen hat (§ 62 Abs. 1 Satz 2 BBG), sodass wegen des Verdachts eines Dienstvergehens (§ 77 Abs. 1 Satz 1 BBG) gegen S nach § 17 Abs. 1 Satz 1 BDG ein Disziplinarverfahren einzuleiten ist.

464) OVG NRW 28.1.2020 – 6 B 1120/19 –, IÖD 2020, 122; OVG NRW 30.10.2019 – 1 B 95/19 –, juris.

465) Vgl. etwa den Erlass des Bundesministeriums des Inneren v. 8.6.2004 zu den laufbahnrechtlichen Auswirkungen von Disziplinarverfahren und -maßnahmen – BGS I 3 – 660 234/12.

§ 15 BDG und die identischen Regelungen der Länder regeln **Disziplinarmaßnahmeverbote wegen Zeitablaufs.** Danach gilt Folgendes:

- Sind seit der Vollendung eines Dienstvergehens mehr als zwei Jahre vergangen, darf ein Verweis nicht mehr erteilt werden (Abs. 1).
- Sind seit der Vollendung eines Dienstvergehens mehr als drei Jahre vergangen, darf eine Geldbuße, eine Kürzung der Dienstbezüge oder eine Kürzung des Ruhegehalts nicht mehr ausgesprochen werden (Abs. 2).
- Sind seit der Vollendung eines Dienstvergehens mehr als sieben Jahre vergangen, darf auf Zurückstufung nicht mehr erkannt werden (Abs. 3).
- Die Fristen der Absätze 1 bis 3 werden durch die Einleitung oder Ausdehnung des Disziplinarverfahrens, die Erhebung der Disziplinarklage, die Erhebung der Nachtragsdisziplinarklage oder die Anordnung oder Ausdehnung von Ermittlungen gegen Beamte' auf Probe und Beamte' auf Widerruf nach § 34 Abs. 3 Satz 2 und § 37 Abs. 1 in Verbindung mit § 34 Abs. 3 Satz 2 des Bundesbeamtengesetzes unterbrochen (Abs. 4).
- Die Fristen der Absätze 1 bis 3 sind für die Dauer des Widerspruchsverfahrens, des gerichtlichen Disziplinarverfahrens, für die Dauer einer Aussetzung des Disziplinarverfahrens nach § 22 oder für die Dauer der Mitwirkung des Personalrats gehemmt. Ist vor Ablauf der Frist wegen desselben Sachverhalts ein Straf- oder Bußgeldverfahren eingeleitet oder eine Klage aus dem Beamtenverhältnis erhoben worden, ist die Frist für die Dauer dieses Verfahrens gehemmt (Abs. 5).

Beispiel

A, Beamter der Bundesverwaltung, hat in den Jahren 2009 und 2010 häufiger verspätet den Dienst aufgenommen. Erst über zwei Jahre später wurde das Fehlverhalten des A durch die Innenrevision aufgedeckt. Weitere Pflichtverletzungen hat A nicht begangen. Ein Schaden ist dem Dienstherrn insgesamt nicht entstanden.

Unter Würdigung der Gesamtumstände (§ 13 Abs. 1 BDG) könnte gegen A allenfalls ein Verweis (§ 6 BDG) ausgesprochen werden. Allerdings besteht nach § 15 Abs. 1 BDG ein entsprechendes Disziplinarmaßnahmeverbot, da seit der Vollendung des Dienstvergehens mehr als zwei Jahre vergangen sind. Der Dienstherr muss das Disziplinarverfahren daher nach § 32 Abs. 1 Nr. 3 BDG einstellen. Allerdings kann er in der Einstellungsverfügung das Dienstvergehen nebst hypothetischer Disziplinarmaßnahme feststellen.

In folgenden Fällen ist ein Ausschluss aus dem Auswahlverfahren nicht zulässig:

bei Einstellungsabsicht trotz laufenden Disziplinarverfahrens

Ein Ausschluss eines Beamten' aus dem weiteren Auswahlverfahren ist trotz laufenden Disziplinarverfahrens nicht möglich, wenn der Dienstherr bereits zu erkennen gegeben hat, das Disziplinarverfahren mangels hinreichenden Verdachts eines Dienstvergehens einzustellen (vgl. etwa § 32 Abs. 1 Nr. 1 BDG).

bei Absehen von der Disziplinarmaßnahme

Gleiches gilt, wenn der Dienstherr beabsichtigt, das Disziplinarverfahren unter Feststellung eines Dienstvergehens zu beenden, er gleichzeitig jedoch von der Verhängung einer Disziplinarmaßnahme absieht, weil diese nicht angezeigt ist (vgl. etwa § 32 Abs. 1 Nr. 2 BDG).

Ähnliche Vorgaben gelten im Hinblick auf den Grundsatz der Bestenauslese auch dann, wenn der **Arbeitgeber'** einem Bewerber', der im Rahmen eines Arbeitsverhältnisses beschäftigt ist, das Begehen von Pflichtverletzungen vorwirft. Mangels formellen Verfahrens ist der Arbeitgeber' gehalten, sorgsam zu prüfen, ob der Arbeitnehmer' im Hinblick auf die ihm vorgeworfenen Pflichtverletzungen, vom Stellenbesetzungsverfahren auszuschließen ist.

Ein **Ausschluss** vom Stellenbesetzungsverfahren ist insbesondere dann **gerechtfertigt**, wenn die Pflichtverletzungen eine ordentliche oder außerordentliche Kündigung rechtfertigen würden.

Gibt der Arbeitgeber' allerdings zu erkennen, dass er den Vorwurf pflichtwidrigen Verhaltens **nicht weiterverfolgen wolle**, so kann der Bewerber' vom weiteren Auswahlverfahren grundsätzlich nicht mehr ausgeschlossen werden.

Wurde gegen den Arbeitnehmer' im Vorfeld eine **rechtswirksame Abmahnung** ausgesprochen, kann der Arbeitgeber' diesen **nicht pauschal** vom weiteren Verfahren ausschließen. Vielmehr muss der Arbeitgeber' dann in jedem **Einzelfall** den von ihm attestierten Eignungsmangel des Bewerbers' ausreichend darlegen und begründen.

9 Planung der Eignungsbeurteilung

Ein weiteres Qualitätskriterium für Auswahlverfahren ist neben der Treff- und Rechtssicherheit die Wirtschaftlichkeit. Durch ein optimiertes Prozessmanagement sowie den Einsatz von Informationstechnik können die Kosten für Auswahlverfahren gesenkt und deren Dauer gekürzt werden.

9.1 Ziele und Qualitätskriterien der Eignungsbeurteilung

Mit Maßnahmen des Personalmarketings und mit Stellenausschreibungen wird versucht, für freie Stellen eine möglichst hohe Anzahl von Bewerbungen von potenziell geeigneten Bewerbern zu erhalten. Im Rahmen des Stellenbesetzungsverfahrens ist anschließend die Eignung der Bewerber' für die Vakanz zu beurteilen. Die Eignungsbeurteilung hat zwei Ziele:

- Feststellung der Mindesteignung der Bewerber',
- Reihung der Kandidaten', die über die Mindesteignung verfügen, nach dem Prinzip der Bestenauslese.

Im Mittelpunkt dieses Kapitels stehen Hinweise, wie der Prozess der Eignungsbeurteilung gestaltet werden sollte. (Zur dienstlichen Beurteilung siehe Kapitel 10.) Die Gestaltung dieses Prozesses ist abhängig von den in Kapitel 9 beschriebenen Fallkonstellationen. An dieser Stelle soll von der für die Eignungsbeurteilung aufwendigsten Fallkonstellation ausgegangen werden: Auf eine Vakanz haben sich eine Vielzahl von externen Bewerbern' beworben.

Kriterien[466] für die Qualität eines Stellenbesetzungs- oder Auswahlverfahrens sind:

- Treffsicherheit der Eignungsbeurteilung (Wie viele der eingestellten Bewerber' bewähren sich dauerhaft auf der Stelle?),
- Rechtssicherheit des Auswahlverfahrens,
- Kosten des Auswahlverfahrens, insbesondere Auszahlungen für erworbene Dienstleistungen sowie Aufwand für das Personalmanagement und andere am Verfahren beteiligte Personen,
- Dauer des Auswahlverfahrens,
- Akzeptanz des Auswahlprozesses einerseits durch die Bewerber', andererseits durch behördeninterne Interessengruppen,
- Werbewirkung des Auswahlverfahrens für potenzielle Bewerber'.

Durch die Planung des Prozesses der Eignungsbeurteilung werden wesentlich die Kriterien Kosten, Dauer, Akzeptanz und Werbewirkung beeinflusst. Durch die Art der eingesetzten eignungsdiagnostischen Verfahren (Kapitel 10 bis 13) sowie die eingesetzten Entscheidungsmodelle (Kapitel 14) wird vor allem die Treffsicherheit des Auswahlverfahrens bestimmt. Rechtliche Aspekte sind in allen Phasen des Stellenbesetzungsverfahrens bedeutsam.

466) König/Klehe/Berchthold/Kleinmann, International Journal of Selection and Assessment, S. 17 ff. (17)

9.2 Trichtermodell der Personalauswahl[467]

Sofern sich eine große Anzahl von Personen bewirbt, bietet sich ein gestufter Prozess an, bei dem schrittweise die Anzahl der infrage kommenden Bewerber' reduziert wird. Dabei werden zu Beginn des Prozesses Auswahlverfahren eingesetzt, die mit geringeren Kosten pro Bewerber', später diejenigen, die mit höheren Kosten pro Bewerber' verbunden sind (Trichtermodell der Personalauswahl, siehe Abbildung 9-1).

Abbildung 9-1: Trichtermodell der Personalauswahl[468]

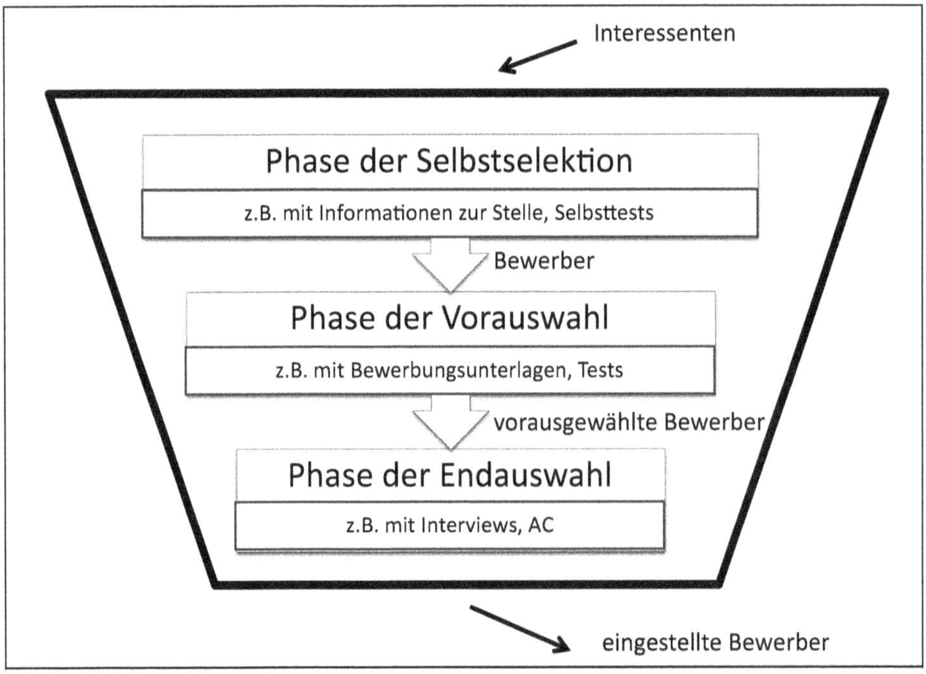

In der **Phase der Selbstselektion** werden Interessenten' angeregt, sich mit den Anforderungen der Vakanz auseinanderzusetzen und ihre Eignung einzuschätzen. Ungeeignete Interessenten' sollen eine Bewerbung unterlassen. Die Selbstselektion kann mit verschiedenen Maßnahmen angeregt werden. Eine einfach zu verwirklichende Möglichkeit ist die informative Darstellung der mit der freien Stelle verbundenen Aufgaben und Anforderungen. Dies kann z. B. in der Stellenausschreibung erfolgen. Eine weitere Möglichkeit ist, dass auf der Website der Behörde aktuelle Stelleninhaber' ihre Aufgaben beschreiben; auch Video-Clips können Interessenten' entscheidungsrelevante Informationen liefern. Des Weiteren können zum Zwecke der Selbstselektion auch anonyme Selbsttests durchgeführt werden. Bei diesen meist internetgestützten Tests erhält der Interessent' nach der Bearbeitung einen Hinweis, ob sich eine Bewerbung angesichts der Testergebnisse lohnen würde. Über einen Vorabtest der Stadt Köln wird berichtet[469], dass von denjenigen Interessenten',

467) Siehe auch Gourmelon/Seidel/Treier, Personalmanagement im öffentlichen Sektor, S. 89 ff.

468) Aus Gourmelon/Seidel/Treier, Personalmanagement im öffentlichen Sektor, S. 90

469) Gros, Internetgestützte Bewerberbeurteilung auf Basis biografischer Daten, S. 339 (333).

die ein negatives Testergebnis rückgemeldet bekamen, 54 Prozent auf eine Bewerbung verzichteten. Für diese ungeeigneten Interessenten' fielen folglich keine Kosten im Stellenbesetzungsverfahren an.

In der **Phase der Vorauswahl** sollen diejenigen Bewerber' identifiziert werden, die offensichtlich ungeeignet sind oder geringe Erfolgsaussichten haben. Diese Bewerber' sollen vom weiteren Stellenbesetzungsverfahren ausgeschlossen werden. Bewerber' mit eher guten Erfolgsaussichten gelangen in die Endauswahl. Angesichts der hohen Anzahl von Bewerbern' sind kostengünstige Auswahlverfahren einzusetzen. Es können z. B. Bewerbungsunterlagen analysiert (vor allem im Hinblick auf Qualifikationen und Noten) und Tests durchgeführt werden. Standardisierte Bewerbungsformulare stellen ein hilfreiches Instrument dar, da mithilfe dieser Formulare Eignungsentscheidungen schnell und objektiv getroffen werden können. Liegen die Angaben in elektronischer Form vor, können sie auch automatisiert mit Informationstechnik bearbeitet werden. Angesichts des § 54 Bundesdatenschutzgesetz ist es bei der Ablehnung von Bewerbern' empfehlenswert, eine automatisierte – also ausschließlich durch Informationstechnik herbeigeführte – Entscheidung durch eine natürliche Person kontrollieren zu lassen. Tests können vor Ort oder via Internet beim Bewerber' vorgegeben werden. „Bei Internetgestützten Testverfahren besteht das Problem, die Identität der Testbearbeiter zweifelsfrei festzustellen (bearbeitet der Bewerber oder dessen schlaue Freundin den Test?)".[470] Als Lösung dieses Problems wird vorgeschlagen, während der Phase der Endauswahl einen sehr ähnlichen Test vorzugeben. Der Bewerber' wird dann von der Endauswahl ausgeschlossen, sofern die Ergebnisse des zweiten Tests deutlich schlechter sind.

Ob Tests vor Ort oder internetgestützt durchgeführt werden, hängt neben der Frage nach der Identität des Testbearbeiters' auch von den Antworten auf folgende Fragen ab:

- Wie groß sind die Kapazitäten der Testdurchführung vor Ort? Können in kurzer Zeit alle Bewerber' untersucht werden?
- Steht für die Testdurchführung vor Ort genügend geschultes Aufsichtspersonal zur Verfügung? Wie viel Zeit wird ggf. für die Auswertung der Tests benötigt?
- Wie ist die technische Stabilität des internetgestützten Testsystems zu beurteilen? Wie wird mit Abbrüchen oder Abstürzen des Systems umgegangen? Sind die Testbedingungen für alle Bewerber' ähnlich?
- Wie hoch sind die Kosten der beiden Varianten? Müssen z. B. bei der Testung vor Ort den Bewerbern' die Reisekosten erstattet werden?
- Wie hoch ist der Aufwand für die Bewerber' einzuschätzen? Werden sie durch eine Testung vor Ort abgeschreckt? Wie ist der Werbeeffekt zu beurteilen?

Neuerdings gibt es die Möglichkeit, dass Bewerber' unter Zeitdruck kurze Videoclips erzeugen und diese via Internet an den Arbeitgeber übermitteln (sog. zeitversetzte Video-Interviews). Dieser kann sie anschließend nach bestimmten Kriterien auswerten. Zum Beispiel können Bewerber' über ihre Bewerbungsmotivation berichten oder ihren Lebenslauf erläutern. Bewerten lassen sich beispielsweise die Adäquatheit der Bewerbungsmotivation oder rhetorische Kompetenzen.

470) Gourmelon/Seidel/Treier, Personalmanagement im öffentlichen Sektor, S. 90.

Möglich sind auch Interviews via Telefon[471] oder Videosystemen wie z. B. Skype, Zoom.

Entscheidungen sollten auch in der Phase der Vorauswahl nicht „aus dem Bauch heraus", sondern auf Grundlage von vorab festgelegten Entscheidungsregeln getroffen werden.

Phase der Endauswahl: Nachdem in der Vorauswahl die besten Bewerber' festgestellt wurden, werden diese zur Endauswahl zugelassen. Bei der Zulassung zur Endauswahl gibt es für einige Personengruppen gesetzliche Regelungen zu beachten.

Beispiele

- Haben sich schwerbehinderte Menschen beworben oder sind sie von der Bundesagentur für Arbeit oder einem von dieser beauftragten Integrationsfachdienst vorgeschlagen worden, werden sie gemäß § 165 Satz 3 Sozialgesetzbuch IX vom öffentlichen Arbeitgeber zu einem Vorstellungsgespräch eingeladen. Eine Einladung ist entbehrlich, wenn die fachliche Eignung offensichtlich fehlt.
- In Bereichen, in denen Frauen unterrepräsentiert sind, sind nach § 9 Abs. 1 Landesgleichstellungsgesetz NRW mindestens ebenso viele Frauen wie Männer oder alle Bewerberinnen zum Vorstellungsgespräch einzuladen, wenn sie die geforderte Qualifikation für die Besetzung des Arbeitsplatzes oder des zu übertragenden Amtes erfüllen (ähnlich: § 7 Abs. 1 Gesetz für die Gleichstellung von Frauen und Männern in der Bundesverwaltung und in den Unternehmen und Gerichten des Bundes).

Die Endauswahl ist so zu gestalten, dass in der zur Verfügung stehenden Zeit **ein Maximum eignungsdiagnostischer Informationen** über den Bewerber' erhoben wird. Beispielsweise gelingt dies durch den zeitlich parallelen Einsatz von Arbeitsproben und Interviews: Während ein Bewerber' interviewt wird, kann ein zweiter Bewerber' in einem gesonderten Raum eine schriftliche Aufgabe bearbeiten.

Des Weiteren ist auf die Akzeptanz des Auswahlprozesses durch die Bewerber' zu achten.[472] Hierfür ist zum einen die Wahl und Gestaltung der eignungsdiagnostischen Verfahren entscheidend. Zum anderen sind folgende Aspekte zu berücksichtigen:

- Bewerber' werden über erfolgskritische Anforderungen und den Ablauf des Auswahlverfahrens informiert.
- Der Bewerber' weiß, wann und zu welchem Zweck Daten über ihn erhoben werden. Er wirkt freiwillig am Auswahlverfahren mit und kann seine Teilnahme jederzeit beenden.
- Den Bewerbern' ist bekannt, wer seitens des Arbeitgebers' am Auswahlverfahren mitwirkt und wie seine Daten genutzt werden.
- Während des Auswahlverfahrens wird von der Auswahlkommission eine neutral-wohlwollende Atmosphäre erzeugt. Pausen werden ausreichend eingeplant.
- Ergebnisse des Auswahlverfahrens werden den Bewerbern' auf Nachfrage nachvollziehbar und verständlich erläutert.

Bedeutsam ist des Weiteren die Akzeptanz des Auswahlverfahrens durch Interessengruppen, wie z. B. den Personalrat, der Gleichstellungsbeauftragten, der Vertrau-

471) Dlugosch, Das Telefoninterview, S. 217 ff.

472) Siehe hierzu Schuler, Psychologische Personalauswahl, S. 370 f.

ensperson der schwerbehinderten Menschen oder Führungskräften aus der Linie. Um diese Akzeptanz zu erlangen, sollten diese Interessengruppen frühzeitig in die Entwicklung und Gestaltung des Auswahlverfahrens eingebunden werden.

Üblicherweise werden in Behörden und Kommunalverwaltungen Auswahlkommissionen gebildet, die die Aufgabe haben, die Eignung der Bewerber' festzustellen und eine Rangfolge der geeigneten Bewerber' zu bilden. Stimmberechtigt sollten zumindest Mitarbeiter' des Personalmanagements sowie die von der Stellenbesetzung betroffenen Führungskräfte sein. Nach § 9 Abs. 2 des Landesgleichstellungsgesetzes NRW sollte die Hälfte der Mitglieder Frauen sein. Die Gleichstellungsbeauftragte, die Vertrauensperson für schwerbehinderte Menschen und der Personalrat' haben ggf. das Recht an den Sitzungen der Auswahlkommission teilzunehmen. Die Mitglieder der Auswahlkommissionen sind angesichts der Regelungen der DIN 33430 für ihre Aufgabe zu schulen.

9.3 Anonymisierte Bewerbung: Fragen und Antworten

Frage: ***Worin liegen die Chancen, wo die Schwierigkeiten anonymisierter Bewerbungsverfahren?***[473]

Antwort: „Anonymisierte Bewerbung(sverfahren)" ist eine **Form der Vorauswahl** von Bewerbenden, bei der den Auswählenden keine Angaben über ethnische Herkunft, Religion, Alter, Behinderung u. Ä. m. (geschützte Merkmale nach § 1 AGG) der Bewerbenden zur Verfügung gestellt werden. Auch Informationen, die einen (auch vermeintlichen) Rückschluss auf diese Merkmale zulassen, werden zurückgehalten. Es ist darauf hinzuweisen, dass es hinsichtlich des Grads der Anonymisierung unterschiedliche Auffassungen gibt.

Chancen von anonymisierten Bewerbungsverfahren sind:

- Benachteiligungen von Bewerbenden können auf der Ebene der Vorauswahl vermieden werden[474] – diese Aussage bezieht sich aber nur auf diejenigen Verwaltungen, deren Vorauswahlverfahren nicht dem fachlichen Standard entsprechen. Eine Studie der Universität Konstanz machte deutlich, dass Bewerber' mit türkisch klingendem Namen geringere Chancen auf eine Einladung zu einem Vorstellungsgespräch haben.[475] Diese Benachteiligungen erfolgen oftmals nicht bewusst. Eine hohe Anzahl von Bewerbungen, umfangreiche Bewerbungsunterlagen und Zeitdruck können bei den Personalauswählenden dazu führen, dass eine genaue Analyse der Unterlagen unterbleibt und man sich vermehrt auf sein Bauchgefühl verlässt. Dann jedoch ist die Gefahr groß, Opfer seiner Stereotype/Klischees bzw. des eigenen „Schubladendenkens" zu werden. Bei Personalauswahlverfahren hingegen, die dem fachlichen Standard entsprechen, haben anonymisierte Bewerbungsverfahren keinen Effekt – die Medizin zeigt ihre Wirkung beim Kranken', nicht beim Gesunden'!

---

473) Gourmelon, „Anonymisierte Bewerbungen als Element interkultureller Öffnung? http://www.rehmnetz.de/personalmanagement-blog/anonymisierte-bewerbungen-als-element-der-interkulturellen-oeffnung/ Abruf am 2. April 2016.

474) Krause/Rinne/Zimmermann/Böschen/Alt, Pilotprojekt „Anonymisierte Bewerbungsverfahren", S. 13.

475) Agthe/Spörrle, Personalmagazin, S. 17 (16).

- Die Diskussion um anonymisierte Bewerbungsverfahren veranlasst manche Personalauswählende, ihre Auswahlverfahren zu hinterfragen und ggf. an den fachlichen Standard anzupassen.

Schwierigkeiten anonymisierter Bewerbungsverfahren:

- Bei manchen Formen des anonymisierten Bewerbungsverfahrens (z. B. manuelles Schwärzen von Bewerbungsunterlagen) entsteht ein erheblicher Mehraufwand.
- Vom Gesetzgeber geforderte Bevorzugungen von Frauen (z. B. nach § 9 Abs. 1 LGG) oder von schwerbehinderten Menschen (z. B. § 165 SGB IX) im Auswahlverfahren sind nur mit hohem Aufwand realisierbar.
- Auswahlverfahren, bei denen eine unterschiedliche Behandlung von Frauen/Männern, Behinderten usw. wegen beruflicher Anforderungen (§ 8 AGG) zulässig ist, werden durch anonymisierte Bewerbungen erheblich erschwert. Entsprechendes gilt auch für eine zulässige unterschiedliche Behandlung wegen des Alters (§ 10 AGG).

***Frage:* In welchen Beschäftigungszusammenhängen sind anonymisierte Bewerbungsverfahren besonders geeignet, in welchen weniger?**

Antwort: Anonymisierte Bewerbungsverfahren können vor allem bei der Auswahl von Nachwuchskräften sinnvoll sein, darüber hinaus auch bei Stellen, die niedrige Anforderungen an die Stelleninhaber‘ stellen (z. B. un- oder angelernte Kräfte). Bei derartigen Auswahlverfahren gibt es oftmals wenig objektive Kriterien, die sich aus den Bewerbungsunterlagen erschließen und an denen die Vorauswahl ansetzen könnte. Ohne anonymisierte Bewerbungen (oder den Einsatz von Testverfahren) besteht hier die Gefahr, dass subjektive Überzeugungen und Stereotype der Auswählenden die Auswahlentscheidung beeinflussen.

Anonymisierte Bewerbungsverfahren sind überflüssig, sofern eine Vorauswahl der Bewerbenden nicht stattfindet, also alle Bewerbenden z. B. zu einem Interview oder Assessment-Center eingeladen werden.

Die Verwirklichung von anonymisierten Bewerbungsverfahren ist bei der Besetzung von Stellen mit sehr hohen Anforderungen an die Sozial- und Managementkompetenzen der Bewerbenden schwierig und deshalb wenig geeignet. Bei berufserfahrenen Bewerbenden lässt sich nämlich eine wirksame Anonymisierung kaum gewährleisten.

Beispiel

Es soll eine Führungsposition besetzt werden. Vorausgesetzt werden umfangreiche Führungserfahrungen. Schon aus der Angabe, dass ein Bewerber‘, langjährig für mehrere Arbeitgeber‘, darunter auch die Bundeswehr, Führungsaufgaben wahrgenommen hat, mag die oder der Personalauswählende schließen, dass es sich um einen männlichen Bewerber vermutlich ohne Migrationshintergrund handelt. Darüber hinaus ist bei der Besetzung von Vakanzen mit sehr hohen Anforderungen oftmals nicht auszuschließen, dass einzelne Bewerber‘ den Auswählenden persönlich bekannt sind. Auch in diesen Fällen ist eine Anonymisierung kaum zu gewährleisten. Hier empfiehlt sich ebenfalls eine Vorauswahl, die u. a. auf objektive Kriterien und explizite Entscheidungsregeln setzt, also dem fachlichen Standard entspricht.

Frage: Auf welche Weise und in welchem Umfang wird die Anonymisierung der Bewerbungen üblicherweise vorgenommen? Wird die Personalauswahl aufwendiger?

Zur Realisierung anonymisierter Bewerbungen gibt es inzwischen eine Reihe von praxiserprobten Vorschlägen. Die Spannweite reicht von der Schwärzung bestimmter Angaben in den Bewerbungsunterlagen bis dahin, dass Bewerbungen nur noch mittels im Internet hinterlegter Bewerbungsformulare erfolgen. Dabei muss die Vorauswahl nicht aufwendiger oder teurer werden. Allerdings muss einiges an „Hirnschmalz" investiert werden: So müssen sich die Auswählenden darüber im Klaren sein, nach welchen Bewerber'merkmalen die Vorauswahl erfolgen soll und wie diese Merkmale weitgehend objektiv erhoben werden können. In einigen Fällen wird diese Rationalisierung zu einer effizienteren Vorauswahl führen.

Es ist darauf hinzuweisen, dass viele Verwaltungen auf eine Vorauswahl unter Nutzung von objektiven Kriterien und expliziten Entscheidungsregeln setzen. Bei diesem Vorgehen sind anonymisierte Bewerbungsverfahren entbehrlich, da Benachteiligungen dann regelmäßig nicht erfolgen.

Frage: Können anonymisierte Bewerbungsverfahren wirkungsvolle Instrumente sein, um den Anteil von Beschäftigten mit Migrationshintergrund zu erhöhen?

Antwort: Die verpflichtende Durchführung von anonymisierten Bewerbungsverfahren würde den Effekt haben, dass ...

- in Verwaltungen, deren Auswahlverfahren nicht dem fachlichen Standard entsprechen und deren Personalauswählende negative Ressentiments gegenüber Bewerbenden mit Migrationshintergrund haben, mehr Bewerbende mit Migrationshintergrund zu Interviews eingeladen würden. Ob sich diese dann in den anschließenden Interviews durchsetzen könnten, ist fraglich. In Interviews, die nicht dem fachlichen Standard entsprechen, sind Personalauswählende gefährdet, Opfer ihrer Vorbehalte und Stereotype zu werden.
- in Verwaltungen, deren Auswahlverfahren nicht dem fachlichen Standard entsprechen und die Bewerbende mit Migrationshintergrund fördern wollen, eine Positiv-Auswahl von Migranten' nicht mehr möglich ist und so weniger Migranten' zum Bewerbungsgespräch eingeladen würden. Der Wunsch nach Bevorzugung von Bewerbenden mit Migrationshintergrund könnte sich weiterhin in den weiteren Elementen des Auswahlverfahrens auswirken.
- in Verwaltungen, deren Auswahlverfahren dem fachlichen Standard entsprechen, sich die Einladungs- und Einstellungsquote von Migranten' nicht ändern würde.
- es in vielen Verwaltungen zu einer Diskussion über und Sensibilisierung für Belange von Bewerbenden und Beschäftigten mit Migrationshintergrund käme. Dies könnte langfristig zu besseren Personalmarketing-Maßnahmen, optimierten Auswahlinstrumenten sowie Fördermaßnahmen und auf diese Weise zu einer Erhöhung des Migranten'anteils führen.

Die Gesamtwirkung ist angesichts der aktuellen Datenlage schwierig einzuschätzen. Die Verfasser gehen insgesamt davon aus, dass flächendeckend durchgeführte anonymisierte Bewerbungen in direkter Wirkungsweise nicht oder maximal in einem sehr geringen Maße zu mehr Migranten' in Interviews und nicht oder maximal zu einer kleinen Erhöhung der Anzahl der Beschäftigten mit Migrationshintergrund führen würde.

Hinzuweisen ist auf das Pilotprojekt „Anonyme Bewerbung“ in Nordrhein-Westfalen.[476] Hier sank der Anteil der Bewerber‘ mit Migrationshintergrund in der anonymen Phase und stieg erst wieder bei der Einstellungsentscheidung beim nicht mehr anonymen Bewerbungsgespräch.

***Frage:** Welche Reaktionen gibt es von Bewerbern‘ (mit und ohne Zuwanderungsgeschichte) auf das anonymisierte Bewerbungsverfahren?*

Antwort: Erste systematisch erhobene Daten zu diesem Thema liefert der Abschlussbericht des Pilotprojekts „Anonymisierte Bewerbungsverfahren“.[477] Hiernach präferiert eine Mehrheit von 48 Prozent der befragten Bewerber‘ das anonymisierte Verfahren, 22 Prozent haben keine Präferenz, 31 Prozent der befragten Bewerber‘ ziehen das herkömmliche, nicht anonymisierte Verfahren vor. Bewerber‘ mit Migrationshintergrund neigen in einem stärkeren Maße zu einer Bevorzugung des anonymisierten Verfahrens, rund 19 Prozent der Bewerber‘ mit Migrationshintergrund bevorzugen das herkömmliche Verfahren. Diese Daten sind vorsichtig zu interpretieren, da sich von 4.700 Bewerbenden nur 420 (9 Prozent) zu diesem Thema geäußert haben.

Zulässig ist einstweilen wohl folgende Interpretation: Sowohl bei den Bewerbenden mit als auch bei den Bewerbenden ohne Zuwanderungsgeschichte gibt es zustimmende und ablehnende Haltungen zu anonymisierten Bewerbungsverfahren.

9.4 Unterstützung durch Informations- und Kommunikationstechnik

Durch den Einsatz von Informations- und Kommunikationstechnik können Stellenbesetzungsverfahren mannigfach unterstützt werden.[478] Der Anwendungsbereich des „E-Recruitments“ reicht dabei vom Personalmarketing, über die Unterstützung der Selbstselektion bis hin zur Entscheidungsfindung. Beispiele für E-Recruitment in einzelnen Prozesselementen des Stellenbesetzungsverfahrens sind in Abbildung 9-2 aufgelistet.

***Abbildung 9-2:** Beispiele für IT-Unterstützung im Stellenbesetzungsverfahren.*[479]

Tätigkeit im Rahmen des Stellenbesetzungsverfahrens	Beispiele für IT-Unterstützung
Personalmarketing	Nutzung von Audio- und Videomedien zur Darstellung von Stellen und Organisationen, Informationen auf der Website der Behörde, Blogs, Chats
Stellenanzeigen/Ausschreibungen	Nutzung von Internetjobbörsen wie meinestadt.de, monster.de, laufbahner.sueddeutsche.de, Interamt.de

476) Kraska/Ciekanowski, Abschlussbericht Pilotprojekt „Anonymisierte Bewerbung“ NRW, S. 33 f.

477) Krause/Rinne/Zimmermann/Böschen/Alt, Pilotprojekt „Anonymisierte Bewerbungsverfahren“, S. 19.

478) Fischer, IT-gestütztes Personalmanagement, S. 25 ff.

479) Aus Gourmelon/Seidel/Treier, Personalmanagement im öffentlichen Sektor, S. 93 f.

Tätigkeit im Rahmen des Stellenbesetzungsverfahrens	Beispiele für IT-Unterstützung
Selbstselektion von Interessenten, Vorauswahl	Online-Tests, Bewerbungsformulare im Internet, automatisierte Vorauswahlentscheidungen, Einsatz von Künstlicher Intelligenz
Übermittlung von Bewerbungen	Bewerbung per E-Mail, automatisierte Bestätigungsschreiben per E-Mail, Online-Bewerbungen
Einladung/Absage von Bewerbern	Bewerbermanagementsysteme
Auswahlverfahren	IT-gestützte Tests, IT-gestützte Postkörbe, Software zur optimierten Planung und Organisation von Assessment-Centern (z. B. „AC-pilot")
Entscheidungsfindung	IT-gestützte Erstellung von Bewerber'-Ranglisten aufgrund der Ergebnisse eignungsdiagnostischer Verfahren

Des Weiteren gibt es Produkte, die nicht einzelne Elemente des Stellenbesetzungsverfahrens, sondern den Gesamtprozess softwaretechnisch optimieren. Die Stadt Magdeburg[480] und einzelne Organisationseinheiten der Bundeshauptstadt Berlin[481] nutzten beispielsweise das Produkt interamt.de von Vivento/Deutsche Telekom AG. Mit diesem Produkt können unter anderem Stellenangebote online ausgeschrieben, Bewerbungsbogen vorgegeben, papierlose Bewerbungen empfangen und bestätigt, psychologische Tests online durchgeführt, Serien-E-Mails und -Briefe versandt und alle Verfahrensschritte dokumentiert werden. Es wird von deutlichen Kosteneinsparungen berichtet.

9.5 Evaluation von Auswahlverfahren

In regelmäßigen Abständen sind Auswahlverfahren zu evaluieren. Dabei kann z. B. die Treffsicherheit, die Fairness (Benachteiligungsfreiheit) gegenüber bestimmten Personengruppen oder die Wirtschaftlichkeit des Verfahrens geprüft werden. Die Erfordernisse der Evaluation sind bereits bei der Planung zu berücksichtigen.

Insbesondere die Überprüfung der Treffsicherheit von eignungsdiagnostischen Verfahren setzt voraus, dass Bewerber'daten langfristig gespeichert werden. Zu einem späteren Zeitpunkt sind diese Daten mit beruflichen Bewährungs- und Zufriedenheitsdaten statistisch zu verknüpfen. Die Speicherung und Verarbeitung von Bewerber'daten dient im Zusammenhang mit der Überprüfung der Treffsicherheit dem Zweck, Fehlurteile über die Eignung von Bewerbern' zu minimieren. Unter günstigen Bedingungen können Bewerber'daten anonymisiert werden. Das Einverständnis der Bewerber' zur Datenverarbeitung und -speicherung zum Zwecke der Evaluation sollte vorab eingeholt werden.

Beispiele für **gelungene Evaluationen** von Auswahlverfahren im öffentlichen Sektor sind dokumentiert: So hat Kersting[482] den Nutzen eines **Assessment-Centers** überprüft, mit dem Polizeibeamte' für den Aufstieg vom gehobenen in den höheren

480) dbb regional magazin, Neue Personalinstrumente in Magdeburg: Wir stellen ein.

481) Pusacker, Interamt entlastet Berlin, S. 46 (46).

482) Kersting, Profit durch Personalauswahl, S. 33 ff.

Dienst ausgewählt wurden. Insgesamt 560 Bewerber' durchliefen das AC, 112 Bewerber' wurden zum Studium an der Polizei-Führungsakademie in Münster-Hiltrup zugelassen. Die von den Bewerbern' im AC erzielten Ergebnisse wurden mit den Abschlussnoten des Studiums statistisch verrechnet. Dabei ergab sich eine Vorhersagegüte (prognostische Validität) von r = 0,46. Unter Berücksichtigung dieser Validität, der Kosten des AC (1.500 Euro pro Bewerber') und weiterer Größen konnte ermittelt werden, dass das Assessment-Center gegenüber einem unstrukturierten Interview einen Nutzenzuwachs von rund 19 Millionen Euro aufwies.

10 Dienstliche Beurteilungen

Der Auswahlentscheidung des Dienstherrn liegt im Falle einer Bewerberkonkurrenz zwischen Beamten' regelmäßig eine Auswertung der vorliegenden dienstlichen Beurteilungen zugrunde. Dienstliche Beurteilungen spielen zudem für eine rechtssichere Auswahlentscheidung in statusgemischten Auswahlverfahren, zu denen Beamte' und Arbeitnehmer zugelassen sind, eine wesentliche Rolle. (Zur Planung der Eignungsbeurteilung siehe Kapitel 9.)

10.1 Begriff der dienstlichen Beurteilung

Der **Begriff der dienstlichen Beurteilung**[483] setzt Folgendes voraus:

- eine schriftliche dienstliche Äußerung des Beurteilers',
- Gegenstand der Äußerung sind die erbrachten fachlichen Leistungen des Beurteilten bzgl. seiner Eignung und Befähigung,
- wesentlich sind die Arbeitsergebnisse,
- zeitlicher Maßstab ist ein festgesetzter Beurteilungszeitraum.

Die dienstliche Beurteilung eines Beamten' **dient** der Verwirklichung des mit Verfassungsrang ausgestatteten Grundsatzes, Beamte' nach Eignung, Befähigung und fachlicher Leistung einzustellen und zu befördern (Art. 33 Abs. 2 GG). Ihr Ziel ist es, die den Umständen nach optimale Verwendung des Beamten' zu gewährleisten und so die im öffentlichen Interesse liegende Erfüllung hoheitlicher Aufgaben durch Beamte (Art. 33 Abs. 4 GG) bestmöglich zu sichern. Zugleich dient die dienstliche Beurteilung dem berechtigten Anliegen des Beamten', in seiner Laufbahn entsprechend seiner Eignung, Befähigung und fachlichen Leistung voranzukommen. Die dienstliche Beurteilung soll den Vergleich mehrerer Beamter' miteinander ermöglichen. Ihre wesentliche Aussagekraft erhält sie erst aufgrund ihrer Relation zu den Bewertungen in den dienstlichen Beurteilungen anderer Beamter'. Daraus folgt, dass die Beurteilungsmaßstäbe gleich sein und gleich angewendet werden müssen.[484]

Die Notwendigkeit von dienstlichen (Regel-)Beurteilungen wird durch die jeweils einschlägigen beamten-rechtlichen Regelungen[485] vorausgesetzt. Die Tarifverträge im öffentlichen Dienst sehen keine Verpflichtung des Arbeitgebers' zur regelmäßigen dienstlichen Beurteilung der Arbeitnehmer' vor. Gleichwohl können zur Wahrung des Leistungsgrundsatzes auch die Arbeitnehmer' entsprechend den beamtenrechtlichen Vorgaben beurteilt werden. In welcher Form der Arbeitgeber' den notwendigen Leistungsvergleich unter den Bewerbern' vornimmt, bleibt allerdings so lange seiner Gestaltung überlassen, wie ihm nicht gesetzliche Vorschriften ein bestimmtes Verfahren vorschreiben. Das Prinzip der Bestenauslese und die Chancengleichheit sämtlicher Bewerber' verlangen allerdings ein Mindestmaß an

483) Zwischen- und Abschlusszeugnisse der Beamten auf Widerruf im Vorbereitungsdienst sind keine dienstlichen Beurteilungen, vgl. Art. 54 Abs. 2 BayLlbG, § 50 Abs. 2 ThLVO. (Selbiges gilt für Dienstzeugnisse, vgl. § 85 BBG.)

484) BVerwG 26.9.2012 – 2 A 2.10 –, NVwZ-RR 2013, 54.

485) Vgl. z. B. § 21 BBG, § 93 LBG NRW, § 44 NLVO, Art. 54 LlbG.

verfahrensrechtlichen Vorkehrungen. Dazu gehören für die Bewertung der Leistungen ein einheitlicher Bewertungsmaßstab sowie ein möglichst gemeinsamer Stichtag für die Durchführung der Bewertung.[486] Ferner muss der Leistungsvergleich zeitnah zur Auswahlentscheidung erfolgen, damit noch eine sachgerechte Prognoseentscheidung, welcher der Bewerber' für die künftigen Aufgaben am besten geeignet sein wird, getroffen werden kann.[487] Soweit der Dienstherr das Bewerberfeld sowohl für **Beamte'** als auch für **Arbeitnehmer'** öffnet, ist es nach überwiegender und richtiger Auffassung für einen sachgerechten Leistungsvergleich unerlässlich, von allen Bewerbern' dienstliche Beurteilungen anzufordern.

Wichtig!

Ausschließlich die dienstliche Beurteilung gewährleistet die hinreichende Berücksichtigung der zurückliegenden fachlichen Leistung der Bewerber'. Sie dient damit auch der Mitarbeiter'motivation. Strukturierte Auswahlgespräche, Assessment Center u. ä. können hingegen lediglich eine Momentaufnahme wiedergeben und sind zudem regelmäßig dienstposten- und zukunftsbezogen. Dies widerspricht aber gerade den Vorgaben der höchstrichterlichen Rechtsprechung[488], nachdem Beförderungsentscheidungen und damit auch der Beurteilungsmaßstab statusamtsbezogen sind, da dem Beamten' durch die Ernennung ein höherwertiges Statusamt übertragen wird und im Hinblick auf die bestehende laufbahnrechtliche Befähigung regelmäßig davon auszugehen ist, dass der Beamte' zumindest nach einer angemessenen Einarbeitungszeit alle Aufgaben der Laufbahn zufriedenstellend wahrnehmen kann. Zudem müssen sich alle Beamten vor einer Beförderung in ein höherwertiges Statusamt im Rahmen einer Erprobungszeit bei Wahrnehmung der höherwertigen Aufgaben tatsächlich bewähren. Dementsprechend entspricht ein System von Regelbeurteilungen dem Leistungsprinzip des Art. 33 Abs. 2 GG in besonderer Weise, da sowohl die fachliche Leistung auf dem bisherigen Dienstposten als auch diejenige auf dem noch abschließend zu übertragenden höherwertigen Beförderungsdienstposten berücksichtigt wird.

Vorbereitende dienstliche Stellungnahmen und Besetzungsberichte sind weder selbst eine dienstliche Beurteilung noch werden sie Teil einer entsprechenden Beurteilung.

Wichtig!

Die dienstliche Beurteilung ist **kein Verwaltungsakt**. Dementsprechend kann diese auch in einem (späteren) Konkurrentenstreitverfahren auf ihre Rechtmäßigkeit überprüft werden.[489]

Dienstliche Beurteilungen sind regelmäßig ausreichend zu begründen. Dies folgt aus dem Rechtsstaatsprinzip (Art. 20 Abs. 3 GG), dem Gebot effektiven Rechtsschutzes (Art. 19 Abs. 4 Satz 1 GG) sowie unmittelbar aus Art. 33 Abs. 2 GG.[490]

10.2 Beurteilungskonkurrenzen

Nach der ständigen Rechtsprechung des **Bundesverfassungsgerichts** und des **Bundesverwaltungsgerichts** haben dann, wenn mehrere verbeamtete Bewerber' den Anforderungskriterien gerecht werden und deshalb über die erforderliche Eignung

486) BAG 28.5.2002 – 9 AZR 751/00 –, NZA 2003, 324.

487) LAG Berlin-Brandenburg 28.6.2012 – 25 SaGa 863/12 –, juris Rn. 41.

488) Vgl. etwa BVerwG 9.5.2019 – 2 C 1/18 –, E 165, 305 = Schütz/Maiwald BeamtR ES/D I 2 Nr. 154 zum Erfordernis einer Anlassbeurteilung in einem Regelbeurteilungssystem.

489) BayVGH 30.11.2015 – 6 ZB 15.2148 –, juris Rn. 9.

490) BVerwG 17.9.2015 – 2 C 27.14 –, juris Rn. 12.

für den Dienstposten verfügen, – in der Regel durch dienstliche Beurteilungen ausgewiesene – Abstufungen der Qualifikation Bedeutung.[491] Zur Ermittlung des Leistungsstands konkurrierender Bewerber' ist dabei in erster Linie auf die zum Zeitpunkt der Auswahlentscheidung aktuellsten Beurteilungen abzustellen, weshalb der **letzten dienstlichen Beurteilung regelmäßig eine ausschlaggebende Bedeutung** zukommt.[492]

Wird keine dienstliche Beurteilung oder ein vergleichbares Beurteilungssurrogat erstellt, fehlt es schon an einer Grundlage für die Vergabe der streitigen Beförderungsstellen nach Maßgabe des Leistungsgrundsatzes und der Bewerbungsverfahrensanspruch ist verletzt.[493]

Hinweis!

Nach der Rechtsauffassung des **Bundesarbeitsgerichts** kommt Vorstellungsgesprächen mehr als ein nur „begrenzter Erkenntniswert" zu. Der **öffentliche Arbeitgeber'** kann sich im Rahmen der ihm obliegenden Pflicht zur Prüfung der Eignung eines Bewerbers' auch durch ein Vorstellungsgespräch ein Bild von dessen Persönlichkeit verschaffen.[494] Allerdings ist der öffentliche Arbeitgeber' verpflichtet, die Auswahlentscheidung anhand dienstlicher Beurteilungen vorzunehmen, wenn er sich selbst, etwa durch Beurteilungsrichtlinien, entsprechend gebunden hat.[495] Soweit Arbeitnehmer' mit Beamten' um Beförderungsdienstposten konkurrieren, bedarf es allerdings für alle Bewerber' einer hinreichend aussagekräftigen und aktuellen dienstlichen Beurteilung, um dem verfassungsrechtlichen Prinzip der Bestenauslese i. S. d. Art. 33 Abs. 2 GG zu genügen. In diesen Fällen gebietet der Grundsatz der hinreichenden Vergleichbarkeit der Leistungen der Bewerber' unterschiedlicher Statusgruppen untereinander ein einheitliches Regelbeurteilungssystem.

Hinsichtlich der **inhaltlichen Ausgestaltung eines Auswahlgespräches** (denkbar sind diese, soweit lediglich Arbeitnehmer' untereinander konkurrieren bzw. in gemischten Verfahren zur Abrundung des Gesamturteils, etwa bei im Wesentlichen gleichen Bewerbungen) und hinsichtlich der Kriterien für die Bewertung ihrer Ergebnisse steht dem Dienstherrn ein Ermessen zu. Insoweit muss jedoch gewissen qualitativen Mindestanforderungen entsprochen werden. Es ist notwendig, dass die Bewerber' bei dem Gespräch genügend Zeit und Gelegenheit erhalten, um einerseits ihre Persönlichkeit und ihre fachlichen Fähigkeiten und Leistungen darzustellen sowie andererseits zugleich eigene Ideen und Konzepte für die zu übertragende Aufgabe entwickeln zu können. Um die gebotene Chancengleichheit zu gewährleisten, ist ein einheitlich gehandhabter, möglichst strukturierter Frage- und Bewertungsbogen, der sich an dem Anforderungsprofil orientiert, besonders wichtig. Je mehr die dort enthaltenen Fragen/Aufgaben in Abgrenzung zu einem allgemeinen „Vorstellungsgespräch" an dem Anforderungsprofil der konkret zu besetzenden Stelle orientiert werden, umso stärker kann den Antworten/Lösungen Bedeutung für die konkrete Eignungsprognose zugemessen werden. Auch ist sicherzustellen, dass sich die Bewertung an festgelegten Kriterien orientiert (z. B. Fragebogen/Punktekatalog). Dabei ist es erforderlich, dass der Dienstherr auch die Personalakten der Bewerber' hinzuzieht, um feststellen zu können, ob und inwieweit die

---

491) BVerwG 26.3.2015 – 1 WB 44.14 –, juris Rn. 36.

492) BVerfG 16.12.2015 – 2 BvR 1958/13 –, ZTR 2016, 170; BVerwG 27.8.2015 – 1 WB 59.14 u. a. –, juris Rn. 38.

493) OVG NRW 27.4.2016 – 1 A 184/15 –, juris Rn. 30.

494) BAG 7.9.2004 – 9 AZR 537/03 –, ZTR 2005, 205; LAG Rheinland-Pfalz 15.12.2015 – 7 Sa 134/15 –, juris Rn. 104.

495) LAG Rheinland-Pfalz 20.8.2015 – 2 SaGa 5/15 –, juris Rn. 51.

Angaben der Bewerber' in den Bewerbungsschreiben sich mit den vorhandenen Angaben in den Personalakten decken. Darüber hinaus können sich aus den Personalakten Hinweise ergeben, ob bzw. in welchem Umfang die Bewerber' für die ausgeschriebene Tätigkeit nicht ausreichend geeignet sind. Sollten mehrere Bewerber' als im Wesentlichen gleich geeignet einzustufen sein, bleibt es dem Dienstherrn unbenommen, auf einzelne Gesichtspunkte abzustellen, wobei er deren besondere Bedeutung begründen muss.[496]

Das Prinzip der Bestenauslese beansprucht auch dann Geltung, wenn es um die Auswahl unter miteinander konkurrierenden Bediensteten geht, die **teils in Beamten- und teils in Arbeitsverhältnissen** beschäftigt werden. Das folgt aus Art. 33 Abs. 2 GG und ist von den Einzelheiten des jeweiligen Beurteilungssystems und der Beurteilungspraxis unabhängig. Zwar ist eine solche Stellenbesetzung mit besonderen Schwierigkeiten verbunden, gleichwohl müssen für den durchzuführenden Qualifikationsvergleich geeignete, d. h. einen solchen Vergleich in transparenter Form ermöglichende Nachweise über die ernsthaft in die Auswahl einzubeziehenden Bewerber' zur Verfügung stehen. Dabei muss **in erster Linie auf aktuelle dienstliche Beurteilungen** zurückgegriffen werden. Auch bei einer Konkurrenz von Beamten' und Arbeitnehmern' kann nicht auf einen solchen Qualifikationsvergleich auf der Grundlage von dienstlichen Leistungseinschätzungen, die gewissen formalen Anforderungen entsprechen müssen, verzichtet werden, da die Beurteilungsmaßstäbe gleich sein und gleich angewendet werden müssen. Die Einheitlichkeit des Beurteilungsmaßstabes ist deshalb unabdingbare Voraussetzung dafür, einen Vergleich der Bewerber' untereinander anhand vorgegebener Sach- und Differenzierungsmerkmale zu ermöglichen. Bei Arbeitnehmern im öffentlichen Dienst kann dies in der Weise geschehen, dass Anlass-/Bedarfsbeurteilungen bzw. ihnen möglichst nahekommende Bewertungen als Grundlage einer vergleichenden Bewertung gefertigt werden (sog. Leistungsnachweise).[497]

Wichtig!

Der Wunsch, das Verfahren rechtssicher zu gestalten, macht es in der Regel unumgänglich, der Auswahlentscheidung dienstliche Beurteilungen aller Bewerber' zugrunde zu legen, um eine hinreichende Vergleichbarkeit zu gewährleisten.[498]

Konkurriert ein Beamter' mit einem sogenannten Seiteneinsteiger' aus der privaten Wirtschaft um einen höheren Dienstposten, ist der Dienstherr zunächst verpflichtet, den Leistungsvergleich zwischen den Bewerbern' anhand einer aktuellen dienstlichen Beurteilung des Beamten' und eines ebenso aktuellen Arbeitszeugnisses über die derzeitige berufliche Tätigkeit des Quereinsteigers durchzuführen. Bei einem inhomogenen Bewerber'feld, in dem die Kandidaten' teils über dienstliche Beurteilungen, teils über – vom Wohlwollensgrundsatz geprägte – Arbeitszeugnisse verfügen, muss der Dienstherr ernsthaft prüfen, ob und inwieweit auf der

496) Nds. LAG 26.11.2014 – 2 Sa 924/14 –, juris Rn. 92.

497) BayVGH 24.3.2016 – 3 CE 16.290 –, juris Rn. 20 ff.; OVG NRW 16.2.2006 – 6 B 2069/05 –, DÖD 2007, 179.

498) Insoweit geht der Hinweis des ThürOVG 3.2.2021 – 2 EO 200/20 –, juris noch nicht weit genug, nachdem erhebliche Zweifel bestehen, ob Bewertungen in einer systematischen Leistungsbewertung (§ 18 TVöD), die für einen Tarifbeschäftigten' erstellt wurde, mit denen einer beamtenrechtlichen Beurteilung verglichen werden können.

Grundlage dieser Leistungseinschätzungen ein tauglicher Qualifikationsvergleich angestellt werden kann.[499]

Wichtig!

Ähnliches gilt für den Vergleich dienstlicher Beurteilungen, denen unterschiedliche Beurteilungssysteme zugrunde liegen. Die Auswahlbehörde ist dann gehalten, die Aussagen von Beurteilungen mit unterschiedlichen Beurteilungsinhalten miteinander „kompatibel" zu machen, also die Vergleichbarkeit herzustellen. Beruhen die Beurteilungen der Bewerber' auf unterschiedlichen Beurteilungsrichtlinien und -systemen, hat der für die Auswahl zuständige Dienstherr für die unterschiedlichen Beurteilungen einen objektiven Vergleichsmaßstab zu bilden, auf dessen Grundlage er den Versuch zu unternehmen hat, die Beurteilungen miteinander zu vergleichen.[500]

Der Dienstherr ist **nicht** verpflichtet, freie zu besetzende Beförderungsstellen für alle Beschäftigten und damit sowohl für Beamte' und Arbeitnehmer' auszuschreiben. Insbesondere ist insoweit nicht der allgemeine Gleichbehandlungsgrundsatz des Art. 3 Abs. 1 GG einschlägig, da beide Beschäftigtengruppen nicht miteinander vergleichbar sind (Beamte' stehen in einem öffentlich-rechtlichen Dienst- und Treueverhältnis zu ihrem Dienstherrn, Arbeitnehmer' erbringen weisungsgebundene Tätigkeiten in einem privatrechtlichen Arbeitsverhältnis). Zudem müssen nach Art. 33 Abs. 4 GG hoheitsrechtliche Aufgaben in der Regel Beamten' übertragen werden, so dass in diesen Fällen Arbeitnehmer' von einem Auswahlverfahren entsprechend auszuschließen sind. Damit sollten Auswahlverfahren, die am Leistungsprinzip des Art. 33 Abs. 2 GG zu messen sind, statusrechtlich für einzelne Beförderungsdienstposten getrennt durchgeführt werden, um Probleme beim Leistungsvergleich der Bewerber' zu vermeiden. Dies gilt sowohl für intern als auch für extern ausgeschriebene und zu besetzende Stellen.

Wichtig!

Das Ergebnis eines strukturierten Auswahlgespräches kann erst dann als weiteres Entscheidungskriterium herangezogen werden, wenn sich aus den aktuellen dienstlichen Beurteilungen und privatrechtlichen Arbeitszeugnissen ein Vorsprung zugunsten eines Bewerbers' nicht ergibt.[501]

Nach der Auffassung des Bayerischen Verwaltungsgerichtshofs[502] können privatrechtliche Arbeitszeugnisse und dienstliche Beurteilungen grundsätzlich nicht im Rahmen der Bestenauslese miteinander verglichen werden, da dienstliche Beurteilungen und privatrechtliche Arbeitszeugnisse unterschiedliche Zwecke verfolgen. Ein Arbeitszeugnis sei danach dazu bestimmt, dem ausgeschiedenen bzw. ausscheidenden Beschäftigten als eine Unterlage für eine künftige berufliche Entwicklung und zugleich der Information möglicher künftiger Arbeitgeber' zu dienen. Eine dienstliche Beurteilung oder eine zur Vorbereitung der Beurteilung geeignete Stellungnahme des Unternehmens diene hingegen dem innerdienstlichen Zweck des Vergleichs mit anderen Beschäftigten bei künftigen Auswahlentscheidungen über das dienstliche Fortkommen im Rahmen des bestehenden Beamten- bzw. Arbeitsverhältnisses.

Diese Auffassung kann allenfalls bedingt überzeugen, da sowohl die dienstliche Beurteilung als auch Arbeitszeugnisse die Eignung und die Befähigung des Beschäftigten beschreiben. Gleichwohl dürfte ein Vergleich eines Arbeitszeugnisses

499) OVG NRW 2.4.2020 – 6 B 101/20 –, juris.

500) NdsOVG 21.12.2015 – 5 ME 196/15 –, juris.

501) NdsOVG v. 26.10.2012 – 5 ME 220/12 –, DÖD 2013, 11; LAG Köln 22.12.2011 – 13 SaGa 10/11 –, juris Rn. 37.

502) BayVGH 18.11.2015 – 6 CE 15.2260 –, juris Rn. 13; dieser Auffassung hat sich das OVG Schleswig-Holstein mit seiner Entscheidung vom 27.1.2016 – 2 MB 20/15 –, juris Rn. 25 angeschlossen.

mit einer dienstlichen Beurteilung häufig nicht möglich sein, da es dem Dienstherrn regelmäßig nicht gelingen wird, eine nachvollziehbare Vergleichsgrundlage zu schaffen.

10.3 Beurteilungsarten

Zu unterscheiden ist zwischen **Regel- und Anlass-/Bedarfsbeurteilung**. Regelbeurteilungen werden in regelmäßigen Abständen zu festgesetzten Stichtagen erstellt. Sie sollen die Leistung und Fähigkeiten eines Bediensteten in feststehenden Intervallen ohne Bezug auf eine bevorstehende Personalmaßnahme beurteilen. Anlass- bzw. Bedarfsbeurteilungen werden hingegen erstellt, wenn die dienstlichen oder persönlichen Verhältnisse des Bediensteten' dies erfordern.

Beispiel

Anlassbeurteilungen können erforderlich sein

- zur Beurteilung der Bewährung innerhalb der laufbahnrechtlichen Probezeit,[503]
- vor der Übernahme eines anderen Tätigkeitsfeldes bei derselben Dienstbehörde,
- vor einer Abordnung oder Versetzung,
- vor der Bewerbung auf einen im Rahmen der Bestenauslese zu übertragenden Umsetzungsdienstposten,
- vor einer Bewerbung auf einen Beförderungsdienstposten.

Ein **Regelbeurteilungssystem** ist grundsätzlich **zu bevorzugen**, im Übrigen allerdings auch regelmäßig gesetzlich vorgeschrieben, da eine Regelbeurteilung nicht von der bevorstehenden Personalmaßnahme beeinflusst ist (Ausschluss einer Gefälligkeitsbeurteilung, sog. „Wegloben“) und zudem regelmäßig neben der aktuellen auch die älteren dienstlichen Beurteilungen zum Leistungsvergleich in den Blick zu nehmen sind.

Zudem geben das Bundesbeamtengesetz in den §§ 21 und 22 BBG und die entsprechenden Gesetze der Länder, so etwa ausdrücklich § 92 LBG NRW, ein System von Regelbeurteilungen vor. Eine Anlassbeurteilung kommt wegen dieser Vorgabe (nur) in Betracht, wenn sich der Tätigkeitsbereich gerade des zu beurteilenden Beamten in erheblicher Weise geändert hat. Dies setzt bei einem dreijährigen Rhythmus der Regelbeurteilungen **eine Änderung für die Dauer von mindestens zwei Jahren und inhaltlich die Wahrnehmung von Aufgaben eines anderen Statusamtes voraus**.[504]

Regelbeurteilungen beziehen sich auf einen grundsätzlich identischen Beurteilungszeitraum, haben einen gemeinsamen Stichtag und sind nicht durch ein besonderes Ereignis – insbesondere die Ausschreibung eines höherwertigen Statusamtes oder eines förderlich zu besetzenden Dienstpostens – veranlasst. Diese Einheitlichkeit gewährleistet, dass die dienstliche Beurteilung für sämtliche Beamte' die zu beurteilenden Merkmale nicht nur punktuell, sondern gleichmäßig erfasst und sie auch in ihrer zeitlichen Entwicklung unabhängig von einer konkreten Auswahlentschei-

503) Die gesetzlichen Vorschriften betreffend der Übertragung eines leitenden Amtes auf Probe enthalten hinsichtlich der Feststellung der Bewährung in der Probezeit unterschiedliche Regelungen, vgl. Art. 13 Abs. 2 BayLlbG, § 24 Abs. 4 Satz 1 BBG.

504) BVerwG 2.7.2020 – 2 A 6/19 –, ZBR 2020, 346; BVerwG 9.5.2019 – 2 C 1.18 –, E 165, 305 = Schütz/Maiwald BeamtR ES/D I 2 Nr. 154 = ZBR 2020, 35.

dung bewertet.[505] **Demgegenüber begegnen Anlassbeurteilungen grundsätzlich Bedenken**, weil sie gerade im Hinblick auf eine anstehende Auswahlentscheidung erstellt werden und damit der Verdacht entstehen kann, sie dienten – zielgerichtet – lediglich der Durchsetzung von vorgefassten, Art. 33 Abs. 2 GG nicht genügenden Personalentscheidungen. Ohnehin ist die Aussagekraft einer ausnahmsweise zulässigen Anlassbeurteilung begrenzt. Da sie einen deutlich kürzeren Zeitraum als die Regelbeurteilung abbildet, muss die Anlassbeurteilung aus der Regelbeurteilung entwickelt werden und darf diese lediglich fortentwickeln. Je kürzer der betrachtete Zeitraum seit der letzten Regelbeurteilung und je größer der einem Bewerber' nunmehr attestierte Bewertungsunterschied ausfällt, desto mehr trifft den Beurteiler die Pflicht, einen solchen Leistungssprung oder -abfall zu begründen und ggf. zu plausibilisieren.[506]

10.4 Nachzeichnung von dienstlichen Beurteilungen

Die Personalvertretungsgesetze des Bundes und der Länder[507] sehen vor, dass die **Freistellung eines Personalratsmitglieds[508] vom Dienst** nicht zu einer Beeinträchtigung des beruflichen Werdegangs führen darf.[509] Das Benachteiligungsverbot soll sicherstellen, dass die Mitglieder des Personalrats ihre Tätigkeit unabhängig wahrnehmen können. Darüber hinaus soll es verhindern, dass Bedienstete von einer Mitarbeit im Personalrat, insbesondere von einer Freistellung vom Dienst, aus Sorge um ihre beruflichen Perspektiven Abstand nehmen. Daher folgt aus dem Benachteiligungsverbot, dass der Dienstherr freigestellten Personalratsmitgliedern diejenige berufliche Entwicklung ermöglichen muss, die sie ohne Freistellung voraussichtlich genommen hätten. Die Freistellung darf die Chancen, sich in einem Auswahlverfahren um ein höheres Amt nach Art. 33 Abs. 2 GG durchzusetzen, nicht verbessern, aber auch nicht beeinträchtigten.[510]

Wichtig!

Eine fiktive Laufbahnnachzeichnung kommt grundsätzlich nur dann in Betracht, wenn der zu beurteilende Beamte vollumfänglich von der Dienstleistung freigestellt worden ist. Bei einer Teilfreistellung kann diese ausnahmsweise erforderlich sein, wenn die verbleibende Leistung nicht mehr Beurteilungsgrundlage sein kann. Hierbei kommt es stets auf die konkreten Umstände des Einzelfalls an.[511]

505) BVerwG 7.6.1984 – 2 C 54.82 –, Buchholz 238.5 § 26 DRiG Nr. 2 S. 13; BVerwG 26.9.2012 – 2 A 2.10 –, NVwZ-RR 2013, 54; BVerwG 9.5.2019 – 2 C 1.18 – ZBR 2020, 35.

506) Vgl. BVerwG 22.11.2012 – 2 VR 5.12 –, BVerwGE 145, 112; BVerwG 9.5.2019 – 2 C 1.18 – ZBR 2020, 35.

507) § 46 Abs. 3 Satz 6 BPersVG, Art. 8 BayPVG, § 7 Abs. 1 LPVG NRW.

508) Einige Gleichstellungsgesetze des Bundes und der Länder sehen die fiktive Laufbahnnachzeichnung auch für die Gleichstellungsbeauftragte vor und zwar zum Teil unabhängig vom Freistellungsumfang, so etwa § 28 Abs. 3 BGleiG.

509) Eine ähnliche Problematik ergibt sich bei einer Freistellung aufgrund der Wahrnehmung eines parlamentarischen Mandats bzw. soweit die Gleichstellungsgesetze eine fiktive Nachzeichnung fordern, vgl. § 28 Abs. 3 Satz 1 BGleiG.

510) BVerwG 21.9.2006 – 2 C 13.05 –, juris Rn. 13; s. auch VGH BW 22.3.2021 – 4 S 75/21 –, IÖD 2021, 110, wonach sich eine belastbare Prognose dahingehend nicht mehr treffen lässt, dass das freigestellte Personalratsmitglied während der Erprobungsphase den Anforderungen des Beförderungsdienstpostens gerecht würde, wenn dieser seit 19 Jahren ununterbrochen zu mindestens 90 % vom Dienst freigestellt ist.

511) BayVGH 23.1.2020 – 3 ZB 18.2306 –, juris.

Es bedarf daher einer **Prognose des Dienstherrn**, wie der berufliche Werdegang ohne die Freistellung verlaufen wäre. Dies ist abhängig von der voraussichtlichen Entwicklung der dienstlichen Leistungen (fiktive Nachzeichnung der Laufbahn).[512] Hinsichtlich der Methode und des Verfahrens zur Erstellung der Prognose steht dem Dienstherrn ein Einschätzungsspielraum zu. Eine ordnungsgemäße fiktive Nachzeichnung der Laufbahn setzt voraus, dass die Prognose durch fundierte Aussagen über die fiktive Leistungsentwicklung und den sich daraus ergebenden Werdegang durch Zugrundelegung von objektiven Tatsachen nachvollziehbar ist.[513]

Beispiel

Der Dienstherr kann für die fiktive Nachzeichnung der Laufbahn **Vergleichsgruppen** bilden. Die Kriterien der Gruppenbildung sowie die Zusammensetzung der Gruppe im Einzelfall müssen dem gesetzlichen Benachteiligungsverbot entsprechen. Unzulässig ist es, die Vergleichsgruppe so zusammenzustellen, dass eine Beförderung des Personalratsmitglieds von vornherein ausgeschlossen ist. Im Streitfall muss der Dienstherr daher darlegen, dass das freigestellte Personalratsmitglied auch ohne seine Freistellung nicht befördert worden wäre.[514]

Die Verlässlichkeit einer Prognose über die voraussichtliche Leistungsentwicklung eines freigestellten Beschäftigten ist umso höher, je länger und je qualifizierter dieser vor der Freistellung dienstliche Aufgaben erledigt hat, je kürzer dies zurückliegt und je eher diese Aufgaben mit denjenigen des angestrebten Beförderungsamtes oder -dienstpostens vergleichbar sind.[515] Möglich ist es in diesem Zusammenhang, dienstliche Beurteilungen nachzuzeichnen, wobei nach einhelliger Auffassung eine durchschnittliche Entwicklung angenommen wird. Ist eine Nachzeichnung der dienstlichen Beurteilung nicht möglich, kann der Dienstherr andere Kriterien zur Leistungsbewertung heranziehen.[513]

Da es für die Nachzeichnung der letzten (Regel-)Beurteilung einer belastbaren Tatsachengrundlage bedarf, darf seit der letzten erstellten Beurteilung kein zu langer Zeitraum verstrichen sein. Ab welcher Zeitspanne zwischen der letzten beurteilten Dienstleistung und dem Stichtag die tatsächlichen Erkenntnisse eine Prognose über die Leistungsentwicklung nicht mehr tragen können, ist eine Frage des Einzelfalles.

Beispiel

Eine Nachzeichnungsmöglichkeit entfällt bei einem Zeitraum von mehr als 16 Jahren.[516]
Bis zu einem Zeitraum von drei Beurteilungsperioden ist eine Nachzeichnung der Beurteilung allerdings nach h.M. zulässig.[517]

Weder aus Art. 3 Abs. 1 GG noch aus Art. 33 Abs. 2 GG ist ein Anspruch auf Nachzeichnung einer dienstlichen Beurteilung ableitbar. Vielmehr ist der Dienstherr im Blick auf die personalvertretungsrechtlichen Benachteiligungsverbote gehalten, die Freistellung eines Personalratsmitglieds nicht zu dessen Nachteil zu gestalten.

---

512) Selbiges gilt etwa auch in den Fällen der Freistellung wegen Elternzeit, Sonderurlaub u.Ä; umfassend zur fiktiven Fortschreibung der dienstlichen Beurteilung Michaelis ZBR 2020, 397.

513) BayVGH 25.1.2016 – 3 CE 15.2014 –, RiA 2016, 78.

514) BVerwG 30.6.2014 – 2 B 11/14 –, juris Rn. 14.

515) BVerwG 21.9.2006 – 2 C 13.05 –, Schütz/Maiwald ES/A II 1.4 Nr. 144.

516) BVerwG 16.12.2010 – 2 C 11.09 –, ZTR 2011, 327.

517) BayVGH 21.1.2016 – 3 CE 15.2014 –, RiA 2016, 78.

Beispiel

Der Dienstherr darf eine Bewerbung eines freigestellten Personalratsmitglieds nicht mit der Begründung ablehnen, ihm fehle es aufgrund seiner Freistellung an beruflicher Erfahrung.

Bei der Nachzeichnung dienstlicher Beurteilungen empfiehlt sich folgendes Vorgehen:

- Bildung einer Vergleichsgruppe, die sich idR aus den freigestellten Beschäftigten sowie aus Beschäftigten zusammensetzt, die zum Zeitpunkt der letzten periodischen Beurteilung das gleiche statusrechtliche Amt innehatten und vergleichbar leistungsstark eingeschätzt wurden. Vergleichbar sollten zumindest fünf Beschäftigte sein.
- Vergleich der Leistungsentwicklung anhand der Beurteilungsergebnisse.
- Fiktive Beurteilung der freigestellten Beschäftigten entsprechend einer durchschnittlichen Entwicklung in der Vergleichsgruppe.
- Nach einer Beförderung/Höhergruppierung der freigestellten Beschäftigten muss eine neue Vergleichsgruppe gebildet werden.

10.5 Aktualität dienstlicher Beurteilungen

Der für die Auswahlentscheidung maßgebliche Leistungsvergleich der Bewerber' muss (bei einer Bewerbungskonkurrenz, an der Beamte' beteiligt sind) vorrangig auf aussagekräftige, d. h. hinreichend differenzierte und auf gleichen Bewertungsmaßstäben beruhende dienstliche Beurteilungen gestützt werden. Aussagekräftig sind dienstliche Beurteilungen nur dann, wenn sie hinreichend aktuell sind.[518]

Ob eine dienstliche Beurteilung noch hinreichend aktuell ist, ist nicht nur anhand des Zeitraums, der zwischen Beurteilung und Auswahlentscheidung liegt, zu bemessen, sondern die Aktualität kann auch dann nicht mehr gegeben sein, wenn nach der letzten Beurteilung **Veränderungen in tatsächlicher Hinsicht** eingetreten sind, die dazu führen, dass sich das Leistungsbild des Beamten' verändert hat. Zudem müssen die Beurteilungen der Bewerber' auch im Verhältnis zueinander von vergleichbarer Aktualität sein.[519]

Wichtig!

Der Grundsatz, dass der Leistungsvergleich vor allem anhand aktueller dienstlicher Beurteilungen zu erfolgen hat, impliziert, dass die Beurteilung vor der Auswahlentscheidung erstellt worden sein muss. Die beabsichtigten Gesamtnoten aus noch nicht erstellten dienstlichen Beurteilungen können damit keine tragfähige Grundlage für eine Auswahlentscheidung sein.[520]

10.5.1 Vergleich von Regelbeurteilungen

Die Rechtsprechung war sich lange uneins, wann eine dienstliche Beurteilung (noch) hinreichend aktuell ist, um sie einer Auswahlentscheidung zugrunde zu

518) BVerwG 19.12.2014 – 2 VR 1.14 –, juris Rn. 22.

519) Vgl. NdsOVG 4.9.2008 – 5 ME 291/08 –, juris Rn ; VGH BW 15.03.2007 – 4 S 339/07 – IÖD 2007, 244; OVG NRW 19.9.2001 – 1 B 704/01 – NVwZ-RR 2002, 594.

520) BremOVG 28.5.2021 – 2 B 156/21 –, juris.

legen. Das OVG Bremen hat die Situation in seiner Entscheidung vom 23.1.2013[521] wie folgt zusammengefasst:

„Die Frage, wann eine dienstliche Beurteilung in zeitlicher Hinsicht noch aktuell ist, wird in der obergerichtlichen Rechtsprechung unterschiedlich beantwortet. Nach Auffassung einiger Obergerichte ist eine Beurteilung dann noch aktuell, wenn sie nicht deutlich länger als drei Jahre zurückliegt[522] oder nicht älter als 2 Jahre und 2 Monate bzw. 2½ Jahre[523] oder 23 Monate ist.[524]

Nach einer deutlich engeren, teilweise Besonderheiten der landesgesetzlichen Regelung geschuldeten Auffassung darf der der letzten Beurteilung zugrunde liegende Beurteilungszeitraum nicht länger als zwölf Monate zurückliegen.[525]

Wiederum andere Obergerichte gehen davon aus, dass sich nicht generell, sondern nur unter Berücksichtigung aller Umstände des jeweiligen Einzelfalls beantworten lasse, unter welchen Voraussetzungen zurückliegende Beurteilungen noch eine hinreichend verlässliche Grundlage für eine Auswahlentscheidung darstellen. Danach komme es insbesondere darauf an, ob der Bewerber nach dem Beurteilungsstichtag andere Aufgaben wahrgenommen oder ob seit der letzten dienstlichen Beurteilung in Bezug auf die Verwendung des Bediensteten einschneidende Änderungen eingetreten seien.[526]

Nach der Rechtsprechung des Wehrdienstsenats des BVerwG besitze eine Regel- bzw. planmäßige Beurteilung jedenfalls während des folgenden Dreijahreszeitraums für eine Auswahlentscheidung hinreichende Aktualität, wenn während dieses Dreijahreszeitraums in der Verwendung des betroffenen Soldaten nicht so einschneidende Änderungen eingetreten seien, dass sie zum Gegenstand einer Sonderbeurteilung gemacht werden müssten.[527]

Ferner hat das BVerwG für eine große Bundesverwaltung (Zoll) angesichts des Umstands, dass die Beförderungsrangliste die Ergebnisse eines bundesweiten Leistungsvergleichs wiedergeben solle, einen Zeitraum von fast drei Jahren für deutlich zu lang gehalten, um noch von hinreichend aktuellen Beurteilungen ausgehen zu können. Es sei ausgeschlossen, dass sich bei keinem der Bewerber leistungs- und beurteilungsrelevante Veränderungen ergeben hätten.[528]

Bereits zuvor hat es einen Zeitablauf von rund 1½ Jahren zwischen Beurteilung und Auswahlentscheidung für zu lang gehalten, wenn der Bewerber nach dem Beurteilungsstichtag andere Aufgaben wahrgenommen habe.[529]

Ansonsten hat es auch eine 18 Monate alte Beurteilung rechtlich nicht beanstandet."[530]

521) OVG Bremen 23.1.2013 – 2 A 308/11 –, juris Rn. 29 ff.

522) OVG Saarland 26.10.2012 – 1 B 219/12 –, juris Rn. 32; OVG NRW 22.09.2011 – 6 A 1284/11 –, juris Rn. 14; VGH Baden-Württemberg 15.03.2007 – 4 S 339/07 –, IÖD 2007, 244.

523) BayVGH 11.12.2009 – 3 CE 09.2350 –, juris Rn. 48.

524) OVG Saarland 7.9.2012 – 1 B 213/12 –, DÖD 2012, 275.

525) HessVGH 19.9.2000 – 1 TG 2902/00 –, ZBR 2001, 413; OVG Schleswig-Holstein 7.6.1999 – 3 M 18/99 –, ZBR 2000, 251.

526) NdsOVG 6.10.2011 – 5 ME 296/11 –, juris Rn. 7 ff.

527) BVerwG 24.5.2011 – 1 WB 59/10 –, NVwZ-RR 2012, 32.

528) BVerwG 30.6.2011 – 2 C 19.10 –, E 140, 83.

529) BVerwG 11.2.2009 – 2 A 7.06 –, NVwZ 2009, 787.

530) BVerwG 27.9.2011 – 2 VR 3/11 –, NVwZ-RR 2012, 71.

Unter Berücksichtigung der vorerwähnten Rechtsprechung lassen sich **folgende Grundsätze** formulieren:

- Innerhalb des **Regelbeurteilungszeitraums** sind Regelbeurteilungen grundsätzlich hinreichend aktuell.
- Als zulässiger Regelbeurteilungszeitraum wird überwiegend ein Zeitraum von **drei Jahren** anerkannt.[531]
- Für eine Auswahlentscheidung ist primär die **aktuellste dienstliche Beurteilung** maßgebend.
- Für einen gewissen **Übergangszeitraum** bis zur Eröffnung der „neuen" Regelbeurteilung kann der Dienstherr auch nach Ablauf des Regelbeurteilungszeitraums auf die „alte" Regelbeurteilung zurückgreifen.

Die **Aktualität** einer Regelbeurteilung kann **bei Vorliegen eines wichtigen/einschneidenden Grundes unterbrochen werden**.[532]

Ein von der Rechtsprechung anerkannter wichtiger Grund liegt vor, wenn

- eine aktuelle Regelbeurteilung wegen Erreichen der Altersgrenze nicht vorliegt,
- eine eindeutig dokumentierte wesentliche Leistungssteigerung eintritt,
- ein auffallender Leistungsabfall eintritt,
- ein höheres Statusamt durch Beförderung übertragen wird,
- eine Umsetzung auf einen höheren Dienstposten erfolgt,
- neue Dienstaufgaben übernommen werden,
- die laufbahnrechtliche Erprobungszeit auf einem höherwertigen Dienstposten erlangt worden ist,
- eine Versetzung in ein neues Aufgabenfeld erfolgt ist.

Wurden dem Bewerber' nach der Regelbeurteilung neue Aufgaben übertragen, besteht nur dann Anlass für eine erneute Beurteilung, wenn die Aufgaben für einen im Verhältnis zur Gesamtdauer des Beurteilungszeitraums aussagekräftigen Zeitraum wahrgenommen wurden.[533] Insoweit führt das Bundesverwaltungsgericht in seiner Entscheidung vom 9.5.2019 wie folgt aus:[534]

„1. Eine dienstliche (Regel-)Beurteilung kann ihre für eine Auswahlentscheidung erforderliche hinreichende Aktualität verlieren, wenn der Beamte nach dem Beurteilungsstichtag der letzten Regelbeurteilung während eines erheblichen Zeitraums wesentlich andere Aufgaben wahrgenommen hat (im Anschluss an BVerwG, Urteile vom 11. Februar 2009 – 2 A 7.06 – Buchholz 232 § 23 BBG Nr. 44 Rn. 20, vom 30. Juni 2011 – 2 C 19.10 – BVerwGE 140, 83 Rn. 23 und Beschluss vom 10. Mai 2016 – 2 VR 2.15 – BVerwGE 155, 152 Rn. 23).

2. Ein erheblicher Zeitraum im vorstehenden Sinne liegt vor, wenn bei einem dreijährigen Regelbeurteilungszeitraum die anderen Aufgaben während des (deutlich) überwiegenden Teils (zu zwei Dritteln) des Beurteilungszeitraums wahrgenommen wurden, also zwei Jahre lang. Bei einem zweijährigen Regelbeurteilungszeitraum fehlt es an einem – eine Anlassbeurteilung erforderlich machenden – erheblichen Zeitraum.

531) Vgl. etwa § 22 Abs. 1 Satz 1 BBG.

532) Vgl. BVerwG 24.5.2011 – 1 WB 59.10 –, juris Rn. 32.

533) OVG Bremen 23.1.2013 – 2 A 308/11 –, juris Rn. 43.

534) BVerwG 9.5.2019 – 2 C 1/18 –, E 165, 305 = Schütz/Maiwald BeamtR ES/D I 2 Nr. 154.

3. Wesentlich andere Aufgaben im vorstehenden Sinne liegen vor, wenn der Beamte in seinem veränderten Tätigkeitsbereich Aufgaben wahrnimmt, die einem anderen (höherwertigen oder einer anderen Laufbahn zugehörigen) Statusamt zuzuordnen sind. Bei sog. gebündelten Dienstposten ist dies nur der Fall, wenn dieser nicht auch derjenigen Besoldungsgruppe zuzuordnen ist, der die bisherigen Aufgaben des Beamten entsprachen.

4. Muss für einen Beamten wegen einer veränderten Aufgabenwahrnehmung eine Anlassbeurteilung erstellt werden, hat dies nicht zwangsläufig zur Folge, dass allein deswegen auch für alle Mitbewerber, bei denen keine solche Tätigkeitsänderung eingetreten ist, ebenfalls Anlassbeurteilungen zu erstellen sind. Auch größere Zeitdifferenzen zwischen einer Regel- und einer Anlassbeurteilung sind hinzunehmen, solange ein Qualifikationsvergleich auf der Grundlage dieser Beurteilungen ohne ins Gewicht fallende Benachteiligung eines Bewerbers nach Bestenauslesegrundsätzen möglich bleibt."

Wichtig!

Sehen die beamtenrechtlichen Regelungen ein System von Regelbeurteilungen vor, ist es dem Dienstherrn weder gestattet, ohne sachlichen Grund (Wegfall der Aktualität der Regelbeurteilung) einer Beförderungsentscheidung Anlassbeurteilungen zugrunde zu legen noch von einem Regelbeurteilungssystem in Gänze abzusehen. Denn in diesen Fällen hat der Beamte' einen Anspruch auf regelmäßige Beurteilung seiner dienstlichen Leistung.

Neben dem Vorliegen eines wichtigen Grundes entfällt die Aktualität der dienstlichen Beurteilung nur dann, wenn dem Dienstherrn dieser **bekannt** ist. Hiervon dürfte regelmäßig bei einer Kommunalverwaltung als einheitliche Dienststelle/ Behörde auszugehen sein. Im Übrigen, etwa bei großen Landes- oder Bundesbehörden, ist entscheidend, ob der Dienstherr mit einem einschneidenden Ereignis hätte rechnen müssen. Eine Prüfpflicht des Dienstherrn wird in der Regel nicht vor Ablauf von 24 Monaten beginnen.

Liegt ein wichtiger Grund vor, muss für den Bewerber' eine **Anlassbeurteilung** angefertigt werden.

Allerdings müssen nach der Rechtsprechung des BVerwG Anlassbeurteilungen, die einen deutlich kürzeren Zeitraum als die Regelbeurteilungen abbilden (in dem entschiedenen Fall waren es 20 Monate statt drei Jahre), **aus den Regelbeurteilungen entwickelt werden**; sie dürfen diese lediglich fortentwickeln. Mit der Befugnis des Dienstherrn, Beförderungen auf der Grundlage von Anlassbeurteilungen vorzunehmen, wenn Regelbeurteilungen nicht mehr hinreichend aktuell sind, korrespondiert seine Verpflichtung, Anlassbeurteilungen lediglich in einem die Regelbeurteilung fortentwickelnden Sinne zu erstellen. Das bedeutet, dass Ausgangspunkt der Anlassbeurteilung die in der vorherigen Regelbeurteilung enthaltenen Feststellungen und Bewertungen zu Eignung, Leistung und Befähigung sind und die Anlassbeurteilung ihren Schwerpunkt darin hat, aufzuzeigen, inwieweit bei einzelnen Feststellungen und Bewertungen Veränderungen zu verzeichnen sind. Dieser Maßstab muss in der Anlassbeurteilung hinreichend deutlich zum Ausdruck kommen. Je kürzer der Beurteilungszeitraum zwischen Regel- und Anlassbeurteilung ist und je größer der Unterschied zur Regelbeurteilung in den Bewertungen – sei es bei Leistungssteigerungen oder beim Leistungsabfall – ausfällt, desto bedeutsamer ist das Begründungserfordernis bei Abweichungen der Anlassbeurteilung von der Regelbeurteilung. Dem Entwicklungscharakter solcher Anlassbeurteilungen entspricht es, dass Leistungssprünge nur ausnahmsweise zu verzeichnen sein dürften, das Notengefüge der Anlassbeurteilungen also im Wesentlichen demjenigen der Regelbeurteilungen entspricht. In diesem Sinne werden sich bei der Erstellung von Regelbeurteilungen ggf. zu beachtende Richtwerte für die Vergabe von Spitzenbeurteilungen auch bei den Anlassbeurteilungen niederschlagen, selbst wenn für diese entsprechende Richtwerte nicht gelten sollten. Weicht das Notengefüge der Anlassbeurteilungen demgegenüber deutlich von demjenigen der Regelbeurteilungen ab, ist das ein Indiz für das Fehlen des erforderlichen Fortentwicklungscharakters der Anlassbeurteilungen und ggf. sogar für eine an sachfremden Gesichtspunkten orientierte Beurteilungspraxis.[535]

10.5.2 Vergleich von Regel- und Anlassbeurteilungen

Anlassbeurteilungen und periodische Beurteilungen sind grundsätzlich als gleichwertig anzusehen und deshalb untereinander ohne Weiteres vergleichbar, auch wenn die Anlassbeurteilung naturgemäß nicht denselben Beurteilungszeitraum abdecken kann wie eine nach Ablauf einer feststehenden Zeitperiode erstellte Regelbeurteilung.[536]

Bedarf es eines Vergleichs zwischen Regel- und Anlassbeurteilungen, müssen Besonderheiten beachtet werden.

Beispiel

- Es liegt ein wichtiger Grund vor, der die Aktualität der dienstlichen Beurteilungen entfallen lässt.
- Ein Regelbeurteilungssystem besteht nur für Beamte. Ein Beförderungsdienstposten wird sowohl für Beamte als auch für Arbeitnehmer zur Besetzung ausgeschrieben.

Allein aus der Art der Beurteilung als Regel- oder Anlassbeurteilung ergibt sich noch keine Einschränkung der Vergleichbarkeit. Regel- und Anlassbeurteilungen können vielmehr regelmäßig als vergleichbar angesehen werden.[537]

Unterschiedlich lange Beurteilungszeiträume schließen im Rahmen der Bestenauslese einen Vergleich zwischen einer Regel- und einer Anlassbeurteilung nicht grundsätzlich aus. Dies setzt allerdings voraus, dass im Einzelfall ein Qualifikationsvergleich auf der Grundlage der Beurteilungen ohne Benachteiligung eines Bewerbers' nach den Grundsätzen der Bestenauslese möglich ist. Diesen Anforderungen ist Genüge getan, wenn die Beurteilungen zum Zeitpunkt der Auswahlentscheidung hinreichend aktuell und die den Beurteilungen zugrunde liegenden Beurteilungszeiträume ausreichend lang sind, um eine verlässliche Aussage über die jeweilige Eignung, Befähigung und fachliche Leistung des Bewerbers' zuzulassen.[537]

In der Rechtsprechung ist es noch nicht abschließend geklärt, wie groß die **Differenz zwischen der Anlass- und der „alten" Regelbeurteilung** sein darf. Soweit das OVG Niedersachsen in seiner Entscheidung vom 4.9.2008[538] einen Zeitraum von neun Monaten als zu weitgehend erachtet, dürfte dem nicht zuzustimmen sein. Anderenfalls würde das Regelbeurteilungswesen konterkariert. In einer neueren

535) BVerwG 22.11.2012 – 2 VR 5/12 –, E 145, 112; zweifelnd Schnellenbach/Bodanowitz, Dienstliche Beurteilung, Rn 251b.

536) BayVGH 28.5.2015 – 3 CE 15.727 –, juris Rn. 34; OVG NRW 27.3.2015 – 6 B 1237/14 –, juris Rn. 3.

537) OVG NRW 26.1.2009 – 6 B 1594/08 –, RiA 2009, 140.

538) NdsOVG 4.9.2008 – 5 ME 291/08 –, juris Rn. 9.

Entscheidung hat das Gericht zudem ausgeführt, dass erhebliche, zur Unvergleichbarkeit führende Beurteilungszeiträume wohl frühestens dann vorliegen dürften, wenn die jeweiligen Enddaten der Beurteilungszeiträume mehr als ein Jahr auseinanderliegen.[539] Das OVG Nordrhein-Westfalen hat eine Zeitspanne von 16 Monaten nicht beanstandet.[540]

Diese Rechtsprechung hat das Bundesverwaltungsgericht mit seiner Entscheidung vom 9.5.2019 weiter konkretisiert. Muss aufgrund eines Aktualitätsverlustes der dienstlichen Beurteilung eine neue aktuelle Beurteilung gefertigt werden (Übernahme von Aufgaben eines höherwertigen statusrechtlichen Amtes über einen Zeitraum von insgesamt mindestens Zweidrittel des Regelbeurteilungszeitraums), so hat dies nicht zwangsläufig zur Folge, dass allein deswegen auch für alle Mitbewerber, bei denen keine solche Tätigkeitsänderung eingetreten ist, ebenfalls Anlassbeurteilungen zu erstellen sind. Auch größere Zeitdifferenzen zwischen einer Regel- und einer Anlassbeurteilung sind hinzunehmen, solange ein Qualifikationsvergleich auf der Grundlage dieser Beurteilungen ohne ins Gewicht fallende Benachteiligung eines Bewerbers‘ nach Bestenauslesegrundsätzen möglich bleibt.[541]

Die Anlass- und Regelbeurteilungen müssen einen ausreichend **langen Beurteilungszeitraum** abdecken. Unterschiedlich lange Beurteilungszeiträume schließen die Vergleichbarkeit dienstlicher Beurteilungen nicht aus, solange im Einzelfall ein Qualifikationsvergleich auf der Grundlage dieser Beurteilungen ohne ins Gewicht fallende Benachteiligung eines Bewerbers‘ nach Bestenauslesegrundsätzen möglich bleibt. Die Beurteilungszeiträume müssen dazu so lang bemessen sein, dass über jeden Bewerber‘ verlässliche, auch langfristige Aussagen getroffen werden können; dass sie (annähernd) gleich lang sind, ist nicht erforderlich.[542]

Unschädlich ist es, wenn eine gewisse Zeitspanne verbleibt, für die nicht alle Bewerber‘ beurteilt worden sind, wenn die Beurteilungen einen mehrere Jahre umfassenden Zeitraum abdecken.

Wichtig!

Dem Bewerber‘, für den eine zeitnahe Anlassbeurteilung erstellt worden ist, darf kein den Bewerbungsverfahrensanspruch tangierender Vorteil gegenüber anderen Bewerbern‘ mit Regelbeurteilung erwachsen, weil bei dem Anlassbeurteilten‘ neuere Erkenntnisse in die Beurteilung einfließen konnten. Unterschiedliche Aktualitätsgrade der Beurteilungen einer Auswahlentscheidung sind jedoch in bestimmten Konstellationen zwangsläufig in Kauf zu nehmen.[543]

10.5.3 Vergleich von Anlassbeurteilungen

Sieht der Dienstherr kein Regelbeurteilungssystem vor, **muss** er auf Anlassbeurteilungen zurückgreifen. Für die Frage der hinreichenden Aktualität der der Bestenauslese zugrunde zu legenden Anlassbeurteilungen kann in diesen Fällen nicht auf einen üblichen Regelbeurteilungszeitraum zurückgegriffen werden.

539) NdsOVG 18.2.2016 – 5 ME 2/16 –, juris Rn. 23.

540) OVG NRW 28.4 2005 – 6 B 376/05 –, juris Rn. 10.

541) BVerwG 9.5.2019 – 2 C /18 –, E 165, 305 = Schütz/Maiwald BeamtR ES/D I 2 Nr. 154.

542) OVG NRW 26.1.2009 – 6 B 1594/08 –, RiA 2009, 140; HmbOVG 25.4.2008 – 1 Bs 52/08 –, DÖD 2008, 263.

543) BayVGH 18.9.2020 – 3 CE 20.1849 –, juris.

Im Falle des Vergleichs von Anlassbeurteilungen stellt sich (einzelfallbezogen) die Frage, ob sich die Beurteilungszeiträume decken oder in erheblicher Weise divergieren, allerdings in anderer Weise als bei Regelbeurteilungen. Denn Regelbeurteilungen sollen Aussagen über die Leistung der Beurteilten nicht nur punktuell, sondern in ihrer gesamten zeitlichen Entwicklung und unabhängig von einer konkreten Personalentscheidung erfassen.[544] Eine Regelbeurteilung hat sich grundsätzlich zu Eignung, Befähigung und fachlicher Leistung des Beurteilten während des gesamten Beurteilungszeitraums umfassend zu äußern und mit einem Gesamturteil abzuschließen. Um das in der Regelbeurteilung zu zeichnende Bild hinsichtlich der Vergleichbarkeit der zum gleichen Zeitpunkt beurteilten Beamten' zu gewährleisten, muss soweit wie möglich gleichmäßig verfahren werden. Anlassbeurteilungen kommt hingegen die Aufgabe zu, bei einem Fehlen vergleichbarer periodischer (Regel-)Beurteilungen eine am Leistungsgrundsatz orientierte Auswahlentscheidung zu ermöglichen, indem sie einen aktuellen Leistungsvergleich herstellen und Aussagen zur Eignung der einzelnen Bewerber' bezogen auf das angestrebte Amt treffen. Anlassbeurteilungen liegen im Unterschied zu Regelbeurteilungen regelmäßig keine einheitlichen Beurteilungszeiträume zugrunde. Dies begründet für sich genommen noch keine Fehlerhaftigkeit der Anlassbeurteilungen, solange auf der Grundlage der Anlassbeurteilungen ein Qualifikationsvergleich nach den Grundsätzen des Art. 33 Abs. 2 GG ohne eine ins Gewicht fallende Benachteiligung eines Bewerbers' möglich ist.[545] Die auf der Grundlage dienstlicher Anlassbeurteilungen durchzuführende „Klärung einer Wettbewerbssituation" setzt deshalb voraus, dass sich

1. der jeweils maßgebliche Beurteilungszeitraum der Beurteilung selbst eindeutig entnehmen lässt,
2. dieser Beurteilungszeitraum aufgrund nachvollziehbarer Kriterien willkürfrei festgelegt worden ist
3. und der Beurteilungszeitraum so lang bemessen sein muss, dass über den einzelnen Bewerber' verlässliche, auch langfristige Aussagen getroffen werden können.

Wann die einem Leistungsvergleich zugrundeliegenden Beurteilungen nicht mehr hinreichend miteinander vergleichbar sind, ist unter Berücksichtigung aller Umstände des jeweiligen Einzelfalls zu entscheiden.[546]

Wichtig!

Die Ausgestaltung des Systems zur Beurteilung der Beamten' eines Dienstherrn hat sich an den jeweiligen normativen Vorgaben zu orientieren. Insoweit steht dem Dienstherrn **kein Beurteilungsspielraum** zu. Sieht eine gesetzliche Regelung ein Regelbeurteilungssystem vor (z. B. §§ 21 und 22 BBG, § 92 LBG NRW), so ist der Dienstherr verpflichtet, dieses umzusetzen. Anlassbezogene Beurteilungen sind dann allenfalls noch in Ausnahmefällen erlaubt, können aber kein Regelbeurteilungssystem ersetzen.[547]

---

544) BVerwG 18.7.2001 – 2 C 41/00 –, Schütz/Maiwald BeamtR ES/D I 2 Nr. 58 = ZTR 2002, 199.

545) NdsOVG 19.6.2019 – 5 ME 87/19 –, juris.

546) BVerfG 9.8.2016 – 2 BvR 1287/16 –, juris Rn. 61.

547) BVerwG 2.7.2020 – 2 A 6/19 –, ZBR 2020, 346.

10.6 Beurteilungsinhalte

10.6.1 Leistungs-, Befähigungs- und Eignungsbeurteilung

Die dienstliche Beurteilung kann eine Einschätzung der Leistung, der Befähigung und der Eignung enthalten.[548]

Mit der **Leistungsbeurteilung** werden die Qualität und Quantität der Arbeitsergebnisse bewertet. Maßstab sind die dienstlichen Anforderungen und damit regelmäßig das statusrechtliche Amt.[549]

Im Rahmen der Leistungsbeurteilung können die erbrachten Leistungen eines Bewerbers' nicht berücksichtigt werden, soweit der höherwertige Dienstposten diesem unter Verstoß gegen Art. 33 Abs. 2 GG übertragen worden ist. Ein entsprechender **Bewährungsvorsprung muss damit unberücksichtigt bleiben**.

Beispiel

Der höherwertige Dienstposten wurde ohne vorangegangenes Auswahlverfahren oder entgegen einer nach Leistungsgesichtspunkten veranlassten Auswahl übertragen.

Ein rechtswidrig erlangter Bewährungsvorsprung kann wegen einer mit Art. 33 Abs. 2 GG unvereinbaren Bevorzugung nicht zu Lasten anderer Bewerber' berücksichtigt werden, da der Dienstherr während eines laufenden Bewerbungsverfahrens nicht nur zur leistungsgerechten Auswahl, sondern auch zur chancengleichen Behandlung aller Bewerber' im Verfahren verpflichtet ist. Der Dienstherr muss sich fair und unparteiisch gegenüber allen Bewerbern verhalten. Dies schließt es aus, dass er Maßnahmen ergreift, die bei objektiver Betrachtung, d. h. aus der Sicht eines unbefangenen Beobachters', als eine Bevorzugung oder aktive Unterstützung eines Bewerbers' erscheinen. Er darf nicht bestimmten Bewerbern' Vorteile verschaffen, die andere nicht haben.[550] Bei „rechtswidriger Dienstposteninhaberschaft" muss ein etwaiger Bewährungsvorsprung im Auswahlverfahren im Wege der **„fiktiven Fortschreibung" der dienstlichen Beurteilung** ausgeblendet werden.[551]

Die Beurteilung der **Befähigung**[552] umfasst die für die dienstliche Verwendung wesentlichen Fähigkeiten, Kenntnisse, Fertigkeiten und sonstigen Eigenschaften des Beamten'. Beispielsweise § 4 Abs. 3 BW BeurtVO konkretisiert die Beurteilung der Befähigung wie folgt:

„In der Befähigungsbeurteilung werden die allgemeinen Fähigkeiten anhand von Befähigungsmerkmalen nach … Ausprägungsgraden bewertet … Außerdem sind Fachkenntnisse und Fähigkeiten für künftige Verwendungen darzustellen."

Damit bewertet die Leistungsbeurteilung die Leistung des Beurteilten' rückblickend, wohingegen die Befähigungsbeurteilung zukunftsorientiert ist.

548) OVG NRW 3.5.2010 – 6 B 1603/09 –, juris Rn. 27.

549) Wurde der zu Beurteilende während des Regelbeurteilungzeitraumes befördert, muss die geringere Erfahrung im neuen statusrechtlichen Amt bei der folgenden Regelbeurteilung berücksichtigt werden, selbst wenn der Bewerber auf demselben Dienstposten befördert worden ist und dieselben Aufgaben wahrnimmt; vgl. OVG NRW 13.2.2001 – 6 A 2966/00 –, NWVBl 2002, 351.

550) BVerwG 10.5.2016 – 2 VR 2/15 –, juris Rn. 25; kritisch OVG NRW 21.6.2016 – 1 B 201/16 –, juris Rn. 49.

551) Es wird zu beobachten sein, ob die Rechtsauffassung des Bundesverwaltungsgerichts dazu führt, dass die vorläufige Untersagung der Besetzung des jeweils streitigen Beförderungsdienstpostens im Rahmen eines Konkurrentenstreitverfahrens nicht mehr opportun ist.

552) Zum Teil wird auch von Verwendungsbeurteilung gesprochen.

Nach der Rechtsprechung des Bundesverwaltungsgerichts entziehen sich Befähigungsmerkmale einer generellen und bezugsunabhängigen Gesamtbewertung oder gar Notenvergabe. Nach welchen Maßstäben und zu welchem Zweck die Eigenschaften des Beamten', die weder in der auf dem Dienstposten gezeigten Leistung Ausdruck gefunden haben noch als Eignungsmerkmale für die Anforderungen des angestrebten Amtes zu berücksichtigen sind, in einer umfassenden persönlichen Befähigungsgesamtnote zusammengefasst werden sollten oder könnten, ist nicht ersichtlich. Eine derartige Gesamtsaldierung widerspricht vielmehr dem Sinn der Befähigungsanalyse, mit der individuelle Stärken und Schwächen des Beamten' herausdifferenziert werden sollen, um eine fundierte Erkenntnisgrundlage für die künftige Verwendung des Beamten' zu schaffen.[553]

Gleichwohl bleibt die Befähigungsbeurteilung bei der Auswahlentscheidung über die Vergabe eines höherwertigen Dienstpostens nicht unberücksichtigt. Vielmehr muss der Dienstherr für die Auswahlentscheidung eine Eignungsprognose abgeben, die sich grundsätzlich nicht in der Bewertung der bislang gezeigten Leistungen erschöpft. Das maßgebliche Gesamturteil muss auf die Anforderungen des zu vergebenden Amtes bezogen sein. Dies gilt auch für die Einreihung in eine Rangliste, wenn diese maßgeblich für die nachfolgenden Beförderungen sein soll.[554]

Beispiel

Soweit die Anforderungen des angestrebten Amtes – etwa im Hinblick auf typischerweise wahrzunehmende Führungsaufgaben – nicht identisch mit denjenigen des bisherigen Amtes sind, müssen daher zusätzliche Erwägungen angestellt werden. Hierfür sind die in der dienstlichen Beurteilung ausgewiesenen Befähigungseinschätzungen heranzuziehen.

Die **Eignungsbeurteilung** enthält eine Prognose betreffend die Tauglichkeit des Beurteilten' für ein erstrebtes Amt. Maßstab der Eignungseinschätzung sind die vom Beurteilten gezeigten Leistungen und die bei ihm festgestellte Befähigung.

Beispiel

Entscheidung des Dienstherrn, ob ein Beamter' seine Eignung für einen ihm vorläufig übertragenen höherwertigen Dienstposten in der Erprobungszeit nachgewiesen hat.

Kann der Bewerber' die dienstpostenbezogenen Aufgaben nicht mehr für eine angemessene Zeit ausüben, fehlt ihm die erforderliche Eignung.

Beispiel

Eine Beförderung während der Freistellungsphase der Altersteilzeit scheidet aus.[555] Dies gilt auch, wenn die Beförderung ausschließlich erfolgt, um den Beamten' anschließend in den Ruhestand zu versetzen.[556]

Das Prinzip der Bestenauslese erfordert eine Prognose des Inhalts, wer von den infrage kommenden Bewerbern' das angestrebte Beförderungsamt voraussichtlich am besten ausüben kann. Grundlage dieser Prognose müssen die gegenwärtigen Verhältnisse, darunter in erster Linie die aktuellen Beurteilungen sein, weil diese

553) BVerwG ZTR 2015, 545 –, juris Rn. 44.

554) BVerwG 30.6.2011 – 2 C 19.10 –, E 140, 83 Rn. 14.

555) VGH Baden-Württemberg 13.12.2013 – 3 ZB 09.3245 –, juris Rn. 9.

556) OVG NRW 2.7.2007 – 1 A 1920/06 –, Schütz/Maiwald ES/A II 1.4. Nr. 155.

den aktuellen Leistungsstand der Bewerber' und dadurch auch deren Eignung für das Beförderungsamt am besten widerspiegeln.[557]

Allerdings ist es nicht notwendig, die Eignungsbewertung in die dienstliche Beurteilung mit aufzunehmen. Diese kann vielmehr auch im Rahmen einer fachlichen Bewertung in freier Beschreibung abgefasst werden.[558]

10.6.2 Inhalt der dienstlichen Beurteilung

Innerhalb der durch Gesetz, Verordnungen oder selbstbindenden Verwaltungsvorschriften auferlegten Grenzen kann der Beurteiler nach **pflichtgemäßem Ermessen** über die Beurteilungsinhalte entscheiden. Hierbei ist es dem Beurteiler möglich,

- sich darauf zu beschränken, Werturteile auszusprechen, die auf eine Vielzahl von Beobachtungen und Eindrücken und damit nicht auf konkreten Vorkommnissen beruhen,
- einzelne konkrete dienstliche Sachverhalte aufzugreifen und aus ihnen entsprechende wertende Schlussfolgerungen zu ziehen (Ereignisse, die keinen dienstlichen Bezug aufweisen und zufällige, situationsbedingte Verhaltensweisen scheiden als Grundlage einer dienstlichen Beurteilung aus) oder
- beides miteinander zu verbinden.

Beispiel

Zur Feststellung der Arbeitsgüte des zu Beurteilenden' beurteilt der Dienstherr die im Bewertungszeitraum insgesamt erbrachte Arbeitsleistung. Darüber hinaus wird in der Beurteilung ein einmaliger schwerwiegender Fehler des Bewerbers' berücksichtigt.

In der Beurteilung dürfen nicht vermerkt werden:

- missbilligende Äußerungen eines Dienstvorgesetzten,
- laufende oder abgeschlossene Disziplinarverfahren,
- anhängige Straf- oder Bußgeldverfahren,
- verhängte Geldbußen oder Strafen.

Eine Beurteilung kann noch nach deren Bekanntgabe **nachträglich ergänzt werden**, da selbst Verwaltungsakte, die zwischenzeitlich unanfechtbar geworden sind, gemäß §§48, 49 VwVfG geändert werden können.

Dies gilt insbesondere dann, wenn die dienstliche Beurteilung

- unvollständig,
- rechtsfehlerhaft oder
- durch Täuschung erwirkt worden ist.

Sollen Mängel in der Beurteilung behoben werden und könnte das für die Beurteilten bei Ausschöpfung des Beurteilungsspielraums nachteilig sein, ist vor der Abänderung bzw. Anpassung der dienstlichen Beurteilung der Erstbeurteiler' zu beteiligen.

557) OVG NRW 14.5.2009 – 6 B 179/09 –, juris Rn. 4.

558) BVerwG 10.2.2000 – 2 A 10.98 –, ZTR 2000, 528.

Dem Beurteilten' bleibt im Falle einer nachträglichen Ergänzung oder Änderung die Möglichkeit offen, die Rechtmäßigkeit der Beurteilung im Rahmen eines Rechtsmittelverfahrens überprüfen zu lassen.[559]

Dienstliche aktuelle Beurteilungen können nur dann für den Leistungsvergleich herangezogen werden, wenn sie **inhaltlich aussagekräftig** sind. Dies setzt im Einzelnen Folgendes voraus:

- Die dienstliche Tätigkeit wird voll erfasst.[560]
- Der Beurteilungszeitraum ist ersichtlich.
- Das Urteil ist auf zuverlässige Erkenntnisquellen gestützt (z. B. Beurteilungsbeiträge des Vorgesetzten').
- Sie stellen das Leistungsvermögen im Hinblick auf die angestrebte Stelle auf der Grundlage der bereits erbrachten Leistungen hinreichend differenziert dar.
- Sie basieren auf denselben Bewertungsmaßstäben.
- Sie beinhalten ein Gesamturteil.
- Die Beurteilung enthält hinreichend definierte Einzelmerkmale.[561]
- Das Gesamturteil ist hinreichend begründet.[562]

Dem Dienstherrn obliegt es, die einzelnen Beurteilungsmerkmale bzw. -kriterien nach pflichtgemäßem Ermessen festzulegen. Übliche **Bewertungskategorien** sind etwa

- die zu bewältigende Arbeitsmenge,
- die individuell erbrachte Arbeitsgüte,
- die dieser zugrundeliegende Arbeitsweise und
- der Führungserfolg.

Diesen Hauptmerkmalen können weitere Unterkriterien zugeordnet werden, die diese beschreiben oder sogar selbst einer eigenen Bewertung zugänglich sind, etwa die Betrachtung von sozialen Kompetenzen oder sozialem Verhalten.

Soweit die soziale Kompetenz oder das entsprechende soziale Verhalten eines Bediensteten' beurteilt wird, ist es dem Beurteiler' untersagt, dessen Personalratstätigkeit, eine Tätigkeit als Gleichstellungsbeauftragte, ein Engagement in der Schwerbehindertenvertretung o. Ä. positiv zu bewerten, da es sich hierbei um Amtstätigkeiten handelt, die mangels dienstlichen Bezuges nicht zur Leistungsbewertung herangezogen werden können.

Die der Beurteilung zugrunde liegenden Merkmale müssen gewährleisten, dass der Dienstherr bei der Auswahlentscheidung von einer zutreffenden Tatsachengrundlage ausgeht und auch sonst willkürfrei handelt.

Die Grenzen des Beurteilungsermessens sind in diesem Fall insbesondere dann überschritten, wenn die Beurteiler' **ohne Vorgabe von standardisierten Bewertungsbegrifflichkeiten** Beurteilungen frei formulieren, da die entsprechenden For-

559) OVG LSA 4.7.2007 – 1 L 107/07 –, juris Rn. 8.

560) Notfalls kann auch auf die Personalakte Bezug genommen werden, vgl. BVerwG 27.5.1982 – 2 A 1.81 –, ZBR 1983, 121 –, juris Rn. 23.

561) Vgl. als normative Vorgabe Art. 58 Abs. 3 BayLlbG, § 20 Abs. 1 BlnLbfG.

562) Vgl. BVerwG 17.9.2015 – 2 C 27.14 –, ZBR 2016, 134.

mulierungen von der jeweiligen Wortwahl, dem Wortverständnis der Beurteiler' und den stilistischen Vorlieben des Beurteilers' abhängen.[563]

In der Regel sehen die einschlägigen Beurteilungsrichtlinien und Verordnungen vor, dass die Beurteilung einen **Verwendungsvorschlag**[564] enthalten muss bzw. soll, oder sie lassen einen entsprechenden Vorschlag ausdrücklich zu. Ein abschließender Verwendungsvorschlag kommt nur im Rahmen einer Regelbeurteilung und nicht in Zusammenhang mit einer anlassbezogenen Beurteilung in Betracht, da die Auswahlentscheidung nicht vorweggenommen werden darf. Der Verwendungsvorschlag kann darauf gerichtet sein, dass der Beurteilte' auf dem Dienstposten verbleiben oder er anderweitig beschäftigt werden sollte, sei es um ihn zu fördern, sei es wegen nicht ausreichender Arbeitsergebnisse.

Abbildung 10-1: Muster eines Verwendungsvorschlags.

Verwendungsvorschlag **Name**		
Der Beschäftigte' ist für den innegehabten Dienstposten geeignet.	Ja	Nein
Dem Beschäftigten' können anderweitig, gleichwertige Tätigkeiten übertragen werden. Wenn ja, welche?		Nein
Der Beschäftigte' ist für einen Beförderungsdienstposten grds. geeignet. Wenn ja, für welche?		Nein

Wird der zu Beurteilende' während des Beurteilungszeitraumes befördert/höhergruppiert, so verbleibt es bei einer einheitlichen Betrachtung. Sämtliche während des Beurteilungszeitraumes erbrachten Leistungen sind in diesen Fällen am Maßstab des zum Beurteilungszeitpunktes innegehabten Amtes/der innegehabten Stelle zu würdigen. Allerdings muss in der Beurteilung der Tatbestand der Beförderung/Höhergruppierung des zu Beurteilenden' hinreichend erkennbar sein. Dies bedeutet, dass die Beurteilung nicht nur den gesamten Beurteilungszeitraum, sondern auch noch den Zeitpunkt der Beförderung/Höhergruppierung enthalten sollte.[565]

Beispiel

Soweit eine Regelbeurteilung einen Beurteilungszeitraum von drei Jahren umfasst, ist der gesamte Beurteilungszeitraum in der dienstlichen Beurteilung abzubilden, auch wenn der Beurteilte' im Beurteilungszeitraum befördert oder höhergruppiert worden ist. Allerdings ist als Beurteilungsmaßstab das höherwertige Amt heranzuziehen und in der Beurteilung der Zeitpunkt der Beförderung oder Höhergruppierung zu vermerken.

10.6.3 Bewertungssysteme

Sowohl der Bewertung einzelner Leistungsmerkmale als auch dem Schlussurteil und damit der eigentlichen Eignungsbeurteilung ist eine einheitliche Bewertungsskala zugrunde zu legen.

563) OVG NRW 30.1.2009 – 6 B 105/09 –, RiA 2009, 141.

564) Zum Teil wird auch von Potenzialeinschätzung gesprochen.

565) NdsOVG 9.2.2010 – 5 LB 497/07 –, RiA 2010, 166, 168 unter Aufgabe seiner früheren Rechtsprechung mit Hinweis auf die Rechtsprechung des Bundesverwaltungsgerichts.

Die Skala muss derart differenziert sein, dass bei der Vergabe von Beförderungsbewerbern unter den Bewerbern eine Rang- bzw. Reihenfolge gebildet werden kann. Fraglich ist, ob hierfür eine dreistufige Bewertungsskala bereits ausreichend ist.[566]

Beispiel

Sehr gut geeignet, gut geeignet, geeignet.

In der Regel werden verbalen Stufen Punktwerte oder Großbuchstaben zugeordnet.

Abbildung 10-2: Bewertungssystem – Beispiel.

Übertrifft in besonderem Maße	5	A
Übertrifft	4	B
Entspricht voll	3	C
Entspricht im Allgemeinen	2	D
Entspricht nicht	1	E

Zum Teil werden einer verbalen Stufe mehrere Punktwerte zugeordnet.

Abbildung 10-3: Bewertungssystem – Beispiel.

Übertrifft	8 7 6
Entspricht	5 4 3
Entspricht eingeschränkt Entspricht nicht	2 1

Grundsätzlich sind **verbale Zusätze** zur abgestuften Bewertung innerhalb einer Einzelnote zulässig. Dies setzt allerdings voraus, dass sie einheitlich verwendet werden und einen eindeutigen Aussagegehalt haben, der auch für den Beurteilten' zweifelsfrei erkennbar Zwischenstufen innerhalb einer Gesamtnote bezeichnet.[567]

Beispiel

Zulässig sind Zusätze wie „obere Grenze" („oberer Bereich") und „untere Grenze" („unterer Bereich"), da ihre Bedeutung nach dem Sprachgebrauch eindeutig ist.

Für Zusätze wie „uneingeschränkt" und „insgesamt" trifft das nicht gleichermaßen zu. Der Zusatz „uneingeschränkt" bedeutet nach dem üblichen Sprachgebrauch keine Hervorhebung. Er ordnet den Beurteilten vielmehr dem Mittelfeld eines nach oben und unten abgegrenzten dreigeteilten Bewertungsfeldes zu. „Insgesamt" bezeichnet das folgende Gesamturteil als Ergebnis einer Abwägung. Dies ist nicht ohne Weiteres in einschränkendem Sinne zu verstehen.

Eine ungerade etwa fünfstufige Bewertungsskala birgt die Gefahr, dass der Beurteiler' im Zweifelsfall die mittlere Bewertung wählt. Bei der Verwendung eines Bewertungssystems mit einer geraden etwa sechsstufigen Bewertungsskala ist darauf zu achten, dass die durchschnittliche Leistungserbringung ausreichend im System abgebildet werden kann. Da einer Leistungsbewertung der Vergleich mit einer

566) Vgl. OVG SH 17.8.2001 – 3 M 22/01 –, ZBR 2003, 284.

567) BVerwG 27.2.2003 – 2 C 16/02 –, ZBR 2003, 420.

durchschnittlichen Normalleistung zugrunde liegt, sollte in der Regel auf eine ungerade Bewertungsskala zurückgegriffen werden.

Möglich sind eine freie, teilgebundene und eine strenggebundene Beurteilung. Die **freie Beurteilung** zeichnet sich dadurch aus, dass der Beurteiler' selbst die Beurteilungsmerkmale und die Form der Darstellung festlegen kann. Freien Beurteilungen begegnen im Hinblick auf deren Vergleichbarkeit verfassungsrechtliche Bedenken.[568]

Eine **strenggebundene Beurteilung** liegt vor, wenn

- die Einzelmerkmale,
- die ausformulierten Bewertungsmöglichkeiten,
- die Punktesysteme und
- die Skala für das Endurteil

vorgegeben sind.

Eine **teilgebundene Beurteilung** zeichnet sich dahin gehend aus, dass der Beurteiler' sich zu den verschiedenen Einzelmerkmalen mit eigenen Worten äußern soll.

Der Rechtssicherheit und der Verwaltungsvereinfachung dient eine Verwendung von vorgegebenen Beurteilungsbögen. Zudem bietet es sich an, grundsätzlich dem strenggebundenen Beurteilungssystem den Vorzug einzuräumen. Der Dienstherr kann auch dann für seine Verwaltung einen einheitlichen Beurteilungsbogen verwenden, wenn innerhalb der Verwaltung unterschiedliche Aufgaben zu erledigen sind, sodass auf manche Bereiche gewisse Beurteilungsmerkmale in geringerem Maß zutreffen als auf andere Bereiche.[569]

10.6.4 Ermittlung des Gesamturteils

Das Gesamturteil muss sich nachvollziehbar aus den Einzelbewertungen ableiten lassen (sog. **Plausibilitätsgebot**). Das allgemein anerkannte Gebot der Plausibilität dienstlicher Beurteilungen verlangt nicht, dass das Gesamturteil als zwingend folgerichtiges Produkt der Benotungen der ihm nachgeordneten Einzelkriterien erscheint. Das Gesamturteil darf allerdings in keinem unlösbaren Widerspruch zu den Einzelbewertungen stehen.[570]

Beispiel:

Eine Beurteilungspraxis, die bei der Bildung des Gesamturteils innerhalb einer Besoldungsgruppe hinsichtlich der verschiedenen Dienstposten differenziert und jeweils unterschiedliche Einzelmerkmale als besonders prägend ansieht, ist rechtswidrig.[571]

In welchem Umfang bei der Beurteilung der Leistung **schwerbehinderter Beamter'** eine Minderung der Arbeits- und Verwendungsfähigkeit durch ihre Behinderung zu berücksichtigen ist, entzieht sich der gerichtlichen Überprüfung, weil dem Beurteilenden' insoweit ein Beurteilungsspielraum eingeräumt ist. In welcher Weise der Dienstvorgesetzte' die Qualität, Quantität und sonstigen Komponenten einer Arbeitsleistung gewichtet, obliegt als Akt wertender Erkenntnis dem Beurteiler'.[572]

568) Vgl. OVG NRW 30.1.2009 – 6 B 105/09 –, RiA 2009, 241; VGH Hessen 28.3.2006 – 1 UE 981/05 –, NVwZ-RR 2007, 42.

569) BVerwG 17.4.1986 – 2 C 8.83 –, ZBR 1986, 294.

570) OVG NRW 28.6.2006 – 6 B 618/06 –, ZBR 2006, 390.

571) BayVGH 24.3.2020 – 3 ZB 19.162 –, juris.

572) BayVGH 27.2.2020 – 3 ZB 18.137 –, juris.

> **Wichtig!**
>
> Aus der besonderen Rechtsstellung als Schwerbehinderter lässt sich **kein Anspruch** auf bevorzugte Behandlung, auch nicht bei dienstlichen Beurteilungen, ableiten.[573] Die Schwerbehinderteneigenschaft bzw. die erfolgte Gleichstellung mit schwerbehinderten Menschen darf lediglich nicht dazu führen, dass Bewerber' entsprechend benachteiligt werden.

Das Gesamturteil darf regelmäßig nicht rein rechnerisch aus den Einzelbewertungen ermittelt werden. Im Unterschied zu den Einzelbewertungen **bedarf das Gesamturteil der dienstlichen Beurteilung**, die im sogenannten Ankreuzverfahren erstellt worden ist, vielmehr in der Regel **einer gesonderten Begründung**, um erkennbar zu machen, wie es aus den Einzelbegründungen hergeleitet wird. Einer Begründung bedarf es insbesondere dann, wenn die Beurteilungsrichtlinien für die Einzelbewertungen einerseits und für das Gesamturteil andererseits unterschiedliche Bewertungsskalen vorsehen.[574] Im Übrigen sind die Anforderungen an die Begründung für das Gesamturteil umso geringer, je einheitlicher das Leistungsbild bei den Einzelbewertungen ist. Gänzlich entbehrlich ist eine Begründung für das Gesamturteil dann, wenn im konkreten Fall eine andere Note nicht in Betracht kommt, weil sich die vergebene Note – vergleichbar einer Ermessensreduzierung auf Null – geradezu aufdrängt.[575] Eine weitere Begründung des Gesamturteiles ist im Übrigen nur entbehrlich, wenn die Einzelmerkmale gleichgewichtig sind. In diesem Fall kann das Gesamturteil rechnerisch ermittelt werden.[576]

> **Wichtig!**
>
> Die Begründung des Gesamturteils hat schon in der dienstlichen Beurteilung selbst zu erfolgen. Denn anders als etwa bei nachträglich erhobenen Einwänden gegen Einzelbewertungen in der dienstlichen Beurteilung genügt es nicht, das Gesamturteil nachträglich zu plausibilisieren.[577]

Im Rahmen der Begründung des Gesamturteils ist zu beachten, dass Art. 33 Abs. 2 GG nicht vorgibt, wie die einzelnen an Art. 33 Abs. 2 GG zu orientierenden Beurteilungsmerkmale zu gewichten sind. Im Rahmen des dem Dienstherrn zustehenden Ermessens ist es vielmehr Sache des Dienstherrn festzulegen, welches Gewicht er den einzelnen Merkmalen beimessen will. Das abschließende Gesamturteil ist durch eine Würdigung, Gewichtung und Abwägung der einzelnen bestenauswahlbezogenen Gesichtspunkte zu bilden. Diese Gewichtung bedarf schon deshalb einer Begründung, weil nur so die Einhaltung gleicher Maßstäbe gewährleistet ist und das Gesamturteil nachvollzogen und einer gerichtlichen Überprüfung zugeführt werden kann.[578] Die gewichtende Zuordnung von Einzelbewertungen zum Gesamturteil einer dienstlichen Beurteilung bedarf insbesondere dann notwendig einer nachvollziehbaren Begründung, wenn die Bewertungsskalen für die Einzelmerkmale und das Gesamtergebnis eine unterschiedliche Anzahl möglicher Einstufun-

573) BVerwG 5.8.1983 – 2 B 89/82 –, juris.

574) BVerwG 17.9.2015 – 2 C 27.14 –, E 153, 48.

575) BVerwG 9.5.2019 – 2 C 1/18 –, E 165, 305; BVerwG 1.3.2018 – 2 A 10/17 –, E 161, 240; BVerwG 2.3.2017 – 2 C 51.16 –, Buchholz 232.1 § 49 BLV Nr. 3; BVerwG 17.9.2015 – 2 C 27.14 –, ZBR 2016, 134.

576) BVerwG 17.9.2020 – 2 C 2/20 –, E 169, 254.

577) BVerwG 21.12.2016 – 2 VR 1/16 –, E 157, 168 = Schütz/Maiwald BeamtR ES/D I 2 Nr. 137.

578) NdsOVG 12.4.2016 – 5 ME 14/16 –, juris Rn. 23.

gen aufweisen.[579] Ein individuelles Begründungserfordernis für das Gesamturteil einer dienstlichen Beurteilung rechtfertigt sich aus dessen besonderer Bedeutung als primär maßgebliche Grundlage bei einem späteren Leistungsvergleich in einem an Art. 33 Abs. 2 GG zu messenden Auswahlverfahren. Nur wenn erkennbar gemacht wird, wie das Gesamturteil aus den Einzelbegründungen hergeleitet wird, kann die Einhaltung gleicher Maßstäbe gewährleistet und das Gesamturteil nachvollzogen und einer gerichtlichen Überprüfung zugeführt werden.[580]

Der Beurteiler' ist nur dann von der Notwendigkeit enthoben, das Gesamturteil einer dienstlichen Beurteilung im Einzelnen zu begründen, wenn die Einzelmerkmale nach den plausiblen Vorgaben des Dienstherrn gleichgewichtig sind. In diesem Fall muss das Gesamturteil nicht gesondert begründet, sondern kann rechnerisch ermittelt werden.[581]

Wichtig!

Nach der Rechtsprechung des Bundesverwaltungsgerichts[582] bedarf es einer gesonderten Begründung bei einer erheblichen Verschlechterung des Gesamturteils der dienstlichen Beurteilung im Vergleich zum Gesamturteil der vorangegangenen dienstlichen Beurteilung. Eine solche Verschlechterung ist denkbar, wenn entweder

- die vorangegangene dienstliche Beurteilung fehlerhaft war,
- die im aktuellen Beurteilungszeitraum gezeigten Leistungen nicht mehr den vorherigen entsprachen oder
- generell ein geänderter Beurteilungsmaßstab angewandt wurde.

In jedem Fall bedarf eine derartige Herabstufung einer Begründung, weil nur so das neue, in erheblichem Ausmaß verschlechterte Gesamturteil vom betroffenen Beamten' nachvollzogen werden kann. Eine solche wesentliche Verschlechterung liegt nach Auffassung des Bundesverwaltungsgerichts etwa bei einem um zwei Notenstufen schlechteren Gesamturteil gegenüber der letzten Regelbeurteilung vor, wobei bei einem Fünf-Noten-System bereits die Abweichung um eine Notenstufe ausreichend sein dürfte, um von einer „wesentlichen Verschlechterung" der Gesamtnote auszugehen.

Damit Regelbeurteilungen die Grundlage für an Art. 33 Abs. 2 GG orientierte Auswahlentscheidungen bilden können, muss der Dienstherr dafür Sorge tragen, dass innerhalb des Geltungsbereichs einer Beurteilungsrichtlinie die Gewichtung der Einzelmerkmale entsprechend seiner Vorgabe einheitlich vorgenommen wird. Weichen nur einzelne Behörden oder Dienststellen von den Vorgaben des Dienstherrn für die Erstellung von Regelbeurteilungen ab, betrifft dies nur die Rechtmäßigkeit der dort erstellten dienstlichen Beurteilungen, berührt aber nicht die Rechtmäßigkeit der dienstlichen Beurteilungen derjenigen Behörden oder Dienststellen, die den Vorgaben des Dienstherrn gefolgt sind.[583]

579) OVG NRW 22.3.2016 – 1 B 1459/15 –, juris Rn. 11.

580) BVerwG 17.9.2015 – 2 C 27.14 –, E 153, 48.

581) BVerwG 13.1.2021 – 2 B 21/20 –, juris; BVerwG 17.9.2020 – 2 C 2.20 –, ZBR 2021, 17 zu sieben Einzelmerkmalen bei einer einheitlichen Bewertungsskala für die Vergabe der Einzelbewertungen und des Gesamturteils).

582) BVerwG 21.12.2016 – 2 VR 1/16 –, E 157, 168 = Schütz/Maiwald BeamtR ES/D I 2 Nr. 137.

583) BVerwG 17.9.2020 – 2 C 2/20 –, DÖD 2021, 41.

Besteht eine dienstliche Beurteilung nicht aus nur einem Gesamturteil, sondern etwa aus zwei selbstständigen Teil-Gesamturteilen (z. B. Leistungs- und Befähigungsgesamturteil), sind beide Teil-Gesamturteile maßgebend für den Leistungsvergleich. Es obliegt allerdings allein der Entscheidung des Dienstherrn, mit welchem Gewicht die jeweiligen Gesamtbewertungen in den Leistungsvergleich einfließen.[584]

Im Einzelfall kann es für den Dienstherrn schwierig sein, seiner Substantiierungs- und Begründungspflicht nachzukommen. Dies gilt u. a. dann, wenn der Dienstherr darlegen muss,

- warum sich aus seiner Sicht ein Leistungsvorsprung allein daraus ableiten lässt, dass ein Bewerber' in früheren Jahren etwas schneller bis zu seinem aktuell innegehabten Amt aufgestiegen ist als ein Mitkonkurrent' oder
- warum eine zeitlich zurückliegende Leistungsentwicklung noch Aussagekraft für einen aktuellen Leistungsvergleich hat oder
- warum die Gesamtverweildauer in einem Statusamt Rückschlüsse für die Bestenauslese zulässt.[585]

Soweit der Dienstherr aus der **Leistungskonstanz und/oder der Leistungsentwicklung** von Bewerbern', die über einen längeren Zeitraum im Wesentlichen gleich beurteilt worden sind, zusätzliche Erkenntnisse für eine Differenzierung hinsichtlich der Leistungsstärke der Konkurrenten gewinnen will, ist dieser mangels einheitlichen Bewertungsmaßstabs gehalten, den Einzelfall jeweils sorgsam zu prüfen. In vielen Fällen werden daher unterschiedliche Einschätzungen dem Leistungsgrundsatz entsprechen und somit vertretbar sein. Der Dienstherr muss sich im Rahmen des ihm zustehenden Beurteilungsspielraumes entscheiden, ob und inwieweit er aus der Leistungsentwicklung und/oder der Leistungskonstanz weitere Erkenntnisse für die Auswahlentscheidung gewinnen kann.[586]

Die Frage, ob eine **Dienstpostenbündelung** zu Recht oder zu Unrecht erfolgt ist, ist ohne Bedeutung für die Rechtmäßigkeit der Bewertung der auf einem solchen Dienstposten erbrachten Leistungen in einer dienstlichen Beurteilung. Die auf dem Dienstposten erbrachten Leistungen sind allein am Maßstab des Statusamtes des Beamten' zu messen. Weist ein Dienstposten Besonderheiten auf, ist dies bei der Leistungsbewertung zu berücksichtigen. Auch für einen auf einem gebündelten Dienstposten verwendeten Beamten' müssen dienstliche Beurteilungen erstellt werden; bewertet werden die tatsächlich erbrachten Leistungen des Beamten' – unabhängig davon, ob die Anforderungen des Dienstpostens unter-, gleich- oder höherwertig im Hinblick auf sein Statusamt sind und unabhängig davon, ob ihm dieser Dienstposten rechtsfehlerfrei übertragen worden ist oder nicht. Die auf dem Dienstposten erbrachten Leistungen sind allein am Maßstab des Statusamtes des Beamten' zu messen.[587]

Soweit im Rahmen einer aktuellen Beurteilung gewisse Einzelmerkmale besser als bei einer vergangenen Beurteilung bewertet werden, folgt hieraus nicht gleichzeitig auch ein besseres Gesamtergebnis.

584) OVG LSA 17.6.2016 – 1 M 17/26 –, DöD 2016, 256.

585) OVG NRW 12.11.2009 – 1 B 1329/09 –, RiA 2010, 93.

586) OVG NRW 12.11.2009 – 1 B 1329/09 –, aaO.

587) BVerfG 4.10.2012 – 2 BvR 1120/12 –, Schütz/Maiwald ES/A II 1.4 Nr. 222.

Zulässig ist es, **nach einer erfolgten Beförderung/Höhergruppierung** bei der folgenden Beurteilung im Hinblick auf die erhöhten Anforderungen des übertragenden höherwertigen Amtes **einen strengeren Maßstab** mit der Folge einer Herabsetzung des Gesamturteils **anzusetzen**, wenn der Bedienstete' die bisherigen Leistungen nicht gesteigert hat. Dies gilt selbst dann, wenn der Bedienstete auf demselben Dienstposten befördert worden ist, da die Leistungsbewertung sich in erster Linie nicht allein am Dienstposten und an den auf diesem zu erledigenden Aufgaben, sondern vielmehr an den Anforderungen des innegehabten statusrechtlichen Amtes bezieht.[588] Die Gerichte sind zu Recht sogar der Auffassung, dass eine dienstliche Beurteilung nach einer Beförderung im neuen, höheren Statusamt **regelmäßig schlechter ausfallen** wird als diejenige im vorangegangenen niedrigeren Amt. Eine Beibehaltung der Bewertung und ggf. sogar eine Anhebung sind möglich, wenn leistungsbezogene Gründe dies rechtfertigen; hierzu bedarf es jedoch der nachvollziehbaren Begründung.[589]

Wichtig!

Dem Dienstherrn ist es möglich, **Richtwerte für bestimmte Bewertungsebenen vorzugeben.** Hierbei hat er darauf zu achten, dass auch weiterhin dem Leistungsgrundsatz ausreichend Genüge getan wird.

Dies setzt voraus, dass

- eine ausreichende Anzahl von Bediensteten mit gleicher Aufgabenstruktur, die sich aus einer vergleichbaren Besoldungsgruppe oder Eingruppierung nebst Aufgabenwahrnehmung ergeben kann, gleichzeitig beurteilt wird und
- trotz der Richtlinien angemessene Über- und Unterschreitungen weiterhin möglich sind.

Besonderheiten sind zu beachten, wenn der zu Beurteilende' im Hinblick auf das ihm zu übertragende Statusamt **höherwertige Aufgaben wahrnimmt**. Nach der verwaltungsgerichtlichen Rechtsprechung ist in diesem Fall davon auszugehen, dass ein Beamter', der jahrelang die Aufgaben eines Dienst-/Arbeitspostens überwiegend erfüllt, der einer höheren Besoldungsgruppe zugeordnet ist als die seines Statusamtes, die geringeren Anforderungen seines Statusamtes in mindestens ebenso sehr guter Weise erfüllt. Diese Annahme basiert auf der vergleichend heranzuziehenden unbestrittenen Einschätzung, dass mit einem höheren Statusamt die Wahrnehmung höherwertiger Aufgaben verbunden ist, die im Allgemeinen gegenüber einem niedrigeren Statusamt gesteigerte Anforderungen beinhalten und mit einem größeren Maß an Verantwortung verbunden sind. Je weiter das Statusamt und der tatsächlich innegehabte Dienst-/Arbeitsposten auseinanderfallen, umso konkreter und ausführlicher muss sich der Beurteiler' mit der vorgezeichneten Annahme auseinandersetzen. Nur in Ausnahmefällen kann diese Annahme nicht gerechtfertigt sein. Will der Beurteiler' damit von dieser Annahme als Regelfall abweichen, müsste er dies nachvollziehbar und plausibel begründen.[590] Zu beach-

588) NdsOVG 9.2.2010 – 5 LB 497/07 –, RiA 2010, 166.

589) OVG NRW 29.12.2020 – 6 B 1473/20 –, juris; NdsOVG 6.9.2019 – 5 ME 137/19 –, juris; OVG Bremen 26.3.2018 – 2 B 199/17 –, juris; VGH BW 13.11.2014 – 4 S 1641/14 –, VBlBW 2015, 423; OVG RP 2.7.2014 – 10 B 10320/14 –, NVwZ-RR 2014, 809 –, juris.

590) BayVGH 20.4.2016 – 6 CE 16.331 –, juris Rn. 14; NdsOVG 25.2.2016 – 5 ME 217/15 –, juris Rn. 14.

ten ist letztlich, dass die Verrichtung einer höherwertigen Tätigkeit in die Gesamtbewertung grundsätzlich einzustellen und zu gewichten ist.[591]

Bei **schwerbehinderten Menschen** gebieten die landes- und bundesrechtlichen Vorschriften[592], die Minderung der Arbeits- und Verwendungsfähigkeit durch die Behinderung zu berücksichtigen. In welcher Weise die Schwerbehinderung im Einzelfall zu berücksichtigen ist, bedarf der näheren Konkretisierung durch Verwaltungsvorschriften. Hierbei steht den obersten Dienstbehörden ein gerichtlich nur beschränkt überprüfbarer Gestaltungsspielraum zu. Unzulässig ist es, jede Beurteilung eines Einzelmerkmals im Hinblick auf das Vorliegen einer Schwerbehinderung aufzuwerten. Vielmehr bedarf es einer Einzelfallbetrachtung. Zudem muss ausdrücklich zwischen Minderleistungen, die auf die Schwerbehinderung zurückzuführen sind, und behinderungsunabhängigen Minderleistungen differenziert werden. Die Berücksichtigung der Schwerbehinderung ist ausschließlich bei der Bewertung der Leistung und nicht bei der Bewertung der Befähigung zulässig.

10.7 Das Beurteilungsverfahren

Dienstliche Beurteilungen sind aus dem Grundsatz der Chancengleichheit im Wege eines nachvollziehbaren und fairen Beurteilungsverfahrens zu fertigen. Dem Dienstherrn obliegt es, Beurteilungsrichtlinien zu erlassen. Im Hinblick auf den zu beachtenden Gleichheitssatz ist der Beurteiler hinsichtlich des anzuwendenden Verfahrens sodann an diese Richtlinien gebunden. Das Gericht kann folglich überprüfen, ob der Beurteiler' die Richtlinien eingehalten hat und ob sie mit gesetzlichen Regelungen, insbesondere mit den Grundsätzen des zu beachtenden Laufbahnrechts, in Einklang stehen.[593]

Da die dienstliche Beurteilung Grundlage der Bestenauslese (Art. 33 Abs. 2 GG) ist, muss diese im Rahmen eines ordnungsgemäßen Beurteilungsverfahrens erstellt worden sein. Soweit bei der Erstellung der Beurteilung Verfahrensfehler begangen wurden, kann die Beurteilung nicht Grundlage einer Auswahlentscheidung sein.

10.7.1 Zuständigkeit für die Beurteilungen

Es obliegt dem Dienstherrn, im Rahmen seiner **organisatorischen Gestaltungsfreiheit** zu bestimmen, wer die Aufgabe der dienstlichen Beurteilung wahrnimmt.[594] Zuständig, zumindest für die Erstellung eines ersten Beurteilungsentwurfes, ist der unmittelbare Vorgesetzte', da dieser die Leistung des Beamten' aus eigener Anschauung am besten beurteilen kann. Soweit keine anderweitige Regelung getroffen worden ist, ist für die abschließende dienstliche Beurteilung des Beschäftigten die **dienstvorgesetzte Stelle** und damit der Behördenleiter zuständig. Soweit die dienstvorgesetzte Stelle die Befugnis zur dienstlichen Beurteilung auf verschiedene Beschäftigte des Dienstherrn delegiert hat, sollte der Dienstherr eine Beurteilungskommission einrichten. Dieser obliegt es, ein einheitliches Beurteilungsverfahren zu gewährleisten, indem diese alle dienstlichen Beurteilungen in den Blick nimmt. Bei Auffälligkeiten, etwa im Falle eines erheblichen Abweichens von ein-

591) OVG NRW 29.3.2016 – 1 B 1491/15 –, juris Rn. 13.

592) Vgl. exemplarisch Art. 21 Abs. 2 BayLlbG, § 5 Abs. 3 BLV.

593) Kämmerling DÖD 2007, 149.

594) BVerwG 27.11.2014 – 2 A 10.13 –, Schütz/Maiwald ES/D I 2 Nr. 125.

heitlichen Bewertungsmaßstäben, ist es Aufgabe der Beurteilungskommission, hierauf hinzuweisen und den betroffenen Beurteiler' aufzufordern, seine Beurteilungspraxis näher (schriftlich) zu begründen.

Beispiel

Im Bauamt der Stadt A werden abweichend von der in den Beurteilungsrichtlinien vorgegebenen Verteilungsformel überdurchschnittlich viele Beschäftigte mit der Bestnote beurteilt. Auf Aufforderung der Beurteilungskommission muss dieses Ergebnis seitens des Beurteilers' näher begründet werden. Hierbei ist es nicht ausreichend, auf die überdurchschnittlichen Leistungen der Beurteilten hinzuweisen. Vielmehr ist im Einzelnen darzulegen, aus welchen Gründen eine inflationäre Vergabe von Bestnoten gerechtfertigt ist. Möglich ist es auch, eine entsprechende Begründung bereits im Vorfeld einzufordern.

Der von der dienstvorgesetzten Stelle zur Erstellung der dienstlichen Beurteilung Beauftragte' ist zur umgehenden Beurteilung des Betroffenen' dienstlich verpflichtet. Er darf sich daher der Aufforderung zur Beurteilung nicht ohne Grund entziehen. Kommt der Beauftragte' der Aufforderung zur Beurteilung des Beschäftigten' nicht nach, muss er mit disziplinar- oder arbeitsrechtlichen Konsequenzen rechnen. Hiermit korrespondiert ein entsprechender Anspruch des Bediensteten auf Erstellen der dienstlichen Beurteilung.

Verfügt der für die Beurteilung zuständige Mitarbeiter' nicht über ausreichende eigene Kenntnisse, um die Leistungen des zu beurteilenden Beamten' zu bewerten, muss er sich eine **ausreichende Tatsachengrundlage**[595] anderweitig beschaffen. Verfügt der Beurteiler' nicht über hinreichende eigene Erkenntnisse über die von dem zu beurteilenden Beamten' im Beurteilungszeitraum erbrachten Leistungen, so ist er verpflichtet, auf andere Erkenntnisquellen zurückzugreifen; insofern kommen insbesondere Beurteilungsbeiträge Dritter in Betracht, um eine tragfähige Grundlage für eine Auswahlentscheidung nach den Grundsätzen der Bestenauslese zu haben. Dies gilt nur dann nicht, wenn die fehlenden eigenen Erkenntnisse nur einen gemessen am Gesamtbeurteilungszeitraum unerheblich kurzen Zeitraum betreffen.[596] Ist ein früherer Vorgesetzter' allerdings langdauernd dienstunfähig, ist grundsätzlich die Annahme gerechtfertigt, dass er nicht dafür herangezogen werden kann, einen Beurteilungsbeitrag abzugeben.[597] Hierfür kommt ein Beurteilungsbeitrag eines (früheren – auch eines in den Ruhestand versetzten) Vorgesetzten' ebenso in Betracht wie die Heranziehung von schriftlichen Arbeiten des Beamten'. Von der Verpflichtung, bei früheren Vorgesetzten Beurteilungsbeiträge einzuholen, ist der Dienstherr befreit, wenn der frühere Vorgesetzte' nicht erreichbar oder diesem eine Stellungnahme zu den Leistungen des Beamten aus gesundheitlichen oder Altersgründen nicht möglich ist. Bei der dem Beurteiler' obliegenden Würdigung eines Beurteilungsbeitrags ist insbesondere zu berücksichtigen, dass der Beitrag des früheren Vorgesetzten nicht mehr auf aktuellen Erkenntnissen über den Leistungsstand des Beamten' beruhen mag.[598] Bevor es zu einem Vorgesetztenwechsel kommt bzw. bevor der Vorgesetzte' in den Ruhestand versetzt wird oder die Dienststelle

595) Von einer ausreichenden Tatsachengrundlage kann dann gesprochen werden, wenn die Tatsachenfeststellung möglichst vollständig und richtig erfolgt ist.

596) S. OVG NRW 10.9.2020 – 1 B 635/20 –, Schütz BeamtR ES/D I 2 Nr. 160, wonach ein Zeitraum von rund acht Monaten an einem Gesamtbeurteilungszeitraum von knapp 75 Monaten gemessen, erheblich ist, sodass die Einholung eines Beurteilungsbeitrags nicht ausnahmsweise entbehrlich gewesen ist.

597) OVG NRW 5.8.2020 – 6 B 624/20 –, juris.

598) BVerwG 28.1.2016 – 2 A 1.14 –, juris Rn. 23 ff.

anderweitig etwa im Wege einer Versetzung verlässt, sollte vom Vorgesetzten' ein Beurteilungsbeitrag eingefordert werden.

Wichtig!

Beurteilungsbeiträge müssen bei der Ausübung des Beurteilungsspielraums berücksichtigt werden, d. h. zumindest zur Kenntnis genommen und vom Beurteiler' bedacht werden. Sie sind ebenso wie eigene Beobachtungen des Beurteilers' unverzichtbare Grundlage der Beurteilung. Der Beurteiler' ist zwar an die Feststellungen und Bewertungen Dritter nicht in der Weise gebunden, dass er sie in seine Beurteilung "fortschreibend" übernehmen müsste, sondern er kann zu abweichenden Erkenntnissen gelangen. Er übt seinen Beurteilungsspielraum jedoch nur dann rechtmäßig aus, wenn er die Beurteilungsbeiträge in seine Überlegungen einbezieht und Abweichungen nachvollziehbar begründet.[599]

Soweit der Beurteiler' sich auf Berichte Dritter stützt, ist zu bedenken, dass für diese dieselben Voraussetzungen gelten wie für die Beurteilung selbst. Dementsprechend darf ein Dritter' tatsächliche Umstände, die bei objektiver Betrachtung beurteilungserheblich sind, weder unterdrücken noch verkürzt oder sogar falsch darstellen. Erkenntnisse über das Leistungsbild eines zu beurteilenden Beamten' können auch von einer sachkundigen Auskunftsperson vermittelt werden, die demselben Statusamt wie der zu Beurteilende' angehört, sofern der Beurteiler' diesem potenziellen Konkurrenzverhältnis im Rahmen der eigenen Überzeugungsbildung hinreichend Rechnung trägt. Der Beurteiler' muss sich bewusst sein, dass die Angaben von einem möglichen Konkurrenten' stammen, und er muss sie vor diesem Hintergrund würdigen.[600]

Stützt ein Beurteiler', der die erbrachten dienstlichen Leistungen und die gezeigte Befähigung der zu beurteilenden Beamten' im Beurteilungszeitraum in keiner Weise aus eigener Anschauung kennt, die nur von ihm zu verantwortenden dienstlichen Regelbeurteilungen **allein auf freitextlich zu erstellende Beurteilungsbeiträge unterschiedlicher Beiträger**, deren Wertungen nicht an einem erkennbaren Bewertungssystem orientiert sind und deshalb nicht schon aus sich heraus einer bestimmten Notenstufe zugeordnet werden können, so beruhen die Beurteilungen ohne eine vorherige Klärung des jeweiligen Bedeutungsgehalts der Wertungen in jedem Einzelfall nicht auf einer hinreichenden Tatsachengrundlage und sind infolgedessen rechtswidrig. Letzteres gilt auch für die zugrunde liegende Beurteilungsrichtlinie, soweit sie dies zulässt.[601]

Da die persönliche Befähigung, dienstliche Beurteilungen zu erstellen, nicht aus dem Status, sondern aus den Kenntnissen des mit dieser Aufgabe Betrauten' folgt, kann die Beurteilung auch von einem „statusfremden" Beurteiler' erstellt werden.[602] Dementsprechend ist es rechtlich unbedenklich, dass ein Arbeitnehmer' einen Beamten' oder ein Beamter' einen Arbeitnehmer' dienstlich beurteilt, soweit dieser jeweils über die maßgebende Beurteilungskompetenz verfügt.

599) S. OVG 3.6.2020 – 1 B 1715/19 –, juris, wobei nach dem VGH Bayern 25.5.2020 – 6 CE 20.669 –, juris lediglich Abweichungen von größerem Gewicht eine nachvollziehbare Begründung bedürfen.

600) OVG NRW 2.11.2020 – 6 B 909/20 –, Schütz/Maiwald BeamtR ES/A II 1.5 Nr. 83; HessVGH 31.3.2020 – 1 B 1751/19 –, juris.

601) OVG NRW 10.7.2015 – 1 B 1474/14 –, Schütz/Maiwald ES/D I 2 Nr. 127; die a. A. des OVG Berlin-Brandenburg 29.4.2016 – OVG 7 S 3.16 –, juris Rn. 10 ff. kann nicht überzeugen, da freitextlich erstellte Beurteilungsbeiträge ohne hinreichende Vereinheitlichung der verwandten Begrifflichkeiten miteinander nicht vergleichbar sind.

602) Vgl. BVerwG 20.8.2004 – 2 B 64.04 –, Buchholz 232.1 § 40 BLV Nr. 25.

Ein Bediensteter', der sich bereits im Ruhestand befindet, kann eine dienstliche Beurteilung mangels entsprechender dienstlicher Befugnis und der damit einhergehenden fehlenden dienstlichen Verantwortung nicht erstellen. Es bleibt jedoch möglich, diesen als sachverständigen Zeugen um Auskunft über die Leistung des zu Beurteilenden' durch Erstellung eines Beurteilungsbeitrags zu bitten.

10.7.2 Mehrstufiges Verfahren

Es gibt keine gesetzlichen Vorgaben, die eine bestimmte Form des Beurteilungsverfahrens vorsehen. Allerdings muss das Beurteilungsverfahren dem Leistungsgrundsatz und dem Grundsatz der Chancengleichheit entsprechen. In der Regel wird im Hinblick auf den hierarchischen Aufbau einer Verwaltung ein mehrstufiges Beurteilungsverfahren praktiziert.

Folgende **Grundsätze** sind im Rahmen eines (mehrstufigen) Beurteilungsverfahrens zu berücksichtigen:

- Es gibt keinen Verfahrensgrundsatz, der bereits zu Beginn eines Beurteilungsverfahrens die Erstellung eines Erstentwurfes einer Beurteilung vorsieht.[603]
- Die Beurteilung muss vom zuständigen Beurteiler' erstellt werden.[604] Der Dienstherr kann im Rahmen seines Organisationsermessens die Zuständigkeiten eigenständig festlegen. Um Beurteilungsfehler zu vermeiden, ist der unmittelbare Vorgesetzte bei der Erstellung der Beurteilung zu beteiligen.
- Unerheblich ist, ob der Zweitbeurteiler' den zu Beurteilenden' tatsächlich persönlich kennt.[605]
- Die Aufgabe des Endbeurteilers' kann sich im Wesentlichen darauf beschränken, über die Einheitlichkeit der Beurteilungsmaßstäbe zu wachen.[606]
- Dem Dienstvorgesetzten' steht es frei, vor der Endbeurteilung weitere Informationen, etwa Berichte und Auskünfte von anderer Seite einzuholen, soweit er die entsprechenden Beurteilungen mangels Fachkenntnis o. Ä. nicht selber vornehmen kann.[607] Er kann sodann auch von einem ihm vorgelegten Beurteilungsentwurf abweichen.
- Die Beurteilung muss das alleinige Werturteil des Beurteilers' wiedergeben.[608]
- Der Endbeurteiler' ist bei der Beurteilung nicht an bereits vorliegende Wertungen anderer Beurteiler' gebunden.[609]
- Kommt es im Beurteilungszeitraum zu einem Vorgesetztenwechsel', so ist der scheidende Vorgesetzte' verpflichtet, einen qualifizierten Beurteilungsbeitrag zu liefern, wenn der vor dem Wechsel liegende Beurteilungszeitraum mindestens ein Jahr beträgt.[610]

603) OVG NRW v. 22.6.1998 – 6 A 6370/96 –, juris Rn. 7.
604) NdsOVG 9.2.2000 – 2 M 4517/99 –, juris Rn. 8 ff.
605) BVerwG 19.12.2002 – 2 C 31.01 –, juris Rn. 20.
606) BVerwG 19.12.2002 – 2 C 31.01 –, aaO.
607) OVG NRW 9.9.2002 – 6 B 1375/02 –, juris Rn. 6.
608) OVG NRW 9.9.2002 – 6 B 1375/02 –, juris Rn. 8.
609) OVG NRW 29.8.2001 – 6 A 2967/00 –, juris Rn. 26.
610) OVG SH 29.9.1995 – 3 L 682/94 –, juris Rn. 26.

- Soweit der zu Beurteilende' mehreren gleichrangigen Vorgesetzten' unterstellt ist, obliegt es dem Dienstherrn zu entscheiden, welchem Vorgesetzten' er die Aufgabe der dienstlichen Beurteilung übertragen will. Der Bedienstete' hat in diesem Zusammenhang keinen Anspruch auf eine Beurteilung durch den Vorgesetzten', dem er überwiegend unterstellt ist.[611]
- Die Beurteilung darf im Hinblick auf das Verbot der Voreingenommenheit nicht durch einen Bewerbungskonkurrenten' erstellt werden.
- Für die Annahme einer Voreingenommenheit ist es nicht ausreichend, wenn die Möglichkeit besteht, dass der zu Beurteilende' in einem zukünftigen Stellenbesetzungsverfahren in Konkurrenz zu der Ehefrau seines Beurteilers' treten könnte, da allein die Besorgnis der Befangenheit nicht ausreichend ist.[612]
- Unzulässig ist auch eine sog. „Selbstbeurteilung".[613]

Verstößt der Dienstherr gegen einen der vorgenannten Grundsätze, so ist die Beurteilung verfahrensfehlerhaft. Selbiges gilt, wenn Beurteilungsrichtlinien zwingend jeweils ein vorbereitendes Beurteilungsgespräch vorsehen.[614] Ein entsprechendes Gespräch zur Vorbereitung oder zur Eröffnung der dienstlichen Beurteilung respektive eine Gegenäußerung des betroffenen Beamten' muss nicht zwangsläufig zur Änderung der Beurteilung führen und daher ist es nicht fehlerhaft, dass die Beurteilungsrichtlinien dies nicht vorsehen. Es versteht sich vielmehr von selbst, dass die Rechtmäßigkeit einer dienstlichen Beurteilung nicht von dem Einverständnis des Beurteilten' mit den Bewertungen abhängt.

10.7.3 Aufnahme in der Personalakte, Bekanntgabe und Anhörung des Bediensteten

Die Beurteilung muss unabhängig davon, ob dies explizit in Gesetzen oder Verordnungen geregelt ist, in die Personalakte aufgenommen werden, da sie in einem unmittelbaren Zusammenhang mit dem Dienstverhältnis steht (vgl. § 50 Satz 2 BeamtStG, § 106 Abs. 1 Satz 4 BBG). Die beamtenrechtlichen **Vorschriften zum Personalaktenrecht** werden in der Regel auf die beschäftigten **Arbeitnehmer'** übertragen.

Vor der Aufnahme der dienstlichen Beurteilung in die Personalakte muss der Dienstherr dem Bediensteten' die Möglichkeit einräumen, von der Beurteilung Kenntnis zu nehmen. Mit der **Bekanntgabe der Beurteilung** wird diese dem Bediensteten' gegenüber wirksam. Dem Bediensteten' ist aufgrund der Fürsorgepflicht des Dienstherrn die Chance einzuräumen, eine Gegendarstellung zu erstellen. Im Falle berechtigter Einwände muss die Beurteilung entsprechend berichtigt, ergänzt und eventuell sogar die Gesamtnote geändert werden. Die Erörterung des Ergebnisses einer dienstlichen Beurteilung ist allerdings keine Rechtmäßigkeitsvoraussetzung. Damit kann die dienstliche Beurteilung bereits dann einem Auswahlverfahren zugrunde gelegt werden, wenn sie dem Beamten' bekannt gegeben wor-

611) OVG NRW 20.12.1990 – 1 A 982/88 –, juris Rn. 7.
612) NdsOVG 13.4.2010 – 5 ME 328/09 –, RiA 2010, 219 f.
613) ThürOVG 31.1.2005 – 2 EO 1170/03 –, juris Rn. 76.
614) OVG NRW 23.4.2021 – 6 B 1877/20 –, juris.

den ist.[615] Die Pflicht zur Besprechung/Erörterung der dienstlichen Beurteilung mit dem Beurteilten ist zum Teil gesetzlich vorgeschrieben.[616]

> **Wichtig!**
>
> Eine dienstliche Beurteilung kann nach ihrer Eröffnung inhaltlich rückwirkend geändert werden. Zuständig für entsprechende Änderungen ist der (End-)Beurteiler'. Eine Änderung der dienstlichen Beurteilung kommt immer dann in Betracht, wenn der Beurteiler' die ursprüngliche Beurteilung für rechtswidrig hält.

10.7.4 Beteiligung der Personalvertretungsorgane

Weder die Schwerbehindertenvertretung[617] noch die Gleichstellungsbeauftragte[618] haben bei der Erstellung einer dienstlichen Beurteilung ein Mitwirkungsrecht. Dies gilt grundsätzlich auch für den Personalrat,[619] es sei denn, im anzuwendenden Personalvertretungsrecht ist ein entsprechender Beteiligungstatbestand ausdrücklich normiert. Demnach ist der Dienstherr nicht verpflichtet, Beurteilungsentwürfe, Stellungnahmen Dritter oder des Bediensteten' oder die eigentliche Beurteilung den Personalvertretungsorganen vorzulegen.

Etwas kann für Beurteilungsgespräche gelten. So hat der Beamte' etwa nach § 69 Abs. 8 PersVG RP einen Anspruch, die Beteiligung eines Mitglieds des Personalrats an einem Beurteilungsgespräch zu verlangen. Welche Rechtsfolgen im Hinblick auf die dienstliche Beurteilung eintreten, wenn die zuständige Stelle nicht auf dieses Recht hingewiesen hat, ist zurzeit Gegenstand eines Revisionsverfahrens beim Bundesverwaltungsgerichts.[620] Die Vorinstanz, das Oberverwaltungsgericht Rheinland-Pfalz[621], ist der Auffassung, dass ein entsprechender Verstoß nicht zur Rechtswidrigkeit der dienstlichen Beurteilung führt.

10.8 Beurteilungsfehler

Dem Dienstherrn steht bei der Erstellung einer dienstlichen Beurteilung ein **Beurteilungsspielraum** zu, der von den Gerichten nur eingeschränkt überprüfbar ist. Die Rechtmäßigkeitskontrolle hat sich daher darauf zu beschränken, ob der Beurteilende bzw. der Stellung nehmende Vorgesetzte'

- den anzuwendenden Begriff oder den gesetzlichen Rahmen, in dem er sich frei bewegen kann, verkannt hat,
- von einem unrichtigen Sachverhalt ausgegangen ist,

---

615) OVG NRW 16.10.2014 – 1 B 856/14 –, Schütz/Maiwald ES/D I 2 Nr. 124; a. A. NdsOVG 22.04.2013 – 5 ME 81/13 –, RiA 2013, 262, wonach es sowohl einer Eröffnung als auch einer Besprechung der dienstlichen Beurteilung bedarf, damit diese Grundlage für eine Auswahlentscheidung nach dem Leistungsgrundsatz sein kann.

616) Vgl. § 87 Abs. 1 Satz 1 SH LBG, § 93 Abs. 2 Satz 1 SächsBG. Zum Teil ist ein Verlangen des Beurteilten erforderlich; vgl. § 51 Abs. 2 Satz 1 BW LBG bzw. die Beurteilung soll mit dem Beamten besprochen werden, vgl. Art. 61 Abs. 1 Satz 2 BayLlbG.

617) BVerwG 23.4.1998 – 2 C 16.97 –, juris Rn. 21; BayVGH 30.11.2015 – 6 ZB 15.2148 –, juris Rn. 9.

618) OVG Saarland 9.2.1999 – 1 W 2/99, 1 V 1/99 –, juris Rn. 7 ff.

619) OVG Saarland 9.2.1999 – 1 W 2/99, 1 V 1/99., juris Rn. 12 f.

620) BVerwG 13.1.2021 – 2 B 72/20 –, juris.

621) OVG RP 24.8.2020 – 2 A 10197/19.OVG –, juris.

- allgemein gültige Wertmaßstäbe nicht beachtet,
- sachfremde Erwägungen angestellt oder
- gegen Verfahrensvorschriften verstoßen hat.[622]

Werden Einzelvorkommnisse konkret benannt, ist der Sachverhalt voll zu überprüfen. Wird die Beurteilung auf allgemein gehaltene Tatsachenbehauptungen gestützt, hat der Dienstherr sie auf Verlangen des Beurteilten' zu konkretisieren, also plausibel zu machen. Das Gericht hat im Prozess auch insoweit zu kontrollieren, ob der Dienstherr von einem zutreffenden Sachverhalt ausgegangen ist. Wird eine dienstliche Beurteilung auf reine Werturteile gestützt, muss der Dienstherr im Rechtsstreit keine einzelnen Tatsachen vortragen und beweisen, die den Werturteilen zugrunde liegen.[623] Reine Werturteile beruhen nicht auf konkreten einzelnen Vorgängen und lassen auch aus dem Zusammenhang der Aussage nicht in einer dem Beweis zugänglichen Weise erkennen, auf welcher bestimmten Tatsachengrundlage sie beruhen.[624] Werden diese Vorgaben beachtet, gewährleistet die allgemeine Verwaltungspraxis im Beurteilungswesen – Bekanntgabe der Beurteilung, Besprechung und Möglichkeit, Änderung oder Konkretisierung von pauschalen Tatsachenbehauptungen zu verlangen – grundsätzlich ausreichenden Grundrechtsschutz i. S. v. Art. 19 Abs. 4 GG.[623]

Wichtig!

Fehlen bereits die Grundlagen für eine ordnungsgemäße Auswahlentscheidung, so trägt die Behörde die materielle Beweislast dafür, dass der unterlegene Bewerber' auch bei fehlerfreier Auswahl nicht zum Zuge gekommen wäre. Denn die Beschaffung und die Erhaltung der für die Auswahlentscheidung erforderlichen Grundlagen liegt ausschließlich in dem Verantwortungs- und Verfügungsbereich der zuständigen Behörde.[625]

Verkennung des zu beachtenden Rahmens

- Soweit der Dienstherr Beurteilungsrichtlinien festgelegt hat, sind diese aufgrund des Gleichbehandlungsgrundsatzes (Art. 3 Abs. 1 GG) gleichmäßig bei allen Beschäftigten anzuwenden.
- Bei der Leistungsbeurteilung ist sowohl die Qualität als auch die Quantität der im Beurteilungszeitraum erbrachten Arbeitsergebnisse zu berücksichtigen.
- Das individuelle Arbeitsergebnis ist unter Berücksichtigung der Anforderungen an den Arbeitsplatz einer vergleichenden Betrachtung mit Arbeitsergebnissen von Beschäftigten mit gleicher Besoldungsgruppe/Eingruppierung zu unterziehen.

Beispiel

Beurteilungsfehler wegen falscher Vergleichsgruppen

Das Arbeitsergebnis des zu Beurteilenden' wird mit Arbeitsergebnissen von Beschäftigten mit einer höheren Besoldungsgruppe verglichen.

622) BVerwG 28.1.2016 – 2 A 1.14 –, juris Rn. 13.

623) Vgl. BVerfG 29.5.2002 – 2 BvR 723/99 –, ZTR 2002, 451.

624) BVerwG 26.6.1980 – 2 C 8.78 –, E 60, 245.

625) OVG NRW 14.1.2021 – 1 M 136/20 –, ZBR 2021, 210.

Umgang mit dem der Beurteilung zugrunde liegenden Sachverhalt

- Stützt sich der Beurteiler' bei einem Werturteil nicht auf ein konkretes einzelnes Ereignis, sondern auf eine Vielzahl von Einzeleindrücken, so muss er diese in der Beurteilung nicht benennen.
- Aus einzelnen Tatsachen oder Vorkommnissen kann der Beurteiler' immer dann Rückschlüsse für die Bewertung ziehen, wenn diese für die Charakterisierung des Beamten besonders typisch sind.

Beispiel

Beurteilungsfehler wegen Berücksichtigung eines unzulässigen Sachverhalts

Der Beurteiler' begründet seine Beurteilung des Arbeitsergebnisses mit dem Hinweis auf einen groben Fehler des zu Beurteilenden', obwohl feststeht, dass es sich hierbei um einen einmaligen Fehler des Beurteilten' handelt, der besonderen Umständen geschuldet war und zukünftig daher nicht mehr vorkommen wird.

Nichtbeachtung allgemeingültiger Wertmaßstäbe

- Die Beurteilung muss die im Beurteilungszeitraum gezeigten Leistungen zutreffend wiedergeben. Demnach ist es unzulässig, eine Beurteilung schlechter ausfallen zu lassen, um den Beamten' für eine nicht erwünschte Bewerbung abzustrafen.[626]
- Unzulässig ist eine Beurteilungspraxis, die eine große Zahl von Beschäftigten ausschließlich mit der Spitzennote bewertet.
- Ein Beschäftigter' darf nicht allein deshalb nicht maßstabsgetreu beurteilt werden, weil er nicht die seinen Fähigkeiten entsprechende Leistung erbracht hat.[627]
- Unzulässig ist eine Beurteilung, soweit der Beurteiler' voreingenommen und damit nicht in der Lage ist, den Bediensteten nach objektiven Kriterien zu beurteilen. Maßgeblich ist hierbei die objektive Voreingenommenheit des Beurteilers' und nicht die subjektive Sicht des Bediensteten'.[628]

Beispiel

Beurteilungsfehler wegen Voreingenommenheit

Die Ehefrau des Beurteilers hat sich auf dieselbe Stellenanzeige wie der zu beurteilende Beschäftigte' beworben (vgl. §§ 20 Abs. 1 Satz 1 Nr. 2, 21 Abs. 1 Satz 1 VwVfG).

Sachfremde Erwägungen

- Im Rahmen der Beurteilung darf im Hinblick auf die in Art 33 Abs. 2 GG festgelegten Kriterien nicht auf persönliche, politische oder wirtschaftliche Beziehungen abgestellt werden.
- Sachfremd ist nach Art. 33 Abs. 3 GG eine Bewertung, die auf der Zugehörigkeit oder Nichtzugehörigkeit zu einer Religionsgemeinschaft oder Weltanschauung beruht.
- Unzulässig ist eine benachteiligende Bewertung wegen eines in § 1 AGG aufgezählten Merkmals.

626) OVG NRW 29.8.2001 – 6 A 2967/00 –, juris Rn. 11.
627) OVG NRW 7.12.1994 – 12 A 1575/91 –, juris Rn. 4.
628) OVG NRW 11.5.2005 – 1 B 301/05 –, juris Rn. 20.

Beispiel

Beurteilungsfehler wegen einer sachfremden Erwägung

Die Leistung des zu Beurteilenden‘ wird nur deshalb schlechter als vergleichbare Leistungen anderer Beschäftigter bewertet, weil dieser schwerbehindert ist.

Nichteinhaltung von Verfahrensvorschriften

- Verstoß gegen geltende Beurteilungsrichtlinien und -maßstäbe, etwa dann, wenn diese nicht auf alle Beschäftigten gleichmäßig angewandt werden,[629]
- mangelnde Beteiligung der Schwerbehindertenvertretung, Gleichstellungsbeauftragten oder des Personalrates, soweit Beurteilungsrichtlinien eine entsprechende Beteiligung vorsehen; hat der Dienstherr keine Kenntnis von der Schwerbehinderung des Bewerbers‘, führt eine mangelnde Beteiligung der Schwerbehindertenvertretung nicht zur Rechtswidrigkeit der Beurteilung,[630]
- Beurteiler‘ steht in einem Konkurrenzverhältnis zum Beurteilenden,[631]
- Beurteilungszeitraum wird unzulässig auf einen Teilabschnitt beschränkt,[632]
- eine gebotene Anhörung des Beschäftigten‘ unterbleibt,
- ein vorgeschriebenes Beurteilungsgespräch findet nicht statt,
- Beurteilung wird nicht ordnungsgemäß bekannt gegeben,
- ein Anlass für eine Bedarfsbeurteilung besteht zum Zeitpunkt der Beurteilung nicht (mehr),
- ein voreingenommener Beurteiler ‘wird tätig oder
- der Beurteiler‘ ist zum maßgebenden Beurteilungszeitraum nicht (mehr) zuständig.

Soweit die dienstliche Beurteilung an Beurteilungsfehlern leidet und damit rechtswidrig und aufzuheben ist, kann diese nach einer erfolgten Auswahlentscheidung nicht durch eine neuerstellte Beurteilung ersetzt werden, sodass der Verfahrensfehler nachträglich nicht heilbar ist.

Zum einen wurde die ursprüngliche Auswahlentscheidung auf der Grundlage der alten rechtswidrigen und nicht auf der neu erstellten Beurteilung gefällt. Zum anderen kann eine einmal getroffene Auswahlentscheidung nicht auf eine neue Beurteilung gestützt werden, da ein Nachschieben von grundlegenden Auswahlerwägungen nicht möglich ist.[633]

10.9 Vergleich der dienstlichen Beurteilungen und Rückgriff auf Hilfskriterien

Der Leistungsvergleich ist zunächst anhand der vorliegenden Beurteilungen vorzunehmen. In der Regel stammen die vorliegenden Beurteilungen vom gleichen Dienstherrn, sodass die Beurteilungen keine unterschiedlichen Bewertungsmaßstäbe aufweisen. Sollten dienstliche Beurteilungen mit unterschiedlichen Bewer-

629) SächsOVG 5.4.2005 – 3 B 277/03, juris Rn. 48.

630) OVG NRW 4.1.2010 – 6 B 1482/09 –, juris Rn. 10.

631) OVG NRW 15.5.1995 – 1 A 2881/91 –, juris Rn. 22 ff.

632) OVG NRW 15.5.1995, 1 A 2881/91 –, juris Rn. 16.

633) OVG NRW 14.3.2012 – 1 B 1042/11 –, juris Rn. 22 ff.

tungsmaßstäben vorliegen, wird der Leistungsvergleich zwischen den Bewerbern' erschwert. Dies führt zu der Notwendigkeit, in Konkurrenzsituationen die Unterschiedlichkeit der Beurteilungssysteme in den wertenden Vergleich der Bewerber' einzubeziehen, insbesondere erzielte Noten nicht ohne Gewichtung gemäß den Beurteilungssystemen und ihrer tatsächlichen Handhabung in Vergleich zu setzen.

Wichtig!

Da dienstliche Beurteilungen lediglich dann heranzuziehen sind, wenn sich die Auswahlentscheidung – etwa bei Beförderungsentscheidungen – am verfassungsrechtlichen Leistungsprinzip orientieren muss, bedarf es der Heranziehung und damit auch nicht des Vergleichs dienstlicher Beurteilungen bei Entscheidungen, die den Status des Beamten' nicht berühren, etwa im Falle eines gleichwertigen Wechsels.

Nicht zu beanstanden ist es, das Gesamtergebnis der vorliegenden Beurteilungen als gleichwertig anzusehen, wenn die Bewerber' zwar mittels unterschiedlicher Bewertungssysteme, aber jeweils mit der besten Endnote beurteilt worden sind. Im Übrigen sollte beim Notenvergleich auf die beschreibenden Erläuterungen zu den jeweiligen Einzelnoten zurückgegriffen werden, da diese in der Regel genormt oder zumindest vergleichbar sind. Dies gilt auch, wenn einzelne Leistungskriterien untereinander verglichen werden sollen.

10.9.1 Allgemeines

Der für die Bewerberauswahl maßgebende Leistungsvergleich ist nach der ständigen **Rechtsprechung des BVerwG** anhand aktueller dienstlicher Beurteilungen vorzunehmen,[634] was verfassungsrechtlich nicht zu beanstanden ist.[635] Maßgeblich für den Leistungsvergleich ist in erster Linie das abschließende Gesamturteil, das durch eine Würdigung, Gewichtung und Abwägung der einzelnen leistungsbezogenen Gesichtspunkte anhand eines einheitlichen statusamtsbezogenen Maßstabs zu bilden ist.[636]

Sind die Bewerber' mit dem gleichen Gesamturteil beurteilt, ist für die Auswahlentscheidung auf weitere unmittelbar leistungsbezogene Kriterien zurückzugreifen. Das Bundesverwaltungsgericht geht in ständiger Rechtsprechung davon aus, dass der Dienstherr bei gleichem Gesamturteil zunächst die Beurteilungen umfassend inhaltlich auswerten muss und Differenzierungen in der Bewertung einzelner Leistungskriterien oder in der verbalen Gesamtwürdigung zur Kenntnis zu nehmen hat.[637]

Überwiegend haben sich auch die **anderen Obergerichte** der Rechtsprechung des Bundesverwaltungsgerichts **angeschlossen** und gehen davon aus, dass der Dienstherr bei Vorliegen von dienstlichen Beurteilungen mit der gleichen Endnote nicht nur berechtigt, sondern auch verpflichtet ist, vorrangig vor einem Rückgriff auf ältere (nicht unmittelbar den aktuellen Qualifikationsstand widerspiegelnde) Beurteilungen, den weiteren Inhalt der maßgeblichen aktuellen Beurteilungen daraufhin

634) BVerwG 13.1.2021 – 2 B 21/20 –, juris zur Ausnahme von der Begründung des Gesamturteils einer dienstlichen Beurteilung; BVerwG 19.12.2014 – 2 VR 1.14 –, IÖD 2015, 38.

635) BVerfG 4.7.2018 – 2 BvR 1207/18 –, Schütz/Maiwald BeamtR ES/D I 2 Nr. 146; BVerfG 5.9.2007 – 2 BvR 1855/07 –, NVwZ-RR 2008, 433.

636) BVerwG 19.12.2014 – 2 VR 1.14 –, IÖD 2015, 38.

637) Erstmals BVerwG 30.6.2011 – 2 C 19.10 –, E 140, 83; nachfolgend: BVerwG 22.11.2012 – 2 VR 5.12 –, E 145, 112; BVerwG 20.6.2013 – 2 VR 1.13 –, juris Rn. 46 ff.; BVerwG 19.12.2014 – 2 VR 1/14 –, IÖD 2015, 38.

zu würdigen, ob sich aus ihm Anhaltspunkte für einen Qualifikationsvorsprung eines der Bewerber' gewinnen lassen.[638]

Nach der Rechtsprechung des **Bundesverwaltungsgerichts**[639] ist wie folgt vorzugehen:

Danach ist in einem **1. Schritt** das abschließende Gesamturteil maßgeblich, da in diesem auch die unterschiedliche Bedeutung der Einzelbewertungen durch die ihr entsprechende Gewichtung zum Ausdruck kommt.[640] Sind Bewerber' mit dem gleichen Gesamturteil bewertet worden, müssen in einem **2. Schritt** die Beurteilungen ausgeschöpft werden, wobei die Entscheidung des Dienstherrn, welches Gewicht er den einzelnen Gesichtspunkten für das abschließende Gesamturteil und für die Auswahl zwischen im Wesentlichen gleich geeigneten Bewerbern' beimisst, nur einer eingeschränkten gerichtlichen Nachprüfung unterliegt. Das Bundesverwaltungsgericht betont in seiner Entscheidung, dass der Dienstherr die dienstlichen Beurteilungen **heranziehen muss**, um festzustellen, ob und inwieweit die einzelnen Bewerber' mit gleichem Gesamturteil diese Anforderungen erfüllen. Weitere Erkenntnisquellen können nur ergänzend herangezogen werden. Dieses Vorgehen entspricht auch der Rechtsprechung des Bundesverfassungsgerichts.[641] Danach ist ein Rückgriff auf ältere dienstliche Beurteilungen nur in einem **3. Schritt** möglich.

Sind die Bewerber' nach der umfassenden inhaltlichen Auswertung ihrer aktuellen Beurteilungen ("ausschärfende Betrachtung") als im Wesentlichen gleich geeignet einzustufen, kann die Behörde grundsätzlich auf die Vorbeurteilungen der Bewerber abstellen oder ein strukturiertes Auswahlgespräch führen. Sehen die Beförderungsrichtlinien nach der Auswertung der aktuellen Beurteilungen die Auswertung der Vorbeurteilungen der Bewerber' vor, so hat eine Auswertung der Vorbeurteilungen auch dann zu erfolgen, wenn für einige der Bewerber' noch keine Regel(Vor-)beurteilungen vorliegen, weil sie sich zum Stichtag noch in der Probezeit befunden haben.[642] Weitere leistungsbezogene Gesichtspunkte sind zum Beispiel die dienstliche Erfahrung, die Verwendungsbreite oder die Leistungsentwicklung. Es ist aber auch nicht zu beanstanden, auf das leistungsbezogene Erkenntnismittel eines so genannten strukturierten Auswahlgesprächs zurückzugreifen.[643]

Beispiel

Berücksichtigung der Entwicklungstendenz anhand älterer Beurteilungen

Die dienstliche Beurteilung des Bewerbers A schließt ebenso wie die dienstliche Beurteilung des Bewerbers B mit einer durchschnittlichen Gesamtbewertung. Auch unter Berücksichtigung der Einzelmerkmale lässt sich kein signifikanter Leistungsvorsprung eines Bewerbers feststellen. Bei Betrachtung der älteren Beurteilungen lässt sich erkennen, dass sich die Leistungen des A in den letzten Jahren kontinuierlich verbessert und die des B entsprechend verschlechtert haben. A ist somit im Rahmen der Bestenauslese B vorzuziehen.

638) Vgl. BayVGH 15.4.2016 – 3 BV 14.2101 –, IÖD 2016, 122; OVG Berlin-Brandenburg 23.10.2015 – OVG 7 S 34.15 –, juris Rn. 11; OVG Bremen 14.10.2015 – 2 B 158/15 –, juris Rn. 43; SächsOVG 11.6.2015 – 2 B 277/14 –, juris Rn. 41; Hess. VGH 6.5.2015 – 1 B 2043/14 –, juris Rn. 12; OVG NRW 2.7.2014 – 1 A 386/14 –, juris Rn. 3; VGH Baden-Württemberg 17.6.2014 – 4 S 494/14 –, juris Rn. 13.

639) BVerwG 19.12.2014 – 2 VR 1/14 –, IÖD 2015, 38.

640) S. hierzu OVG NRW 2.6.2020 – 1 B 344/20 –, juris.

641) Vgl. BVerfG 11.5.2011 – 2 BvR 764/11 –, juris Rn. 11.

642) NdsOVG 22.5.2020 – 5 ME 76/20 –, juris.

643) BVerwG 27.4.2010 – 1 WB 39/09 –, juris.

Darüber hinaus sind ältere Beurteilungen in die Bestenauslese mit einzubeziehen, wenn in diesen positive oder negative Aussagen über

- Charaktereigenschaften,
- Kenntnisse,
- Fähigkeiten,
- Verwendungen und
- Leistungen

enthalten sind.

Vor allem dann, wenn eine **Stichentscheidung** unter zwei oder mehreren Beamten' zu treffen ist, deren Leistungsstand in den aktuellen Beurteilungen im Wesentlichen gleich beurteilt worden ist, ist es mit Blick auf Art. 33 Abs. 2 GG geboten, die früheren Beurteilungen bei der Auswahl zu berücksichtigen.[644] Bei einem Vergleich älterer Beurteilungen kann insbesondere entscheidend sein, wie lange der Bewerber' im aktuellen Statusamt mit der Spitzennote beurteilt worden ist.[645]

Unter Beachtung dieser Grundsätze ist der weitere Weg des Auswahlverfahrens vorgezeichnet. Der Dienstherr muss zunächst die vorliegenden Beurteilungen unter Berücksichtigung der Gesamtnote gewichten. Soweit sich bereits an dieser Stelle ein Bewerber' als Leistungsstärkster herausstellt, ist der Vorgang der Bestenauslese beendet.

Wichtig!

Beziehen sich die Beurteilungen der konkurrierenden Bewerber' auf unterschiedliche Statusämter, geht die Rechtsprechung von dem Grundsatz aus, dass (bereits) bei formal gleichlautenden Gesamturteilen die Beurteilung des Beamten' im höheren Statusamt grundsätzlich besser ist als diejenige des für ein niedrigeres Statusamt beurteilten Konkurrenten. Das beruht auf der Überlegung, dass der Maßstab für die dienstlichen Anforderungen regelmäßig im Blick auf das innegehabte Amt im statusrechtlichen Sinne zu bestimmen ist und dass mit einem verliehenen höheren Statusamt im Allgemeinen gegenüber dem zuvor innegehabten niedrigeren Statusamt gesteigerte Anforderungen und ein größeres Maß an Verantwortung verbunden sind.[646]

In den Fällen, in denen Bewerber' im Wesentlichen gleich geeignet sind, muss der Dienstherr zur weiteren Schärfung der Leistungsfähigkeit des Bewerbers' die **Beurteilungen umfassend** inhaltlich **auswerten** und Differenzierungen in der Bewertung einzelner Leistungskriterien oder in der verbalen Gesamtwürdigung (z. B. Unterschiede bei einzelnen Formulierungen) zur Kenntnis nehmen. Kann insoweit noch kein Leistungsvorsprung festgestellt werden, müssen die älteren dienstlichen Beurteilungen in Blick genommen werden.

Wichtig!

Ist auch nach der Berücksichtigung der älteren dienstlichen Beurteilungen ein Leistungsvorsprung eines Bewerbers' nicht begründbar, kann der Dienstherr auf weitere leistungsnahe Kriterien zurückgreifen. Zu denken ist etwa an ein strukturiertes **Auswahlgespräch (s. Abschnitt 11.8)** oder ein **Assessment-Center (s. Abschnitt 11.9)**.

---

644) BVerwG 19.12.2002 – 2 C 31.01 –, juris Rn. 15.

645) VG Düsseldorf 5.3.2012 – 13 L 1708/11 –, juris Rn. 28.

646) Vgl. BVerfG 4.7.2018- 2 BvR 1207/18 –, juris; BVerfG 11.5.2011- 2 BvR 764/11 –, juris; BVerfG 20.3.2007 – 2 BvR 2470/06 –, juris; OVG NRW 17.2.2015- 1 B 1327/14 –, juris; OVG NRW 16.10.2017 – 6 B 685/17 –, juris; OVG NRW 13.5.2020 – 1 B 1070/19 –, juris jeweils m. w. N.

Um einen möglichst umfassenden Eindruck vom Bewerber' zu gewinnen, müssen **Vorstellungsgespräche/Interviews**, soweit sie vom Dienstherrn im Rahmen des ihm zustehenden Ermessens als Auswahlkriterium herangezogen werden, professionell vorbereitet werden. Hierzu empfiehlt es sich, eine **Auswahlkommission** zu bilden. Diese sollte aus den in nachfolgender Übersicht genannten Teilnehmern bestehen.

Abbildung 10-4: Mitglieder einer Auswahlkommission.

Ausschussteilnehmer	**Aufgaben**
Ein Vertreter' der Personalabteilung	Ihm obliegt es, u. a. über die Rechtmäßigkeit des Auswahlverfahrens zu wachen.
Ein Vertreter' des bedarfsfordernden Fachamtes	Dieser ist vor allem verantwortlich für die Einschätzung der Persönlichkeit des Bewerbers' und die damit einhergehende Integrationsfähigkeit des Bewerbers' in die aufnehmende Organisationsstruktur.
Die Vertreter' der Mitbestimmungsorgane (Personalrat, Gleichstellungsbeauftragte, Schwerbehindertenvertretung)	Ihnen kommen im Auswahlgespräch nur eine beobachtende und keine mitbestimmende Position zu.
In kleineren Organisationseinheiten bzw. bei Besetzung von wichtigen Leitungsfunktionen ein Vertreter/Referent der Organisationsführung	Er ist in diesen Fällen der Entscheidungsträger, sodass er sich selbst ein Bild vom Bewerber' machen sollte. Im Übrigen repräsentiert er den Dienstherrn.
Ein Protokollführer'	Im Hinblick auf den Informationsanspruch des unterlegenen Bewerbers empfiehlt es sich, einen eigenen Protokollführer zu beteiligen, der ausschließlich auf die Datensammlung konzentriert ist.

Um eine möglichst einheitliche Leistungsbewertung zu ermöglichen, ist es auch denkbar, eine **zentrale Auswahlkommission** zu installieren, welche für die Durchführung aller Auswahlgespräche zuständig ist.

Vor Beginn des Auswahlgespräches müssen sich grundsätzlich alle Ausschussteilnehmer' einen genauen Überblick über die Bewerbungslage verschaffen. Dies bedeutet, dass sie sich zwingend Kenntnis von den Bewerbungsunterlagen, insbesondere von den zu vergleichenden dienstlichen Beurteilungen und den Anforderungen der zu besetzenden Stelle, beschaffen müssen. Gleichzeitig sind die Bewerber' über das Ziel und den Verlauf der Auswahlgespräche zu informieren.

Abbildung 10-5: Vorbereitung von Auswahlgesprächen.

Vorbereitungsschritte	**Erledigt ja/nein**
Kenntnis von den Anforderungskriterien *(Anforderungsprofil und Stellenausschreibung)*	
Sichtung der Bewerbungsunterlagen *(Anzahl und Inhalt der Unterlagen)*	
Sichtung der dienstlichen Beurteilungen *(Einzelbeurteilungen und Gesamturteil)*	
Unterrichtung der Bewerber über Ziel und Ausmaß des Auswahlgesprächs *(evtl. kann ein schriftlicher Leitfaden zur Verfügung gestellt werden)*	

Vorbereitungsschritte	Erledigt ja/nein
Strukturierung des Auswahlgespräches *(der Fragenkatalog ist individuell im Hinblick auf die zu besetzende Stelle festzulegen)*	
Vorhalten von Bewertungsbögen für die Entscheidungsträger	

Das **Auswahlgespräch** muss vor dessen Beginn hinreichend strukturiert sein. Sie müssen insgesamt qualitativen Mindestanforderungen genügen. So ist es zunächst nötig, dass die Bewerber' – sei es in einem formalisierten Gruppenauswahlverfahren nach Art eines Assessment-Centers, sei es im Rahmen von längeren Einzelgesprächen in Form strukturierter Interviews – bei dem Gespräch genügend Zeit und Gelegenheit erhalten, um ihre Persönlichkeit und ihre fachlichen Fähigkeiten und Leistungen darstellen sowie – je nach Anforderungsprofil – zugleich eigene Ideen und Konzepte für den betroffenen Aufgabenbereich entwickeln zu können. Ebenso wichtig ist, um u. a. die gebotene Chancengleichheit zu gewährleisten, ein einheitlich gehandhabter, möglichst strukturierter Frage-/Bewertungsbogen. Je mehr die dort enthaltenen Fragen/Aufgaben – in Abgrenzung von einem allgemeinen "Vorstellungsgespräch" – an dem Anforderungsprofil der konkret zu besetzenden Stelle orientiert werden, umso stärker kann den Antworten/Lösungen Bedeutung für die konkrete Eignungsprognose zugemessen werden. Weiterhin muss selbstverständlich die Sach- und Fachkunde der an dem Auswahlverfahren beteiligten Personen, z. B. hier der Mitglieder der sog. Auswahlkommission, gewährleistet sein. Schließlich muss der Verlauf eines solchen Auswahlgesprächs einschließlich der Vergabe eventueller Teilbewertungen zumindest in gewissen Grundzügen aus vorliegenden Aufzeichnungen (z. B. Bewertungsbögen, Protokollen) und/oder aus dem Text der Begründung des abschließenden Vorschlags des Auswahlgremiums zu entnehmen sein, um so dem Gebot hinreichender Transparenz zu genügen.[647]

Zur Förderung der **Transparenz** einer Auswahlentscheidung sollten den Entscheidungsträgern Bewertungsbögen an die Hand gegeben werden, aus denen sich anschließend der Leistungsbeste zweifelsfrei entnehmen lässt. Der entsprechende **Bewertungsbogen** kann aus einem allgemeinen und einem besonderen Teil bestehen. Maßgebend für die Auswahlentscheidung ist insbesondere der besondere Teil, im Rahmen dessen das strukturierte Auswahlgespräch ausgewertet wird. Der Inhalt des besonderen Teils des Bewertungsbogens ist individuell unter Berücksichtigung der zu besetzenden Stelle und der entsprechend ausgewählten Fragen unter Beachtung des Leistungsgrundsatzes zu erstellen. Im allgemeinen Teil des Bewertungsbogens wird der persönliche Gesamteindruck des Bewerbers dargestellt.

10.9.2 Auswertung dienstlicher Beurteilungen und Statusamt

Befinden sich die Bewerber'

- im Beurteilungszeitpunkt
- im gleichen statusrechtlichen Amt und
- enthalten deren Beurteilungen das gleiche Gesamturteil oder
- die gleiche Gesamtnote,

647) Vgl. insbesondere zur erforderlichen Dokumentation BAG 21.1.2003 – 9 AZR 72/02 –, RiA 2004, 32.

ist aufgrund dieser Beurteilungen angesichts des gleichen Gesamturteils von einer im Wesentlichen gleichen Beurteilung auszugehen, sodass die dienstlichen Beurteilungen anhand der Einzelkriterien auszuschärfen sind.

Beziehen sich die Beurteilungen der konkurrierenden Bewerber' auf unterschiedliche Statusämter, so ist regelmäßig, aber nicht schematisch davon auszugehen, dass bei formal gleicher Bewertung die Beurteilung des Bewerbers' im höheren Statusamt grundsätzlich besser ist als diejenige des im niedrigeren Statusamt befindlichen Konkurrenten. Das beruhe nach der Rechtsprechung auf der Überlegung, dass der Maßstab für die dienstlichen Anforderungen regelmäßig im Blick auf das innegehabte Amt im statusrechtlichen Sinne zu bestimmen ist und dass mit einem verliehenen höheren Statusamt im Allgemeinen gegenüber dem zuvor innegehabten niedrigeren Statusamt gesteigerte Anforderungen und ein größeres Maß an Verantwortung verbunden sind.[648] Zwar dürfen die Erwägungen, die den Grundsatz der Höhergewichtung der statushöheren Beurteilung tragen (gesteigerte Anforderungen und höheres Maß an Verantwortung im höheren Statusamt), nicht schematisch auf jeden Fall einer Beförderungskonkurrenz zwischen zwei formal gleich beurteilten Beamten' unterschiedlicher Statusämter angewendet werden. Vielmehr sind bei der Herstellung der Vergleichbarkeit weitere Kriterien zu berücksichtigen, sofern die besonders gelagerten Umstände des Einzelfalls dies ausnahmsweise gebieten.[649] Solche besonders gelagerten Umstände hat das Bundesverfassungsgericht etwa in einem Fall angenommen, in dem hinsichtlich eines bestimmten beurteilten und nun zu vergleichenden Teils der Gesamttätigkeit der Bewerber' trotz des grundsätzlich gegebenen Statusunterschieds der gleiche Maßstab angelegt worden ist und deshalb insoweit gerade kein Statusunterschied bestanden hat.[650] Ferner kann, wenn offensichtlich fragwürdige (durch personelle Veränderungen unmittelbar vor einem Regierungswechsel geprägte) Besetzungsumstände geltend gemacht werden, ausnahmsweise auch der berufliche Werdegang formal gleich beurteilter Konkurrenten zu berücksichtigen sein.[651] Der Schluss auf eine bessere Erfüllung der niedrigeren Anforderungen des Statusamts ist nicht nur dann möglich, wenn der Bedienstete' auf einem deutlich höherwertigen Dienstposten verwendet wurde. Dieser Schluss beruht nämlich auf der allgemeingültigen Annahme, dass die Anforderungen an die Tätigkeit auf einem Dienstposten eines höheren Statusamtes höhere sind als diejenigen, die an die Tätigkeit auf einem Dienstposten eines niedrigeren Statusamtes gestellt werden. Je nach den Umständen des Einzelfalls kann daher im Falle formal (nahezu) gleicher Bewertungen auch schon das Vorliegen einer im Vergleich (nur) um eine Besoldungsstufe höherwertigeren Tätigkeit die Annahme eines Leistungsvorsprungs rechtfertigen.[652]

Beispiel

Die dienstliche Beurteilung eines Beamten' der Besoldungsgruppe A 11 endet mit der Gesamtnote „gut". Die dienstliche Beurteilung eines Beamten' der Besoldungsgruppe A 12 endet ebenfalls mit der Gesamtnote „gut". Die dienstlichen Beurteilungen sind nicht im Wesentlichen gleich. Vielmehr ist die dienstliche Beurteilung des Beamten mit der Besoldungsgruppe A 12 aufgrund der identischen Endnote höher zu gewichten.

648) Vgl. nur für viele BVerfG 4.7.2018 – 2 BvR 1207/18 –, Schütz/Maiwald BeamtR ES/D I 2 Nr. 146 m. w. N.

649) BVerfG 11.5.2011 – 2 BvR 764/11 –, Schütz/Maiwald BeamtR ES/A II 1.4 Nr. 203.

650) BVerfG 20.3.2007 – 2 BvR 2470/06 –, ZTR 2007, 585.

651) BVerfG 4.7.2018 – 2 BvR 1207/18 –, Schütz/Maiwald BeamtR ES/D I 2 Nr. 146.

652) OVG NRW 13.5.2020 – 1 B 1070/19 –, juris.

Dem liegt die mit Art. 33 Abs. 2 GG vereinbare Überlegung zugrunde, dass an den Inhaber' eines höheren statusrechtlichen Amtes von vornherein höhere Erwartungen zu stellen sind als an den Inhaber' eines niedrigeren statusrechtlichen Amtes. Nach diesem Maßstab kann in rechtlich nicht zu beanstandender Weise ein Gleichstand der Bewertungen der Gesamturteile angenommen werden, wenn der Bewerber' im höheren Statusamt um eine Bewertungsstufe schlechter bewertet ist als der Bewerber im darunter liegenden Statusamt. Diese Erwägung kann jedoch nicht schematisch auf jeden Fall der Beförderungskonkurrenz zwischen zwei Beamten' unterschiedlicher Statusämter angewendet werden. Vielmehr hängt das zusätzlich zu berücksichtigende Gewicht der in einem höheren Statusamt erteilten Beurteilungen von den Umständen des Einzelfalls ab. Ein Rechtssatz, dass dem Inhaber' des höheren Statusamts auch bei formal schlechterer Beurteilung grundsätzlich der Vorzug gegeben werden muss, lässt sich Art. 33 Abs. 2 GG nicht entnehmen. Die grundsätzliche Höhergewichtung der statushöheren Beurteilung schließt nicht aus, dass ein Statusrückstand durch leistungsbezogene Kriterien kompensiert werden kann.[653]

10.9.3 Ausschärfung der dienstlichen Beurteilung

Der Dienstherr muss im Rahmen der Ausschärfung die Einzelmerkmale nicht einzeln gewichten, da Art. 33 Abs. 2 GG nicht unmittelbar vorgibt, wie die einzelnen Auswahlkriterien zu gewichten sind. Im Rahmen des ihm zustehenden Ermessens ist es daher Sache des Dienstherrn festzulegen, welches Gewicht er den einzelnen Merkmalen beimessen will.[654] Das dem Dienstherrn zustehende Organisations- und Auswahlermessen beim Rückgriff auf Einzelmerkmale einer dienstlichen Beurteilung ist gerichtlich nur daraufhin überprüfbar, ob die Grenzen des Ermessens überschritten sind oder von dem Ermessen in einer dem Zweck der Ermächtigung nicht entsprechenden Weise Gebrauch gemacht worden ist.[655] Sie ist im Grundsatz deshalb nur dann zu beanstanden, wenn der in diesem Zusammenhang anzuwendende Begriff oder der gesetzliche Rahmen, in dem sich der Dienstherr frei bewegen kann, verkannt oder wenn von einem unrichtigen Sachverhalt ausgegangen worden ist, allgemein gültige Wertmaßstäbe nicht beachtet oder sachfremde Erwägungen angestellt worden sind.[656] Es liegt im Auswahlermessen des Dienstherrn, welche Einzelmerkmale einer dienstlichen Beurteilung er überhaupt oder in besonderem Maße zur Bewertung der Eignung der Bewerber' für das Beförderungsamt heranzieht. Eine Pflicht, alle Einzelmerkmale gleich zu gewichten und sie dann im Wege des Notenstufenvergleichs gegeneinander aufzusummieren, besteht für den Dienstherrn ebenso wenig wie die Verpflichtung zu einer bestimmten Gewichtung einzelner Merkmale, wenn dies die gleichmäßig anzuwendenden Beurteilungsrichtlinien nicht vorsehen. Dies bedeutet, dass der Dienstherr nicht gehindert ist, alle Einzelmerkmale gleich zu gewichten.[657] Soweit der Dienstherr einzelnen Merkmalen ein höheres Gewicht beimessen will, muss es nachvollziehbar sein, weshalb der Dienstherr bei einem Gleichstand der Gesamturteile der dienstlichen Beurteilungen einzelne Merkmale als ausschlaggebend herangezogen hat.[658] Soweit dem Auswahl-

653) BVerfG 11.5.2011 – 2 BvR 764/11 –, aaO.; NdsOVG 14.11.2013 – 5 ME 228/13 –, juris Rn. 13.

654) BVerwG 17.9.2015 – 2 C 27.14 –, ZBR 2016, 134.

655) OVG NRW 17.5.2021 – 6 B 206/21 –, juris; OVG NRW 8.11.2004 – 1 B 1387/04 –, juris Rn. 28.

656) BVerwG 19.12.2014 – 2 VR 1/14 –, IÖD 2015, 38.

657) NdsOVG 25.2.2016 – 5 ME 217/15 –, juris Rn. 15 f.

658) OVG Berlin-Brandenburg 6.11.2013 – OVG 4 S 39.13 –, juris Rn. 11.

verfahren ein **Anforderungsprofil** zugrunde liegt, wird insbesondere dieses bei der Begründung der Gewichtung der Einzelmerkmale in den Blick zu nehmen sein. Soweit die Bestenauslese durch eine Binnendifferenzierung der dienstlichen Beurteilung verwirklicht wird, kann einem Bewerber' bei gleichem Gesamturteil allein deshalb der Vorzug eingeräumt werden, wenn er in einem Einzelmerkmal eine um eine Stufe bessere Note erhalten hat.[659]

Wichtig!

Bei der Begründung des Gesamturteils geht es nicht darum, jede Offensichtlichkeit und jede Selbstverständlichkeit nochmals zusammenzufassen und wiederzugeben. Vielmehr ist gerade über die Beschreibung der Leistungen bei den Einzelmerkmalen im Sinne einer erneuten Zusammenfassung hinaus zu verdeutlichen, inwieweit sich welches Kriterium bei der Bestimmung der Gesamtnote ausgewirkt hat.[660]

10.9.4 Hilfskriterien

Der Dienstherr kann sich u. U. auch in rechtlich zulässiger Weise auf die Anwendung sogenannter Hilfskriterien stützen. Voraussetzung für die Heranziehung von Hilfskriterien ist wegen des Grundsatzes der Bestenauslese ein Qualifikationsgleichstand zwischen den konkurrierenden Bewerbern'. Sind Beamte' als im Wesentlichen gleich beurteilt anzusehen, sodass anhand der allein unmittelbar leistungsbezogenen Erkenntnisgrundlagen **kein Vorsprung eines Bewerbers' festzustellen** ist, darf auf sachliche Hilfskriterien zurückgegriffen werden.[661] Ein Rückgriff auf Hilfskriterien ist damit lediglich zulässig, soweit sich aus den leistungsnahen Kriterien ein Leistungsvorsprung eines Bewerbers' nicht ableiten lässt. Bei der Festlegung der zu beachtenden Kriterien steht dem Dienstherrn ein gerichtlich lediglich eingeschränkt überprüfbarer Gewichtungs- und Wertungsspielraum zur Verfügung. Dies gilt etwa für die Frage, ob er bei im Übrigen im Wesentlichen gleich geeigneten Bewerbern' auf in der Stellenausschreibung genannte fakultative Anforderungen oder auf dienstliche Erfahrungen in Bezug auf den konkreten Dienstposten zurückgreifen will.[662]

Diese können u. a. sein:

- Unterrepräsentation von Frauen in bestimmten Verwaltungsbereichen (vgl. hierzu etwa § 19 Abs. 6 Satz 2 LBG NRW),
- (Schwer-)Behinderteneigenschaft, Dienstalter (wird in der Regel bereits als Leistungskriterium zu berücksichtigen sein, da mit steigender Dienstzeit auch mehr dienstliche Erfahrungen gesammelt werden),
- Besetzung eines herausragenden Dienstpostens, wenn dieser mit besonderen Befugnissen ausgestattet ist (Mitarbeiter' des Rechnungsprüfungsamtes),
- Beförderungsreife (die Voraussetzungen einer Beförderung, insbesondere Zwischendienst- und Bewährungszeiten, liegen bereits vor).

659) NdsOVG 25.2.2016 – 5 ME 217/15 – juris Rn. 14.

660) OVG NRW 19.4.2021 – 1 B 1390/20 –, juris.

661) Vgl. OVG NRW 28.3. März 2011 – 6 B 43/11 –, juris Rn. 35.

662) Vgl. zum Ganzen BVerwG 19.12.2014 – 2 VR 1.14 –, IÖD 2015, 38; BVerwG 22.11.2012 – 2 VR 5.12 –, E 145, 112; OVG NRW 7.6.2018 – 1 B 1381/17 –, juris; OVG NRW 27.2.2020 – 6 B 11/20 –, juris; Schnellenbach, Konkurrenzen im öffentlichen Dienst, Anhang 1, Rn. 25; siehe aber andererseits BVerwG 2.6.2013 – 2 VR 1.13 –, juris; OVG NRW 14.11.2016 – 6 B 1092/16 –, juris; OVG NRW 11.9.2014 – 6 B 880/14 –, juris.

Auch soweit der Dienstherr auf **Beförderungsranglisten** zurückgreifen möchte, muss er die vorliegenden dienstlichen Beurteilungen ausschöpfen. Es ist damit auch in Beförderungsranglisten unzulässig, vorschnell auf Hilfskriterien (z. B. Behinderteneigenschaft, weibliches Geschlecht) zurückzugreifen.

Beispiel

Unzulässige Bewerber'auswahl

Erstellt der Dienstherr eine Beförderungsrangliste, bei der für die Reihenfolge zunächst das Gesamturteil der letzten, dann der vorletzten Beurteilung maßgebend ist, und bildet er anschließend aus sozialen Gesichtspunkten Untergruppen, etwa für schwerbehinderte Bewerber', Frauen, Männer, verheiratete oder kinderreiche Bewerber' (sog. Hilfskriterien), so entspricht dieses Vorgehen nicht dem Leistungsgrundsatz. Entsprechend vorgenommene Beförderungen sind rechtswidrig, selbst dann, wenn der Dienstherr innerhalb der Untergruppen noch das Dienstalter und das Lebensalter der Beschäftigten berücksichtigt hat. Zulässig wäre die Beförderungsrangliste nur, wenn sie unter Ausschöpfung der Beurteilungen alle Leistungskriterien berücksichtigen würde.[663]

10.9.5 Vorteil durch rechtswidrig erlangten Bewährungsvorsprung

Soweit ein Auswahlverfahren wegen eines Verfahrensfehlers erneut durchgeführt werden muss, ist zu hinterfragen, ob bei der abschließenden Auswahlentscheidung ein Leistungsvorsprung des im ersten Auswahlverfahren rechtswidrig Begünstigten zu berücksichtigen ist.

Beispiel

Ausgangslage

Ein Bewerber' wird im Rahmen eines zu beanstandenden Auswahlverfahrens als Leistungsbester' ausgewählt. Durch die anschließende Übertragung der mit der zu besetzenden Stelle auszuübenden Tätigkeit wird dieser – anders als die unterlegenen Bewerber' – in die Lage versetzt, entsprechende dienstliche Erfahrungen zu sammeln. Im Rahmen eines gerichtlichen Eilverfahrens wird dem Dienstherrn später aufgetragen, das Auswahlverfahren wegen eines Verstoßes gegen den Bewerbungsverfahrensanspruch eines unterlegenen Bewerbers' erneut durchzuführen.

Bewährungsvorsprung durch Übertragung von Führungsaufgaben

Der ausgewählte Bewerber' hat bisher noch keine Führungsaufgaben wahrgenommen. Mit der Übertragung der (neuen) Aufgaben wird ihm nun die Möglichkeit eingeräumt, Führungserfahrung zu sammeln.

Bewährungsvorsprung durch Übertragung der Aufgaben

Der ausgewählte Bewerber' kann im Gegensatz zu den unterlegenen Bewerbern' bisher keine einschlägigen dienstlichen Erfahrungen vorweisen. Erst mit Übertragung der entsprechenden Aufgaben wird er in die Lage versetzt, seine entsprechenden Fähigkeiten zu zeigen.

Nach der Rechtsauffassung des BVerwG muss ein rechtswidrig erlangter Bewährungsvorsprung zur Vermeidung einer unzulässigen Bevorzugung des Bewerbers' im Auswahlverfahren ausgeblendet werden, d. h. unberücksichtigt bleiben. Das **Ausblenden eines etwaigen Bewährungsvorsprungs** bei rechtswidriger Dienstposteninhaberschaft erfolgt im Wege der „fiktiven Fortschreibung" der dienstlichen Beurteilung.[664]

663) BVerwG 30.6.2011 – 2 C 19.10 –, juris Rn. 20 f.

664) BVerwG 10.5.2016 – 2 VR 2.15 –, juris Rn. 21 ff.

11 Beurteilung der persönlichen Befähigung

Zur Beurteilung der persönlichen Befähigung steht eine Reihe von wissenschaftlich fundierten und in der Praxis bewährten eignungsdiagnostischen Verfahren zur Verfügung, die nachfolgend mit ihren Besonderheiten beschrieben werden. (Zu den Begriffen Eignung, Befähigung und fachliche Leistung i.S.d. Art. 33 II GG siehe Abschnitt 4.1.4.) In einigen Auswahlkonstellationen ist die Verwendung dieser eignungsdiagnostischen Verfahren jedoch nachrangig gegenüber der Nutzung von Ergebnissen dienstlicher Beurteilungen.

11.1 Qualitätskriterien eignungsdiagnostischer Verfahren

Zur Erfassung der im Anforderungsprofil festgelegten Personenmerkmale stehen eine Vielzahl von eignungsdiagnostischen Verfahren zur Verfügung. Unter eignungsdiagnostischen Verfahren werden dabei Methoden zur Datenerhebung und -verarbeitung verstanden, mit denen Aussagen über die Ausprägung von Personenmerkmalen getroffen werden können. Die Einsatzhäufigkeit der Verfahren ist sehr unterschiedlich – aus Abbildung 11-1 ist die Einsatzhäufigkeit von eignungsdiagnostischen Verfahren bei der Auswahl externer Bewerber' für untere und mittlere Führungspositionen in Kommunalverwaltungen ersichtlich.

Abbildung 11-1: Einsatzhäufigkeit von eignungsdiagnostischen Verfahren bei externen Bewerbern' um Führungsstellen in deutschen Kommunalverwaltungen.[665]

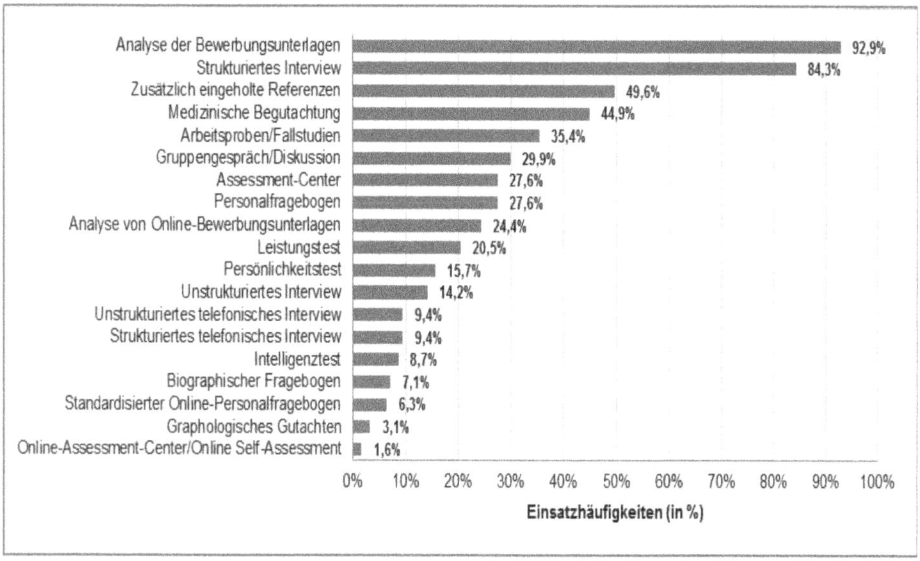

665) Aus Görtler/Gourmelon, Verwaltung & Management, S. 75 ff.

Die eignungsdiagnostischen Verfahren weisen jeweils Besonderheiten in Bezug auf eine Reihe von **Qualitätskriterien** auf.

Objektivität: Mit dem Grad der Objektivität wird ausgedrückt, in welchem Ausmaß das Ergebnis des Verfahrens unabhängig davon ist, wer das Verfahren durchführt, auswertet und interpretiert. Beispielsweise weisen Intelligenztests einen hohen Grad an Objektivität auf, da hier die Durchführung und Auswertung in der Regel standardisiert erfolgt. Bei der Auswertung von Deutsch-Aufsätzen kommen oftmals unterschiedliche Auswerter' zu verschiedenen Bewertungen.

Reliabilität (Zuverlässigkeit): Mit der Reliabilität wird angegeben, wie zuverlässig mit einem Verfahren ein bestimmtes Personenmerkmal gemessen werden kann. Es wird von der Annahme ausgegangen, dass das Ergebnis eines eignungsdiagnostischen Verfahrens mehr oder weniger mit einem Messfehler behaftet ist. Bei Wiederholungsmessungen kann eine niedrige Reliabilität zu unterschiedlichen Verfahrensergebnissen führen. Dann würde beispielsweise eine Waage bei zwei kurz hintereinander durchgeführten Messungen des Körpergewichts das erste Mal 72 kg, das zweite Mal 70 kg anzeigen. Diese unterschiedlichen Ergebnisse würden den Bewerber' vielleicht erfreuen, den Amtsarzt' jedoch an der Qualität der Waage zweifeln lassen.

Validität (Gültigkeit):[666] Validität kennzeichnet den Grad der Angemessenheit, Sinnhaftigkeit sowie Nützlichkeit der Folgerungen, die aus den Verfahrensergebnissen gezogen werden. Es können dabei unterschiedliche Typen der Validität oder Formen der Validierung unterschieden werden.

Bei der Inhaltsvalidierung wird bestimmt, ob das eignungsdiagnostische Verfahren eine angemessene Stichprobe der späteren Arbeitstätigkeiten ist.

Beispiele

In einer Arbeitsprobe wird dem Bewerber' vorgegeben, eine Berechnung mit dem am Arbeitsplatz verwendeten Tabellenkalkulationsprogramm durchzuführen.

Ein Bewerber' um eine Dozentur wird gebeten, eine Probelehrveranstaltung durchzuführen.

Bei der Konstruktvalidierung wird geprüft, ob mit einem Verfahren tatsächlich das zu messende Merkmal erfasst wird. Soll mit einem Fragebogen beispielsweise die Gewissenhaftigkeit von Bewerbern' gemessen werden, wird man bei langjährigen Verwaltungsbeamten' im Durchschnitt höhere Werte erwarten als bei Hartz-IV-Empfängern'. Bei einem Fragebogen, der die Leistungsmotivation von Schulkindern erfassen soll, ist anzunehmen, dass die Ergebnisse des Fragebogens einen hohen statistischen Zusammenhang mit der Einschätzung der Leistungsmotivation durch die Lehrer' aufweist.

Bei der prognostischen Validierung wird bestimmt, ob mit den Ergebnissen des Verfahrens zukünftiges berufliches Handeln erfolgreich vorausgesagt werden kann. Hierbei wird zum Auswahlzeitpunkt das eignungsdiagnostische Verfahren bei Bewerbern' angewandt und die Ergebnisse gespeichert. Nach einiger Zeit werden bei den angenommenen Bewerbern' – also den Stelleninhabern' – Daten über das erhoben, was mit dem Verfahren letztlich vorausgesagt werden soll, also z. B. die berufliche Leistung, die berufliche Zufriedenheit o. Ä. m. Je höher der statistische Zusammenhang zwischen den Daten aus dem Auswahlverfahren mit denen aus

666) Schuler, Psychologische Personalauswahl, S. 55 ff., S. 331 f.

der späteren beruflichen Praxis ist, desto höher ist die Treffsicherheit, folglich der Nutzen des Verfahrens für die Personalauswahl. Der statistische Zusammenhang wird dabei üblicherweise mit einem Korrelationskoeffizienten (r) ausgedrückt, der Werte zwischen 0 (kein Zusammenhang) und 1 (maximaler Zusammenhang) annehmen kann. Je nach Richtung des Zusammenhangs können sich auch negative Werte ergeben.

Schuler[667] hat die Studien zur prognostischen Validierung von eignungsdiagnostischen Verfahren zusammengefasst und die Höhe der durchschnittlichen Korrelationen für einzelne Verfahrenstypen angegeben; sie sind auszugsweise in Abbildung 11-2 wiedergegeben.

Abbildung 11-2: Durchschnittliche Validität einzelner eignungsdiagnostischer Verfahren.

Eignungsdiagnostisches Verfahren	Validität
Grafologische Gutachten	r = 0
Interessentests	r = 0,15 (Kriterium berufl. Leistung) r = 0,30 (Kriterium Zufriedenheit)
Persönlichkeitsfragebogen	r = 0,20 bis r = 0,40
Schulnoten	r = 0,20 (Kriterium berufl. Leistung) r = 0,45 (Kriterium Lernleistung)
Referenzen	r = 0,25
Unstrukturierte Interviews	r = 0,25
Arbeitsproben	r = 0,35
Strukturierte Interviews	r = 0,40
Fachkenntnistests	r = 0,45
Probezeit	r = 0,45
Intelligenztests	r = 0,50

Bei der Interpretation der in Abbildung 11-2 wiedergegebenen Werte ist zu beachten:

- Durch die geschickte Kombination verschiedener eignungsdiagnostischer Verfahren kann die prognostische Validität des Gesamtverfahrens steigen und höhere Werte als r = 0,50 annehmen. Allerdings ist es aus systematischen Gründen (z. B. Wandel der beruflichen Anforderungen, Entwicklung und Reifung der Beschäftigten, Zufallseinflüsse wie z. B. Unfälle) nicht möglich, das berufliche Schicksal eines Beschäftigten mit einer Treffsicherheit von 100 Prozent vorherzusagen.
- Um die Höhe des statistischen Zusammenhangs besser einstufen zu können, werden nachfolgend die Korrelationen ausgewählter Zusammenhänge[668] wiedergegeben: So beträgt die Korrelation zwischen der Einnahme entzündungshemmender Medikamente und Schmerzreduktion r = 0,14; zwischen der durchschnittlichen Tagestemperatur an einem Ort in den USA und dessen Entfernung zum Äquator r = 0,60.

667) Schuler, Psychologische Personalauswahl, S. 341 f.

668) Schuler, Psychologische Personalauswahl, S. 343.

- Angesichts der Schwierigkeiten bei der Durchführung von Studien zur prognostischen Validierung ist mit einer Unterschätzung der statistischen Zusammenhänge zu rechnen. Beispielsweise können nur Bewerbungs- und Auswahldaten von angenommenen – und damit vermutlich leistungsstärkeren – Bewerbern' verarbeitet und in Beziehung zu Leistungsdaten gesetzt werden. Eine weitere Schwierigkeit im öffentlichen Sektor ist beispielsweise die Bestimmung von objektiven Leistungsdaten – z. B. wird die Leistung eines Beamten' weder durch dienstliche Beurteilungen (Beurteilungsfehler) noch durch Beförderungen (Beförderungssperren, Stellenkegel) adäquat erfasst.

Kosten: Ein weiteres Qualitätskriterium sind die Kosten der eignungsdiagnostischen Verfahren. Hier sind folgende Kosten zu berücksichtigen:

- Kosten für die Anschaffung z. B. von Tests oder Fragebogen,
- Personalkosten für die Entwicklung z. B. von Interviewleitfäden, Arbeitsproben; für die Durchführung und Auswertung von Verfahren,
- Kosten für externe Berater' und Hilfskräfte, die bei der Entwicklung, Durchführung und Auswertung unterstützend tätig sind,
- Kosten für die Schulung der Auswahlkommission,
- Reisekosten für die Bewerber',
- Kosten für Räumlichkeiten, Software-Lizenzen, Hardware.

Akzeptanz: Die verschiedenen Verfahren werden von den Bewerbern' unterschiedlich akzeptiert. Dabei gilt unter anderem folgende Faustregel: je höher der wahrgenommene Anforderungsbezug des Verfahrens, desto höher die Akzeptanz. Weitere Faktoren für die Bewerber'akzeptanz sind:

- vermeintliches Ausmaß, mit dem die Personalauswählenden mit dem jeweiligen Verfahren einen Einblick in sehr persönliche Einstellungen, Werthaltungen, Empfindungen, Motive erlangen,
- mit dem eignungsdiagnostischen Verfahren verbundene Belastungen,
- Möglichkeit, die eigenen Kompetenzen in angemessener Weise (auch zeitliche Dauer) präsentieren zu können.

Neben der Bewerber'akzeptanz ist zudem auf die Akzeptanz durch Mitwirkende im Auswahlverfahren zu achten. Oftmals kann beobachtet werden, dass die Akzeptanz eines Verfahrens durch die Unkenntnis oder Vorurteile einzelner am Stellenbesetzungsverfahren Beteiligter' beeinträchtigt ist. Bei der Planung und Gestaltung des Auswahlverfahrens sollten deswegen vorab alle Beteiligten über die vorgesehenen Verfahren ausführlich informiert werden – dabei sind auch mögliche Vorbehalte anzusprechen.

Fairness: Ein eignungsdiagnostisches Verfahren wird dann als fair bezeichnet, sofern für alle Bewerber' Chancengleichheit besteht. „Chancengleichheit bedeutet wie im Sport nicht, dass alle zur gleichen Zeit ankommen, sondern dass sie zur gleichen Zeit loslaufen, also die gleichen Chancen haben, den Wettbewerb zu bestehen (was die äußeren Bedingungen anbelangt)".[669] Besondere Beachtung findet dieses

669) Schuler, Psychologische Personalauswahl, S. 375.

Kriterium bei der Gleichbehandlung von Angehörigen von soziokulturellen oder ethnischen Gruppen, Geschlechter- oder Altersgruppen.[670]

Nachfolgend werden ausgewählte eignungsdiagnostische Verfahren vorgestellt. Die Auswahl der Verfahren richtet sich nach den Kriterien Einsatzhäufigkeit, Komplexität/Erklärungsbedarf, Neuartigkeit des Verfahrens.

11.2 Analyse von Bewerbungsunterlagen[671]

11.2.1 Analyseumstände und -zielsetzungen

Bewerbungsunterlagen umfassen üblicherweise ein Anschreiben, ein Lichtbild, einen Lebenslauf sowie Schul-, Ausbildungs- oder Arbeitszeugnisse; sie können in elektronischer oder in Papier-Form vorliegen.

Bei der Analyse von Bewerbungsunterlagen sind **Situations- und Bewerber'merkmale** sowie unterschiedliche Zielsetzungen zu berücksichtigen. So ist der Umgang mit Bewerbungsunterlagen in hohem Maße davon abhängig, wie viele Bewerbungen die auswählende Institution pro Vakanz erhält. 300 Bewerbungen pro Stelle erfordern eine andere Handlungsweise als drei Bewerbungen pro Stelle. Die Anforderungen der zu besetzenden Stelle sind ein weiteres Situationsmerkmal und beeinflussen ebenfalls den Umgang mit Bewerbungsunterlagen: Liegt der Schwerpunkt des Stellenprofils in einem eng umrissenen fachlichen Gebiet, kann sich der Auswählende' in hohem Maße an „harten", schnell überprüfbaren Kriterien – wie z. B. der Tatsache, ob der Bewerber' spezielle IT-Kenntnisse hat oder nicht – orientieren. Muss sich der zukünftige Stelleninhaber' hingegen durch hohe soziale und methodische Kompetenzen auszeichnen, kann es für den Auswählenden' erforderlich sein, sich aus den vielfältigen schriftlichen Angaben des Bewerbers' Hypothesen über dessen Persönlichkeit zu bilden.

Auch die Merkmale der Bewerber' sind für die Analyse der Bewerbungsunterlagen entscheidend: Handelt es sich bei den Bewerbern' z. B. um junge Hochschulabsolventen', die notgedrungen und mit professioneller Unterstützung zu Bewerbungsprofis geworden sind, oder sind es überwiegend interne, ältere Bewerber', denen es als Zumutung erscheint, sich und ihre Leistungen ins rechte Licht rücken zu müssen?

Schließlich bestimmt auch die **Zielsetzung** (und diese kann von Situationsmerkmalen abhängig sein) die Art der Analyse der Bewerbungsunterlagen. So können einerseits aus Bewerbungsunterlagen gewonnene Informationen ausschließlich für den Zweck der Vorauswahl, andererseits für die Vorbereitung des Interviews im Rahmen der Endauswahl verwendet werden. Beide Zielsetzungen können zudem miteinander kombiniert werden. Bereits aus diesen wenigen Überlegungen wird deutlich, dass es *den* Königsweg zur Analyse von Bewerbungsunterlagen nicht geben kann.

670) Siehe auch Frintrup/Flubacher, Diversity Management in der Personalauswahl, S. 17.

671) Siehe Gourmelon/Analyse von Bewerbungsunterlagen, S. 123 ff.

11.2.2 Verwendung von Bewerbungsunterlagen für Zwecke der Vorauswahl

Hinsichtlich der **Form** der Bewerbungsunterlagen können folgende Aspekte entscheidungsrelevant sein:

- Eingang der Bewerbung innerhalb einer Bewerbungs- oder Ausschlussfrist,
- Bewerbung enthält alle vom Dienstherrn geforderten oder üblicherweise zu erwartenden Unterlagen,
- Aufmachung der Bewerbungsunterlagen und Sorgfalt bei der Erstellung entsprechen den Gepflogenheiten.

Aus **Lichtbildern** des Bewerbers' lassen sich in der Regel nur Informationen zur Attraktivität des Bewerbers' und zu durch das AGG geschützten Merkmalen wie Geschlecht, Alter, ethnische Herkunft und Rasse entnehmen. Da diese Merkmale im öffentlichen Sektor üblicherweise nicht Bestandteile des Anforderungsprofils sind, sollte bei Stellenbesetzungsverfahren auf die Verwendung (und Anforderung) von Lichtbildern verzichtet werden. Unaufgefordert zugesandte Lichtbilder sollten vor der Analyse der Bewerbungsunterlagen abgedeckt werden, damit die Entscheidung des Auswählenden' nicht durch Attraktivitätsmerkmale des Bewerbers' beeinflusst wird.

Bei jüngeren Bewerbern' stellen die **Schulzeugnisse** eine bedeutsame Informationsquelle für die Vorauswahl dar. Zu Recht ist einzuwenden, dass die Notengebung in den Schulen vielfältigen sachfremden Einflüssen ausgesetzt wird (z. B. Sympathie des Lehrers') und dieselbe Leistung eines Schülers von verschiedenen Lehrern' sehr unterschiedlich bewertet wird. Dennoch erweisen sich **Schulnoten** – wenn auch im Laufe der Jahrzehnte nachlassend – als nützlich für die Vorhersage des späteren beruflichen Erfolges, speziell des Erfolges in Ausbildung und Studium.[672] In einer Studie mit Inspektoranwärtern' für die Kommunalverwaltung erwies sich die Abiturnote sogar als der beste Prädiktor für den späteren Erfolg im Studium.[673] Die relativ hohe Vorhersagekraft von Schulnoten für Ausbildungs- und Studiensituationen lässt sich vermutlich dadurch erklären, dass diese Situationen von ihrer Struktur her jenen in der Schule ähneln. Schüler', Berufsschüler' sowie Studenten' an manchen Hochschulen lernen und arbeiten unter Bedingungen, die einander ähnlich sind. Ferner weisen vermutlich die Bewertungsprozesse, denen diese Schüler' und Studenten' ausgesetzt sind, ebenfalls eine hohe Ähnlichkeit – auch in Bezug auf die sachfremden Einflüsse – auf.

Die Durchschnittsnote übertrifft in ihrer Vorhersagegüte jede Einzelnote (siehe Abbildung 11-3). Je nach Anforderungsprofil können zusätzlich für einzelne Fächer Mindestleistungen festgelegt werden.

---

672) Baron-Boldt/Funke/Schuler, Prognostische Validität von Schulnoten, S. 11 ff.; Velten/Schnitzler, Berufsbildung in Wissenschaft und Praxis, S. 46; Trapmann/Hell/Weigand/Schuler, Zeitschrift für Pädagogische Psychologie, S. 19. Bei Absolventen' der Hochschule für Polizei und öffentliche Verwaltung NRW betrug die Korrelation der Abiturnote mit Noten im Studium r = 0,33 (Gourmelon, Kann mit Abiturnoten der Studienerfolg vorausgesagt werden?).

673) Fabianek, Determinanten des Studienerfolgs.

Abbildung 11-3: Vorhersagegüte von Schulnoten in Bezug auf den Ausbildungserfolg.[674]

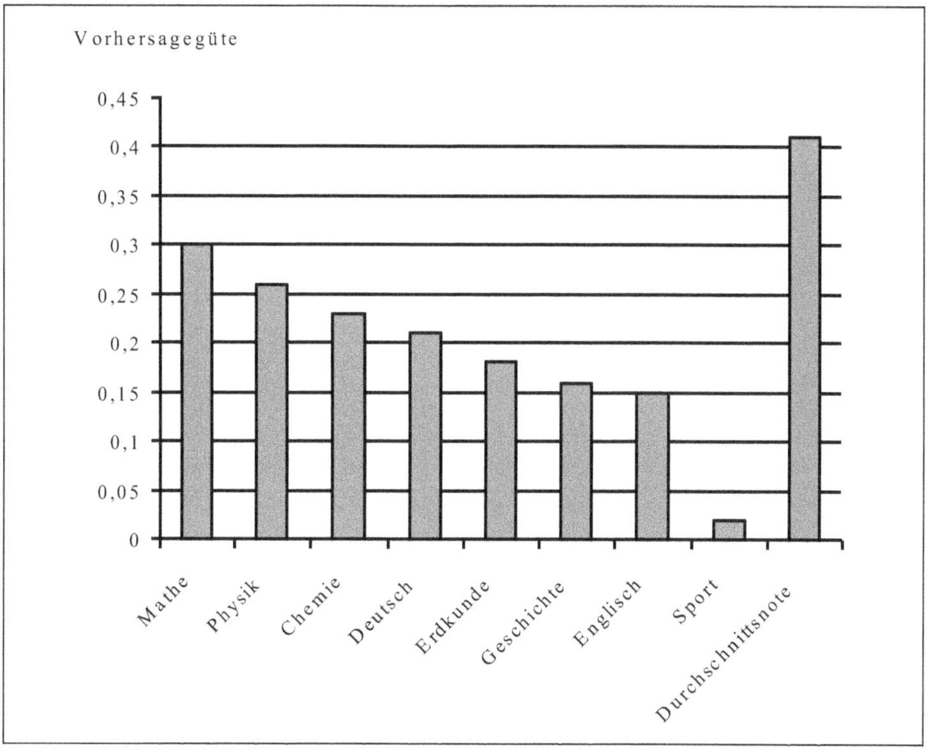

Bewerben sich auf eine Stelle Kandidaten' mit unterschiedlichen Schulabschlüssen (z. B. mittlere Reife und Abitur), können die Durchschnittsnoten durch Zu- oder Abschläge vergleichbar gemacht werden. Bei Kandidaten' mit gleichem Schulabschluss – erworben jedoch an Schulen mit unterschiedlichem Leistungsniveau – kann entsprechend vorgegangen werden. Die Aussagekraft von Schulnoten zur Vorhersage der beruflichen Leistungen lässt mit zunehmendem Alter nach, Schulnoten sollten nur bei Jugendlichen' und jungen Erwachsenen' für Zwecke der Vorauswahl herangezogen werden.

Auch **Ausbildungs- oder Studiumsabschlussnoten** werden in der Vorauswahl verwendet. Deren Güte für die Vorhersage des späteren beruflichen Erfolgs ist allerdings nicht so hoch einzuschätzen wie diejenige von Schulnoten zur Vorhersage des Ausbildungs- oder Studiumserfolgs. Ein besonderes Problem ist die Vergleichbarkeit von Ausbildungs- oder Studiumsabschlussnoten. Selbst bei derselben Studienrichtung an derselben Hochschule kann sich die Leistungsbeurteilung auf sehr unterschiedliche Studieninhalte beziehen, nämlich dann, wenn die Studienordnung eine hohe Wahlfreiheit der Studierenden vorsieht. Müssen dann zusätzlich Absolventen' unterschiedlicher Studienrichtungen von unterschiedlichen Hochschulen miteinander verglichen werden, ist die Aussagekraft der Abschlussnote sehr gering.

---

674) Aus Gourmelon, Analyse von Bewerbungsunterlagen, S. 143. Nach Daten von Baron-Boldt/Funke/Schuler, Prognostische Validität von Schulnoten.

Die Vergleichbarkeit kann im Rahmen der Vorauswahl dadurch erzeugt werden, dass die Ausbildungs- und Studienabschlussnote als „überdurchschnittlich", „durchschnittlich" oder „unterdurchschnittlich" eingestuft wird.

Hierzu bedarf es jedoch genauer Kenntnisse der Notenbezugssysteme: So weist die Note „voll befriedigend" bei einem Jura-Absolventen' auf durchaus gute Studien- und Prüfungsleistungen hin, bei einem Sozialwissenschaftler' ist die Note „befriedigend" Spiegelbild mäßiger Studien- und Prüfungsleistungen.

Zum Zwecke einer schnellen und nicht aufwendigen Vorauswahl lassen sich dem **Anschreiben** kaum nützliche Informationen entnehmen. Allenfalls kann ein Bewerber' vom weiteren Auswahlverfahren ausgeschlossen werden, falls das Anschreiben – unter Berücksichtigung des Bildungsniveaus des Bewerbers' und den Anforderungen der Stelle – in auffallender Häufung Rechtschreib- oder Grammatikfehler aufweist.

Aus **Dienst- und Arbeitszeugnissen** und ähnlichen Unterlagen sowie dem **Lebenslauf** lassen sich im Rahmen der Vorauswahl folgende Informationen entnehmen:

- Alter (sofern gesetzliche Altersgrenzen eingehalten werden müssen), Staatsangehörigkeit, formale Qualifikationen (z. B. Art des Schulabschlusses, Hochschulstudium, Befähigung zum Richteramt),
- Aufgaben/Tätigkeiten, mit denen der Bewerber' bisher betraut war, sowie die Erfahrungen und Kenntnisse, die er bislang erworben hat. Dabei sollte auf Grundlage des Anforderungsprofils vorab festgelegt werden, welche beruflichen Erfahrungen maßgeblich sind,
- Dauer/Ausmaß der Berufserfahrung – hier sollte ggf. ein Bewertungsschlüssel verwendet werden.

Zur Aussagekraft von **Lücken im Lebenslauf** gibt es inzwischen wissenschaftliche Erkenntnisse. Lücken werden dabei als Zeiten aufgefasst, während der eine Person im erwerbsfähigen Alter keiner Arbeitstätigkeit nachgeht und sich auch nicht für einen Beruf oder eine Tätigkeit qualifiziert. Gemeinhin werden Lücken im Lebenslauf von deutschen Personalverantwortlichen' negativ bewertet. Kandidaten' mit Lücken im Lebenslauf laufen Gefahr, im Vorauswahlverfahren zu scheitern, d. h. nicht zu einem Vorstellungsgespräch oder Assessment Center eingeladen zu werden. Aber ist diese Entscheidung gegen einen Kandidaten mit Lebenslauflücken zu rechtfertigen? Zur Klärung dieser Frage befragten Frank, Wach und Kanning 2.225 Personen hinsichtlich ihrer Lücken im Lebenslauf und ihres Berufserfolgs.[675] Das Alter der Befragten' betrug durchschnittlich 38 Jahre, sie verfügten im Schnitt über 14 Jahre Berufserfahrung. Hinsichtlich der Lebenslauflücken wurden die Anzahl, die Dauer und die Gründe für die Lücken erhoben. Es wurden nur Lücken mit einer minimalen Dauer von vier Wochen erhoben. Etwa 72% der Befragten' hatten Lücken im Lebenslauf, 28% keine (Frank et al, 2017, S. 76), die Lückendauer beträgt:

- 0 Monate bei 28%
- 1 – 3 Monate bei 13%
- 4 – 6 Monate bei 13%
- 7 – 12 Monate bei 16%
- 13 – 24 Monate bei 17%
- mehr als 24 Monate bei 13% der Befragten.

675) Frank/Wach/Kanning, Zeitschrift für Arbeits- und Organisationspsychologie, S. 69 ff.

Folgende Gründe wurden für Lücken benannt (in Klammern Prozentsatz der Befragten, die eine derartig verursachte Lücke aufwiesen; Mehrfachnennungen möglich):[676]

- Unfreiwillige Arbeitslosigkeit (56%)
- Wartezeit (30%)
- Freiwillige Arbeitslosigkeit (28%)
- Sonstiges (13%)
- Reise (13%)
- Ausbildung/Studium abgebrochen (10%)
- Kinder (10%)
- Krankheit (8%)
- Pflege einer nahestehenden Person (2%)

Beim Berufserfolg sollten die Befragten Angaben zu ihrer prozentualen Einkommenssteigerung seit der Erstanstellung, dem höchsten erreichten Bruttoeinkommen sowie die Anzahl der Beförderungen angeben. Zudem wurden sie nach dem subjektiven Berufserfolg und dem Erreichen beruflicher Ziele befragt.

Die statistische Analyse zeigte auf: „Je größer sich das zeitliche Ausmaß von Lücken im Lebenslauf darstellte, umso kleiner waren die Kriterien des Berufserfolgs ausgeprägt".[677] Allerdings sind die statistischen Zusammenhänge nur schwach; nur 0,6 bis 4,4 % der Unterschiede im Berufserfolg können durch die Lückendauer statistisch erklärt werden. Werden die unterschiedlichen Gründe der Lücken bei der statistischen Zusammenhangsanalyse beachtet, zeigt sich, dass beispielsweise Lücken aufgrund von Reisen nicht mit dem Berufserfolg korrelieren, bei unfreiwilliger Arbeitslosigkeit zeigen sich die (relativ) höchsten Zusammenhänge. Nicht überraschend schätzen sich Personen mit einer hohen Lückendauer als beruflich weniger erfolgreich ein.

Angesichts der schwachen statistischen Zusammenhänge kommen die Autoren' der Studie zu dem Schluss, dass es für die Praxis der Personalauswahl nicht empfehlenswert sei, Bewerber' nur aufgrund einer oder mehrerer Lücken im Vorauswahlverfahren abzulehnen. Diese Einschätzung ist allerdings auf vom Kandidaten' offenbarte Lücken zu beschränken. Sofern Lücken – trotz Aufforderung einen lückenlosen Lebenslauf einzureichen – übergangen, verheimlicht, vertuscht, verdeckt werden, sind erhebliche Zweifel an der Integrität - folglich der charakterlichen Eignung - des Kandidaten' gerechtfertigt.[678]

11.2.3 Verwendung von Bewerbungsunterlagen zur Vorbereitung von Interviews

Mittels der Analyse von Bewerbungsunterlagen lassen sich Rückschlüsse auf die Ausprägung von Personenmerkmalen des Bewerbers' ziehen. Da diese Rückschlüsse meist spekulativer Natur sind, sollten sie als Vermutungen bzw. Hypothesen aufgefasst werden. Durch die Analyse von Bewerbungsunterlagen und den sich hieraus ergebenden Vermutungen über die Personenmerkmale von Bewerbern' las-

676) Frank/Wach/Kanning, Zeitschrift für Arbeits- und Organisationspsychologie, S. 74, Tab. 3.

677) Frank/Wach/Kanning, Zeitschrift für Arbeits- und Organisationspsychologie, S. 73.

678) Siehe auch Gourmelon, Was sagt die Lücke im Lebenslauf aus?

sen sich Interviews zielgerichteter einsetzen. Insgesamt lässt sich auf diesem Wege ein realistischeres und ausgewogeneres Bild vom Bewerber' gewinnen. Da die Analyse von Bewerbungsunterlagen aufwendig ist, sollte sie nur bei denjenigen Bewerbern' durchgeführt werden, die in die Endauswahl einbezogen werden.

Das **Anschreiben** wird häufig nicht vom Bewerber' alleine verfasst. Bewerber' lassen sich ofmals beim Formulieren des Anschreibens helfen. Auch aus Ratgebern oder dem Internet beziehen Bewerber' Tipps und Hinweise, gelegentlich sogar nahezu vollständige Anschreiben. Diese Unterstützungsleistung Dritter ist manchmal an auffälligen Diskrepanzen zwischen Wortwahl und Schreibstil einerseits sowie Alter und Bildungsniveau des Bewerbers' andererseits zu erkennen. Aus dem Anschreiben können für gewöhnlich kaum Hypothesen über die Personenmerkmale des Bewerbers' gewonnen werden. Ausnahmen sind Anschreiben von Bewerbern' um Stellen, deren Anforderungsprofil eine hohe sprachliche Kompetenz beinhaltet. Sind deren Anschreiben fehlerbehaftet oder ungeschickt formuliert, sollte das schriftliche Ausdrucksvermögen im Interview thematisiert werden.

Aus den **Schulzeugnissen** können Hypothesen über Interessen oder Begabungen des Bewerbers' gewonnen werden. Hinweise auf Begabungs- und/oder Interessenschwerpunkte lassen sich zum Beispiel ableiten aus:

- der Durchschnittsnote in den mathematisch-naturwissenschaftlichen Fächern,
- der Durchschnittsnote aus den Fächern Deutsch, Englisch und ggf. weiteren Fremdsprachen,
- der Wahl von Abiturfächern, Seminarthemen oder freiwilligen Zusatzfächern.

Manche Zeugnisse enthalten Angaben über Fehlzeiten und/oder das Betragen im Unterricht. Diese Angaben können im Interview reflektiert werden.

Sowohl in **Schul- als auch in Hochschulzeugnissen** sind Leistungen in solchen Lehrveranstaltungen besonders interessant, die oder deren Inhalte mit hoher Wahrscheinlichkeit weitgehend frei vom Schüler' oder Studenten' gewählt werden konnten, wie z. B. Seminararbeiten, Wahlpflichtmodule. Wurden Leistungen bei derartigen Veranstaltungen relativ schlecht bewertet, sind die Gründe hierfür bedeutsam.

Eine ergiebige Quelle für Vermutungen über die Ausprägung unterschiedlicher Bewerber'merkmale ist der **Lebenslauf**. Nachfolgend einige Leitfragen für die Analyse des Lebenslaufs:

- Sind die einzelnen Abschnitte im Lebenslauf durch Zeugnisse oder Ähnliches belegt?
- Gibt es Lücken im Lebenslauf? Was sind die Gründe für diese Lücken? (siehe jedoch Abschnitt 11.2.2 zur Überinterpretation von Lücken im Lebenslauf)
- Entspricht die Dauer des Schulbesuchs/des Studiums/der Ausbildung der Norm?
- Was wurde in Übergangsphasen (z. B. Schule – Studium; Studium – Berufstätigkeit) gemacht?
- Wie lange sind die einzelnen Abschnitte der Berufstätigkeit?
- Gibt es unübliche Kündigungstermine?
- Lässt sich aus den verschiedenen Berufstätigkeiten ein Karriereweg (z. B. Geselle' – Meister' – Techniker') oder lassen sich Abbrüche erkennen (z. B. Jurastudium – Tätigkeit als Rechtsanwalt' – Sachbearbeiter' bei Versicherung)?

- Welchen Einsatz hat der bisherige Berufsweg gefordert?
- Ist die letzte oder derzeitige Position eine adäquate Ausgangsbasis für die zu besetzende Stelle?
- Inwieweit war der Bewerber' mobil (Hinweise: Wohnortwechsel, längere Hospitationen/Abordnungen/Praktika/Auslandsaufenthalte)?
- Gibt es Hinweise auf erfolgreich bewältigte Lebenskrisen (z. B. schwere Krankheit oder Unfall, unerwarteter Tod eines nahen Familienangehörigen, schwierige Bedingungen in der Ursprungsfamilie, Scheidung, Konkurs eines ehemaligen Arbeitgebers', Flucht/Verfolgung)?

Aus der **Handschrift** des Bewerbers' lassen sich i. d. R. keine Schlüsse auf dessen Persönlichkeit ziehen. Wissenschaftliche Studien legen nahe, dass derartige Schlüsse nicht zuverlässig und treffsicher sind.[679]

Arbeits- oder Dienstzeugnisse beinhalten eine Fülle von Informationen, die für den Auswahlprozess bedeutsam sein können. Regelmäßig enthalten Arbeits- oder Dienstzeugnisse Aussagen des Arbeitgebers'/Dienstherrn über:

- Beschäftigungsdauer, Vergütung,
- Aufgaben, Verantwortungsbereiche, Tätigkeiten,
- Leistungen, Persönlichkeitsmerkmale und Sozialverhalten des Bewerbers',
- Gründe für das Ausscheiden des Mitarbeiters' aus dem Betrieb/der Institution.

Bei der Interpretation von Arbeitszeugnissen ist Vorsicht walten zu lassen. So werden Arbeitszeugnisse gelegentlich von den beurteilten Arbeitnehmern' selbst oder unter wesentlicher Mitwirkung dieser verfasst.[680] Des Weiteren ist nicht auszuschließen, dass Arbeitszeugnisse vorrangig unter dem Aspekt formuliert werden, sich konfliktfrei vom Mitarbeiter' zu trennen. Zudem müssen Arbeitszeugnisse wohlwollend formuliert sein. Weitere Schwierigkeiten bei der Interpretation derartiger Unterlagen ergeben sich aus dem Beurteilungsprozess – der beurteilende Vorgesetzte' unterliegt systematischen Urteilsfehlern, er verwendet ein i. d. R. nur ihm bekanntes Bezugssystem, er nimmt nur ausgewählte Verhaltensweisen seines zu beurteilenden Mitarbeiters' wahr.

Derjenige, der das Arbeitszeugnis interpretiert, kann üblicherweise nicht wissen, ob und welche **Formulierungstechniken** der Verfasser' zur Anwendung gebracht hat. Fehlen z. B. im Zeugnis über einen Sachbearbeiter' Angaben zu den Fachkenntnissen, ist es nicht eindeutig, ob der Verfasser damit die niedrigen oder gar fehlenden Fachkenntnisse zum Ausdruck bringen wollte oder ob er diesen Gesichtspunkt für nicht wesentlich gehalten hat. Weitere Formulierungstechniken[681] sind z. B. die Knappheitstechnik, bei der die negative Bewertung eines Mitarbeiters' indirekt aus der Kürze des Arbeitszeugnisses abgelesen werden kann, oder die Reihenfolgetechnik, bei der negative Bewertungen dadurch kenntlich gemacht werden, dass der Verfasser' eigentlich unwesentliche Aspekte der Arbeitstätigkeit und deren Bewertung an den Anfang des Arbeitszeugnisses stellt. Bei der Einschränkungstechnik wird eine positive Bewertung auf spezielle Elemente der Tätigkeit eingeschränkt,

679) Netter/Ben-Shakar, Personality and Individual Differences, S. 737 ff.

680) Weuster, Personalauswahl I, S. 183.

681) Weuster, Personalauswahl und Personalbeurteilung mit Arbeitszeugnissen; Kanning, Standards der Personaldiagnostik, S. 335 ff.

womit mitgeteilt werden soll, dass die anderen unerwähnten Elemente negativ zu bewerten sind. Arbeitszeugnisse enthalten neben der Bewertung einzelner Tätigkeiten oder Fähigkeiten ein Gesamturteil über die Leistungen des Mitarbeiters'. Da auch das Gesamturteil nicht negativ formuliert werden darf (z. B. „mangelhaft"), wird versucht, durch auf den ersten Blick positiv wirkende Formulierungen negative Bewertungen auszudrücken. Daher haben sich in der Praxis **Standardformulierungen** herausgebildet (siehe Abbildung 11-4).

Abbildung 11-4: Beispiele für Standardformulierungen in Arbeits-/ Dienstzeugnissen zum Gesamturteil und deren Bedeutung.[682]

Formulierung	Bedeutung
„... stets zu unserer vollsten Zufriedenheit ..."	1
„... zu unserer vollsten Zufriedenheit ..."	1–2
„... stets zu unserer vollen Zufriedenheit ..."	2
„... zu unserer vollen Zufriedenheit ..."	3
„... stets zu unserer Zufriedenheit ..."	3–4
„... zu unserer Zufriedenheit ..."	4
„... im Großen und Ganzen zu unserer Zufriedenheit ..."	5
„... hat versucht, uns zufriedenzustellen ..." „... hat sich bemüht, den Anforderungen gerecht zu werden ..."	5–6

Problematisch ist, dass der Leser' des Arbeitszeugnisses nicht wissen kann, ob sich dessen Verfasser' an Standardformulierungen gehalten hat. Gewissheit hierüber erlangt der Leser' letztlich nur, falls er sich direkt an den Verfasser' des Arbeitszeugnisses wendet.

Zur **Analyse von Arbeitszeugnissen** können folgende Leitfragen verwendet werden:

- Stimmen die Beschäftigungszeiten und die Tätigkeitsschwerpunkte mit den Angaben des Lebenslaufes überein?
- Stehen die beurteilten Tätigkeiten und Aufgaben in einem angemessenen Verhältnis zur Bewertung der Stellen? (Negativbeispiel: Mitarbeiter' der Entgeltgruppe E19 führt überwiegend Sachbearbeitungstätigkeiten durch.)
- Steht der Umfang des Arbeitszeugnisses in einem angemessenen Verhältnis zur Beschäftigungsdauer und zur Wertigkeit der Stelle?
- Werden diejenigen Personenmerkmale beschrieben und beurteilt, die für die beurteilte Stelle relevant sind? (Negativbeispiel: Bei einem leitenden Mitarbeiter' aus dem Bereich Wirtschaftsförderung werden überwiegend die fundierten Rechtskenntnisse gelobt.)
- Wie wird die Zusammenarbeit mit Vorgesetzten, Kollegen', Mitarbeitern' und ggf. Kunden' beschrieben und beurteilt?
- Welche Angaben/Wertungen fehlen im Arbeitszeugnis?
- Welcher Grund wird für das Ausscheiden benannt? Bedauert der Arbeitgeber'/ Dienstherr das Ausscheiden?

682) Wald, Personalmanagement für die kommunale Praxis, S. 108 ff.

- Welches Gesamturteil ist erkennbar?
- Sind die Beurteilungen in verschiedenen Arbeitszeugnissen einander ähnlich?
- Welche Merkmale des Bewerbers' werden in verschiedenen Arbeitszeugnissen ähnlich, welche unterschiedlich beurteilt?

Bei der Analyse von Bewerbungsunterlagen ist zu berücksichtigen, dass fast jede dritte Bewerbung Fälschungen und Schönungen aufweisen soll.[683] Mit moderner Informationstechnik lassen sich Nachweise und Zeugnisse derart bearbeiten, dass diese Fälschungen nur für Experten' erkennbar sind. Es ist denkbar, dass bei älteren Arbeitszeugnissen Manipulationen gar nicht mehr aufgedeckt werden können, so z. B. wenn der ehemalige Arbeitgeber' die Personalakten bereits vernichtet hat.

Wichtig!

Um die Gefahr, Opfer eines Täuschungsversuches zu werden, so weit wie möglich zu verringern, bietet es sich bei Bewerbern' um eine erstmalige Anstellung im öffentlichen Sektor an, sich während des Vorstellungsgesprächs alle Unterlagen im Original vorlegen zu lassen. Zumindest stichprobenartig sollten die Unterlagen in Zusammenarbeit mit der ausstellenden Institution geprüft werden.

11.3 Analyse von Daten aus sozialen Netzwerken/dem Internet

Aus über das Internet öffentlich zugänglichen Quellen wie die Websites von Bewerbern', Facebook, Xing oder LinkedIn sind Informationen über Bewerber' ersichtlich. In der Regel können die dort gewonnenen Informationen in der Vorauswahl kaum systematisch genutzt werden. So ist die Interpretation der Informationen schwierig – wie ist es beispielsweise zu werten, dass sich auf Instagram ein fünf Jahre altes Partyfoto findet, das den jetzt neunzehnjährigen Bewerber' in angetrunkenem Zustand zeigt? Des Weiteren ist fraglich, ob alle Bewerber' nach denselben Kriterien bewertet werden können.

Gerechtfertigt erscheint die Recherche im Internet, um in der Phase der Endauswahl abzuklären, dass der Bewerber' keine negativ zu wertenden Auffälligkeiten aufweist, die zum Ausschluss aus dem Stellenbesetzungsverfahren führten. Dies könnten z. B. rassistische Kommentare, durch Fotos dokumentierte Straftaten, Hinweise auf negative Einstellungen zum Arbeitgeber' u. Ä. m. sein. Des Weiteren können Angaben aus den Bewerbungsunterlagen überprüft werden. Die Daten aus dem Internet können weitere Bausteine darstellen, um das Bild über die Persönlichkeit des Bewerbers' abzurunden. Schwierig bleibt jedoch stets, den Wahrheitsgehalt der im Internet gespeicherten Daten einzuschätzen.[684]

11.4 Intelligenz- und andere Leistungstests[685]

11.4.1 Funktionsweise von Intelligenztests

Angesichts der hohen Anforderungen an das Denk- und Lernvermögen in vielen Tätigkeiten des öffentlichen Sektors stellt die Erfassung der Intelligenz einen wesentlichen Bestandteil der Eignungsprüfung von Bewerbern' dar. Das Mittel der

683) Schwertfeger, Personalmagazin, S. 68 f.

684) Roos, Online-Recherchen, S. 757.

685) Siehe auch Gourmelon, Verwaltung & Management, S. 190 ff.

Wahl zur Messung der Intelligenz sind Intelligenztests. Diese zeichnen sich durch eine hohe Objektivität, Reliabilität und prognostische Validität/Vorhersagegüte aus. Die Kosten für Intelligenztests sind im Vergleich zu anderen eignungsdiagnostischen Verfahren niedrig.

Bewerber' erhalten bei Intelligenztests eine größere Anzahl von Einzelaufgaben; die Vorgabe der Einzelaufgaben erfolgt am Bildschirm oder in gedruckter Form. Die Art der Aufgaben bestimmt sich dadurch, welche Tests eingesetzt werden und welche Intelligenz-Komponenten gemessen werden sollen. Vor der eigentlichen Aufgabenbearbeitung werden dem Bewerber' Beispielaufgaben angeboten, damit er die Aufgabenstellung versteht. Zusätzlich erläutert der Testleiter' mit standardisierten Anweisungen, was vom Bewerber' zu tun ist. Der Testleiter' gibt danach das Startsignal. In der Regel steht zur Bearbeitung eine begrenzte Zeit zur Verfügung. Die meisten Intelligenztests sind so konzipiert, dass nur einzelne Bewerber' alle Aufgaben des Tests bearbeiten können. Vor und während der Testung achtet der Testleiter auf optimale Testbedingungen. Beispielsweise ist Ruhe zu gewährleisten. Zur Aufrechterhaltung der Motivation der Bewerber' sind die ersten Einzelaufgaben relativ einfacher als die letzten (dies gilt nicht bei den selten verwendeten adaptiven Tests). Der Bewerber' erhält während der Testung keine Rückmeldung, ob er die Aufgaben richtig oder falsch bearbeitet hat (außer bei den sog. Lerntests). An die Testbearbeitung schließt sich die Testauswertung an. Dem Testauswerter' steht für alle Aufgaben ein eindeutiger Lösungsschlüssel zur Verfügung. In vielen Tests ergibt sich der von einem Bewerber' erzielte Rohwert aus der Anzahl der richtigen Lösungen. Zur Umrechnung des Rohwertes in den individuellen Intelligenz-Quotienten (oder ein anderes Abweichungsmaß) stehen dem Testauswerter' Normtabellen zur Verfügung. Die Testauswertung und die Umrechnung in Normwerte können auch automatisiert erfolgen.

Während der Testung und bei der Auswertung darf der Testleiter' oder Testauswerter' nicht von den im Testhandbuch vorgegebenen **Durchführungsanweisungen** abweichen, beispielsweise darf er nicht die Testzeit verlängern, zusätzliche Hilfen geben oder den Lösungsschlüssel ändern. Hält sich der Testleiter' an die Durchführungsanweisungen, arbeiten alle Bewerber' unter gleichen Bedingungen, niemand hat individuelle Vor- oder Nachteile bei der Bearbeitung der Aufgaben. Die Testdurchführung kann dann als fair bezeichnet werden. Bei **Menschen mit Behinderungen** kann die Testvorgabe und -durchführung so gestaltet werden, dass die Messung der Intelligenz nicht durch die Behinderung beeinträchtigt wird.

Beispiel

Einzelaufgaben werden optisch größer gestaltet oder den Bewerbern' werden spezielle Eingabemedien zur Bearbeitung der Aufgaben zur Verfügung gestellt.

Auch diese Intelligenztestung mit speziellen Hilfsmitteln für Menschen mit Behinderungen ist fair, da durch die Hilfsmittel nicht die intellektuelle Arbeit erleichtert wird, sondern nur gleiche Chancen zur Darlegung der Intelligenz geboten werden. Bei einem Intelligenztest soll z. B. auch bei einem Menschen mit Sehbehinderung die Intelligenz und nicht das Sehvermögen gemessen werden.

Würde in einem Sprintwettbewerb der Leichtathletik ein gehörloser Sprinter' teilnehmen, wäre es ebenso fair, das Startsignal sowohl als Hör- als auch als Sehzeichen zu geben (das Sehzeichen evtl. um einige Millisekunden versetzt, um die unterschiedlichen Übertragungsgeschwindigkeiten der Zeichen auszugleichen).

Im Rahmen der Testentwicklung wird ein Test einer großen Anzahl von Personen, der sog. Normierungsstichprobe, vorgegeben. Bei der Auswertung der Tests ergibt sich üblicherweise folgendes Ergebnis:

- Viele Testanden' (das sind Personen, die Tests bearbeiten) erzielen mittlere Rohwerte,
- jeweils wenige Personen erzielen niedrige oder hohe Rohwerte.

Wird die Häufigkeitsverteilung der Rohwerte graphisch dargestellt, erhält man die Gauß'sche Glockenkurve (die Rohwerte sind statistisch normalverteilt). Für die Testauswertung sind zwei statistische Kennziffern der Häufigkeitsverteilung wichtig: der Mittelwert M und die Standardabweichung s. Letztere Kennziffer gibt an, in welchem Ausmaß die einzelnen Rohwerte vom Mittelwert abweichen. Haben alle Testanden' Rohwerte erzielt, die knapp über oder unterhalb des Mittelwertes liegen, ist s zahlenmäßig sehr klein und umgekehrt. Der Intelligenz-Quotient (IQ) eines Testanden' wird dann beispielsweise wie folgt berechnet:

$$IQ = \frac{x_i - M}{s} \quad 15 + 100$$

wobei x_i = Rohwert eines Testanden'
M = Mittelwert der Normierungsstichprobe
s = Standardabweichung der Normierungsstichprobe

Entspricht der Rohwert eines Testanden', dem Mittelwert der Normierungsstichprobe, wird dem Testanden' ein IQ von 100 zugeordnet; ist der Rohwert größer als der Mittelwert, wird ein IQ größer als 100 zugewiesen und umgekehrt. Zur Interpretation des IQ ist es entscheidend zu wissen, wie sich die Normierungsstichprobe zusammengesetzt hat. Ein IQ von 100 ist hinsichtlich der absoluten Intelligenzhöhe anders zu interpretieren, je nachdem ob die Normierungsstichprobe ausschließlich aus Akademikern' oder ausschließlich aus Förderschülern' bestand. So wären sicherlich die meisten Menschen zufrieden, wenn man ihnen bescheinigte, dass ihre Intelligenz dem eines durchschnittlichen Akademikers' entspräche. Für die verschiedenen Fragestellungen der Intelligenz-Diagnostik werden Tests in der Regel mit verschiedenen Normierungsstichproben geeicht. Typische Normierungsstichproben unterscheiden sich z. B. hinsichtlich des erreichten Schulabschlusses (Abitur, Mittlere Reife usw.), des Alters und des Geschlechts. Es können aber auch verschiedene Berufe als Normierungsstichproben herangezogen werden, gelegentlich werden auch bevölkerungs-repräsentative Stichproben verwendet. Die anhand der Normierungsstichprobe gewonnenen Ergebnisse werden mit den bereits erwähnten Normtabellen dokumentiert.

11.4.2 Kritik an Intelligenztests

Kritik: *Die Aufgaben aus Intelligenztests sind Bewerbern' allgemein bekannt, mit Ergebnissen von Intelligenztests lassen sich daher keine Rückschlüsse auf die Intelligenz ziehen.*

Tatsächlich wurden die Aufgaben einiger älterer Papier- und Bleistifttests durch „Testknacker"-Bücher und durch unzulässiges Kopieren weithin bekannt. Die Ergebnisse von informierten Bewerbern' sind nicht aussagekräftig. Ein wirksames Mittel, um die unkontrollierte Weitergabe von Testaufgaben zu verhindern, ist beispielsweise der Einsatz computergestützter Testverfahren. Die Testprogramme und Testaufgaben sind durch spezielle technische Einrichtungen vor unbefugtem Zugriff geschützt. Derzeit kann davon ausgegangen werden, dass die Aufgaben von neu entwickelten computergestützten Tests Bewerbern' nicht bekannt sind.

<u>Kritik:</u> *Durch Training können Bewerber' ihre Leistungen im Test steigern.*

Wiederholtes Bearbeiten von Testaufgaben mit anschließender Rückmeldung der Ergebnisse kann zu leicht verbesserten Ergebnissen in ähnlichen Tests führen. Durch (kurzzeitiges) Training wird aber nicht die allgemeine Intelligenz erhöht. Optimiert wird vielmehr das Aufgabenverständnis und der Arbeitsstil – und das ist im Sinne der Fairness begrüßenswert. Beispielsweise haben sehr gewissenhafte Testanden' die Eigenart, möglichst keine Fehler bei der Aufgabenbearbeitung zuzulassen. Sie machen dadurch zwar kaum Fehler, bearbeiten aber durch ihre sehr sorgfältige und zeitaufwendige Arbeitsweise insgesamt weniger Aufgaben und werden dadurch einen ihrer Intelligenz unangemessen niedrigen Rohwert erzielen. Sehr aufgeregte Testanden' neigen dazu, die Aufgabenstellung während der Anweisungsphase nicht richtig wahrzunehmen. Sie beginnen – obwohl sie gar nicht genau wissen, was sie machen sollen – trotzdem mit der Aufgabenbearbeitung und müssen dann notwendigerweise ebenfalls zu unangemessen niedrigen Rohwerten kommen. Damit bei diesen (und anderen) Personen das Intelligenzniveau zutreffend gemessen werden kann, sind ein spezielles Testtraining und eine explizite Überprüfung des Aufgabenverständnisses notwendig.

Konsequenterweise durchlaufen Testanden bei computergestützten Testverfahren ein Trainingsmodul mit automatischer Rückmeldung über den Erfolg der Aufgabenbearbeitung. Der eigentliche Test wird erst dann gestartet, wenn das Aufgabenverständnis hergestellt worden ist. Auf diese Weise kann das Intelligenzniveau weitgehend verzerrungsfrei gemessen werden. Bei Papier- und Bleistifttests behelfen sich verantwortungsvolle Testleiter' z. B. damit, dass sie Testanden vor der Testdurchführung Übungstesthefte zusenden. Diese Übungstesthefte enthalten Aufgaben, die mit denen aus den Tests nicht identisch, aber gleichartig sind.

<u>Kritik:</u> *Die Testaufgaben haben mit dem wirklichen Leben nichts zu tun.*

Eine Vielzahl von Intelligenztests ist so konstruiert, dass zur Lösung der Aufgaben nur minimales Vorwissen erforderlich ist; schließlich soll nicht das bereits erlernte Wissen, sondern das Denk- und Lernvermögen in seinen vielen Facetten erfasst werden. Deshalb erscheinen einige Aufgaben zuerst als sehr abstrakt und lebensfremd. Zur Lösung der Intelligenztestaufgaben sind aber genau dieselben Denkoperationen erforderlich wie bei der Lösung von realen Problemen. Zum Beispiel sind logische Schlussfolgerungen sowohl bei den sogenannten Matrizen-Intelligenztests als auch bei juristischen Fragestellungen erforderlich. In den letzten Jahren wurden Intelligenztests (sog. Hybridtests) entwickelt, die in ihrer äußeren Form Arbeitsproben ähnlich sind und so einen offensichtlicheren Bezug zur Arbeitswirklichkeit aufweisen.

<u>Kritik:</u> *Intelligenztests machen auf Bewerber' einen schlechten Eindruck.*

Diese Kritik trifft dann zu, wenn eine große Anzahl von Testanden gleichzeitig mit Papier- und Bleistifttests getestet wird – viele Bewerber werden dabei an Klassenarbeiten oder Klausuren in der Schule erinnert. Für Testanden sind computergestützte Tests attraktiver als Papier- und Bleistifttests. Die Akzeptanz der Bewerber' für die

Durchführung von Tests wird zudem erhöht, wenn im Vorfeld der Testung erläutert wird, weshalb der Test notwendig ist und welchen Stellenwert er im Auswahlverfahren hat. Die Erfahrung lehrt, dass Bewerber', die sich auf anspruchsvolle Stellen bewerben, grundsätzlich Verständnis für eine objektive Überprüfung der intellektuellen Kompetenzen haben. Nach der Testung muss jedem Bewerber' – ganz im Sinne der DIN 33430 – die Gelegenheit gegeben werden, sich ausführlich über die von ihm erzielten Ergebnisse zu informieren.[686] Generell gilt, dass Intelligenztests im Vergleich zu anderen eignungsdiagnostischen Verfahren in einem mittleren Ausmaß von Bewerbern' akzeptiert werden.[687] Nach Ansicht der Autoren akzeptieren ältere Bewerber' Intelligenztests in geringerem Maße als jüngere.

Kritik: *Mit Intelligenztests kann nur das Maximalverhalten, aber nicht das Alltagsverhalten gemessen werden.*

Im Bewerbungsverfahren werden Testanden' ihre geistigen Kräfte zur Lösung der Testaufgaben maximal nutzen. Das Testergebnis spiegelt wider, was der Kandidat' unter optimalen Bedingungen und hoher Motivation zu leisten im Stande ist. Hieraus lassen sich jedoch keine genauen Rückschlüsse ziehen, in welcher Weise der Bewerber' üblicherweise unter Alltagsbedingungen sein Lern- und Denkvermögen einsetzt. Es ist durchaus vorstellbar, dass sich eine hoch intelligente Person mit bestimmten intellektuellen Problemen nur mit „halber Kraft" auseinandersetzt, weil der Anreiz für den Einsatz maximaler Kräfte fehlt. Das Argument der mangelnden Erfassung des Alltagsverhaltens trifft im Übrigen auch auf andere eignungsdiagnostische Verfahren zu. Wer gibt die Gewähr dafür, dass ein Bewerber' im beruflichen Alltag genauso nett, freundlich und umgänglich ist wie im Bewerbungsgespräch?

Kritik: *Die Verwendung von Alters- oder Geschlechtsnormen kann zu AGG-relevanten Benachteiligungen führen.*

Am Beispiel der Altersnormen des Intelligenz-Struktur-Tests 2000 R[688] soll diese Kritik erläutert werden. Bewerber' können bei der Bearbeitung dieses Tests einen maximalen Rohwert von 180 erlangen. Das Ergebnis eines speziellen Bewerbers', der z. B. einen Rohwert von 115 erzielt, kann zur Interpretation der Ergebnisse mit den Ergebnissen der Altersgruppe des Bewerbers' verglichen werden. Wäre der Bewerber' 16 Jahre alt, würde ihm ein Intelligenz-Quotient (IQ) von 115 zugeordnet, wäre er 22 Jahre alt ein IQ von 101,5 (siehe auch Abbildung 11-5).

686) Deutsches Institut für Normung, DIN 33430:2016-07, S. 20.

687) Anderson/Salgado/Hülsheger, International Journal of Selection and Assessment, S. 291 ff.

688) Amthauer/Brocke/Liepmann/Beauducel, Intelligenz-Struktur-Test 2000 R; Alterseffekte zeigen sich z. B. auch bei Kersting/Althoff/Jäger, Wilde-Intelligenz-Test, S. 135 ff.

Abbildung 11-5: Der Intelligenz-Quotient (IQ) eines Bewerbers', der im Test den Rohwert 115 erzielt, in Abhängigkeit vom Lebensalter (unter Verwendung der Daten des Intelligenz-Struktur-Tests 2000 R).[689]

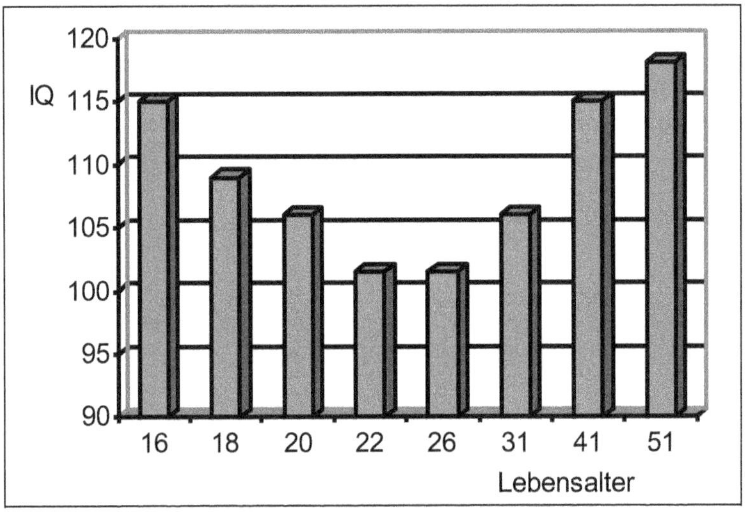

Diese unterschiedliche Zuordnung hängt damit zusammen, dass die verschiedenen Altersgruppen im Rahmen der Normierungsstudie unterschiedliche durchschnittliche Leistungen erbracht haben (so erzielt die Gruppe der 21- bis 25-Jährigen im Schnitt etwa zehn Punkte mehr als die Gruppe der 15- bis 16-Jährigen) und der IQ den Abstand vom jeweiligen Gruppenmittelwert misst.

Angenommen der 16-jährige A, der 22-jährige B und der 51-jährige C würden sich um eine Stelle bewerben und im Test jeweils den Rohwert 115 erzielen. Falls Altersnormen verwendet würden und der IQ die einzige Entscheidungsgrundlage wäre (z. B. Bestenauslese bei der Vorauswahl), wäre C der geeignetste Kandidat, da dieser mit 118 den höchsten IQ erzielt. Bewerber B könnte nun behaupten, er sei durch die Verwendung der Altersnormen gegenüber C benachteiligt worden. Tatsächlich erbringen beide ja die gleiche Leistung bei der Bewältigung von intellektuell anspruchsvollen Aufgaben. Zur Rechtfertigung der Anwendung der Altersnormen und der getroffenen Entscheidung könnte nun vom Arbeitgeber' argumentiert werden, dass B in dreißig Jahren voraussichtlich ein deutlich niedrigeres Intelligenzniveau aufweisen werde als C, da sich in den Altersnormen Reifeprozesse der Intelligenzentwicklung widerspiegelten. Zu Recht entrüstet könnte B entgegnen, dass der Auswählende nicht mit seinem möglichen Lernvermögen in dreißig Jahren argumentieren könne, wenn es um einen Job gehe, den er die nächsten zehn bis zwanzig Jahre ausüben wolle (länger werde C auch nicht für den Arbeitgeber' tätig sein). Zudem ist fraglich, ob aus den Altersnormen tatsächlich die Intelligenzentwicklung im mittleren Lebensalter abgelesen werden kann. Die Altersnormen sind Ergebnis einer Querschnittsuntersuchung (alle Altersgruppen werden zu einem Zeitpunkt untersucht), die bekanntermaßen keinen Rückschluss auf die tatsächliche altersbedingte Veränderung der Intelligenz erlaubt.[690] Denn die Unterschiede, die sich bei

689) Aus: Gourmelon, Der Öffentliche Dienst, S. 247 (250).

690) Oswald, Entwicklung der Intelligenz, S. 79 ff. (100).

Querschnittsuntersuchungen zwischen Altersgruppen zeigen, könnten sowohl durch Reifung als auch durch Generationenunterschiede, z. B. durch unterschiedliche Schulbildung oder Umwelteinflüsse, bedingt sein. Schaie[691] konnte unter Verwendung einer anderen Untersuchungsmethode (Längsschnittuntersuchungen, d. h., Gruppen werden mehrfach im Laufe ihres Lebens getestet) ein optimistischeres Bild von der Intelligenzentwicklung zeichnen: Demnach wird die maximale Kapazität zwischen dem 30. und 40. Lebensjahr erreicht, erst nach dem 60. Lebensjahr setzt (im Durchschnitt!) ein deutlicher Rückgang der Intelligenz ein. Die Ergebnisse von Schaie haben zur Folge, dass die Vorhersage der Intelligenzentwicklung von B mittels der Altersnormen des Tests zu pessimistisch wäre. Insgesamt scheint die Verwendung von Altersnormen zumindest bei Intelligenztests beim Vergleich von jüngeren (ab ca. Mitte zwanzig) mit deutlich älteren Bewerbern' eine **Benachteiligung aufgrund des Alters** darzustellen, die nicht gerechtfertigt erscheint.

Wird B gegenüber A ungerechtfertigt benachteiligt? Hintergrund für die Verwendung von Altersnormen bei jüngeren Bewerbern' ist der Umstand, dass sich die absolute intellektuelle Leistung im Laufe der Jugend im Durchschnitt verbessert. Dabei bleibt die relative Position (IQ) eines Jugendlichen' oder jungen Erwachsenen' innerhalb einer Gruppe mit einer großen Wahrscheinlichkeit erhalten, d. h., wenn ein Jugendlicher' im Alter von 15 Jahren eine – im Vergleich zur Altersgruppe – überdurchschnittliche Leistung im Test erbringt, wird er dies wohl auch im Alter von 22 Jahren tun. Während der Rohwert bei einem jungen Bewerber' das aktuelle Leistungsniveau wiedergibt, zeigt der mit der Altersnorm ermittelte IQ das intellektuelle Potenzial an. Im Beispiel wird A im Alter von 22 Jahren wahrscheinlich einen höheren Rohwert als 115 erzielen. Fraglich ist allerdings, ob eine derartige Prognose eine Benachteiligung zum Auswahlzeitpunkt rechtfertigt. Wank und Wottawa halten es für sinnvoll, gruppenbezogene Prognosen in das Bewerbungsverfahren einzubeziehen, und rechtfertigen die Benachteiligung: „Denn es geht nicht um die punktuelle Betrachtung, sondern darum, ob ein Bewerber langfristig geeignet ist oder nicht. Gerechterweise müsste man dafür auch auf die zukünftigen Fähigkeiten eines Bewerbers abstellen und dabei solche gruppenbezogene Prognosen mit einbeziehen".[692]

Sofern es zu einer Akzeptanz von Intelligenz-Entwicklungsprognosen käme, verlagerte sich die Diskussion alsbald auf die Frage, welche Höhe die Prognosewahrscheinlichkeit aufweisen müsste, damit mit der Prognose eine Benachteiligung gerechtfertigt werden könnte. Dann wird im Zusammenhang mit psychischen Merkmalen aber nicht über Wahrscheinlichkeiten von 97, 98 oder 99 Prozent diskutiert, sondern über 60, 70 oder 80 Prozent. Erschwerend kommt hinzu, dass die Basis dieser Wahrscheinlichkeitsaussagen Erkenntnisse über eine begrenzte Anzahl von Personen sind, die vor vielen Jahren (zum Teil Jahrzehnten) in einem bestimmten soziokulturellen Kontext gewonnen wurden. Ob für die aktuelle Generation dieselben Gesetzmäßigkeiten gelten, ist fraglich.

Berücksichtigt man einerseits diese bislang nicht ausdiskutierten Argumente sowie andererseits die einfache und unmittelbar bestechende Logik „aktuell gleiche Testleistung = aktuell gleiche Eignung", sollten derzeit Personalauswählende auf Altersnormen beim Vergleich von verschieden jungen Bewerbern' (Altersgruppe 15 bis 25 Jahre) verzichten. Als Grundlage für die Auswahlentscheidung sollte der

691) Schaie, American Psychologist, S. 304 (313).

692) Wank/Wottawa, Personalmagazin, S. 34 (35).

Rohwert oder der IQ (oder ein ähnliches Maß) auf Basis einer nicht nach Alter differenzierten Gesamtnorm verwendet werden.

Ein ähnliches Problem stellt die Verwendung von **geschlechtsspezifischen Normen** dar. Bei diesen Normen wird ein in der Testbearbeitung erzielter Rohwert unter Verwendung der durchschnittlichen Ergebnisse einer Frauen- oder Männer-Vergleichsgruppe interpretiert.[693] So kann beispielsweise derselbe Rohwert bei einer Frau zu einem niedrigeren Wert in der verbalen Intelligenz führen als bei einem Mann.[694] Die Verwendung geschlechtsspezifischer Normen ist dann gerechtfertigt, falls im Rahmen der Validierungsstudie des entsprechenden Tests nachgewiesen worden wäre, dass Männer und Frauen mit demselben Wert für die verbale Intelligenz (aber unterschiedlichen Rohwerten bei der Testbearbeitung) zum Zeitpunkt der Auswahlentscheidung die späteren beruflichen Anforderungen gleich gut bewältigt haben. Liegt für den jeweilig verwendeten Test eine entsprechende Studie nicht vor, stellt die Verwendung geschlechtsspezifischer Normen eine Benachteiligung dar.

Kritik: *Bewerber' mit Migrationshintergrund werden durch Intelligenztests benachteiligt.*[695]

In den USA gibt es eine ausführliche Diskussion und Forschung darüber, ob verschiedene Bevölkerungsgruppen (Afroamerikaner', Hispanics', ...) durch die Verwendung von Intelligenztests benachteiligt werden. Tatsächlich zeigen sich bei den Intelligenztestergebnissen Unterschiede zwischen den Bevölkerungsgruppen in den USA. Auch zwischen Einwohnern' verschiedener Länder wie den USA, Deutschland, Türkei, Korea, afrikanischen Entwicklungsländern gibt es Unterschiede in den Ergebnissen von Intelligenztests. In Deutschland gibt es bereits im Grundschulalter Unterschiede in den mathematischen Fähigkeiten zwischen Kindern mit und ohne **Migrationshintergrund**. Die Unterschiede lassen sich „vornehmlich auf die Unterschiede in den kognitiven Fähigkeiten“[696] zurückführen und weniger auf das Messinstrument „Intelligenztest“. So hat Kubinger[697] einen Intelligenztest in die türkische Sprache übersetzt und damit türkische Kinder getestet. Trotz der Darbietung des Tests in türkischer Sprache waren die Testergebnisse der türkischen Kinder im Mittel weiterhin schlechter als die der deutschen Kinder (die mit der deutschsprachigen Version getestet wurden). Für die Ursachen in den Intelligenzunterschieden verschiedener Bevölkerungsgruppen gibt es vielfältige Annahmen – sie umfassen Aspekte wie Mangelernährung, unterschiedliche Bildungschancen, sozioökonomischer Status, Vererbung.

Ebenfalls in den USA tritt eine außergewöhnliche Form der Benachteiligung auf – der sog. **Adverse Impact.**[698] Dabei ist der Prozentsatz von erfolgreichen Kandidaten' einer Subgruppe (z.B. Afroamerikaner') in einem Personalauswahlverfahren niedriger als der Prozentsatz erfolgreicher Stelleninhaber' dieser Subgruppe. Der Adverse Impact tritt vor allem dann auf, falls ...

693) Normen für Menschen mit diversem Geschlecht sind den Verfassern nicht bekannt.

694) Zwischen Frauen und Männern zeigen sich bei einigen psychischen Merkmalen statistisch signifikante Mittelwertunterschiede. Im Umgang mit Tests zur sprachlichen Intelligenz erzielt regelmäßig die Gruppe der Frauen höhere Mittelwerte bei den Rohwerten; siehe Leibetseder, Intelligenzunterschiede, S. 37 (64) oder Rost, Intelligenz, S. 174 ff.

695) Frintrup/Flubacher, Diversity Management in der Personalauswahl, S. 12 f., S. 34 ff.

696) Frintrup/Flubacher, Diversity Management in der Personalauswahl, S. 36.

697) Kubinger, Adaptives Intelligenz Diagnostikum.

698) Schuler, Psychologische Personalauswahl, S. 375 ff.; Görlich/Schuler, Personalentscheidung, Nutzen, Fairness, S. 1185 ff.

- in einem Auswahlverfahren die Auswahl allein aufgrund geistiger Fähigkeiten oder verwandter Maße (z. B. Schulnoten) erfolgt,
- es Unterschiede in der geistigen Fähigkeit zwischen der Subgruppe und anderen Gruppen gibt,
- die Berufsleistung neben den geistigen Fähigkeiten von anderen Personenmerkmalen abhängig ist, die jedoch im Auswahlverfahren nicht berücksichtigt werden (z. B. ist der Berufserfolg als Zimmerer' neben der Intelligenz z. B. auch vom Handgeschick, der Auge-Hand-Koordination, der Trittsicherheit, der Beobachtungsgenauigkeit, der Leistungsmotivation abhängig),
- angesichts einer hohen Anzahl von Bewerbern' pro Stelle ein hoher Testwert von den erfolgreichen Kandidaten' erzielt werden muss.

Exkurs: Adverse Impact bei der Polizei Nordrein-Westfalen? Was eine andere Begriffsverwendung bewirkt.

Stumpf, Leenen und Scheitza untersuchten einen mehrstufigen Personalauswahlprozess der Polizei Nordrhein-Westfalen und stellten bei mehreren Auswahlinstrumenten Mittelwertunterschiede zwischen Kandidaten' mit und ohne Migrationshintergrund fest. Die Kandidaten' ohne Migrationshintergrund schnitten durchschnittlich im „Test kognitive Fähigkeiten", im „Test Rechtschreibung" sowie im „Assessment Center" besser ab als die Kandidaten' mit Migrationshintergrund. Die Mittelwertunterschiede sind dabei statistisch signifikant, vom Ausmaß her als klein bis mittel ausgeprägt zu bezeichnen (S. 13); die Ursachen für diese ethnischen Subgruppenunterschiede konnten Stumpf, Leenen und Scheitza nicht feststellen (S. 21).[699] Die drei Forscher bezeichnen diese Subgruppenunterschiede als „ …Adverse Impact von ganz erheblichem Ausmaß" (S. 24).[700] Hierzu ist anzumerken, dass nach ihrer Definition ein Adverse Impact bereits dann vorliegt, „… wenn Personalentscheidungen im Rahmen von Einstellungen oder Beförderungen erheblich unterschiedliche Auswahlquoten zum Ergebnis haben, die zu Lasten der Mitglieder einer bestimmten Rasse, einer ethnischen Gruppe oder eines Geschlechts gehen" (S. 2).[701] Bei dieser Begriffsbestimmung wird jedoch – im Gegensatz zu der oben beschriebenen Auffassung von Schuler – nicht beachtet, ob es in der Berufspraxis ebenfalls Leistungsunterschiede zwischen den Subgruppen gibt. Im Sinne der Begriffsverwendung von Schuler konnte ein Adverse Impact also nicht festgestellt werden.

Ob der Adverse Impact auch in Stellenbesetzungsverfahren des öffentlichen Sektors in Deutschland auftritt, muss derzeit trotz der Studie von Stumpf, Leenen und Scheitza (siehe Exkurs) weiterhin als ungeklärt gelten.

Intelligenztests und andere Leistungstests erfassen Fähigkeiten und Fertigkeiten in aller Regel objektiv und fair. Scheitern beispielsweise in einem Auswahlverfahren überproportional viele Bewerber' mit Migrationshintergrund an einem Deutsch-Test, so wird das Auswahlverfahren höchstwahrscheinlich nicht dadurch fairer und objektiver, dass ein anderes Messinstrument verwendet wird (z. B. Einschätzung der Deutsch-Fertigkeiten durch die Auswahlkommission im Interview). Zu prüfen ist, ob das getestete Personenmerkmal bedeutsam ist, die Anforderungen der Aus-

699) Stumpf/Leenen/Scheitza, Adverse Impact, S. 13, S. 21.

700) Stumpf/Leenen/Scheitza, Adverse Impact, S. 24.

701) Stumpf/Leenen/Scheitza, Adverse Impact, S. 2.

bildung und/oder des Berufs zu bestehen. Sofern im Beispiel die Beherrschung der deutschen Sprache unbedingt erforderlich ist, sind Unterschiede im Testergebnis zwischen den Gruppen zu akzeptieren. Statt auf den Test zu verzichten, sollte überlegt werden, ob neben dem Deutsch-Test zusätzliche eignungsdiagnostische Verfahren zum Einsatz kommen, die weitere berufs- oder stellenrelevante Personenmerkmale erfassen. Die Eignungsentscheidung sollte dann unter Berücksichtigung der Erkenntnisse hinsichtlich verschiedener Personenmerkmale gefällt werden.

Zur Erfassung der allgemeinen Intelligenz bieten sich für die Praxis auch sog. „culture-fair"-Tests an, die geringe Anforderungen an die Sprachbeherrschung der Bewerber stellen.

11.4.4 Andere Leistungstests

Neben Intelligenztests gibt es eine breite Palette weiterer Leistungstests. Diese beziehen sich auf Personenmerkmale, die relativ stabil, also durch Erfahrung und Lernen eher schwierig zu beeinflussen (Fähigkeitstests) sind, oder auf Kompetenzen, die eher schnell durch Training und Lernen zu verändern (Fertigkeits- und Wissenstests) sind.

Zu den **Fähigkeitstests** zählen beispielsweise:

- Tests zur Überprüfung der Daueraufmerksamkeit,
- Konzentrationstests,
- Gedächtnistests,
- Tests zur Überprüfung der Auge-Hand-Koordination,
- Reaktionstests.

Postkörbe können ebenfalls als Fähigkeitstests aufgefasst werden. Mit diesen wird das Organisations- und Planungsvermögen, das Analysevermögen und das Entscheidungsverhalten von Bewerbern gemessen. „Dazu erhält ein Bewerber eine größere Anzahl von Schriftstücken und Vorgängen, die oftmals miteinander inhaltlich verknüpft sind. Aufgabe des Bewerbers ist es, die Schriftstücke und Vorgänge innerhalb einer beschränkten Zeit zu bearbeiten und dabei auch unvorhergesehene Ereignisse zu meistern. Bei der Auswertung werden oftmals Auswerteschlüssel verwendet, um die Objektivität zu gewährleisten".[702] In wissenschaftlichen Untersuchungen zeigt sich, dass mit Postkörben wichtige Aspekte von Management- und Führungskompetenzen erfasst werden, die mit situativen Verfahren in Assessment Center nicht gemessen werden können.[703] Die Leistungshöhe in Postkörben und Intelligenztests von Kandidaten' ist nicht identisch, aber statistisch betrachtet ähnlich. Im Gegensatz zu Intelligenztests erfahren Postkörbe eine höhere Akzeptanz. Dies liegt an der realitätsnahen Aufgabenstellung.

Postkorb „Office Mail"

Der Postkorb „OfficeMail" ist seit 2017 am Markt erhältlich. Ihn gibt es in einer computergestützten und einer Papier-Bleistift-Version. Die Grundausstattung für die letztere Version kostet ca. 430 Euro, pro Kandidat' ist mit Materialkosten von ca. 25 Euro zu rechnen. „OfficeMail" ist ein Postkorb in geschlossener Form, d. h. die Kandidaten' können sich durch Ankreuzen für vorgegebene Lösungsalternativen

702) Gourmelon/Seidel/Treier, Personalmanagement im öffentlichen Sektor, S. 76.

703) Lieberei, Postkorb „Office Mail", S. 9 f.

entscheiden. Die Durchführung dauert ca. 60 Minuten, zum Auswerten werden ca. 15 Minuten benötigt. Zur Auswertung wird ein standardisierter Lösungsschlüssel verwendet. Es wird ein Arbeitsszenario aus der Versicherungswirtschaft genutzt; trotzdem können auch Kandidaten' für den öffentlichen Sektor damit getestet werden, weil für die Bearbeitung der Aufgaben keine speziellen Kenntnisse benötigt werden. Mit den Ergebnissen des Postkorbs können Aussagen zum Analyse-, Organisations-, Planungs- und Entscheidungsverhalten getroffen werden. Die Ergebnisse werden zu einem Gesamtwert „komplexes Problemlöseverhalten" gefasst.

Zur Interpretation der Ergebnisse stehen Vergleichsdaten von 342 Personen zur Verfügung. Erste Studien zur Testzuverlässigkeit und zur Validität liegen vor. Mit relativ geringem Aufwand erhält der Arbeitgeber'/Dienstherr Informationen über Kandidaten'merkmale, die für Führungstätigkeiten bedeutsam sind. Die Durchführung und Auswertung kann weitestgehend frei von subjektiven Einflüssen erfolgen.

Fertigkeits- und Wissenstests sind beispielsweise:

- Deutsch-Tests,
- Mathematik-Tests,
- Tests zur Erfassung des Allgemeinwissens,
- Tests zur Überprüfung von IT-Kenntnissen.

Beherrschung der deutschen Sprache / „Deutsch-Test für die Personalauswahl"
Die Beherrschung der deutschen Sprache ist eine notwendige Kompetenz, um den Anforderungen in vielen Tätigkeiten des öffentlichen Sektors gerecht werden zu können. In der Personalauswahl stellt sich die Frage, wie bei Bewerbern' die Deutschkompetenz zutreffend, wirtschaftlich und fair erfasst werden kann. Bei Berufseinsteigern' werden oftmals die Deutschnote im Schulzeugnis, Tests zur Prüfung der Kenntnisse in der Rechtschreibung (z. B. Diktate) oder Aufsätze verwendet, um die schriftsprachliche Kompetenz zu erfassen.

Diese Instrumente sind mit Vor- und Nachteilen verbunden:

- Schulnoten sind einfach zu verwenden. Jedoch sind die Noten unterschiedlicher Schultypen kaum sinnvoll miteinander zu vergleichen. Selbst Noten desselben Schultyps sind neben den Leistungen der Schüler' durch Faktoren wie regionale Lage der Schule, Anspruchsniveau des Lehrers' u. Ä. m. beeinflusst. Ein „sehr gut" in Schule A lässt sich nicht automatisch gleichsetzen mit einem „sehr gut" in Schule B.
- Tests zur Prüfung der Kenntnisse im Bereich Rechtschreibung: Hier gibt es eine Reihe standardisierter Verfahren (Beispiel siehe unten). Mit diesen kann die Rechtschreibkompetenz in der Regel gut erfasst werden. In der Praxis werden auch selbstentwickelte Verfahren – z. B. Diktate – verwendet, die sich angesichts ihrer Vielfältigkeit einer einheitlichen Qualitätsbewertung entziehen. Die Beherrschung der Rechtschreibung ist allerdings nur ein Teilaspekt der Deutschkompetenz. Kompetenzen in den Bereichen Grammatik, Sinnverständnis oder Wortbedeutung werden mit Diktaten in der Regel nicht erfasst.
- Aufsätze geben einen umfassenderen Einblick in die Deutschkompetenz eines Bewerbers', sind allerdings nur mit relativ hohem Aufwand auszuwerten. Zudem kann es bei der Auswertung zu subjektiven Einflüssen des Auswerters' kommen.

Der **„Deutschtest für die Personalauswahl“** (D-PA) ist seit 2014 verfügbar.[704] Mit dem D-PA werden die Basisfertigkeiten in den Bereichen Rechtschreibung, Grammatik, Sinnverständnis und Wortbedeutung abgebildet. Er enthält 138 Aufgaben, die in zwölf Aufgabengruppen eingeteilt sind. Mit den Aufgaben werden diejenigen Basiskompetenzen geprüft, die für „... eine reibungslose schriftliche Kommunikation ...“ in vielen Verwaltungstätigkeiten unentbehrlich sind.[705] Über diese Basiskompetenzen sollten Beschäftigte in Verwaltungsberufen verfügen, unabhängig von ihrer Muttersprache. Nach Ansicht der Verfasser' können auch Nicht-Muttersprachler' dem D-PA unterzogen werden, sofern die Berufs- und Stellenanforderungen die mittlere bis hohe Beherrschung der deutschen Sprache im schriftsprachlichen Bereich erfordern.

Vergleichswerte liegen von insgesamt 1.854 Personen vor. Es wurden Personen mit und ohne Gymnasialerfahrung im Altersbereich 15 bis 40 Jahre getestet. Testdurchführung und -auswertung sind in hohem Maße objektiv und fair. Für die Durchführung des Tests sind etwa 35 Minuten anzusetzen. Pro Kandidat' fallen bei häufiger Verwendung Materialkosten von etwa einem Euro an.

Mit **Situational Judgement Tests**[706] werden soziale Kompetenzen in spezifischen Tätigkeitsfeldern überprüft. Dabei werden den Bewerbern' mithilfe von Texten oder Videoclips soziale Situationen geschildert. Anschließend soll der Bewerber' aus mehreren Antwortalternativen auswählen, wie er sich in der Situation verhalten würde oder sollte (siehe nachfolgendes Beispiel). Durch Experten' wird während der Testentwicklung die Nützlichkeit der einzelnen Handlungsalternativen in der jeweiligen Situation bewertet.

Beispiel für eine Aufgabe eines Situational Judgement Tests.[707]

Stellen Sie sich folgende Situation vor:

Ihr Arbeitstag hat gerade begonnen und Sie sitzen am Schreibtisch. Ihr Vorgesetzter kommt auf Sie zu und hat eine dringende Aufgabe, die Sie für ihn erledigen sollen. Er benötigt die Ergebnisse bis zum Nachmittag. Etwa eine halbe Stunde später kommt ein Kollege auf Sie zu und stellt Ihnen auch eine Aufgabe, die sofort bearbeitet werden muss. Nachdem Sie sich die Aufgaben genauer angeschaut haben, stellen Sie fest, dass Sie beide Aufgaben bis heute Nachmittag nicht schaffen werden. Wie gehen Sie vor?

Bringen Sie bitte zur Beantwortung die fünf unten stehenden Alternativen in eine Rangfolge von 1 (der besten Lösung) bis 5 (der aus Ihrer Sicht der am wenigsten geeigneten Lösung).

A. Ich setze mich mit meinem Vorgesetzten und Kollegen zusammen, damit wir gemeinsam über die Bearbeitungsreihenfolge entscheiden.

B. Ich überlege mir, welche Aufgabe wichtiger ist, und bearbeite diese zuerst. Die, die ich nicht schaffe, bitte ich einen Kollegen am nächsten Tag für mich zu übernehmen.

C. Die erste Aufgabe bearbeite ich zunächst, da sie von meinem Vorgesetzten gestellt wurde.

D. Ich überarbeite die Aufgaben in der Reihenfolge, in der ich sie bekommen habe. Was heute nicht fertig wird, wird übermorgen erledigt.

E. Ich sage meinem Vorgesetzten, dass ich die Aufgaben nicht schaffe.

704) Rieser/Liepmann, Deutschtest für die Personalauswahl.

705) Rieser/Liepmann, Deutschtest für die Personalauswahl, S. 6.

706) Kanning, Situational Judgement Tests, S. 637 ff. (642).

707) Nach cyquest, http://www.cyquest.net/online-assessment-verfahren/uebersicht-testverfahren/simulationsverfahren/the-situational-judgement-test/, Abruf am 22. April 2016.

Leistungstests zeichnen sich dadurch aus, dass die Bewerber' während der Testdurchführung eine größere Anzahl von Aufgaben bearbeiten. Die Aufgaben werden in gedruckter Form oder am Bildschirm präsentiert. Für die Bewertung der Antworten der Bewerber' gibt es vorab festgelegte Lösungsschlüssel. Die Auswertung der Tests erfolgt manuell oder automatisiert durch den Computer. Häufig können die Ergebnisse eines einzelnen Bewerbers' mit den Ergebnissen einer Vergleichsgruppe in Beziehung gesetzt werden. Dadurch sind Aussagen über das Ausmaß der gemessenen Personenmerkmale des Bewerbers' möglich. Durch die Art der Konstruktion weisen Tests regelmäßig eine hohe Objektivität und Fairness auf. Die Reliabilität und Validität der Tests sind je nach Test unterschiedlich zu beurteilen. Auch die Kosten variieren, in der Tendenz kann jedoch bei einer größeren Anzahl von zu untersuchenden Bewerbern' von einem günstigen Kosten-/Leistungsverhältnis ausgegangen werden. Da maximale Leistungen erfasst werden, können sich Bewerber' nicht verstellen. Der Einsatz von Leistungstests bietet sich sowohl während der Vorauswahl als auch während der Endauswahl an. Angesichts des günstigen Kosten-/Leistungsverhältnisses und der hohen Objektivität ist der Einsatz von Leistungstests insbesondere in der Vorauswahl von Massenverfahren angezeigt. Bei der Beschaffung von Tests sollte auf die Konformität der Tests mit der eignungsdiagnostischen Norm DIN 33430 geachtet werden.

11.5 Tests und Fragebogen zur Erfassung von Persönlichkeitsmerkmalen, Interessen, Motiven

11.5.1 Persönlichkeitstests

Mit Persönlichkeitstests bzw. Persönlichkeitsinventaren bzw. Persönlichkeitsfragebogen werden Informationen über die Persönlichkeit von Bewerbern' erhoben. Persönlichkeitsmerkmale, wie z. B. Extraversion, emotionale Stabilität oder Leistungsmotivation, beeinflussen die Wahrnehmung und das Erleben von beruflichen Situationen sowie das Handeln in denselben. Persönlichkeitsmerkmale haben insbesondere in Berufen mit hohen sozialen Anforderungen (z. B. Umgang mit schwierigen Kunden', Führungstätigkeiten, intensive Teamarbeit) einen bedeutsamen Einfluss auf das Leistungsverhalten. Erfasst werden die Persönlichkeitsmerkmale durch Persönlichkeitstests in der Regel durch Selbstbeschreibungen oder Bewertungen von Situationen. Dem Bewerber' werden während der Testdurchführung eine Vielzahl von Aussagen oder Situationen vorgelegt. Er gibt anschließend an, wie er zu diesen Aussagen steht oder wie er Situationen erlebt oder bewertet. Es gibt eine Reihe von Persönlichkeitstests, die die Antworten der Bewerber' mit den Antworten von Normgruppen vergleichen, um so das Ausmaß der Persönlichkeitsmerkmale zu bestimmen. Häufig wird kritisiert, dass Bewerber' in Tests ihre Persönlichkeitsmerkmale geschönt oder verfälscht darstellen können. Das ist grundsätzlich möglich. Allerdings werden durch Maßnahmen der Testkonstrukteure' und -anwender' die Möglichkeiten zur Verstellung eingeschränkt. Zudem hat sich gezeigt, dass die geringfügigen Beschönigungen, die in der Praxis auftreten, die Vorhersagegüte der Tests nicht beeinträchtigen.[708] Mit Leistungstests wird das maximal Mögliche eines Bewerbers' erfasst, mit Persönlichkeitstests das typische Handeln und Erleben.[709]

708) Marcus, Personalpsychologie, S. 81 ff.

709) Marcus, Personalpsychologie, S. 70.

Zur Erfassung der Big-Five-Persönlichkeitsmerkmale eignet sich beispielsweise das **„NEO-Persönlichkeitsinventar nach Costa und McCrae“ (NEO-PI-R)**. Mit diesem können die fünf Persönlichkeitsmerkmale Neurotizismus, Extraversion, Offenheit für Erfahrungen, Verträglichkeit und Gewissenhaftigkeit sowie die dazugehörigen 30 Facetten von Kandidaten' objektiv und zuverlässig gemessen werden. Das Inventar umfasst 240 Fragen, zu deren Beantwortung meist nicht mehr als 45 Minuten benötigt werden. Zur Interpretation der Ergebnisse können Normierungsdaten herangezogen werden.[710]

Das **„Bochumer Inventar zur berufsbezogenen Persönlichkeitsbeschreibung“ (BIP)** ist ein Persönlichkeitstest, der speziell von Hossiep und Paschen für die Anwendung im Personalmanagement entwickelt worden ist. Es werden 14 Persönlichkeitsmerkmale erfasst, die für das Berufsleben bedeutsam sind; hierzu zählen z. B. Führungs-, Leistungs-, Gestaltungsmotivation, Gewissenhaftigkeit, Flexibilität, Handlungsorientierung, Kontaktfähigkeit, Soziabilität, Teamorientierung, Durchsetzungsstärke, emotionale Stabilität, Belastbarkeit, Selbstbewusstsein, Sensitivität. Es liegen umfangreiche Forschungsdaten zur Reliabilität und Validität vor, u.a. konnten bedeutsame statistische Zusammenhänge zwischen BIP-Merkmalen und Merkmalen beruflichen Erfolgs und Zufriedenheit aufgezeigt werden. Zur Beantwortung der mehr als 200 Fragen werden 30 bis 40 Minuten benötigt. Es liegen umfangreiche Normierungsdaten auch für unterschiedliche Hierarchiestufen vor.[711]

Mit dem Test **„Arbeitsbezogene Belastbarkeits- und Gewissenhaftigkeitsskalen“ (ABGS)** können die aus dem Big-Five-Modell abgeleiteten Merkmale Belastbarkeit und Gewissenhaftigkeit von externen und internen Bewerbern' gemessen werden. Das Persönlichkeitsmerkmal Belastbarkeit beschreiben die Testentwickler' als das Ausmaß, „... in dem Menschen anspruchsvolle Situationen ohne Aufregung und ohne aus dem Konzept zu geraten bewältigen, da sie ruhig, ausgeglichen und entspannt bleiben (Moldzio et al., 2019, S. 10).[712] Hierbei können die beiden Facetten „Soziale Belastbarkeit“ als Belastbarkeit im Umgang mit Publikum und „Dauerbelastbarkeit“ als Belastbarkeit bei dauerhaft hohem Arbeitseinsatz unterschieden werden. Personen, deren Gewissenhaftigkeit hoch ausgeprägt ist, beschreiben sich als ordentlich, zuverlässig, pünktlich, diszipliniert und systematisch vorgehend. Im Test werden dabei die Facetten „Fleiß“ als proaktive, zielgerichtete Arbeitsweise und „Ordnung“ als organisiertes, sorgfältiges Arbeitsverhalten mit einer Präferenz für Routinen aufgefasst. Die ABGS liegen als klassischer Papier-Bleistift-Test vor. Der Kandidat' beantwortet insgesamt 35 Items durch Ankreuzen; die Items sind arbeitsbezogen formuliert, beziehen sich also nicht auf private oder gar intime Erlebens- und Verhaltensweisen des Kandidaten'. Mit Hilfe einer Schablone kann ein Testbogen in etwa zehn Minuten vom Testleiter' ausgewertet werden. Die Ausprägungen des Kandidaten' können anhand von verschiedenen Normierungstabellen interpretiert werden. Es liegen Normen für kaufmännische und technische Auszubildende, Experten' ohne Führungsverantwortung, Nachwuchsführungskräfte und hochrangige Führungskräfte vor. Positiv herauszustellen ist, dass diese Normen in Auswahlsituationen erhoben wurden. Das Manual enthält zahlreiche Fallbeispiele, die den Umgang mit den Testergebnissen und deren Interpretation erleichtern.

710) Ostendorf/Angleitner, NEO-PI-R, S. 11, 17.

711) Hogrefe Verlag, Bochumer Inventar.

712) Moldzio/Peiffer/Dreier/Gergovksa/Reiner/Felfe, ABGS, S. 10.

Zudem schärfen sie den Blick für die beruflichen Anforderungen an die Merkmale Gewissenhaftigkeit und Belastbarkeit. Im öffentlichen Sektor sind die Skalen als Ergänzung zu Intelligenz-/Leistungstests bei der Auswahl von (nicht mehr ganz jungen) Nachwuchskräften sowie als Ergänzung zu Interviews und Arbeitsproben bei berufserfahrenen Fachkräften bzw. Sachbearbeitern' interessant.

Mit dem Test **„TOP – Dark Triad of Personality at Work"** liegt ein Instrument mit dem Anspruch vor, die für das Berufsleben bedeutsamen Aspekte der Dunklen Triade (siehe Abschnitt 7.8.6) zu erfassen. Der Fragebogen in der Standardform besteht aus 60 Fragen, die per Ankreuzen in etwa zehn Minuten beantwortet werden. Neben der Standardform gibt es auch eine Kurzform mit neun Fragen, vor deren Anwendung allerdings angesichts der niedrigen Mess-Zuverlässigkeit abzuraten ist. TOP ist für berufstätige Erwachsene aller Alters- und Berufsgruppen konzipiert und kann in der Personalauswahl eingesetzt werden. Das Sprachverständnis muss vorab geprüft werden. Da die einzelnen Fragen stark am Berufsleben ausgerichtet sind, sollte bei den Kandidaten' Berufserfahrung vorliegen. Insofern sollte der Fragebogen bei Schülern' nicht zum Einsatz kommen. Hinsichtlich der Objektivität und der Mess-Zuverlässigkeit kann die Standardform des Tests überzeugen. Im Manual sind Studienergebnisse enthalten, die die statistischen Zusammenhänge zwischen den gemessenen Merkmalen und beruflichen Verhaltensweisen und Erfolgskriterien aufzeigen. Der Einsatz des TOP in der Personalauswahl sollte wohlüberlegt erfolgen. Zum Beispiel kann die Annahme, dass eine niedrige Ausprägung der Dunklen Triade stets vorteilhaft ist, irreführend sein. Die Testautoren Schwarzinger und Schuler führen aus: „Beispielsweise werden Führungskräfte danach ausgewählt, dass sie über ausgeprägtes Selbstvertrauen verfügen und gerne gegenüber anderen Personen den Ton angeben, ihre Mitmenschen überzeugen können und auch über ausreichende Härte verfügen, unpopuläre Entscheidungen zu treffen. Mit diesen Eigenschaften und Haltungen wird eine Person mittlere oder überdurchschnittliche Werte in den Dunkle Triade-Faktoren erzielen".[713] Entscheidend sind folglich die Anforderungen der Vakanz.

Eine für den öffentlichen Sektor bedeutsame Variante von Persönlichkeitstests sind **Integritätstests**, mit denen die Wahrscheinlichkeit zukünftigen kontraproduktiven Handelns von Bewerbern' bestimmt werden soll. Dabei wird unter kontraproduktivem Handeln alles verstanden, was die Organisation oder deren Beschäftigte unzulässigerweise schädigt. Beispiele für kontraproduktives Handeln sind Korruption, Diebstahl, Absentismus, Mobbing (siehe hierzu auch die Abschnitte 4.1.4.2 und 7.8.4).

Ein in Deutschland öffentlich zugänglicher Integritätstest ist das **„Inventar berufsbezogener Einstellungen und Selbsteinschätzungen" (IBES)**.[714] Von der Form her ist das IBES ein klassischer Fragebogen, bei dem die Bewerber' durch Ankreuzen ihre gestufte Zustimmung oder Ablehnung (fünfstufige Skala) zu insgesamt 115 Aussagen zum Ausdruck bringen. Mit ihren Zustimmungen und Ablehnungen berichten die Bewerber' über ihre Eigenarten, intendierten Handlungen, Einstellungen, Meinungen und ihr Erleben. Zu eigenen kontraproduktiven Handlungen nimmt der Bewerber' nicht Stellung. Bei der Konstruktion des IBES wurde von einer Reihe empirisch fundierter Erkenntnisse der Psychologie und Kriminologie ausgegangen. Die Konstruktionsregeln lassen sich wie folgt kurz zusammenfassen:[715]

713) Schwarzinger/Schuler, TOP, S. 38.

714) Marcus, Inventar berufsbezogener Einstellungen und Selbsteinschätzungen.

715) Gourmelon, Der Öffentliche Dienst, S. 31.

Die **Wahrscheinlichkeit kontraproduktiver Handlungsweisen** eines Bewerbers' ist umso niedriger,

- je mehr dieser andere Menschen für vertrauenswürdig hält,
- je weniger er davon ausgeht, dass Regelverletzungen im Berufsleben weit verbreitet sind,
- je weniger er dazu neigt, Regelverstöße durch „vernünftige" Gründe zu rechtfertigen,
- je weniger er sich gedanklich mit Regelverstößen auseinandersetzt oder diese gar plant,
- je gelassener und selbstsicherer der Bewerber' ist,
- je zuverlässiger und kontrollierter der Bewerber' ist,
- je mehr er Risiken und Aufregung meidet,
- je ruhiger, umgänglicher und bescheidener der Bewerber' ist,
- je mehr der Bewerber' dazu neigt, Konflikte zu vermeiden und Harmonie anzustreben.

Insofern wird die Tendenz zu kontraproduktiven Handlungen indirekt über die Erfassung anderer Merkmale (Einstellungen, Persönlichkeitseigenschaften) erhoben, die in einem statistischen Zusammenhang mit dieser Tendenz stehen.

In einer **Längsschnittstudie**, die mit Studenten' der Fachhochschule für öffentliche Verwaltung Nordrhein-Westfalen durchgeführt wurde, konnte die prognostische Validität des Verfahrens geprüft werden. Dabei wurde bei Studienanfängern' die **Neigung zu kontraproduktiven Handlungen** mit dem IBES erhoben. Dieselben Studenten' wurden drei Jahre später erneut anonym befragt. Bei dieser zweiten Befragung sollten sie mithilfe einer Liste angeben, welche kontraproduktiven Handlungen sie in den theoretischen und praktischen Phasen ihres Studiums begangen hatten. Die im IBES erzielten Ergebnisse und die Angaben zu den kontraproduktiven Handlungen wurden statistisch miteinander verrechnet, dabei ergab sich eine Vorhersagegüte in der Höhe von $r = 0{,}33$. Zur Veranschaulichung der Vorhersagegüte des IBES dient Abbildung 11-6. Die befragten Studienanfänger' wurden danach aufgeteilt, ob ihr IBES-Ergebnis deutlich unter, knapp unter, knapp über oder deutlich über dem Durchschnitt lag. Nach der Bildung der vier Gruppen wurde ausgezählt, wie viele Studenten' der jeweiligen Gruppe drei Jahre später mindestens eine kontraproduktive Handlung angegeben haben, die zu einer Rüge oder gar zu einer disziplinarischen Ahndung/Entlassung aus dem Beamtenverhältnis führen würde. Alle Studenten', die als Studienanfänger' einen deutlich unterdurchschnittlichen IBES-Wert erzielten, würden drei Jahre später angesichts ihrer kontraproduktiven Handlungen gerügt, 64,3 Prozent würden disziplinarrechtlich belangt oder gar entlassen (sofern der Dienstherr davon Kenntnis hätte). Von den Studenten', die als Studienanfänger' überdurchschnittliche Ergebnisse erzielten, würden drei Jahre später hingegen nur 53,3 Prozent gerügt und 46,7 Prozent disziplinarrechtlich geahndet/entlassen.

Abbildung 11-6: Ausmaß kontraproduktiver Handlungen in Abhängigkeit vom Ergebnis des Integritätstests IBES (Erläuterungen im Text).[716]

	Von den Studierenden wären gerügt worden ... (%-Anteil in der Gruppe)	Von den Studierenden wären disziplinarisch geahndet oder entlassen worden ... (%-Anteil in der Gruppe)
IBES-Ergebnis deutlich unter Durchschnitt	100,0 %	64,3 %
IBES-Ergebnis knapp unter Durchschnitt	70,0 %	46,7 %
IBES-Ergebnis knapp über Durchschnitt	84,9 %	45,5 %
IBES-Ergebnis deutlich über Durchschnitt	53,3 %	46,7 %
Insgesamt (N = 92)	*77,2 %*	*48,9 %*

Entscheidungen über die Eignung von Kandidaten' sollten nicht ausschließlich auf der Grundlage von Daten aus Persönlichkeitstests erfolgen. Diese Daten sollten stets im Interview mit den Bewerbern' besprochen und auf ihre Gültigkeit hin geprüft werden. Daten aus Persönlichkeitstests sollten deshalb nicht für Zwecke der Vorauswahl verwendet werden.

11.5.2 Interessentests

Welche beruflichen Interessen Bewerber' aufweisen, kann mit Interessentests festgestellt werden. Von der Form her ähneln diese üblichen Persönlichkeitstests. Die Getesteten geben an, wie sehr sie die Ausübung einer Reihe von Tätigkeiten interessieren würde. Der Einsatz von Interessentests ist insbesondere in der Phase der Selbstselektion nützlich. Die Kosten sind in der Regel niedrig. So wie Persönlichkeitstests lassen sich viele Interessentests auch computerunterstützt durchführen.

Ein Beispiel für einen Interessentest, der auf dem RIASEC-Modell gründet, ist der **Allgemeine Interessen-Struktur-Test mit Umwelt-Struktur-Test – Version 3 (AIST-3)**.[717] Die sechs Interessendimensionen des RIASEC-Modell werden mit 60 Fragen erfasst. Der Einsatz des AIST-3 bietet sich vor allem bei Auswahlverfahren um Ausbildungsplätze an. Es liegen umfangreiche Normierungsdaten für Personen im Alter zwischen 14 und 28 Jahren vor, die zur Interpretation der Auswertungsdaten verwendet werden können. Ein Berufsregister enthält die Holland-Codes von 1.350 Berufen auf unterschiedlichem Ausbildungsniveau. Aus diesem Berufsregister lassen sich Hinweise entnehmen, in welchen Berufen welche Interessensorientierungen der Bewerber' erforderlich sind. Diese Hinweise können auch für die Gestaltung des Anforderungsprofils nützlich sein.

716) Aus Gourmelon, Der Öffentliche Dienst, S. 36.

717) Bergmann/Eder, AIST-3.

11.5.3 Tests und Fragebogen zur Erfassung von Motiven und Motivation

Test und Fragebogen zur Erfassung von Motiven und Motivation ähneln Persönlichkeitstests in der Hinsicht, dass Kandidaten' durch „Ankreuzen" Auskunft über Erleben, Absichten, Verhalten u. Ä. m. geben.

Das **Leistungsmotivationsinventar** beispielsweise besteht in der Langform aus 170 Items, mit denen 17 Aspekte der Leistungsmotivation erhoben werden; es wurde auch für den Einsatz in der Personalauswahl konzipiert. Die Bearbeitung durch den Kandidaten' nimmt bis zu 40 Minuten in Anspruch, durch die Art der Auswertung wird eine hohe Objektivität gewährleistet. Es stehen Normierungsdaten zur Interpretation der Kandidaten'ergebnisse zur Verfügung.[718]

Mit dem **BIP** können die Führungs-, Gestaltungs- und Leistungsmotivation von Kandidaten erfasst werden (siehe Abschnitt 11.5.1).

Mit dem im Jahr 2012 veröffentlichten **Hamburger Führungsmotivationsinventar (FÜMO)** sollen „...bei der Führungskräfteentwicklung motivationale Potenziale und Hindernisse rechtzeitig erkannt und Motivkonstellationen bewusst gemacht werden".[719] Ausgehend von den Ergebnissen dieses Instruments kann eine intensive Beratung durchgeführt werden, in der identifizierte Barrieren, die die Bereitschaft zur Übernahme von Führungstätigkeiten senken, bearbeitet werden. Das FÜMO entspricht vom Aufbau, Durchführung und Auswertung weitgehend klassischen Persönlichkeitsfragebogen. Die Bearbeitung des Fragebogens dauert etwa 20 bis 25 Minuten, die Auswertung ist angesichts der verwendeten Schablonen recht mühsam. Es empfiehlt sich, die computergestützte Version zu verwenden. Mit dem FÜMO werden die im „Haus der Führungsmotivation" (siehe Abschnitt 7.8.7) beschriebenen Faktoren der Führungsmotivation erhoben. Individuelle Testergebnisse können mit den Ergebnissen von verschiedenen Vergleichsstichproben ins Verhältnis gesetzt werden – auf diese Weise werden Aussagen zur Ausprägung (unter-, durchschnittlich, überdurchschnittlich) der Faktoren gewonnen.

Die Testergebnisse stellen eine gute Grundlage dar, um mit den Testteilnehmern' vertieft über deren Führungsmotivation zu reflektieren. Im Beratungsprozess bietet sich die Chance, Fehleinschätzungen zu erkennen und Maßnahmen zu benennen, wie Führungstätigkeiten realistischer wahrgenommen und bewertet werden können. Der Abwägungsprozess einer potenziellen Führungskraft, ob eine Führungstätigkeit in Frage kommt oder nicht, kann rationaler und überlegter erfolgen. Das FÜMO kann in der Phase der Selbstselektion angewandt werden (siehe Abschnitt 9.2).

Das **Inventar zur Erfassung von Arbeitsmotiven (IEA)** wurde 2016 veröffentlicht und dient der Messung von 16 Arbeitsmotiven, die im Abschnitt 7.8.9 beschrieben sind. Weiterhin können die Befriedigungsangebote von einzelnen Stellen erhoben werden. Das IEA umfasst mehrere Fragebogen: sowohl der Fragebogen zur Erfassung von Arbeitsmotiven als auch der Fragebogen zur Erfassung von Befriedigungsangeboten („Inventar zur Erfassung von Arbeitsmotiven – Arbeitsanalyse") liegen in einer Lang- und Kurzversion vor. Die Kurzversionen enthalten 32, die Langversionen 97 Items. Die Bearbeitung der Items erfolgt durch Ankreuzen. Zur Bearbeitung der Langversionen werden etwa 15 Minuten benötigt, dieselbe Zeit

718) Schuler/Prochaska, Leistungsmotivationsinventar, S. 13, 19.

719) Felfe/Elprana/Gatzka/Stiehl, FÜMO – Hamburger Führungsmotivationsinventar, S. 41.

wird etwa auch zur Auswertung des Fragebogens benötigt. Personen ab 16 Jahren können das IEA bearbeiten. Für die Interpretation des Ausmaßes von Motiven stehen Normen zur Verfügung, und zwar für Personen ohne Berufserfahrung sowie für Personen mit und ohne Führungsverantwortung. Umfangreiche, im Testmanual dokumentierte Studien, belegen die hohe psychometrische Qualität des Verfahrens; Studien zur prognostischen Validität sind allerdings nicht dokumentiert. Für Stellenbesetzungsverfahren ergeben sich folgende Anwendungsmöglichkeiten:

- durch die Ermittlung von Befriedungsangeboten von Stellen kann das Employer Branding unterstützt werden. Für die Personalwerbung ergeben sich fundierte Hinweise, was die Arbeit in der Verwaltung den späteren Stelleninhabern bieten kann. Hierzu sollte die Langversion des „Inventars zur Erfassung von Arbeitsmotiven – Arbeitsanalyse" zumindest drei aktuellen Stelleninhabern' vorgegeben werden,
- die Ermittlung von Befriedigungsangeboten kann auch zur präziseren Fassung von Anforderungsprofilen und Stellenausschreibungen verwendet werden. Damit wären die Interessenten' und Kandidaten' besser über die Befriedigungsangebote der ausgeschriebenen Stellen informiert, die Selbstselektion würde dadurch gefördert; somit sollte auch der Aufwand bei der Personalauswahl vermindert werden können,
- die Passung der Ausprägung von Arbeitsmotiven im Vergleich zu den Befriedigungsangeboten von Stellen kann als Auswahlkriterium berücksichtigt werden. Es ist zu erwarten, dass dadurch die Personalauswahl von externen Bewerbern' prognostisch valider wird,
- die Zuordnung von Beschäftigten, die gerade interne Ausbildungs- oder Studiengänge absolviert haben und nun Arbeitsstellen zugeordnet werden sollen, könnte mit Unterstützung des IEA erfolgen. Dies sollte bei den jungen Nachwuchskräften eine höhere Bindung an den Arbeitgeber und eine geringere Fluktuationsneigung zur Folge haben,
- mit dem IEA kann im Rahmen von Potenzialanalysen auch die Identifizierung von Personen mit Führungspotenzial unterstützt werden. Die Ergebnisse des IEA können die Grundlage für eine ausführliche Beratung hinsichtlich der Herausforderungen und Chancen von Führungstätigkeiten mit Personen sein, die einer Führungstätigkeit bislang indifferent oder gar skeptisch gegenüberstehen.

11.6 Arbeitsproben

Arbeitsproben sind als Stichproben der beruflichen Tätigkeit aufzufassen, die der Bewerber' zumeist unter standardisierten Bedingungen innerhalb einer bestimmten Zeit bewältigen soll.

Beispiele für Arbeitsproben sind:

- Bearbeitung eines Antrags und Entwurf eines Bescheids,
- Durchführung einer Wirtschaftlichkeitsberechnung,
- Montieren eines Ersatzteils in eine Maschine,
- Durchführung einer Probelehrveranstaltung.

Arbeitsproben lassen sich für nahezu alle beliebigen Tätigkeiten entwickeln und durchführen. Die vom Bewerber' durchzuführende Aufgabe sollte möglichst eng an die spätere berufliche Tätigkeit angelehnt sein. Die Durchführung der Arbeitsprobe sollte für alle Bewerber' möglichst ähnliche Bedingungen aufweisen, um eine hohe Objektivität zu erzielen. Zudem sollte es einen eindeutigen Lösungsschlüssel bei der Bewertung der Arbeit geben. In vielen Auswahlsituationen ist Voraussetzung für den Einsatz von Arbeitsproben, dass die Bewerber' bereits über die Kompetenzen zur Bewältigung der späteren Tätigkeiten verfügen oder verfügen sollten.

Beispiel

Es wäre z. B. unsinnig, einem Bewerber' um einen Ausbildungsplatz zum Kfz-Mechatroniker' eine Arbeitsprobe vorzugeben, die im Auslesen des Fehlerspeichers eines Autos besteht. Diese Kompetenz soll ja erst im Laufe der Ausbildung erworben werden.

Die Entwicklung, Durchführung und Auswertung von Arbeitsproben ist meist mit einem überschaubaren Aufwand verbunden. Weil mit Arbeitsproben in hohem Maße tätigkeitsspezifisches Wissen und tätigkeitsspezifische Fertigkeiten geprüft werden, weisen diese eignungsdiagnostischen Verfahren eine hohe Vorhersagegüte für die spätere berufliche Leistung auf.

Als Arbeitsproben für Bewerber' um das mittlere und obere Management können Fallstudien aufgefasst werden. Mit diesen werden Managementkompetenzen gemessen. Bei Fallstudien erhalten die Bewerber' meist umfangreiche schriftliche Materialien, die die Situation eines Unternehmens oder eines Amts beschreiben. Die Materialien können aus Organigrammen, Stellenplänen, Controlling-Daten, Dienstvereinbarungen u. Ä. m. bestehen. Innerhalb einer vorgegebenen Zeit sollen die Bewerber' Konzepte zur Lösung von Managementproblemen – z. B. aus den Bereichen strategische Planung, Organisation, Personalführung – erarbeiten. Das Konzept wird anschließend von der Auswahlkommission nach vorab festgelegten Maßstäben bewertet.

11.7 Situative Verfahren

Situative Verfahren können als eine Sonderform von Arbeitsproben aufgefasst werden. Auch bei einem situativen Verfahren soll der Bewerber' unter standardisierten Bedingungen innerhalb einer beschränkten Zeit Aufgaben bewältigen, die eine Stichprobe der angestrebten beruflichen Tätigkeit darstellen. Im Gegensatz zu Arbeitsproben stehen jedoch nicht fachliche Anforderungen, sondern Anforderungen an die Sozial- und Kommunikationskompetenzen im Vordergrund. Bei situativen Verfahren werden die Bewerber' stets bei der Bewältigung der Aufgabe beobachtet. Die Unterscheidung zwischen Arbeitsproben und situativen Verfahren ist nicht trennscharf.

Üblicherweise werden situative Verfahren in Präsenzform durchgeführt. Erste Praxiserfahrungen weisen darauf hin, dass Gesprächssimulationen und Präsentationen aber auch **videobasiert** via Internet durchgeführt werden können. Hierbei sollte jedoch darauf geachtet werden, dass die unterschiedliche technische Ausstattung der Bewerber' keine Folgen für deren Bewertung hat. Die Kandidaten' sollten die Gelegenheit erhalten, den Umgang mit dem Videosystem zu üben. Ihnen sind im Vorfeld des Auswahlverfahrens Hinweise zum optimalen Umgang mit dem Videosystem zu geben (z. B. Aufnahmewinkel der Kamera, Beleuchtung). Weitere Hinweise zum Umgang mit videogestützten Methoden der Personalauswahl können der DIN SPEC 91426 entnommen werden.

Bei den situativen Verfahren können eine Reihe von unterschiedlichen Formen unterschieden werden; die nachfolgende Auflistung ist nicht abschließend.

Bei **Gesprächssimulationen** werden typische Gesprächssituationen nachgestellt, der Bewerber' wird während der Gesprächsführung beobachtet.

Beispiele für Gesprächssituationen sind:

- Beratung einer Bürgerin,
- Umgang mit einem aufgebrachten Kunden,
- Verhandlung mit einem Lieferanten,
- Beurteilung eines Mitarbeiters',
- Kritikgespräch mit einem Mitarbeiter.

Für die Durchführung einer Gesprächssimulation ist ein Gesprächspartner' erforderlich. Um standardisierte Bedingungen zu gewährleisten, sollte dies kein Bewerber', sondern ein Mitglied der Auswahlkommission oder eine von der Auswahlkommission bestellte Assistenzkraft sein. Dieser Gesprächspartner' benötigt eine Rollenvorgabe,[720] mit der seine Rolle in dem Gespräch umrissen wird (wesentliche Argumente, Verhaltenstendenzen u. Ä. m.).

Gruppendiskussionen: Hier diskutieren die Bewerber' untereinander zeitbeschränkt über ein Thema. Dabei können für die Diskussion unterschiedliche Vorgaben gemacht werden:

- Thema der Diskussion wird von der Auswahlkommission vorgegeben oder von der Gruppe selbst bestimmt,
- Bewerber' sollen von der Auswahlkommission bestimmte, inhaltliche Standpunkte vertreten,
- es gibt einen Bewerber', der die Moderation übernehmen soll,
- die Diskussion soll mit einem Ergebnis enden u. Ä. m.

Präsentationen: Die Bewerber' stellen einen Sachverhalt zeitbeschränkt vor der Auswahlkommission dar. Unter anderem können folgende Elemente in Präsentationen variiert werden:

- Schwierigkeitsgrad des Sachverhalts,
- Ausmaß und Schwierigkeitsgrad der ggf. zur inhaltlichen Vorbereitung zur Verfügung gestellten Materialien,
- Dauer der Vorbereitungszeit,
- Dauer der Präsentation,
- zur Verfügung gestellte Hilfsmittel zur Durchführung der Präsentation,
- Auswahlkommission stellt Zwischenfragen oder kritisiert den Bewerber' während der Präsentation (in diesem Fall wird die Präsentation auch als Disputation bezeichnet).

Präsentationen können auch dazu dienen, die Ergebnisse von Arbeitsproben vorzustellen.

Mithilfe des Internets können Präsentationen auch in der Vorauswahl verwendet werden. Dazu erstellen die Bewerber' zu Hause unter genau festgelegten Bedingun-

720) Aldering/Nüsser, Rollenspiele, S. 680.

gen die Präsentationen, erstellen selbst eine Videoaufzeichnung und versenden diese an den Arbeitgeber', der sie zu einem beliebigen Zeitpunkt auswerten kann.

Kooperationsaufgaben: Hier versuchen mehrere Bewerber', innerhalb eines beschränkten Zeitraums eine Problemstellung gemeinsam zu lösen. Beispiele für Problemstellungen sind „Planung und Organisation eines Betriebsausflugs" oder „Erstellung eines Konzepts zur Anwerbung von Nachwuchskräften".

Wettbewerbsaufgaben: Ähnlich wie in Kooperationsaufgaben agieren die Bewerber' gemeinsam. Auch hierbei ist eine Problemstellung innerhalb einer Zeitfrist zu lösen. Der Unterschied zur Kooperationsaufgabe besteht darin, dass es durch die Aufgabenstellung zwangsläufig zu Konflikten (Ziel-, Verteilungs-, Bewertungskonflikten) zwischen den Bewerbern' kommen muss. Beispiele für Wettbewerbsaufgaben sind „Verteilung neuer Büroräume innerhalb einer Arbeitsgruppe" oder „Planung von Urlaubszeiten innerhalb einer Arbeitsgruppe". In der Regel wird den Bewerbern' vorab ein Szenario beschrieben. Wettbewerbs- und Kooperationsaufgaben lassen sich miteinander kombinieren. Der Schwierigkeitsgrad von Wettbewerbsaufgaben lässt sich beliebig variieren.

Bei der **Planung, Durchführung und Auswertung** von situativen Verfahren ist Folgendes zu beachten:

- Die gestellten Aufgaben sollten einen möglichst hohen Bezug zu den beruflichen Tätigkeiten aufzeigen.
- Vorab sollte unter Mitwirkung der Auswahlkommission festgelegt werden, welche Handlungsweisen der Bewerber' positiv oder negativ zu werten sind.
- Die Mitglieder der Auswahlkommission sollten für ihre Beobachtungs- und Beurteilungsaufgabe im Rahmen eines Beobachter'trainings geschult werden.
- Die Mitglieder der Auswahlkommission dokumentieren ihre Beobachtungen mithilfe eines Beobachtungsbogens.
- Aufgabenstellungen, Szenarien, Rollenvorgaben u. Ä. m. sind den Bewerbern' schriftlich auszuhändigen.
- Den Kandidaten' sollte durch die Aufgabenstellungen genügend Zeit eingeräumt werden, um ihre Kompetenzen unter Beweis zu stellen. Gegebenenfalls sind beispielsweise zwei verschiedene Gesprächssimulationen durchzuführen.
- Die Bewerber' sollten mit Wertschätzung und Respekt behandelt werden, auch wenn ihre Leistungen deutlich nicht den Anforderungen entsprechen.[721]
- Jedes Mitglied der Auswahlkommission sollte eigenständig und unbeeinflusst sein Urteil fällen. Erst in einem zweiten Schritt werden bedeutsame Beurteilungsunterschiede zwischen einzelnen Mitgliedern der Auswahlkommission diskutiert und korrigiert.

Situative Verfahren können so gestaltet werden, dass sie eine hohe Validität aufweisen. Der Einsatz dieser Verfahren wird von Bewerbern' regelmäßig akzeptiert, Mitglieder der Auswahlkommission erhalten aufschlussreiche Einblicke in die Handlungsweisen und Persönlichkeiten der Bewerber'. Die Kosten für die Entwicklung und Durchführung situativer Verfahren variieren stark. Erfahrungsgemäß ist der Aufwand beim wiederholten Einsatz dieser Verfahren deutlich geringer. Bei Gruppendiskussionen ist das Risiko groß, dass die Bewerber' nicht ihr übliches Verhalten zeigen, da sie sich in

721) Bäcker, Simulationen, S. 257.

hohem Maße auf dieses Verfahren vorbereitet haben. Präsentationen erfassen maximale, nicht typische Leistungen und sind daher verfälschungssicher. Sofern Gesprächssimulationen, Kooperations- und Wettbewerbsaufgaben einen angemessenen Schwierigkeitsgrad und eine angemessene Dauer aufweisen, sind Verfälschungen des typischen Verhaltens von Bewerbern' selten. Kooperations- und Wettbewerbsaufgaben sind mit einem hohen Aufwand bei der Planung und Durchführung verbunden. Situative Verfahren eignen sich vor allem für die Phase der Endauswahl.

11.8 Interview[722]

11.8.1 Charakteristika, Zwecke, typische Qualitätsmängel

Das Interview ist sowohl in der Privatwirtschaft als auch im öffentlichen Sektor neben der Auswertung von Bewerbungsunterlagen und dienstlichen Beurteilungen das am häufigsten eingesetzte Verfahren zur Auswahl von Bewerbern' (zu den rechtlichen Vorgaben siehe Kapitel 10.9.1). Unter Interview wird hier eine Gesprächssituation zwischen Auswählenden und dem Bewerber' verstanden, die mit dem Ziel verbunden ist, entscheidungsrelevante Informationen für die Auswahl eines Bewerbers' oder für die Annahme eines Stellenangebots zu erheben. Synonym werden die Bezeichnungen Vorstellungsgespräch, Einstellungsgespräch, Einstellungsinterview und Auswahlgespräch verwendet. Üblicherweise findet das Gespräch im direkten Kontakt mit dem Bewerber' statt. Allerdings gibt es Situationen (Interview wird zur Vorauswahl von Bewerbern' eingesetzt, Anreise des Bewerbers' ist mit sehr hohem Aufwand verbunden, direkter Kontakt soll wegen Infektionsgefahr vermieden werden), in denen Interviews via Telefon, Videokonferenz, automatisiert mit der Interactive Voice Response Technology[723] oder zeitversetzt[724] geführt werden.

Werden Interviews **videobasiert** durchgeführt, sind dieselben Regeln wie bei der videogestützten Durchführung von situativen Verfahren zu beachten. D. h. es ist von den Auswählenden zum Beispiel (siehe auch DIN SPEC 91426) zu prüfen, dass die unterschiedliche technische Ausstattung der Bewerber' keine Folgen für deren Bewertung hat. Vor dem Interview sollten die Kandidaten' die Gelegenheit erhalten, den Umgang mit dem Videosystem zu üben. Zudem sind ihnen im Vorfeld des Auswahlverfahrens Hinweise zum optimalen Umgang mit dem Videosystem zu geben (z. B. Aufnahmewinkel der Kamera, Beleuchtung). Die Interviews sollten für alle Kandidaten' entweder videobasiert oder in Präsenzform durchgeführt werden, da bekannt ist, dass Kandidaten', die videogestützt interviewt werden, von Auswahlkommissionen tendenziell schlechter bewertet werden.[725]

Mit **Interviews** können folgende **Zwecke** verfolgt werden:

- **Feststellen von Fakten** über den Bewerber' – hierbei geht es darum, im Interview die Angaben aus schriftlichen Unterlagen zu ergänzen, zu überprüfen oder Informationen zu erheben, die aus personalwirtschaftlichen Aspekten bedeutsam sind. Beispiel: Zu welchem Zeitpunkt kann der Bewerber' die Stelle antreten? Welche Tätigkeiten hat er in der letzten Stelle konkret ausgeübt?

722) Gourmelon, Das Interview, S. 203 ff.

723) Weuster, Personalauswahl I, S. 229.

724) Teubert, Videointerviews, S. 66.

725) Basch/Melches, Wirtschaftspsychologie aktuell, S. 10.

- **Bewertung von Personenmerkmalen** des Bewerbers', die im Anforderungsprofil aufgelistet sind, also z. B. der Bewertung der Fachkenntnisse, des Verhandlungsgeschicks, der Führungskompetenz oder der Leistungsmotivation des Bewerbers'.

- **Breitbanddiagnostikum** – das Interview dient dazu, das eng auf das Anforderungsprofil ausgerichtete Auswahlverfahren zu ergänzen. Es steht nicht die Bewertung einzelner, vorab festgelegter Personenmerkmale im Vordergrund, sondern der Interviewer' versucht, individuelle Besonderheiten des Bewerbers' zu ermitteln, die für die Eignung (z. B. charakterliche Eignung) bedeutsam sein könnten.

- **Klärung der Frage der „emotionalen Passung"** – das Interview bietet die Möglichkeit zu prüfen, ob sich Personen einander sympathisch sind. Sympathie zwischen Personen ist dann für die berufliche Tätigkeit bedeutsam, wenn zwei oder mehr Personen sehr eng, vertrauensvoll und dauerhaft zusammenarbeiten müssen. Das ist z. B. der Fall bei zwei Erziehern in einer Kita-Gruppe, zwei Polizistinnen in einem Streifenwagen, der Oberbürgermeisterin und ihrem persönlichen Referenten. Können sich diese Personen „nicht riechen", stimmt die „Chemie" nicht, wird sich das negativ auf das Arbeitsergebnis auswirken. Kann hingegen zum Zeitpunkt des Auswahlgesprächs noch gar nicht abgesehen werden, mit wem der zukünftige Stelleninhaber' zusammenarbeiten wird (z. B. bei Nachwuchskräften des gehobenen oder höheren Dienstes) oder wird er mit einer Vielzahl von Kollegen' in Kontakt treten oder ist die Zusammenarbeit mit Kollegen' nicht dauerhaft sehr eng, ist die Beurteilung der Sympathie nicht angemessen. Häufig verbirgt sich hinter der Frage nach der Sympathie die Frage nach der Ausprägung des Persönlichkeitsmerkmals „Verträglichkeit". Im Sinne des Big-Five-Persönlichkeitsmodells verhalten sich Personen mit einer hohen Ausprägung dieses Persönlichkeitsmerkmals aufrichtig, altruistisch und kooperativ.[726] Sie vertrauen anderen und sind bescheiden. Dieses Persönlichkeitsmerkmal lässt sich objektiv und zuverlässig erfassen. Es kann sinnvoller Bestandteil eines Anforderungsprofils sein, z. B. dann, wenn in einer Verwaltungseinheit in hohem Maße Teamarbeit gefordert wird.

- **Unterstützung der Selbstselektion** – dies geschieht im Interview durch Informieren des Bewerbers' über Stellenanforderungen, Aufgaben, Arbeitszeiten und Ähnliches mehr. Durch realistische Informationen über die späteren Tätigkeiten soll der Bewerber' in die Lage versetzt werden, eine fundierte Entscheidung über die Annahme des Stellenangebots zu treffen. Zudem werden auf diesem Weg Enttäuschungen des Bewerbers' nach dem Stellenantritt vorgebeugt, Frühfluktuation gemindert.

- **Personalwerbung** – die Auswahlkommission hat die Möglichkeit, während des Interviews die auswählende Institution direkt oder indirekt positiv darzustellen. So können auf direktem Wege die Vorzüge der Stelle und der Personalpolitik (z. B. Maßnahmen zur Vereinbarkeit von Familie und Beruf, Fortbildungsmöglichkeiten) erläutert werden. Indirekt hat die Gestaltung des Interviews und das Verhalten der Interviewer' bei qualifizierten Bewerbern' einen maßgeblichen Einfluss auf die Entscheidung, ein Einstellungsangebot anzunehmen oder nicht.

726) Borkenau/Ostendorf, NEO-Fünf-Faktoren-Inventar, S. 28.

Je nach Auswahlsituation werden andere Zwecke im Vordergrund der Interviewführung stehen:

- Bei der Besetzung einer Stelle für einen Amtsarzt' oder eines Informatikers' wird wohl die Personalwerbung ein vorrangiger Zweck sein,
- bei der Auswahl von Nachwuchskräften des höheren Dienstes ist es sinnvoll, das Interview auch als Breitbanddiagnostikum einzusetzen, weniger sinnvoll wäre dies bei der Besetzung von zeitlich befristeten Stellen für Assistenztätigkeiten,
- die Unterstützung der Selbstselektion ist vor allem bei externen Bewerbern' ratsam.

Interviews erfahren von allen Beteiligten regelmäßig eine hohe Akzeptanz.[727] Sie werden in der Praxis in sehr unterschiedlicher Weise durchgeführt; das Spektrum reicht von Beinahe-Monologen des Auswählenden', über ungerichtete Gespräche oder verhörähnliche Befragungen bis hin zu hoch strukturierten Interviews, in denen ein Fragenkatalog abgearbeitet wird. Die eignungsdiagnostische Forschung belegt, dass die Art und Weise der Durchführung sowie die Qualifikation der Auswählenden einen bedeutsamen Einfluss auf die Menge, Güte und Nützlichkeit der im Interview gewonnenen Informationen hat.[728]

Folgende Umstände mindern die Ergebnisqualität von Interviews deutlich:

- **Hoher Gesprächsanteil des Interviewers':** Erfahrungsgemäß redet der Interviewer' dann in hohem Maße, wenn er sich keinen Interviewleitfaden erarbeitet hat.
- **Verwendung falscher Fragetechniken:** Hierzu zählt beispielsweise die Verwendung von geschlossenen Fragen – also Fragen, die mit 'ja' oder 'nein' beantwortet werden können – und von Suggestivfragen. Letztere legen dem Bewerber' eine positiv zu bewertende Antwort nahe. Hier ein Beispiel für eine geschlossene Suggestivfrage: „Sie können sich doch in ein Team integrieren?" Auch die Verwendung von Standardfragen ist in vielen Gesprächssituationen nicht zielführend. Viele Bewerber' bereiten sich mit Bewerbungsratgebern auf diese Fragen vor. Auf Standardfragen wie „Was sind Ihre Stärken und Schwächen?" oder „Warum haben Sie sich gerade bei uns beworben?" erhält der Auswählende' daher oftmals keine eignungsdiagnostisch nützlichen Antworten. Die jedoch mit der Frage zu erfassenden Merkmale – wie z. B. Fähigkeit zur Selbstreflexion – können aber für den Beurteilungsprozess durchaus wichtig sein. Daher sollten die Auswählenden die Fragen in anderer Weise formulieren.
- **Die Dokumentation der Interviews wird vernachlässigt:** Die Durchführung von Interviews ist sinnlos, sofern sich im daran anschließenden Entscheidungsprozess kein Mitglied der Auswahlkommission zuverlässig daran erinnern kann, welcher Bewerber' welche Äußerung getätigt hat. Erfahrungen aus der Praxis zeigen, dass bereits nach drei durchgeführten Auswahlgesprächen einzelne Äußerungen nicht mehr zutreffend den einzelnen Bewerbern' zugeordnet werden können. Es ist daher für ein faires und objektives Auswahlverfahren unumgänglich, eine Mitschrift oder ein Protokoll für jedes Interview anzufertigen (zu den Dokumentationspflichten siehe auch Abschnitt 14.4.2.).

727) Weuster, Personalauswahl I, S. 196.

728) Schuler, Biografieorientierte Verfahren der Personalauswahl, S. 281.

- **Mangelnder Bezug der Fragen zum Anforderungsprofil:** „Wer nicht genau weiß, wohin er will, muss sich nicht wundern, wenn er falsch ankommt" – dieses in Fachkreisen verwendete Bonmot weist darauf hin, dass die Basis jedes Auswahlprozesses eine genaue Analyse und Beschreibung der Stellenanforderung sein sollte. Interviewer' müssen folglich stets prüfen, ob die von ihnen gestellten Fragen in einem Bezug zu den Stellenanforderungen stehen oder aus Gewohnheit, Verlegenheit oder falsch verstandener Tradition gestellt werden.

11.8.2 Bewertung einzelner Personenmerkmale im Interview

Sollen im Anforderungsprofil festgelegte Personenmerkmale erfasst und bewertet werden, kann das Interview als ergänzendes eignungsdiagnostisches Verfahren verwendet werden. Ergänzend deswegen, weil sich viele Personenmerkmale durch andere eignungsdiagnostische Verfahren objektiver, zuverlässiger und kostengünstiger erfassen lassen. Kognitive Fähigkeiten, wie z. B. Intelligenz, Konzentrationsvermögen, Fertigkeiten sowie spezielle Kenntnisse (z. B. Statistikkenntnisse, Kenntnisse im Sozialrecht) können i. d. R. besser mit Tests oder Arbeitsproben beurteilt werden. Soziale Kompetenzen, wie beispielsweise Konfliktfähigkeit, Kundenfreundlichkeit, Führungskompetenz, lassen sich aussagekräftig mit situativen Verfahren erfassen. Für spezielle Persönlichkeitsmerkmale, wie Extraversion, emotionale Stabilität, Integrität, bieten sich Persönlichkeitstests an. Interviews bieten bei diesen Personenmerkmalen Hinweise, mit denen die Informationen aus anderen Verfahren hinterfragt, ergänzt oder abgerundet werden können. Bei der Erfassung der Motivation zur Bewerbung bietet sich keine Alternative zum Interview an.

Interviews müssen für den Zweck der Bewertung einzelner Personenmerkmale in strukturierter Form durchgeführt werden. Durch die **Strukturierung der Interviews** wird ihre Prognosegüte deutlich verbessert.[729] Strukturierung[730] bedeutet dabei ...

- ... die Verwendung von Fragen, die sich auf das zu prüfende Personenmerkmal beziehen (also einen Bezug zu den Anforderungen aufweisen). Allen Bewerbern' sind die gleichen oder sehr ähnlich formulierte Fragen zu stellen. Die Fragen müssen so eindeutig formuliert sein, dass Nachfragen der Bewerber' nicht erforderlich sind. Zur Überprüfung eines Personenmerkmals sind mehrere Fragen zu stellen. Sinnvollerweise werden die Fragen mithilfe eines Leitfadens vorgegeben, der auch Formulierungen für den Gesprächsbeginn, Überleitungen und den Gesprächsabschluss enthält. Die Reihenfolge, in der die Bewerber' die Fragen gestellt bekommen, sollte möglichst beibehalten werden. Im Zweifelsfall hat sich jedoch der Interviewer' zu Gunsten einer flexiblen Gesprächsführung zu entscheiden, sofern dies der Gesprächsatmosphäre zugutekäme. Nachfragen des Interviewers' sind dann erforderlich, wenn der Kandidat' eine Frage falsch verstanden hat oder die Antwort missverständlich ist.
- ... dass die Antworten der Bewerber' mit einem einheitlichen Maßstab in gleicher Weise ausgewertet werden. In der Praxis wird man sich deswegen vor dem Interview in der Auswahlkommission einigen, welche Antworten auf eine Frage positiv und welche negativ zu bewerten sind (siehe Beispiel bei den situativen Fragen). Ergänzend sind für die zu bewertenden Personenmerkmale Einstu-

729) Weuster, Personalauswahl, S. 209; Kanning, Standards der Personaldiagnostik, 2. Aufl., S. 578 f.

730) Vgl. Sarges, Interviews, S. 581; Campion/Palmer/Campion, Personnel Psychology, S. 655 ff.

fungsskalen zu verwenden (z. B. von 0 = „Merkmal ist nicht anforderungsgerecht ausgeprägt" bis 4 = „Merkmalsausprägung entspricht voll den Anforderungen"). Antworten der Bewerber' sind zu dokumentieren. Weiterhin hat die Bewertung eines Personenmerkmals eines Bewerbers' in einem ersten Schritt unabhängig voneinander zu erfolgen. Sollten deutliche Bewertungsunterschiede der Mitglieder der Auswahlkommission offenbar werden, sind in einem zweiten Bewertungsschritt Ursachen (z. B. Unaufmerksamkeit, mangelhafte Dokumentation, Abweichung von den Bewertungsregeln) für die unterschiedliche Bewertung festzustellen. Anschließend erfolgt eine nochmalige Bewertung. Unterscheiden sich die Bewertungen der einzelnen Kommissionsmitglieder nicht mehr deutlich voneinander, sind deren einzelne Bewertungen zu einer Gesamtbewertung eines Personenmerkmals zusammenzufassen (z. B. durch eine Mittelwertbildung).

- … dass die Interviewer' und die Auswahlkommission für ihre Aufgaben geschult sind. Die Schulung hat sich dabei zumindest auf die Kenntnis der Anforderungen und der daraus abgeleiteten Personenmerkmale, den Aufbau und die Verwendung des Interview-Leitfadens, die Aufgabe der einzelnen Kommissionsmitglieder während des Interviews und den Ablauf des Bewertungsprozesses zu beziehen. Weiterhin sind während der Beobachter'schulung potenzielle Beobachtungs- und Bewertungsfehler (verursacht z. B. durch Stereotype über Geschlechtergruppen oder ethnische Gruppen) und deren Vermeidung zu thematisieren. Während der Beobachter'schulung sollten die Teilnehmenden die Möglichkeit haben, das Beobachten und Bewerten an Beispielen zu üben. Mitglieder neu eingerichteter Auswahlkommissionen sollten anhand von Beispielfällen einen einheitlichen Bewertungsmaßstab entwickeln können.

Folgende **Fragetechniken** bieten sich für diesen Interviewzweck an:

- **Biografische Fragen**[731], z. B. *„Was waren Ihre Reaktionen, als ein Mitarbeiter' zum wiederholten Male zu spät zur Arbeit erschienen ist?"*

  Mittels biografischer Fragen soll erfasst werden, wie ein Bewerber' in der Vergangenheit in bestimmten Situationen gehandelt hat. Diese Fragetechnik setzt voraus, dass der Bewerber' bereits Erfahrungen in den erfragten Situationen erworben hat oder erworben haben sollte. Problematisch ist weiterhin, dass sich manche Kandidaten' während des Interviews nicht oder nicht schnell genug an selbst erlebte Situationen und ihre Reaktionen erinnern.

- **Situative Fragen**, z. B. *„Stellen Sie sich vor, die Studenten' würden sich in Ihrer Veranstaltung ständig mit anderen Dingen beschäftigen und nicht mehr auf Ihre Ausführungen achten. Was würden Sie tun?"*

  Mit situativen Fragen wird erfasst, wie ein Bewerber' in einer bestimmten Situation handeln würde. Bei der Formulierung situativer Fragen ist zu beachten, dass die in der Frage beschriebene Situation denen ähnlich ist, mit denen der spätere Stelleninhaber' in der Praxis konfrontiert wird. Mit dieser Maßnahme steigt die Akzeptanz der Frage durch den Bewerber'. Zudem wird er indirekt über Stellenanforderungen informiert und damit die Selbstselektion gefördert. Weiterhin ist eine zu hohe Komplexität der Fragestellung zu vermeiden. Auch sollte der Inhalt nicht zu viele Details aufweisen und der Fragetext nicht zu lang

731) Eine große Anzahl von Beispielen für biografische Fragen bieten Obermann/Solga, Jobinterviews, S. 81 ff.

sein. Als Faustregel gilt: Der Fragetext sollte maximal sieben kurze Sätze enthalten. Im Fragetext sind umgangssprachliche und anschauliche Formulierungen zu bevorzugen. Sofern mit der situativen Frage soziale oder Führungskompetenzen ermittelt werden sollen, dürfen für die positive Beantwortung der Fragen keine detaillierten Fachkenntnisse erforderlich sein.

Situative Frage zur Überprüfung der Führungskompetenz mit dazugehörigen Wertungen möglicher Antworten.[732]

„Eine Mitarbeiterin Ihrer Abteilung fällt Ihnen durch hohe Fehlzeiten auf (in den letzten sechs Monaten insgesamt 25 Tage). Die Fehlzeiten verteilen sich gleichmäßig über den betroffenen Zeitraum, die Mitarbeiterin fehlt jeweils einen bis fünf Tage. Krankheitsbescheinigungen hat die Mitarbeiterin dann vorgelegt, wenn sie mehr als zwei Tage abwesend war. Wie reagieren Sie als Vorgesetzte/r?"

Folgende als **positiv/negativ** zu bewertende Antwortmöglichkeiten werden vorab festgelegt:

+ will mit der Mitarbeiterin ein Gespräch führen
+ will im Gespräch Fakten darstellen
+ Fehlzeiten sollen kritisiert, aber auch Wertschätzung für Mitarbeiterin ausgedrückt werden
+ plant, sich die Situation durch Mitarbeiterin kommentieren zu lassen
+ will Konsequenzen weiterer Fehlzeiten erläutern
+ nimmt sich vor, Mitarbeiterin zu Handlungen, wie z. B. Krankheitsmeldung am ersten Tag, zu verpflichten
+ will Mitarbeiterin bei der Lösung von Problemen unterstützen
– will Veranlassungen treffen, ohne Gespräch zu führen
– erwägt nicht, der Mitarbeiterin eine Gelegenheit zur Stellungnahme zu geben
– Kritik an Fehlzeiten ist einziger Gesprächsgegenstand
– plant, die Mitarbeiterin moralisch unter Druck zu setzen
– will abwarten und nichts tun
– meint, dass die Mitarbeiterin Probleme alleine lösen muss

- **Belegfragen**, z. B. *„Woran können wir erkennen, dass Sie eigeninitiativ handeln? Können Sie uns bitte möglichst viele Beispiele benennen?"*

  Bei Belegfragen soll der Bewerber' möglichst viele Belege für das Vorliegen eines Personenmerkmals liefern. Bei der Bewertung der Antworten wird davon ausgegangen, dass das Personenmerkmal umso höher ausgeprägt ist, je mehr Belege der Kandidat' liefert. Auch bei der Beantwortung von Belegfragen können Probleme dadurch auftreten, dass sich der Bewerber' nicht oder nicht schnell genug an Belege erinnert.
- **Projektive Frage**, z. B. *„Was denken Ihre Freunde' darüber, dass Sie Beamtin werden wollen?"*

  Bei dieser Fragetechnik wird davon ausgegangen, dass der Bewerber' nicht die Ansichten oder Meinungen Dritter, sondern – mangels Kenntnis der Meinungen der Dritten - die eigenen Ansichten wiedergibt, die eigene Meinung quasi auf die Dritten projiziert. Diese Fragetechnik ist zum einen mit dem Risiko verbunden, dass der Befragte' tatsächlich die Meinung der Dritten kennt und diese wiedergibt und zum andern mit dem Risiko, dass der Bewerber' die Absicht des Interviewers' erkennt.

732) Vgl. Gourmelon/Seidel/Treier, Personalmanagement, S. 79.

- **Wissensfrage**, z. B. *„Wie werden Pensionsverpflichtungen in der Bilanz berücksichtigt?"*

  Wissens- oder Fachfragen zielen auf die Überprüfung von Fachwissen ab. Grundsätzlich sollte das Fachwissen von Bewerbern' besser vor dem Interview mit schriftlichen Aufgaben geprüft werden. Dann können eine größere Anzahl von Fragen gestellt werden – was zu einer zuverlässigeren Erfassung des Fachwissens führt – und die Antworten der Bewerber' sind besser dokumentiert. Zu beachten ist, dass in einem Auswahlgespräch den Bewerbern' nur dann Fachfragen in Bezug auf den zu besetzenden Dienstposten gestellt werden können, soweit die Fachlichkeit auch als konstitutives Anforderungsmerkmal vorausgesetzt werden darf (siehe Abschnitt 7.2.2). Hieraus folgt grundsätzlich, dass Fachfragen unzulässig sind, soweit ein verbeamteter Bewerber' am Auswahlverfahren beteiligt ist, da für das Auswahlverfahren das statusrechtliche Amt und nicht der zu besetzende Dienstposten maßgebend ist.
- **Fragen zu Einstellungen, Beweggründen und Bereitschaften**, z. B. *„Was halten Sie davon, dass Menschen mit Migrationshintergrund vermehrt in den Behörden eingestellt werden sollen?"*, *„Haben Sie Interesse daran, mit obdachlosen Menschen zu arbeiten?"*, *„Sind Sie bereit, an zwei Tagen in der Woche am Standort München und an drei Tagen in der Woche am Standort Rosenheim zu arbeiten?"*

  Bei diesen Fragen ist allerdings oftmals mit sozial erwünschten Antworten zu rechnen. Als Reaktion auf sozial erwünschte Antworten kann eine Nachfrage – z. B. eine Belegfrage – gestellt werden. Manche Interviewer' stellen Suggestivfragen, die eine Antwort nahe legen, die im Gegensatz zur sozialen Erwünschtheit steht – z. B. *„Sind Sie nicht auch der Meinung, dass Menschen ohne Migrationshintergrund inzwischen beruflich nachteilig behandelt werden?"*. Von der Verwendung von Suggestivfragen, deren suggerierte Antwort im Widerspruch zur Behördenkultur oder gar der Gesetzeslage steht, ist im Regelfall abzuraten; sie könnten beim Bewerber' einen schlechten Eindruck hinterlassen und in der Öffentlichkeit zu einem schlechten Ruf der Behörde führen.

Ebenso wichtig wie die Verwendung von anforderungsbezogenen Fragen ist die Festlegung der Auswahlkommission, welche Antworten auf die Fragen positiv oder negativ zu werten sind. Die Festlegung ist vor der Durchführung der Interviews zu treffen, damit sie nicht durch Sympathieempfindungen gegenüber einzelnen Kandidaten' beeinflusst wird.

11.8.3 Interview als Breitbanddiagnostikum

Wird ein Interview als Breitbanddiagnostikum eingesetzt, versucht der Interviewer', ein umfassendes Bild von den Besonderheiten des Bewerbers' zu erhalten. Der Interviewer' löst sich dabei von den im Anforderungsprofil aufgelisteten Personenmerkmalen. Er achtet in unvoreingenommener Weise auf die Besonderheiten des Bewerbers', die auf dem Hintergrund der charakterlichen Eignung zu werten sind.

Alle während des (Breitbanddiagnostikum-)Interviews eingesetzten Techniken zielen darauf ab, dass der Bewerber' möglichst frei und ungezwungen über seine Erlebnisse, seine Wahrnehmungen, sein Handeln und seine Überzeugungen spricht. Für den Interviewer' gilt es, den Einfluss des inneren Zensors' des Bewerbers' zu mindern. Im Idealfall verhält sich der Bewerber' so, als ob er mit einem Fremden' spräche, dem er im Anschluss nie mehr begegnete – das Gespräch also folgenlos bliebe.

Voraussetzung für den Erfolg dieser Art des Interviews ist, dass der Interviewer' den Bewerber' als interessanten Gesprächspartner' erlebt. In diesem Fall wird der Interviewer' dem Bewerber' unbewusst durch Mimik, Gestik, Stimmlage und Körperhaltung Aufmerksamkeit und Zuwendung signalisieren. Der Bewerber' wird hierdurch in seiner – den meisten von uns innewohnenden – Tendenz, von sich selbst zu erzählen, bestärkt. Erfahrungsgemäß misslingt es, wenn ein Interviewer' versucht, Interesse vorzutäuschen. Auch deshalb darf der Interviewer' nicht überfordert werden; drei bis vier Interviews pro Tag stellen die Obergrenze für diese Art der Interviewführung dar.

Des Weiteren darf sich der Interviewer' während des Gesprächs möglichst nicht wertend äußern. Wertungen – egal ob positiv oder negativ – führen dazu, dass der Bewerber' nicht mehr frei spricht, sondern seine Aussagen an den erwarteten Bewertungen ausrichtet.

Der Interviewer' stellt zudem offene Fragen und wendet die **Technik des aktiven Zuhörens** an. Einzelne Elemente dieser Technik sind:

- den Bewerber' aussprechen lassen; möglichst nicht im Redefluss unterbrechen,
- durch Blickkontakt, zugewandte Körperhaltung u. Ä. m. dem Bewerber' Aufmerksamkeit signalisieren,
- falls der Redefluss ins Stocken gerät, wiederholt der Interviewer' (mit seinen eigenen Worten) das, was der Bewerber' gesagt hat. Dabei benennt der Interviewer' auch die Gefühle des Bewerbers' (z. B.: „Da waren Sie von Ihrem Chef sehr enttäuscht, Sie erscheinen mir immer noch ärgerlich zu sein").

Selbstverständlich kann der Interviewer' – wenn nach einem erfolgreichen Gesprächsbeginn der Redefluss dadurch nicht mehr nachhaltig unterbrochen wird – bei für ihn interessanten Gesprächsinhalten nachfragen und vom Bewerber' konkretere Informationen fordern.

Es empfiehlt sich, das Interview am Lebenslauf des Bewerbers' auszurichten. Eine entsprechende Bitte wird in den meisten Fällen von den Bewerbern' bereitwillig akzeptiert. Manchen Bewerbern' bietet es Sicherheit, am Lebenslauf orientiert mit ihren Erläuterungen zu beginnen, der Redefluss setzt auf diese Weise schneller ein. Die Auswahlkommission hat zudem durch die Lebenslauforientierung die Möglichkeit, die Entwicklung des Bewerbers' über die bisherige Lebensspanne hinweg nachzuvollziehen. Gemeinhin wird der Interviewer' den Bewerber' bitten, als Ausgangspunkt seiner Erläuterungen das Ende der Schulzeit oder das Ende des Studiums zu wählen. Der Interviewer' lässt sich die Berufs- oder Studienwahl, die Ausbildungszeit, die ersten Berufserfahrungen, Stellen- oder Berufswechsel, Aufgaben in bisherigen Stellen, Pläne und Wünsche für die Zukunft erläutern. Auch außerberufliche Aktivitäten, wie z. B. ehrenamtliches Engagement, können bedeutsam sein.

Die Exploration des Bewerbers' kann auch durch den Einsatz von Persönlichkeitstests gefördert werden. Der Bewerber' bearbeitet dabei vor dem Interview einen Persönlichkeitstest. Während des Interviews wird er dann gebeten zu erläutern, wie es zu seinen Antworten auf bestimmte Fragen (v. a. extrem beantwortete) gekommen ist.

Während des Gesprächs achtet der Interviewer' u. a. auf Konflikt- und Entscheidungssituationen:

- Was bewog z. B. den Bewerber' dazu, das Studienfach zu wechseln?
- Was hat er getan, als er arbeitslos war?
- Wie ging er damit um, als sich sein Aufgabengebiet von einem Tag auf den anderen änderte? Weshalb wechselte er die Stelle?

Besonders bei der Bewältigung von Konflikt- und Entscheidungssituationen werden bedeutsame Wahrnehmungsstile, Überzeugungen, Kompetenzen und Ressourcen von Bewerbern' offenbar.

Zum Beispiel: Sucht der Bewerber' in Konfliktsituationen aktiv nach Lösungen oder erduldet er Schwierigkeiten? Wie nimmt er Kollegen' und Vorgesetzte' wahr – als feindselig oder unterstützend? Des Weiteren kann die Aufmerksamkeit auf persönliche Zielsetzungen, Werte oder Ursachenzuschreibungen des Bewerbers' gerichtet werden.

Der Interviewer' und die Mitglieder der Auswahlkommission dürfen nicht der Illusion erliegen, der Bewerber' erzähle im Interview die „volle Wahrheit". Zum einen verzerrt der Bewerber' bewusst seine Darstellungen, das Ausmaß der bewussten Verzerrungen ist i. d. R. jedoch relativ gering, zum anderen gibt es daneben **psychologische Mechanismen**, die bei vielen psychisch gesunden Menschen dazu führen, sich selbst und die eigenen Leistungen überzubewerten. Erfolge werden beispielsweise dem eigenen Wirken zugeordnet, Misserfolge dem Wirken anderer oder dem Einfluss widriger Bedingungen.[733] Die Auswählenden müssen sich bewusst sein, dass die Erläuterungen der Bewerber' das **Ergebnis einer Melange** aus

- Selbstbild (wie er sich selbst sieht),
- Idealbild (wie er sein möchte) und
- Wirkbild (wie er in der Auswahlsituation wirken möchte) ist.

Das Fremdbild (wie der Bewerber' von den Auswählenden gesehen wird) weicht hiervon insbesondere bei jüngeren Bewerbern' häufig ab. Mit zunehmender psychologischer Reife nehmen die Diskrepanzen zwischen Selbst-, Fremd-, Ideal- und Wirkbild ab.

11.8.4 Ablauf eines Interviews

Im Folgenden werden die verschiedenen Phasen des Interviews und dessen Organisation beschrieben.

In der **Vorbereitungsphase** bietet es sich an, die Ergebnisse der ggf. bislang angewandten Auswahlverfahren aufzubereiten. Gelegentlich gibt es auffällige oder widersprüchliche Ergebnisse, die im Interview hinterfragt werden müssen. Zudem müssen der Lebenslauf des Bewerbers' und weitere Bewerbungsunterlagen analysiert und der Bedarf zur Erhebung weiterer Informationen festgestellt werden. Des Weiteren werden die im Vorfeld erarbeiteten Fragen nun in einen Leitfaden eingebunden. Die Auswahlkommission bestimmt den oder die Interviewer'. Damit die Interviews im Laufe eines Stellenbesetzungsverfahrens gleichartig durchgeführt werden, ist es zweckmäßig, wenn stets dieselbe Person die Interviewführung übernimmt. Es ist festzulegen, ob und wann von Seiten der Auswahlkommission ergän-

733) Paschen, PersonalMagazin, S. 80 ff.

zende Fragen gestellt werden. Beispielsweise bietet der Interviewer' der Auswahlkommission kurz vor Abschluss des Interviews die Gelegenheit, ergänzende Fragen an den Bewerber' zu richten.

Das Interview sollte in einem ruhigen Raum stattfinden. Die Einrichtung und Farbgestaltung des Raumes sollte auf den Bewerber' eher behaglich als sachlich-nüchtern wirken. Hinsichtlich der Sitzposition ist beim Bewerber' der Eindruck zu vermeiden, er säße einem Tribunal gegenüber. Zudem sollte niemand hinter dem Bewerber' sitzen. Weiter ist ihm der Weg zur Tür nicht zu verstellen. Mitglieder der Auswahlkommission müssen zudem den Bewerber' – insbesondere das Gesicht – gut sehen können. Abbildung 11-8 zeigt günstige und ungünstige Sitzanordnungen.

Abbildung 11-8: Günstige (c, d) und ungünstige (a, b) Sitzanordnungen während des Interviews. B = Bewerber', I = Interviewer', A = Mitglied der Auswahlkommission, T = Tür.[734]

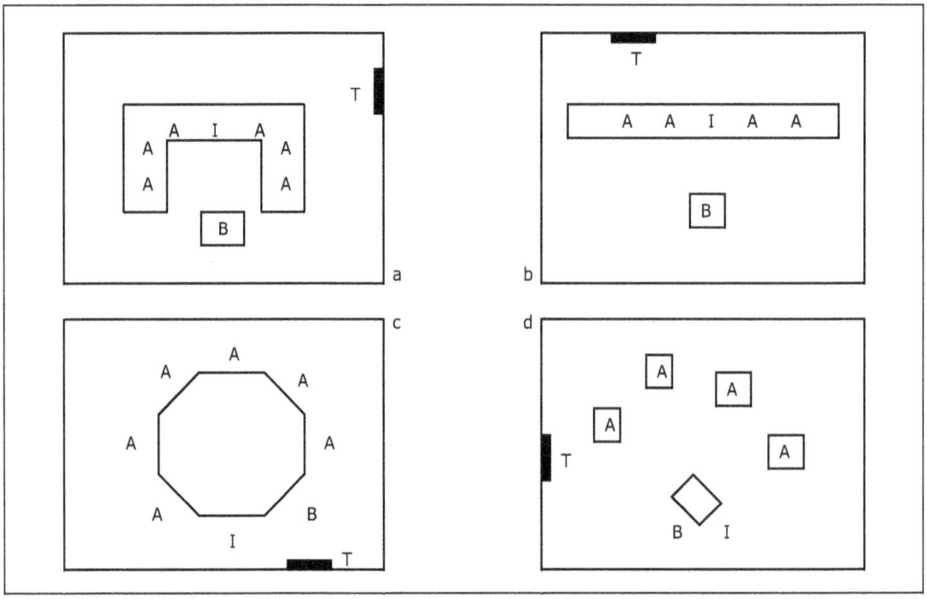

Die **Eröffnungsphase** beginnt mit der Begrüßung des Bewerbers' durch den Interviewer' in einem Vorzimmer des Interviewraums. Dabei reflektiert der Interviewer' auf dem Weg zum Interviewzimmer seinen ersten Eindruck vom Bewerber', um sich seiner ggf. vorhandenen Vorurteile und Stereotype bewusst zu werden. Er stellt dem Bewerber' die Mitglieder der Auswahlkommission vor und weist dem Bewerber' einen Sitzplatz zu. Der Interviewer' initiiert einen Smalltalk, lockert so die angespannte Atmosphäre auf und bringt den Bewerber' dazu, die ersten Worte zu sprechen („warm reden"). Im nächsten Schritt erläutert der Interviewer', wie das Auswahlgespräch ablaufen wird, welche Themen angesprochen werden, welches Ergebnis mit dem Gespräch erzielt werden soll und was die Aufgaben des Interviewers' und der Auswahlkommission sind. Hierdurch erzeugt der Interviewer' Transparenz und mindert die Unsicherheit auf Seiten des Bewerbers'.

734) Aus Gourmelon, Das Interview, S. 214.

Sofern im Vorfeld Tests, Arbeitsproben o. Ä. durchgeführt wurden, fragt der Interviewer' in der **Hauptphase** nach, wie diese Verfahren erlebt wurden. Dies dient zum einen der Überprüfung, ob die Verfahren fehlerfrei angewandt wurden, zum anderen offenbart der Bewerber' seine Art der Selbsteinschätzung. Anschließend teilt der Interviewer' die Ergebnisse mit und achtet auf die Reaktionen des Bewerbers'. Als Nächstes lässt sich der Interviewer' die Berufslaufbahn des Bewerbers' (bei internen Bewerbern' kann dieser Punkt ggf. entfallen) und/oder die Antworten von Persönlichkeitstests erläutern. Es schließen sich die Fragen des Leitfadens und ggf. situative Verfahren, wie z. B. Gesprächssimulationen, an. Hiernach werden spezielle Fakten des Bewerbers' erhoben und die zukünftige Stelle sowie der Arbeitgeber'/Dienstherr vorgestellt.

In der **Abschlussphase** wird dem Bewerber' die Gelegenheit gegeben, Fragen zu stellen. Mit dem Bewerber' wird das weitere Vorgehen vereinbart, z. B. wann und wie der Bewerber' Nachricht über sein Abschneiden im Auswahlverfahren erhält. Der Interviewer' verabschiedet den Bewerber' und begleitet ihn zum Ausgang.

In der **Auswertungsphase** vervollständigt jedes Mitglied der Auswahlkommission seine Gesprächsaufzeichnungen. Bei den Fragen des Leitfadens wird von jedem Mitglied der Auswahlkommission gesondert auf Grundlage des vorab erstellten Antwortschlüssels der Ausprägungsgrad der zu erfassenden Personenmerkmale bestimmt. Hiernach vergleichen die Mitglieder der Auswahlkommission ihre Beurteilungen, tauschen sich über ihre Beobachtungen aus, korrigieren ggf. ihre Urteile und bestimmen dann das Urteil der Kommission. Anschließend diskutiert die Kommission über die weiteren erhobenen Informationen, insbesondere über Besonderheiten des Bewerbers'. Grundlage aller Diskussionen und Bewertungen müssen dabei ausschließlich Beobachtungen der Auswahlkommission oder Äußerungen des Bewerbers' sein, nicht Spekulationen oder Vermutungen.

Alternative Konzepte für den Ablauf von Interviews bieten z. B. Schuler[735] mit dem „Multimodalen Interview", Bäcker[736], Kirbach und Wottawa[737] mit dem „Verhaltensbasierten Interview" und Sarges[738] mit dem „Biografischen Interview" an.

11.8.5 Fragerecht des Dienstherrn

Vor allem bei einer **externen Stellenbesetzung** tritt immer wieder die Frage auf, welche privaten Informationen der Bewerber' dem Dienstherrn auf Nachfrage mitteilen muss. Der Dienstherr ist berechtigt, dem Bewerber' vor der Einstellung solche Fragen zu stellen, an deren Beantwortung er ein **berechtigtes und schützenwertes Interesse** hat. Das Interesse des Dienstherrn muss derart stark sein, dass dahinter das Interesse des Bewerbers', seine persönlichen Lebensumstände zur Sicherung der Unverletzlichkeit seiner Individualität und zum Schutz seines Persönlichkeitsrechts geheim zu halten, zurückzutreten hat. Der Bewerber' muss lediglich dann **Fragen** des Dienstherrn wahrheitsgemäß beantworten, wenn diese **zulässig** sind. Im Übrigen steht dem Bewerber' ein Recht zur Lüge zu.[739]

735) Schuler, Psychologische Personalauswahl, S. 302.

736) Bäcker, Fragen und Zuhören, S. 47 ff.

737) Kirbach/Wottawa, Personalmagazin, S. 49 ff.

738) Sarges, Biografisches Interviewen, S. 169 ff.

739) Ausführlich siehe Henssler/Willemsen/Kalb, § 123 BGB, Rn. 3 ff.; Maiwald in Schütz/ders., Teil B, BeamtStG, Rn. 46 ff. zu § 12.

Die nachfolgende Übersicht zeigt praxisrelevante Einzelfälle auf:

Abbildung 11-9: Einzelfälle.

Einzelfälle	Berechtigtes Interesse – zulässige Fragen
Alkohol- und Drogenabhängigkeit	Die Frage nach einer Alkohol- oder Drogenabhängigkeit ist nur dann zulässig, wenn die Tätigkeit zwingend voraussetzt, dass der Bewerber' nicht alkohol- oder drogenabhängig ist, etwa bei gefahrgeneigten Arbeiten (z. B. Tätigkeit als Busfahrer'). Die Frage nach gelegentlichem Alkoholgenuss ist unzulässig.
Alter	Der Dienstherr darf nach dem Alter fragen, wenn er überprüfen will, ob der Bewerber' gewisse, insbesondere beamtenrechtliche, Höchst- (z. B. Höchstaltersgrenze für die Verbeamtung auf Probe) oder Mindestaltersgrenzen (z. B. für die Verbeamtung eines anderen Bewerbers') nicht über- bzw. unterschreitet. Ob die Frage im Übrigen zulässig ist, wird sehr unterschiedlich beantwortet.
Arbeitserlaubnis	Die Frage, ob der Bewerber' im Besitz einer Arbeitserlaubnis ist, ist zulässig und stellt keine (mittelbare) Benachteiligung ausländischer Arbeitnehmer' wegen der Rasse oder der ethnischen Herkunft dar, da der Besitz einer entsprechenden Erlaubnis zwingende Beschäftigungsvoraussetzung ist.
Beruflicher Werdegang/ Zeugnis- und Prüfungsnoten	Im Hinblick auf den Leistungsgrundsatz ist die Frage nach dem beruflichen Werdegang, nach Zeugnissen und Prüfungsnoten zulässig.
Elternzeit	Gemäß § 9 Abs. 3 LGG NRW sind Fragen nach einer geplanten oder bestehenden Elternzeit unzulässig.
Familienplanung	Der Dienstherr ist nicht berechtigt, nach der Familienplanung des Bewerbers' zu fragen, da diese Information keinen Bezug zur späteren Beschäftigung aufweist.
Familienstand	Die Frage nach dem Familienstand ist im öffentlichen Dienst im Hinblick auf die verschiedenen Familienbestandteile der Vergütung zulässig. Siehe auch § 9 Abs. 3 LGG NRW
Gesundheitszustand/ Vorerkrankungen	Fragen zum Gesundheitszustand sind zulässig, soweit diese zur Bestimmung der gesundheitlichen Eignung erforderlich sind. In diesem Zusammenhang sind auch Fragen nach Infektionserkrankungen zulässig, soweit diese nach allgemeingültigen medizinischen Erkenntnissen immer wiederkehrende krankheitsbedingte Ausfallzeiten nach sich ziehen.
Gewerkschaftszugehörigkeit	Der Dienstherr ist im Hinblick auf Art. 9 Abs. 3 GG nicht berechtigt, nach einer Gewerkschaftszugehörigkeit zu fragen.
Heirat	Die Frage nach einer beabsichtigten Heirat ist mangels Bezug zur späteren Beschäftigung unzulässig.
Lohnpfändungen	Nach Lohnpfändungen darf grundsätzlich gefragt werden. Zulässig ist zudem die Frage, ob der Beamte' in geordneten wirtschaftlichen Verhältnissen lebt.
Ministerium für Staatssicherheit (MfS/Stasi)	Die Frage nach einer ehemaligen Mitarbeit im ehemaligen Ministerium für Staatssicherheit ist im öffentlichen Dienst vollumfänglich zulässig, da bei entsprechender Mitarbeit Zweifel an der Verfassungstreue des Bewerbers' bestehen.

Einzelfälle	Berechtigtes Interesse – zulässige Fragen
Nichtrauchereigenschaft	Der Dienstherr darf nicht fragen, ob der Bewerber' Nichtraucher' ist, da das Rauchen den persönlichen Lebensumständen des Bewerbers' zuzuordnen ist, welche für die spätere Beschäftigung ohne Belang sind. Dies gilt auch dann, wenn bei ihm ein grundsätzliches Rauchverbot gilt.
Parteimitgliedschaft	Zulässig ist die Frage nach Aktivitäten in Parteien oder Organisationen, die verfassungsfeindliche Ziele verfolgen. Unzulässig ist im Hinblick auf das Verbot der Ämterpatronage die Frage nach der Parteimitgliedschaft. (s. auch Abschnitt 4.1.4.2).
Religionszugehörigkeit	Die Frage nach der Religionszugehörigkeit ist im Hinblick auf § 1 AGG unzulässig.
Schwangerschaft	Unzulässig ist die Frage nach einer bestehenden Schwangerschaft (§ 1 AGG). Ebenfalls ist nach § 9 Abs. 3 LGG NRW die Frage nach einer geplanten Schwangerschaft unzulässig.
Verdienst	Die Frage nach dem bisherigen Verdienst ist grundsätzlich unzulässig, da aus dem bisherigen Gehalt die Eignung eines Bewerbers' nicht ersichtlich ist.
Vereinbarkeit Familie und Beruf	Fragen, wie Familien- und Pflegeaufgaben neben der Berufstätigkeit gewährleistet werden können, sind gemäß § 9 Abs. 3 LGG NRW unzulässig.
Vorstrafen	Fragen zu Vorstrafen oder nach laufenden Straf- oder Ermittlungsverfahren sind zulässig, wenn hiermit die charakterliche Eignung des Bewerbers' überprüft wird (s. Abschnitt 4.1.4.2). In der Praxis empfiehlt sich die Vorlage eines amtlichen Führungszeugnisses.

11.9 Assessment-Center

Ein Assessment-Center (AC) ist kein eigenständiges eignungsdiagnostisches Verfahren, sondern ein Auswahlverfahren, welches typischerweise durch folgende **Merkmale** gekennzeichnet ist:

- Es werden verschiedene eignungsdiagnostische Verfahren angewendet, darunter situative Verfahren, Interviews, Arbeitsproben, Tests.
- Der Schwerpunkt liegt auf den situativen Verfahren.
- Es werden auch situative Verfahren angewendet, bei denen die Bewerber' als Gruppe agieren müssen (z. B. Wettbewerbs- und Kooperationsaufgaben, Gruppendiskussionen).
- Wie bei situativen Verfahren üblich werden die Bewerber' bei der Bewältigung der Aufgaben von Mitgliedern der Auswahlkommission beobachtet. Dabei wird die Beobachtungsaufgabe so gestaltet, dass „... jeder Beobachter im Laufe des ACs jeden Bewerber beurteilt und jeder Bewerber in jeder Aufgabe mindestens von zwei Beobachtern beurteilt wird."[740]
- Üblicherweise dauert ein AC ein bis drei Tage.

740) Gourmelon/Seidel/Treier, Personalmanagement, S. 80.

Die Entwicklung, Durchführung und Auswertung eines AC ist komplex und fachlich anspruchsvoll. Es ist deshalb empfehlenswert, AC unter Begleitung einer erfahrenen Fachkraft (z. B. eines Psychologen') einzusetzen. Die Validität des AC ist stark abhängig von der Güte der Entwicklung, Durchführung und Auswertung: „Ein gut gestaltetes Assessment Center ist mit Sicherheit prädiktiv valide ....“[741] Bedeutsam ist beispielsweise[742], nicht ein „amputiertes AC“[743] durchzuführen, also eines, welches nur aus situativen Verfahren oder Arbeitsproben besteht. Des Weiteren sollten die Beobachter' durch kundige Psychologen' unterstützt und für ihre Aufgaben trainiert werden. Die Auswertung der Einzeleindrücke der Beobachter' sollte während einer moderierten Beobachter'konferenz erfolgen. Für den deutschsprachigen Bereich kann für Assessment-Center von einer prädiktiven Validität von durchschnittlich r = 0,39 ausgegangen werden.[744] Sofern die Aussagekraft und Treffsicherheit von AC in der Praxis gering ist, mag eine wesentliche Ursache auch darin liegen, dass sich das AC in den letzten Jahren zu einer „Spielwiese der Laiendiagnostik“[745] entwickelt hat.

Kersting[746] beschreibt ein AC, bei dem es um die Zulassung zum Aufstieg vom gehobenen in den höheren Polizeidienst ging. Es handelte sich um ein zweitägiges AC, bei dem neben situativen Verfahren auch ein Intelligenztest zum Einsatz kamen. Als Bewährungskriterium für das AC galt, ob und wie die ausgewählten Bewerber' die Ausbildung an der Polizei-Führungsakademie abschlossen. Die Kosten für das externe Beratungsunternehmen betrugen 1.500 Euro pro Bewerber'. Die Daten zur Bewährung des AC sind in Abbildung 11-10 wiedergegeben, die prognostische Validität dieses Verfahrens betrug r = 0,46.

Abbildung 11-10: Kreuzklassifikation der Ergebnisse im Assessment-Center und des späteren Ausbildungserfolgs an der Polizei-Führungsakademie.[747]

Gesamtergebnis des Assessment Centers	**Abschluss an der Polizei-Führungsakademie**			
	„gut“	**„befriedigend“**	**„ausreichend“**	**„nicht bestanden“**
den Anforderungen nur teilweise entsprechend		9 (8,0%)	7 (6,3%)	2 (1,8%)
		50,0%	38,9%	11,1%
		12,5%	31,8%	66,7%
den Anforderungen weitgehend entsprechend – untere Gruppe	3 (2,7%)	34 (30,4%)	10 (8,9%)	1 (0,9%)
	6,3%	70,8%	20,8%	2,1%
	20,0%	47,2%	45,5%	33,3%

741) Thornton III/Gaugler/Rosenthal/Bentson, Die prädiktive Validität des Assessement Centers – eine Metaanalyse, S. 188.

742) Kleinmann, Assessement Center, S. 812 f.

743) Sarges, Kritik an der Assessment-Center-Praxis, S. 820.

744) Becker/Höft/Holzenkamp/Spinath, Journal of Personnel Psychology, S. 61.

745) Schuler, Psychologische Personalauswahl, S. 294.

746) Kersting, Profit durch Personalauswahl, S. 33 ff.

747) Aus: Kersting, Profit durch Personalauswahl, S. 46.

Gesamtergebnis des Assessment Centers	Abschluss an der Polizei-Führungsakademie			
	„gut"	**„befriedi-gend"**	**„aus-reichend"**	**„nicht be-standen"**
den Anforderungen weitgehend entsprechend – obere Gruppe	8 (7,1%)	23 (20,5%)	5 (4,5%)	
	22,2%	63,9%	13,9%	
	53,3%	32,0%	22,7%	
den Anforderungen entsprechend	4 (3,6%)	6 (5,3%)		
	40%	60%		
	26,7%	8,3%		
Gesamt n = 112	15 (13,4%)	72 (64,3%)	22 (19,6%)	3 (2,7%)
	(100%)	(100%)	(100%)	(100%)

Da die Kosten für Assessment-Center regelmäßig hoch sind, eignet sich dieses Verfahren für die Phase der Endauswahl; ihr Einsatz ist bei hochrangigen Stellen empfehlenswert.[748]

11.10 Dienstliche Beurteilungen und deren Qualität

Wie ausführlich in Kapitel 10 beschrieben, haben die Ergebnisse dienstlicher Beurteilungen in bestimmten Auswahlkonstellationen aus rechtlichen Gründen einen herausragenden Stellenwert in Stellenbesetzungsverfahren. Kurz gefasst: sofern ein Bewerber' in einem Stellenbesetzungsverfahren verbeamtet ist, sind die Ergebnisse dienstlicher Beurteilungen bei der Entscheidung über die Stellenbesetzung vorrangig gegenüber Ergebnissen anderer eignungsdiagnostischer Verfahren zu verwenden. Vertreter' der Praxis kritisieren oftmals diese rechtlich begründete Erfordernis und zweifeln an der Aussagekraft von Ergebnissen dienstlicher Beurteilungen. In der Diskussion um dienstliche Beurteilungen und deren herausgehobene Bedeutung in Stellenbesetzungsverfahren sollte sich die Befürwortung oder Ablehnung auch auf empirische Evidenz stützen. Nachfolgend werden einige empirisch ermittelte Erkenntnisse wiedergegeben, mit denen Aussagen zur Qualität dienstlicher Beurteilungen und zum Nutzen der Verwendung von dienstlichen Beurteilungsergebnissen in Stellenbesetzungsverfahren gestützt werden können.[749]

Seit längerer Zeit gibt es personalpsychologische Erkenntnisse zur Qualität von Vorgesetztenurteilen, insbesondere aus dem anglo-amerikanischen Raum. Scullen, Mount und Goff gelangen etwa mit einer Studie zu der Erkenntnis, dass Vorgesetzte sich in ihrem Urteil über Beschäftigte im Mittel nur zu etwa 30 % auf Leistungseindrücke beziehen; der Einfluss von Beurteilungsfehlern beträgt nach ihrer Einschätzung 40 bis 50 %.[750] Beurteilungsergebnisse sind folglich relativ stark von

748) Der pessimistischen Beurteilung des AC durch Günther, Der Öffentliche Dienst, S. 117, kann nicht gefolgt werden. Qualitätsmängel bei der Planung, Durchführung und Auswertung von AC in der Praxis können nicht dem Verfahren an sich angelastet werden.

749) Die folgenden Ausführungen sind Gourmelon/Hoffmann/Lindberg, Der Öffentliche Dienst, entnommen.

750) Scullen/Mount/Goff, Journal of Applied Psychology, S. 956 ff.

„... Einflussgrößen bestimmt, die sich nicht auf Leistungsaspekte beziehen".[751] Bekannt ist weiterhin, dass die Übereinstimmung verschiedener Vorgesetzter bei der Beurteilung derselben Beschäftigten nur mäßig hoch ist: Viswesvaran, Ones und Schmidt gelangen in ihrer Metaanalyse, bei der Daten von vierzig empirischen Studien mit insgesamt 14.650 Personen zusammengefasst wurden, zu einer durchschnittlichen Interrater-Reliabilität von 0,52 (auf einer Skala von 0 bis 1).[752] Ergebnis dieser Metaanalyse ist auch, dass Kommunikations- und Sozialkompetenzen von Beschäftigten weniger zuverlässig als die Produktivität von Beschäftigten beurteilt werden.[753]

Zwei aktuelle personalpsychologische Studien aus dem öffentlichen Sektor in Deutschland liefern ebenfalls Erkenntnisse zur Güte und Qualität dienstlicher Beurteilungen:

Lindberg befragte 46 Erstbeurteiler' aus sieben Kommunen zweier Bundesländer. Es wurde u.a. erhoben, in welchem Ausmaß aus Sicht der Beurteiler' die Beurteilungsergebnisse die tatsächliche Eignung und fachlichen Leistungen der Beurteilten widerspiegeln und welche Faktoren aus Sicht der Beurteiler' in welchem Ausmaß zu Verzerrungen bei den Beurteilungsergebnissen führen.[754] Hinsichtlich der ersten Fragestellung ist die hohe Spannweite der Antworten der Erstbeurteiler' interessant – sie reicht von 20 % bis 95 %, der Mittelwert beträgt 70,3 %. Dies bedeutet, dass aus Sicht der Erstbeurteiler' das von ihnen erstellte dienstliche Beurteilungsergebnis die tatsächliche Eignung und fachliche Leistung der Beurteilten nur teilweise widerspiegelt. In Abbildung 11-11 sind die Faktoren und deren Wirkungsausmaß aufgelistet, die nach Ansicht der befragten Erstbeurteiler' zu einer Verzerrung der Ergebnisse dienstlicher Beurteilungen führen.

Abbildung 11-11: Faktoren, die die Beurteilungsergebnisse nach Ansicht der Erstbeurteiler' beeinflussen.[755] (nach Daten von Lindberg, 2020, S. 38–49; aus: Gourmelon, 2020a)

Aussagen (in der Reihenfolge des Fragebogens)	mit „eher ja" oder „ja" haben geantwortet (in % der Antwortenden)
1. Meine Persönlichkeit fließt unweigerlich in mein Beurteilungsverhalten ein *(z. B. [...] Beurteilung anhand Sympathie/Antipathie)*	64,4 %
2. Mir bleibt nichts anderes übrig als Beurteilungsnoten zu beschönigen, um unliebsame Mitarbeiter/innen „loszuwerden" oder einem Mitarbeiter/einer Mitarbeiterin bessere Chancen bei Bewerbungen zu ermöglichen	31,8 %

751) Scherm, Fremdurteile, S. 740.

752) Viswesvaran/Ones/Schmidt, Journal of Applied Psychology, S. 562.

753) Viswesvaran/Ones/Schmidt, Journal of Applied Psychology, S. 563.

754) Gourmelon/Hoffmann/Lindberg, Der Öffentliche Dienst; Lindberg, Bewertung dienstlicher Beurteilungen

755) Nach Daten von Lindberg, Bewertung dienstlicher Beurteilungen, S. 38 – 49; aus: Gourmelon, Was Beurteilungsergebnisse taugen

Aussagen (in der Reihenfolge des Fragebogens)	mit „eher ja" oder „ja" haben geantwortet (in % der Antwortenden)
3. Ich versuche Konflikte/Auseinandersetzungen mit der zu beurteilenden Person zu vermeiden	15,6 %
4. Ich versuche Konflikte/Auseinandersetzungen mit dem/der Zweit- oder Endbeurteiler/in zu vermeiden	8,9 %
5. Bei manchen Beschäftigten kann ich mir durch direkte Beobachtungen oder durch Auswertung von Arbeitsergebnissen nicht ausreichend Kenntnisse über Arbeitsverhalten und Leistungen verschaffen *(z. B. Teilzeitkräfte, Telearbeit, [...] andere Standorte)*	27,3 %
6. Ich werde bei meiner Beurteilung durch konkrete Richtwerte oder Quotenregelungen eingeschränkt *(Formulierungen wie „Nur ein Anteil von 10 % der zu beurteilenden Beschäftigten darf die Bestnote erhalten")*	71,9 %
7. Ich werde bei meiner Beurteilung durch Niveauvorgaben eingeschränkt *(Formulierungen wie „Die Mitte der Skala soll für den überwiegenden Anteil der zu Beurteilenden als Gesamtnote vergeben werden")*	64,5 %
8. Ich bin unweigerlich psychologischen Beurteilungsfehlern ausgesetzt *(z. B. Primacy-Effekt [...], Nikolaus-Effekt [...])*	37,2 %
9. Ich werde als Beurteiler/in in Bezug auf das Beurteilungssystem zu wenig geschult	34,9 %
10. Es bestehen zu viele Spielräume für den einzelnen Beurteiler/die einzelne Beurteilerin durch unkonkrete Vorgaben des Beurteilungssystems *(z. B. Wie sind die Einzelmerkmale im Gesamturteil konkret zu gewichten? Was sind die „Statusanforderungen des jeweiligen Amtes"?)*	42,9 %
11. Die vorgegebene Bewertungsskala ist zu undifferenziert	17,1 %
12. Die im Beurteilungssystem vorgegebenen Kriterien zur Erfassung der Eignung, fachlichen Leistung und Befähigung sind zu oberflächlich, undifferenziert oder unvollständig	34,2 %

Können mit den Ergebnissen dienstlicher Beurteilungen die späteren Leistungen der Beurteilten vorhergesagt werden? Zu dieser Frage liefert die Studie von Thus und Remke wichtige empirische Erkenntnisse.[756] Der eigentliche Zweck der Studie war es, das Auswahlverfahren für den gehobenen Dienst der Polizei Sachsen zu evaluieren. Hierzu konnten unter anderem die Daten von 129 Aufsteigern' (Beamte' aus dem mittleren Dienst der sächsischen Polizei) ausgewertet werden. Das Auswahlverfahren bestand u. a. aus einem strukturierten Interview, einem Situational Judgement Test, mit dem die Führungskompetenz erfasst wurde, und einer Aufstiegseignungsprognose der ehemaligen Vorgesetzten der (zu diesem Zeitpunkt noch im mittleren Dienst befindlichen) Aufsteiger'. Diese Aufstiegseignungsprognose ist dem Ergebnis einer dienstlichen Beurteilung ähnlich, da sie mittels eines Beurteilungsbogens abgegeben wurde. Über die dann ausgewählten Aufsteiger' lagen u. a. folgende Daten vor: die Laufbahnprüfungsnote sowie die Fremdeinschätzung durch den unmittelbaren Vorgesetzten, die die Aufsteiger' zumindest für ein halbes Jahr in ihrer Tätigkeit im gehobenen Dienst beobachten konnten. Die Daten des Auswahlverfahrens und der später erhobenen Laufbahnprüfungsnote und Fremdeinschätzung durch den Vorgesetzten wurden dann in Beziehung zueinander gesetzt – das Ergebnis ist in Abbildung 11-12 ersichtlich.

Abbildung 11-12: Statistische Zusammenhänge zwischen Elementen des Auswahlverfahrens und der späteren Leistungsdaten[757] (r = Korrelationskoeffizient; die mit einem Stern* gekennzeichneten Korrelationen sind statistisch signifikant; m. D. = mittlerer Dienst; g. D. = gehobener Dienst).

	Laufbahnprüfungsnote	Fremdeinschätzung durch Vorgesetzte im g. D.
Aufstiegseignungsprognose durch Vorgesetzte im m. D.	r = 0,18*	r = 0,03
strukturiertes Interview	r = 0,05	r = 0,14
Situational Judgement Test	r = 0,17*	k. A.

Im Vergleich der im Auswahlverfahren verwendeten Instrumente zeigt sich, dass die Laufbahnprüfungsnote durch den psychologischen Test genauso gut vorhergesagt werden kann, wie durch die Aufstiegseignungsprognose. Kein Zusammenhang zeigt sich zwischen der Aufstiegseignungsprognose und der Fremdeinschätzung durch die späteren Vorgesetzten. Das bedeutet: die Vorgesetzten, die die Polizisten' im mittleren Dienst beobachtet und beurteilt hatten, konnten deren Leistung im gehobenen Dienst der Polizei Sachsen nicht vorhersagen.

Welche Schlussfolgerungen sind angesichts der vorliegenden Forschungserkenntnisse zu ziehen? In Stellenbesetzungsverfahren nehmen dienstliche Beurteilungsergebnisse derzeit aus rechtlichen Gründen eine herausragende Rolle ein. Werden Beurteilungsergebnisse auf den Prüfstand der Empirie gestellt, zeigen sich jedoch Mängel. Beurteilungsergebnisse sind in erheblichem Maße durch Faktoren kontaminiert, die nichts mit den Leistungen und Potenzialen der zu Beurteilenden zu tun haben. Angesichts der

756) Thus/Remke, Polizei & Wissenschaft

757) Nach Daten von Thus/Remke, Polizei & Wissenschaft, sowie Remke, pers. Mitteilung

bislang vorliegenden Daten sind Beurteilungsergebnisse zudem bei der Vorhersage beruflicher Leistungen wenig nützlich. Dies gilt zumindest bei einer Konkurrenz der Bewerber' um einen höherwertigen Dienstposten, wenn die dortigen Anforderungen andersartig sind. Die herausragende Bedeutung dienstlicher Beurteilungsergebnisse ist in derartigen Auswahl- und Stellenbesetzungsverfahren derzeit empirisch nicht gerechtfertigt. In derartigen Verfahren sollten neben dienstlichen Beurteilungen weitere eignungsdiagnostische Verfahren zum Einsatz kommen.

Die herausgehobene Bedeutung dienstlicher Beurteilungen in Auswahlverfahren ist anders zu bewerten, wenn lediglich ein höherwertiges Statusamt und keine anderweitige Funktion übertragen werden soll. In diesem Fall steht aus Sicht des Personalmanagements nicht die Prognose zukünftiger beruflicher Leistungen im Vordergrund, sondern die Belohnung bislang erbrachter Leistungen. Der Königsweg zur Erfassung bislang erbrachter Leistungen und die Ermittlung der Leistungsstärksten ist der Einsatz von dienstlichen Beurteilungen. Hierbei ist jedoch zu fordern, dass das Beurteilungssystem Anforderungen wie z. B. obligatorische Schulung der Beurteiler', „Vier-Augen-Prinzip", Etablierung einer Beurteilungskommission genügt.

11.11 Künstliche Intelligenz

Seit wenigen Jahren werden am Markt Produkte angeboten, die versprechen eignungsdiagnostische Erkenntnisse oder Bewertungen mittels Künstlicher Intelligenz (KI) zu erzeugen. Software wird KI zugesprochen, wenn sie in der Lage ist, relativ selbstständig Muster und Regeln zu erkennen und diese zur Lösung eines Problems anzuwenden; die grundsätzliche Funktionsweise wird im Abschnitt 4.10.4 beschrieben.

Bei den am Markt angebotenen Systemen, die auf KI gründen sollen, werden Daten von Bewerbern' analysiert. Das können Sprachproben, Fotos oder Videoaufzeichnungen von Bewerbern', ebenso von Bewerbern' verfasste Texte oder Daten zum Verhalten des Bewerbers' im Internet (z. B. vergebene Likes) sein. Aus diesen Daten werden mittels KI z. B. Rückschlüsse auf deren Persönlichkeitsmerkmale gezogen und die Ausprägungen der Merkmale mit dem Anforderungsprofil verglichen.[758] Die Produkte unterscheiden sich u. a. darin, wie die KI Rückschlüsse auf die Persönlichkeit zieht: zumindest ein System wurde mit den Daten aus Persönlichkeitstests trainiert (also den Selbsturteilen von Bewerbern'), ein anderes scheint mit den Fremdurteilen von Auswählenden trainiert worden zu sein.[759]

Umfassende, veröffentlichte Erkenntnisse zur eignungsdiagnostischen Qualität – insbesondere zur prognostischen Validität – der KI-Produkte gibt es bislang nicht. Einzelerfahrungen scheinen zur Vorsicht zu mahnen, z. B. wenn geringfügige Änderungen im Aussehen des Bewerbers' oder Änderungen im Hintergrund einer Videoaufzeichnung zu erheblichen Änderungen in der Einschätzung der Persönlichkeitsmerkmale des Bewerbers' führen. Zweifel sind angesichts der bisherigen Forschungserkenntnisse angebracht, ob aus dem Aussehen, der Mimik, der Gestik oder der Stimme eines Menschen tatsächlich treffsicher die Persönlichkeit erschlossen werden kann.[760]

758) Greb/Linnenbürger, Einsatz von künstlicher Intelligenz, S. 80.

759) Greb/Linnenbürger, Einsatz von künstlicher Intelligenz, S. 80; Bayerischer Rundfunk, Künstliche Intelligenz zur Persönlichkeitsanalyse fragwürdig.

760) Kanning, Vorauswahl von Bewerberinnen und Bewerbern, S. 31f.

Vor dem Einsatz von KI-Produkten wäre zu prüfen, welche Daten durch diese Systeme erhoben werden. Werden durch diese Produkte Daten zu besonders geschützten Merkmalen (z. B. Hautfarbe, Geschlecht, Schwangerschaft, Behinderung, Gewerkschaftszugehörigkeit) erhoben und verarbeitet? Erhebt das Produkt Daten des Bewerbers', die der Intimsphäre zuzuordnen sind? Erfolgt die Datenerhebung und -verarbeitung datenschutzkonform? Des Weiteren ist ein Kriterium für den Einsatz von KI-Produkten, ob neben prognostisch validen Daten auch ein „Verstehenszusammenhang" geliefert wird.[761] Personalauswählende müssen erklären können, wie eine Messung der Ausprägung eines Personenmerkmals oder ein Eignungsurteil im Einzelfall zustande gekommen ist. Dies ist für die Akzeptanz der Verfahren durch die Bewerber' aber auch für die Rechtssicherheit bedeutsam. Weitere Anforderungen an den Einsatz von KI in der Personalauswahl sind in der DIN SPEC 91426 beschrieben (siehe Abschnitt 4.10.4).

Künstliche Intelligenz bleibt ein interessanter Ansatz, der Eignungsdiagnostik neue Möglichkeiten zu eröffnen. Zwischen den Polen „vorschnelle Ablehnung und Verteufelung" sowie „Zusprechung magischer Macht"[761] bleibt genügend Raum für die Entwicklung neuer, den Auswahlprozess unterstützender und optimierender Verfahren. Für die Stellenbesetzungsverfahren im öffentlichen Sektor wäre es beispielsweise schon ein großer Gewinn, wenn ein KI-gestütztes Auskunftssystem Personalauswählenden für Gestaltungs- und Durchführungsfragen Hinweise zu aktuellen und spezifischen Gerichtsurteilen sowie eignungsdiagnostischen Studien liefern würde (analog der IBM-Software „Watson for Oncology").

11.12 Auswahl und Kombination eignungsdiagnostischer Verfahren

Gemäß der DIN 33430 soll die Auswahl eignungsdiagnostischer Verfahren evidenzbasiert erfolgen. Dies bedeutet, dass die Auswahl der Verfahren unter Berücksichtigung von Ergebnissen aus wissenschaftlichen Studien zur Überprüfung eignungsdiagnostischer Verfahren getroffen werden soll. Zudem dürfen nur Verfahren verwendet werden, die einen eindeutigen Bezug zu den Anforderungen aufweisen und für die Zielgruppe geeignet sind. Die verwendeten Verfahren müssen das zu erfassende Personenmerkmal valide messen, beispielsweise ist zur Messung der Intelligenz ein Interview regelmäßig nicht geeignet, ein Intelligenztest dagegen schon.

Die Eignungsbeurteilung gelingt besser (die prognostische Validität ist höher), wenn mehrere eignungsdiagnostische Verfahren miteinander kombiniert werden. Beispielsweise könnten in einem Stellenbesetzungsverfahren Interviews mit Leistungstests oder situativen Verfahren kombiniert werden.

Leitfragen für die Kombination von eignungsdiagnostischen Verfahren können sein:

- Werden biografie-, eigenschafts- und simulationsorientierte Verfahren angewendet?

  Biografieorientierte Verfahren (z. B. Analyse von Bewerbungsunterlagen) erfassen, was ein Bewerber' schon geleistet hat. Mit Erkenntnissen aus diesen Verfahren wird die Schlussfolgerung gezogen: Was der Bewerber' in der Vergangenheit geleistet hat, sagt voraus, was er in der Zukunft leisten wird.

761) Bäcker/Jansen, Potenzialbeurteilung in einer digitalen Welt, S. 111.

Eigenschaftsorientierte Verfahren erfassen Persönlichkeitsmerkmale (z. B. Intelligenz, emotionale Stabilität). Hier ist die Schlussfolgerung: Falls der Bewerber' derzeit über eine hohe Ausprägung des Persönlichkeitsmerkmals verfügt (z. B. Intelligenz), wird diese Ausprägung auch zukünftig hoch sein und er dadurch in der Lage sein, berufliche Tätigkeiten zu meistern, die eine hohe Ausprägung dieses Persönlichkeitsmerkmals erfordern (z. B. Analyse komplexer Software-Probleme).

Mit simulationsorientierten Verfahren (z. B. situative Verfahren) wird die Kompetenz erfasst, derzeit eine einzelne berufliche Situation/Tätigkeit erfolgreich zu meistern. Da die einzelne berufliche Situation/Tätigkeit eine „repräsentative" Stichprobe aller mit der Stelle verbundenen Tätigkeiten sein soll, ist die Schlussfolgerung, dass der Bewerber' bei der erfolgreichen Bewältigung dieser Stichprobe zukünftig alle Tätigkeiten erfolgreich meistern wird. Das Prinzip der Multimethodalität[762] beinhaltet, dass Verfahren mit unterschiedlichen Vorgabe- und Antwortmodalitäten (schriftlich, mündlich, verhaltensorientiert) zum Einsatz kommen.

- Werden mit den kombinierten Verfahren das Wissen, das Können und das Wollen des Bewerbers' geprüft?[763]

  Beispielsweise ist es für eine Führungskraft im öffentlichen Sektor bedeutsam, Mitarbeiter' dienstlich zu beurteilen. Damit die Beurteilung effektiv erfolgt, ist Wissen z. B. um die Beurteilungsrichtlinie (zu bewertende Merkmale, zu vergebende Punktzahlen ...) erforderlich (dieses Wissen könnte mit einem Test erfasst werden).

  Daneben muss die Führungskraft in der Lage sein (können), einen Mitarbeiter' während des Beurteilungsgesprächs angemessen zu kritisieren und Verbesserungen einzufordern (hier könnte zur Prüfung eine Gesprächssimulation eingesetzt werden).

  Schließlich muss die Führungskraft willens sein, ein in ihren Augen ggf. untaugliches Beurteilungssystem anzuwenden und einem Mitarbeiter' eine Beurteilungsnote zu geben, die dessen Karrieremöglichkeiten ggf. erheblich beeinträchtigt (Bereitschaft hierzu könnte im Interview erfragt werden).

- Liegen zur Beurteilung eines Personenmerkmals Informationen aus zumindest zwei verschiedenen Quellen vor?

  Durch die Verwendung mehrerer Quellen wird die Wahrscheinlichkeit von Fehlern bei der Beurteilung von Personenmerkmalen reduziert. Eine praktische Hilfe ist dabei die Aufstellung einer Anforderungs-Verfahrens-Matrix. Abbildung 11-13 enthält ein Beispiel für eine derartige Matrix; aus dieser geht hervor, dass zur Beurteilung des Durchsetzungsvermögens die drei Verfahren Gesprächssimulation, Gruppendiskussion und Interview eingesetzt werden.

762) Schuler/Höft/Hell, Eigenschaftsorientierte Verfahren der Personalauswahl, S. 155.

763) Kirbach/Wottawa, Wie kommt man zu den besten Instrumenten? S. 113 f.

Abbildung 11-13: Beispiel für eine Anforderungs-Verfahrens-Matrix. Das „X" bedeutet, dass das jeweilige Verfahren zur Messung des Personenmerkmals eingesetzt wird.[764]

	Präsentation	Gesprächs-simulation	Gruppendis-kussion	Interview	Schriftliche Arbeitsprobe
Ausdrucksfähig-keit	X		X	X	X
Durchsetzungs-vermögen		X	X	X	
Einfühlungs-vermögen		X		X	

Angesichts der üblichen Praxis der Personalauswahl im öffentlichen Sektor ist darauf hinzuweisen, dass Interviews gut mit Tests, Arbeitsproben und situativen Verfahren wie Präsentationen und Gesprächssimulationen kombiniert werden können. Der Erkenntnisgewinn ist dabei hoch, der zusätzliche Zeitaufwand bei geschickter Organisation gering.

764) Aus Gourmelon/Seidel/Treier, Personalmanagement, S. 82.

12 Eignungsentscheidung

Urteile über die Eignung von Bewerbern' sollten frei von subjektiven Einflüssen, wie Vorurteile, Stereotype, Sympathie, erfolgen. Die Personalpsychologie bietet Vorgehensweisen bzw. Methoden an, mit denen diese subjektiven Einflüsse reduziert werden können. Diese Vorgehensweisen werden in diesem Kapitel beschrieben. Zudem werden Bevorzugungsregelungen für einzelne Personengruppen dargestellt und diskutiert, die gesetzlich legitimiert oder Gegenstand der politischen Diskussion sind. Schließlich stellt es eine Herausforderung dar, insbesondere unterlegenen, internen Bewerbern' das Eignungsurteil so zurückzumelden, dass die Leistungsbereitschaft im Berufsalltag weiterhin erhalten bleibt.

12.1 Entscheidungsregeln für die Eignungsbeurteilung

Im Anforderungsprofil sind die Personenmerkmale aufgelistet, die ein Bewerber' in Bezug auf eine zu besetzende Stelle aufweisen soll. Je nach Ergebnis der Anforderungsanalyse sind zu den einzelnen Personenmerkmalen Unter- und Obergrenzen der Ausprägung zu bestimmen. Zudem werden angesichts der Bedeutsamkeit für die Vakanz Gewichtungen für die einzelnen Personenmerkmale festgelegt. Des Weiteren steht mit dem Anforderungsprofil (zu den rechtlichen Vorgaben zum Anforderungsprofil s. Kapitel 7.1) fest, welche Personenmerkmale notwendig oder förderlich sind (siehe Kapitel 7.6). Mit verschiedenen eignungsdiagnostischen Verfahren werden die tatsächlichen Ausprägungen der Personenmerkmale der Bewerber', deren Befähigungsprofil, ermittelt (siehe Kapitel 11).

Aus dem Abgleich des Anforderungsprofils mit den Befähigungsprofilen der Bewerber' sind dann anhand der folgenden Fragen Entscheidungen zu treffen:

- Ist der jeweilige Bewerber' für die Stelle geeignet?
- Welcher der Bewerber' ist der Bestgeeignetste?

Dem fachlichen Standard entspricht es, diese Entscheidungen nicht auf Grundlage subjektiver Überzeugungen oder eines „Bauchgefühls" zu fällen, sondern mithilfe vorab festgelegter Entscheidungsregeln.[765] „Vorab" bedeutet, dass die Auswahlkommission diese Entscheidungsregeln festlegt, bevor sie Kenntnis von den Bewerbern' erhält. Mit diesem Vorgehen soll erreicht werden, dass der Einfluss von subjektiven Faktoren wie Sympathie/Antipathie, Vorurteilen und Stereotypen gemindert und ungerechtfertigte Benachteiligungen bzw. Diskriminierungen (z. B. in Bezug auf das Geschlecht oder die Herkunft) vermieden werden. In welcher Weise (z. B. verbal oder mathematisch) die Entscheidungsregeln formuliert werden, ist unerheblich.

Die Entscheidungsregeln können in Anlehnung an das Hürden-Modell, das Kaskaden-Modell oder das Kompensationsmodell gestaltet werden.

765) Kanning, Standards der Personaldiagnostik, S. 268.

12.2 Hürden-Modell

Das Hürden-Modell kann dann sinnvoll angewendet werden, sofern gemäß Anforderungsprofil einzelne Personenmerkmale notwendig sind oder Unter- oder Obergrenzen für die Ausprägung der Personenmerkmale festgelegt wurden. Bewerber' sind vom Stellenbesetzungsverfahren auszuschließen, falls eine oder mehrere Hürden gerissen werden, also ein Personenmerkmal nicht oder nicht in der erforderlichen Ausprägung vorliegt.

Beispiele

- Ein Bewerber wird vom weiteren Bewerbungsverfahren ausgeschlossen, weil er nicht über die erforderliche Fahrerlaubnis verfügt.
- Für die Besetzung einer Vakanz in einer kommunalen Touristeninformation wird ein Bewerber nicht mehr berücksichtigt, da seine Englisch-Fertigkeiten angesichts eines Testergebnisses nicht dem geforderten Mindestniveau B1 des Gemeinsamen europäischen Rahmens, sondern nur dem niedrigeren Kompetenzniveau A2 entspricht.
- Für eine Stelle im Ausländeramt kommen gemäß der Anforderungsanalyse solche Bewerber' nicht infrage, die eine sehr hohe Sensibilität aufweisen. Im Interview kann bei einer Bewerberin nachgewiesen werden, dass sie die Obergrenze für Sensibilität überschreitet; bei ihr liegt somit keine Mindesteignung vor.

Kann der Bewerber' alle Hürden erfolgreich überwinden, liegt Eignung für die zu besetzende Stelle vor.

Vorteilhaft am Hürden-Modell ist, dass es einfach anzuwenden ist, niedrige Anforderungen an das Daten-Niveau stellt und zu transparenten und subjektiv überzeugenden Ergebnissen führt. Allerdings wird nur die Frage geklärt, **ob Eignung vorliegt oder nicht**. Eine Bestenauslese kann mit diesem Modell allein nicht erfolgen, es muss durch andere Modelle ergänzt werden.

12.3 Kaskaden-Modell

Um das Kaskaden-Modell anwenden zu können, müssen ideale Ausprägungen sowie unterschiedliche Gewichtungen der Personenmerkmale bestimmt worden sein. Mit dem Kaskaden-Modell kann eine **Bestenauslese** durchgeführt werden; es setzt jedoch voraus, dass bereits die Mindesteignung der Bewerber' mit einem Hürden-Modell geprüft wurde.

Die Rangreihe der Bewerber' wird in einem ersten Schritt auf Grundlage des am höchsten gewichteten Personenmerkmals gebildet. Den ersten Platz in der Rangreihe erhält derjenige Bewerber', dessen Ausprägung im Personenmerkmal den geringsten Abstand zum Idealwert aufweist. Nehmen mehrere Bewerber' denselben Rangplatz ein (weil sie denselben Abstand zum Idealwert aufweisen), wird zwischen diesen Bewerbern' auf Grundlage des am zweithöchsten gewichteten Personenmerkmals unterschieden. Dabei wird wiederum der Abstand zum Idealwert dieses Personenmerkmals bestimmt und derjenige Bewerber' mit dem geringsten Abstand erhält den besseren Rangplatz. Dieses Vorgehen wird mit weiteren Personenmerkmalen fortgeführt, bis jeder Rangplatz einmal vergeben wurde oder alle Personenmerkmale verwendet wurden. Weisen Personenmerkmale dieselbe Gewichtung auf, wird per Zufall entschieden, in welcher Reihenfolge die Personenmerkmale zur Anwendung kommen.

Beispiel[766]

In einem Auswahlverfahren werden die Personenmerkmale Intelligenz, Einfühlungsvermögen und weitere Merkmale berücksichtigt. Die Intelligenz ist mit dem Faktor 3, das Einfühlungsvermögen mit dem Faktor 2, die weiteren Personenmerkmale sind einfach gewichtet. Die Ausprägung der Personenmerkmale wird auf einer Skala von eins (sehr niedrig) bis neun (sehr hoch) ausgedrückt. Der Idealwert für die Intelligenz liegt bei neun (je mehr Intelligenz, desto besser), derjenige für das Einfühlungsvermögen bei fünf (es wird eine mittlere Ausprägung des Einfühlungsvermögens gewünscht). In der Abbildung 12-1 sind die Ausprägungen der Personenmerkmale und die Rangplätze von fünf Bewerbern' wiedergegeben. Bei allen Bewerbern' liegt Minimaleignung vor, dies wurde vorab geprüft.

Abbildung 12-1: Beispiel für die Anwendung eines Kaskaden-Modells.

Bewerber/ Personenmerkmal	D	E	F	G	H
Intelligenz	8	8	7	5	4
Zwischenrang	1	1	3	4	5
Einfühlungsvermögen	4	3	5	7	6
Endrang	1	2	3	4	5

Vorteil des Kaskaden-Modells ist die relativ einfache Anwendung. Nachteilig ist, dass bei der Entscheidung über den Rangplatz eines Bewerbers' in der Regel nicht alle Daten des Befähigungsprofils einfließen.

12.4 Kompensationsmodelle

Kompensationsmodellezeichnen sich dadurch aus, dass Bewerber' Schwächen in einem Personenmerkmal durch Stärken in einem anderen ausgleichen können. So könnte beispielsweise ein Bewerber' Schwächen im Bereich der IT-Kenntnisse durch eine hohe Leistungsmotivation ausgleichen. Im Extremfall kann es dadurch jedoch zu unsinnigen Ergebnissen kommen, z. B. dadurch, dass ein Bewerber' für den Feuerwehrdienst ein extrem niedriges Lernvermögen durch sehr hohe sportliche Leistungen kompensieren kann. Deshalb sind Kompensationsmodelle durch Hürden-Modelle zu ergänzen, d. h., Kompensationsmodelle sind nur bei Bewerbern' anzuwenden, die Mindesteignung aufweisen.

Mit Kompensationsmodellen können Bewerber' nach dem Prinzip der Bestenauslese in eine Rangreihe gebracht werden. Dabei können alle Daten der Befähigungsprofile der Bewerber' in die Bildung der Rangreihe eingehen.

Im Folgenden werden zwei Kompensationsmodelle dargestellt – die Idealwert-Ähnlichkeitsmessung und die Nutzwertanalyse.

Bei der **Idealwert-Ähnlichkeitsmessung** (IÄM) wird die Rangfolge der Bewerber' danach bestimmt, wie ähnlich das Befähigungsprofil dem Idealprofil einer Vakanz ist. Der Bewerber', dessen Befähigungsprofil die höchste Ähnlichkeit zum Idealprofil aufweist, erhält den besten Rangplatz. Die Anwendung der IÄM setzt voraus, dass vorab für eine Vakanz ein Idealprofil bestimmt wurde.

766) Inkl. Abbildung nach Gourmelon/Seidel/Treier, Personalmanagement, S. 83 f.

In Abbildung 12-2 sind beispielhaft die Befähigungsprofile zweier Bewerber I und J sowie das Idealprofil einer Vakanz wiedergegeben. Zudem sind Unter- und Obergrenzen für die Ausprägung der Personenmerkmale eingezeichnet; die beiden Bewerber weisen Mindesteignung auf, da die Ausprägung ihrer Personenmerkmale diese Grenzen nicht unter- oder überschreiten.

Abbildung 12-2: Idealprofil einer Vakanz und Befähigungsprofile zweier Bewerber.[767]

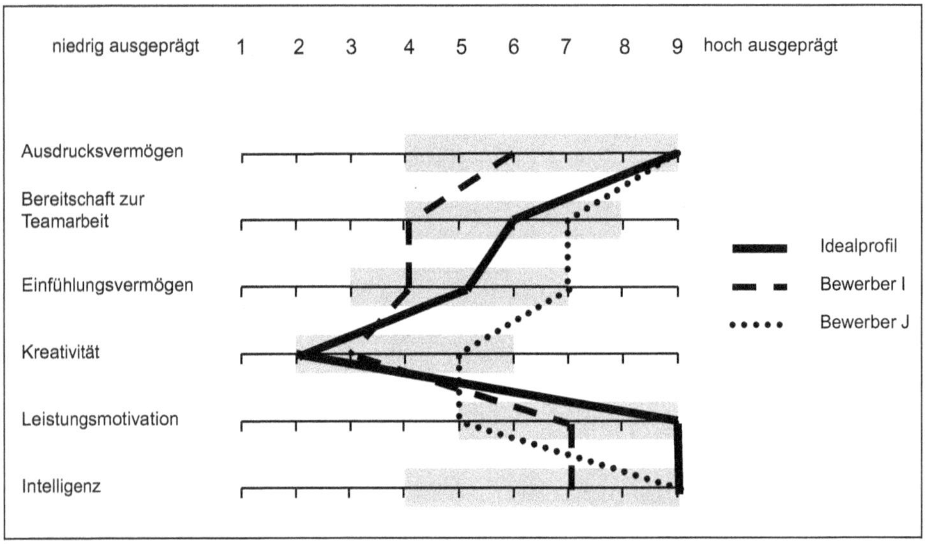

Die Ähnlichkeit der Befähigungsprofile zum Idealprofil erfolgt durch Berechnung von Korrelationskoeffizienten für Daten auf Ordinalniveau. Der Bewerber' mit dem höchsten Korrelationskoeffizienten erhält den besten Rangplatz. Zur Berechnung der Korrelationskoeffizienten müssen die Daten der Bewerber' sowie des Idealprofils in ein Statistikprogramm eingegeben werden.

Bei einer vereinfachten Berechnungsmethode (die jedoch ein hohes Messniveau der Daten voraussetzt) wird die Ähnlichkeit der Befähigungsprofile zum Idealprofil durch die Summe der absoluten Differenzen zwischen Ideal- und Befähigungsprofil bestimmt. Nachfolgend ein Berechnungsbeispiel, welches die Daten der Abbildung 12-2 verwendet.

Beispiel

Für die Bewerber I und J wird für jedes Personenmerkmal die absolute Differenz zwischen Ideal- und Befähigungsprofil berechnet und anschließend die Summe der absoluten Differenzen gebildet: Die Ausprägung des Bewerbers I im Bereich Ausdrucksvermögen beträgt 6, die Idealausprägung 9; die absolute Differenz ergibt sich aus (9 – 6). Anschließend wird die absolute Differenz des Teamvermögens addiert, sie beträgt (6 – 4), wobei „6" der Idealwert und „4" der Befähigungswert des Bewerbers I ist, usw.

767) Aus Gourmelon/Seidel/Treier, Personalmanagement, S. 85.

Als Ergebnis ergeben sich für die beiden Bewerber folgende Summen für die absoluten Differenzen:

Bewerber I: (9 – 6) + (6 – 4) + (5 – 4) + (3 – 2) + (9 – 7) + (9 – 7) = 11

Bewerber J: (9 – 9) + (7 – 6) + (7 – 5) + (5 – 2) + (9 – 5) + (9 – 9) = 10

Der Bewerber mit der kleineren Summe erhält den besseren Rangplatz; im Beispiel würde Bewerber J Rangplatz 1 und Bewerber I Rangplatz 2 erhalten.

Sofern die Personenmerkmale des Anforderungsprofils unterschiedliche Gewichtungen aufweisen, wird dies bei der Berechnung der Summe der absoluten Differenzen berücksichtigt. Die absoluten Differenzen werden dann mit dem jeweiligen Gewichtungsfaktor multipliziert.

Die **Nutzwertanalyse** (NWA) ist eine betriebswirtschaftliche Methode, die dem Zweck dient, komplexe Handlungsalternativen miteinander zu vergleichen und eine Entscheidungsfindung zwischen diesen Handlungsalternativen zu erleichtern. Sie kann auch im Rahmen der Personalauswahl angewandt werden, wobei die Nutzwertanalyse mit hohen Anforderungen an das Messniveau der Daten verbunden ist. Im Folgenden wird die Anwendung der NWA im Rahmen der Personalauswahl mithilfe eines Beispiels[768] kurz skizziert, grundlegende Informationen zur NWA sollten der Spezialliteratur entnommen werden.[769]

Beispiel

In einem Auswahlverfahren soll eine Rangfolge zwischen den Bewerbern K und L bestimmt werden, die beide die Mindesteignung aufweisen. Das Anforderungsprofil enthält die Personenmerkmale Leistungsmotivation, Teamorientierung und Ausdrucksvermögen. Das Ausdrucksvermögen ist einfach, die Teamorientierung doppelt und die Leistungsmotivation dreifach gewichtet. Die Ausprägung der Personenmerkmale wird mit einer Skala von 1 (sehr niedrig) bis 9 (sehr hoch) gemessen. Beim Ausdrucksvermögen und bei der Leistungsmotivation gilt: Je höher das Merkmal ausgeprägt ist, desto geeigneter ist der Kandidat (Idealwert = 9), bei der Teamorientierung wird ein mittlerer Wert als optimal für die Eignung angesehen (Idealwert = 5).

Schritt 1 der NWA: Bestimmung der Handlungsalternativen

Die „Handlungsalternativen" sind gemäß Beispielsachverhalt die Bewerber K und L.

Schritt 2 der NWA: Bestimmung der Zielkriterien

„Zielkriterien" sind gemäß Beispielsachverhalt die Personenmerkmale Leistungsmotivation, Teamorientierung und Ausdrucksvermögen.

Schritt 3 der NWA: Gewichtung der Zielkriterien

Gemäß Beispielssachverhalt Leistungsmotivation: 3, Ausdrucksvermögen: 1, Teamorientierung: 2

Schritt 4 der NWA: Ermittlung der Zielerträge

Hierzu werden die Abbildungen 12-3 und 12-4 verwendet.

In Abbildung 12-3 werden den Ausprägungen von Personenmerkmalen Zielerträge zugeordnet. Ist z. B. das Personalmerkmal Teamorientierung mit „7" ausgeprägt, erzielt der Bewerber bei diesem Merkmal einen Zielertrag von „5".

768) Nach Gourmelon/Seidel/Treier, Personalmanagement, S. 86 f.

769) Z. B. Gourmelon/Mroß/Seidel, Management im öffentlichen Sektor, S. 352 ff.

Abbildung 12-3: Zuordnung von Ausprägungen von Personenmerkmalen zu Zielerträgen.

Ausprägung des Personenmerkmals	1	2	3	4	5	6	7	8	9	
Leistungsmotivation	1	2	3	4	5	6	7	8	9	Zielerträge
Ausdrucksvermögen	1	2	3	4	5	6	7	8	9	
Teamorientierung	1	3	5	7	9	7	5	3	1	

Mithilfe der Angaben aus 12-3 und den Befähigungsprofilen von K und L lassen sich deren Zielerträge bestimmen (Abbildung 12-4).

Abbildung 12-4: Befähigungsprofile und Zielerträge der Bewerber K und L.

	Befähigungsprofil von K	Zielerträge von K	Befähigungsprofil von L	Zielerträge von L
Leistungsmotivation	6	6	4	4
Ausdrucksvermögen	4	4	7	7
Teamorientierung	5	9	8	3

Schritt 5 der NWA: Berechnung der Teilnutzwerte und des Gesamtnutzwertes jeder Alternative

Die Berechnung der Werte ist in Abbildung 12-5 ersichtlich. Der Teilnutzwert ergibt sich aus der Multiplikation des Zielertrags mit der Gewichtung eines Zielkriteriums. Der Gesamtnutzwert pro Bewerber entspricht der Summe der Teilnutzwerte eines Bewerbers.

Abbildung 12-5: Berechnung der Teil- und Gesamtnutzwerte bei der Nutzwertanalyse.

		Bewerber K		Bewerber L	
Zielkriterien	Gewichtung	Zielertrag	Teilnutzwert	Zielertrag	Teilnutzwert
Leistungsmotivation	3	6	18	4	12
Ausdrucksvermögen	1	4	4	7	7
Teamorientierung	2	9	18	3	6
Gesamtnutzwert			40		25
Rangplatz			1		2

Die Rangreihe wird nach der Höhe des Gesamtnutzwertes gebildet; im Beispiel nimmt deswegen Bewerber K den Rangplatz 1, Bewerber L den Rangplatz 2 ein.

12.5 Bevorzugungsregelungen

12.5.1 Geschlechtsspezifische Bevorzugungsregelungen

§ 8 des Bundesgleichstellungsgesetzes sieht bei gleicher Qualifikation die bevorzugte Berücksichtigung von Frauen bei diversen Auswahlentscheidungen vor, sofern Frauen in einem bestimmten Bereich nach § 3 Nummer 2 unterrepräsentiert sind. Die Bevorzugung ist nach § 8 Abs. 1 Satz 3 ausgeschlossen, wenn rechtlich schützenswerte Gründe überwiegen, die in der Person eines männlichen Mitbewerbers liegen. Diese Regelung gilt entsprechend für Männer, sofern sie strukturell benachteiligt und in dem jeweiligen Bereich unterrepräsentiert sind.

Gemäß § 9 Abs. 1 Satz 1 Bundesgleichstellungsgesetz wird die entsprechende Qualifikation einer Bewerberin oder eines Bewerbers anhand der Anforderungen des zu besetzenden Arbeitsplatzes ermittelt, insbesondere aus der hierfür erforderlichen Ausbildung, dem Qualifikationsprofil der Laufbahn oder des Funktionsbereichs sowie aus den beruflichen Erfahrungen.

Ähnliche Regelungen finden sich in Landesgleichstellungsgesetzen.

12.5.2 Herkunftsspezifische Bevorzugungsregelungen[770]

Unter den Überschriften „Interkulturelle Öffnung der Verwaltung“ oder „Diversity Management“ und gestützt durch gesetzliche Regelungen[771] werden Maßnahmen diskutiert, wie der Anteil von Beschäftigten mit Zuwanderungsgeschichte bzw. Migrationshintergrund bzw. Migrationserfahrung erhöht werden kann.

Verwendung von Quoten

So gäbe es die Möglichkeit, für die Einstellung von Personen mit Migrationshintergrund **Quoten** vorzugeben. Neben rechtlichen Problemen[772] gibt es bei dieser Maßnahme auch bedeutsame praktische Schwierigkeiten.

Beispielsweise ist es fraglich, auf welche Kenngröße sich die Quote beziehen soll. Ist der Anteil der Menschen mit Migrationshintergrund an der Gesamtbevölkerung (vgl. Partizipations- und Integrationsgesetz des Landes Berlin) oder an den Erwerbstätigen ausschlaggebend? Oder ist nicht vielmehr der Anteil an der jeweiligen Zielgruppe – z. B. Anteil von Personen mit Migrationshintergrund in der Gruppe der Abiturienten' oder in der Gruppe der Juristen' – maßgeblich? Je nach zugrunde gelegter Kenngröße könnte die Anzahl nach Quote einzustellender Menschen mit Migrationshintergrund' erheblich schwanken.

Als weiteres praktisches Problem stellt sich dar, wie das Merkmal **„Migrationshintergrund“** zutreffend und verlässlich erhoben werden kann. Das Merkmal „Migrationshintergrund“ ist bei Bewerbern' nicht offensichtlich, es gibt keine äußeren Merkmale oder Merkmale der Sprache oder des Namens, die eindeutig auf einen Migrationshintergrund hinweisen. In offiziellen Dokumenten ist das Merkmal „Migrationshintergrund“ zudem nicht vermerkt.

Insofern müssten Personalauswählende die Bewerber' im Hinblick auf ihren Migrationshintergrund schriftlich oder mündlich befragen. Der Begriff „Personen mit Migrationshintergrund“ wird – um ein Beispiel herauszugreifen – durch das Statistische Bundesamt wie folgt definiert:

„... alle nach 1949 auf das heutige Gebiet der Bundesrepublik Deutschland Zugewanderten, sowie alle in Deutschland geborenen Ausländer und alle in Deutschland als Deutsche Gebo-

770) Nach Gourmelon, Mehr Migranten in den Öffentlichen Dienst – Wie manche Maßnahme in die Sackgasse führt – Teil I.

771) Z. B. § 6 Abs. 2 Gesetz zur Förderung der gesellschaftlichen Teilhabe und Integration in Nordrhein-Westfalen vom 14. Februar 2012.

772) Ziekow, Die Öffentliche Verwaltung, S. 768 ff.

renen mit zumindest einem nach 1949 zugewanderten oder als Ausländer in Deutschland geborenen Elternteil."[773]

Diese komplexe Definition ist vermutlich für viele Menschen unverständlich. Eine direkte Frage nach dem Migrationshintergrund könnte von zahlreichen Bewerbern' – egal ob mit oder ohne Migrationshintergrund – nicht zutreffend beantwortet werden (nach einer empirischen Studie von Landsberger[774] geben 6–8 % der Abiturienten' auf diese Frage eine falsche Antwort). Insofern müsste in der schriftlichen oder mündlichen Befragung die Frage nach dem Migrationshintergrund in eine Reihe einfacherer Fragen aufgeteilt (z. B. „Ist Ihr Vater nach 1949 nach Deutschland zugewandert?", „Ist Ihre Mutter nach 1949 nach Deutschland zugewandert?" usw.) und aus den Antworten zu diesen einfacheren Fragen der Migrationshintergrund erschlossen werden.

Unabhängig davon, in welcher Weise und wie differenziert die Befragung durchgeführt würde: Bei vielen Bewerbern' löste die Erhebung des Merkmals „Migrationshintergrund" vermutlich Befürchtungen, Befremden, Misstrauen und Widerstand aus. Nach den Ergebnissen der Studie von Landsberger wollen nur 16 % der Abiturienten' zu ihrem Migrationshintergrund befragt werden.

Des Weiteren wäre die Verlässlichkeit des erhobenen Datums fragwürdig. Durch falsche Angaben könnte ein Bewerber' ohne Migrationshintergrund in den Genuss der Quote kommen; es bestünde folglich eine hohe Motivation, falsche Angaben zu machen. Möglichkeiten, im Rahmen der Personalauswahl die Richtigkeit der Antworten zum Migrationshintergrund zuverlässig zu prüfen, gibt es derzeit nicht. Nachweise werden die Bewerber' in der Regel nicht erbringen können und wollen.

Aufnahme von „interkultureller Kompetenz" in das Anforderungsprofil

Eine weitere diskutierte (und im Land Berlin[775] realisierte) Maßnahme umfasst die Berücksichtigung einer „**interkulturellen Kompetenz**" im Anforderungsprofil. Dies ist mit der Hoffnung verbunden, dass sich dann Bewerber' mit Migrationshintergrund im Auswahlprozess besser durchsetzen können und sich so der Anteil von Beschäftigten mit Migrationshintergrund erhöht.

Aus eignungsdiagnostischer Sicht setzt diese Maßnahme jedoch voraus, dass der spätere Stelleninhaber' bei der Bewältigung der beruflichen Aufgaben mit „interkulturellen Anforderungen" konfrontiert ist und diese „interkulturellen Anforderungen" nicht randständig, sondern wesentlich sind. Dies wäre bei den einzelnen Stellenbesetzungsverfahren zu prüfen.

Bei Sachbearbeitern', die Asylanträge bearbeiten, oder beim Einheitlichen Ansprechpartner gemäß der EU-Dienstleistungsrichtlinie, sind interkulturelle Kompetenzen wohl erforderlich. Ob dies auch bei einem Mitarbeiter' in der Kämmerei oder bei einem IT-Spezialisten' der Fall ist, erscheint fraglich. Ein Kriterium für die Prüfung ist sicherlich, ob die berufliche Tätigkeit schwierige Verhandlungs- und Kommunikationssituationen mit Angehörigen anderer Kulturen beinhaltet. Dabei erscheint der Umgang mit externen Kunden' oder Bürgern' wesentlich. Der Umgang mit Kollegen' oder Mitarbeitern', die einen anderen kulturellen Hinter-

773) Statistisches Bundesamt, Bevölkerung und Erwerbstätigkeit, S. 6.

774) Gourmelon, Bevorzugung von Personen mit Migrationshintergrund.

775) Siehe § 4 Absatz 3 Satz 3 Partizipations- und Integrationsgesetz des Landes Berlin.

grund haben, begründet regelmäßig nicht die Aufnahme des Merkmals „interkulturelle Kompetenz" in das Anforderungsprofil. Beschäftigte in Behörden und Verwaltungen, die einer anderen Kultur angehören, sind zumeist in der Lage, ihre herkunftsspezifischen Anliegen und Bedürfnisse auszudrücken. Führungskräfte, die über eine gute Führungskompetenz, und Mitarbeiter', die über Teamfähigkeit verfügen, reagieren angemessen auf dargelegte Anliegen – egal, ob diese von Kollegen' mit oder ohne Migrationshintergrund vorgebracht werden. Insofern ist im Rahmen der Personalauswahl auf eine gute Führungskompetenz oder eine adäquate Teamfähigkeit zu achten, nicht auf eine „interkulturelle Kompetenz".

Hier ein – zugegeben etwas provozierender – Vergleich: Niemand würde von einer Führungskraft erwarten, dass er über „Frauenkompetenz" verfügen muss, wenn er Mitarbeiterinnen anleitet. Sofern eine Führungskraft die ihm dargelegten geschlechtsspezifischen Anliegen z. B. einer schwangeren Frau bei seiner Führungstätigkeit nicht in seine Überlegungen einbindet, abwägt und unberücksichtigt lässt, mangelt es an Führungs- und nicht „Frauenkompetenz". Genauso ist dies bei Führungskräften zu beurteilen, die nicht die ihnen dargelegten herkunftsspezifischen Anliegen von Mitarbeitern' berücksichtigen.

Eine besondere Situation ergibt sich für Personen, die sich für eine Ausbildung oder ein Studium in der Verwaltung bewerben. Hier sind neben den Anforderungen der Ausbildung oder des Studiums aus eignungsdiagnostischer Sicht auch die Anforderungen der späteren Berufstätigkeit zu berücksichtigen. Letztere können die Anforderungen einer Vielzahl von unterschiedlichen Stellen umfassen (z. B. im kommunalen Verwaltungsdienst). Ziekow kommt angesichts dieses Umstands zu dem Schluss:

„In der Konsequenz dürften sich hieraus allerdings im Vergleich zur Definition des Anforderungsprofils bei der Stellenbesetzung größere Möglichkeiten zur Berücksichtigung interkultureller Kompetenz als Eignungsmerkmal ... ergeben. Bei der Auswahl von Bewerbern für eine Ausbildung für den öffentlichen Dienst ist – von Ausnahmefällen abgesehen – regelmäßig nicht auszuschließen, dass sie nach Abschluss der Ausbildung Stellen antreten werden, die interkulturelle Kompetenzen voraussetzen."[776]

Dies würde eine Einbeziehung der interkulturellen Kompetenz als Eignungsmerkmal in das Anforderungsprofil ermöglichen, und zwar je nach späterer Verwendung mit unterschiedlichem Gewicht.

Diese Argumentation ist nur teilweise überzeugend: Wenn in der späteren Berufstätigkeit mit einer großen Wahrscheinlichkeit interkulturelle Kompetenz benötigt wird (was für die einzelnen Ausbildungs- und Studiengänge gesondert geprüft werden müsste), folgt daraus nicht zwangsläufig, dass im Rahmen der Auswahl für die Ausbildung oder das Studium „interkulturelle Kompetenz" als Eignungsmerkmal festgeschrieben werden sollte. „Interkulturelle Kompetenz" wird von vielen als eine Kompetenz angesehen, die im Laufe einer Ausbildung oder eines Studiums entwickelt werden kann. Dementsprechend wird z. B. an der Hochschule für Polizei und öffentliche Verwaltung NRW auch das Teilmodul „Interkulturelle Kompetenz" gelehrt. Insofern ist die Aufnahme des Kriteriums „Interkulturelle Kompetenz" in das Anforderungsprofil von Nachwuchskräften entbehrlich. Auch hier ein etwas provozierender Vergleich: Bei Polizisten' ist „regelmäßig nicht auszuschließen",

776) Ziekow, 2014, S. 775.

dass sie im Dienst von der Schusswaffe Gebrauch machen müssen. Trotzdem ist den Autoren kein Anforderungsprofil bekannt, dass von den Bewerbern' eine „Schusswaffenkompetenz" fordert. Selbstverständlich wird davon ausgegangen, dass diese Kompetenz im Rahmen der Ausbildung/des Studiums erworben wird. In den Auswahlverfahren wird das Merkmal „Schusswaffenkompetenz" auch nicht überprüft und zu einer Differenzierung der Kandidaten' herangezogen.

Ziekow ist zuzustimmen, dass das Gewicht des Eignungsmerkmals „interkulturelle Kompetenz" in Abhängigkeit von den Stellenanforderungen variieren soll. Zudem ist aber auch das erforderliche Ausmaß dieses Merkmals festzulegen. Gilt in Bezug auf „interkulturelle Kompetenz" das Motto „je mehr, desto besser" (wie z. B. beim Merkmal „Intelligenz")? Oder soll ein mittleres Ausmaß bevorzugt werden (wie z. B. beim Merkmal „Extraversion")? Oder ist eine Mindestausprägung ausreichend? Da erstens zu wenig darüber bekannt ist, inwieweit man mit „interkultureller Kompetenz" tatsächlich berufliche Leistungen prognostizieren kann, und zweitens dieses Merkmal in nicht geringem Maße entwicklungsfähig ist, sollte – sofern angesichts politischer Vorgaben „interkulturelle Kompetenz" in das Anforderungsprofil aufgenommen werden muss – von den Nachwuchskräften nur ein Mindestmaß an „interkultureller Kompetenz" gefordert werden.

Gelegentlich wird „interkulturelle Kompetenz" mit Hilfe des Ausmaßes von Kultur- und Fremdsprachenkenntnissen von Kandidaten erfasst. Die Verwendung dieser beiden Merkmale im Anforderungsprofil für Nachwuchskräfte kann kontraproduktiv für die Erreichung des Ziels „Erhöhung des Anteils von Beschäftigten mit Migrationshintergrund" sein. Zu vermuten ist, dass Jugendliche aus Nicht-Migrantenfamilien – bedingt durch deren durchschnittlich höheren sozio-ökonomischen Status – oftmals über mehr kulturelle Kenntnisse und Fremdsprachenkompetenz verfügen als Jugendliche aus Migrantenfamilien. Hier sollte allerdings durch eine empirische Studie Klarheit geschaffen werden.

Optimierung von Personalwerbemaßnahmen

Eine weitere Maßnahme, den Anteil von Beschäftigten mit Zuwanderungsgeschichte zu erhöhen, besteht darin, **Personalwerbemaßnahmen** speziell an Bewerbern' mit Migrationshintergrund auszurichten. Zielgerichtete Werbung beinhaltet ein großes Potenzial, mehr Bewerbungen von Personen mit Migrationshintergrund zu erhalten. Hierfür benötigt man jedoch genaue Informationen über die Zielgruppe, die systematisch erhoben werden sollten. Beispielsweise ist aus einer für NRW repräsentativen Studie bekannt, dass für Abiturienten' mit Migrationshintergrund die Berufswahlkriterien Gehalt, Karrierechancen, gesellschaftliches Ansehen und sicherer Arbeitsplatz wichtiger sind als für Abiturienten' ohne Migrationshintergrund.[777] In einer weiteren Studie wurden 122 Werbevideos des öffentlichen Sektors daraufhin geprüft, ob in diesen Menschen mit Migrationshintergrund dargestellt werden.[778] Das war nur in 43 % der Videos der Fall – dabei teilweise nur sehr kurz oder im Hintergrund; weiterhin wurde offenbar, dass nur in 4 % der Werbevideos das Thema „Migration/Interkulturelle Öffnung" ausdrücklich thematisiert wird. Angesichts dieser Erkenntnisse erscheint die Maßnahme „Optimierung von Werbemaßnahmen für die Zielgruppe Menschen mit Migrationshintergrund" sehr

777) Gourmelon, Aktuelle Daten zum Berufswahlverhalten von zukünftigen Abiturienten.

778) Gourmelon, Werbevideos.

s282geeignet, um das Ziel, Erhöhung der Anzahl von Beschäftigten mit Migrationshintergrund zu erreichen.

12.6 Rückmeldegespräche mit Bewerbern'[779]

12.6.1 Charakterisierung von Rückmeldegesprächen

In Auswahlverfahren ist die Gefahr groß, neben einem „Gewinner' " zahlreiche „Verlierer' " zu produzieren. Damit sich der Frust der Verlierer' nicht negativ auf die Behörde auswirkt, bietet es sich an, Rückmeldegespräche mit unterlegenen Bewerbern' zu führen (zu Fragen der sog. Konkurrentenmitteilung siehe Abschnitt 14.2.). Rückmeldegespräche mit Bewerbern' sollten daher ein wesentlicher Bestandteil von Auswahlverfahren sein. Im Rahmen von Rückmeldegesprächen werden den Bewerbern' die Entscheidung der Auswahlkommission und die Gründe hierfür dargestellt. Rückmeldegespräche sind sowohl für die angenommenen als auch die unterlegenen Bewerber' bedeutsam. Insbesondere bei internen Bewerbern' sollte seitens der Behörde stets ein Rückmeldegespräch angeboten werden. Bei externen abgelehnten Bewerbern' sind Rückmeldegespräche nur auf Nachfrage und nur dann anzubieten, wenn wirtschaftliche und juristische Gründe der Durchführung nicht entgegenstehen.

Rückmeldegespräche können folgenden Zwecken dienen:

- Förderung der Akzeptanz der Auswahlentscheidung und des Auswahlverfahrens insgesamt, Vermeidung von Demotivation bei internen Bewerbern',
- der Arbeitgeber' entzieht dem Vorwurf, bei Stellenbesetzungsverfahren korrupt zu handeln, die Grundlage,
- der Arbeitgeber' stellt sich als fairer Auswählender dar und erhöht damit seine Attraktivität für zukünftige Stellenbesetzungsverfahren,
- der Arbeitgeber' stärkt das Selbstwertgefühl von unterlegenen Bewerbern' und erhält damit die Leistungsfähigkeit und -bereitschaft von internen Bewerbern',
- der Bewerber' erhält durch die Rückmeldung seiner Leistungen im Auswahlverfahren Hinweise zur Weiterentwicklung seiner fachlichen, sozialen und persönlichen Kompetenzen,
- der Bewerber' erhält ggf. Anregungen, welche Karrierewege angesichts seiner derzeitigen Kompetenzen realistisch sind; damit wird einer Unzufriedenheit vorgebeugt.

Voraussetzung für zweckdienliche Rückmeldegespräche ist, dass das Auswahlverfahren rechtlich beanstandungslos und entsprechend der eignungsdiagnostischen Norm DIN 33430 sachgerecht durchgeführt wurde. Rückmeldegespräche dürfen für den Arbeitgeber' nicht zu juristischen Nachteilen – z. B. im Hinblick auf Konkurrentenklagen (siehe Kapitel 15) oder AGG-bezogene Beschwerden (siehe Kapitel 17) – führen. Dem Bewerber' sind im Rahmen des Rückmeldegesprächs aus datenschutzrechtlichen Gründen keine Auskünfte über andere Bewerber' zu geben.

779) Nach Gourmelon, Wie sag ich es dem unterlegenen Bewerber?

12.6.2 Vorbereitung des Rückmeldegesprächs

Die Klärung der folgenden Fragen und Themen haben sich für die Vorbereitung von Rückmeldegesprächen als sinnvoll erwiesen:

- **Aufgabenklärung:** Es ist im Vorfeld des Auswahlverfahrens zu regeln, wer das Rückmeldegespräch führt. Das Rückmeldegespräch wirkt für den Bewerber' überzeugender, wenn er die Rückmeldung durch zwei Personen erhält.
- **Terminierung:** Das Rückmeldegespräch sollte einige Tage nach dem Auswahlverfahren stattfinden. Bei einem sich unmittelbar an das Auswahlverfahren anschließenden Rückmeldegespräch besteht die Möglichkeit, dass der – vor allem interne – Bewerber' noch emotional aufgewühlt ist. Muss der Bewerber' einige Wochen auf das Rückmeldegespräch warten, hat sich sein womöglich negativer Eindruck über das Zustandekommen des Auswahlurteils bereits verfestigt; dadurch kann der Anstoß zu einer persönlichen Weiterentwicklung und zu einer Akzeptanz des Auswahlergebnisses wirkungslos verpuffen. Des Weiteren kann der Bewerber' die lange Wartezeit als unfair und unhöflich erleben und diesen Eindruck auf das gesamte Auswahlverfahren übertragen.
- **Wissen über Auswahlverfahren:** Derjenige, der das Rückmeldegespräch führt, sollte das Auswahlverfahren gut kennen (Anforderungen, Übungen, Entscheidungsregeln) und an diesem als Beobachter' oder Kommissionsmitglied teilgenommen haben. Dabei sollte er auch den jeweiligen abgelehnten Bewerber' z. B. während einer Gesprächssimulation oder in einem Interview erlebt haben.
- **Rechtliche Kenntnisse:** Des Weiteren sollte der Rückmelder' über die Problematik von Benachteiligungen im Sinne des AGG informiert sein und über grundlegende Kenntnisse der rechtlichen Rahmenbedingungen von Auswahlverfahren im öffentlichen Sektor verfügen.
- **Einstellung des Rückmelders':** Rückmeldungen an Bewerber' müssen wohlwollend und konstruktiv erfolgen, der Rückmelder' muss hierzu bereit sein.
- **Kommunikative Kompetenz:** In Rückmeldegesprächen muss oftmals ein hoher Grad an Empathie gezeigt werden. Zugleich muss der Rückmelder' offen und direkt über Schwächen des Bewerbers' reden können.
- **Neutralität:** Idealerweise gehört der Rückmelder' nicht der auswählenden Organisation an, sondern ist z. B. ein externer Berater'.
- **Störungen:** Rückmeldegespräche sollten störungsfrei und nicht unter Zeitdruck geführt werden. Bei der Terminierung von Rückmeldegesprächen ist darauf zu achten, dass die Bewerber' erfahrungsgemäß sehr unterschiedliche Informations- und Beratungsbedarfe haben. Während bei einem Bewerber' folglich das Gespräch schon nach wenigen Minuten beendet ist, kann beim anderen Bewerber' das Gespräch erheblich länger dauern.
- **Daten zum Bewerber':** Der Rückmelder' erhält und sichtet alle Daten, die im Auswahlverfahren zum Bewerber' erhoben wurden.

12.6.3 Durchführung des Rückmeldegesprächs

Folgendes Vorgehen bietet sich für die Durchführung von Rückmeldegesprächen an:

- **Begrüßung**
- **Zweck und Ablauf des Gesprächs kurz erläutern**: (z. B. „Wir treffen uns ja heute, damit Sie erfahren, wie die Auswahlkommission entschieden hat und was die Gründe hierfür waren. Ich werde Sie zuerst nach Ihren Eindrücken fragen, anschließend werde ich Ihnen erläutern, wie die Kommission zu Ihrem Urteil gekommen ist.").
- **Kurzbeschreibung des Auswahlverfahrens in Bezug auf den Bewerber'**: Benennung der ausgeschriebenen Stelle oder Aufgabe, Benennung der einzelnen Verfahrensschritte inkl. Termine des Bewerbers', Benennung der Mitglieder der Auswahlkommission, Darlegung, dass im Rahmen des Rückmeldegesprächs ausschließlich das Urteil der Auswahlkommission wiedergegeben wird. Durch die Kurzcharakterisierung soll Einvernehmen über technische Aspekte des Auswahlverfahrens hergestellt werden. Zudem unterstreicht eine gelungene Beschreibung die Sachkompetenz des Rückmelders'.
- **Selbstbild des Bewerbers:** Der Bewerber' wird nach seinen Eindrücken aus dem Auswahlverfahren gefragt. Dabei wird besondere Aufmerksamkeit auf die Schilderung der Einschätzung seiner Leistungen im Auswahlverfahren gelegt. Oftmals stimmen Selbstbild des Bewerbers' und Fremdbild der Auswahlkommission überein, sodass auf den Ausführungen des Bewerbers' zu einem späteren Zeitpunkt im Gespräch aufgebaut werden kann. Des Weiteren erfährt der Rückmelder', welche Elemente des Auswahlverfahrens vom Bewerber' kritisch wahrgenommen werden oder wo der Bewerber' fehlinformiert ist.
- **Wiedergabe des Urteils der Auswahlkommission:** Dabei kann auf Vorinformationen des Bewerbers' oder dessen Ahnung Bezug genommen werden. Zum Beispiel: „Sie hatten ja schon schriftlich mitgeteilt bekommen, dass es für Sie nicht geklappt hat.", „Sie haben ja schon die Vermutung ausgesprochen, dass es nicht gereicht hat, und tatsächlich ist die Entscheidung der Auswahlkommission nicht in Ihrem Sinne gefällt worden.".
- **Gegebenenfalls Frage nach der Betroffenheit des Bewerbers' und den Folgen für den Bewerber':** Sofern der Bewerber' im Rückmeldegespräch erstmals über die Entscheidung der Kommission informiert wurde oder er emotional betroffen wirkt, sollte dem Bewerber' Gelegenheit gegeben werden, seine Betroffenheit auszudrücken (z. B. „Sie haben jetzt von dem nicht positiven Urteil der Kommission gehört. Wie sehr trifft Sie das?", „Was bedeutet die Absage für Sie?", „Welche Konsequenzen hat die Absage?"). Durch die Fragen nach der Betroffenheit und den Folgen soll die emotionale Reaktion des Bewerbers' bewältigt, die Bedeutung der Absage relativiert und der Fokus des Gesprächs auf die Zukunft gerichtet werden.
- **Erläuterungen der Leistungen des Bewerbers' im Auswahlverfahren:** Sofern vom Bewerber' gewünscht, werden seine Leistungen in den einzelnen Elementen des Auswahlverfahrens (Präsentation, Rollenspiele, Fallstudien, Interview usw.) erläutert. Dabei wird stets Bezug auf die Anforderungen der Stelle/Aufgabe genommen (z. B. „Als Pressesprecher' muss man sehr häufig komplexe Sachverhalte aus dem Stegreif knapp und verständlich darstellen. Bei der Prä-

sentation haben Sie häufig Fachbegriffe und Fremdwörter wie ... benutzt. Auch haben Sie zweimal den roten Faden verloren und wirkten insgesamt recht aufgeregt."). Es werden nur die Leistungen im Auswahlverfahren angesprochen, Mutmaßungen über generelle Persönlichkeitsdispositionen unterbleiben (Negativbeispiel: „In der Präsentation zeigte sich, dass Sie von der psychischen Belastbarkeit den Anforderungen nicht genügen."). Stets werden sowohl die positiv als auch die negativ bewerteten Verhaltensweisen des Bewerbers' erläutert.

- **Berechnung des Gesamtpunktwerts:** Sofern die Kommission ein rechnerisches Entscheidungsmodell zur Entscheidungsfindung verwandt hat, wird die Berechnung des Gesamtpunktwerts des Bewerbers' anhand der Punktwerte aus den Einzelelementen des Auswahlverfahrens und deren Gewichtung nachvollzogen.
- **Überlegungen zur persönlichen Entwicklung des Bewerbers':** Auf Wunsch des Bewerbers' können gemeinsam Überlegungen angestellt werden, wie für zukünftige Auswahlverfahren Leistungen verbessert werden könnten (z. B. „Wenn Sie Ihre Leistungen in Präsentationen verbessern wollen, könnten Sie ein Rhetorik-Seminar besuchen."). Auch Karriereerwartungen und -möglichkeiten können Gesprächsgegenstand sein. Allerdings dürfen dem Bewerber' keine falschen Hoffnungen und leere Versprechungen gemacht werden; der Rückmelder' muss sich über seine Möglichkeiten und deren Grenzen im Klaren sein.
- **Offene Fragen:** Dem Bewerber' wird angeboten, Fragen zu stellen.
- **Zufriedenheit mit der Rückmeldung:** Der Bewerber' wird bei einem im Wesentlichen konfliktfreien Verlauf des Rückmeldegesprächs nach seiner Zufriedenheit mit dem Gespräch gefragt.
- **Verabschiedung** mit besten Wünschen für die zukünftige berufliche Entwicklung.

12.6.4 Nachbereitung des Rückmeldegesprächs

Bei der Nachbereitung von Rückmeldegesprächen ist auf Folgendes zu achten:

- Die Durchführung des Rückmeldegesprächs ist zu vermerken. Gesprächsinhalte werden nur mit Zustimmung des Bewerbers' dokumentiert.
- Der Vermerk ist der für das Auswahlverfahren zuständigen Organisationseinheit (z. B. Personalamt) zuzuleiten.
- Unterlagen/Dateien mit Daten des Bewerbers' sind der zuständigen Organisationseinheit zuzuleiten oder zu vernichten.

Auch bei bester Vorbereitung und Durchführung von Rückmeldegesprächen wird es allerdings immer einige Bewerber' geben, die (weiterhin) unzufrieden mit der Entscheidung der Auswahlkommission sind. Das macht es für diese Kollegen' erträglicher, mit dem Urteil zu leben, und die Rückmelder' sollten dies akzeptieren. Viele unterlegene Bewerber' schätzen jedoch eine fundierte, offene Rückmeldung und sind für ein konstruktives Feedback dankbar.

13 Abbruch des Auswahlverfahrens

Der Dienstherr ist nicht uneingeschränkt verpflichtet, ein einmal eingeleitetes Auswahlverfahren mit einer Auswahlentscheidung auch tatsächlich zu beenden. Vielmehr kann er das Verfahren auch aus sachlichen Gründen im Rahmen des ihm zustehenden Organisationsermessens jederzeit beenden bzw. abbrechen.[780]

Zuständig für den Abbruch eines Auswahlverfahrens ist diejenige Stelle, die bei dessen Durchführung die Auswahlentscheidung zu treffen hätte.[781]

Nach dem rechtmäßigen Abbruch eines Auswahlverfahrens kann der Dienstherr im Rahmen seines sachgerecht auszuübenden organisatorischen Ermessens neu entscheiden, ob und in welcher Weise er den Dienstposten wieder besetzt.[782]

13.1 Voraussetzungen für den Abbruch des Verfahrens

Der Verfahrensabbruch durch den Dienstherrn ist an das Vorliegen bestimmter Voraussetzungen geknüpft, da durch die mit einem Abbruch verbundene Änderung des zeitlichen Bezugspunkts der Auswahlentscheidung u. a. der Bewerberkreis etwa durch Anpassung des Anforderungsprofils verändert und gegebenenfalls auch gesteuert werden kann.[783] Nach der vom Bundesverfassungsgericht gebilligten Rechtsprechung des Bundesverwaltungsgerichts kommt dem Dienstherrn hinsichtlich der Beendigung eines eingeleiteten Bewerbungs- und Auswahlverfahrens grundsätzlich ein weites organisations- und verwaltungspolitisches Ermessen zu.[784] Nach der Rechtsprechung des Bundesverwaltungsgerichts kann der Abbruch des Auswahlverfahrens in materieller Hinsicht sowohl aus der Organisationsgewalt des Dienstherrn als auch aus Gründen gerechtfertigt werden, die aus Art. 33 Abs. 2 GG hergeleitet werden.[785] Damit ist es dem Dienstherrn untersagt, das Auswahlverfahren ohne Vorliegen eines entsprechenden Grundes oder unter Bezugnahme auf sachwidrige Gründe abzubrechen.

Wichtig!

Der Abbruch eines Auswahlverfahrens unterfällt nicht der Mitbestimmung des Personalrates.[786]

Maßgeblich für die Beurteilung des Abbruchs sind allein die tatsächlichen Verhältnisse, wie sie sich dem Dienstherrn im Zeitpunkt seiner Entscheidung darstellen.[787] Damit ist auf die in der Begründung angegebenen Erwägungen des Dienstherrn abzustellen. Ohne Belang muss es somit sein, ob sich der Abbruch durch einen anderen Sachgrund rechtfertigen ließe.[788]

---

780) BVerfG 12.7.2011 – 1 BvR 1616/11 –, RiA 2012, 29; BVerwG 3.12.2014 – 2 A 3/13 –, E 151, 14 = Schütz/Maiwald BeamtR ES/A II 1.4 Nr. 231.

781) BayVGH 11.8.2015 – 6 CE 15.1379 –, juris Rn. 18.

782) OVG NRW 16.9.2015 – 6 A 1962/14 –, juris Rn. 11.

783) Vgl. etwa BVerwG 29.7.2020 – 2 VR 3/20 –, juris; SächsOVG 18.9.2014 – 2 B 60/14 –, juris Rn. 8.

784) Vgl. BVerfG 28.11.2011 – 2 BvR 1181/11 –, NVwZ 2012, 366; BVerwG 22.7.1999 – 2 C 14.98 –, ZTR 1999, 576.

785) Vgl. BVerwG 29.11.2012 – 2 C 6.11 –, ZTR 2013, 345; BVerwG 27.2.2014 – 1 WB 7.13 –, E 149, 153.

786) OVG NRW 10.3.2021 – 1 B 179/21 –, juris.

787) BayVGH 5.11.2015 – 3 CE 15.1606 –, juris Rn. 25.

788) OVG NRW 26.4.2018 – 6 B 355/18 –, IÖD 2018, 136.

Wird der Abbruch eines Auswahlverfahrens diesen grundsätzlichen Anforderung nicht gerecht, so darf von Verfassungs wegen keine Neuausschreibung erfolgen. In dieser Fallgestaltung werden die Bewerber des ursprünglichen Auswahlverfahrens durch eine Auswahlentscheidung in einem neuen Auswahlverfahren in ihrem Bewerbungsverfahrensanspruch verletzt.[789] Der Bewerbungsverfahrensanspruch aus einem abgebrochenen Auswahlverfahren erlischt deshalb erst, wenn der Abbruch des Auswahlverfahrens **rechtsbeständig** ist.[790] Die Rechtmäßigkeit des Abbruchs muss daher geklärt sein, bevor in einem weiteren Auswahlverfahren eine Entscheidung getroffen und das Amt vergeben wird.[791]

Im Hinblick auf die konkreten rechtlichen Anforderungen, denen der Abbruch eines Stellenbesetzungsverfahrens genügen muss, kommt es darauf an, ob sich der Dienstherr entschieden hat, die konkrete Stelle (jedenfalls zunächst und so, wie sie zugeschnitten ist) nicht mehr zu besetzen, oder aber zwar das eingeleitete Stellenbesetzungsverfahren abgebrochen wird, die Stelle aber in einem neuen Verfahren weiterhin besetzt werden soll. Bei der Entscheidung, eine Stelle nicht mehr besetzen zu wollen, ist der Dienstherr auch dann, wenn er ein Stellenbesetzungsverfahren bereits begonnen hatte, keinen strengeren Bindungen unterworfen, als sie für personalwirtschaftliche Entscheidungen darüber, ob und welche Ämter geschaffen werden und wie Dienstposten zugeschnitten werden sollen, auch ansonsten gelten. Eine solche Entscheidung unterfällt dem weiten, dem Anwendungsbereich des Art. 33 Abs. 2 GG vorgelagerten Organisationsermessen des Dienstherrn. Anders liegt es in der Fallgestaltung, in der der Dienstherr unbeschadet der getroffenen Abbruchentscheidung die Stelle weiterhin vergeben will, hierfür aber ein neues Auswahlverfahren für erforderlich hält. Da die Stelle in diesem Fall unverändert bestehen bleiben und auch besetzt werden soll, ist – und bleibt – in einem solchen Fall Art. 33 Abs. 2 GG Prüfungsmaßstab. Die Entscheidung, das in Gang gesetzte Auswahlverfahren abzubrechen, bezieht sich insofern nicht auf Zuschnitt und Gestaltung des Amtes, sondern auf die organisatorische Ausgestaltung seiner Vergabe, die als wesentliche Weichenstellung für die nachfolgende Auswahlentscheidung bereits selbst den Anforderungen des Art. 33 Abs. 2 GG Rechnung tragen muss. Deswegen bedarf es in einer solchen Fallgestaltung für die Abbruchentscheidung eines sachlichen Grundes, der den Vorgaben des Art. 33 Abs. 2 GG genügt.[792]

Der für den Abbruch maßgebliche Grund muss, wenn er sich nicht evident aus dem Vorgang selbst ergibt, **schriftlich dokumentiert** werden.[793] Die Bewerber' werden grundsätzlich nur durch eine schriftliche Fixierung der wesentlichen Erwägungen in die Lage versetzt, etwa anhand von Akteneinsicht, sachgerecht darüber befinden zu können, ob die Entscheidung des Dienstherrn ihren Bewerbungsverfahrensanspruch berührt und ob Rechtsschutz in Anspruch genommen werden kann (Art. 19 Abs. 4 GG). Darüber hinaus eröffnet erst die Dokumentation des sachlichen Grundes für den Abbruch des Auswahlverfahrens dem Gericht die Möglichkeit, die Beweggründe für den Abbruch nachzuvollziehen.[789] Damit ist ein konkludenter

789) BVerfG 28.11.2011 – 2 BvR 1181/11 –, NVwZ 2012, 366.

790) Vgl. hierzu BAG 17.8.2010 – 9 AZR 347/09 –, NJW 2010, 3595.

791) BVerwG 3.12.2014 – 2 A 3/13 –, E 151, 14.

792) BVerwG 10.12.2018 – 2 VR 4/18 –, ZTR 2019, 243; BayVGH 31.8.2020 – 6 CE 20.1325 –, juris; OVG NRW 13.2.2019 – 6 B 1683/18 –,Schütz/Maiwald BeamtR ES/A II 1.5 Nr. 77.

793) BVerwG 26.1.2012 – 2 A 7/09 –, E 141, 361; BAG 20.3.2018 – 9 AZR 249/17 –, AP Nr. 80 zu Art. 33 Abs. 2 GG.

Abbruch des Verfahrens ausgeschlossen. Da das Bundesverfassungsgericht offen lässt, in welchen Fällen sich der Grund für den Abbruch des Verfahrens bereits aus dem Verfahren selbst ergibt, sollte der Grund, der zum Abbruch des Verfahrens geführt hat, schriftlich fixiert werden.

Der Dienstherr muss unmissverständlich zum Ausdruck bringen, dass er das Verfahren entweder ohne Stellenbesetzung endgültig beenden oder – bei fortbestehender Stellenbesetzungsabsicht –„auf null" zurücksetzen und den Auswahlvorgang erneut beginnen will.[794]

Darüber hinaus müssen alle Bewerber' über den Abbruch des Auswahlverfahrens **zeitnah informiert** werden. Dies kann durch öffentliche Verlautbarung, etwa durch die Neuausschreibung der zu besetzenden Stelle oder durch tatsächliche Mitteilung der am Verfahren beteiligten Bewerber geschehen, soweit im Einzelfall gewährleistet ist, dass der sachliche Grund für den Abbruch des Verfahrens hinreichend schriftlich dokumentiert worden ist.[795] Der Dienstherr genügt dem Informationsbedürfnis der Bewerber', wenn er einen Bewerber' erst mit oder nach der erneuten Ausschreibung der Stelle, auf die sich dieser beworben hatte und die bei der Neuausschreibung unverändert geblieben ist, aber vor der Ernennung des im zweiten Auswahlverfahren ausgewählten Bewerbers' über den Abbruch des ersten Stellenbesetzungsverfahrens informiert.[796] Die einzelnen Gründe für den Abbruch eines Stellenbesetzungsverfahrens müssen nicht in der Benachrichtigung der Bewerber' substantiiert aufgeführt werden. Vielmehr ist es ausreichend, wenn diese schriftlich dokumentiert werden und sich der Betroffene' weitergehende Kenntnisse durch Akteneinsicht verschaffen kann.[797]

Abbildung 13-1: Muster-Schreiben für den Abbruch eines Auswahlverfahrens.

Frau/Herr
(Dienst-/Amtsbezeichnung)
(Vorname, Nachname)
(Straße, Hausnummer)

(Postleitzahl, Ort) (Ort, Datum)

Personalverhältnis
Abbruch des Auswahlverfahrens ... (Nummer/Ziffer des Auswahlverfahrens)

Sehr geehrte/r Frau/Herr ... (Nachname),

hiermit teile ich Ihnen mit, dass ich das Verfahren ... (Nummer/Ziffer des Auswahlverfahrens) zur Besetzung einer Stelle als ... (Dienstbezeichnung) bei ... (Dienststelle), am ... (Datum) abgebrochen habe.

794) BVerwG 27.10.2015 – 1 WB 56/14 –, juris Rn. 32.

795) BVerwG 29.11.2012 – 2 C 6.11 –, E 145, 185.

796) OVG NRW 14.6.2019 – 1 B 346/19 –, juris.

797) OVG NRW 30.5.2017 – 6 B 403/17 –, RiA 2017, 264.

Begründung: (die Begründung ist dem jeweiligen Abbruchgrund anzupassen!)
Nach eingehender Durchsicht und Prüfung aller eingegangenen Bewerbungen musste ich feststellen, dass kein Bewerber' sämtliche Kriterien des der Stellenbesetzung zugrunde liegenden konstitutiven Anforderungsprofils vollständig erfüllt, sodass das Auswahlverfahren nicht fortgeführt werden konnte.

Ich weise Sie hiermit gleichzeitig darauf hin, dass ich beabsichtige, die Stelle zur Besetzung erneut im städtischen Mitteilungsblatt auszuschreiben (fakultativ).

Im Auftrag
Unterschrift

13.2 Sachliche Gründe

Der Abbruch eines Auswahlverfahrens muss durch einen sachlichen Grund getragen werden. Im Hinblick auf die rechtlichen Anforderungen, denen der Abbruch eines Stellenbesetzungsverfahrens genügen muss, kommt es darauf an, ob sich der Dienstherr entschieden hat, die konkrete Stelle (jedenfalls zunächst und so, wie sie zugeschnitten ist) nicht mehr zu besetzen, oder aber zwar das eingeleitete Stellenbesetzungsverfahren abgebrochen wird, die Stelle aber in einem neuen Verfahren weiterhin besetzt werden soll. Bei der Entscheidung, eine Stelle nicht mehr besetzen zu wollen, ist der Dienstherr auch dann, wenn er ein Stellenbesetzungsverfahren bereits begonnen hatte, keinen strengeren Bindungen unterworfen, als sie für personalwirtschaftliche Entscheidungen darüber, ob und welche Ämter geschaffen werden und wie Dienstposten zugeschnitten werden sollen, auch ansonsten gelten. Eine solche Entscheidung unterfällt dem weiten, dem Anwendungsbereich des Art. 33 Abs. 2 GG vorgelagerten Organisationsermessen des Dienstherrn. Die gerichtliche Kontrolle ist insoweit regelmäßig darauf beschränkt zu prüfen, ob die Abbruchentscheidung sich als willkürlich oder rechtsmissbräuchlich darstellt.[798]

13.2.1 Schärfung des alten bzw. Erstellen eines neuen Anforderungsprofils

Ein sachlicher Grund für den Abbruch eines Verfahrens kann in der **Schärfung des Anforderungsprofils** liegen. Ein solcher Abbruch des Verfahrens ist dann begründet, wenn der Dienstherr im Einzelfall die Möglichkeit nachvollziehbar darlegen kann, dass sich potenzielle geeignete Bewerber' von einer Anmeldung ihres Interesses durch das geforderte Anforderungsprofil abhalten ließen.

Beispiel

Im Rahmen einer Stellenausschreibung waren die Besetzungen der Stelle des ständigen Vertreters des Schulleiters (Erster Konrektor)' sowie die Stelle des Zweiten Konrektors' an derselben Schule zusammengefasst.

Der Dienstherr brach das Auswahlverfahren ab und verfasste eine neue Ausschreibung, die sich ausschließlich auf den Posten des Zweiten Konrektors' bezog, um den Kreis der potenziellen Bewerber' zu ändern und zu erweitern.

Das Gericht stellte in diesem Zusammenhang fest, dass ein sachlicher Grund, der den Abbruch des Auswahlverfahrens rechtfertigt, vorliegt, da es möglich sei, dass sich potenzi-

798) BVerwG 10.12.2018 – 2 VR 4/18 –, ZTR 2019, 243.

elle – geeignete – Bewerber' von einer Bewerbung eventuell durch den Umstand haben abhalten lassen, „dass die Ausschreibung der Stelle des Zweiten Konrektors' unter einer Bedingung (nämlich, dass sich der derzeitige Stelleninhaber' im Rahmen derselben Besetzungsrunde erfolgreich für die Stelle eines Ersten Konrektors' bewerben würde) erfolgte und damit eine erhebliche Ungewissheit im Raum stand, ferner vielleicht auch, weil Interessenten im Hinblick auf die vorrangig ausgeschriebenen Konrektorenstellen' ein starkes Bewerberfeld erwarteten, dem sie sich nicht stellen wollten."[799]

Der Dienstherr kann sich **nicht** darauf berufen, er breche das Auswahlverfahren zum Zwecke der Schärfung des Anforderungsprofils ab, wenn die Beendigung des Verfahrens rein personenbedingt begründet wird.

Beispiel

Ein Auswahlverfahren wird abgebrochen, um einen Bewerber' gezielt von einer aussichtsreichen Bewerbungsposition zu verdrängen.

Der Dienstherr ist auch dann berechtigt, das Auswahlverfahren abzubrechen und mit einem neuen Anforderungsprofil erneut einzuleiten, wenn er während des Verfahrens die Erkenntnis erlangt hat, dass die Auswahlentscheidung unter Zugrundelegung des ursprünglichen Anforderungsprofils rechtswidrig ist.

Beispiel

Der Dienstherr erkennt im laufenden Verfahren, dass die Besonderheiten der zu besetzenden Stelle es erforderlich machen, dass der Stelleninhaber' ein Hochschulstudium absolviert hat. Sowohl im Anforderungsprofil als auch in der Stellenausschreibung war ein entsprechender Hinweis bisher nicht enthalten.

Bricht der Dienstherr daraufhin das Auswahlverfahren mit dem Hinweis ab, die Auswahlkriterien in der neuen Ausschreibung zu berücksichtigen, so liegt ein hinreichender Grund für den Abbruch des Verfahrens vor.[800]

13.2.2 Kein Bewerber erfüllt das Anforderungsprofil

Ergibt eine Betrachtung aller eingegangenen Bewerbungen, dass keiner der Bewerber' alle Voraussetzungen des geforderten Anforderungsprofils vollständig erfüllt, so hat der Dienstherr zwei Möglichkeiten, er kann das Auswahlverfahren

- **abbrechen** und die Stelle erneut mit demselben oder mit einem angepassten Anforderungsprofil ausschreiben oder
- **fortsetzen** und denjenigen Bewerber' auswählen, der die nach der Aufgabenbeschreibung des Dienstpostens objektiv erforderlichen Kriterien am besten erfüllt.

Ob das Auswahlverfahren fortgeführt oder abgebrochen wird, bleibt einer Entscheidung des Einzelfalls vorbehalten. Der Abbruch des Verfahrens ist immer dann gerechtfertigt, wenn kein Bewerber' das konstitutive Anforderungsprofil erfüllt.[801]

Soweit der Dienstherr sich entschließt, das Auswahlverfahren weiter durchzuführen, muss er in eigener Verantwortung entscheiden, welchen der zur Eignung, Befähigung und fachlichen Leistung zählenden Umstände er das größte Gewicht beimisst. Das Ermessen des Dienstherrn ist dadurch beschränkt, dass die nachträglich

799) BayVGH 18.2.2011 – 2 CE 10.2443 –, juris Rn. 37 ff.

800) VG Augsburg 27.3.2012 – Au 2 E 12.307 –, juris Rn. 21.

801) Für den Abbruch des Verfahrens, weil kein Bewerber über die Verwendungseignung „Leiter/in einem großen Finanzamt" verfügt, siehe BayVGH 5.11.2015 – 3 CE 15.1606 –, juris Rn. 25.

vorgenommene Gewichtung der Auswahlkriterien sich nachvollziehbar aus dem Anforderungsprofil und der Stellenbeschreibung herleiten lassen.[802]

Beispiel

Aus der Stellenbeschreibung ergibt sich, dass der Stelleninhaber‘ bei 90 Prozent der zu verrichtenden Tätigkeiten mit Microsoft Word und lediglich bei 10 Prozent der Tätigkeiten mit Microsoft Excel arbeiten muss. Sowohl das Anforderungsprofil als auch die erfolgte Stellenausschreibung fordern vom zukünftigen Stelleninhaber Kenntnisse sowohl in Microsoft Word als auch in Microsoft Excel als wünschenswert. Der Dienstherr kann im Rahmen der Auswahlentscheidung die Word-Kenntnisse der Bewerber‘ besonders ins Auge nehmen.

Der Dienstherr ist darüber hinaus berechtigt, ein einmal eingeleitetes Auswahlverfahren abzubrechen, wenn er aufgrund seiner **Bedenken gegen die Eignung des einzigen Bewerbers‘** für die zu besetzende Stelle beabsichtigt, mit einer neuen Ausschreibung einen **breiteren Personenkreis** anzusprechen In diesem Fall muss er sich für die Begründung des Abbruchs des Auswahlverfahrens zunächst auf dienstliche Beurteilungen stützen.[803] Ähnlich kann es sein, wenn sich der Dienstherr entscheidet, das Bewerber‘feld im Hinblick auf die lange Dauer des Auswahlverfahrens zu aktualisieren, etwa weil ein erheblicher Teil der Bewerber‘ ihre Bewerbung zwischenzeitlich zurückgezogen hat.[804]

13.2.3 Neue Beförderungsrichtlinien

Ein hinreichender Grund für den Abbruch eines eingeleiteten Auswahlverfahrens ist im Inkrafttreten von neuen Beförderungsrichtlinien während des laufenden Verfahrens zu sehen, wenn hierdurch der Beurteilungsmaßstab verändert wird. Der Dienstherr muss sich in diesem Fall dazu entschließen, die neuen Beförderungsrichtlinien nach der erfolgten Neuausschreibung tatsächlich zu berücksichtigen.[805]

Beispiel

Im Anforderungsprofil, welches dem Auswahlverfahren zugrunde liegt, ist festgelegt, dass für die zu besetzende Stelle, die nach Bes. Gr. A 11 bewertet ist, bereits vorhandene Leitungserfahrungen als Führungskraft wünschenswert sind.

In den zwischenzeitlich in Kraft getretenen neuen Beförderungsrichtlinien des Dienstherrn ist nunmehr zur Förderung des Nachwuchses erstmalig festgelegt, dass bei der Besetzung von Stellen der Bes. Gr. A 11 im Anforderungsprofil bereits vorhandene Leitungserfahrungen nicht mehr gefordert werden dürfen, da diese auch ausreichend nachträglich erworben werden können.

Der Abbruch des Verfahrens ist demnach nicht zulässig, wenn die Auswahlentscheidung auch bei Zugrundelegung des alten Anforderungsprofils unter Beachtung der neuen Beförderungsrichtlinien rechtmäßig gewesen wäre.

13.2.4 Keine hinreichenden aktuellen dienstlichen Beurteilungen

Der Abbruch eines Auswahlverfahrens ist durch einen sachlichen Grund gerechtfertigt, soweit die als Grundlage der Auswahlentscheidung herangezogenen dienst-

802) BVerwG 25.10.2011 – 2 VR 4.11 –, NVwZ-RR 2012, 241.

803) OVG NRW 26.4.2018 – 6 B 355/18 –, IÖD 2018, 136.

804) NdsOVG 14.9.2006 – 5 ME 219/06 –, juris Rn. 15.

805) BayVGH 1.2.2012 – 3 CE 11.2715 –, juris Rn. 27.

lichen Beurteilungen der Bewerber' nicht hinreichend aktuell sind, da das Verfahren bei Fortführung rechtswidrig gewesen wäre.[806]

Der Abbruch eines Auswahlverfahrens mit der Begründung, die dienstliche Beurteilung eines Mitbewerbers' sei nicht mehr aktuell, entbehrt allerdings dann eines sachlichen Grundes, wenn die dienstliche Beurteilung nicht länger zurückliegt als der Regelbeurteilungszeitraum und es auch keinen Grund für eine Anlassbeurteilung gibt.[807]

13.2.5 Umorganisation der inneren Behördenstruktur

Der Dienstherr kann ein Auswahlverfahren für einen förderlichen Dienstposten abbrechen, wenn er den ausgeschriebenen Dienstposten nicht mehr mit dem ursprünglich festgelegten Zuschnitt und der ursprünglichen besoldungsrechtlichen Einstufung besetzen will. In diesem Zusammenhang ist die gerichtliche Kontrolle auf die Prüfung beschränkt, ob sich die Entscheidung zum Abbruch als willkürlich oder rechtsmissbräuchlich erweist.[808] Soll der Dienstposten allerdings nach Abbruch des Auswahlverfahrens in einem neuen Auswahlverfahren besetzt werden, betrifft die Entscheidung zum Abbruch des Verfahrens nicht mehr nur den Zuschnitt und die Gestaltung des Dienstpostens, sondern stellt bereits die wesentlichen Weichen für die organisatorische Ausgestaltung der nachfolgenden Auswahlentscheidung. In diesem Fall muss die Abbruchsentscheidung den Anforderungen des Art. 33 Abs. 2 GG Rechnung tragen und bedarf eines sachlichen Grundes.[809]

13.2.6 Herabstufung oder Höherbewertung des Dienstpostens

Das Auswahlverfahren kann aus einem sachlichen Grund abgebrochen werden, wenn der Dienstherr sich entschließt, den ausgeschriebenen Dienstposten herabzustufen und die ausgeschriebene Beförderungsstelle in einen anderen Bereich zu verlagern.[810]

Entschließt sich der Dienstherr, während eines laufenden Auswahlverfahrens, die zu besetzende Stelle mit höherwertigen Aufgaben anzureichern und damit höher zu bewerten,[811] so kann er das Verfahren abbrechen und die Stelle mit einer entsprechenden höheren Dotierung erneut ausschreiben.[812]

Beispiel

Die Stelle eines Personalsachbearbeiters ist zu Beginn des Auswahlverfahrens nach Bes. Gr. A 10 bewertet. Während der Dauer des Auswahlverfahrens wird die Bewertung der Stelle auf Hinweis eines Mitarbeiters', der sich auf die Stellenanzeige nicht bewerben konnte, da er selbst in der Vergangenheit bereits nach Bes. Gr. A 11 befördert worden ist, vom Organisationsamt des Dienstherrn überprüft. Hierbei stellt sich heraus, dass die Stelle tatsächlich nach Bes. Gr. A 11 zu bewerten ist. Der Dienstherr bricht daraufhin das Auswahlverfahren ab und schreibt die Stelle unter Beachtung der gewonnenen Erkenntnisse erneut aus (vgl. § 18 Satz 2 BBesG bzw. die entsprechenden landesrechtlichen Regelungen).

806) VG Gelsenkirchen 26.1.2016 – 12 L 2173/15 –, juris Rn. 23.

807) BVerwG 10.5.2016 – 2 VR 2.15 –, ZBR 2016, 317.

808) BVerwG 10.12.2018 – 2 VR 4/18 –, ZTR 2019, 243.

809) OVG NRW 12.7.2018 – 1 B 11/60/17 –, juris.

810) BayVGH 15.10.2015 – 6 CE 15.1847 –, juris Rn. 14.

811) Zu Fragen der Dienstposten- und Stellenbewertung siehe Kapitel 6.

812) LAG Rheinland-Pfalz 9.2.2012 – 10 SaGa 11/11 –, juris Rn. 20.

13.2.7 Rechtsfehlerhaftes Auswahlverfahren

Ein sachlicher Grund für den Abbruch eines Auswahlverfahrens ist u. a. gegeben, wenn der Dienstherr den unverändert bleibenden Dienstposten weiterhin vergeben will, aber den Ausgang des ersten Auswahlverfahrens als unbefriedigend empfindet oder das bisherige Verfahren nach seiner Einschätzung an nicht behebbaren Mängeln mit der Folge leidet, dass eine den Anforderungen des Art. 33 Abs. 2 GG gerecht werdende Auswahlentscheidung allein in einem weiteren Auswahlverfahren denkbar erscheint.[813] Ein Mangel, der in einem Auswahlverfahren noch behoben werden kann, rechtfertigt damit einen Abbruch des Verfahrens zum Zwecke der Neuausschreibung nicht.[814] Ein sachlicher Grund für den Abbruch eines Auswahlverfahrens ist damit erstrecht anzunehmen, wenn ein Gericht die vom Dienstherrn getroffene Auswahlentscheidung mit bedenkenswerten Erwägungen beanstandet hat. In einem derartigen Fall liegt es im Ermessen des Dienstherrn, ein an wesentlichen Fehlern leidendes Auswahlverfahren nicht unter Heilung dieser Fehler weiter zu betreiben, sondern mit einem neuen Verfahren gleichsam von vorne zu beginnen.[815] Es steht dem Dienstherrn allerdings auch frei, das Auswahlverfahren ab dem festgestellten Fehler zu wiederholen.[816]

Geben die Ausführungen des Gerichts berechtigten Anlass, die Entscheidungsfindung zu überdenken, ist der Dienstherr nicht gehalten, den Rechtsweg auszuschöpfen.[817]

Wird ein Auswahlverfahren zur Besetzung eines Dienstpostens fortgesetzt, nachdem eine fehlerhafte erste Auswahlentscheidung aufgehoben wurde, so ist die Sach- und Rechtslage im Zeitpunkt der zu treffenden neuen Auswahlentscheidung maßgeblich. Die Auswahl nach dem Leistungsprinzip ist dabei grundsätzlich nicht auf den bei der ersten Auswahlentscheidung betrachteten Bewerberkreis begrenzt.[818]

13.2.8 Schwerbehinderung und amtsangemessene Beschäftigung

Der Dienstherr ist berechtigt, dem Anspruch des – schwerbehinderten – Versetzungsbewerbers‘ auf amtsangemessene Beschäftigung Vorrang einzuräumen, nachdem sein bisheriger Dienstposten weggefallen und ein anderer, auch räumlich in Betracht kommender Dienstposten nicht vorhanden war. Aus diesen Gründen kann das Auswahlverfahren abgebrochen werden.[819]

13.2.9 Beförderung würde dem Leistungsprinzip nicht gerecht werden

Ein sachlicher Grund ist ferner etwa gegeben, wenn eine Bewerbersituation entstanden ist, aufgrund derer der Dienstherr nach sachgerechter Prüfung zu der Auffassung gelangt, dass eine Beförderung eines Bewerbers‘ dem Maßstab der Eignung,

---

813) BVerfG 28.2.2007 – 2 BvR 2494/06 –, BVerfK 10, 355; BVerwG 29.11.2012 – 2 C 6/11 –, E 145, 185; BayVGH 20.9.2019 – 3 CE 19.1166 –, juris.

814) OVG NRW 12.7.2018 – 1 B 1160/17 –, IÖD 2018, 194.

815) BVerfG 24.9.2015 – 2 BvR 1686/15 –, ZTR 2015, 725; BVerwG 27.2.2014 – 1 WB 7.12 –, E 149, 153.

816) OVG NRW 2.9.2015 – 2 B 10765/15 –, juris Rn. 12; OVG Rheinland-Pfalz 1.7.2015 – 2 B 10497/15 –, juris Rn. 14.

817) BAG 17.8.2010 – 9 AZR 347/09 –, NZA 2011, 516.

818) BVerwG 29.4.2016 – 1 WB 27.15 –, juris Rn. 16.

819) BayVGH 13.1.2015 – 6 CE 14.2444 –, juris Rn. 13.

Befähigung und fachlichen Leistung nicht gerecht wird. Es ist nicht zu beanstanden, wenn der für die Auswahlentscheidung befugte Dienstherr sich entschließt, mit dem Ziel einer bestmöglichen Besetzung der Beförderungsstelle einen breiteren Interessentenkreis anzusprechen, weil er Bedenken gegen die Eignung der bisherigen Bewerber' hat. Es kommt insoweit nicht darauf an, ob die Eignungsbeurteilung in vollem Umfang einer rechtlichen Überprüfung standhält. Es genügt, dass der Dienstherr die bisherigen Bewerber' nicht uneingeschränkt für geeignet hält.[820]

13.2.10 Ämtergleiche Stellenbesetzung

Der Dienstherr ist an Art. 33 Abs. 2 GG gebunden, wenn und solange er an seiner Organisationsgrundentscheidung festhält, die Dienstpostenvergabe auch für Bewerber' zu öffnen, die nicht bereits ein der Wertigkeit des zu vergebenden Amtes entsprechendes Statusamt bekleiden (sog. Beförderungsbewerber). Revidiert der Dienstherr diese Festlegung und entschließt er sich, den Dienstposten nur noch statusgleich zu vergeben, ist er an die Maßstäbe aus Art. 33 Abs. 2 GG nicht mehr gebunden. In diesem Fall findet die Vergabe eines Statusamtes oder eine hierauf vorwirkende Auswahlentscheidung durch die Vergabe eines höherwertigen Dienstpostens gar nicht statt. Damit besteht auch unter Missbrauchserwägungen kein Anlass, dem Dienstherrn die Korrektur seiner Organisationsgrundentscheidung zu verwehren. Die Interessen etwaiger Beförderungsbewerber' werden dadurch gewahrt, dass ihnen mit dieser Verfahrensweise kein Konkurrent' vorgezogen werden kann. Der Dienstherr kann damit ein „Beförderungsverfahren" im Rahmen der ihm zustehenden Organisationsentscheidung abbrechen, soweit er den Dienstposten nur noch wertgleich, etwa im Rahmen einer Um- oder Versetzung, vergeben will.[821]

13.3 Rechtsschutz gegen den Abbruch eines Auswahlverfahrens

Effektiver Rechtsschutz für das auf Fortführung eines abgebrochenen Auswahlverfahrens gerichtete Begehren ist ausschließlich durch einen Antrag auf **Erlass einer einstweiligen Anordnung** nach § 123 VwGO zu erlangen, da der Abbruch des Auswahlverfahrens nach der in der Rechtsprechung herrschenden Auffassung keinen Verwaltungsakt darstellt, weil er nicht darauf gerichtet sei, eine unmittelbare Rechtsfolge zu setzen.[822]

Damit kann das Fehlen eines sachlichen Grundes für den Abbruch des Auswahlverfahrens geltend gemacht werden, wobei der Antrag binnen eines Monats nach Zugang der Mitteilung über den Abbruchgrund zu stellen ist. Stellt der Bewerber' nicht **innerhalb eines Monats nach Zugang der Abbruchmitteilung** einen derartigen Antrag, so darf der Dienstherr darauf vertrauen, dass der Bewerber' den Abbruch des Auswahlverfahrens nicht angreift, sondern sein Begehren im Rahmen der neuen Ausschreibung weiterverfolgt. Nach Ablauf der Monatsfrist ist die Möglichkeit, die Rechtmäßigkeit des Abbruchs des Auswahlverfahrens überprüfen zu lassen, deshalb verwirkt.[823]

820) BVerwG 26.1.2012 – 2 A 7.09 –, E 141, 361.

821) Vgl. BVerwG 3.12.2014 – 2 A 3/13 –, E 151, 14.

822) BVerwG 29.11.2012 – 2 C 6.11 –, ZTR 2013, 345 ; OVG NRW 11.2.2020 – 6 A 1027/19 –, juris; OVG Saarland 6.11.2015 – 1 B 151/15 –, juris Rn. 12.

823) BVerwG 10.12.2018 – 2 VR 4/18 –, juris; BVerwG 3.12.2014 – 2 A 3.13 –, Schütz/Maiwald ES/A II 1.4 Nr. 231.

Fehlt es damit an einem solchen fristgerechten Antrag, kann die Unwirksamkeit des Abbruchs eines Auswahlverfahrens im Rahmen eines weiteren Auswahlverfahrens für denselben Dienstposten nach dem Grundsatz von Treu und Glauben nicht geltend gemacht werden.[824]

824) HessVGH 10.11.2015 – 1 B 286/15 –, IÖD 2016, 26.

14 Unterrichtungs- und Dokumentationsverpflichtungen bei Auswahlentscheidungen

Im Rahmen eines Auswahlverfahrens ist der Dienstherr immer wieder zur schriftlichen Dokumentation verpflichtet. Diese Pflicht besteht erstmalig mit der schriftlichen Fixierung des Anforderungsprofils. Nach der Auswahlentscheidung und damit nach Abschluss des Verfahrens ist der Dienstherr abschließend verpflichtet, die unterlegenden Bewerber' über den Ausgang des Verfahrens schriftlich zu informieren und die wesentlichen Auswahlerwägungen schriftlich mit der Möglichkeit der Einsichtnahme durch die Bewerber' niederzulegen. (Vgl. hierzu Kapitel 10 „Dienstliche Beurteilungen" und Kapitel 12 „Eignungsentscheidung".)

14.1 Dokumentation der Auswahlentscheidung

Aus Art. 33 Abs. 2 GG i. V. m. Art. 19 Abs. 4 GG folgt zur Sicherung des Gebotes effektiven Rechtsschutzes die Verpflichtung des Dienstherrn, die seiner Entscheidung[825] zugrunde liegenden **wesentlichen Auswahlerwägungen vor Abschluss des Verfahrens schriftlich niederzulegen.**[826]

Maßgeblicher Zeitpunkt ist die abschließende Entscheidung des Dienstherrn über die Stellenbesetzung und damit grundsätzlich der Besetzungsvermerk.[827] Nur durch eine schriftliche Fixierung der wesentlichen Auswahlerwägungen wird der Mitbewerber' in die Lage versetzt, sachgerecht darüber befinden zu können, ob er die Entscheidung des Dienstherrn hinnehmen soll oder ob Anhaltspunkte für einen Verstoß gegen den Anspruch auf faire und chancengleiche Behandlung seiner Bewerbung bestehen und er gerichtlichen Rechtsschutz in Anspruch nehmen will. Darüber hinaus eröffnet erst die Dokumentation der maßgeblichen Erwägungen dem Gericht die Möglichkeit, die angegriffene Entscheidung eigenständig nachzuvollziehen. Schließlich stellt die schriftliche Dokumentation der Auswahlerwägungen sicher, dass die Bewertungsgrundlagen der entscheidenden Stelle vollständig zur Kenntnis gelangt sind; sie erweist sich damit als verfahrensbegleitende Absicherung der Einhaltung der Maßstäbe des Art. 33 Abs. 2 GG.[828]

Die Begründungs- und Mitteilungspflicht ergibt sich zudem bereits daraus, dass der unterlegene Bewerber' im Rahmen eines Verfahrens des vorläufigen Rechtsschutzes gemäß § 123 Abs. 3 VwGO, § 920 Abs. 2 ZPO sowohl den **Anordnungsanspruch als auch den Anordnungsgrund glaubhaft zu machen hat.**[829] Demnach

825) Die Auswahlentscheidung beinhaltet einen Verwaltungsakt mit Drittwirkung; vgl. Kenntner ZBR 2016, 181.

826) Zur Auswahlentscheidung und der Konkurrentenmitteilung s. auch Hoffmann in Schütz/Maiwald, Teil B, BeamtStG, Rn. 21 ff. zu § 9.

827) BayVGH 25.1.2016 – 3 CE 15.2012 –, juris Rn. 30.

828) BVerfG 9.7.2007 – 2 BvR 206/07 –, Schütz/Maiwald BeamtR ES/A II 1.4 Nr. 161 = ZTR 2007, 707; BVerfG 25.11.2015 – 2 BvR 1461/15 –, ZTR 2016, 119; OVG NRW 25.8.2014 – 6 B 759/14 –, Schütz/Maiwald ES/D I 2 Nr. 123 m. w. N; OVG NRW 27.2.2020 – 6 B 11/20 –, juris.

829) Soweit die h.M. den Weg über die Sicherungsanordnung nach § 123 Abs. 1 Satz 1 VwGO wählt, scheint es näher zu liegen, soweit der Dienstherr die sofortige Vollziehung seiner Auswahlentscheidung angeordnet hat, einen Antrag auf Wiederherstellung der aufschiebenden Wirkung nach § 80a Abs. 3, § 80 Abs. 5 Satz 1 VwGO als zulässig zu erachten, vgl. Kenntner ZBR 2016, 181.

obliegt ihm die Darlegungslast für die von ihm behauptete Fehlerhaftigkeit der angegriffenen Auswahlentscheidung und der damit einhergehenden Verletzung seines Bewerbungsverfahrensanspruches. Grundlage für sein Vorbringen können ausschließlich die in den Akten niedergelegten Auswahlerwägungen sein.[830]

Diese für beamtenrechtliche Konkurrentenstreitverfahren entwickelten und gefestigten Grundsätze gelten für **hochschulrechtliche Konkurrentenstreitigkeiten zur Besetzung von Professorenstellen** in gleicher Weise. Auch ein Bewerber' um eine Professur kann deshalb verlangen, dass über seine Bewerbung ermessens- und beurteilungsfehlerfrei entschieden wird. Hinsichtlich der fachwissenschaftlichen Eignung ist allerdings zu berücksichtigen, dass der Hochschule eine besondere, durch Art. 5 Abs. 3 Satz 1 GG verfassungsrechtlich geschützte Beurteilungskompetenz über die Qualifikation eines Bewerbers' für eine Hochschullehrerstelle zusteht.[831]

Auch der **Arbeitgeber' des öffentlichen Dienstes** ist verpflichtet, die Leistungsbewertungen und die wesentlichen Auswahlerwägungen schriftlich niederzulegen, da nur die Schriftform gewährleistet, dass der gerichtliche Rechtsschutz nicht vereitelt oder unzumutbar erschwert wird.[832]

Zur Dokumentation der Auswahlentscheidung **verpflichtet** ist primär die Stelle, die auch für die zu treffende Auswahlentscheidung zuständig ist.[833]

Eine ausreichende schriftliche Dokumentation der Auswahlentscheidung liegt nicht vor, wenn der Dienstherr lediglich einen schriftlichen **Besetzungsvorschlag** einer Auswahlkommission **billigt.** Dies gilt zumindest dann, wenn der vorliegende Besetzungsvorschlag nicht wortlautgetreu umgesetzt wird.

Die Auswahlentscheidung ist mangels unmittelbarer Rechtswirkung nach außen kein Verwaltungsakt. Diese tritt erst mit der (schriftlichen) Mitteilung des Auswahlergebnisses an den unterlegenen Bewerber' ein. Die Konkurrentenmitteilung ist damit für den unterlegenen Bewerber' ein **belastender Verwaltungsakt.**[834] Dieser entfaltet mit seiner Bekanntmachung äußere Wirksamkeit. Wird die Konkurrentenmitteilung dem unterlegenen Bewerber' durch die Post übermittelt, gilt der Verwaltungsakt nach § 41 Abs. 2 Satz 1 VwVfG am dritten Tag nach der Aufgabe zur Post als bekannt gegeben. Die gesetzliche Bekanntgabevermutung greift dann nicht ein, wenn im Einzelfall berechtigte Zweifel daran bestehen, dass eine gewöhnliche Postsendung den Empfänger' binnen weniger Tage erreicht. Das schlichte Bestreiten des Betroffenen', der Verwaltungsakt sei ihm nicht zugegangen, reicht regelmäßig nicht aus, um die Zugangsvermutung des § 41 Abs. 2 Satz 1 VwVfG zu entkräften. Vielmehr muss der Adressat sein Vorbringen nach Lage des Einzelfalls derart substantiieren, dass zumindest ernsthafte Zweifel am Zugang begründet werden.[835]

---

830) NdsOVG 18.8.2011 – 5 ME 212/11 –, juris Rn. 12.

831) OVG NRW 22.7.2014 – 6 A 815/11 –, NWVBl. 2015, 30 m. w. N; OVG NRW 10.2.2016 – 6 B 33/16 –, juris Rn. 8.

832) BAG 21.1.2003 – 9 AZR 72/02 –, ZTR 2003, 46.3; LAG Rheinland-Pfalz 15.12.2015 – 7 Sa 134/15 –, juris Rn. 105.

833) BVerwG 3.2.2015 – 1 WDS-VR 2.14 –, juris Rn. 28.

834) BVerwG 25.8.1988 – 2 C 62.85 –, ZBR 1989, 280; OVG NRW 9.5.2007 – 6 B 218/07 –, juris Rn. 9.

835) OVG NRW 26.11.2014 – 6 A 1784/12 –, juris Rn. 22.

Der **öffentliche Arbeitgeber'** kann sich nicht auf §41 Abs. 2 Satz 1 VwVfG berufen. Dementsprechend gelten die allgemeinen zivilrechtlichen Beweislastregelungen. Der Arbeitgeber' ist damit darlegungs- und beweispflichtig, dass die Konkurrentenmitteilung dem unterlegenen Bewerber' **zugegangen** ist, etwa durch Vorlage eines unterzeichneten Empfangsbekenntnisses.

Jedem unterlegenen (internen) Bewerber' ist im Hinblick auf Art. 33 Abs. 2 GG i. V. m. Art. 19 Abs. 4 GG die Möglichkeit einzuräumen, sich durch Akteneinsicht Kenntnis von den wesentlichen Auswahlerwägungen zu verschaffen.[836]

Das **Recht auf Akteneinsicht** erstreckt sich unter Beachtung des Rechts auf informationelle Selbstbestimmung nur auf die Teile der Auswahlentscheidung, die sich auf den betroffenen unterlegenen Bewerber' und auf den leistungsbesten Bewerber' beziehen, sofern die Auswahlentscheidung ausschließlich auf einem Leistungsvergleich zwischen diesen beiden Bewerbern' beruht, da der Bewerbungsverfahrensanspruch des unterlegenen Bewerbers' verletzt ist, wenn die Auswahlentscheidung im Verhältnis zum obsiegenden Bewerber' fehlerhaft ist. Etwas anderes gilt, wenn der Dienstherr einen Leistungsvergleich aller Bewerber' untereinander angestellt und dabei eine Rangfolge der Bewerber' gebildet hat. In diesem Fall ist ausnahmsweise auch Einsicht in die Auswahlerwägungen zu gewähren, welche weitere nicht am gerichtlichen Verfahren beteiligte Bewerber' betreffen. Der Auskunftsanspruch des unterlegenen Bewerbers' umfasst zudem immer ein Einsichtsrecht in die letzte dienstliche Beurteilung des ausgewählten Bewerbers.[837]

Eine **Klage auf „isolierte" Akteneinsicht** (eines externen Bewerbers') in beamtenrechtlichen Verfahren ist nach §44 a VwGO **unzulässig**, da danach Rechtsbehelfe gegen behördliche Verfahrenshandlungen nur gleichzeitig mit den gegen die Sachentscheidung zulässigen Rechtsbehelfen geltend gemacht werden können.[838] Selbiges gilt auch mangels vorliegenden Rechtsschutzinteresses für das arbeitsgerichtliche Verfahren.

Wichtig!

Dem unterlegenen Bewerber' muss durch den Dienstherrn die Möglichkeit eingeräumt werden, die Auswahlentscheidung vor der endgültigen Ernennung gerichtlich überprüfen zu können, indem diesem die Auswahlentscheidung mitgeteilt worden ist und er die Möglichkeit hatte, von den wesentlichen Auswahlerwägungen Kenntnis zu nehmen. Nur so erfüllt der Dienstherr die Ansprüche der Bewerber' aus Art. 33 Abs. 2 und Art. 19 Abs. 4 GG. Dementsprechend darf der Dienstherr den Bewerber' erst dann ernennen, wenn feststeht, dass der Antrag auf Erlass einer einstweiligen Anordnung keinen Erfolg hat. Ein Hauptsacheverfahren findet dann wegen der Rechtsbeständigkeit der Ernennung nicht mehr statt.[839] Kommt der Dienstherr seiner Mitteilungs- und Dokumentationsverpflichtung nicht nach, kann der unterlegene Bewerber' regelmäßig gegen die erfolgte Ernennung Anfechtungsklage erheben. Die Verwirkung des Rechts (§242 BGB) eines Beamten', die Verletzung seines Bewerbungsverfahrensanspruchs durch die Anfechtung der – unter Rechtsschutz verhindernden Umständen zustande gekommenen – Beförderung des Ausgewählten' geltend zu machen, kommt nämlich nur in Betracht, wenn der Beamte' Kenntnis von der Beförderung

836) BVerwG 16.12.2008 – 1 WB 19/08 –, juris; OVG LSA 29.4.2021 – 1 M 17/21 –, juris.

837) OVG Rheinland-Pfalz 21.3.2016 – 10 B 10215/16 –, juris Rn. 3 f.

838) BVerwG 20.10.2016 – 2 C 30/15 –, Schütz/Maiwald BeamtR ES/E IV Nr. 104; OVG NRW 1.6.2015 – 1 A 11/14 –, DÖD 2015, 271; das BVerwG deutete allerdings in seiner Entscheidung vom 20.11.2012 – 1 WB 4.12 –, juris Rn. 22 (noch) an, dass im Einzelfall aus Gründen des effektiven Rechtsschutzes auch die selbstständige gerichtliche Durchsetzung eines Nebenanspruches in Betracht kommen könne.

839) BVerwG 4.11.2010 2 C 16/09 –, E 138, 102 = ZTR 2011, 256 = Schütz/Maiwald BeamtR ES/A II 1.4 Nr. 200; OVG NRW 17.6.2019 – 6 A 1133/17 –, IÖD 2019, 218.

hatte oder hätte haben müssen und dennoch über einen längeren Zeitraum nichts zur Wahrung des Rechts unternommen hat. Nur dann ist er unter Verhältnissen untätig geblieben, unter denen vernünftigerweise etwas zur Rechtswahrung unternommen zu werden pflegt.[840] Zudem kann dem Bewerber' nach dem Grundsatz des widersprüchlichen Verhaltens („venire contra factum proprium") verwehrt sein, gegen die erfolgte Ernennung erfolgreich gerichtlich vorzugehen. Etwa dann, wenn er sich im Rahmen des gerichtlichen Verfahrens auf die Fehlerhaftigkeit seiner dienstlichen Beurteilung berufen will, er aber bei der Eröffnung der Beurteilung auf die Möglichkeit der Gegenäußerung ausdrücklich verzichtet hat.[841]

14.2 Konkurrentenmitteilung

Das dem gerichtlichen Rechtsschutzverfahren vorgelagerte Verwaltungs- bzw. Auswahlverfahren darf nicht so ausgestaltet sein, dass es den gerichtlichen Rechtsschutz vereitelt oder unzumutbar erschwert[842]. Art 33 Abs. 2 GG i. V. m. Art. 19 Abs. 4 GG verpflichtet daher den Dienstherrn, dem unterlegenen Bewerber' rechtzeitig vor der Ernennung des Mitbewerbers' den Ausgang des Auswahlverfahrens mitzuteilen.[843] Die **Konkurrentenmitteilung,** in der dem unterlegenen Bewerber' das Ergebnis der Auswahlentscheidung mitgeteilt wird, muss **hinreichend begründet** werden.[844] (Zu Rückmeldegesprächen mit Bewerbern' siehe Abschnitt 12.6.) Dies gilt auch bei Auswahlentscheidungen, die eine große Anzahl von Bewerbern' betreffen.[845] Die Konkurrentenmitteilung (oder Negativmitteilung) muss den unterlegenen Bewerber' in die Lage versetzen, sachgerecht darüber zu befinden, ob Anhaltspunkte für einen Verstoß gegen seinen Bewerbungsverfahrensanspruch gegeben sind und er deshalb gegen die Entscheidung des Dienstherrn um gerichtlichen Eilrechtsschutz nachsuchen will. Sie muss ihm folglich die tragenden Gründe für seine Nichtauswahl nennen, ihm also mitteilen, warum er bereits auf der Ebene des Anforderungsprofils ausgeschieden ist bzw., wenn dies nicht der Fall war, aus welchen Gründen der erfolgreiche Bewerber' ihm gegenüber den Vorzug erhalten hat, ob dies also aufgrund eines angenommenen Qualifikationsvorsprungs oder aufgrund von – zu benennenden – Hilfskriterien geschehen ist.[846] Im Vorfeld einer oder mehrerer Beförderungen muss die Konkurrentenmitteilung zudem Aufschluss über die Anzahl der zu befördernden Konkurrenten' geben. Soweit Beförderungsranglisten erstellt werden, ist der unterlegene Bewerber' auch über die eigene Position in der Rangliste zu informieren.[847] Dem unterlegenen Bewerber' muss damit im Rahmen der Konkurrentenmitteilung aufgezeigt werden, aus welchen Gründen die Auswahlentscheidung **nicht** auf ihn selbst entfallen ist. Die aus Art. 19 Abs. 4 i. V. m. Art. 33 Abs. 2 GG abzuleitende Verpflichtung des Dienstherrn, unterlegene Bewerber' um ein Beförderungsamt rechtzeitig über das Ergebnis des Auswahlverfahrens zu unterrichten (Informationspflicht), besteht auch bei der Vergabe von Beförde-

840) BVerwG 30.8.2018 – 2 C 10/17 –, E 163, 36 für den Fall alljährlicher und in regelmäßigen Abständen erfolgender Beförderungen.

841) OVG NRW 9.2.2021 – 6 B 1240/20 –, juris.

842) Vgl. BVerfG 8.7.1982 – 2 BvR 1187/90 –, E 61, 82.

843) BVerfG 9.7.2007 – 2 BvR 206/07 –, Schütz/Maiwald BeamtR ES/A II 1.4 Nr. 161 = ZTR 2007, 707; BVerfG 19.9.1989 – 2 BvR 1576/88 ,- NJW 1990, 501.

844) NdsOVG 18.2.2016 – 5 NE 2/16 –, juris Rn. 12.

845) BVerwG 1.4.2004 – 2 C 26.03 –, Schütz/Maiwald ES/A II 1.4 Nr. 110.

846) OVG NRW 22.12.2015 – 1 B 1026/15 –, juris Rn. 15.

847) NdsOVG 25.11.2014 – 5 LB 7/14 –, juris Rn. 44.

rungsplanstellen im Rahmen der Topfwirtschaft. Weder eine Ausschreibung der Stellen noch eine (förmliche) Bewerbung des nach den dienst- und insbesondere laufbahnrechtlichen Voraussetzungen als Beförderungsaspirant einzustufenden Beamten' ist somit hierfür Voraussetzung.[848]

Wichtig!

Das Unterbleiben einer Konkurrentenmitteilung als solche betrifft nicht die Rechtmäßigkeit der Auswahlentscheidung, sondern ausschließlich deren Kommunikation gegenüber den nicht berücksichtigten Bewerbern'. Sie hat deshalb lediglich Bedeutung für das Verfahren der Rechtsschutzgewährung, schlägt aber nicht auf die materiell-rechtliche Beurteilung der Auswahlentscheidung selbst durch.[849]

Abbildung 14-1: Muster einer Konkurrentenmitteilung.

Frau/Herr
(Dienst-/Amtsbezeichnung)
(Vorname, Nachname)
(Straße, Hausnummer)

(Postleitzahl, Ort) (Ort, Datum)

Personalverhältnis
Ergebnis des Stellenbesetzungsverfahrens ... (Nummer/Ziffer des Stellenbesetzungsverfahrens/Dienstpostenbezeichnung)

Sehr geehrte/r Frau/Herr ... (Nachnahme),

hiermit teile ich Ihnen mit, dass das Verfahren ... (Nummer/Ziffer des Stellenbesetzungsverfahrens) zur Besetzung einer Stelle als ... (Dienstbezeichnung) bei ... (Dienststelle), am ... (Datum) abgeschlossen werden konnte.

Unter Beachtung des Grundsatzes der Bestenauslese fiel meine Entscheidung auf Herrn Mustermann. Ich werde die (Bezeichnung der konkreten Personalentscheidung) zwei Wochen nach Zugang dieses Schreibens vollziehen.

Begründung für die Auswahlentscheidung:
(die Begründung ist entsprechend dem Einzelfall anzupassen!)

Nach eingehender Durchsicht und Prüfung aller zehn eingegangenen Bewerbungen musste ich feststellen, dass von den mir vorliegenden dienstlichen Beurteilungen insgesamt zwei mit der Bestnote „sehr gut" abschließen. Zum Auswahlverfahren waren lediglich Beförderungsbewerber mit dem statusrechtlichen Amt der Besoldungsgruppe A 10 zugelassen. Im Hinblick auf die Endnote war damit eine weitere Differenzierung bzgl. der statusrechtlichen Ämter der Bewerber nicht vorzunehmen.

Unter Beachtung der Einzelmerkmale der dienstlichen Beurteilungen konnte im Rahmen deren Ausschärfung bei einem Bewerber ein signifikanter Leistungsvorsprung gegenüber den übrigen verbliebenen Bewerbern festgestellt werden, da nur dieser in den für die zu besetzende Stelle besonders wichtigen Soll-Kriterien des Anforderungsprofils ... (Aufzählung) mit der bestmöglichen Bewertung benotet wurde.

Herr Mustermann war damit als leistungsbester Bewerber auszuwählen.

Im Auftrag

Unterschrift

848) OVG NRW 18.10.2014 – 1 B 883/14 –, ZBR 2015, 175.

849) OVG NRW 9.2.2021 – 6 B 1240/20 –, juris.

Die von den Gerichten entwickelten Vorgaben gelten grundsätzlich auch, soweit es um die **Bewerbung eines Außenstehenden'** geht, da auch dieser sich auf Art. 33 Abs. 2 GG berufen kann. In der Konkurrentenmitteilung hat der Dienstherr darauf hinzuweisen, dass die Entscheidung nicht auf den Bewerber' gefallen ist. Zudem bedarf es eines Hinweises auf das positive Ergebnis des Auswahlverfahrens.[850]

Für die beamtenrechtliche Konkurrentenmitteilung gilt nicht § 114 Satz 2 VwGO, weil sie nicht selbst die Ermessensentscheidung darstellt, sondern nur die Auswahlentscheidung mitteilt. Die Begründung der Konkurrentenmitteilung kann deshalb gemäß § 45 Abs. 2 VwVfG auch noch im gerichtlichen Verfahren nachgeholt werden, wenn der Dienstherr die für die Auswahlentscheidung maßgeblichen Gründe schriftlich niedergelegt hat bzw. im gerichtlichen Verfahren zulässigerweise ergänzt hat. Erfährt der abgelehnte Bewerber' erst im gerichtlichen Verfahren die Begründung und nimmt daraufhin seinen Antrag zurück oder erklärt das Verfahren für erledigt, kann dies allerdings dazu führen, dass der Dienstherr gemäß § 155 Abs. 4 VwGO die Kosten des Verfahrens zu tragen hat.[851]

14.3 Folgen einer unzureichenden Dokumentation der Auswahlentscheidung

Der Dienstherr ist verpflichtet, alle wesentlichen Gesichtspunkte seiner Auswahlentscheidung schriftlich zu dokumentieren. Ein **Nachschieben** dieser Gründe im gerichtlichen Verfahren ist **unzulässig,** da anderenfalls die Rechtsschutzmöglichkeiten des unterlegenen Bewerbers' in unzumutbarer Weise gemindert würden.[852] Deshalb dürfen die Auswahlerwägungen des Dienstherrn im gerichtlichen Verfahren lediglich ergänzt, nicht aber erstmals dargelegt werden.[853] Dem Bewerber' ist es insbesondere nicht zuzumuten, die Auswahlentscheidung des Dienstherrn gewissermaßen „ins Blaue hinein" in einem gerichtlichen Eilverfahren angreifen zu müssen, um nur die tragenden Erwägungen dieser Entscheidung zu erfahren. Der Verstoß gegen die verfassungsrechtlich vorgegebene Dokumentationspflicht lässt sich nicht im gerichtlichen Verfahren nachträglich heilen. Es handelt sich nicht um einen bloßen verwaltungsverfahrensrechtlichen Begründungsmangel, welcher in Anwendung des § 45 Abs. 1 Nr. 2 i. V. m. Abs. 2 VwVfG bis zum Ende der ersten Instanz eines verwaltungsgerichtlichen Verfahrens durch Nachholung behoben werden kann.[854]

Beispiel

Unzulässig ist es, die Auswahlerwägungen nach einer erstinstanzlichen Entscheidung in einem Widerspruchsbescheid vollständig auszutauschen.[855]

§ 114 Satz 2 VwGO lässt nur die Ergänzung einer Ermessensentscheidung im Rahmen eines gerichtlichen Verfahrens zu. Die Auswahlerwägungen des Dienstherrn dürfen damit im gerichtlichen Verfahren lediglich ergänzt, nicht aber erstmals dar-

850) BGH 6.4.1995 – III ZR 183/94 –, BGHZ 129, 226.

851) OVG NRW 18.2.2016 – 5 ME 2/16 –, juris Rn. 12.

852) HessVGH 3.12.2015 – 1 B 1168/15 –, juris Rn. 7.

853) BVerwG 20.8.2003 – 1 WB 23.03 –, juris Rn. 6.

854) OVG NRW 22.2.2016 – 6 B 1357/15 –, juris Rn. 7 und 10.

855) BVerfG 23.6.2015 – 2 BvR 161/15 –, NVwZ 2016, 59.

gelegt werden.[856] Etwas anderes gilt für die Konkurrentenmitteilung als belastender Verwaltungsakt. Die Begründung einer Konkurrentenmitteilung kann nach § 45 Abs. 2 VwVfG auch noch im gerichtlichen Verfahren nachgeholt werden, wenn der Dienstherr die für die Auswahlentscheidung maßgeblichen Gründe schriftlich niedergelegt hat.[857] Selbiges gilt für das arbeitsgerichtliche Verfahren, da maßgeblicher Zeitpunkt für die Frage der Rechtmäßigkeit der Auswahlentscheidung die Fixierung der maßgebenden Auswahlerwägungen sein muss.

Wichtig!

Verstößt der **Dienstherr** gegen seine Verpflichtung, die wesentlichen Auswahlerwägungen schriftlich zu dokumentieren, **verletzt** er den sich aus Art. 33 Abs. 2 GG folgenden **Bewerbungsverfahrensanspruch** der unterlegenen Bewerber', da der Bewerbungsverfahrensanspruch zur Sicherung eines effektiven Rechtsschutzes die Pflicht des Dienstherrn umfasst, die maßgeblichen Auswahlerwägungen in einem Besetzungsvermerk zu dokumentieren, damit diese dem unterlegenen Bewerber im Rahmen eines gerichtlichen Konkurrentenstreitverfahrens im erforderlichen Umfang zugänglich gemacht werden können.[858]

14.4 Umfang der Dokumentationspflicht

Die Frage, welchen Mindestinhalt die schriftlich fixierten Auswahlerwägungen haben und insbesondere welche Begründungstiefe sie wenigstens aufweisen müssen, kann nicht regelhaft und losgelöst von den etwaigen Besonderheiten des Einzelfalles beantwortet werden. Maßstab kann insoweit nur sein, dass die Erwägungen jeweils ausreichen müssen, um den beschriebenen Zweck der Dokumentationspflicht zu erfüllen, d. h., eine hinreichende und zumutbare Orientierung hinsichtlich einer etwaigen Inanspruchnahme von Rechtsschutz zu ermöglichen.[859]

14.4.1 Dokumentationsverpflichtung und Nichteinbeziehen eines Bewerbers' in das Auswahlverfahren

Die **Dokumentationsverpflichtung gilt auch** in den Fällen, in denen der Dienstherr einen Bewerber' von vornherein in das weitere Auswahlverfahren nicht einbezieht. Auch der Bewerber', der in die eigentliche Auswahlentscheidung deshalb nicht einbezogen wird, weil der Dienstherr – zu Recht oder zu Unrecht – davon ausgeht, das **konstitutive Anforderungsprofil** sei **nicht erfüllt,** hat den aus dem Bewerbungsverfahrensanspruch folgenden Anspruch auf die schriftliche Dokumentation der Auswahlerwägungen.[860]

Dem Dienstherrn obliegt es, unter Beachtung der den jeweiligen Einzelfall kennzeichnenden Umstände ermessensfehlerfrei darüber zu entscheiden, ob er einen Beamten' aufgrund einer **disziplinarischen Untersuchung** wegen der dadurch begründeten Zweifel an seiner Eignung von einer möglichen Beförderung ausschließen möchte. Hierbei steht dem Dienstherrn ein weiter Beurteilungsspielraum

856) BVerwG 20.8.2003 – 1 WB 23.03 –, Schütz/Maiwald ES/A II 1.4 Nr. 107.

857) NdsOVG 18.2.2016 – 5 ME 2/16 –, juris Rn. 12.

858) BVerfG 5.9.2007 – 2 BvR 1855/07 –, NVwZ-RR 2008, 433; BVerfG 9.7.2007 – 2 BvR 206/07 –, ZTR 2007, 707.

859) BVerwG 16.12.2008 – 1 WB 19.08 –, NVwZ-RR 2009, 604; OVG NRW 2.10.2015 – 6 B 794/15 –, juris Rn. 4.

860) ThürOVG 12.9.2013 – 2 EO 412/13 –, juris Rn. 26; Thür. OVG 24.10.2014 – 2 EO 457/14 –, IÖD 2015, 17.

zu. Er hat damit zu entscheiden, ob der betreffende Bewerber' in das Auswahlverfahren einbezogen wird. Damit übt der Dienstherr schon auf der ersten Stufe sein Auswahlermessen in Bezug auf den der weiteren Auswahlentscheidung zugrunde liegenden Bewerberkreis aus. Damit müssen die Erwägungen, die der Dienstherr im Zeitpunkt der (Vor-)Auswahlentscheidung in Ausübung des ihm zukommenden Beurteilungsspielraums hinsichtlich der Eignung von Bewerbern' und/oder in Ausübung seines Auswahl- und Verwendungsermessens angestellt hat, in einer den Anforderungen des Art. 33 Abs. 2 GG i. V. m. Art. 19 Abs. 4 GG genügenden Weise schriftlich dokumentiert werden. In einer solchen Dokumentation sind alle wesentlichen Gesichtspunkte für die Nichteinbeziehung bestimmter Bewerber' in das weitere Auswahlverfahren zu nennen.[861] Aus der Sicht des Verfassers ist die Rechtsauffassung der Verwaltungsgerichte nicht auf ein Arbeitsverhältnis übertragbar. Dementsprechend ist es rechtlich nicht zulässig, Arbeitnehmer' von einem Auswahlverfahren unter Hinweis auf eine zurzeit anberaumte „arbeitsrechtliche" Untersuchung auszuschließen. Etwas anderes kann nur dann gelten, wenn das Arbeitsverhältnis durch ordentliche oder außerordentliche arbeitgeberseitige Kündigung beendet werden soll.

14.4.2 Dokumentationsverpflichtung und Auswahlgespräche

Auswahlgespräche (s. Abschnitt 11.8) müssen umfassend protokolliert werden. Insoweit reicht es nach der Rechtsprechung des 6. Senats des Oberverwaltungsgerichts Nordrhein-Westfalen aus, wenn deren Gegenstand sowie die Bewertungen in Grundzügen nachvollziehbar dokumentiert sind. Dies kann mit Protokollen oder Bewertungsbögen, aber auch in einer Begründung des abschließenden Vorschlags des Auswahlgremiums – etwa im Auswahlvermerk – erfolgen. Eine Protokollierung des Inhalts der Gespräche in der Art einer Niederschrift ist nach ständiger Rechtsprechung des Senats hingegen nicht erforderlich, auch müssen die tatsächlichen Anknüpfungspunkte für Bewertungen nicht dokumentiert werden. Erst auf Rügen des Betroffenen' hin sind Bewertungen zu konkretisieren und zu plausibilisieren.[862]

Das Protokoll sollte folgenden Inhalt haben:

- Die gestellten Fragen sollten ausformuliert enthalten sein. Empfehlenswert ist ein einheitlicher Fragenkatalog.
- Die Antworten der Bewerber' müssen zumindest durch mehrere Stichpunkte festgehalten werden.
- Das Gesprächsergebnis ist nochmals zusammenzufassen. Hierbei sind die wesentlichen Auswahlerwägungen deutlich zu machen.
- Der Ablauf des Auswahlgesprächs muss dokumentiert werden.
- Es bedarf eine Inbezugnahme zum Anforderungsprofil des zu besetzenden Dienstpostens.
- Die persönlichen Daten der Bewerber' sind darzulegen, soweit diese für die Auswahlentscheidung erheblich sind (z. B. berufliche Tätigkeit, Ausbildung).[863]

---

861) OVG NRW 24.3.2016 – 1 B 1110/15 –, juris Rn. 21.

862) OVG NRW 2.4.2020 – 6 B 101/20 –, RiA 2020, 179.

863) Vgl. OVG NRW 25.8.2014 – 6 B 759/14 –, Schütz/Maiwald ES/D I 2 Nr. 123; LAG Rheinland-Pfalz 15.12.2015 – 7 Sa 134/15 –, juris Rn. 114.

14.4.3 Dokumentationsverpflichtung und Bewerberrangfolge

Wird nach der Sichtung der Bewerbungsunterlagen eine Rangfolge der Bewerber' festgelegt, müssen die für die Bildung der Rangfolge der Bewerber' maßgeblichen Erwägungen nachvollziehbar sein. Es bedarf einer ausdrücklichen Darlegung der erforderlichen Feststellungen zu den vom Dienstherrn aufgestellten Kriterien. Zudem sind vergleichende Gegenüberstellungen und Auswertungen der einzelnen Kriterien erforderlich, da diese die Rangfolge der Bewerber' letztlich bestimmen. Es kann empfehlenswert sein, im Vorfeld eine Prioritätenfolge der Kriterien festzulegen.[864]

14.4.4 Dokumentationsverpflichtung und Auswertung dienstlicher Beurteilungen

Soweit die **Bestenauslese anhand dienstlicher Beurteilungen** erfolgt, müssen aus einer tabellarischen Bewerberübersicht der Bewerber' die Gesamtergebnisse ihrer letzten und aktuellen dienstlichen Beurteilung sowie die Erfüllung der Anforderungsmerkmale ersichtlich sein.[865] Im Übrigen ist die maßgebende Rechtsprechung zur leistungsgerechten Auswertung dienstlicher Beurteilungen zu berücksichtigen. Es ist damit zunächst das abschließende Gesamturteil (Gesamtnote) in Blick zu nehmen, das durch eine Würdigung, Gewichtung und Abwägung der einzelnen leistungsbezogenen Gesichtspunkte zu bilden ist. Sind Bewerber' mit dem gleichen Gesamturteil bewertet worden, muss der Dienstherr darlegen, unter Anlegung welcher Maßstäbe er die dienstlichen Beurteilungen umfassend inhaltlich ausgewertet hat. Ergibt der Vergleich der Gesamturteile, dass mehrere Bewerber' als im Wesentlichen gleich geeignet einzustufen sind, kann der Dienstherr auf einzelne Gesichtspunkte abstellen, wobei er deren besondere Bedeutung begründen muss. Hierbei muss er darlegen, welches Gewicht er den einzelnen Gesichtspunkten für das abschließende Gesamturteil und für die Auswahl zwischen im Wesentlichen gleich geeigneten Bewerbern beimisst. Dabei muss der Dienstherr die dienstlichen Beurteilungen heranziehen, um festzustellen, ob und inwieweit die einzelnen Bewerber' mit gleichem Gesamturteil diese Anforderungen erfüllen. Weitere Erkenntnisquellen können nur ergänzend herangezogen werden. Hat sich der Dienstherr vorab in der aus einem Anforderungsprofil entwickelten Stellenausschreibung durch die Vorgabe der beim künftigen Dienstposteninhaber erwünschten Kenntnisse und Fähigkeiten in rechtmäßiger Art und Weise festgelegt, ist diese Entscheidung für das weitere Auswahlverfahren bindend. Der Dienstherr muss diesen Kriterien besondere Bedeutung zumessen, wenn die Bewerber' im Wesentlichen gleich beurteilt sind. Aus der Stellenausschreibung muss sich ergeben, welche Anforderungen von allen Bewerbern zwingend erwartet werden und welche Kriterien zwar nicht notwendig für eine Einbeziehung in das Auswahlverfahren sind, bei gleicher Eignung der Bewerber' aber maßgeblich berücksichtigt werden.[866]

Etwas anderes gilt bzgl. des Umfangs der Begründung einer **Konkurrentenmitteilung,** wenn der Dienstherr der Auffassung ist, aus den dienstlichen Beurteilungen ergebe sich **kein hinreichender Anhalt für einen Qualifikationsvorsprung** eines der Bewerber'. Der Dienstherr ist dann nicht stets gehalten, dies näher zu begrün-

864) Vgl. OVG NRW 10.2.2016 – 6 B 33/16 –, juris Rn. 8.

865) VG Bayreuth 24.11.2015 – B 5 K 14.416 –, juris Rn. 26.

866) Vgl. OVG Berlin-Brandenburg 23.10.2015 – OVG 7 S 34.15 – juris Rn. 11.

den. Konnte auch nach einer Ausschärfung der einzelnen Merkmale der dienstlichen Beurteilung bzw. nach Auswertung der älteren dienstlichen Beurteilung kein Leistungsvorsprung eines Bewerbers' festgestellt werden, ist ein Hinweis auf das die Auswahlentscheidung prägende „Hilfskriterium" ausreichend.[867]

Beispiel

Hinweis auf das höhere Beförderungsdienstalter bei Annahme eines Qualifikationsgleichstands.

In dieser Konstellation ist es einem unterlegenen Bewerber' grundsätzlich zumutbar, sich nach Akteneinsicht anhand der Beurteilungen zunächst selbst eine Auffassung darüber zu bilden, ob die Annahme einer gleichen Qualifikation ausreichend aus dem Akteninhalt nachvollziehbar ist. Trägt der Bewerber' unter Bezugnahme auf die dienstlichen Beurteilungen hinreichend konkretisierte Einwände gegen die Annahme des Dienstherrn vor, ist dieser verpflichtet, sich mit diesen unter Plausibilisierung seiner Bewertung auseinanderzusetzen.[868]

Bei einer **Bewerbungskonkurrenz allein unter Arbeitnehmern'** genügt es der Dokumentationsverpflichtung nicht, lediglich die Noten der dienstlichen Beurteilungen aufzuführen. Die Auswahlentscheidung ist vielmehr nur dann hinreichend begründet, wenn der Auswahlvermerk Auswahlerwägungen in Bezug auf die im festgelegten Anforderungsprofil gestellten Anforderungen des ausgeschriebenen Dienstpostens enthält. Etwas anderes kann nur gelten, wenn die dienstliche Beurteilung auch eine Eignungsaussage in Bezug auf den ausgeschriebenen Dienstposten enthält, etwa im Rahmen einer „Potenzialeinschätzung.[869] Etwas anderes gilt bei einer **Bewerbungskonkurrenz unter Beamten'.** Ergibt sich der Leistungsvorsprung eines Bewerbers' aufgrund eines Notenvorsprunges im Gesamt- oder in einem Teilurteil, bedarf es keiner weitergehenden Darlegung von Auswahlerwägungen.[870]

867) OVG NRW 2.10.2015 – 6 B 784/15 –, juris Rn. 7.

868) OVG NRW 1.8.2011 – 1 B 186/11 –, juris Rn. 22.

869) LAG Rheinland-Pfalz 20.8.2015 – 2 SaGa 5/15 –, juris Rn. 51.

870) OVG LSA 28.4.2015 – 1 M 78/15 –, ZBR 2015, 391.

15 Konkurrentenklage – wenn sich zwei um eine Stelle streiten

Konkurrentenklagen können verschiedene Konkurrenzsituationen zum Gegenstand haben.[871] Denkbar ist eine entsprechende Klage bei einer Konkurrenz um Beförderungsdienstposten[872] ebenso wie bei einer Konkurrenz um Beförderungsämter.[873] Es handelt sich allerdings nicht um eine eigenständige Klageart i. S. d. VwGO oder ZPO. Gegenstand einer Konkurrentenklage ist häufig, dass dem unterlegenen Bewerber' eine andere Person vorgezogen worden ist. Diese dritte Person ist faktisch am Rechtsverhältnis beteiligt, da die Auswahlentscheidung des Dienstherrn entweder durch das Gericht bestätigt oder beanstandet wird. Dementsprechend stellen sich gerichtliche Entscheidungen zugunsten des einen immer zugleich als Entscheidung zulasten des anderen dar.

Im Rahmen einer Konkurrentenklage kann ein Bewerber' nicht nur geltend machen, selbst in rechtswidriger Weise benachteiligt worden zu sein. Vielmehr kann er auch eine unzulässige Bevorzugung des ausgewählten Konkurrenten' rügen.[874]

Im **Mittelpunkt der gerichtlichen Auseinandersetzungen** steht das sog. **Eilverfahren,** weil nur durch eine positive Entscheidung zugunsten des unterlegenen Bewerbers das Eintreten von vollendeten Tatsachen im Hinblick auf die weitere Verfügbarkeit der gegenständlichen Stelle verhindert werden kann. Dies gilt insbesondere für die Besetzung von Beförderungsdienstposten. Ein bei der Beförderungsauswahl unterlegener Bewerber' muss seinen Anspruch aus Art. 33 Abs. 2 GG durch vorläufigen Rechtsschutz wirksam sichern können. Art. 19 Abs. 4 GG garantiert eine effektive gerichtliche Kontrolle. Einstweiliger Rechtsschutz ist deswegen unter umfassender tatsächlicher und rechtlicher Prüfung der Bewerberauswahl zu gewähren. Wird eine Verletzung des Bewerbungsverfahrensanspruchs festgestellt, muss die Ernennung des ausgewählten Bewerbers' bereits dann durch einstweilige Anordnung/Verfügung untersagt werden, wenn die Auswahl des Antragstellers' bei rechtsfehlerfreier Auswahl jedenfalls möglich erscheint.[875] Aus Art. 33 Abs. 2 GG folgt ein Anspruch auf erneute Auswahl, wenn sich die Auswahlentscheidung des Dienstherrn als rechtsfehlerhaft erweist und die ausgeschriebene Stelle noch zu besetzen ist. Bei einer erneuten Auswahlentscheidung ist der Dienstherr an die Rechtsauffassung des Gerichts gebunden. Die vom Gericht festgestellten Auswahlfehler sind damit zu unterlassen.[876] Da Konkurrentenverfahren häufig bereits im Rahmen des vorläufigen Rechtsschutzes abschließend entschieden werden, findet

871) Die allgemeinen Ausführungen gelten auch für Konkurrentenklagen eines unterlegenen Arbeitnehmers.

872) BVerwG 11.5.2009 – 2 VR 1.09 –, ZBR 2009, 411.

873) BVerwG 28.10.2004 – 2 C 23.03 –, E 122, 147.

874) BVerfG 8.10.2007 – 2 BvR 1846/07 u. a. –, BVerfGK 12, 284.

875) BVerfG 24.9.2002 – 2 BvR 857/02 –, Schütz/Maiwald BeamtR ES/A II 1.4 Nr. 92; BVerwG 4.11.2010 – 2 C 16.09 –, ZTR 2011, 256; OVG Berlin-Brandenburg 2.5.2016 – OVG 4 S 7.16 –, juris Rn. 3.

876) BAG 21.1.2003 – 9 AZR 72/02 –, AP Nr. 59 zu Art. 33 Abs. 2 GG.

ein Rechtsmittelverfahren vor dem BVerwG entsprechend nicht mehr statt, sodass eine Einheitlichkeit der Rechtsprechung nicht immer gewährleistet ist. Denn der Dienstherr darf den ausgewählten Bewerber' nach der Rechtsprechung des Bundesverwaltungsgerichts ernennen, wenn feststeht, dass der Antrag auf Erlass einer einstweiligen Anordnung keinen Erfolg hat. Ein Hauptsacheverfahren findet dann wegen der Rechtsbeständigkeit der Ernennung nicht mehr statt.[877]

In der Praxis spielt die beamtenrechtliche Konkurrentenklage im Gegensatz zur arbeitsrechtlichen Konkurrentenklage eine weitaus größere Rolle. Dies ist darauf zurückzuführen, dass dem Arbeitnehmer' insbesondere bei der Besetzung von Beförderungsämtern die Möglichkeit einer Eingruppierungsfeststellungsklage offensteht, soweit die Übertragung der höherwertigen Tätigkeiten bereits feststeht oder gerade darüber gestritten wird, welche Tätigkeiten dem Arbeitnehmer' tatsächlich übertragen worden sind. Dem Beamten' verbleibt hingegen zur Erreichung effektiven Rechtsschutzes nur die Konkurrentenklage.

Gemäß § 44a Satz 1 VwGO können Rechtsbehelfe gegen behördliche Verfahrenshandlungen nur gleichzeitig mit den gegen die Sachentscheidung zulässigen Rechtsbehelfen geltend gemacht werden. Hierdurch soll im Sinne der Prozessökonomie sichergestellt werden, dass behördliche Verfahrenshandlungen, die im Vorfeld einer Entscheidung ergehen, nicht isoliert zum Gegenstand eines gerichtlichen Verfahrens gemacht werden. Die Rechtmäßigkeit der Verfahrenshandlung soll vielmehr in dem Prozess geklärt werden, der die Sachentscheidung zum Gegenstand hat.[878] Aus der offenen und allgemeinen Formulierung „Rechtsbehelfe" folgt, dass diese Vorschrift auch ein isoliertes Vorgehen gegen behördliche Verfahrenshandlungen im Wege der – auch hier relevanten – Feststellungsklage ausschließt. Bei der Aufstellung des Anforderungsprofils und der Ausschreibung der Stelle handelt es sich um Verfahrenshandlungen im Sinne des § 44a Satz 1 VwGO, die der eigentlichen Sachentscheidung, der Stellenbesetzung, vorgelagert sind und gegen die isolierter Rechtsschutz folglich nicht möglich ist.[879]

Für eine Klage im Rahmen einer **„Umsetzungskonkurrenz"** fehlt einem Bewerber' regelmäßig die prozessual notwendige Klagebefugnis, da ein Beschäftigter' keinen Anspruch auf einen konkreten Dienstposten hat. Die ämtergleiche Besetzung eines Dienstpostens unterliegt auch nicht den Vorgaben des Art. 33 Abs. 2 GG. Es besteht daher auch kein aus dieser Norm folgender Bewerbungsverfahrensanspruch. Etwas anderes gilt nur dann, wenn der Dienstherr sich den Vorgaben des Art. 33 Abs. 2 GG freiwillig unterwirft.[880] In diesem Fall bedarf es der Prüfung, ob die für ein einstweiliges Rechtsschutzverfahren nach § 123 Abs. 1 Satz 1, Abs. 3 VwGO i. V. m. § 920 Abs. 2 ZPO benötigte Eilbedürftigkeit vorliegt.

Nachfolgende Übersichten zeigen beispielhaft, welche **Verfahrensrügen** (Abbildung 15-1) und **materielle Fehlerrügen** (Abbildung 15-2) mittels einer Konkurrentenklage geltend gemacht werden können.

877) BVerwG 4.11.2010 – 2 C 16/09 –, E 138/102 = ZTR 2011, 256 = Schütz/Maiwald BeamtR ES/A II 1.4 Nr. 200.

878) BVerwG 1.9.2009 – 6 C 4.09 –, E 134, 368.

879) OVG NRW 10.6.2011 – 1 A 1125/09 –, RiA 2011, 223.

880) BVerwG 19.11.2015 – 2 A 6.13 –, ZBR 2016, 162.

Abbildung 15-1: Beispiele für Verfahrensrügen.

Verfahrensrüge	Einzelheiten und Beispiele
Mängel der dienstlichen Beurteilung eines Bewerbers‘	Der Bewerber‘ kann sowohl Fehler der eigenen dienstlichen Beurteilung als auch Fehler von Beurteilungen von Mitkonkurrenten gerichtlich geltend machen.
Verstoß gegen eine Pflicht zur Ausschreibung	Eine gerichtliche Geltendmachung dieser Verfahrensrüge ist ausgeschlossen, wenn der Bewerber‘ rechtzeitig über die bevorstehende Stellenbesetzung informiert wird. Hierbei kann es sich um eine behördliche Mitteilung oder um eine Information eines Dritten, auch eines Mitbewerbers‘ handeln. Rechtzeitig ist eine entsprechende Information, wenn der Betroffene‘ noch ausreichend Zeit hat, sich auf die ausgeschriebene Stelle zu bewerben. Dies ist immer dann der Fall, wenn das Stellenbesetzungsverfahren noch nicht abgeschlossen oder zumindest nicht bereits bis zur tatsächlichen Auswahlentscheidung fortgeschritten ist.
Nichtbeachtung des Anforderungsprofils bei der Auswahlentscheidung	Ein Bewerber‘ kann geltend machen, dass der Auswahlentscheidung andere oder nicht alle im Anforderungsprofil aufgenommenen Eignungsmerkmale zugrunde liegen. Die Gewichtung der einzelnen Merkmale obliegt hingegen im Wesentlichen dem Dienstherrn. Diesbezüglich steht dem Dienstherrn ein weiter Beurteilungsspielraum zu, der gerichtlich nur beschränkt überprüfbar ist.
Fehlerhafter Abbruch eines Stellenbesetzungsverfahrens	Der Dienstherr darf ein Stellenbesetzungsverfahren nur aus nachvollziehbaren Gründen abbrechen und gegebenenfalls die Stelle neu ausschreiben. Liegt ein entsprechender Grund nicht vor, so ist das Verfahren fehlerhaft.
Nichtbeachtung von Ausschreibungsfristen	Vor Ablauf der vorgesehenen Bewerbungsfrist ist es dem Dienstherrn verwehrt, eine abschließende Auswahlentscheidung zu treffen. Allerdings ist eine Ausschreibungsfrist keine materielle Ausschlussfrist, sodass der Dienstherr selbst nach Ablauf der Frist weitere Beschäftigte auffordern darf, sich zu bewerben. Soweit der Dienstherr das Versäumen der Bewerbungsfrist nicht selbst zu vertreten hat, ist es rechtsfehlerfrei, wenn er verspätet eingegangene Bewerbungen zurückweist, soweit das Verfahren vor seinem Abschluss steht. Ein Verschulden des Dienstherrn liegt etwa vor, wenn er in der Stellenausschreibung die falsche Empfangsadresse für die Bewerbungen angibt.
Nichtbeachtung von Beteiligungsrechten bzw. unzureichende Unterrichtung der Personalvertretungsorgane	Soweit eine gesetzliche Bestimmung die Beteiligung der Personalvertretungsorgane vor der Umsetzung einer Personalmaßnahme (Beförderung, Umsetzung, Höhergruppierung) vorsieht, liegt in einer unterbliebenen Beteiligung eine Verletzung der Rechtssphäre für alle Bewerber‘ vor.

Verfahrensrüge	Einzelheiten und Beispiele
Die Auswahlentscheidung wird u. a. auf Behauptungen oder Bewertungen gestützt, zu denen der Bewerber' bis dahin keine Stellung nehmen konnte.	Der Dienstherr ist im Hinblick auf die ihm gegenüber dem Bewerber' obliegende Fürsorgepflicht gehalten, diesem vor der Verwertung entsprechender Informationen die Möglichkeit zur Stellungnahme einzuräumen. **Beispiel** Während eines Stellenbesetzungsverfahrens wird bekannt, dass ein Bewerber' nach Ablauf des letzten Beurteilungszeitraumes schlechte Arbeitsleistungen erbracht hat. Soweit der Dienstherr diese Information im Rahmen der Bestenauslese berücksichtigen möchte, muss er den Bewerber' hierzu zunächst anhören und ihm die Möglichkeit zur Stellungnahme einräumen.
Fehlende Einladung zu einem Vorstellungsgespräch	Entschließt der Dienstherr sich, bei Vorliegen von im Wesentlichen gleichen Beurteilungen auf das leistungsnahe Auswahlkriterium eines Vorstellungsgesprächs zurückzugreifen, so muss er jeden Bewerber', der aufgrund seiner dienstlichen Beurteilung entsprechend geeignet ist, die Möglichkeit zum Vorsprechen einräumen.
Der Auswahlkommission gehören stimmberechtigte Mitglieder des Personalrates, der Gleichstellungsbeauftragten oder der Schwerbehindertenvertretung an	Die Auswahlentscheidung ist allein durch den Dienstherrn zu treffen, sodass Mitglieder der unterschiedlichen Personalvertretungsorgane lediglich eine beratende Funktion übernehmen dürfen.

Abbildung 15-2: Beispiele für materielle Fehlerrügen.

Materielle Fehlerrüge	Einzelheiten
Mängel der dienstlichen Beurteilung eines Bewerbers'	Der Bewerber' kann sowohl Fehler der eigenen dienstlichen Beurteilung als auch Fehler von Beurteilungen von Mitkonkurrenten gerichtlich geltend machen.
Dienstliche Beurteilungen sind nicht mehr hinreichend aktuell.	Die Auswahlentscheidung muss auf hinreichenden aktuellen dienstlichen Beurteilungen beruhen. Diesem Grundsatz wird in der Regel durch Regelbeurteilungen, die in einem Abstand von drei Jahren erstellt werden, genügt.
Unzulässiger Rückgriff auf Hilfskriterien	Die Auswahlentscheidung muss auf der Grundlage der vorliegenden dienstlichen Beurteilungen gefällt werden. Erst nach deren ausreichender Ausschärfung kann der Dienstherr zur Entscheidungsfindung auf Hilfskriterien zurückgreifen, soweit die dienstlichen Beurteilungen keinen Leistungsvorsprung eines Bewerbers aufzeigen.
Bewerber wurden zu Unrecht als im Wesentlichen gleich geeignet eingestuft.	Eine Auswahlentscheidung, die auf Hilfskriterien zurückgreift, obwohl allein im Hinblick auf die vorliegenden Beurteilungen ein Leistungsvorsprung eines Bewerbers objektiv feststellbar war, ist rechtsfehlerhaft.
Der Auswahlentscheidung wurden unzulässige Hilfskriterien zugrunde gelegt.	Der Dienstherr hat zu gewährleisten, dass die der Auswahlentscheidung zugrunde liegenden Hilfskriterien dem Leistungsgrundsatz entsprechen.

15.1 Einstweiliger Rechtsschutz und Rechtsschutzgarantie

Das grundrechtsgleiche Recht auf gleichen Zugang zu jedem öffentlichen Amt nach Art. 33 Abs. 2 GG lässt sich nur vor einer (endgültigen) Besetzung des Dienstpostens mit dem ausgewählten Konkurrenten' verwirklichen. Es bedarf deshalb der Sicherung durch eine einstweilige Anordnung/Verfügung nach §§ 935 ff. ZPO. Dieser Verfahrensabhängigkeit der Grundrechtsdurchsetzung ist bei der Anwendung und Auslegung der Vorschriften über den einstweiligen Rechtsschutz Rechnung zu tragen.[881] Hieraus folgt das Gebot effektiven Rechtsschutzes. Diesem Anspruch ist grundsätzlich genügt, wenn dem abgelehnten Bewerber' die Möglichkeit gewährt wird, vorläufigen Rechtsschutz vor der Besetzung des Dienstpostens/Amts in Anspruch zu nehmen.[882]

Daraus folgt, dass der einstweilige Rechtsschutz durch den Dienstherrn **nicht vereitelt werden darf.**[883] Art. 19 Abs. 4 GG garantiert nicht nur das formelle Recht und die theoretische Möglichkeit, die Gerichte anzurufen, sondern auch eine tatsächliche und wirksame gerichtliche Kontrolle.[881] Mit diesen Vorgaben aus Art. 19 Abs. 4 GG i. V. m. Art. 33 Abs. 2 GG ist die Annahme unvereinbar, der Bewerberverfahrensanspruch gehe auch dann unter, wenn der Dienstherr unter Verstoß gegen eine den Anspruch sichernde einstweilige Anordnung/Verfügung einen Konkurrenten' einstellt, höhergruppiert oder befördert. Denn Art. 33 Abs. 2 i. V. m. Art. 19 Abs. 4 sowie Art. 20 Abs. 3 GG verbieten dem Dienstherrn, durch Schaffung vollendeter Tatsachen statusverändernde Maßnahmen zu treffen. Der Betroffene' hat einen Anspruch auf Wiederherstellung. Nach den Rechtsgedanken aus § 162 Abs. 2 BGB sowie §§ 135, 136 BGB kann der Dienstherr einem zu Unrecht übergangenen Bewerber' nicht mit Erfolg entgegenhalten, er könne dessen Bewerberverfahrensanspruch nicht mehr erfüllen, weil die Stelle schon besetzt sei. Der Betroffene' kann vielmehr verlangen, verfahrensrechtlich und materiell-rechtlich so gestellt zu werden, als sei die einstweilige Anordnung/Verfügung beachtet und das Bewerbungsverfahren noch nicht beendet worden.[884]

Diese Grundsätze zwingen den Dienstherrn **folgendes Verfahren einzuhalten**:

Vor der endgültigen Besetzung mit einem Bewerber' hat er die unterlegenen Konkurrenten' hierüber rechtzeitig zu informieren (sog. Konkurrentenmitteilung[885]). Das dem gerichtlichen Rechtsschutzverfahren vorgelagerte Verfahren darf nicht so ausgestaltet sein, dass es den gerichtlichen Rechtsschutz vereitelt oder unzumutbar erschwert. Dies wäre aber der Fall, wenn die unterlegenen Mitbewerber' erst nach der Ernennung des Konkurrenten vom Ausgang des Stellenbesetzungsverfahrens erführen. Aus Art. 33 Abs. 2 i. V. m. Art. 19 Abs. 4 GG folgt deshalb eine Verpflichtung des Dienstherrn, den unterlegenen Bewerbern' **rechtzeitig vor der Ernennung des erfolgreichen Konkurrenten durch eine Mitteilung Kenntnis vom Ausgang des Auswahlverfahrens zu geben.**[886] Aus denselben Erwägungen folgt aber auch eine Verpflichtung, vor rechtsverbindlicher Einstellung einen ausreichenden Zeitraum abzuwarten, um dem unter-

881) BVerfG 29.7.2003 – 2 BvR 311/03 –, ZBR 2004, 45.

882) BVerfG 19.9.1989 – 2 BvR 1576/88 –, NJW 1990, 501; BAG 18.9.2007 – 9 AZR 672/06 –, AP GG Art. 33 Abs. 2 Nr. 64.

883) BVerfG 25.11.2015 – 2 BvR 1461/15 –, ZTR 2016, 119 = Schütz/Maiwald BeamtR ES/A II 1.4 Nr. 237.

884) BAG 24.3.2009 – 9 AZR 277/08 –, ZTR 2009, 376.

885) Siehe hierzu die Ausführungen im Kapitel 13.1.2.

886) BVerwG 21.8.2003 – 2 C 14.02 –, ZTR 2004, 272.

legenen Mitbewerber' die Möglichkeit zu geben, Eilantrag, Beschwerde oder Verfassungsbeschwerde zu erheben, weil nur so die Möglichkeit der Gewährung effektiven Rechtsschutzes besteht. Durch die umgehende Einstellung/Ernennung des Konkurrenten' wird dem unterlegenen Bewerber' faktisch die Möglichkeit genommen, die Besetzung der ausgeschriebenen Stelle durch eine verfassungsgerichtliche Eilentscheidung zu verhindern. Eine Frist von zwei Tagen genügt den Anforderungen nicht.[887] Vielmehr hat sich in der Praxis und in der arbeits- und verwaltungsgerichtlichen Rechtsprechung eine **zweiwöchige Wartefrist** etabliert.[888]

Wendet sich der unterlegene Bewerber' im Wege des einstweiligen Rechtsschutzes gegen die Besetzung eines Amtes mit einem Konkurrenten', hat er auch ohne ausdrückliche gerichtliche Entscheidung einen Anspruch darauf, dass die Verwaltung bis zum Abschluss des Verfahrens vorläufigen Rechtsschutzes jede Maßnahme unterlässt, die geeignet ist, vollendete Tatsachen zu schaffen.[889]

Hinweise zur Möglichkeit der Ausblendung eines Bewährungsvorsprunges!

Wird die Auswahlentscheidung bzw. das dieser zugrundeliegende Auswahlverfahren durch Konkurrentenklage gerichtlich angegriffen und beabsichtigt der Mitbewerber', sich anschließend in einem weiteren Auswahlverfahren zu beteiligen, ist es nach der Rechtsprechung des Bundesverwaltungsgerichts[890] geboten, einen etwaigen Bewerbungsvorsprung des ausgewählten Bewerbers' im Rahmen eines neuen Verfahrens unberücksichtigt zu lassen. Denn die Vergabe eines höherwertigen Dienstpostens an einen Bediensteten' hat insofern Vorwirkungen auf die Vergabe eines höheren Statusamts als der ausgewählte Bewerber' auf diesem Dienstposten seine Eignung nachweisen kann und damit für die spätere Entscheidung über eine Beförderung in Betracht kommt.

Dementsprechend gilt Folgendes: Im Vordergrund steht die Funktionsfähigkeit der öffentlichen Verwaltung, d. h. das öffentliche Interesse an der kontinuierlichen Erfüllung der mit einem bestimmten Dienstposten verbundenen Aufgaben. Die bloße Besetzung eines Dienstpostens unterliegt nicht den Vorgaben des Art. 33 Abs. 2 GG, sofern vermieden wird, dass sich die Wahrnehmung dieser Aufgaben durch einen der Bewerber' der betreffenden Ausschreibung auf die spätere Vergabe des Statusamtes oder Dienstgrads auswirkt. Grundsätzlich ist der Dienstherr deshalb befugt, den höherwertigen Dienstposten vorläufig zu besetzen. Er muss aber die Auswahlentscheidung nachträglich korrigieren, wenn sie sich im gerichtlichen Verfahren als rechtswidrig erweist. In diesem Fall darf nicht auf einen inzwischen erlangten und in einer dienstlichen Beurteilung zum Ausdruck kommenden Bewährungsvorsprung eines Mitbewerbers' zurückgegriffen werden, der gerade auf der Höherwertigkeit des ihm übertragenen Dienstpostens beruht. Bei der weiteren Auswahlentscheidung muss die aktuelle dienstliche Beurteilung des ursprünglich ausgewählten und mit der Wahrnehmung des Dienstpostens beauftragten Bewerbers' insoweit ausgeblendet werden, als sie die Erfüllung der spezifisch höherwertigen Aufgaben des Dienstpostens betrifft.[891]

887) BVerfG 9.7.2007 – 2 BvR 206/07 –, ZTR 2007, 707.

888) BVerwG 4.11.2010 – 2 C 16.09 –, ZTR 2011, 256.

889) BAG 28.5.2002 – 9 AZR 751/00 –, E 101, 153.

890) BVerwG 12.12.2017 – 2 VR 2/16 –, E 161, 59 = DÖD 2018, 74.

891) So bereits BVerwG 10.5.2016 – 2 VR 2/15 –, E 155, 152.

15.2 Rechtsweg und Klageart

Die strittige Frage, welcher Rechtsweg im Konkurrentenstreit um ein öffentliches Amt zu beschreiten ist, also ob der Rechtsweg zu den Arbeits- oder zu den Verwaltungsgerichten eröffnet ist, hat das Bundesverwaltungsgericht mit seiner Entscheidung vom 17.3.2021[892] entschieden. Danach gilt Folgendes:

1. Der von der Rechtsprechung aus Art. 33 Abs. 2 GG entwickelte Bewerbungsverfahrensanspruch ist weder von vornherein öffentlich-rechtlich noch bürgerlichrechtlich zu verorten.
2. Die **Gerichte für Arbeitssachen** sind für Konkurrentenstreitverfahren zuständig, bei denen sich allein Arbeitnehmer' und Selbstständige' um die Besetzung einer Stelle im Arbeitsverhältnis des öffentlichen Dienstes bewerben.
3. Der Bewerbungsverfahrensanspruch aus Art. 33 Abs. 2 GG hat – für alle Mitbewerber' – einen einheitlichen öffentlich-rechtlichen Charakter i. S. v. § 40 Abs. 1 Satz 1 VwGO, sodass die **Verwaltungsgerichte** entsprechend anzurufen sind, wenn
   - entweder ein Beamter' um Rechtsschutz nachsucht (unabhängig davon, ob die Stelle als Statusamt oder nach Tarifvertrag besetzt werden soll) oder wenn
   - sich ein – auch nicht beamteter – Mitbewerber' gegen die Auswahlentscheidung zugunsten eines Beamten' wendet.

Die Ernennung eines nach Art. 33 Abs. 2 GG ausgewählten Bewerbers' für ein Amt stellt selbst einen Verwaltungsakt dar. Dieser ist darauf gerichtet, unmittelbare Rechtswirkung für die durch Art. 33 Abs. 2 GG gesicherten Bewerbungsverfahrensansprüche der unterlegenen Bewerber zu entfalten. Soweit die Ernennung vollzogen wurde, ist der Dienstherr verpflichtet, dem Ernannten' die der Planstelle zugeordneten Tätigkeiten im Wege der amtsangemessenen Beschäftigung zu übertragen. Allerdings entfaltet die Ernennung auch **Drittwirkung**, da sie auf unmittelbare Rechtswirkung für die im Auswahlverfahren unterlegenen Bewerber' gerichtet ist. Die Ernennung greift in die Rechte der unterlegenen Bewerber' ein, weil sie in einem untrennbaren rechtlichen Zusammenhang mit der Auswahlentscheidung des Dienstherrn steht, sodass sie deren rechtliches Schicksal teilt. Deshalb kann ein unterlegener Bewerber' **Anfechtungsklage** gerichtet auf Aufhebung der Ernennung des Konkurrenten erheben, soweit der unterlegene Bewerber' seinen Anspruch nicht verwirkt hat.[893]

Die **Auswahlentscheidung** selbst ist nach der Rechtsprechung des BVerwG **kein Verwaltungsakt** mit **Drittwirkung,** sodass als zutreffender Rechtsbehelf zur Sicherung des Bewerbungsverfahrensanspruchs das Verfahren der einstweiligen Anordnung nach § 123 VwGO zu wählen ist.[894]

Das Begehren des **Arbeitnehmers',** das Auswahlverfahren unter Beachtung der Vorgaben des Art. 33 Abs. 2 GG zu wiederholen, kann vor den Arbeitsgerichten im Wege der Leistungsklage geltend gemacht werden. Die Rechtswidrigkeit einer Aus-

892) BVerwG 17.3.2021 – 2 B 3/21 –, IÖD 2021, 128.

893) BVerwG 30.8.2018 – 2 C 10/17 –, E 163, 36; BVerwG 4.11.2010 – 2 C 16.09 –, ZTR 2011, 256.

894) BVerwG 4.11.2010 – 2 C 16.09 –, aaO.; **a. A.** Kenntner ZBR 2016, 181, damit wäre statthafter Rechtsbehelf für unterlegene Bewerber der Widerspruch bzw. eine auf Verpflichtung des Dienstherrn zur Vornahme einer erneuten Auswahlentscheidung gerichtete Klage, soweit das Widerspruchsverfahren gesetzlich ausgeschlossen ist.

wahlentscheidung kann nach § 256 Abs. 2 ZPO durch eine arbeitsgerichtliche Zwischenfeststellungsklage verfolgt werden. Für die Zulässigkeit der Zwischenfeststellungsklage genügt die bloße Möglichkeit, dass aus dem streitigen Rechtsverhältnis weitere Ansprüche zwischen den Parteien erwachsen können. Dem verfahrensfehlerhaft zurückgewiesenen Bewerber' können Schadensersatzansprüche zustehen, wenn die Auswahlentscheidung rechtswidrig war und ihm richtigerweise die Stelle hätte übertragen werden müssen.[895]

15.3 Beamtenrechtliche Konkurrentenklage

Im Rahmen einer beamtenrechtlichen Konkurrentenklage stehen sich der übergangene Bewerber' als Antragsteller' im **Eilverfahren** oder als Kläger' im **Hauptsacheverfahren** und der Dienstherr in dem entsprechenden Verfahren als Antragsgegner' oder Beklagter' gegenüber.

15.3.1 Konkurrentenklage um Dienstposten

Soweit der Dienstherr die Ernennung noch nicht vollzogen hat, ist zwischen dem **Rechtsschutz vor und nach der Übertragung des Dienstpostens zu unterscheiden.** Zu beachten ist, dass der Dienstposten im Gegensatz zum statusrechtlichen Amt mangels Außenwirkung (§ 35 Satz 1 VwVfG) nicht durch Verwaltungsakt, sondern durch Umsetzung übertragen wird. Dies gilt entsprechend für den Entzug des Dienstpostens.

Da die Übertragung eines Dienstpostens keinen Verwaltungsakt darstellt und es somit an einem Verwaltungsakt fehlt, kann der unterlegene Bewerber' gegen eine **bereits erfolgte Übertragung** des funktionellen Amtes nicht mit der Anfechtungs-, sondern nur mit der Leistungsklage auf Entzug bzw. Übertragung des Dienstpostens vorgehen. Soweit Landesrecht[896] nichts anderes bestimmt, muss der Bewerber' vor der Klageerhebung das Widerspruchsverfahren bestreiten (§ 54 Abs. 2 Satz 1 BeamtStG, § 116 Abs. 2 Satz 1 BBG).

Vor der Übertragung des Dienstpostens kommt eine Unterlassungsklage in Betracht. Dies gilt auch, wenn es sich nicht um einen Beförderungsdienstposten handelt, soweit sich der Dienstherr für ein Auswahlverfahren nach den Vorgaben des Art. 33 Abs. 2 GG entschieden hat.[897] Nach überwiegender Auffassung kann der unterlegene Bewerber', obwohl die Dienstpostenübertragung wieder rückgängig gemacht werden kann, eine Sicherheitsanordnung beantragen, die es dem Dienstherrn untersagt, den Dienstposten einstweilen zu besetzen.[898]

15.3.2 Anfechtungsklage gegen die bereits vollzogene Ernennung

Primärrechtsschutz gegen die Ernennung eines Konkurrenten' wird in der Regel durch einen Antrag auf Erlass einer einstweiligen Anordnung mit dem Ziel erreicht, eine noch bevorstehende Ernennung zu verhindern. Ist der ausgewählte Bewerber' schon ernannt, wird unterlegenen Bewerbern' gerichtlicher Rechtsschutz gegen die Ernennung nur im Wege der Anfechtungsklage gewährt, was wiederum

895) BAG 18.9.2007 – 9 AZR 672/06 –, ZTR 2008, 339.

896) Vgl. exemplarisch § 103 Abs. 1 Satz 1 LBG NRW.

897) OVG NRW v. 13.10.2009 – 6 B 1232/09, RiA 2010, 91.

898) BVerfG 8.10.2007 – 2 BvR 1846.07 –, juris Rn. 8.

grundsätzlich die vorherige (erfolglose) Durchführung des Widerspruchsverfahrens verlangt (vgl. § 126 BBG), soweit dieses nicht ausdrücklich durch Landesrecht ausgeschlossen ist. Der Erfolg einer Anfechtungsklage ist davon abhängig, ob die Ernennung wegen eines Verstoßes gegen vorherige Informations- bzw. Wartepflichten keine Ämterstabilität genießt.[899]

Hat der Dienstherr die Auswahlentscheidung vor der Ernennung den unterlegenen Bewerbern' nicht mitgeteilt bzw. hat er danach nicht eine angemessene Zeit zugewartet, damit die Unterlegenen das Verwaltungsgericht anrufen können, verhindert er damit den nach Art. 19 Abs. 4 Satz 1 i. V. m. Art. 33 Abs. 2 GG gebotenen Rechtsschutz, sodass die Ernennung für die Zukunft aufzuheben ist. In der Praxis der Gerichte hat sich eine **Wartezeit von zwei Wochen** ab Zugang der Mitteilung über die Ablehnung der Bewerbung als angemessen herausgebildet.[900]

Eine Ernennung des ausgewählten Bewerbers' ist daher erst dann statthaft, wenn feststeht, dass der Antrag auf Erlass einer einstweiligen Anordnung keinen Erfolg hat und ein Hauptsacheverfahren wegen Rechtskraft der Entscheidung im einstweiligen Rechtsschutz nicht stattfinden wird. Die Entscheidung im einstweiligen Rechtsschutzverfahren wird rechtskräftig, wenn die unterlegene Partei nicht innerhalb von zwei Wochen nach ihrer Bekanntgabe Beschwerde eingelegt hat (§ 147 Abs. 1 Satz 1 VwGO).

15.4 Arbeitsrechtliche Konkurrentenklage

Neben der beamtenrechtlichen hat sich die arbeitsrechtliche Konkurrentenklage[901] für Arbeitnehmer' etabliert. Die Arbeitsgerichte haben hierbei im Wesentlichen die umfassende verwaltungsgerichtliche Rechtsprechung übernommen.[902]

Anders als im verwaltungsgerichtlichen Konkurrentenverfahren bedarf es allerdings im arbeitsgerichtlichen Verfahren, welches mit dem Ziel der Übertragung einer Arbeitnehmer'tätigkeit geführt wird, nicht der Aufhebung eines belastenden Verwaltungsaktes. Der Kläger' kann demnach im arbeitsgerichtlichen Verfahren **ohne weiteres die Wiederholung des Auswahlverfahrens** verlangen. Zulässig ist auch, auf Übertragung der umstrittenen Stelle und lediglich hilfsweise auf die Durchführung eines erneuten Verfahrens zu klagen.[903]

Nach der arbeitsgerichtlichen Rechtsprechung erledigt sich ein Konkurrentenstreitverfahren mit der endgültigen Besetzung der freien Stelle, da es allein dem Haushaltsgesetzgeber obliegt, darüber zu entscheiden, wie viele Planstellen im öffentlichen Dienst geschaffen werden sollen.[904] Dementsprechend kann der unterlegene Bewerber' aus Art. 33 Abs. 2 GG keinen Anspruch auf Schaffung neuer Planstellen ableiten.

899) BVerwG 4.11.2010 – 2 C 16/09 –, E 138, 102; OVG NRW 11.3.2020 – 1 A 3727/19 –, juris; OVG NRW 3.2.2016 – 1 A 1235/15 –, juris Rn. 36.

900) BVerwG 4.11.2010 – 2 C 16.09 –, ZTR 2011, 256.

901) Während eines nach Art. 33 Abs. 2 GG durchzuführenden Auswahlverfahrens besteht ein berechtigtes Interesse des Arbeitgebers, die vom Auswahlverfahren betroffene Stelle bis zum Abschluss des Auswahlverfahrens nur vorübergehend zu besetzen; vgl. LAG Berlin-Brandenburg 4.2.2016 – 5 Sa 1679/15 –, juris Rn. 25 unter Hinweis auf BAG 16.3.2005 – 7 AZR 289/04 –, juris Rn. 26.

902) Vgl. etwa BAG 20.3.2018 – 9 AZR 249/17 –, AP Nr. 80 zu Art. 33 Abs. 2 GG zum Untergang des Bewerbungsverfahrensanspruchs durch den rechtmäßigen Abbruch eines Auswahlverfahrens.

903) Vgl. u. a. BAG v. 7.9.2004 – 9 AZR 537/03 –, juris Rn. 14 f.

904) LAG Rheinland-Pfalz 19.12.2007 – 8 Sa 566/07 –, juris Rn. 34.

Mit der Übertragung der Aufgaben auf den ausgewählten Bewerber' endet das Auswahlverfahren, sodass eine Wiederholung der Auswahlentscheidung und damit ein arbeitsgerichtliches Konkurrentenstreitverfahren nicht mehr möglich ist. Der unterlegene Bewerber' kann allenfalls noch Schadensersatzansprüche geltend machen. Dies setzt allerdings voraus, dass dieser darlegen kann, dass er das Auswahlverfahren als Leistungsbester' abgeschlossen hat.

Im Anschluss an die verwaltungsgerichtliche Judikatur sind die Arbeitsgerichte dazu übergegangen, einem zu Unrecht übergangenen Bewerber' die Möglichkeit einer Konkurrentenklage trotz vorheriger Übertragung der Aufgaben auf den ausgewählten Bewerber' zu eröffnen, wenn der Dienstherr einen effektiven Rechtsschutz vereitelt hat, indem er

- den unterlegenen Bewerber' nicht rechtzeitig über den Ausgang des Verfahrens unterrichtet oder
- diesem vor der endgültigen Übertragung der Tätigkeiten auf den ausgewählten Bewerber' nicht einen angemessenen Zeitraum zur Überprüfung der Auswahlentscheidung eingeräumt hat.[905]

Der unterlegene Bewerber' kann zur Verhinderung der dauerhaften Übertragung der Tätigkeiten auf den ihm bevorzugten Bewerber' beim Arbeitsgericht gemäß § 62 Abs. 2 ArbGG i. V. m. §§ 935, 940 ZPO eine einstweilige Verfügung beantragen. Diese unterliegt im Wesentlichen den gleichen Regeln wie die einstweilige Anordnung nach § 123 VwGO. Sie zielt demnach darauf ab, dem Dienstherrn zu untersagen, die zu besetzende Stelle dem ausgewählten Bewerber' zu übertragen.

Abbildung 15-3: Voraussetzungen und Unterschiede der beamten- und arbeitsrechtlichen Konkurrentenklage.

Beamtenrechtliche Konkurrentenklage	Arbeitsrechtliche Konkurrentenklage
Zuständig sind die Verwaltungsgerichte (§ 54 Abs. 1 BeamtStG).	Zuständig sind die Arbeitsgerichte (§ 2 Abs. 1 Nr. 3 a ArbGG).
Eilverfahren mit dem Ziel einer einstweiligen Anordnung nach § 123 VwGO möglich	Eilverfahren mit dem Ziel einer einstweiligen Verfügung nach § 62 Abs. 2 ArbGG i. V. m. §§ 935, 940 ZPO möglich.
Anfechtungs-, Leistungs- oder Unterlassungsklage möglich. Hierbei ist zu unterscheiden zwischen einer Konkurrentenklage um statusrechtliche Ämter oder um Dienstposten.	Einer Aufhebung eines Verwaltungsaktes bedarf es nicht. Auch Klage auf Unterlassung zulässig.
Grundsatz der Ämterstabilität gilt nicht, wenn der Dienstherr verhindert hat, dass der unterlegene Bewerber' die Verletzung seines Bewerbungsverfahrensanspruches in grundrechtlich gebotener Weise gerichtlich geltend machen konnte.	Trotz Übertragung der Aufgaben auf den ausgewählten Bewerber' ist ein arbeitsgerichtliches Verfahren weiterhin möglich, wenn der Dienstherr verhindert hat, dass der unterlegene Bewerber' die Verletzung seines Bewerbungsverfahrensanspruches in grundrechtlich gebotener Weise gerichtlich geltend machen konnte.

905) Eingehend hierzu BAG 18.9.2007 – 9 AZR 672/06 –, juris Rn. 27 ff.

16 Schadensersatzanspruch wegen Verletzung des Bewerbungsverfahrensanspruchs

Ein Bewerber' kann von seinem Dienstherrn Ersatz des ihm durch eine Nichtbeförderung bzw. durch eine verspätete Beförderung entstandenen Schadens verlangen, wenn

- der Dienstherr den aus Art. 33 Abs. 2 GG folgenden Anspruch des Bewerbers' auf leistungsgerechte Einbeziehung in die Bewerberauswahl schuldhaft verletzt hat,
- dem Bewerber' das Amt ohne diesen Rechtsverstoß voraussichtlich übertragen worden wäre und
- dieser es nicht schuldhaft unterlassen hat, den Schaden durch Gebrauch eines Rechtsmittels abzuwenden.[906]

Dieselben Grundsätze gelten auch, wenn der Dienstherr den Bewerbungsverfahrensanspruch eines „Einstellungsbewerbers'" schuldhaft verletzt.[907] Zudem können auch freigestellte Mitglieder des Personalrats entsprechende Schadensersatzansprüche geltend machen, da diese wegen ihrer Freistellung nicht benachteiligt werden dürfen, sodass sie auf der Grundlage einer fiktiven Laufbahnnachzeichnung bei der Vergabe von Beförderungsbewerbern' zu berücksichtigen sind.[908] Anspruchsgrundlage für den Schadensersatzanspruch eines Beamten' ist unmittelbar das Beamtenverhältnis; eines Rückgriffs auf die allgemeine Fürsorgepflicht bedarf es nicht.[909] Ein entsprechender Anspruch eines Arbeitnehmers' kann sich aus § 280 Abs. 1 sowie aus § 823 Abs. 2 i. V. m. Art. 33 Abs. 2 GG als Schutzgesetz ergeben.[910]

Ein Anspruch auf Schadensersatz wegen der Verletzung des Bewerbungsverfahrensanspruches kann nach der Rechtsprechung des Bundesverwaltungsgerichts nicht geltend gemacht werden, wenn das Auswahlverfahren ordnungsgemäß abgebrochen worden ist, da der **Abbruch des Verfahrens** den Bewerbungsverfahrensanspruch untergehen lässt.[911] Hat der Dienstherr eine rechtswidrige Auswahlentscheidung getroffen und will er diese wieder beseitigen, so kann er das Auswahlverfahren abbrechen. Dies stellt zugleich einen sachlichen Grund für den Abbruch dar, der

906) BVerfG 13.1.2010 – 2 BvR 811/09 –, BayVBl 2010, 303; BVerwG 15.6.2018 – 2 C 19.17 –, juris; BVerwG 19.3.2015 – 2 C 12/14 –, juris; BVerwG 26.1.2012 – 2 A 7/09 –, E 141, 361; so auch BAG 1.12.2020 – 9 AZR 192/20 –, ZTR 2021, 289.

907) BayVGH 24.6.2015 – 3 ZB 12.2178 –, juris Rn. 14.

908) BVerwG 21.9.2006 – 2 C 13.05 –, ZBR 2007, 311.

909) OVG NRW 2.2.2015 – 1 A 596/12 –, juris Rn. 21; Hoffmann in Schütz/Maiwald, BeamtR, Teil B § 45 Rn. 116.

910) LAG Sachsen-Anhalt 28.4.2015 – 6 Sa 487/13 –, juris Rn. 88.

911) So etwa BVerwG 10.12.2020 – 2 C 12/20 –, NVwZ 2021, 638; BAG 20.3.2018 – 9 AZR 249/17 –, AP Nr. 80 zu Art. 33 Abs. 2 GG.

einen Schadensersatzanspruch wegen Verletzung des Bewerbungsverfahrensanspruchs ausschließt.[912]

16.1 Anspruch auf Beförderung bzw. Einstellung

Die tatbestandlichen Anspruchsvoraussetzungen für einen Schadensersatzanspruch liegen nicht vor, wenn dem Bewerber' der Dienstposten auch bei einer rechtsfehlerfreien Durchführung des Auswahlverfahrens nicht übertragen worden wäre. Es bedarf damit eines adäquaten kausalen Zusammenhangs zwischen der Verletzung des Bewerbungsverfahrensanspruchs und dem Schaden. Dies setzt voraus, dass der Bewerber' ohne den Verstoß gegen Art. 33 Abs. 2 GG voraussichtlich befördert, eingestellt bzw. ihm die Stelle übertragen worden wäre.[913] Seine Beförderung/Einstellung muss bei hypothetischer Annahme eines rechtmäßigen Auswahlverfahrens jedenfalls ernsthaft möglich gewesen sein. Für diese Annahme muss festgestellt werden, welcher **hypothetische Kausalverlauf** bei rechtmäßigem Vorgehen des Dienstherrn voraussichtlich an die Stelle des tatsächlichen Verlaufs getreten und ob der Beamte' ausgewählt worden wäre, wenn der Dienstherr eine rechtmäßige Gestaltung des Auswahlverfahrens vorgenommen hätte.[914]

Beispiel

Der Dienstherr ändert ein von ihm vor der Stellenausschreibung festgelegtes Anforderungsprofil im laufenden Stellenbesetzungsverfahren. Der Bewerber' erfüllt weder das ursprüngliche noch das aktuelle Anforderungsprofil. Damit verletzt der Dienstherr den Bewerbungsverfahrensanspruch des Bewerbers'. Gleichwohl kann dieser gegenüber dem Dienstherrn keinen Schadensersatzanspruch erfolgreich gerichtlich geltend machen, da er auch bei einer hypothetischen Annahme eines ordnungsgemäßen Verfahrens im Rahmen der Bestenauslese nicht ausgewählt worden wäre.

Ob ein anspruchsbegründender Kausalverlauf gegeben ist, ist eine Frage des Einzelfalls und ist von den vorliegenden Umständen des Einzelfalles abhängig. Diese hat das angerufene Gericht zu ermitteln. Hierbei ist maßgeblich, welche Handlungsalternativen der Dienstherr erwogen und warum er sich für den konkret eingeschlagenen fehlerhaften Weg entschieden hat. Das Gericht muss zudem beurteilen, welchem Bewerber' der Dienstherr den Vorzug gegeben hätte, wenn er eine rechtmäßige Alternative verfolgt hätte.[915]

Die Darlegung und Ermittlung eines derartigen hypothetischen Kausalverlaufs ist umso schwieriger, je fehlerhafter das Auswahlverfahren im konkreten Fall gewesen ist. Denn auch wenn es häufig möglich sein wird, einzelne Rechtsfehler eines Auswahlverfahrens hinwegzudenken, um den hypothetischen Kausalverlauf bei rechtmäßigem Verhalten des Dienstherrn nachzuzeichnen, werden hinreichende Anhaltspunkte für eine derartige Betrachtung oftmals fehlen, wenn das Auswahl-

---

912) BVerwG 31.3.2011 – 2 A 2.09 –, Schütz/Maiwald ES/A II 1.4 Nr. 204; die Annahme des Bundesverwaltungsgerichts, dass der Abbruch des Verfahrens den Schadensersatzanspruch ausschließt, erscheint nach den allgemeinen Maßstäben haftungs- und schadensrechtlicher Dogmatik dann nicht zwingend, wenn der sachliche Grund für den Verfahrensabbruch mit der Pflichtverletzung, die den geltend gemachten Schadensersatzanspruch begründet, deckungsgleich ist, vgl. BVerfG 3.7.2013 – 2 BvR 1541/11 – IÖD 2013, 218.

913) BAG 19.2.2008 – 9 AZR 70/07 –, ZTR 2008, 562.

914) BVerwG 19.3.2015 – 2 C 12/14 –, ZTR 2015, 545; BVerwG 30.10.2013 – 2 C 23.12 –, E 148, 217.

915) BVerwG 26.1.2012 – 2 A 7/09 –, Schütz/Maiwald ES/A II 1.4 Nr. 214.

verfahren durch eine Vielzahl miteinander verschränkter Rechtsfehler gekennzeichnet ist.[916]

Sofern den von dem Dienstherrn im Rechtsstreit vorzulegenden Unterlagen nicht zu entnehmen ist, dass er eine rechtmäßige Handlungsalternative verfolgt hat, die Ermittlung des hypothetischen Kausalverlaufs mithin schwierig, wenn nicht sogar unmöglich ist, kann dies dem betroffenen Bewerber' nicht angelastet werden. In einem solchen Fall kann das Gericht Beweiserleichterungen bis hin zur Beweislastumkehr zugunsten des betroffenen Bewerbers' erwägen oder der Situation bei seiner Prognose eines möglichen Erfolgs des betroffenen Bewerbers' bei rechtmäßigem Verhalten des Dienstherrn Rechnung tragen.[917] Ein Anspruch auf Schadensersatz wird hierbei schon dann regelmäßig in Betracht kommen, wenn der betroffene Bewerber' bei einer Entscheidung nach leistungsbezogenen Auswahlkriterien zumindest reelle Beförderungschancen gehabt hätte, wenn also seine Beförderung ohne den schuldhaften Verstoß des Dienstherrn gegen Art. 33 Abs. 2 GG nach Lage der Dinge ernsthaft möglich gewesen wäre.[918]

Beispiel

Hat der Dienstherr seine Auswahlentscheidung nicht auf dienstliche Beurteilungen gestützt und hat er es zudem unterlassen, eignungs-, leistungs- und befähigungsrelevante Merkmale der Bewerber' zu ermitteln, die einen Vergleich nach den Anforderungen des Art. 33 Abs. 2 GG ermöglicht hätten, führt das Versäumnis des Dienstherrn zu einer Umkehrung der materiellen Beweislast, die sodann dem Dienstherrn obliegt. Dieser muss darlegen, dass der unterlegene Bewerber' auch bei fehlerfreier Auswahl nicht zum Zuge gekommen wäre.[919]

16.2 Vorrang des Primärrechtsschutzes

Der in § 839 Abs. 3 BGB niedergelegte Rechtsgedanke vom Vorrang des Primärrechtsschutzes gilt auch und gerade für Schadensersatzansprüche wegen Nichtbeförderung aus dem Beamtenverhältnis. Die sekundäre Ersatzpflicht für rechtswidriges staatliches Handeln tritt nicht ein, wenn der Verletzte unmittelbar gegen die beanstandete Entscheidung mögliche Rechtsbehelfe ohne hinreichenden Grund nicht in Anspruch genommen hat.[920] Selbiges gilt auch für Fälle der Einstellung oder Höhergruppierung eines Arbeitnehmers'.[921]

Primärrechtsschutz gegen die Umsetzung der Auswahlentscheidung wird in der Regel durch den Antrag auf Erlass einer einstweiligen Anordnung mit dem Ziel erreicht, die noch bevorstehende Personalmaßnahme zu verhindern. Ist der ausgewählte Bewerber' schon ernannt und genießt diese Ernennung wegen eines Verstoßes gegen vorherige Informations- bzw. Wartepflichten keine Ämterstabilität, wird unterlegenen Bewerbern' gerichtlicher Rechtsschutz gegen die Ernennung nur im Wege der Anfechtungsklage gewährt.[922]

916) NdsOVG 30.6.2014 – 5 LA 51/14 –, n. v.

917) OVG NRW 27.6.2013 – 6 A 63/12 –, Schütz/Maiwald ES/D I 2 Nr. 118.

918) BVerwG 21.8.2003 – 2 C 14.02 –, ZTR 2004, 272.

919) Vgl. BVerwG 23.11.1995 – 2 A 1.94 –, Schütz/Maiwald ES/B III 8 Nr. 10.

920) BVerwG 19.3.2015 – 2 C 12.14 –, DVBl. 2015, 1121; OVG NRW 21.12.2020 – 1 A 2365/18 –, NWVBl 2021, 245.

921) LAG Rheinland-Pfalz 19.12.2007 – 8 Sa 566/07 –, juris Rn. 44 f.

922) OVG NRW 3.2.2016 – 1 A 1235/15 –, juris Rn. 36.

Der primäre Rechtsschutz eröffnet dem unterlegenen Bewerber' die Möglichkeit, die zu seinen Lasten erfolgte Ernennung aufheben zu lassen und sich selbst die Chance auf eine Auswahlentscheidung zu seinen Gunsten offenzuhalten. Damit entsteht ein zum Sekundärrechtsschutz zählender Schadensersatzanspruch nur dann, wenn der Bewerber' die Möglichkeit des Primärrechtsschutzes wahrgenommen hat. Dies gilt zumindest dann, wenn die Vergabe des in Rede stehenden Dienstpostens an einen Konkurrenten bereits vollzogen und der Bewerber' hierüber in Kenntnis gesetzt worden ist.[923]

16.3 Verwirkung

Der unterlegene Bewerber' kann seinen Schadensersatzanspruch verwirken. Die Verwirkung eines materiellen Rechts kann eintreten, wenn

- der anspruchstellende Bewerber' während eines längeren Zeitraums – die Bemessung des Zeitraums hängt von den Umständen des Einzelfalls ab – unter Verhältnissen untätig geblieben ist,
- unter denen vernünftigerweise etwas zur Rechtswahrung unternommen wird,
- sodass beim Dienstherrn der Anschein erweckt worden ist, der Bewerber' werde bezüglich des Anspruchs nichts mehr unternehmen.[924]

Beispiel

Die Klägerin hat mit Schriftsatz vom 19.5.2011 beantragt, sie dienst-, besoldungs- und versorgungsrechtlich so zu stellen, als ob sie zum 1. Januar 2007 bzw. zu den Folgemonaten (bis zum 1. April 2008) in ein Amt der Besoldungsgruppe A 9 BBesO befördert worden wäre. Dieses Begehren hat sie im verwaltungsgerichtlichen Verfahren auf den Zeitraum August 2007 bis Februar 2008 beschränkt und zur Begründung ihres Anspruchs ausgeführt, die in Rede stehenden Beförderungsentscheidungen verletzten sie in ihrem Bewerbungsverfahrensanspruch, weil das beklagte Land eine inhaltliche Ausschärfung der diesen Entscheidungen zugrunde liegenden dienstlichen Beurteilungen nicht vorgenommen habe. Vor dem Hintergrund, dass die Klägerin mithin über einen Zeitraum von über fünf Jahren ihre Einreihung in die Beförderungsliste (März 2006) nicht in Zweifel gezogen und über einen Zeitraum von mehr als drei Jahren keine rechtlichen Bedenken gegenüber den bis Februar 2008 erfolgten Beförderungen geltend gemacht hat, hat sie beim beklagten Land den Anschein erweckt, dass sie die Beförderungen ihrer Konkurrenten hinnehmen will.[925]

16.4 Verschulden

Für die Haftung des Dienstherrn auf Schadensersatz wegen Verletzung von Pflichten aus dem allgemeinen Beamtenverhältnis gilt der **allgemeine, objektiv-abstrakte Verschuldensmaßstab des bürgerlichen Rechts** (§ 276 Abs. 2 BGB). Danach handelt fahrlässig, wer die im Verkehr erforderliche Sorgfalt außer Acht lässt. Von den für die Personalmaßnahme verantwortlichen Bediensteten muss verlangt werden, dass sie die Sach- und Rechtslage unter Heranziehung aller ihnen zu Gebote stehenden Hilfsmittel gewissenhaft prüfen und sich aufgrund vernünftiger Überlegungen eine Rechtsauffassung bilden. Selbst wenn eine behördliche Maß-

923) Vgl. BVerwG 30.10.2013 – 2 C 23.12 –, Schütz ES/B III 8 Nr. 33; OVG Saarland 6.11.2015 – 1 B 151/15 –, juris Rn. 12.

924) OVG NRW 25.1.2012 – 6 A 681/11 –, juris Rn. 9.

925) OVG NRW 3.6.2014 – 6 A 1658/12 –, juris Rn. 13.

nahme gerichtlich missbilligt wird, kann daraus ein Verstoß des verantwortlichen Amtsinhabers gegen Sorgfaltspflichten nicht hergeleitet werden, wenn er die zugrunde liegende Rechtsauffassung aufgrund sorgfältiger rechtlicher und tatsächlicher Prüfung gewonnen hat und sie im Ergebnis als vertretbar angesehen werden kann.[926]

16.5 Schaden

Der Dienstherr muss dem zu Unrecht übergangenen Bewerber' den durch die Verletzungshandlung kausal entstandenen Schaden ersetzen. Dementsprechend ist der Bewerber' im Wege des Schadensersatzes dienst-, besoldungs- und versorgungsrechtlich so zu stellen, wie er stehen würde, wenn er tatsächlich befördert, höhergruppiert bzw. eingestellt worden wäre.

Soweit eine Einstellung des geschädigten Bewerbers' pflichtwidrig unterlassen worden ist, ist bei der Bemessung der Schadenshöhe zu berücksichtigen, ob bzw. wann das Rechtsverhältnis etwa durch Kündigung oder Entlassung wieder hätte beendet werden können.

926) BVerwG 17.8.2005 – 2 C 37.04 –, ZTR 2006, 164; BayVGH 24.4.2015 – 3 BV 13.2043 –, juris Rn. 32.

17 Benachteiligungen im Auswahlverfahren

Auswahlverfahren sind benachteiligungsfrei durchzuführen, Stellen/Dienstposten sind entsprechend diskriminierungsfrei auszuschreiben (vgl. § 11 AGG). Ein unterlegener Bewerber' kann im Einzelfall gegenüber dem Dienstherrn Schadensersatz bzw. Entschädigung verlangen, wenn dieser im Auswahlverfahren gegen ein Benachteiligungsverbot verstoßen hat (§ 2 Abs. 1 Nr. 1 AGG). Anspruchsgrundlage für entsprechende Schadensersatz- und Entschädigungsansprüche ist § 15 Abs. 1 und 2 AGG. Die Vorschriften des AGG gelten nach § 24 AGG nicht nur für Arbeitnehmer', sondern auch für Beamte', Richter' und Zivildienstleistende.

Das Verlangen einer Entschädigung ist **rechtsmissbräuchlich und damit ausgeschlossen,** wenn der Bewerber' an der zu besetzenden Stelle nicht ernsthaft interessiert ist, sondern sich nur beworben hat, um eine Entschädigung zu erhalten. Der EuGH hat hierzu entschieden, dass auch das Unionsrecht keine Entschädigung nach dem AGG bei bloßen Scheinbewerbungen enthalte.[927] Die Darlegungs- und Beweislast für die **fehlende Ernsthaftigkeit** der Bewerbung, d. h. für den Rechtsmissbrauch, liegt beim Dienstherrn. Dieser muss Indizien vortragen, die geeignet sind, den Schluss auf die fehlende Ernsthaftigkeit zuzulassen.[928] Rechtsmissbrauch ist anzunehmen, sofern eine Person sich nicht beworben hat, um die ausgeschriebene Stelle zu erhalten, sondern es ihr darum ging, nur den formalen Status als Bewerber' i. S. v. § 6 Abs. 1 Satz 2 AGG zu erlangen mit dem ausschließlichen Ziel, Ansprüche auf Entschädigung und/oder Schadensersatz geltend zu machen. Unter diesen engen Voraussetzungen begegnet der Rechtsmissbrauchseinwand nach § 242 BGB auch keinen unionsrechtlichen Bedenken.[929]

Beispiel

Ein Indiz für die fehlende Ernsthaftigkeit einer Stellenbewerbung ist, wenn sich ein Bewerber' mit einem nichtssagenden Schreiben auf eine Stelle bewirbt, deren Anforderungen er nicht erfüllt und die nicht zu ihm passt.[930] Denn die Würdigung des Inhalts des Bewerbungsschreibens muss ergeben, dass der Bewerber' es geradezu auf eine Absage angelegt, mithin eine Absage provoziert hat.

Allein der Umstand, dass der Bewerber' eine Vielzahl von Entschädigungsklagen erhoben hat, ist für sich genommen noch kein ausreichender Grund für die Annahme, die Bewerbung sei nicht ernsthaft erfolgt.[931] Bewirbt sich ein Bewerber' ausschließlich auf altersdiskriminierende Stellenausschreibungen, so kann dieses Verhalten dafür sprechen, dass die Bewerbungen subjektiv nicht ernsthaft erfolgt

927) EuGH 28.7.2016 – C-423/15 –, juris Rn. 35.

928) BAG 24.1.2013 – 8 AZR 429/11 –, ZTR 2013, 334; LAG Baden-Württemberg 29.8.2014 – 12 Sa 15/14 –, juris Rn. 61.

929) BAG 25.10.2018 – 8 AZR 562/16 –, NZA 2019, 527.

930) LAG Berlin-Brandenburg 31.10.2013 – 21 Sa 1380/13 –, juris Rn. 49 und 55; das BAG hat dem EuGH mit Entscheidung vom 18.6.2015 – 8 AZR 848/13 (A) die Frage vorgelegt, ob die Geltendmachung von Entschädigungsansprüchen nach Unionsrecht als Rechtsmissbrauch bewertet werden kann, soweit der Status als Bewerber nicht im Hinblick auf eine Einstellung und Beschäftigung, sondern zwecks Geltendmachung von finanziellen Ansprüchen erreicht wurde.

931) BAG 13.10.2011 – 8 AZR 608/10 –, EzA § 15 AGG Nr. 16.

sind, sondern lediglich die Geltendmachung einer Entschädigung nach dem AGG beabsichtigt ist. Ein solches Verhalten ist daher in der Regel als rechtsmissbräuchlich anzusehen.[932]

17.1 Unterscheidung zwischen den Anspruchsgrundlagen

§15 Abs.1 AGG beinhaltet einen **Schadensersatzanspruch**. Darüber hinaus sieht **§15 Abs.2 Satz 1 AGG** vor, dass der benachteiligte Beschäftigte' wegen eines Schadens, der nicht Vermögensschaden (§253 BGB) ist, eine **angemessene Entschädigung** in Geld (Entschädigungsanspruch) verlangen kann. Beide Ansprüche stehen selbstständig nebeneinander und setzen jeweils einen Verstoß gegen das Benachteiligungsverbot voraus, wobei der Entschädigungsanspruch verschuldensunabhängig ist. Als Beschäftigte gelten nach §6 Abs.1 Satz 2 AGG auch Bewerber' für ein Beschäftigungsverhältnis.

17.1.1 Anspruch auf Schadensersatz (§15 Abs.1 AGG)

Nach §15 Abs.1 Satz 1 AGG ist der Dienstherr bei einem Verstoß gegen das Benachteiligungsverbot verpflichtet, den hierdurch entstandenen Schaden zu ersetzen. Ein Schadensersatzanspruch besteht nur dann, wenn der Dienstherr die Pflichtverletzung zu vertreten hat. Hierbei gilt der allgemeine **Verschuldensmaßstab des §276 BGB.** Demnach hat der Dienstherr Vorsatz und Fahrlässigkeit zu vertreten. Dem Dienstherrn ist Fremdverschulden nach §31 BGB in Verbindung mit der Lehre vom Organisationsmangel und insbesondere nach §278 BGB zuzurechnen. Erfüllungsgehilfen sind in diesem Zusammenhang die Personen, die im Auswahlverfahren für den Dienstherrn auftreten.

Beispiel

Beschäftigte', die das Anforderungsprofil bzw. die Stellenausschreibung konzipieren oder die der Personalfindungskommission angehören.

Aus der Formulierung des §15 Abs.1 Satz 2 AGG („dies gilt nicht") ergibt sich, dass das **Verschulden grundsätzlich vermutet** wird. Der Dienstherr muss damit darlegen und beweisen, dass er den Verstoß gegen das Benachteiligungsverbot nicht zu vertreten hat.

Der Schadensersatzanspruch betrifft den **materiellen Schaden.** Der Schaden ist nach den allgemeinen Grundsätzen der §§249ff. BGB zu ersetzen. Demnach ist die sog. Differenzhypothese die Grundlage der Schadensberechnung. Der Bewerber' ist vom Dienstherrn so zu stellen, wie er stünde, wenn die unzulässige Benachteiligung nicht begangen worden wäre.

Beispiel

Der Schadensersatzanspruch umfasst sowohl den entgangenen Verdienst (§252 BGB) als auch aufgewandte Bewerbungskosten oder Kosten der Rechtsverfolgung.

Dem Bewerber' obliegt es zu beweisen, dass ihm durch die Benachteiligung ein materieller Schaden entstanden ist, d.h., dass er ohne Benachteiligung eingestellt

932) LAG Hamm 25.7.2014 – 10 Sa 503/14 –, ZTR 2014, 735.

oder befördert worden wäre.[933] Der Anspruchssteller' muss unter Berücksichtigung des in Art. 33 Abs. 2 GG statuierten Leistungsgrundsatzes damit darlegen, dass er von allen in Betracht kommenden Bewerbern' der am besten geeignete Bewerber' war.

Zwar sieht der Wortlaut des § 15 Abs. 1 Satz 1 AGG keine Obergrenze für den Schadensersatzanspruch vor, gleichwohl wird überwiegend vertreten, dass der Dienstherr nur verpflichtet sein kann, in einem angemessenen Umfang Schadensersatz zu leisten. Es ist daher Aufgabe der Rechtsprechung, in jedem Einzelfall einer Benachteiligung die Schadensersatzhöhe auf einen angemessenen Betrag zu begrenzen. Soweit ein Arbeitnehmer' im Rahmen eines Einstellungsverfahrens unzulässig benachteiligt worden ist, wird für die Bemessung der Schadenshöhe häufig darauf abgestellt, zu welchem Zeitpunkt der Arbeitgeber' das Beschäftigungsverhältnis frühestens hätte kündigen können.[934]

Ein abgelehnter Bewerber' kann **keinen Auskunftsanspruch** gegenüber dem Dienstherrn geltend machen, soweit ein rechtliches Band (Arbeits- oder Beamtenverhältnis) noch nicht begründet worden ist.[935] Zudem greift bei der Darlegung der Benachteiligung die Beweiserleichterung des § 22 AGG (noch) nicht, da die Vorschrift erst bei der sich anschließenden Prüfungsstufe einsetzt.

17.1.2 Entschädigungsanspruch nach § 15 Abs. 2 AGG

§ 15 Abs. 2 bestimmt, dass der benachteiligte Bewerber' wegen eines Schadens, der nicht Vermögensschaden ist, eine **angemessene Entschädigung** verlangen kann. Die Vorschrift enthält damit eine reine Rechtsfolgenregelung. Es ist allerdings anerkannt, dass ein Entschädigungsanspruch nur unter den Voraussetzungen des § 15 Abs. 1 AGG geltend gemacht werden kann.[936]

Nach allgemeiner Auffassung ist § 15 Abs. 2 AGG dahin gehend europarechtskonform auszulegen, dass ein schuldhafter Verstoß für den Entschädigungsanspruch **nicht** zu fordern ist. Dies gilt entsprechend bei der Frage, unter welchen Voraussetzungen sich der Dienstherr einen Verstoß von Dritten zurechnen lassen muss.[937]

§ 15 Abs. 2 AGG ist eine Sondervorschrift im Sinne des § 253 Abs. 1 BGB. Der **Eintritt eines immateriellen Schadens** wird bei einem Verstoß gegen das Benachteiligungsverbot **unwiderleglich vermutet** und muss daher nicht gesondert festgestellt werden.

Für die **Bemessung der Entschädigung** gilt § 287 Abs. 1 ZPO (i. V. m. § 173 VwGO) entsprechend. Die Bemessung der Entschädigung liegt danach allein im richterlichen Ermessen des Tatsachengerichts, das für die Beweisermittlung und -würdigung zuständig ist. In die Bemessung sind alle Umstände des jeweiligen Einzelfalls einzubeziehen. Dazu gehören unter anderem die Art und Schwere der Benachteiligung, wobei eine unmittelbare Diskriminierung regelmäßig einen höheren Entschädigungsbetrag rechtfertigt als eine mittelbare Diskriminierung. Ferner kommt es auf die Dauer und die Folgen der Benachteiligung, deren Anlass, den Beweggrund

933) BAG 19.8.2010 – 8 AZR 530/09 –, NZA 2010, 1412.

934) Siehe hierzu ausführlich Bauer/Göpfer/Krieger, § 15 Rn. 23 ff.

935) Vgl. BAG 20.5.2010 – 8 AZR 287/08 –, ZTR 2010, 540.

936) BAG 24.1.2013 – 8 AZR 429/11 –, NJW 2013, 123.

937) Siehe zu den Einzelheiten Bauer/Krieger, § 15 Rn. 32 f.

des Handelns, den Grad der Verantwortlichkeit des Verursachers der Diskriminierung oder das Vorliegen einer Wiederholungsgefahr an.[938] Dabei ist im Hinblick auf Art. 17 RL 2000/78/EG auch der Sanktionszweck des § 15 Abs. 2 AGG zu beachten. Insgesamt hat die Entschädigung eine Doppelfunktion, die bei der Bestimmung der Höhe der Entschädigung zu beachten ist. Sie dient einerseits der vollen Schadenskompensation und andererseits der Prävention, wobei jeweils der Grundsatz der Verhältnismäßigkeit zu wahren ist.[939]

Eine **Obergrenze** sieht § 15 Abs. 2 Satz 2 AGG nur für den Fall der Nichteinstellung eines Bewerbers' vor, **soweit dieser auch bei benachteiligungsfreier Auswahl nicht eingestellt worden wäre**. Der Anspruch ist in diesem Fall auf **maximal drei Monatsgehälter** begrenzt.

Beispiel

Ein behinderter Bewerber' (vgl. § 1 AGG) wird, nachdem er ein Assessment-Center erfolglos durchlaufen hat, nicht zu einem weiteren Vorstellungsgespräch eingeladen (vgl. § 82 Satz 2 SGB IX).

Für die Höhe der festzusetzenden Entschädigung sind Art und Schwere der Verstöße sowie die Folgen für den schwerbehinderten Bewerber' von Bedeutung.[940] Je häufiger und gewichtiger der Arbeitgeber' gegen Förderungspflichten verstößt, desto eher ist es gerechtfertigt, den von § 15 Abs. 2 Satz 2 AGG vorgegebenen Höchstrahmen von drei Monatsvergütungen auszuschöpfen.[941]

17.2 Ausschlussfristen

Für Ansprüche nach § 15 Abs. 1 und Abs. 2 AGG sieht § 15 Abs. 4 AGG eine **materielle Ausschlussfrist** vor. Demnach muss der Anspruch innerhalb von **zwei Monaten schriftlich** gegenüber dem Dienstherrn geltend gemacht werden.

Wichtig!

Die rechtswirksame Geltendmachung des Anspruchs setzt nicht die gesetzliche Schriftform i. S. d. §§ 126 f. BGB voraus. Ausreichend ist vielmehr die Textform nach § 127 BGB.[942]

Der Bewerber' hat hierbei nicht nur die Höhe seines Anspruchs schriftlich zu fixieren. Vielmehr ist er gehalten, dem Dienstherrn auch schriftlich den Sachverhalt mitzuteilen, der nach seiner Auffassung den Anspruch rechtfertigt. Nach § 15 Abs. 4 Satz 2 AGG beginnt die Frist im Falle einer Bewerbung oder eines beruflichen Aufstiegs mit dem Zugang der Ablehnung und in den sonstigen Fällen einer Benachteiligung mit dem Zeitpunkt, in dem der oder die Beschäftigte von der Benachteiligung Kenntnis erlangt. Ein bloßes Abstellen auf den Zeitpunkt des Zugangs der Ablehnung könnte in den letzten Fällen die Ausübung der durch die Unionsrechtsordnung verliehenen Rechte praktisch unmöglich machen oder übermäßig erschweren, da der Beschäftigte' mit der Ablehnung nicht notwendigerweise auch Kenntnis von einer Benachteiligung und dem Bestehen eines Anspruchs nach dem

938) Vgl. BVerwG 30.10.2014 – 2 C 6.13 –, NVwZ 2015, 812.; BAG 16.2.2012 – 8 AZR 697/10 –, NZA 2012, 67.

939) BAG 28.5.2020 – 8 AZR 170/19 –, ZTR 2020, 598.

940) BAG 18.11.2008 – 9 AZR 643/07 –, NZA 2009, 728.

941) BAG 21.7.2009 – 9 AZR 431/08 –, ZTR 2009, 589.

942) BAG 16.2.2012 – 8 AZR 697/10 –, NZA 2012, 667.

AGG hat. Ein Anspruch nach § 15 Abs. 1 und Abs. 2 AGG setzt voraus, dass die Benachteiligung wegen eines Merkmals nach § 1 AGG erfolgt ist. Hierüber gibt die Ablehnung des Arbeitgebers' nicht zwingend Auskunft. Allerdings kann § 15 Abs. 4 Satz 2 AGG unionsrechtskonform dahin gehend ausgelegt werden, dass die Frist nicht vor dem Zeitpunkt beginnt, zu dem der Beschäftigte' **Kenntnis von der Benachteiligung** erlangt.[943]

Wichtig!

Eine „Ablehnung durch den Arbeitgeber' " i. S. v. § 15 Abs. 4 Satz 2 AGG setzt eine auf den Beschäftigten' bezogene ausdrückliche oder konkludente Erklärung des Arbeitgebers' voraus, aus der sich für den Beschäftigten' aus der Sicht eines objektiven Erklärungsempfängers' eindeutig ergibt, dass seine Bewerbung keine Aussicht (mehr) auf Erfolg hat .[944] Danach ist es zwar nicht erforderlich, dass der Arbeitgeber' den Bewerber' formal „bescheidet" . Allerdings reicht ein Schweigen oder Untätigbleiben des Arbeitgebers' grundsätzlich nicht aus, um die Frist des § 15 Abs. 4 AGG in Lauf zu setzen. Ebenso wenig reicht es aus, wenn der Bewerber' nicht durch den Arbeitgeber', sondern auf andere Art und Weise erfährt, dass seine Bewerbung erfolglos war.[945] Allerdings ist für die Ablehnung durch den Arbeitgeber' i. S. v. § 15 Abs. 4 AGG keine bestimmte Form vorgeschrieben, so dass diese weder schriftlich noch sonst verkörpert erfolgen muss, sondern auch mündlich erklärt werden kann.[946]

Ob eine ausdrückliche Erklärung des Arbeitgebers' den Inhalt einer Ablehnung hat oder ob ein sonstiges Verhalten des Arbeitgebers' vorliegt, aus dem der Bewerber' aus der Sicht eines objektiven Erklärungsempfängers' mit der erforderlichen Deutlichkeit die Erklärung des Arbeitgebers entnehmen kann, dass die Bewerbung keine Aussicht (mehr) auf Erfolg hat, ist durch Auslegung der rechtsgeschäftsähnlichen Handlung im Einzelfall nach den für Willenserklärungen geltenden Grundsätzen zu ermitteln. Auf die Ablehnung i. S. v. § 15 Abs. 4 Satz 2 AGG finden die Bestimmungen über Willenserklärungen einschließlich der Grundsätze ihrer Auslegung entsprechende Anwendung. Dies hat zur Folge, dass in einem bloßen Schweigen oder Untätigbleiben des Arbeitgebers' grundsätzlich keine Ablehnung i. S. v. § 15 Abs. 4 Satz 2 AGG liegt, weshalb die Frist des § 15 Abs. 4 AGG in einem solchen Fall grundsätzlich nicht in Lauf gesetzt wird.[947]

Die **Berechnung der Fristen** richtet sich nach den allgemeinen Vorschriften der §§ 187 ff. BGB. Für den Fristbeginn ist § 187 Abs. 1 BGB maßgebend.

Beispiel

Einem schwerbehinderten Bewerber' geht am 15.1. die ablehnende Konkurrentenmitteilung zu. Zu einem Vorstellungsgespräch wurde er im Vorfeld nicht eingeladen, obwohl er das Anforderungsprofil für die zu besetzende Stelle erfüllt. Die Frist beginnt am 16.1. um 0:00 Uhr und endet am 15.3 um 24:00 Uhr. Macht der schwerbehinderte Bewerber' erst danach seinen Anspruch gegenüber dem Dienstherrn schriftlich geltend, ist dies rechtlich unbeachtlich.

Arbeitnehmer' haben neben der Frist des § 15 Abs. 4 AGG eine zweite Frist zu beachten. Nach § 61b Abs. 1 ArbGG gilt zusätzlich zur zweimonatigen Geltendmachungsfrist eine dreimonatige Klagefrist. Die VwGO sieht eine entsprechende Klagefrist nicht vor. § 61b Abs. 1 ArbGG ist in einem verwaltungsgerichtlichen Verfahren auch nicht analog anwendbar.[948] Maßgebend für den Fristbeginn ist nicht der

943) BAG 15.3.2012 – 8 AZR 37/11 –, ZTR 2012, 590.

944) BAG 22.8.2013 – 8 AZR 574/12 –, ZTR 2014, 175; BAG 17.8.2010 – 9 AZR 839/08 –, NZA 2011, 153.

945) BAG 17.8.2010 – 9 AZR 839/08 –, NZA 2011, 153.

946) BAG 29.6.2017 – 8 AZR 402/15 –, NZA 2018, 33.

947) Vgl. BAG 29.6.2017 – 8 AZR 402/15 –, E 159, 334; BAG 22.8.2013 – 8 AZR 574/12 –, ZTR 2014, 175; BAG 17.8.2010 – 9 AZR 839/08 –, NZA 2011, 153.

948) VG Trier 27.7.2015 – 1 K 556/15.TR –, juris Rn. 41.

Ablauf der zweimonatigen Ausschlussfrist des §15 Abs.4 AGG, sondern die schriftliche Geltendmachung des Anspruchs. Zur Fristberechnung heranzuziehen sind die §§187ff. BGB.

Die Bewerbungsunterlagen sollten zu Beweiszwecken bis zum Ablauf der Ausschlussfristen aufbewahrt werden. Möglich ist auch, eine Kopie zu fertigen und die Bewerbungsunterlagen an die Bewerber' wieder zurückzugeben. Soweit Kopien von den Bewerbungsunterlagen gefertigt wurden, sind diese nach Fristablauf zu vernichten.

17.3 Verstoß gegen das Benachteiligungsverbot

Das Benachteiligungsverbot ist in §7 Abs. 1 AGG gesetzlich definiert. Demnach dürfen Beschäftigte' nicht wegen eines in §1 AGG genannten Grundes benachteiligt werden. Als Beschäftigte' gelten nach §6 Abs. 1 Satz 2 AGG auch die Bewerber', die noch in keinem Beschäftigungsverhältnis zum Dienstherrn stehen. Als Beschäftigte' sind auch kommunale Wahlbeamte anzusehen.

§1 AGG enthält eine **abschließende Aufzählung** der Merkmale, die nicht Grund für eine Benachteiligung im Sinne des AGG sein dürfen. Demnach ist eine Benachteiligung unzulässig aus Gründen

- der Rasse,
- der ethnischen Herkunft,
- des Geschlechts,
- der Religion,
- der Weltanschauung,
- einer Behinderung,
- des Alters oder
- der sexuellen Identität.

Nach §2 Abs. 1 Nr. 1 AGG sind Benachteiligungen in Bezug auf die Bedingungen, einschließlich Auswahlkriterien und Einstellungsbedingungen, für den Zugang zu unselbstständiger und selbstständiger Erwerbstätigkeit, unabhängig von Tätigkeitsfeld und beruflicher Position, sowie für den beruflichen Aufstieg unzulässig. Demnach sind Benachteiligungen wegen eines in §1 AGG genannten Grundes in jedem Stadium des Auswahlverfahrens unzulässig.

Das AGG untersagt sowohl eine unmittelbare (§3 Abs. 1 AGG) als auch eine mittelbare Benachteiligung (§3 Abs. 2 AGG).

17.3.1 Unmittelbare Benachteiligung

Eine **unmittelbare Benachteiligung** liegt vor, wenn eine Person wegen eines in §1 AGG genannten Grundes in einer vergleichbaren Situation eine weniger günstige Behandlung erfährt, als eine andere Person in einer vergleichbaren Situation erfährt, erfahren hat oder erfahren würde.

Beispiel

Ein Nachteil im Rahmen einer Auswahlentscheidung bei einer Einstellung oder Beförderung/ Höhergruppierung liegt bereits dann vor, wenn Bewerber' nicht in die Auswahl miteinbezogen wurden, sondern vorab ausgeschieden sind. Hier liegt die Benachteiligung **in der Versagung einer Chance.**[949] Unerheblich ist es, ob das Auswahlverfahren tatsächlich zu einer Besetzung des ausgeschriebenen Dienstpostens geführt hat.[950]

Soweit es um eine unmittelbare Benachteiligung i. S. v. § 3 Abs. 1 AGG geht, ist hierfür nicht erforderlich, dass der betreffende Grund das ausschließliche oder auch nur ein wesentliches Motiv für das Handeln des Benachteiligenden' ist. Vielmehr ist der Kausalzusammenhang bereits dann gegeben, wenn die Benachteiligung i. S. v. § 3 Abs. 1 AGG an einen Grund i. S. v. § 1 AGG bzw. die (Schwer)Behinderung anknüpft oder durch diesen motiviert ist, wobei die bloße Mitursächlichkeit genügt.[951]

Beispiel

Auf eine Stellenausschreibung eines ersten Gemeinderates bei einer Gemeinde bewerben sich 18 Personen. Unter anderem auch eine 53-jährige Bewerberin, die zur Erfüllung der Aufgaben objektiv geeignet ist. Im Rahmen eines mit der Bewerberin geführten Telefonates äußert der Bürgermeister, dass er diese dem Rat wegen ihres Alters nicht zur Wahl vorschlagen werde, da er ebenfalls bereits über 50 Jahre alt sei. Eine Wahl der Bewerberin würde dazu führen, dass die gesamte Verwaltungsspitze zeitgleich in den Ruhestand gehen würde.

Die Bewerberin wurde wegen ihres Alters ungünstiger als andere Personen behandelt, da ihre Bewerbung wegen ihres Alters keine Berücksichtigung gefunden hat. Hierbei handelt es sich um eine unmittelbare Benachteiligung der Bewerberin. Die Benachteiligung ist nicht nach § 10 Satz 2 AGG gerechtfertigt. Zwar kann es im Einzelfall ein legitimes Ziel sein, bei einer Stellenbesetzung auf das Kriterium des Alters abzustellen, wenn der Dienstherr etwa beabsichtigt, durch Bildung von bestimmten Altersgruppen der Überalterung der Belegschaft entgegenzuwirken. Da hier sowohl der Bürgermeister als auch die Bewerberin kommunale Wahlbeamte und nach Ablauf der Wahlperiode beide noch nicht im Ruhestandsalter sind, scheidet eine Rechtfertigung der Ungleichbehandlung aus, da zum Zeitpunkt des Auswahlverfahrens noch nicht feststeht, ob möglicherweise der Bürgermeister und/oder die Bewerberin nach Ablauf ihrer Amtszeit erneut zum kommunalen Wahlbeamten gewählt werden.

Eine unmittelbare Benachteiligung wegen des Geschlechts liegt in Bezug auf § 2 Abs. 1 Nr. 1 bis 4 AGG auch im Falle einer ungünstigeren Behandlung einer Frau wegen **Schwangerschaft oder Mutterschaft** vor.

17.3.2 Mittelbare Benachteiligung

Eine **mittelbare Benachteiligung** liegt nach § 3 Abs. 2 AGG vor, wenn dem Anschein nach neutrale Vorschriften, Kriterien oder Verfahren Personen wegen eines in § 1 genannten Grundes gegenüber anderen Personen in besonderer Weise benachteiligen können, es sei denn, die betreffenden Vorschriften, Kriterien oder Verfahren sind durch ein rechtmäßiges Ziel sachlich gerechtfertigt und die Mittel sind zur Erreichung dieses Ziels angemessen und erforderlich.

949) BAG 18.9.2014 – 8 AZR 759/13 –, juris Rn. 23.

950) BAG 23.8.2012 – 8 AZR 285/11 –, juris Rn. 20.

951) BAG 23.11.2017 – 8 AZR 372/16 –, juris.

Beispiel

- Die Formulierung in einer Stellenanzeige, die Stelle sei insbesondere für Berufsanfänger' geeignet, ist mit der insoweit gebotenen typisierenden Betrachtung **mittelbar altersbezogen,** da sie Bewerber' mit einem höheren Lebensalter ausschließt. Dementsprechend ist das konkrete Anforderungsprofil mittelbar altersdiskriminierend.[952]
- In der Anknüpfung an die Teilzeit liegt in aller Regel eine Differenzierung nach dem Geschlecht, weil mehr Frauen als Männer in Teilzeit gehen. Ein entsprechendes prozessuales Vorbringen genügt jedenfalls den Anforderungen an § 22 AGG. Dementsprechend ist es dann Sache des Dienstherrn, entweder darzutun, dass keine mittelbare Benachteiligung wegen des Geschlechts vorlag oder diese gerechtfertigt gewesen wäre.[953]

Es muss im Einzelfall geprüft werden, ob eine unmittelbare oder mittelbare Benachteiligung vorliegt, da für die mittelbare Benachteiligung ein erleichterter Rechtfertigungsmaßstab gilt.[954]

17.4 Die Benachteiligungsmerkmale des § 1 AGG

§ 1 AGG beinhaltet eine **abschließende Aufzählung** der Merkmale, die nach dem AGG nicht Grund für eine Benachteiligung sein dürfen.

Der Begriff **„Rasse"** ist im AGG nicht näher definiert. Das Verbot der Benachteiligung aus Gründen der **Rasse** erfasst jede auf der Hautfarbe, der Abstammung, dem nationalen Ursprung und dem Volkstum beruhende Unterscheidung.[955] Diese Auslegung steht mit dem Rassebegriff des Art. 3 Abs. 3 GG in Einklang, nach dem der Begriff der Rasse gruppenspezifische tatsächliche sowie auch nur behauptete biologisch vererbbare Merkmale umschreibt.[956]

Der Begriff der **„ethnischen Herkunft"** ist weder in Art. 19 AEUV noch im AGG selbst oder in der diesem Gesetz zugrunde liegenden Richtlinie 2000/43/EG definiert. Erfasst werden Gruppen, die über eine eigene kulturelle, religiöse und sprachliche Tradition sowie besondere Sitten und Gebräuche verfügen.[957] Die Staatsangehörigkeit selbst ist nicht dem Begriff der ethnischen Herkunft zuzurechnen.[958] Die Beherrschung einer Sprache ist von der Zugehörigkeit einer Ethnie unabhängig. Dies kann damit benachteiligungsfrei vom Bewerber' gefordert werden.[959]

Mit **Geschlecht** sind sowohl das weibliche wie auch das männliche Geschlecht gemeint. Hierzu zählt auch die Transsexualität.

Geschützt sind **Religionen und Weltanschauungen** nur, soweit sie im Einklang mit der freiheitlich-demokratischen Grundordnung stehen. Nicht als Religion oder Weltanschauung gelten innere Einstellungen.

---

952) Hess. LAG 27.11.2014 – 9 Sa 577/14 –, juris Rn. 40.

953) Hess. LAG 8.4.2011 – 3 SaGa 343/11 –, juris Rn. 104.

954) Vgl. Bauer/Krieger, AGG, § 3 Rn. 23.

955) Vgl. das Internationale Übereinkommen zur Beseitigung jeder Form von Rassendiskriminierung v. 7.3.1966 (BGBl. 1969 II S. 961).

956) Sachs/Osterloh, GG, Art. 3 Rn. 293.

957) Bauer/Göpfer/Krieger, AGG, § 1 Rn. 18 ff.

958) BAG 21.6.2012 – 8 AZR 364/11 –, ZTR 2012, 720.

959) BAG 28.1.2010 – 2 AZR 764/08 –, NZA 2010, 625.

Der Begriff der **„Behinderung“** ist weiter als der Begriff der Schwerbehinderung im Sinne des § 2 Abs. 2 SGB IX. Es bedarf damit keiner ausdrücklichen Anerkennung der Schwerbehinderteneigenschaft. Eine Behinderung liegt vor, wenn die Teilnahme am Berufsleben über einen langen Zeitraum eingeschränkt ist. Soweit eine Schwerbehinderung vorliegt, kann sich der Bewerber auch auf die Schutzvorschriften des SGB IX berufen.

Mit dem Begriff der **sexuellen Identität** werden insbesondere verschiedene sexuelle Neigungen erfasst. Hierunter fällt auch die eingetragene Lebenspartnerschaft.

Untersagt ist sowohl eine Benachteiligung wegen jungen als auch wegen höheren **Alters.**

Beispiel

Ein Verstoß gegen das in § 11 AGG enthaltene Gebot, Stellenausschreibungen benachteiligungsfrei auszuschreiben, liegt vor, wenn mit einer Stellenanzeige junge Bewerber‘ gesucht werden und das Alter damit Einstellungsvoraussetzung ist.[960] Es handelt sich insoweit um eine unmittelbare Benachteiligung.

Eine mittelbare Benachteiligung wegen des Alters soll vorliegen, wenn sich eine Stellenanzeige ausdrücklich an „Studienabgänger‘ “ richtet, da sich hiervon im Wesentlichen Personen angesprochen fühlen, die ein Alter von 30 Jahren noch nicht überschritten haben.[961]

Auch eine Stellenanzeige, die das Merkmal des „Berufsanfängers‘“ bzw. „bis zu zwei Jahren Berufserfahrung“ verwende, soll mittelbar altersdiskriminierend sein. Allerdings könne die Benachteiligung durch ein legitimes Ziel gerechtfertigt sein, etwa dann, wenn der angesprochene Personenkreis lediglich zuarbeitende Tätigkeiten ausüben soll.[962]

Die an den Bewerber‘ gerichtete Aufforderung, Teil eines hochinnovativen, anspruchsvollen jungen und hochmotivierten Teams zu werden, lässt aus objektiver Sicht nicht mit überwiegender Wahrscheinlichkeit auf eine Benachteiligung wegen des Alters schließen.[963]

17.5 Nachweispflicht

Der unterlegene Bewerber‘ muss zunächst in einem ersten Schritt den Vollbeweis führen, dass er gegenüber einer anderen Person bzw. gegenüber einer anderen Personengruppe (Bewerber) benachteiligt worden ist. Er muss daher in der Regel nachweisen, dass er eine weniger günstige Behandlung erfahren hat als eine andere Person in einer vergleichbaren Situation (unmittelbare Benachteiligung nach § 3 Abs. 1 AGG). Zudem muss der unterlegene Bewerber‘ das Vorliegen eines Merkmals i. S. d. § 1 AGG nachweisen. Gelingt dem unterlegenen Bewerber dieser Nachweis, muss er nach § 22 AGG in einem zweiten Schritt **Indizien für den bestehenden Kausalzusammenhang** zwischen nachteiliger Behandlung und eines in § 1 AGG aufgezählten Merkmals darlegen. Soweit der Bewerber‘ entsprechende Indizien nachgewiesen hat, obliegt es dem Dienstherrn, die Benachteiligungsvermutung zu widerlegen. Die in § 22 AGG enthaltene **Beweislasterleichterung** betrifft damit ausschließlich das Tatbestandsmerkmal der **Kausalität** zwischen einer Benachteiligung und eines in § 1 AGG genannten Grundes. Der objektive Verstoß des Arbeitgebers‘

960) BAG 19.8.2010 – 8 AZR 530/09 –, NZA 2010, 1412.

961) Hess. LAG 24.9.2014 – 12 Sa 511/13 –, juris Rn. 17 und 36.

962) Hess. LAG 21.8.2014 – 5 Sa 98/14 –, juris Rn. 32.

963) LAG Baden-Württemberg 15.1.2016 – 19 Sa 27/15 –, juris Rn. 114.

gegen Vorschriften, die Verfahrens- und/oder Förderpflichten zugunsten schwerbehinderter Menschen enthalten, so auch der (objektive) Verstoß des öffentlichen Arbeitgebers' gegen seine Verpflichtungen aus § 165 Satz 3 SGB IX, schwerbehinderte Bewerber' zu einem Vorstellungsgespräch einzuladen, kann die Vermutung der Benachteiligung wegen der (Schwer)Behinderung i. S. v. § 22 AGG allerdings nur begründen[964], wenn dem Arbeitgeber' die Schwerbehinderung des Bewerbers' bekannt war oder er diese kennen musste. Deshalb muss ein Bewerber', der seine Schwerbehinderung bei der Behandlung seiner Bewerbung berücksichtigt wissen will, den (potentiellen) Arbeitgeber' hierüber in Kenntnis setzen, soweit dieser nicht ausnahmsweise, so ggf. bei internen Bewerbern', bereits über diese Information verfügt. Andernfalls fehlt es an der (Mit-)Ursächlichkeit der (Schwer)Behinderung für die benachteiligende Maßnahme.[965]

17.5.1 Einladung eines schwerbehinderten Menschen zu einem Vorstellungsgespräch

Nach **§ 165 Satz 3 SGB IX** hat der **öffentliche Arbeitgeber'**[966] den sich bewerbenden schwerbehinderten Menschen[967] **zu einem Vorstellungsgespräch einzuladen.**

> **Wichtig!**
>
> Für die Stellenvergabe im öffentlichen Dienst gilt uneingeschränkt das verfassungsrechtlich garantierte Prinzip der Bestenauslese, d. h. der Leistungsgrundsatz des Art. 33 Abs. 2 GG. Danach hat nicht ein für die zu besetzende Stelle geeigneter, sondern nur der hierfür am besten geeignete Bewerber' einen Anspruch auf Einstellung oder Beförderung. Dem Prinzip der Auslese nach Eignung, Befähigung und fachlicher Leistung sind auch die durch das Benachteiligungsverbot des § 7 Abs. 1 AGG geschützten Personengruppen unterworfen.[968]

Zum Vorstellungsgespräch ist ein Bewerber' erst eingeladen, wenn das Einladungsschreiben oder die sonst in irgendeiner Form erfolgte Einladung den Bewerber' auch tatsächlich erreicht hat.[969]

> **Wichtig!**
>
> Der Begriff "Vorstellungsgespräch" in § 165 Satz 3 SGB IX ist dahin auszulegen, dass er – auch bei mehrstufigen Auswahlprozessen – grundsätzlich alle Instrumente des Verfahrens der Personalauswahl unabhängig von ihrer Bezeichnung, der angewandten Methode und der konkreten Durchführungsform erfasst, die nach der eigenen Konzeption des Arbeitgebers' erforderlich sind, um sich ein umfassendes Bild von der fachlichen und persönlichen Eignung des Bewerbers' zu machen.

Der Arbeitgeber' kann nur dann verpflichtet sein, einen Bewerber' zu einem Vorstellungsgespräch einzuladen, wenn dieser auch den Begriff des „Bewerbers'" erfüllt. Nach der Rechtsprechung des Bundesarbeitsgerichts ist Bewerber' i. S. d. § 6

964) Hierzu BAG 11.8.2016 – 8 AZR 375/15 –, E 156, 107; LAG Berlin-Brandenburg 13.11.2020 – 9 Sa 18/20 –, juris.

965) BAG 16.9.2008 – 9 AZR 791/07 –, BAGE 127, 367.

966) Als öffentliche Arbeitgeber gelten die in § 154 Abs. 2 SGB IX bezeichneten Behörden und Stellen.

967) Schwerbehindert i. S. d. §§ 151 ff. SGB IX sind Menschen, bei denen ein GdB von mindestens 50 Prozent vorliegt. Die besonderen Schutzvorschriften für schwerbehinderte Menschen werden auch auf Menschen angewandt, die diesen gleichgestellt sind (vgl. § 151 Abs. 4 SGB IX).

968) BVerwG 3.3.2011 – 5 C 16.10 –, juris.

969) Thür LAG 28.4.2021 – 4 Sa 9/20 –, juris.

Abs. 1 Satz 2 Alt. 1 AGG, wer eine Bewerbung beim Arbeitgeber" eingereicht hat. Eingereicht ist eine Bewerbung dann, wenn sie dem Arbeitgeber' zugegangen ist i. S. v. § 130 BGB.[970]

Diese Pflicht besteht nur dann nicht, wenn dem schwerbehinderten Menschen nach § 165 Satz 4 SGB IX die fachliche Eignung **offensichtlich** fehlt. So fehlt einem Bewerber' offensichtlich die Eignung, wenn er eine zu Recht geforderte Mindestnote im Anforderungsprofil nicht erfüllt und der Arbeitgeber' zudem alle Bewerber', die die Mindestanforderungen nicht erfüllen, auch nicht zu einem weiteren Auswahlgespräch einlädt.[971] Das bedeutet, dass der öffentliche Arbeitgeber' einem schwerbehinderten Bewerber' die Chance eines Vorstellungsgespräches gewähren muss, wenn seine fachliche Eignung zwar zweifelhaft ist, aber nicht offensichtlich ausgeschlossen ist.[972] Der schwerbehinderte Bewerber' soll im Rahmen des Vorstellungsgespräches die Chance haben, den Arbeitgeber' von seiner Eignung zu überzeugen.[973] Insoweit handelt es sich um eine gesetzlich angeordnete Besserstellung schwerbehinderter Bewerber'.[974]

Beispiel

Der Bewerber' fügt seiner Bewerbung für ein duales Studium zur Verwaltungsinformatikerin/zum Verwaltungsinformatiker als Anlagen seine Zeugnisse, einen Lebenslauf und seinen Schwerbehindertenausweis bei. Er wird sodann zu einem Eignungstest eingeladen. Als Ausgleich etwaiger auf seine Behinderung zurückzuführende Nachteile wird ihm für den Test ein gesonderter Raum zugewiesen und für die Bearbeitung der Testaufgaben mehr Zeit eingeräumt. Zudem wird er von der Ausbildungsleiterin betreut. Gleichwohl besteht der Bewerber' den Eignungstest nicht. Auf den Studienplatz hatten sich insgesamt 98 Interessenten' beworben. Die Behörde hat eine Schwerbehindertenquote von ca. 15 Prozent. Eine Einladung zu einem Vorstellungsgespräch erfolgt nicht. Das Offensichtlichkeitserfordernis des § 165 Satz 4 SGB IX muss sich nach Maßgabe des Anforderungsprofils bereits objektiv nach Durchsicht der Bewerbungsunterlagen ergeben. Ist das nicht der Fall, greift § 165 Satz 3 SGB IX, wonach die Einladung eines schwerbehinderten Bewerbers' zum Vorstellungsgespräch zu erfolgen hat, auch wenn er bereits Teile des Auswahlverfahrens erfolglos durchlaufen hat.[975]

Sind zeitgleich mehrere Stellen mit identischem Anforderungsprofil zu besetzen und führt dieselbe für die Durchführung des Auswahlverfahrens zuständige Dienststelle des öffentlichen Arbeitgebers' für die Stellen ein identisch ausgestaltetes Auswahlverfahren nach identischen Kriterien durch, reicht es aus, den schwerbehinderten Bewerber' zu einem Vorstellungsgespräch für eine der zu besetzenden Stellen einzuladen, auf die diese sich beworben hat.[976]

Die unterlassene Einladung zum Vorstellungsgespräch kann gemäß § 165 Satz 3 SGB IX **keine** hinreichende Indiztatsache für eine Benachteiligung wegen der Behinderung darstellen, wenn ein schwerbehinderter Mensch sich auf mehrere Stel-

970) BAG 23.1.2020 – 8 AZR 484/18 –, E 169, 302 mit dem Hinweis darauf, dass auch ein überlaufendes E-Mail-Postfach oder mangelhafte Absprachen zwischen den Mitarbeitern' des öffentlichen Arbeitgebers' nicht von der Pflicht befreien, einen schwerbehinderten Bewerber zum Vorstellungsgespräch einzuladen.

971) BAG 30.4.2021 – 8 AZR 279/20 –, juris.

972) BAG 12.9.2006 – 9 AZR 807/05 –, E 119, 262.

973) BAG 12.9.2006 – 9 AZR 807/05 –, ZTR 2007, 323.

974) BVerwG 3.3.2011 – 5 C 16.10 –, Schütz/Maiwald ES/A II 1.4 Nr. 202.

975) LAG Schleswig-Holstein 9.9.2015 – 3 Sa 36/15 –, juris Rn. 37.

976) BAG 25.6.2020 – 8 AZR 75/19 –, NZA 2020, 1626.

len mit identischem Anforderungsprofil bewirbt und der Dienstherr ein identisches Auswahlverfahren durchführt, die für die Personalentscheidung verantwortlichen Mitarbeiter' gleich bleiben und nur eine kurze Zeitspanne zwischen dem Vorstellungsgespräch und der erneuten Bewerbung liegen. Die Chanceneröffnung durch das geführte Bewerbungsgespräch kann in diesem Fall auch für das neue Bewerbungsverfahren fortwirken, wenn keine Anhaltspunkte dafür bestehen, dass sich die Bewerbungschancen des Bewerbers' aufgrund von Änderungen in seinen Kenntnissen oder seiner Persönlichkeit verbessert haben.[977]

Lädt der öffentliche Arbeitgeber' den schwerbehinderten Bewerber' nicht zu einem Vorstellungsgespräch ein, kann darin nur dann eine unmittelbare Benachteiligung wegen der Behinderung liegen, wenn ihm die **Schwerbehinderung** des Stellenbewerbers zum Zeitpunkt der benachteiligenden Maßnahme **bekannt ist oder er diese kennen muss.** Deshalb muss ein Bewerber', der seine Eigenschaft als schwerbehinderter Mensch bei der Behandlung seiner Bewerbung berücksichtigt wissen will, den (potenziellen) öffentlichen Arbeitgeber' über die vorhandene Schwerbehinderung unter Angabe des Grads der Behinderung oder einer Gleichstellung rechtzeitig in Kenntnis setzen, soweit dieser nicht bereits aus anderem Zusammenhang über diese Information verfügt. Andernfalls ist dem öffentlichen Arbeitgeber' ein Verstoß gegen die bei der Bewerbung schwerbehinderter Menschen nach § 165 Satz 3 SGB IX auferlegte Verpflichtung objektiv nicht zurechenbar und es fehlt an der (Mit-)Ursächlichkeit der Behinderung für die benachteiligende Maßnahme.[978]

Ein hinreichender **Hinweis auf eine Schwerbehinderung** liegt vor, wenn die Mitteilung in einer Weise in den Empfangsbereich des öffentlichen Arbeitgebers gelangt ist, die es ihm ermöglicht, die Schwerbehinderung des Bewerbers' zur Kenntnis zu nehmen.[979] Ausreichend ist regelmäßig eine Information

- im Bewerbungsanschreiben[980] oder
- an gut erkennbarer Stelle im Lebenslauf.[981]

Unter Umständen kann auch eine rechtzeitige gesonderte Mitteilung[982] oder die Vorlage des Schwerbehindertenausweises[981] genügen. Allerdings ist es nicht ausreichend, wenn eine Kopie des Schwerbehindertenausweises lediglich den Anlagen zur Bewerbung beigefügt wird, ohne dass im Anschreiben oder im Lebenslauf hierauf ausreichend hingewiesen wird.[983] Allerdings ist die Angabe des Grades der Behinderung oder die Vorlage einer Kopie der ersten Seite des Schwerbehindertenausweises auch nicht – auch nicht aus Gründen der Rechtssicherheit – erforderlich, um sich auf die Pflicht des Arbeitgebers', zur Einladung zu einem Vorstellungsgesprächs berufen zu können.[984]

977) ArbG Karlsruhe 26.1.2016 – 2 Ca 425/15 –, juris Rn. 61 ff.

978) BAG 18.11.2008 – 9 AZR 643/07 –, juris Rn. 24.; BAG 16.9.2008 – 9 AZR 791/07 –, E 127, 367.

979) BAG 26.11.2020 – 8 AZR 59/20 –,NZA 2021, 653; BAG 13.10.2011 – 8 AZR 608/10 –, juris Rn. 38.

980) BAG 22.8.2013 – 8 AZR 563/12 –, ZTR 2014, 113.

981) BAG 18.9.2014 – 8 AZR 759/13 –, ZTR 2015, 216.

982) BAG 18.11.2008 – 9 AZR 643/07 –, ZTR 2009, 381.

983) BAG 18.9.2014 – 8 AZR 759/13 –, aaO.

984) BAG 26.11.2020 – 8 AZR 59/20 ,- NZA 2021, 653.

Auch eine **nach Ablauf der Bewerbungsfrist** angezeigte Schwerbehinderung ist im weiteren Auswahlverfahren zu berücksichtigen, soweit das Bewerbungsverfahren noch nicht weit fortgeschritten oder die Auswahlentscheidung (intern) getroffen ist.[985]

Der Dienstherr ist **nicht verpflichtet,** einen Bewerber', der zwar seine Behinderung offenbart, aber seine Schwerbehinderteneigenschaft nicht anzeigt, diesen **nach dem Grad der Behinderung zu fragen,** da der Dienstherr mit einer Frage zur Schwerbehinderteneigenschaft Indiztatsachen schaffen kann, die ihn bei einer Entscheidung gegen den schwerbehinderten Bewerber in einem späteren möglichen Prozess in die Darlegungslast nach § 22 AGG bringen könnten.[986]

Der Verfahrensfehler der unterbliebenen Einladung eines schwerbehinderten Menschen kann **nicht nachträglich „geheilt",** der Verstoß gegen § 82 Satz 2 SGB IX nicht „rückgängig" und quasi „ungeschehen" gemacht **werden.** Allein die Tatsache, dass nach der ersten Ablehnung zwei Einladungen zu Vorstellungsgesprächen ausgesprochen worden sind, lässt die Vermutungswirkung nicht rückwirkend entfallen.[987]

Schreibt der Dienstherr den Arbeitsplatz berechtigterweise nur **intern** zur Besetzung aus, haben schwerbehinderte Beschäftigte keinen Anspruch auf Einladung zu einem Vorstellungsgespräch nach § 165 Satz 3 SGB IX.[988]

17.5.2 Einschaltung der Agentur für Arbeit

Jeder Arbeitgeber'[989] ist nach **§ 164 Abs. 1 Satz 2 SGB IX** verpflichtet, vor der Besetzung einer freien Stelle frühzeitig mit der Agentur für Arbeit Verbindung aufzunehmen. Nach § 165 Satz 1 SGB IX hat jede Dienststelle eines öffentlichen Arbeitgebers' den Agenturen für Arbeit frühzeitig frei werdende und neue Arbeitsplätze zu melden. Dadurch soll gewährleistet werden, dass der Arbeitgeber' von der Bundesagentur für Arbeit Kenntnis über geeignete schwerbehinderte Bewerber' für die freie Stelle erhält. Damit soll möglichst vielen geeigneten schwerbehinderten Menschen die Möglichkeit eröffnet werden, Arbeit zu finden. Die Tatsache der **Nichteinschaltung der Agentur für Arbeit** ist geeignet, die Vermutung einer Benachteiligung wegen der Schwerbehinderung zu begründen. Denn der objektiv gesetzeswidrig handelnde Arbeitgeber' erweckt den Anschein, nicht nur an der Beschäftigung schwerbehinderter Menschen uninteressiert zu sein, sondern auch möglichen Vermittlungsvorschlägen und Bewerbungen von arbeitsuchenden schwerbehinderten Menschen aus dem Weg gehen zu wollen. Der Arbeitgeber' kann sich nicht mit der Behauptung exkulpieren, der zuständige Sachbearbeiter' habe die Agentur für Arbeit nur versehentlich nicht eingeschaltet.[990]

---

985) BAG 18.11.2008 – 9 AZR 643/07 –, ZTR 2009, 728.

986) BAG 13.10.2011 – 8 AZR 608/10 –, EzA § 15 AGG Nr. 16.

987) BAG 22.8.2013 – 8 AZR 563/12 –, ZTR 2014, 113.

988) BVerwG 15.12.2011 – 2 A 13.10 –, ZTR 2012, 227.

989) Als Arbeitgeber gilt auch der öffentliche Arbeitgeber (vgl. § 71 Abs. 1 Satz 1, Abs. 3 SGB IX).

990) BAG 12.9.2006 – 9 AZR 807/05 –, ZTR 2007, 323.

17.5.3 Unterrichtung der Schwerbehindertenvertretung

Unterlässt es der Arbeitgeber' entgegen **§ 164 Abs. 1 Satz 4 SGB IX,** die Schwerbehindertenvertretung über die Bewerbung von schwerbehinderten Menschen unmittelbar nach deren Eingang zu unterrichten, und wird damit dem Bewerber' die wegen seiner Behinderung zu gewährende verfahrensrechtliche Besserstellung oder Absicherung pflichtwidrig vorenthalten, spricht zumindest der erste Anschein dafür, dass dieses Verhalten des Dienstherrn seinen Grund in der Behinderung hat. Das Verhalten des Dienstherrn ist damit eine Vermutungstatsache für die Kausalität i. S. d. § 22 AGG. Gleichzeitig liegt in dem Unterlassen, die Schwerbehindertenvertretung ordnungsgemäß zu informieren, eine Benachteiligung des schwerbehinderten Bewerbers' i. S. d. § 3 Abs. 1 AGG i. V. m. § 164 Abs. 2 Satz 1 SGB IX, da ihm ein gesetzlich eingeräumter Vorteil vorenthalten wird, nämlich die Überwachung des Auswahlverfahrens durch die Schwerbehindertenvertretung. Die erfolgte Benachteiligung entfällt auch dann nicht, wenn die Schwerbehindertenvertretung selbst den Verfahrensfehler als geheilt ansieht und dem Besetzungsvorschlag nach § 178 Abs. 2 Satz 1 SGB IX zustimmt.[991]

991) VGH Baden-Württemberg 10.9.2013 – 4 S 547/12 –, IÖD 2013, 266.

18 Personaleinführung

Nach Abschluss des Auswahlverfahrens im engeren Sinne steht der Dienstherr/ Arbeitgeber' vor einer weiteren Herausforderung. Das einmal gewonnene Personal ist an den Betrieb zu binden und dessen Leistungsfähigkeit und -bereitschaft sind zu fördern. Wesentlich ist in diesem Zusammenhang die Einführung neuer Mitarbeiter' in den Behördenalltag: „Häufig ist die Einführung des neuen Mitarbeiters' entscheidend für seine spätere Einstellung zu seiner Arbeit, seinen Mitarbeitern', seinen Kollegen', seinen Vorgesetzten und seinem Arbeitgeber' sowie für seine Einsatz- und Leistungsbereitschaft."[992]

Beispiel

Felix M. fühlte sich unendlich erleichtert, als er am späten Nachmittag auf dem Parkplatz des Ministeriums in sein Auto stieg und losfuhr. Seit Wochen hatte er diesen Augenblick herbeigesehnt. Dabei hatte er im letzten Herbst so große Hoffnungen gehabt. Das Ministerium hatte eine Stelle im Bereich Controlling ausgeschrieben, die ihn sehr reizte. Felix M. war damals in einem kleinen Unternehmen als Programmierer tätig und hatte sich im Bereich Betriebswirtschaftslehre zum Master fortgebildet. Zwar fühlte er sich mit seinem Job und seinen Kollegen' sehr wohl, aber er war ehrgeizig, wollte weiterkommen. Das war aber wegen der wirtschaftlichen Situation seines Unternehmens auf absehbare Zeit nicht möglich. Und dann die Ausschreibung des Ministeriums! Mitwirkung bei der Entwicklung des Controlling-Systems, Kreativität erforderlich, interdisziplinäres Team, sicherer Job, Arbeiten in der Landeshauptstadt! Im Kollegenkreis erzählte man sich, dass in den Ministerien Blitzkarrieren gemacht würden. Das Bewerbungsgespräch war recht kurz, der Vorgesetzte und der Personalreferent stellten ihm die üblichen Fragen zu Stärken und Schwächen und warum er sich beworben habe. Nach einigen Wochen kam die Zusage und am 2. Januar trat er den Dienst im Ministerium an. Der erste Arbeitstag war fürchterlich. Der Pförtner konnte seinen Chef nicht erreichen, weil der im Urlaub war. Auch von den anderen Kollegen war noch keiner da. Also ging er zum Personalreferat, aber da konnte niemand so recht mit ihm etwas anfangen. Am späten Vormittag kam eine Kollegin aus seinem Referat genervt aus einer Besprechung und führte ihn zu seinem Arbeitsplatz. Der Schreibtisch war staubig, in den Schubladen lagen noch die gebrauchten Papiertaschentücher seines Vorgängers. Den Rest des Tages saß Felix M. in seinem Büro herum. In den nächsten Tagen bekam er von seinen Kollegen' hin und wieder was zu tun. Meist sollte er Excel-Tabellen erstellen – das war weit unter seinem fachlichen Niveau. Die Kollegen' ließen sich kaum sehen und lästerten gerne – das bekam er eines Tages zufällig mit – über seinen Master-Titel. Und alles war im Ministerium so förmlich und steif! Nach drei Wochen rief er bei seinen ehemaligen Kollegen' an und erfuhr, dass sich sein Ex-Chef bestimmt freuen würde, wenn er zurückkäme. Felix M. schrieb ihm gleich eine Mail.

18.1 Definition und Ziele der Personaleinführung

Unter dem Begriff Personaleinführung werden alle Bemühungen gefasst, neue Beschäftigte in die Lage zu versetzen, sich in die stellenbezogenen Aufgaben erfolgreich einzuarbeiten, sowie die neuen Beschäftigten in sozialer Hinsicht in die Organisationseinheit einzubinden.[993] Begriffe mit denen Ähnliches bezeichnet wird, sind „Induktionsprogramme", „Inplacement-Training", „Training into-the-job", „Inte-

992) Kratz, Neue Mitarbeiter erfolgreich integrieren, S. 5.

993) Gourmelon, Der Öffentliche Dienst, S. 197.

gration neuer Mitarbeiter“[994], „Onboarding“[995]. Neue Beschäftigte sind solche, die erstmalig oder nach längerer Zeit wieder in der Organisationseinheit (z. B. Team, Referat, Amt) tätig sind. Beispiele für neue Beschäftigte sind: Stellenwechsler‘ von innerhalb oder außerhalb der Organisation, abgeordnete Mitarbeiter‘, Rückkehrer‘ aus einer längeren Familienzeit, Berufsanfänger‘. Für die Personaleinführung sind das Personalmanagement/Personalamt, der direkte Vorgesetzte‘ sowie der neue Beschäftigte‘ selbst gemeinsam verantwortlich. In Abbildung 18-1 sind verschiedene Ziele der Personaleinführung aufgelistet.

Abbildung 18-1: Ziele der Personaleinführung.[996]

Ziele aus Sicht der Organisation	Ziele aus Sicht des neuen Mitarbeiters‘
• Kenntnis der übertragenen Stelle und der damit verbundenen Aufgaben • Ausgleich anfänglicher Defizite in Kenntnissen und Fertigkeiten • Motivierte Aufgabenerledigung • Loyalität und starke Bindung (Commitment) an das Unternehmen, Vermeidung von Fluktuation und „innerer“ Kündigung • Engagement für Organisationsziele • Internalisierung von Normen und Werten • Nutzung der Erfahrungs- und Innovationspotenziale des neuen Mitarbeiters‘	• Genaues Wissen darüber, was das Unternehmen erwartet • Erfolgreiche Bewältigung der Aufgaben • Interessensgerechte Aufgabengestaltung • Vereinbarkeit der Normen und Werte der Organisation mit dem eigenen Wertekanon • Hohe Arbeitszufriedenheit

Indikator für gelungene Personaleinführungsmaßnahmen kann eine niedrige Frühfluktuationsrate sein (Fluktuation innerhalb des ersten Jahres nach Stellenantritt). Die relative Höhe der Frühfluktuationsrate ist durch Vergleiche mit hinsichtlich der Aufgaben, der Personalstruktur und der örtlichen Arbeitsmarktbedingungen ähnlichen Organisationen zu bestimmen.

18.2 Fünf-Phasen-Modell der Personaleinführung[997]

Zum Verständnis der psychologischen Prozesse auf Seiten des neuen Mitarbeiters‘ und zur Ableitung von Strategien und Maßnahmen der Personaleinführung ist das Fünf-Phasen-Modell der Personaleinführung hilfreich. In diesem werden einzelne Phasen des Einführungsprozesses voneinander abgegrenzt, die psychologische Situation des Mitarbeiters‘ erläutert und verschiedene Entwicklungspfade des Einführungsprozesses aufgezeigt (siehe auch Abbildung 18-2).

994) Berthel/Becker, Personal-Management, S. 231.

995) Kolb, Personalmanagement, S. 141.

996) Nach Gourmelon, Der Öffentliche Dienst, S. 197.

997) Siehe Gourmelon, Der Öffentliche Dienst, S. 199 ff.

Abbildung 18-2: Fünf-Phasen-Modell der Personaleinführung.[998]

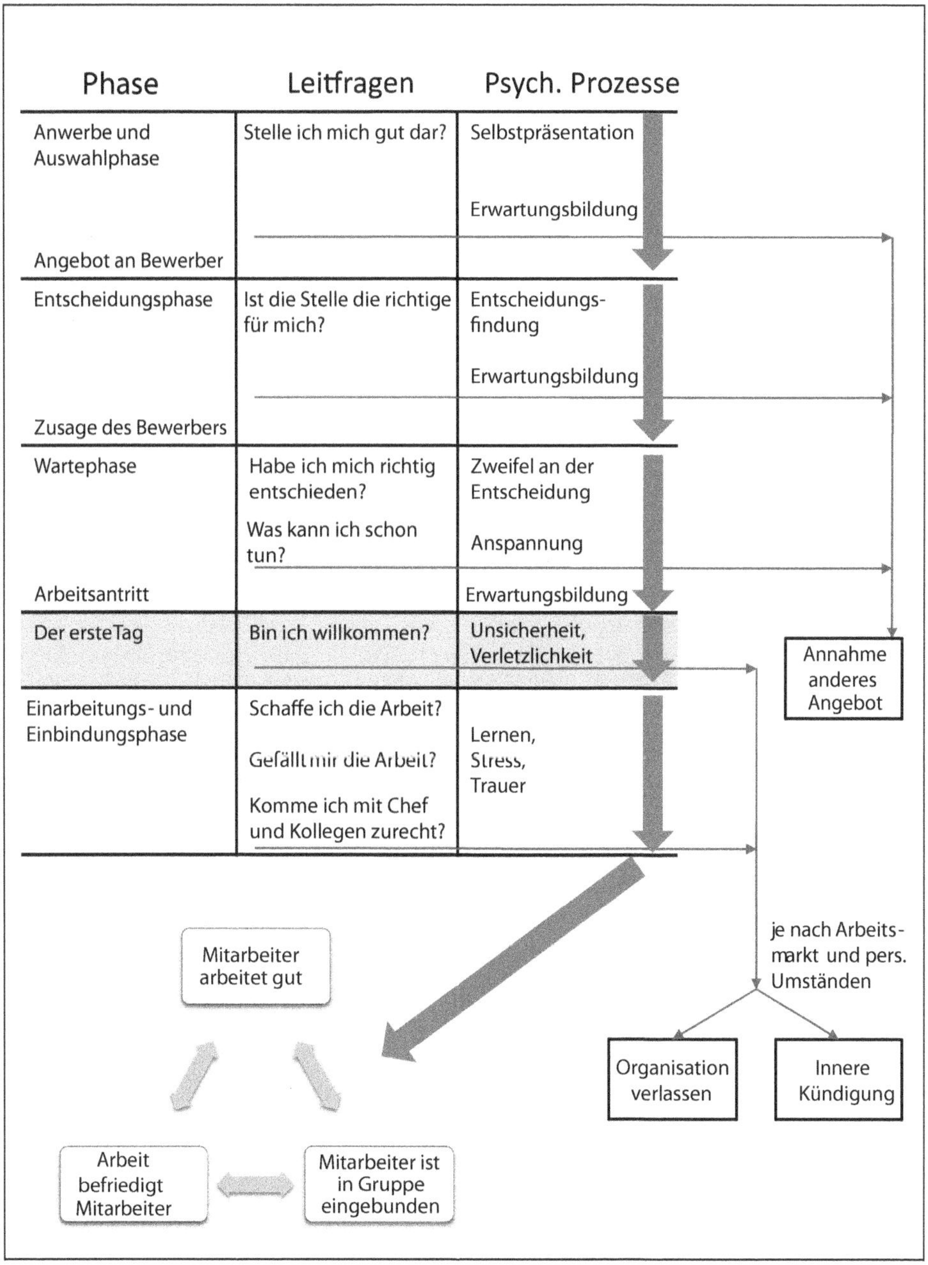

998) Aus Gourmelon, Der Öffentliche Dienst, S. 200.

Die **Anwerbe- und Auswahlphase** beginnt mit Werbeaktivitäten der Behörde oder der Kommunalverwaltung. Beispiele für Werbeaktivitäten sind:

- Präsentation der Behörde auf Recruiting-Messen,
- Darstellung der Karrieremöglichkeiten auf der Website der Behörde,
- Werbung in Printmedien, in Stellenbörsen

Auch die Veröffentlichung einer Stellenanzeige kann den Beginn der Anwerbe- und Auswahlphase darstellen. Ein Interessent' wird sich auch aufgrund der durch die Werbeaktivitäten hervorgerufenen Erwartungen bei der Behörde oder Kommunalverwaltung bewerben. Im Rahmen der Bewerbung steht beim Bewerber' die Leitfrage im Vordergrund, wie er sich so darstellen kann, dass sich der Arbeitgeber'/Dienstherr für ihn entscheidet. Vom psychologischen Gesichtspunkt aus stehen in dieser Phase die Erwartungsbildung und die Selbstpräsentation im Vordergrund. Durch das Beschäftigungsangebot des Arbeitgebers'/Dienstherrn an den Bewerber' endet diese erste Phase.

Es schließt sich die **Entscheidungsphase** an, die mit der Zusage des Bewerbers' endet. Nach dem Beschäftigungsangebot des Arbeitgebers' steht für den Bewerber' die Frage im Vordergrund, ob er für die Stelle geeignet ist und ob er mit ihr seine persönlichen Ziele erreichen und seine beruflichen Interessen befriedigen kann. Der Bewerber' wird zum einen in verstärktem Maße Informationen zur Stelle und zum Arbeitgeber' suchen sowie diese Informationen bewerten. Je nach persönlichem Entscheidungsverhalten wird er darum ringen, in welcher Weise er eine Entscheidung treffen soll. So kann sich der Bewerber' beispielsweise daran orientieren, was Personen, die ihm nahestehen, in einer ähnlichen Entscheidungssituation getan haben, er kann auf sein „Bauchgefühl" hören oder rational die Vor- und Nachteile abwägen. Zum anderen bilden sich aufgrund der erhobenen Informationen beim Bewerber' weiterhin Erwartungen hinsichtlich der Stelle.

Auf die Entscheidungsphase folgt die **Wartephase**. Der dann neue Beschäftigte' hat das Beschäftigungsangebot des Arbeitgebers'/Dienstherrn angenommen. Aus psychologischer Sicht ist nun bei vielen Beschäftigten zu erwarten, dass sie unsicher werden, ob sie die richtige Entscheidung getroffen haben, sie zweifeln an ihrer Entscheidung (Leitfrage: „Habe ich mich richtig entschieden?"). Alternative Beschäftigungsmöglichkeiten oder Lebenswege werden plötzlich positiver beurteilt. Mit dem Näherrücken des Arbeitsantritts wird auch die Anspannung beim neuen Beschäftigten' steigen. Dies kann sich in Form von Vorfreude oder in Sorge, den gestellten Anforderungen nicht gerecht werden zu können, ausdrücken. Häufig wird beim neuen Beschäftigten' die Bereitschaft vorhanden sein, schon vor dem offiziellen Arbeitsantritt vorbereitende Tätigkeiten zu übernehmen, um die Anspannung abzubauen.

Der erste Tag ist eine besonders kritische Phase der Personaleinführung. Die neuen Beschäftigten' erleben erstmals die Kollegen' und den Vorgesetzten', sie werden mit ihrem Arbeitsplatz und der Organisationskultur konfrontiert. „Vielfach wird während dieser ersten Begegnungsphase die Grundeinstellung zur Organisation für die Beschäftigungsdauer entscheidend geprägt"[999] (Berthel & Becker, 2003, S. 236). Wald[1000] behauptet, dass 70 bis 80 Prozent der Beschäftigten, die während oder kurz

999) Berthel/Becker, Personal-Management, S. 236.

1000) Wald, Personalmanagement, S. 322.

nach der Probezeit kündigen, diesen Entschluss bereits am ersten Tag gefasst haben. Dem Beschäftigten' ist mehr oder weniger bewusst, dass er unter besonderer Beobachtung steht, der „Neue" ist und jede einzelne Handlung ständig beurteilt wird. In dieser Situation fehlt ihm der soziale Rückhalt; der neue Beschäftigte' ist einer Situation alleine ausgesetzt, die er kaum richtig einzuschätzen vermag und in der er die Handlungsmöglichkeiten nicht adäquat bewerten kann („Darf man hier auch mal eine flapsige Bemerkung machen?"). Unsicherheit und Verletzlichkeit sind die vorherrschenden psychischen Zustände, die Leitfrage am ersten Arbeitstag lautet: „Bin ich hier willkommen?"

Zumindest zwei Herausforderungen sind während der **Einarbeitungs- und Einbindungsphase** durch den neuen Beschäftigten' zu meistern: Zum einen muss er lernen, die mit der Stelle verbundenen Aufgaben zu bewältigen (Einarbeitung). Hierzu kann es erforderlich sein, sich z. B. neues Fachwissen oder Fertigkeiten anzueignen. Auch muss sich der Beschäftigte' an eine für ihn ggf. neuartige Ablauforganisation gewöhnen. Weiterhin kann die Übernahme neuer Aufgaben für den Beschäftigten' mit der Notwendigkeit verbunden sein, Ansichten, Einstellungen und Stereotype kritisch zu hinterfragen und ggf. zu ändern (Beispiel: Ein Beschäftigter' wird im Ausländeramt mit der ihm bis dahin fremden Lebenslage von Migranten' konfrontiert.). Zum anderen sieht sich der Beschäftigte' der Herausforderung gegenübergestellt, sich in eine neue Arbeitsgruppe einzufinden und mit einem neuen Vorgesetzten' zurechtzukommen (Einbindung). Dem neuen Beschäftigten' sind die gruppendynamischen Strukturen, die Persönlichkeit und Gewohnheiten der neuen Kollegen, die Normen und Werte der Organisationseinheit nicht bekannt. Der neue Beschäftigte' muss lernen, auf welche Art und Weise in der Arbeitsgruppe Konflikte ausgetragen werden. Er hat die an ihn gerichteten Erwartungen zu erkennen und sich in eine Rolle einzufügen oder eine solche auszugestalten. Schließlich wird der neue Beschäftigte' prüfen, ob seine Entscheidung, die Stelle anzunehmen, die richtige war. Die Leitfragen des Beschäftigten' in dieser Phase lauten: „Schaffe ich die Arbeit?", „Gefällt mir die Arbeit?" und „Komme ich mit den Kollegen' und dem Vorgesetzten' zurecht?" Die bedeutendsten psychischen Prozesse in der Einarbeitungs- und Einbindungsphase sind Lernen und Stress. Lernen setzt beim Beschäftigten' die Fähigkeit und Bereitschaft hierzu voraus; zudem kann die Organisation Lernen durch die angemessene Präsentation von Informationen, durch das Setzen von Lernzielen, die Strukturierung von Lernprozessen und die Anerkennung von Lernerfolgen wirksam unterstützen. Stress entsteht durch das Zusammenspiel zwischen Anforderungen der Situation und der individuellen Beurteilung der eigenen Ressourcen und Fähigkeiten, mit diesen Anforderungen klarzukommen. Da ein neuer Beschäftigter' in der Regel die Anforderungen als hoch, die ihm zur Verfügung stehenden Ressourcen (z. B. Wissen um Arbeitsabläufe und Vorlieben des Vorgesetzten') in der Regel niedrig einschätzen wird, ist er besonders anfällig für Stress und dessen negative Folgen. Zudem fehlt ihm in der Regel auch die emotionale Unterstützung durch den Kollegen'kreis. Bei einigen neuen Beschäftigten' (z. B. Stellenwechslern') ist auch das Gefühl der Trauer wichtig. Die Trauer kann sich daraus ergeben, dass ein neuer Beschäftigter' eine Stelle/ eine Arbeitsgruppe verlassen hat, in der er sich wohl und akzeptiert gefühlt hat und die er nun im Zustand der Unsicherheit und des Stresses vermisst.

Ein gelungener Personaleinführungsprozess führt dazu, dass ...

- der Beschäftigte' gut arbeitet,
- er mit der Arbeit zufrieden ist,
- und er gut in die Arbeitsgruppe integriert ist.

Alternative Entwicklungspfade sind jedoch möglich.[1001] Bereits in der Anwerbe- und Auswahl-, der Entscheidungs- oder der Wartephase kann sich ein Interessent' dazu entscheiden, sich nicht zu bewerben oder ein Angebot auszuschlagen. In den beiden anschließenden Phasen können Erwartungen und Hoffnungen des Bewerbers' enttäuscht werden. Zudem kann die Einbindung in die neue Gruppe misslingen oder die Arbeit über- oder unterfordert den Bewerber'. Je nach Arbeitsmarktlage und den persönlichen Umständen kann dies dazu führen, dass der neue Beschäftigte' die Organisation verlässt oder sich in die „innere Kündigung" flüchtet.

18.3 Strategien und Maßnahmen der Personaleinführung

Aus dem Fünf-Phasen-Modell der Personaleinführung lassen sich für die einzelnen Phasen Strategien für die Personaleinführung ableiten:

- In der Anwerbe- und Auswahlphase sollte die Strategie der „Realistischen Rekrutierung"[1002] angewandt werden. Den Interessenten' und Bewerbern' sollten möglichst alle Aspekte der zukünftigen Arbeit bekannt sein, die positiven, aber auch die vermeintlich negativen. Mit der Strategie der „Realistischen Rekrutierung" wird die Bildung unrealistischer Erwartungen vermieden, die in den Phasen „Der erste Tag" oder „Einarbeitungs- und Einbindungsphase" enttäuscht werden könnten. Zudem wird eine adäquate Selbstselektion der Interessenten' Bewerber' gefördert. Weiterhin erfolgt durch die Darlegung auch der weniger positiven Aspekte eine „Schutzimpfung"[1003] der neuen Beschäftigten': Hat sich der neue Beschäftigte' trotz Kenntnis der Nachteile für ein Beschäftigungsangebot entschieden, wird das spätere Erleben dieser Nachteile in der betrieblichen Praxis wohl nicht zu einer Entscheidungsrevision führen. Die Akzeptanz und Unterstützung des neuen Beschäftigten' durch die Arbeitsgruppe stellt einen wichtigen Erfolgsfaktor für die Personaleinführung dar.[1004] Im Rahmen der Anwerbe- und Auswahlphase sind Maßnahmen durchzuführen, die die Akzeptanz des neuen Beschäftigten' durch die Arbeitsgruppe steigern („partizipative Personalbeschaffung").
- Nachdem der Bewerber' ein Beschäftigungsangebot erhalten hat, wird er verstärkt nach Informationen suchen, die ihm helfen, eine Entscheidung zu fällen. Die Behörde oder Kommunalverwaltung sollte in der Entscheidungsphase aktive Informationspolitik betreiben und dem Bewerber' weitere Informationsangebote bieten, bevorzugt solche, bei denen der Bewerber' in persönlichen Kontakt mit Organisationsmitgliedern treten kann. Dem Bewerber' sollte genügend Zeit für die Entscheidung gelassen werden, damit dieser nicht den Eindruck

1001) Ausführlich: Gourmelon, Der Öffentliche Dienst, S. 201 ff.

1002) Wanous/Reichers, Human Resource Management Review, S. 436.

1003) Kieser/Nagel, Die Gestaltung von Eingliederungsprogrammen, S. 960; siehe auch Weuster, Personalauswahl II, S. 131 ff.

1004) Anderson/Thomas, Work group socialisation, S. 425 ff.

erhält, unter Druck gesetzt zu werden. Musste der Bewerber' die Entscheidung unter Zeitdruck fällen, kann er sich später umso leichter von ihr innerlich distanzieren.

- Während der Wartephase sind Maßnahmen zu treffen, die die Zweifel an der Entscheidung mindern. Vorteile der Beschäftigung durch die Behörde und Kommunalverwaltung sind hervorzuheben. Sofern die Auswahl des neuen Beschäftigten' nicht unter Beteiligung der Arbeitsgruppe erfolgte, sollte der Vorgesetzte' die Arbeitsgruppe über den neuen Beschäftigten' informieren.
- Am ersten Arbeitstag muss es das Ziel der Personaleinführung sein, dem neuen Beschäftigten' das Gefühl zu vermitteln, dass er willkommen ist und gebraucht wird.
- Während der Einarbeitungs- und Einbindungsphase sollte die Strategie verfolgt werden, durch die Gestaltung eines systematischen Lernprozesses beim Beschäftigten' übermäßigen Stress zu vermeiden. Zusätzlich ist es in dieser Phase zu vermeiden, dass der Beschäftigte' in der neuen Arbeitsgruppe „aneckt" und es zu Missstimmigkeiten kommt.

In Abbildung 18-3 sind Beispiele für konkrete Maßnahmen für die einzelnen Phasen aufgelistet.

Abbildung 18-3: Strategien und Beispiele für Maßnahmen der Personaleinführung.[1005]

Phase der Personaleinführung ***Strategie***	**Beispiele für Maßnahmen**
Anwerbe- und Auswahlphase *Realistische Rekrutierung, Partizipative Personalbeschaffung*	• Informationsveranstaltungen • Betriebsbesichtigungen • Gespräche mit Betriebsangehörigen • Einsatz anforderungsbezogener Auswahlverfahren • Beteiligung der Arbeitsgruppe an der Festlegung des Anforderungsprofils
Entscheidungsphase *Aktive Informationspolitik*	• Zusätzliche Gespräche mit dem Vorgesetzten', in denen nochmals die Aufgaben und das Arbeitsumfeld erläutert werden • Zusätzliche Gespräche mit Vertretern' der Personalabteilungen, in denen Entwicklungs- und Karrieremöglichkeiten aufgezeigt werden • Gespräche mit einem zukünftigen Kollegen', der Vorbild für das Entscheidungsverhalten des Bewerbers' sein könnte („Weshalb haben Sie sich denn für die Stelle hier entschieden?")
Wartephase *Zweifel bekämpfen*	• Hochrangige Behördenvertreter' gratulieren zur Entscheidung. • Entscheidung wird (mit Genehmigung des neuen Beschäftigten) auf Website veröffentlicht. • Neuer Beschäftigter' erhält bereits einige Arbeitsmaterialien (z. B. Organigramme, Leitbilder, Dienst-Handy). • Neuer Beschäftigter' wird per „Steckbrief" z. B. in der Mitarbeiterzeitung den Kollegen' bekanntgemacht.

1005) Nach Gourmelon/Seidel/Treier, Personalmanagement, S. 98.

Phase der Personaleinführung *Strategie*	Beispiele für Maßnahmen
Erster Arbeitstag *„Wir brauchen Sie“*	• Begrüßung durch den Vorgesetzten‘, Einführungsgespräch • Führung durch den Betrieb • Übergabe des vorbereiteten Arbeitsplatzes • Erster Arbeitsauftrag (Einstiegsaufgabe)
Einarbeitungs- und Einbindungsphase *Lernen unterstützen/Anecken des Neuen‘ vermeiden*	• Vereinbarung eines Einarbeitungsplans • Führung von Feedbackgesprächen, Politik der „offenen Tür“ • Neuer Beschäftigter‘ gibt Einstand • Paten- und Mentorenprogramme

Neue Beschäftigte einer Kreisverwaltung in Nordrhein-Westfalen wurden befragt, wie bedeutsam und wichtig einzelne Maßnahmen der Personaleinführung für sie waren[1006]. Abbildung 18-4 enthält ausgewählte Ergebnisse der Befragung.

Abbildung 18-4: Wichtigkeit einzelner Maßnahmen der Personaleinführung gemäß dem Urteil neu eingeführter Beschäftigter‘ in einer Kreisverwaltung. Mittelwert der Antworten auf einer Skala von 1 = unwichtig bis 5 = sehr wichtig; n = 82.[1007]

Maßnahmen vor Arbeitsantritt	Wichtigkeit
Im Auswahlverfahren/-gespräch wurden realistische Erwartungen an die zukünftige Tätigkeit geweckt.	4,63
Zum Arbeitsbeginn waren Hard- und Software (z. B. PC, Telefon, Programme, E-Mail) vollständig eingerichtet und funktionsfähig.	4,56
Zum Arbeitsbeginn wurde mir ein eigener, vollständig ausgestatteter Büroarbeitsplatz zugewiesen.	4,49
Vor dem Arbeitsantritt wurde mir ein realistisches Bild von meiner Behörde als Arbeitgeber vermittelt.	4,45
Die Personalabteilung war ausreichend auf meinen Arbeitsbeginn vorbereitet.	4,41
Mein Team war ausreichend über meinen Arbeitsbeginn informiert.	4,39
Ein bestimmtes Teammitglied fungierte für mich als Ansprechpartner/in und "Einarbeitungspate/-patin".	4,37
Vor Arbeitsbeginn wurden mir für weitere Rückfragen konkrete Ansprechpartner genannt.	4,34
Ich habe rechtzeitig notwendige Schulungen/Fortbildungen erhalten.	4,32
Vor dem Arbeitsbeginn wurde ich über den Ablauf meiner Einarbeitung informiert.	4,27
Vor dem Arbeitsbeginn waren wichtige Ansprechpartner regelmäßig für mich erreichbar.	4,12
Meine Einarbeitung erfolgte anhand eines konkreten Einarbeitungsplans.	4,09
Vor dem Arbeitsbeginn wurde mir Informationsmaterial zu meiner zukünftigen Tätigkeit zur Verfügung gestellt (z. B. Organigramme/Zuständigkeiten, Handbücher, Dienstanweisungen).	3,99

1006) Röbbecke, Anforderungen an ein systematisches Onboarding aus der Sicht neuer Mitarbeiter.
1007) Nach Gourmelon, Maßnahmen der Personaleinführung aus Sicht der Beschäftigten.

Maßnahmen vor Arbeitsantritt	Wichtigkeit
Die Werbeaktivitäten der Behörde wecken realistische Erwartungen an die spätere Tätigkeit.	3,93
Vor Arbeitsbeginn wurde mir Informationsmaterial zur Behörde als Arbeitgeber zur Verfügung gestellt (z. B. Familienfreundlichkeit, Leitbild, Personalentwicklung).	3,79
Vor dem Auswahlverfahren konnte ich vertrauliche Informationsgespräche mit Mitarbeitenden führen.	3,60
Ich hatte bereits vor dem Auswahlverfahren die Gelegenheit, meinen zukünftigen Arbeitsplatz kennenzulernen (z. B. Hospitation/Besichtigung).	3,57
Im Auswahlverfahren war (außer der Führungskraft) ein zukünftiges Teammitglied beteiligt.	3,30
Vor dem Arbeitsbeginn wurde ich bereits zu Terminen eingeladen (z. B. Ausflüge, Dienstbesprechungen).	3,12
An meinem ersten Arbeitstag wurde ich angenehm begrüßt.	4,78
Zum Arbeitsbeginn hat meine Führungskraft ein Einführungsgespräch mit mir geführt.	4,46
Zu Beginn meiner Tätigkeit wurde mir das Gefühl vermittelt, gebraucht zu werden.	4,30
Der konkrete Ablauf meiner fachlichen Einarbeitung wurde mir erläutert.	4,29
Zu Arbeitsbeginn wurde ich in Rituale mit den Kolleginnen und Kollegen eingebunden (z. B. Kaffeerunde, gemeinsames Mittagessen).	4,20
Mir wurde Hilfe bei der räumlichen Orientierung gegeben (z. B. Rundgang durch die Behörde).	4,13
Zu Beginn meiner Tätigkeit wurde mir erläutert, welche Rolle meine Person bzw. meine Stelle in der Organisation einnimmt.	4,05
Die Anforderungen an eine erfolgreiche Probezeit wurden vorab ausreichend mit mir besprochen.	3,99
Zu Beginn meiner Tätigkeit wurden mir informelle Regeln bzw. "Fettnäpfchen" ausreichend erläutert (z. B. Grußkultur, Duzen/Siezen, Sitzordnungen).	3,80
Ich hatte die Gelegenheit, an einer zentralen Begrüßungsveranstaltung teilzunehmen.	3,73
Für meine Einarbeitung wurde ausreichend Zeit eingeplant.	4,57
Ich wurde aktiv in mein Team/die Abteilung integriert.	4,51
Meine Kolleginnen und Kollegen hatten genug Zeit, um sich ausreichend um mich zu kümmern.	4,35
Die Einarbeitung ist auf meine Bedürfnisse zugeschnitten worden (z. B. hinsichtlich Berufserfahrung oder einzelner Fortbildungen).	4,30
Meine Führungskraft war während meiner Einarbeitung ausreichend für mich erreichbar.	4,28
Während der Einarbeitung wurde angemessen mit (fachlichen) Fehlern umgegangen.	4,23
Meine Führungskraft hat regelmäßig Feedbackgespräche mit mir geführt.	4,13
Meine Führungskraft hat ein Abschlussgespräch zur Probezeit mit mir geführt.	4,12
Die Fülle an Informationen und neuen Eindrücken ist anschaulich für mich aufbereitet worden (z. B. Ordner, Mappen, Beispielsfälle).	4,01

Maßnahmen vor Arbeitsantritt	Wichtigkeit
Mir wurde die Gelegenheit gegeben, Kontakte/Netzwerke in der Behörde zu knüpfen (z. B. Projektgruppen, Arbeitskreise).	3,54
Während des Onboardings wurden unterschiedliche Lernformate angewandt (z. B. am Arbeitsplatz, im Seminar, fiktive Übungsfälle, E-Learning).	3,40
Während meiner fachlichen Einarbeitung wurden einzelne Lernziele/Lernschritte gesetzt.	3,21

Es ist darauf hinzuweisen, dass die befragten Beschäftigten' die Wichtigkeit der Maßnahmen unterschiedlich bewerten – keine Maßnahme wird im Durchschnitt jedoch als unwichtig eingestuft. Die in der Studie gewonnenen Erkenntnisse bieten Hinweise für das Personalamt bzw. die Personalabteilung sowie für die Linien-Führungskräfte zur Optimierung der Personaleinführung. Personaleinführung ist kein neumodischer Trend, sondern eine Basisdisziplin, die mit einfachen Mitteln professionalisiert werden kann. Besondere Herausforderungen bestehen dann, wenn neue Beschäftigte – wie z. B. während der Corona-Krise – weit überwiegend im Home-Office arbeiten.

19 Abkürzungsverzeichnis

ABGS	Arbeitsbezogene Belastbarkeits- und Gewissenhaftigkeitsskalen
AC	Assessment-Center
AGG	Allgemeines Gleichbehandlungsgesetz
AIST-3	Allgemeiner Interessen-Struktur-Test mit Umwelt-Struktur-Test – Version 3

B

BayBG	Bayerisches Beamtengesetz
BayGlG	Bayerisches Gesetz zur Gleichstellung von Frauen und Männern
BayVGH	Bayerischer Verwaltungsgerichtshof
BBG	Bundesbeamtengesetz
BDG	Bundesdisziplinargesetz
BeamtStG	Beamtenstatusgesetz
Bes.Gr.	Besoldungsgruppe
BGB	Bürgerliches Gesetzbuch
BGleiG	Gesetz für die Gleichstellung von Frauen und Männern in der Bundesverwaltung und in den Unternehmen und Gerichten des Bundes
BIP	Bochumer Inventar zur Persönlichkeitsbeschreibung
BlnLBG	Landesbeamtengesetz Berlin
BLV	Bundeslaufbahnverordnung
BPersVG	Bundespersonalvertretungsgesetz
BVerfG	Bundesverfassungsgericht
BVerwG	Bundesverwaltungsgericht

D

D-PA	Deutschtest für die Personalauswahl
DIN	Deutsches Institut für Normung
DIN SPEC	DIN Spezifikation
DÖD	Der Öffentliche Dienst
DÖV	Die Öffentliche Verwaltung
DRiG	Deutsches Richtergesetz

E

EzA	Entscheidungssammlung zum Arbeitsrecht

G

GewO	Gewerbeordnung
GG	Grundgesetz

H

HessVGH	Hessischer Verwaltungsgerichtshof
HmbOVG	Oberverwaltungsgericht Hamburg

I

IBES	Inventar berufsbezogener Einstellungen und Selbsteinschätzungen
IEA	Inventar zur Erhebung von Arbeitsmotiven
IQ	Intelligenzquotient
IÖD	Informationsdienst Öffentliches Dienstrecht

K

KI	Künstliche Intelligenz

L

LAG RP	Landesarbeitsgericht Rheinland-Pfalz
LBG	Landesbeamtengesetz
LBG BW	Landesbeamtengesetz Baden-Württemberg
LBG M-V	Beamtengesetz für das Land Mecklenburg-Vorpommern
LBG NRW	Gesetz über die Beamtinnen und Beamten des Landes Nordrhein-Westfalen
LGG NRW	Landesgleichstellungsgesetz Nordrhein-Westfalen

N

n	Stichprobengröße
NdsLAG	Niedersächsisches Landesarbeitsgericht
NdsOVG	Niedersächsisches Oberverwaltungsgericht
NVwZ	Neue Zeitschrift für Verwaltungsrecht
NVwZ-RR	Rechtsprechungs-Report Verwaltungsrecht
NWA	Nutzwertanalyse
NWVBl	Nordrhein-Westfälische Verwaltungsblätter
NZA-RR	NZA-Rechtsprechungs-Report Arbeitsrecht

O

OVG BB	Oberverwaltungsgericht Berlin-Brandenburg
OVG LSA	Oberverwaltungsgericht des Landes Sachsen-Anhalt
OVG NRW	Oberverwaltungsgericht NRW

R

r	Korrelationskoeffizient
RiA	Das Recht im Amt

S

SächsOVG	Sächsisches Oberverwaltungsgericht
SGB	Sozialgesetzbuch
StGB	Strafgesetzbuch
StVorV	Verordnung zur Durchführung des Stellenvorbehalts nach § 10 Abs. 4 Satz 7 des Soldatenversorgungsgesetzes

T

ThürOVG	Thüringer Oberverwaltungsgericht
TOP	Dark Triad of Personality at Work
TV-L	Tarifvertrag für den öffentlichen Dienst der Länder
TVöD	Tarifvertrag für den öffentlichen Dienst
TzBfG	Gesetz über Teilzeitarbeit und befristete Arbeitsverträge

V

VG	Verwaltungsgericht
VMP	Videogestützte Methoden der Personalauswahl
VwGO	Verwaltungsgerichtsordnung

Z

ZBR	Zeitschrift für Beamtenrecht
ZPO	Zivilprozessordnung
ZTR	Zeitschrift für Tarifrecht

20 Quellenverzeichnis

Ackerschott, Harald, Assessment: ISO 10667, bald kommt die neue Version, abrufbar unter https://eignungsdiagnostik.info/assessment-iso-10667-bald-kommt-die-neue-version (Abruf vom 07.01.2021).

Agthe, Maria/Spörrle, Matthias, Was die Entscheidung verfälscht, in: Personalmagazin 11 (2010), 16–18.

Aldering, Christoph/Nüsser, Corinna, Rollenspiele, in: Sarges, Werner (Hrsg.), Management-Diagnostik, 4. Auflage, S. 677–684, Göttingen 2014.

Amthauer, Rudolf/Brocke, Burkhard/Liepmann, Detlev/Beauducel, André, Intelligenz-Struktur-Test 2000 R, 1. Auflage, Göttingen 2001.

Anderson, Neil/Salgado, Jesús F./Hülsheger, Ute R., Applicant reactions in selection: comprehensive meta-analysis into reaction generalization versus situational specificity, in: International Journal of Selection and Assessment, Vol 18 (3) (2010), 291–304.

Anderson, Neil/Thomas, Helena D. C., Work group socialization, in: West, Michael A. (Hrsg.), Handbook of work group psychology, S. 423–450, New York 1996.

Arbeitskreis Assessment Center, Standards der Assessment Center-Technik 2004, abrufbar unter: http://www.arbeitskreis-ac.de/index.php/akac-standard-von-2004 (Abruf vom 12.01.2016).

Bäcker, Rainer, Fragen und Zuhören – „Interviewkunst" in der Managementdiagnostik, in: Etzel, Stefan/Etzel, Anja (Hrsg.), Managementdiagnostik in der Praxis, 1. Auflage, S. 37–56, Aachen 2005.

Bäcker, Rainer, Simulationen – situative Verfahren in der Managementdiagnostik, in: Gourmelon, Andreas/Kirbach, Christine/Etzel, Stefan (Hrsg.), Personalauswahl im öffentlichen Sektor, 2. Auflage, S. 241–264, Baden-Baden 2009.

Bäcker, Rainer/Jansen, Kristina, Potenzialbeurteilung in einer digitalen Welt, in: Gourmelon, Andreas (Hrsg.), Personalauswahl – ein Blick in die Zukunft, S. 95–120, Heidelberg 2018.

Baron-Boldt, Jutta/Funke, U./Schuler, Heinz, Prognostische Validität von Schulnoten: Eine Metaanalyse der Prognose des Studien- und Ausbildungserfolgs, in: Jäger, Reinhold S./Horn, Ralf/Ingenkamp, Karlheinz (Hrsg.), Test und Trends 7: Jahrbuch der pädagogischen Didaktik, S. 11–39, Weinheim, 1989.

Barrick, Murray, R./Mount, Michael K./Judge, Timothy A., Personality and performance at the beginning of the new millennium: what do we know and where do we go next? in: International Journal of Selection and Assessment, Vol 9 (1-2) (2001), 9–30.

Basch, Johannes/Melchers, Klaus, Tücken der Technik – die Vorteile persönlicher Vorstellungsgespräche, in: Wirtschaftspsychologie aktuell, 3/2017, S. 9–12.

Basten, Ulrike/Hilger, Kirsten/Fiebach, Christian J., Where smart brains are different: A quantitative meta-analysis of functional and structural brain imaging studies on intelligence, in: Intelligence, Vol 51 (2015), 10–27.

Bauer, Jobst-Hubertus/Krieger, Steffen, Allgemeines Gleichbehandlungsgesetz – Kommentar, 4. Auflage, München 2015.

Becker, Nicolas/Höft, Stefan/Holzenkamp, Marcus/Spinath, Frank M., The predictive validity of assessment centers in German-speaking regions: A meta-analysis, in: Journal of Personnel Psychology, Vol 10 (2) (2011), 61–69.

Behrens, Ingmar/Zempel, Claudia, Personalmarketing im öffentlichen Sektor, in: Gourmelon, Andreas (Hrsg.), Personalmanagement im öffentlichen Sektor, Band 2, 1. Auflage, Heidelberg 2012.

Behrens, Ingmar/Zempel, Claudia, berufe-sh, berufe-nrw, berufe-deutschland – gemeinsames kommunales Personalmarketing macht stark, in: Gourmelon, Andreas (Hrsg.), Innovative Ansätze der Personalwerbung, S. 101–120, Heidelberg 2021.

Bergmann, Christian/Eder, Ferdinand, AIST-R Allgemeiner Interessen-Struktur-Test mit Umwelt-Struktur-Test – Revision, Göttingen 2005.

Bergmann, Christian/Eder, Ferdinand, AIST-3 Allgemeiner Interessen-Struktur-Test mit Umwelt-Struktur-Test (UST-3) – Version 3, Göttingen 2018.

Berthel, Jürgen/Becker, Fred G., Personal-Management, 7. Auflage, Stuttgart 2003.

Bethke, Valerie/Gourmelon, Andreas, Was Abiturienten wollen – Interessen, Motive und Entscheidungsprozesse der Berufswahl als Grundlage für ein wirksames Personalmarketing, in: Der Öffentliche Dienst, 11 (2014), 49–58.

Borkenau, Peter/Ostendorf, Fritz, NEO-Fünf-Faktoren Inventar, 1. Auflage, Göttingen 1993.

Bröckermann, Reiner, Personalwirtschaft, 6. Auflage, Stuttgart 2012.

Bundesagentur für Arbeit, Tierpfleger/in – Zoo, abrufbar unter https://berufenet.arbeitsagentur.de/berufenet/faces/index?path=null/kurzbeschreibung/interessen&dkz=532&such=Tierpfleger%2Fin+-+Zoo (Abruf am 21.01.2021).

Busch, Marlene/Jacob, Laura, Kompetenzmodelle zielgerichtet entwickeln, in: Wissensmanagement, 4/12 (2012), 47–47.

Campion, Michael E./Palmer, David K./Campion, James E., A review of structure in the selection interview, in: Personnel Psychology, 50 (3) (1997), 655–702.

Cecior, Alfred P./Vallendar, Willi/Lechtermann, Dirk/Klein, Michael, Das Personalvertretungsrecht in Nordrhein-Westfalen, Loseblattwerk, München.

Dbb regional magazin, Neue Personalinstrumente in Magdeburg: Wir stellen ein, in: Dbb regional magazin (Januar/Februar 2013), 2–3.

Deutscher Städtetag, Ist eine DIN-Norm für die Personalauswahl notwendig? in: Informationsbrief Nr. 8 (2002).

Deutsches Institut für Normung, DIN 33430 – Anforderungen an Verfahren und deren Einsatz bei berufsbezogenen Eignungsbeurteilungen (Ref. Nr. DIN 33430: 2002-06), Berlin 2002.

Deutsches Institut für Normung, Anforderungen an berufsbezogene Eignungsdiagnostik – DIN 33430:2016-07, Berlin 2016.

Deutsches Institut für Normung, Qualitätsanforderungen für video-gestützte Methoden der Personalauswahl – DIN SPEC 91426:2020-12, Berlin 2020.

Dlugosch, Simone, Das Telefoninterview als Instrument der Vorauswahl, in: Gourmelon, Andreas/Etzel, Stefan/Kirbach, Christine, Personalauswahl im öffentlichen Sektor, 2. Auflage, S. 217–229, Baden-Baden 2009.

Dowgwillo, Emily A./Dawood, Sindes/Pincus, Aaron L., The dark side of narcissism, in: Zeigler-Hill, Vigil/Marcus, David K., The dark side of personality, S. 25–44, Washington, DC 2016.

Eckardt, Hans-Henning/Schuler, Heinz, Berufseignungsdiagnostik, in: Jäger, Reinhold S. und Petermann, Franz (Hrsg.), Psychologische Diagnostik, S. 533–551, Weinheim 1992.

Eckert, Martina, Stiefkind mit Potenzial, in: Innovative Verwaltung, 3 (2020), 22–24.

Eckert, Martina/Winschuh, Thomas, Interkulturelle Kompetenz in Anforderungsprofilen der Landesverwaltung Nordrhein-Westfalen, abrufbar unter https://broschuerenservice.mkffi.nrw/files/download/pdf/mais-brosch-210x297-interkulturelle-kompetenz-barrierefrei-web-rz2-pdf-1_von_handreichung-interkulturelle-kompetenz-in-anforderungsprofilen-der-landesverwaltung-nordrhein-westfalen_vom_mkffi_2965.pdf (Abruf am 24.02.2021).

Fabianek, Mario, Determinanten des Studienerfolgs bei Studierenden der Fachhochschule für öffentliche Verwaltung. Unveröffentlichte Diplomarbeit, Universität Erlangen-Nürnberg 2004.

Felfe, Jörg/Elprana, Gwen/Gatzka, Magdalena/Stiehl, Sibylle, Hamburger Führungsmotivationsinventar (FÜMO), Göttingen 2012.

Felfe, Jörg/Gatzka, Magdalena, Führungsmotivation, in: Sarges, Werner, Management-Diagnostik, 4. Auflage, S. 308–315, Göttingen 2013.

Fischer, Torsten, IT-gestütztes Personalmanagement, in: Gourmelon, Andreas (Hrsg.), Personalmanagement im öffentlichen Sektor, Band 7, 1. Auflage, Heidelberg 2013.

Flanagan, J. C., The critical incident technique, in: Psychological Bulletin, 51 (1954), 327–358.

Frank, Florian/Wach, Domenika/Kanning, Uwe Peter, Zusammenhang zwischen Lücken im Lebenslauf und Berufserfolg, in: Zeitschrift für Arbeits- und Organisationspsychologie, 61 (2) (2017), 69–80.

Franzke, Bettina/Shvaikovska, Vitalia, Interkulturelles Training in einer Einwanderungsgesellschaft, Bielefeld 2016.

Frieling, Ekkehart/Hoyos, Carl Graf, Fragebogen zur Arbeitsanalyse (FAA), 1. Auflage, Bern 1978.

Frintrup, Andreas/Flubacher, Brigitte, Diversity Management in der Personalauswahl, 1. Auflage, Berlin 2014.

Fuchs, Harry/Ritz, Hans-Günter, SGB IX – Kommentar zum Recht schwerbehinderter Menschen, 7. Auflage, München 2021.

Fürst, Walther/Franke, Ingeborg/Weiß, Hans-Dietrich, Gesamtkommentar Öffentliches Dienstrecht, Loseblattwerk, Berlin.

Görlich, Yvonne/Schuler, Heinz, Personalentscheidungen, Nutzen und Fairness, in: Schuler, Heinz/Kanning, Uwe Peter (Hrsg.), Lehrbuch der Personalpsychologie, 3. Auflage, S. 1137–1200, Göttingen 2014.

Görtler, Björn/Gourmelon, Andreas, Auswahl und Entwicklung von Führungsnachwuchskräften in Kommunalverwaltungen, in: Verwaltung & Management 2 (2015), 73–82.

Gottfredson, Linda Susanne, Der Generalfaktor der Intelligenz, in: Spektrum der Wissenschaft, Spezial 3 (1999), 24–30.

Gourmelon, Andreas, Personalauswahl und -entwicklung vor dem Umbruch? in: Verwaltungsrundschau 9 (2001), 289–292.

Gourmelon, Andreas, Neue Wege der Personalgewinnung, in: Gourmelon, Andreas (Hrsg.), Ins Netz gegangen – Personalmarketing und Neue Medien, S. 5 ff., Grüne Reihe – Band 19, 1. Auflage, Gelsenkirchen FHöV NRW 2002.

Gourmelon, Andreas, Intelligenz, berufliche Leistung und die Konsequenzen für die Personalauswahl, in: Verwaltung & Management, 4 (2003), 190–192.

Gourmelon, Andreas, Intelligenz, berufliche Leistung und die Konsequenzen für die Personalauswahl (Teil 3), in: Verwaltung & Management, 6 (2003), 325–330.

Gourmelon, Andreas, Zur Praxis der Personalauswahl in der öffentlichen Verwaltung, in: Verwaltungsrundschau (2003), 292–296.

Gourmelon, Andreas, Sozial- und Managementkompetenzen des Beamtennachwuchses, in: Verwaltungsrundschau (2005), 366–373.

Gourmelon, Andreas, Personalauswahl unter Beachtung des Allgemeinen Gleichbehandlungsgesetzes, in: Der Öffentliche Dienst, 11 (2007), 241–250.

Gourmelon, Andreas, Analyse von Bewerbungsunterlagen, in: Gourmelon, Andreas/Kirbach, Christine/Etzel, Stefan, Personalauswahl im öffentlichen Sektor, 2. Auflage, S. 130–152, Baden-Baden 2009.

Gourmelon, Andreas, Anforderungsprofile als Grundlage für die Personalauswahl, in: Gourmelon, Andreas/Kirbach, Christine/Etzel, Stefan, Personalauswahl im öffentlichen Sektor, 2. Auflage, S. 123–138, Baden-Baden 2009.

Gourmelon, Andreas, Das Interview als eignungsdiagnostisches Verfahren, in: Gourmelon, Andreas/Kirbach, Christine/Etzel, Stefan, Personalauswahl im öffentlichen Sektor, 2. Auflage, S. 203–216, Baden-Baden 2009.

Gourmelon, Andreas, Die eignungsdiagnostische Norm DIN 33430 und ihre Bedeutung für den öffentlichen Sektor, in: Gourmelon, Andreas/Kirbach, Christine/Etzel, Stefan (Hrsg.), Personalauswahl im öffentlichen Sektor, 2. Auflage, S. 73–84. Baden-Baden 2009.

Gourmelon, Andreas, Identifizierung von Führungspotenzial, in: Gourmelon, Andreas/Mroß, Michael (Hrsg.), Führung im öffentlichen Sektor, S. 25–41, Baden-Baden 2010.

Gourmelon, Andreas, Strategien und Maßnahmen einer systematischen Personaleinführung, in: Der Öffentliche Dienst, 9 (2011), 197–207.

Gourmelon, Andreas, Bürgerschaftliches Engagement: Herausforderung für das Personalmanagement, in: Der Bayerische Bürgermeister (2013), 204 ff.

Gourmelon, Andreas, Neue Standards sollen die Personalauswahl verbessern, in: Innovative Verwaltung 11 (2014), 28–30.

Gourmelon, Andreas, Können kontraproduktive Handlungen von Beamten mit Integritätstests vorhergesagt werden? Empirische Erkenntnisse zur prognostischen Validität des Integritätstests IBES, in: Der Öffentliche Dienst, 2 (2016), 29–37.

Gourmelon, Andreas, Innovative Personalwerbung tut not, in: Gourmelon, Andreas (Hrsg.), Innovative Ansätze der Personalwerbung, S. 1–10, Heidelberg 2021.

Gourmelon, Andreas, Aktuelle Daten zum Berufswahlverhalten von zukünftigen Abiturienten, abrufbar unter https://www.rehm-verlag.de/personalmanagement/blog-personalmanagement/aktuelle-daten-zum-berufswahlverhalten-von-zukuenftigen-abiturienten/ (Abruf am 24.02.2021).

Gourmelon, Andreas, Ausbildungs- und Berufsmessen, abrufbar unter https://www.rehm-verlag.de/personalmanagement/blog-personalmanagement/ausbildungs-und-berufsmessen/ (Abruf vom 12.1.2017).

Gourmelon, Andreas, Bevorzugung von Personen mit Migrationshintergrund?, abrufbar unter http://www.rehmnetz.de/personalmanagement-blog/bevorzugung-von-personen-mit-migrationshintergrund (Abruf vom 23.10.2016).

Gourmelon, Andreas, DIN 33430: Fachlicher Standard für die Personalauswahl, abrufbar unter https://www.rehm-verlag.de/personalmanagement/blog-personalmanagement/din-33430-fachlicher-standard-fuer-die-personalauswahl/ (Abruf vom 07.01.2021).

Gourmelon, Andreas, Kann mit Abiturnoten der Studienerfolg vorausgesagt werden?, abrufbar unter https://www.rehm-verlag.de/personalmanagement/blog-personalmanagement/kann-mit-abiturnoten-der-studienerfolg-vorausgesagt-werden/ (Abruf vom 13.08.2021)

Gourmelon, Andreas, Kompetenzmodell oder Anforderungsprofil?, abrufbar unter https://www.rehm-verlag.de/personalmanagement/blog-personalmanagement/kompetenzmodell-oder-anforderungsprofil/ (Abruf vom 21.01.2021).

Gourmelon, Andreas, Maßnahmen der Personaleinführung aus Sicht der Beschäftigten, abrufbar unter https://www.rehm-verlag.de/personalmanagement/blog-personalmanagement/massnahmen-der-personaleinfuehrung-aus-sicht-der-beschaeftigten/ (Abruf vom 15.02.2021).

Gourmelon, Andreas, Mehr Migranten in den Öffentlichen Dienst – Wie manche Maßnahme in die Sackgasse führt – Teil I, abrufbar unter: http://www.rehmnetz.de/personalmanagement-blog/mehr-migranten-in-den-oeffentlichen-dienst--wie-manche-massnahme-in-die-sackgasse-fuehrt-teil-i/ (Abruf vom 24.5.2016).

Gourmelon, Andreas, Mehr Migranten in den Öffentlichen Dienst! Aber wie? – Teil II, abrufbar unter: http://www.rehmnetz.de/personalmanagement-blog/mehr-migranten-in-den-oeffentlichen-dienst-aber-wie--teil-ii/ (Abruf vom 24.5.2016).

Gourmelon, Andreas, Personalmarketing: aktuelle Erkenntnisse über die Zielgruppe „Abiturientinnen und Abiturienten", abrufbar unter: http://www.rehmnetz.de/personalmanagement-blog/personalmarketing-aktuelle-erkenntnisse-ueber-die-zielgruppe-abiturientinnen-und-abiturienten/ (Abruf vom 23.10.2016).

Gourmelon, Andreas, Standards für Videointerviews veröffentlicht, abrufbar unter https://www.rehm-verlag.de/personalmanagement/blog-personalmanagement/standards-fuer-videointerviews-veroeffentlicht/ (Abruf vom 07.01.2021).

Gourmelon, Andreas, Was Beurteilungsergebnisse taugen: Erstbeurteiler offenbaren sich, abrufbar unter: https://www.rehm-verlag.de/personalmanagement/blog-personalmanagement/was-beurteilungsergebnisse-taugen-erstbeurteiler-offenbaren-sich/ (Abruf vom 18.02.2021).

Gourmelon, Andreas, Was ist bei der Produktion von Werbevideos zu beachten?, abrufbar unter https://www.rehm-verlag.de/personalmanagement/blog-personalmanagement/was-ist-bei-der-produktion-von-werbevideos-zu-beachten/ (Abruf vom 20.04.2021)

Gourmelon, Andreas, Was sagt die Lücke im Lebenslauf aus?, abrufbar unter https://www.rehm-verlag.de/personalmanagement/blog-personalmanagement/was-sagt-die-luecke-im-lebenslauf-aus/ (Abruf am 11.04.2021).

Gourmelon, Andreas, Werbevideos: Für Nachwuchskräfte mit Migrationshintergrund zu wenig attraktiv, abrufbar unter https://www.rehm-verlag.de/personalmanagement/blog-personalmanagement/werbevideos-fuer-nachwuchskraefte-mit-migrationshintergrund-zu-wenig-attraktiv/ (Abruf vom 24.02.2021).

Gourmelon, Andreas, Wie sag ich es dem unterlegenen Bewerber?, abrufbar unter http://www.rehmnetz.de/personalmanagement-blog/wie-sag-ich-es-dem-unterlegenen-bewerber/ (Abruf vom 24.5.2016).

Gourmelon, Andreas/Hoffmann, Boris/Lindberg, Laura, Kann die herausragende Bedeutung dienstlicher Beurteilungsergebnisse in Stellenbesetzungsverfahren mit empirischer Evidenz gerechtfertigt werden? In: Der Öffentliche Dienst, 4 (2021), S. 85–92.

Gourmelon, Andreas/Mroß, Michael/Seidel, Sabine, Management im öffentlichen Sektor, 1. Auflage, Heidelberg 2013.

Gourmelon, Andreas/Mroß, Michael/Seidel, Sabine, Management im öffentlichen Sektor, 4. Auflage, Heidelberg 2018.

Gourmelon, Andreas/Oenning, Stefan, Personalauswahl im Hochschulbereich, in: Gourmelon, Andreas/Kirbach, Christine/Etzel, Stefan (Hrsg.), Personalauswahl im öffentlichen Sektor, 1. Auflage, S. 319 ff., Baden-Baden 2005.

Gourmelon, Andreas/Seidel, Sabine/Treier, Michael, Personalmanagement im öffentlichen Sektor, 2. Auflage, Heidelberg 2019.

Gros, Gerhard, Internetgestützte Bewerberbeurteilung auf Basis biografischer Daten, in: Gourmelon, Andreas/Etzel, Stefan/Kirbach, Christine (Hrsg.), Personalauswahl im öffentlichen Sektor, 2. Auflage, S. 333–342, Baden-Baden 2009.

Greb, Christian/Linnenbürger, Anja, Einsatz von künstlicher Intelligenz und Sprachanalysetechnologien in der Personalauswahl, in: Gourmelon, Andreas (Hrsg.), Personalauswahl – ein Blick in die Zukunft, S. 75–86, Heidelberg 2018.

Grube, Anna/Hertel, Guido, Altersbedingte Unterschiede in Arbeitsmotivation, Arbeitszufriedenheit und emotionalem Erleben, in: Wirtschaftspsychologie, 4 (2008), 18–29.

Günther, Hellmuth, Einsatz von Assessment-Centern in der Beförderungs(vor)auswahl, in: Der Öffentliche Dienst 5 (2016), 117–126.

Hacker, W./Fritsche, B./Richter, P./Iwanowa, A., Tätigkeitsbewertungssystem (TBS). Verfahren zur Analyse, Bewertung und Gestaltung von Arbeitstätigkeiten, in: Ulich, Eberhard (Hrsg.), Schriftenreihe Mensch, Technik, Organisation, Band 7, Zürich 1995.

Hentze, Joachim, Personalwirtschaftslehre, Stuttgart 1994.

Höft, Stefan & Goerke, Panja (2014). Traditionelle Arbeits- und Anforderungsanalyse trifft modernen Kompetenzmanagementansatz: Rosenkrieg oder Traumhochzeit? In: Wirtschaftspsychologie, 1/2014 (2014), 5–14.

Hogrefe Verlag, Bochumer Inventar zur berufsbezogenen Persönlichkeitsbeschreibung, abrufbar unter https://www.testzentrale.de/shop/bochumer-inventar-zur-berufsbezogenen-persoenlichkeitsbeschreibung.html (Abruf am 19.02.2021).

Hossiep, Rüdiger/Paschen, Michael, Das Bochumer Inventar zur berufsbezogenen Persönlichkeitsbeschreibung (BIP), Göttingen, 1998.

Horta, Bernardo L./Loret de Mola, Christian/Victora, Cesar G., Breastfeeding and intelligence: a systematic review and meta-analysis. In: Acta Paediatrica, 104 (2015), 14–19.

Hülsheger, Ute R./Maier, Günter W./Stumpp, Thorsten, Validity of General Mental Ability for the prediction of job performance and training success in Germany: a meta-analysis, in: International Journal of Selection and Assessment, 15/01 (2007), 3–18.

Lindberg, Laura, Bewertung dienstlicher Beurteilungen aus Sicht der Beurteiler, unveröffentlichte Bachelor-Thesis, Gelsenkirchen: Hochschule für Polizei und öffentliche Verwaltung NRW, 2020.

Lohaus, Daniela/Schuler, Heinz (2014), Leistungsbeurteilung, in: Schuler, Heinz/Kanning, Uwe Peter (Hrsg.), Lehrbuch der Personalpsychologie, 3. Auflage, S. 357–412, Göttingen 2014.

Hoffmann, Boris, Arbeitsrecht im öffentlichen Dienst, 1. Auflage, München 2014.

Holtbrügge, Dirk, Personalmanagement, 5. Auflage, Berlin 2013.

Holtbrügge, Dirk, Quantitative Personalbedarfsplanung in der öffentlichen Verwaltung, in: Verwaltung und Fortbildung (1995), 41 ff.

Hopp, Helmut/Göbel, Astrid, Management in der öffentlichen Verwaltung, 4. Auflage, Stuttgart 2013.

Institut für Arbeitsmarkt- und Berufsforschung (2017). IAB-Kurzbericht 6/2017. Abrufbar unter http://doku.iab.de/kurzber/2017/kb0617.pdf (Abruf vom 15.01.2019).

Internationale Organisation für Normung, Assessement service delivery – Procedures and methods to assess people in work and organizational settings. Reference numbers ISO 10667-1:2011 (E) and ISO 10667-2:2011 (E). Genf 2011.

Jones, David N., The nature of machiavellianism: distinct patterns of misbehavior, in: Zeigler-Hill, Vigil/Marcus, David K., The dark side of personality, S. 87–108, Washington, DC 2016.

Jung, Hans, Personalwirtschaft, München 2008.

Jung, Hans, Personalwirtschaft, 9. Auflage, München 2011.

Kanning, Uwe Peter, Standards der Personaldiagnostik, 1. Auflage, Göttingen 2004.

Kanning, Uwe Peter, Inventar sozialer Kompetenzen, Göttingen 2009.

Kanning, Uwe Peter, Situational Jugdgement Tests, in: Sarges, Werner, Management-Diagnostik, 4. Auflage, S. 637–641, Göttingen 2013.

Kanning, Uwe Peter, Inventar zur Erfassung von Arbeitsmotiven, Göttingen 2016.

Kanning, Uwe Peter, Formalisierte Verfahren für Anforderungsanalysen, in: Sarges, Werner, Managementdiagnostik, 4. Auflage, S. 177–184, Göttingen 2013.

Kanning, Uwe Peter, Vorauswahl von Bewerberinnen und Bewerbern, in: Gourmelon, Andreas (Hrsg.), Personalauswahl – ein Blick in die Zukunft, S. 25–36, Heidelberg 2018.

Kanning, Uwe Peter, Standards der Personaldiagnostik, 2. Auflage, Göttingen 2019.

Kasecker, Rainer/Sandner, Sven, Das Projekt „Werbeoffensive IuK", in: Gourmelon, Andreas (Hrsg.), Innovative Ansätze der Personalwerbung, S. 67–100, Heidelberg 2021.

Kassebaum, Sabine/Windorf, Susanne, Marketing der Stadtverwaltung Dortmund zur Gewinnung qualifizierter Nachwuchskräfte, in: Gourmelon, Andreas/Etzel, Stefan/Kirbach, Christine, Personalauswahl im öffentlichen Sektor, 2. Auflage, S. 291 ff., Baden-Baden 2009.

Kersting, Martin, DIN 33430 – Entstehungsprozess, Ziele und Inhalte des neuen Qualitätsstandards für berufsbezogene Eignungsbeurteilungen, in: DGP-Informationen, 57 (2003), 2–6.

Kersting, Martin, „DIN Screen" – Leitfaden zur Kontrolle und Optimierung von Verfahren und deren Einsatz bei beruflichen Eignungsbeurteilungen, in: Westhoff, Karl (Hrsg.), Nutzen der DIN 33430, 1. Auflage, S. 148–218, Berlin 2006.

Kersting, Martin, Profit durch Personalauswahl – warum sich eine qualitativ hochwertige Personalauswahl langfristig rechnet, in: Gourmelon, Andreas/Etzel, Stefan/Kirbach, Christine (Hrsg.), Personalauswahl im öffentlichen Sektor, 2. Auflage, S. 33–54, Baden-Baden 2009.

Kersting, Martin/Althoff, Klaus/Jäger, Adolf Otto, Wilde-Intelligenz-Test 2, Göttingen 2008.

Kieser, Alfred/Nagel, Rüdiger, Die Gestaltung von Eingliederungsprogrammen für neue Mitarbeiter, in: Zeitschrift für betriebswirtschaftliche Forschung, 38, 11 (1986), 956–962.

Kirbach, Christine/Wottawa, Heinrich, Das verhaltensbasierte Interview, in: Personalführung (2008), 48–54.

Kirbach, Christine/Wottawa, Heinrich, Wie kommt man zu den besten Instrumenten? In: Gourmelon, Andreas/Kirbach, Christine/Etzel, Stefan (Hrsg.), Personalauswahl im öffentlichen Sektor, 2. Auflage, S. 107–121, Baden-Baden 2009.

Kleinmann, Martin, Assessment Center, in: Sarges, Werner (Hrsg.), Management-Diagnostik, 4. Auflage, S. 809–819, Göttingen 2013.

Kolb, Meinulf, Personalmanagement, 2. Auflage, Wiesbaden 2010.

Kommunale Gemeinschaftsstelle für Verwaltungsmanagement, KGSt-Bericht Nr. 10 aus 2003, Köln 2003.

König, Cornelius/Klehe, Ute-Christine/Berchthold, Matthias/Kleinmann, Martin, Reasons for being selective when choosing personnel selection procedures, in: International Journal of Selection and Assessment, Vol 18, 1 (2010), 17–27.

Kramer, Dorthe, Interkulturelle Kompetenz in der Personalauswahl des öffentlichen Dienstes. Master-Arbeit an der Fakultät für Psychologie der Ruhr-Universität Bochum, Bochum 2015.

Kramer, Jochen, Allgemeine Intelligenz und beruflicher Erfolg in Deutschland. Vertiefende und weiterführende Metaanalysen, in: Psychologische Rundschau, 60 (2009), 82–98.

Kraska, Jürgen/Ciekanowski, Ralf, Abschlussbericht Pilotprojekt „Anonymisierte Bewerbung" NRW, Ministerium für Arbeit, Integration und Soziales des Landes Nordrhein-Westfalen 2012.

Kratz, Hans-Jürgen, Neue Mitarbeiter erfolgreich integrieren, Wien 1997.

Krause, Annabella/Rinne, Ulf/Zimmermann, Klaus F./Böschen, Ines/Alt, Ramona, Pilotprojekt „Anonymisierte Bewerbungsverfahren" – Abschlussbericht, S. 13, Bonn 2012.

Krumm, Stefan & Mertin, Inga. Kompetenzmodelle, in: Sarges, Werner (Hrsg.), Management-Diagnostik, 4. Aufl., S. 491–498, Göttingen 2013.

Kubinger, Klaus D., Adaptives Intelligenz Diagnostikum – Version 2.2 (AID 2) samt AID2-Türkisch, Göttingen 2009.

Kultusministerkonferenz, Vorausberechnung der Schüler- und Absolventenzahlen 2016 bis 2030. Statistische Veröffentlichungen der Kultusministerkonferenz Nr. 213, Mai 2018. Sekretariat der Ständigen Konferenz der Kultusminister der Länder in der Bundesrepublik Deutschland. Berlin 2018.

Landeshauptstadt München, Arbeitgebermarke – dafür steht die Münchener Stadtverwaltung, Abrufbar unter https://www.muenchen.de/rathaus/Stadtverwaltung/Personal-und-Organisationsreferat/Arbeitgeber/arbeitgebermarke.html (Abruf vom 24.09.2018).

Leenen, W. Rainer/Stumpf, Siegfried/Scheitza, Alexander, Interkulturelle Kompetenz als Anforderungsmerkmal, in: Uske, Hans/Scheitza, Alexander/Düring-Hesse, Suse/Fischer, Sabine (Hrsg.), Interkulturelle Öffnung der Verwaltung, S. 91–102, Duisburg 2014.

Leibetseder, Max, Intelligenzunterschiede, in: Roth, Erwin (Hrsg.), Intelligenz, 1. Auflage, S. 37–64, Stuttgart 1998.

Lieberei, Walter, Postkorb „OfficeMail" (Manual), Göttingen 2017.

Lilienfeld, Scott O./Smith, Sarah Francis/Watts, Ashley L., Fearless Dominance an its implications for psychopathy, in: Zeigler-Hill, Vigil/Marcus, David K., The dark side of personality, S. 65–86, Washington, DC, 2016.

Lorenzen, Uwe, Bundespersonalvertretungsgesetz – Kommentar, Loseblattwerk, Heidelberg.

Marcus, Bernd, Inventar berufsbezogener Einstellungen und Selbsteinschätzungen, 1. Auflage, Göttingen 2006.

Marcus, Bernd, Personalpsychologie, 1. Auflage, Wiesbaden 2011.

Maunz, Theodor/Dürig, Günter; Kommentar zum Grundgesetz, Loseblattwerk, München.

McDaniel, Michael A./Whetzel, Deborah L./Schmidt, Frank L./Maurer, Steven D., The validity of employment interviews: a comprehensive review and meta-analysis, in: Journal of Applied Psychology, Vol 30 No. 4 (1994), 744–762.

Michaelis, Lars Oliver, Der Einsatz von Integritätstests im Rahmen von beamtenrechtlichen Stellenbesetzungen, in: Der Öffentliche Dienst, Heft 9 (2015), 228–236.

Möltgen, Katrin/Otten, Henrique Ricardo, Förderung interkultureller Kompetenzen und interkultureller Personalentwicklung der Beschäftigten des Landes Nordrhein-Westfalen, abrufbar unter https://www.mkffi.nrw/sites/default/files/asset/document/131111_gutachten_ikoe_mais_druckfassung_final.pdf
(Abruf am 24.02.2021).

Moldzio, Thomas/Peiffer, Henrike/Dreier, Kirsten/Gergovska, Teodora/Reiner, Annabell/Felfe, Jörg, ABGS – Arbeitsbezogene Belastbarkeits- und Gewissenhaftigkeitsskalen, Göttingen 2019.

Neisser, Ulric, Intelligence: Knowns and Unknowns, in: American Psychologist, Vol 51, 2 (1996), 77–101.

Neter, Efrat/Ben-Shakhar, Gershom, The predictive validity of graphological influences: A meta-analytic approach, in: Personality and Individual Differences, 10 (1989), 737–745.

Neubach, Barbara, Der Einsatz von Videos im Azubi-Recruiting, in: Gourmelon, Andreas (Hrsg.), Innovative Ansätze der Personalwerbung, S. 121–128, Heidelberg 2021.

Nicolai, Christiana, Personalmanagement, 3. Auflage, Stuttgart 2014.

Nye, Christopher D./Su, Rong/Rounds, James/Drasgow, Fritz, Interest congruence and performance: Revisiting recent meta-analytic findings, in: Journal of Vocational Behavior, 98 (2017), 138–151. https://doi.org/10.1016/j.jvb.2016.11.002

Obermann, Christof/Solga, Marc, Jobinterviews professionell führen, Wiesbaden 2018.

Oechsler, Walter/Paul, Christopher, Personal und Arbeit, 10. Auflage, München 2015.

Ostendorf, Fritz/Angleitner, Alois, NEO-Persönlichkeitsinventar nach Costa und McCrae (NEO-PI-R), Göttingen 2004.

Oswald, Wolf D., Entwicklung der Intelligenz, in: Roth, Erwin (Hrsg.), Intelligenz, 1. Auflage, S. 79–100, Stuttgart 1998.

Otten, Matthias/Scheitza, Alexander/Cnyrim, Andrea, Die Navigation im interkulturellen Feld, in: Otten, Matthias/Scheitza, Alexander/Cnyrim, Andrea (Hrsg.), Interkulturelle Kompetenz im Wandel, Münster 2009.

Paschen, Michael, Wie viel Wahrheit ist Bewerbern zumutbar?, in: PersonalMagazin, 11 (2002), 67–75.

Plog, Ernst/Wiedow, Alexander/Lemhöfer, Bernt, Bundesbeamtengesetz – Kommentar, Loseblattwerk, Köln.

Polizei Bayern, Sicherheitswacht, https://www.polizei.bayern.de/wir/sicherheitswacht/ (Abruf am 5.1.2016).

Pusacker, Elisabeth, Interamt entlastet Berlin, in: Kommune 21, 4 (2012), 46–47.

Reimann, Gerd, Arbeits- und Anforderungsanalyse, in: Westhoff, Karl/Hellfritsch, L. J./Hornke, L. F./Kubinger, K. D./Lang, F./Moosbrugger, H./Püschel, A./Reimann, G. (Hrsg.), Grundwissen für die berufsbezogene Eignungsbeurteilung nach DIN 33430, 1. Auflage, S. 105–120, Berlin 2004.

Reimann, Gerd, Moderne Eignungsbeurteilung mit der DIN 33430, 1. Auflage, Wiesbaden 2009.

Remke, Stefan, Persönliche Mitteilung vom 26. März 2019.

Rieser, Stefanie/Liepmann, Detlev, Deutschtest für die Personalauswahl, Göttingen 2014.

Ritchie, Stuart, J./Tucker-Drob, Elliot T., How much does education improve intelligence? A meta-analysis, in: Psychological Science, Vol 29 (8) (2018), 1358–1369.

Röbbecke, Tobias, Anforderungen an ein systematisches Onboarding aus der Sicht neuer Mitarbeiter. Unveröffentlichte Master-Thesis. Bochum: Ruhr-Universität Bochum, Fakultät für Psychologie, 2019.

Roos, Christian, Online-Recherchen, in: Sarges, Werner (Hrsg.), Management-Diagnostik, 4. Auflage, S. 751–762, Göttingen 2013.

Rost, Detlef H., Intelligenz, 1. Auflage, Weinheim 2009.

Rübner, Matthias/Höft, Stefan, Berufswahl als mehrdimensionaler Prozess, in: Kauffeld, Simone/Spurk, Daniel, Handbuch Karriere und Laufbahnmanagement, 1. Auflage, S. 63–84, Berlin 2019.

Sachs, Michael, Grundgesetz – Kommentar, 7. Auflage, München 2014.

Salgado, Jesús F./Anderson, Neil/Moscoso, Silvia/Bertua, Cristina/de Fruyt, Filip/Rolland, Jean Pierre, A meta-analytic study of general mental ability validity for different occupations in the European Community, in: Journal of Applied Psychology, Vol 88 (6) (2003), 1068–1081.

Sarges, Werner, Biografisches Interviewen in der Eignungsdiagnostik, in: Jüttemann, Gerd (Hrsg.), Biografische Diagnostik, 1. Auflage, S. 169–177, Lengerich 2011.

Sarges, Werner, Interviews, in: Sarges, Werner (Hrsg.), Management-Diagnostik, 4. Auflage, S. 575–592, Göttingen 2013.

Sarges, Werner, Kritik an der Assessment-Center-Praxis, in: Sarges, Werner (Hrsg.), Management-Diagnostik, 4. Auflage, S. 819–824, Göttingen 2013.

Schaie, Klaus Warner, The cause of adults intellectual development, in: American psychologist, Vol 49, 4 (1994), 304–313.

Scherm, Martin, Fremdurteile, in: Sarges, Werner (Hrsg.), Management-Diagnostik, S. 734–741, Göttingen 2013.

Schmalt, Heinz-Dieter, Leistungsmotivation, in: Sarges, Werner (Hrsg.), Management-Diagnostik, S. 267–271, Göttingen 1995.

Schmidt, Frank L., What do data really mean? Research findings, meta-analysis, and cumulative knowledge in psychology, in: American Psychologist, 47 (1992), 1173–1181.

Schmidt-Rudloff, Rainer, DINormale Auswahl, in: Der Arbeitgeber (Arbeitgeber-Magazin), 11 (2002), 9–10.

Schnellenbach, Helmuth, Beamtenrecht in der Praxis, 8. Auflage, München 2013.

Schuler, Heinz, Psychologische Personalauswahl, 4. Auflage, Göttingen 2014.

Schuler, Heinz, Biografieorientierte Verfahren der Personalauswahl, in: Schuler, Heinz/Kanning, Uwe Peter (Hrsg), Lehrbuch der Personalpsychologie, 3. Auflage, S. 257–300, Göttingen 2014.

Schuler, Heinz/Höft, Stefan/Hell, Benedikt, Eigenschaftsorientierte Verfahren der Personalauswahl, in: Schuler, Heinz/Kanning, Uwe Peter (Hrsg.), Lehrbuch der Personalpsychologie, 3. Auflage, S. 149–214. Göttingen 2014.

Schuler, Heinz/Prochaska, Michael, Leistungsmotivationsinventar, 1. Auflage, Göttingen 2001.

Schütz, Erwin/Maiwald, Joachim, Beamtenrecht des Bundes und der Länder, Loseblattwerk, Heidelberg.

Schwarzinger, Dominik, Narzissmus, Machiavellismus, Psychopathie – was diese Merkmale in der Arbeitswelt bewirken und wie sie in der Personalauswahl erkannt werden können, in: Gourmelon, Andreas (Hrsg.), Personalauswahl – ein Blick in die Zukunft, S. 51–60. München 2018.

Schwarzinger, Dominik/Schuler, Heinz, TOP – Dark triad of personality at work, Göttingen, 2016.

Schwertfeger, Bärbel, Die Bluffgesellschaft: Der Schwindel der Bewerber, in: Personalmagazin, 11 (2002), 64–68.

Scullen, Steven E./Mount, Michael K./Goff, Maynard, Understanding the latent Structure of Job Performance Ratings, in: Journal of Applied Psychology, 88 (2000), 50–66.

Sonntag, Karlheinz, Anforderungsanalyse und Kompetenzmodellierung: Tätigkeitsbezogene Merkmale, in: Sonntag, Karlheinz (Hrsg.), Personalentwicklung in Organisationen, S. 295–336, Göttingen 2016.

Spearman, Charles, General intelligence, objectively determined and measured, in: American Journal of Psychology, 15 (1904), 201–293.

Speier, Markus, Identifizierung von Erfolgsfaktoren für die interne Personalvermittlung: eine empirische Untersuchung im öffentlichen Sektor, in: Gourmelon, Andreas, Forschung für die Praxis, 1. Auflage, S. 5 ff., Heidelberg 2013.

Statistisches Bundesamt, Bevölkerung und Erwerbstätigkeit – Bevölkerung mit Migrationshintergrund, Fachserie 1 Reihe 2.2, Wiesbaden 2011.

Stern, William, Die psychologischen Methoden zur Intelligenzprüfung und deren Anwendung bei Schulkindern, 1. Auflage, Leipzig 1904.

Stern, William, Die psychologischen Methoden zur Intelligenzprüfung und deren Anwendung bei Schulkindern, Leipzig 1912.

Stumpf, Siegfried/Leenen, Wolf Rainer/Scheitza, Alexander, Adverse Impact in der Personalauswahl einer deutschen Behörde: Eine Analyse ethnischer Subgruppendifferenzen, in: German Journal of Human Resource Management (2016), 1–28, DOI: 10.1177/2397002216637289.

Teubert, Thorsten, Videointerviews zwischen Employer Branding und Digitalisierung, in: Gourmelon, Andreas (Hrsg.), Personalauswahl – ein Blick in die Zukunft, S. 61–74, München 2018.

Thiersch, Konstantin/Blank, Tabea/Zepic, Robert/Krcmar, Helmut, Arbeitgeber(un)attraktivität der öffentlichen Verwaltung für IT-Nachwuchskräfte, in: Verwaltung & Management, 25, 1 (2019), 28–36.

Thornton III, George C./Gaugler, Barbara B./Rosenthal, Douglas B./Bentson, Cynthia, Die prädiktive Validität des Assessment Centers – eine Metaanalyse, in: Schuler, Heinz (Hrsg.), Assessment Center zur Potenzialanalyse, 1. Auflage, S. 171–191, Göttingen 2007.

Thus, Svenja & Remke, Stefan, Die evaluationsbasierte Optimierung des Auswahlverfahrens für den gehobenen Dienst der Polizei Sachsen, in: Polizei & Wissenschaft, 4 (2019), 102–115.

Trapmann, Sabrina/Hell, Benedikt/Weigand, Sonja/Schuler, Heinz, Die Validität von Schulnoten zur Vorhersage des Studienerfolgs – eine Metaanalyse, in: Zeitschrift für Pädagogische Psychologie, 21(1) (2017), 11–27.

Uhr, Christian/Grimm, Kristina, Erfolgreich mit Facebook, Instagram, XING & Co werben: Erfahrungen der Stadt Dortmund, in: Gourmelon, Andreas (Hrsg.), Innovative Ansätze der Personalwerbung, S. 45–66, Heidelberg 2021.

Velten, Stefanie/Schnitzler, Annalisa, Prognose von Ausbildungserfolg, in: Berufsbildung in Wissenschaft und Praxis, 6 (2011), 44–47.

Viswesvaran, Chockalingam, Ones, Deniz S. & Schmidt, Frank L., Comparative analysis of the reliability of job performance ratings, in: Journal of Applied Psychology, 81 (1996), 557–574.

Vladu, A. B., Machiavellianism and short-term earnings management practices, in: Annales Universitatis Apulensis Series Oeconomica, 15, 467–472.

Wald, Andreas, Personalmanagement für die kommunale Praxis, 1. Auflage, Berlin 1996.

Wank, Rolf/Wottawa, Heinrich, Vorsicht: Mittelbare Benachteiligung, in: Personalmagazin, 7 (2007), 32–35.

Wanous, John P./Reichers, Arnon E., New Employee Orientation Programs, in: Human Resource Management Review, 10 (2010), 435–451.

Weiß, Hans/Niedermaier, Franz/Summer, Rudolf/Zängl, Sigfried, Beamtenrecht in Bayern, Loseblattwerk, München 2016.

Weuster, Arnulf, Personalauswahl und Personalbeurteilung mit Arbeitszeugnissen, 1. Auflage, Göttingen 1994.

Weuster, Arnulf, Personalauswahl I, 3. Auflage, Wiesbaden 2012.

Wirtz, A./Nachreiner, F./Beermann, B./Brenscheidt, F./Siefer, A., Lange Arbeitszeiten und Gesundheit, abrufbar unter: http://www.baua.de/de/Publikationen/Fachbeitraege/artikel20.html (Abruf vom 4.1.2016).

Ziekow, Jan, Möglichkeiten und Grenzen der Verbesserung der Chancen von Personen mit Migrationshintergrund im öffentlichen Dienst, in: Die Öffentliche Verwaltung, 18 (2014), 765–776.

21 Stichwortverzeichnis

Die Zahlen beziehen sich auf die Seiten.

A

Q

R

S